HISTOIRE GÉNÉRALE DE PARIS

# TOPOGRAPHIE
## HISTORIQUE
# DU VIEUX PARIS

PAR
ADOLPHE BERTY
HISTORIOGRAPHE DE LA VILLE

DEUXIÈME ÉDITION

RÉGION DU LOUVRE ET DES TUILERIES

I

Sceau de la Prévôté des Marchands en 1412

PARIS
IMPRIMERIE NATIONALE

M DCCC LXXXV

# HISTOIRE GÉNÉRALE DE PARIS

## COLLECTION DE DOCUMENTS

PUBLIÉE

SOUS LES AUSPICES DE L'ÉDILITÉ PARISIENNE

---

## TOPOGRAPHIE HISTORIQUE

DU

# VIEUX PARIS

L'Administration municipale laisse à chaque auteur la responsabilité des opinions développées dans les ouvrages publiés sous les auspices de la Ville de Paris.

———

TOUS DROITS RÉSERVÉS.

# PRÉFACE

## DE LA PREMIÈRE ÉDITION [1].

Au moment où la Ville de Paris commence la publication de cet ouvrage, fruit de longues et laborieuses recherches, la première pensée de l'auteur est d'exprimer toute sa gratitude envers le Magistrat éminent qui, en lui accordant un patronage si honorable, l'a mis en situation de poursuivre jusqu'à son entier achèvement l'œuvre à laquelle il a consacré sa vie. Il remplit également un devoir en adressant ses remercîments à MM. les Membres du Conseil municipal, qui ont accueilli avec empressement la proposition de M. le Préfet de la Seine, et n'ont rien épargné pour que l'exécution matérielle du livre répondît à l'importance du sujet. Héritière de l'antique Prévôté des Marchands et de ses généreuses traditions, l'Édilité contemporaine s'en inspire heureusement aujourd'hui. Sous ses auspices, de nouvelles études, ayant pour objet l'*Histoire générale de Paris,* viennent d'être entreprises ; une grande *Collection de documents* se fonde, et la *Topographie historique du Vieux Paris* est appelée à l'inaugurer : honneur insigne dont l'auteur sent tout le prix, et qui lui impose en même temps l'obligation de contribuer, pour sa part et dans la mesure de ses forces, à doter la Ville d'une histoire définitive.

Ceux qui écrivent les premiers sur une cité d'antique origine n'ont guère en vue que leur propre satisfaction. Légende, récit, éloge, description,

[1] 1866.

tout se produit alors librement et sans examen. Avec le temps, auteurs et lecteurs deviennent difficiles; la curiosité s'éveille; on veut des informations plus précises. Il faut alors entrer dans les détails, et regarder les choses de plus près avant d'en parler. Bientôt, au désir d'apprendre les faits, vient se joindre le besoin de voir figurées aux yeux les cités qui en ont été le théâtre. De là des dessins, des plans, et autres accessoires, qui sont soumis eux-mêmes à la loi commune du perfectionnement.

Premiers essais de restitution topographique.

L'histoire de la Ville de Paris a passé par ces diverses phases. Bien avant qu'on sentît la nécessité de discuter les questions relatives à son origine et à sa configuration ancienne, plusieurs érudits du moyen âge avaient loué ou décrit cette vieille cité à leur manière[1]. Corrozet est le premier qui en ait parlé avec un certain discernement[2]. L'idée d'éclairer le sujet par une représentation figurée appartient à l'Allemand Sébastien Munster : au chapitre *Lutetia*, de sa *Cosmographie universelle*, il ajouta un plan de Paris, l'un des plus anciens que l'on connaisse[3]; et cet exemple fut imité par Georges Braun, dans son ouvrage intitulé *Civitates orbis terrarum*[4]. Vers 1650, époque où aucun historien français n'était encore entré dans la voie ouverte par Munster et Braun, une nouvelle édition du recueil publié par ce dernier écrivain parut avec un plan contemporain mis en regard de celui de 1572. Il y avait, dans ce seul rapprochement, une intention archéologique qui pouvait être

---

[1] Le plus ancien ouvrage de ce genre est l'*Éloge de la Ville de Paris*, par l'anonyme de Senlis, qui a été rédigé vers 1322. MM. Taranne et Le Roux de Lincy en ont publié le texte en 1856, dans le *Bulletin des Comités historiques*.

[2] *La Fleur des antiquités, singularités et excellences de la plus que noble et triomphante Ville et Cité de Paris*. La première édition date de 1532, et celle où il est sérieusement question de l'histoire de la Ville, de 1550.

[3] Sébastien Munster, né à Ingelheim en 1489, mort en 1552, théologien, hébraïsant, mathématicien et géographe, publia, entre autres ouvrages, une *Cosmographie universelle* qui parut d'abord en langue allemande (Bâle, 1550), fut traduite en latin par l'auteur lui-même (Bâle, 1550), puis en italien (Bâle, 1558), et enfin en français (Bâle, 1552). Une nouvelle édition française fut donnée à Paris, en 1575, avec diverses additions par Belleforest, qui enrichit son livre des «plantz et portraictz des isles et des villes.»

[4] Georges Braun ou Bruin, savant Allemand, publia à Cologne, de 1572 à 1618, un grand ouvrage de géographie écrit en latin et ayant pour titre : *Civitates orbis terrarum in æs incisæ et excusæ, et descriptione topographica, morali et politica illustratæ*. Les gravures sont de Fr. Hogenberg et de Simon Van den Noevel; plusieurs plans ont été, en outre, fournis à l'auteur par Georges Hoefnagel et Cornelius Chaymon.

.PRÉFACE. v

féconde, mais qui ne paraît pas avoir été comprise avant la fin du xviie siècle. Jusque-là, en effet, les plans de Paris, soit gravés, soit manuscrits, représentent la Ville dans l'état où le dessinateur l'a vue; mais ils ne comportent absolument rien de rétrospectif.

En 1692, Nicolas de Fer[1], publiant ou plutôt rééditant le Plan de Jouvin de Rochefort[2], dressé en 1676, crut devoir y faire figurer les enceintes antérieures, qu'il traça grossièrement en ponctué, dans le dessein bien évident d'établir un parallèle entre l'état ancien et l'état contemporain[3]. Ce premier essai de restitution topographique est sans doute bien informe; mais l'idée de Braun, reprise par De Fer, ne fut pas perdue pour la science. Nicolas De F

Peu de temps après, De Lamare conçut un projet beaucoup plus vaste. Donnant dans le premier volume de son *Traité de la Police*, imprimé en 1705, une description topographique de la Ville et un exposé de ses accroissements, il voulut y joindre des figures qui parlassent aux yeux. Il composa, en conséquence, huit plans de Paris à diverses époques, en commençant par la période gallo-romaine. Dans ce qu'elle avait de réalisable, la pensée était excellente; l'exécution fut, au contraire, singulièrement défectueuse. Les conditions adoptées par De Lamare la rendaient, du reste, partiellement impraticable : comment, par exemple, se figurer d'une façon plausible la Cité aux temps mérovingiens? De Lamare

Les planches du *Traité de la Police*, toutes défectueuses qu'elles sont, produisirent pourtant une grande impression sur le public; on alla jusqu'à leur prêter assez d'autorité pour les invoquer dans des contestations judiciaires.

---

[1] Nicolas De Fer, géographe français, né en 1646, mort en 1720, a publié ou édité un assez grand nombre de plans; il se bornait souvent à réduire ou à corriger les travaux de ses devanciers. «La plupart de ces plans, dit M. Bonnardot, avaient «pour base les *Mémoires* ou dessins originaux de «Jouvin de Rochefort.»

[2] Jouvin de Rochefort, trésorier de France et dessinateur-géographe, publia, en 1676, un plan qui eut ensuite plusieurs tirages et servit de base aux travaux de Nicolas De Fer. Il en existe une édition datée de 1714.

[3] *Plan de la Ville de Paris... avec ses nouvelles rues, places, enceintes et cazernes, levé sur les lieux par M. Jouvin de Rochefort, et augmenté des tables des cazernes et des vieilles et nouvelles enceintes*, par Nicolas De Fer, géographe de Monseigneur (1692).

Mais il y eut nécessairement un retour d'opinion, et dès 1775, en parlant de ces informes essais, Jaillot[1] s'exprimait ainsi : « Il est étonnant que cet « objet ait été si mal traité ; ce n'est point assez de dire qu'il a été négligé : « on peut se convaincre, en voyant ces plans, que leur auteur n'a consulté « que son imagination pour les tracer ; que les rues et les monuments y « sont déplacés, etc.[2] » On ne le conteste plus aujourd'hui : les plans de De Lamare échappent à la critique par l'excès même de leur imperfection.

Jaillot.

Séduit à son tour par le vif intérêt du sujet, Jaillot, historien et géographe tout à la fois, avait résolu de reprendre l'œuvre infructueusement tentée par De Lamare. « Je m'étois proposé, dit-il, de donner une notice abrégée des « différents accroissements de Paris, avec les plans successifs, sur lesquels « j'aurois tracé les rues avec les noms qu'elles ont portés, et les différents « monuments, sacrés ou profanes, qui existoient alors et qui ne subsistent « plus[3]. » Il est regrettable que le dessein de Jaillot n'ait point eu de suite, car cet écrivain, aussi sagace qu'érudit, eût assurément produit un travail fort utile, si l'on en juge par son livre, le meilleur qui existe sur la topographie de Paris[4]. En effet, il disposait, entre autres renseignements, de plans manuscrits qui sont actuellement perdus pour nous, et qui auraient éclairci bien des questions restées obscures. Néanmoins il y a lieu de douter que ces planches eussent été entièrement satisfaisantes, parce qu'il paraît avoir été inhabile à tracer des plans exacts à une échelle minime, comme l'exige une œuvre de ce genre[5].

[1] Fils et petit-fils de géographes du Roi et de la Ville, archéologue et topographe du plus grand mérite. (Voir l'*Introduction* à l'*Histoire générale de Paris*, p. 50 et 90.)

[2] *Recherches critiques, historiques et topographiques sur la Ville de Paris*, t. I. Discours préliminaire, p. XVIII.

[3] *Ibid.* p. XIX.

[4] C'est justement parce que nous tenons en haute estime les travaux de Jaillot que l'on nous verra si souvent le prendre à partie et discuter ses affirmations.

[5] Le plan en vingt-quatre feuilles qui a paru avec son ouvrage justifie amplement cette assertion. En dépit des éloges qu'on lui prodigue encore, il décèle beaucoup de faiblesse sous le rapport de la précision géométrale : la largeur des rues s'y trouve singulièrement exagérée, les angles y sont faux, les proportions des édifices inexactes, les emplacements, en bien des cas, simplement approximatifs, etc. Ce qui en constitue la valeur, c'est la fidélité avec laquelle il indique tous les établissements qui existaient dans la Ville au moment où il a été exécuté. Quant à la rigueur mathématique, il est non-seulement à une énorme distance du plan de Verniquet (1774-1796), mais encore fort

## PRÉFACE.

Les plans de De Lamare ont été servilement copiés et recopiés; mais il s'est écoulé cent seize ans avant que l'on se mît à l'œuvre, avec la prétention de mieux faire. En 1821, Dulaure arrangea, pour son *Histoire de Paris*, quatre petits plans qui, selon lui, représentaient la Ville pendant la domination romaine et sous les règnes de Philippe-Auguste, de François Ier et de Louis XIII. En matière de restitution topographique, Dulaure, avec sa science de seconde main, n'a rien fait qui puisse soutenir un examen sérieux[(1)]. Ses plans, un peu moins défectueux que ceux du *Traité de la Police*, n'ont pourtant pas reçu le même accueil : ils ont, au contraire, passé presque inaperçus.

Dulaure

La dernière tentative ayant pour but de dresser un plan de restitution du Vieux Paris date de 1837. Il s'agissait d'interpréter les détails topographiques que renferme le Rôle de la Taille de 1292, édité par Géraud[(2)]. M. Albert Lenoir se chargea de cette difficile besogne; mais les données qu'il avait à traduire étaient souvent fort inexactes, et il lui aurait fallu, pour les redresser, consacrer à de longues et difficiles recherches un temps que réclamaient des travaux d'un autre ordre.

M. Alb. Len

Nous devons reconnaître qu'à cette époque régnaient encore les idées les plus fausses sur la topographie du Vieux Paris; il semblait que ce fût un de ces sujets limités que chacun peut posséder à fond après avoir consulté quelques volumes. Depuis longtemps la compilation s'exerçait sans critique sur les livres d'une demi-douzaine d'auteurs plus ou moins accrédités, et l'on allait jusqu'à réimprimer les fautes matérielles qui fourmillent dans l'ouvrage posthume de Sauval[(3)]. Quant à élargir le cercle des connaissances acquises ou à combattre les erreurs invétérées, il en était à peine question : on ne se rendait pas compte des longues investigations qu'il y avait à faire pour y réussir.

Opinions erronées sur la topograph du Vieux Paris

---

au-dessous des plans de quartiers par De Lagrive (1734-1755), excellents travaux qu'on n'apprécie pas assez.

[(1)] Rien de moins raisonnable que le tracé de l'enceinte carolingienne, qu'il suppose à tort avoir existé sur la rive gauche.

[(2)] Dans *Paris sous Philippe le Bel*, in-4°. Paris 1837.

[(3)] Henri Sauval, avocat au Parlement de Paris, auteur et compilateur des plus laborieux. (Voir l'Introduction à l'*Histoire générale de Paris*, p. 42 et 87.)

**Difficultés du sujet.**

Les érudits cependant ne pouvaient ignorer que les registres du Trésor des Chartes, du Parlement, de l'Hôtel de Ville et des paroisses, qui avaient été fréquemment cités, renfermaient des matériaux précieux[1]; mais personne ne se souciait d'entreprendre le dépouillement d'une telle quantité de pièces manuscrites, aussi difficiles à lire qu'à comprendre, et qu'il eût ensuite fallu traduire graphiquement. Les diverses aptitudes nécessaires pour une pareille œuvre ne sont, en effet, que très exceptionnellement réunies chez le même travailleur. L'étude de la diplomatique ne prépare guère à relever des plans, et lorsqu'on a passé de longues années à manier le compas et le crayon, on est généralement assez peu disposé à déchiffrer les parchemins. Le paléographe le plus habile peut, en outre, être absolument dépourvu du sentiment topographique; un fragment de maçonnerie, l'épaisseur anomale d'une muraille, la flexion d'un alignement, un agencement particulier de corps de bâtiment, sont pour lui de muettes indications. De tels indices, au contraire, font naître de fécondes réflexions chez l'homme du métier, que la pratique a rendu familier avec les lois latentes suivant lesquelles les habitations se groupent et les voies se dirigent, qui sait déterminer l'âge réel des constructions et deviner la cause de l'enchevêtrement des propriétés; mais, en revanche, les anciens documents écrits lui sont presque entièrement inutiles, parce qu'il les lit d'une manière beaucoup trop incomplète. Joindre, dans une certaine mesure, l'expérience du paléographe à celle de l'architecte-archéologue, était donc une condition indispensable pour jeter un nouveau jour sur la topographie du Vieux Paris.

L'exposé de ces difficultés était nécessaire pour faire connaître les phases par lesquelles a passé le présent ouvrage, commencé il y a dix-sept ans.

**Origine du travail.**

Au mois de janvier 1849, M. Albert Lenoir, qui dirigeait alors la *Statistique monumentale de Paris*, nous chargea de dresser un plan archéologique destiné à en devenir le complément. Ce plan devait comprendre les anciennes voies des diverses périodes, le tracé des enceintes, l'ichnographie des édifices

---

[1] Parmi les savants du siècle dernier qui ont puisé à ces sources, il faut citer Bonamy, Bouquet et Terrasson. (Voir l'*Introduction* à l'*Histoire générale de Paris*, p. 54.)

détruits, résumer, en un mot, tout ce que l'on croyait savoir, et y ajouter, autant que cela se pourrait. Les espérances à ce sujet étaient alors fort restreintes, et il était permis de douter que les précédents essais fussent jamais notablement dépassés.

Après avoir réuni l'ensemble des renseignements qu'on possédait alors sur le quartier Sainte-Geneviève et cherché à les mettre en œuvre, nous fûmes obligé de reconnaître qu'il en était résulté un plan tout à fait inacceptable. En effet, les détails fournis par les historiens sont généralement trop vagues pour être traduits graphiquement; ils laissent d'ailleurs subsister de telles lacunes que les restitutions deviennent impossibles sans de nouvelles indications plus précises et plus suivies. D'autre part, on n'a pas le moyen de signaler sur un plan les problèmes topographiques que les écrivains soulèvent sans y apporter, le plus souvent, autre chose qu'un commencement de solution. Ainsi Jaillot nous apprend qu'un hôtel des évêques de Nevers s'élevait jadis dans la rue des Amandiers; or, comme les plans ne marquent point la situation de cette maison, il n'est pas même possible d'en rappeler l'existence sur une carte, parce qu'on ne sait où disposer avec précision la légende indicatrice. Fallait-il donc se borner à replacer, d'après Gomboust, ou De Lagrive, quelques établissements disparus? C'eût été un travail aisé, mais sans grand mérite; nous pressentions qu'il y avait quelque chose de mieux à faire.

Premières tentatives.

L'insuffisance des notions contenues dans les livres et dans les plans gravés étant bien constatée, il devenait urgent de recourir à des sources plus abondantes, c'est-à-dire d'abord les dépôts d'archives; à l'aide des innombrables documents inédits qui y sont contenus, on devait, en effet, pouvoir reconstituer d'une manière authentique cette topographie du Vieux Paris, restée si vague et dénaturée par tant d'erreurs. En peu de temps, malgré les difficultés du début, nous commençâmes à entrevoir la possibilité d'accomplir une œuvre entièrement nouvelle, la restitution de chacune des propriétés composant les îlots de maisons; notre courage s'en accrut, et, à la

Nécessité de nouvelles recherches.

suite d'efforts opiniâtres, nous eûmes enfin la satisfaction de constater qu'un groupe de maisons était rétabli avec exactitude. Une feuille de plan fut alors entreprise, puis soumise, dans une séance de l'un des Comités historiques, aux savants les plus aptes à en juger, et accueillie par eux avec autant de faveur que de surprise. La voie était ouverte; il n'y avait plus qu'à y persévérer.

*Tranformation du plan de restitution en histoire topographique.*

Bientôt se révéla la nécessité de ne point se borner à un simple travail de dessin. Des planches où n'aurait figuré aucune indication de dates étaient insuffisantes, et il eût été déplorable de rejeter dans l'ombre une quantité de renseignements curieux, recueillis en cherchant les éléments de l'exécution graphique. De plus, nous nous trouvions en fréquente opposition avec nos devanciers, et il importait beaucoup de prouver que la contradiction était motivée, ce qui entraînait à des discussions. Le travail s'est donc transformé en un livre où les plans ne sont plus que l'accessoire inséparable du texte, et qui constitue une véritable *Histoire topographique* du Vieux Paris.

*Sources principales: Archives de l'Empire et de l'Assistance publique, manuscrits des Bibliothèques, etc.*

Le sol de Paris tout entier était jadis divisé en seigneuries, appartenant presque exclusivement à des communautés, fort jalouses de leurs biens territoriaux, et produisant à leurs possesseurs des «émolumens», redevances et avantages de diverses natures. Pendant la Révolution, les titres de ces propriétés féodales furent mis sous le séquestre, puis réunis dans le grand dépôt central de l'hôtel de Soubise, où ils se trouvent aujourd'hui, à peu près dans le même état qu'en 1789. Or, à l'époque où s'écroula l'ancien régime, il y avait déjà d'innombrables lacunes dans les archives de ces fiefs parisiens, bien que les propriétaires eussent le plus grand intérêt à conserver leurs archives pour pouvoir justifier de leurs droits. Les années, en s'accumulant, avaient multiplié les causes de destruction; et, tandis que telle seigneurie conservait des dossiers complets remontant jusqu'au XIII$^e$ siècle, beaucoup d'autres, souvent supérieures en importance, ne possédaient plus qu'une petite quantité de pièces et de date peu ancienne. Les titres de la censive du Roi avaient même été complètement anéantis par l'incendie de la Chambre des comptes, survenu dans l'année 1737.

## PRÉFACE.

Par suite de ces diverses circonstances, on comprend que les documents sur Paris, réunis aux Archives de l'Empire, quoique nombreux et d'une grande valeur, laissent beaucoup à désirer ; ils sont, en réalité, très inégalement répartis et ne remontent pas assez haut dans l'histoire. On peut à peine citer quelques chartes du xii<sup>e</sup> siècle ayant trait à des maisons, et les actes de cette espèce sont peu explicites avant la fin du siècle suivant. Il faut descendre jusqu'au milieu du xv<sup>e</sup> pour rencontrer des titres de cette nature nombreux et facilement intelligibles. On découvre les mêmes lacunes dans les archives des hôpitaux, centralisées à la Direction de l'Assistance publique, et qui n'avaient été jusqu'ici explorées par aucun historien de Paris ; nous avons mis largement à profit ces archives, ainsi que les fonds manuscrits des bibliothèques publiques, où l'on ne trouve guère, il est vrai, que des registres sans suite et des pièces isolées. L'ensemble de ces circonstances explique les trop fréquents *desiderata* auxquels il nous a été impossible de remédier.

Quoique les matériaux de cet ouvrage proviennent, en très grande partie, des archives domaniales de toute origine, nous avons dû fréquemment puiser à d'autres sources, parce que les recherches topographiques proprement dites nous ont, par une conséquence naturelle, amené à parler de l'histoire des édifices considérés au point de vue de leur construction. Sous ce rapport, les travaux de nos prédécesseurs nous ont été beaucoup plus utiles, et parfois même nous avons dû nous borner à les copier. Ainsi, en dehors des appréciations archéologiques, il reste bien peu à dire des églises parisiennes, après Lebeuf[1] et Jaillot. L'histoire des établissements religieux a pareillement été assez étudiée[2] pour qu'on ne puisse guère compter sur des découvertes bien considérables ; et si, récemment, une science profonde, unie à un remarquable esprit de critique, est parvenue à composer, de toutes pièces, la monographie d'un ancien collège[3], c'est, à notre avis, un résultat tout à

---

[1] Lebeuf, chanoine et sous-chantre de la cathédrale d'Auxerre, liturgiste distingué, chercheur infatigable, auteur de l'*Histoire du Diocèse de Paris*. (1754.)

[2] Du Breul, Félibien, Sauval, l'abbé Dubois, dom Bouillart, dom Marrier, les auteurs du *Gallia christiana*, et beaucoup d'autres auteurs, ont travaillé sur ce sujet.

[3] *Hist. de Sainte-Barbe, collège, communauté et institution*, par J. Quicherat. (3 vol. in-8°, 1860-64.)

fait exceptionnel. L'histoire des grands édifices civils, qui dans le passé n'excitait qu'un assez faible intérêt, a été jusqu'ici traitée d'une manière bien plus imparfaite. Quant aux hôtels seigneuriaux, leur histoire est pleine d'erreurs, et les historiens de Paris n'ont point mentionné le quart de ceux qui méritaient de l'être. Il a été encore moins question des maisons de bourgeois ou d'artisans, que distinguaient de si pittoresques dénominations; elles étaient demeurées inconnues pour la plupart, de telle sorte que l'on ne pouvait juger de la physionomie intime des quartiers du Vieux Paris, et qu'on ne savait presque jamais retrouver la demeure d'un personnage célèbre. Cette étude des maisons, qui n'avait pas encore été abordée, nous a semblé indispensable : plus d'une fois elle nous a valu des données biographiques extrêmement curieuses.

<small>Plans manuscrits relatifs au Vieux Paris.</small>

Quant aux plans manuscrits dont nous avons fait usage, c'est également aux Archives de l'Empire et de l'Assistance publique qu'ils sont conservés pour la plupart; les autres appartiennent aux collections de la Bibliothèque impériale. Un petit nombre seulement remonte jusqu'à la seconde moitié du xviie siècle; au delà ils deviennent très rares, et nous n'en avons vu que deux ou trois du xve siècle. Cette pénurie n'est pas seulement l'effet des ravages du temps : jadis on dressait, comme aujourd'hui, les plans des constructions particulières à élever, mais on ne sentait pas plus qu'on ne l'éprouve de nos jours en Orient le besoin de plans généraux, soit pour satisfaire la curiosité des étrangers, soit pour diriger les travaux de voirie dans les villes. On ne faisait guère que des *images*, telles que *le Plan de la Tapisserie*, l'un des plus anciens « pourtraicts de Paris » qui nous soient parvenus, et qui n'est en réalité qu'une sorte de vue à vol d'oiseau. A l'époque où ce travail fut fait, l'art géodésique était dans l'enfance, et ne visait nullement à la précision. Quoiqu'il ait rapidement progressé depuis, par suite de la révolution opérée dans le système de défense des places fortes, il ne semble pas qu'on ait relevé des plans de Paris géométralement rigoureux avant ceux de l'abbé De Lagrive. Pour les architectes contemporains de ce géographe, l'exactitude mathématique était une perfection superflue, et, lors-

PRÉFACE.

qu'on examine attentivement leurs plans, surtout ceux qui comprennent des îlots détaillés, on est souvent étonné des énormes et inconcevables erreurs qu'on y découvre. Les plans manuscrits que nous avons utilisés sont tous partiels ; ils renferment une rue, un îlot, un quartier au plus. En fait d'anciens plans généraux, nous ne connaissons que ceux qui ont été gravés, et sont ainsi du domaine public. Il faut s'abstenir d'y porter le compas, et ne leur demander que des renseignements approximatifs. Toutefois on arrive à des conclusions très voisines de la vérité en combinant les indications qu'ils fournissent avec les données plus précises qui se déduisent de la lecture des textes, et notamment des pièces constituant les archives domaniales.

Ces archives se composent de baux, d'ensaisinements, d'amortissements, de déclarations aux terriers, etc. Dans ces divers actes, les maisons sont habituellement décrites avec leurs tenants et aboutissants ; il semble donc possible d'en déduire la situation relative, et, si les titres sont en quantité suffisante, de reconstituer la disposition des propriétés de tout un îlot. Pour atteindre ce but, on a d'ailleurs assez souvent à sa disposition les registres de cens, où les maisons sont mentionnées dans leur ordre de contiguïté, de façon qu'en les parcourant on apprend immédiatement combien il y avait de maisons entre deux points donnés, et quelles en étaient les enseignes à la date du cueilleret[1]. Déterminé à faire plus, nous nous sommes imposé l'obligation de retrouver l'emplacement même des propriétés dont les documents ne donnaient que l'énumération.

<small>Archives domaniale</small>

Mais sur quelle base établirons-nous sûrement nos restitutions? Quel point de repère nous guiderait dans ce travail de localisation poussé jusqu'à ses dernières limites? Heureusement il en existait un, facile à reconnaître même aujourd'hui, là où l'ancien état de choses n'a pas été sensiblement modifié ; et c'est ce point de repère assuré qui nous a aidé à dresser notre plan parcellaire : il consiste en ce que *les murs mitoyens latéraux n'étaient autrefois presque jamais déplacés.* Ce fait provoque, tout d'abord, une certaine

<small>Données positives four par les murs mitoy latéraux</small>

---

[1] Livre de recettes des cens et rentes payés à un seigneur par ses tenanciers.

surprise ; mais, après quelques instants de réflexion, on ne tarde pas à s'en rendre compte. Quand on reconstruisait une maison, on ne pouvait l'élargir qu'en entamant les bâtiments contigus; or une pareille opération n'était réalisable que par voie d'héritage ou d'acquisition, circonstances fort rares au moyen âge, où les acensements de terrains étaient réputés perpétuels. Sauf le cas de morcellement, il est donc infiniment probable que la plupart des maisons ont eu leurs murs latéraux établis sur des fondations antérieures. Le déplacement des murs mitoyens a dû, par conséquent, ne se produire que très exceptionnellement. Les modifications apportées aux propriétés, dans le sens de la profondeur, ont été beaucoup moins rares, parce qu'il y avait là des cours et des jardins, où les retranchements s'effectuaient avec facilité ; mais les changements que les maisons ont subis sous ce rapport n'empêchent nullement d'en constater l'identité.

*Conséquences à tirer de ces données.* De ce que les murs mitoyens latéraux se sont généralement maintenus à leur place primitive, il ne s'ensuit point cependant que les rues aient contenu, dans les temps modernes, la même quantité de maisons qu'aux époques antérieures. La différence de nombre est, au contraire, très grande, et en voici le motif : au XIII$^e$ siècle, Paris ayant encore peu d'habitants, le terrain y était d'une médiocre valeur, et rien n'empêchait d'y donner aux maisons des dimensions assez vastes; mais dans les siècles suivants, la population augmentant sans cesse, le terrain devint précieux, et l'on voulut naturellement en tirer tout le parti possible ; les propriétés furent donc subdivisées, ce qui amena la construction de maisons étroites et très élevées. Dès le règne de Louis XII, on avait poussé le morcellement si loin, qu'on voyait dans la Cité des façades larges de sept pieds seulement; une centaine d'années plus tard, on commença à réagir contre cet abus, et de plusieurs maisons on en fit parfois une seule : circonstances qui ajoutèrent ou supprimèrent quelques murs mitoyens, mais ne déplacèrent point les autres. Le progrès, au reste, ne fut pas général, et pendant que, çà et là, on reliait entre elles diverses propriétés dans le centre de la Ville, le système de fractionnement se continuait dans les faubourgs, où les constructions étaient moins resserrées.

## PRÉFACE.

Le nombre des maisons figurées sur les rares plans que l'on possède, comparé à ce qu'il était aux époques où nous avons à nous reporter, diffère plus ou moins, en raison du temps et des quartiers. L'écart est presque toujours considérable, et il suffit qu'il y en ait un, même minime, pour que l'identité de toutes les propriétés d'un groupe devienne douteuse. Les procédés à l'aide desquels nous parvenons à nous reconnaître dans ce dédale sont complexes et peu aisés à spécifier. En général, notre méthode, pour aller du connu à l'inconnu, consiste à remonter l'échelle des temps; et nos moyens d'appréciation détaillée sont la coïncidence des maisons par leurs aboutissants, la manière dont elles s'agencent latéralement entre elles, une particularité de leur plan, révélée par les titres, comme la disposition en hache, une enclave, certaines dimensions, etc.; malheureusement ce dernier genre de renseignement ne se rencontre guère. Des données extrêmement utiles se dégagent aussi de l'indication des superficies, lorsqu'on peut en faire le relevé. Nous mettons également à profit les listes de propriétaires, le fait de la conservation des vieilles enseignes ou la mention de celles qui y ont été substituées, les repères offerts par les édifices qui ont traversé les âges, les plans que renferment quelquefois les dossiers, et une multitude d'autres détails dont l'étude nous a enseigné à saisir la portée. Cependant le plus souvent tout cela serait insuffisant sans l'espèce d'intuition qu'une longue expérience finit par développer, et qui permet de discerner les remaniements opérés dans le lotissement des îlots [1]. Rien, au surplus, n'a été omis afin d'obtenir des résultats aussi certains que possible, et il n'est aucun genre de vérification auquel nous ayons négligé d'avoir recours. Nous ne prétendons certes pas à l'infaillibilité; mais ce que nous pouvons dire, c'est que nos restitutions, dont l'exactitude a été si souvent confirmée, sont établies avec une probabilité tout à fait scientifique. Lorsqu'il nous est resté des doutes, nous avons considéré comme un devoir de conscience d'en avertir le lecteur, soit sur les plans, soit dans le texte.

*Procédé pour discerner les anciens lotissements.*

---

[1] Il a existé jusqu'à nos jours dans le lotissement des îlots diverses traces d'états extrêmement anciens. C'est ainsi qu'un point du passage de la muraille gallo-romaine de la Cité a pu être signalé par nous à M. Th. Vacquer, longtemps avant que cet archéologue en retrouvât les assises inférieures,

*Difficulté d'appliquer les documents au sol.*

Exposer les procédés d'exécution de ce travail, c'est en faire comprendre les prodigieuses difficultés. Fixer en effet, avec une entière précision, le point du sol parisien auquel se rapporte un ancien titre, est aujourd'hui, dans l'immense majorité des cas, un problème extrêmement pénible à résoudre. Ceux-là seuls qui en ont tenté l'épreuve savent ce que coûte un tel «rom- « pement de teste,» pour employer une expression de l'illustre architecte Philibert De l'Orme. S'il est un résultat qui puisse faire attribuer à nos travaux une valeur particulière, c'est assurément d'avoir réussi dans l'application des documents au terrain; le reste de la tâche, c'est-à-dire l'élaboration du plan et la rédaction du texte, quelque considérable que soit un pareil travail, doit être tenu pour peu de chose en comparaison.

*Divisions naturelles de l'ouvrage; marche suivie pour la publication.*

L'ouvrage étant avant tout topographique, les divisions en étaient indiquées par la configuration même de Paris:

La Cité et ses dépendances;

L'Université, comprenant les quartiers de la rive gauche de la Seine renfermés dans l'enceinte de Philippe-Auguste;

La Ville, c'est-à-dire les régions de la rive droite qu'entourait l'enceinte bastionnée;

Les Faubourgs, ou les parties du territoire parisien situées au delà des enceintes.

Si l'on était complétement maître d'un tel sujet, il serait logique de commencer la publication de l'ouvrage par *la Cité*, cet antique berceau de l'histoire parisienne; mais un travail de restitution aussi étendu, aussi compliqué, est soumis à des nécessités de toute nature qui amènent forcément des interversions dans l'ordre de succession des parties qui le composent. Les titres écrits ont leurs lacunes et présentent de nombreuses difficultés d'interprétation; les documents lapidaires ne peuvent être utilement consultés

dans une fouille récente. Guidé par des indices analogues, nous sommes parvenu également à retracer plus des trois cinquièmes du parcours, si mal connu, de l'enceinte dont dépendaient la porte Baudoyer et l'archet Saint-Merry. On aura encore d'autres preuves du fait que nous signalons, lorsque nous expliquerons un très curieux document, réputé d'une obscurité impénétrable : le relevé des places que l'abbaye Saint-Pierre-des-Fossés possédait à Paris, vers la fin du ixe siècle.

PRÉFACE.

qu'au moment où la pioche ouvre les profondeurs du sol qui les renferme. Il faut donc, pour mettre sûrement la dernière main à un volume de texte et à une feuille de plan, attendre tantôt la découverte de pièces manuscrites nouvelles ou le dépouillement d'anciens fonds qui n'avaient pas encore été livrés au public, tantôt l'exécution de grands travaux de construction ou d'édilité, d'où résultent soit un utile complément d'indications, soit une confirmation matérielle des renseignements fournis par les archives. Ces déviations, que ne connaissent ni les littérateurs, ni les hommes de science pure, un historien-topographe est obligé de les subir; il va où l'appellent les matériaux qui doivent entrer dans la composition de son œuvre, il suspend momentanément certaines parties de son travail, quand il a l'espoir de faire quelques bonnes trouvailles, et il ne se décide à les livrer au public que lorsqu'il croit avoir épuisé les sources: l'estime du monde savant est à ce prix. La vérité nous oblige donc à reconnaître que *la Cité*, dont les vieilles maisons tombent en ce moment, n'a pas encore été assez fouillée; que *l'Université*, où de nombreuses voies nouvelles vont s'ouvrir, a encore bien des secrets à nous révéler; mais en revanche, dans *la Ville* proprement dite, *la Région du Louvre et des Tuileries* est complétement explorée, et c'est par elle que commence la publication du présent ouvrage.

Il n'est pas moins difficile de fixer l'ordre dans lequel les rues doivent être énumérées; on ne saurait songer à les grouper par *paroisses* et par *fiefs*, à cause de l'irrégularité et de l'enchevêtrement de ces sortes de circonscriptions. La division par quartiers eût beaucoup mieux valu; mais, quand même elle serait exempte de ces inconvénients, elle n'aurait pu être adoptée, puisqu'on ne connaît point les limites précises des anciens quartiers. Force nous a donc été de recourir, comme Jaillot, à l'ordre alphabétique, qui offre des avantages certains, et est exempt de défauts graves. En tête de l'article consacré à chaque rue est une notice mentionnant l'époque où elle apparaît dans les documents, les noms qu'elle a portés, avec leur signification, et généralement tout ce qui tend à en éclaircir l'histoire au point de vue topographique. Viennent ensuite l'indication de la paroisse et de la seigneurie, détails qu'on

Énumération des rues.

chercherait inutilement dans les livres, et enfin la nomenclature complète des édifices élevés ou débouchant sur la voie. Une telle forme, manifestement incompatible avec l'intérêt littéraire, permet, en revanche, de ne rien omettre; il y avait d'ailleurs impossibilité de fondre en un récit continu les renseignements à donner sur de longues séries de maisons. Nous devons, en outre, prévenir le lecteur que l'anecdote a été bannie de cet ouvrage; ce serait, du reste, un souhait stérile que celui d'une histoire anecdotique et récréative des habitations du Vieux Paris : il n'y a presque rien à recueillir sur cette matière. Des maisons de Paris pendant le moyen âge, on ne peut guère arriver à connaître que l'emplacement, la désignation habituelle, et le nom de quelques propriétaires.

<small>Dates et limites extrêmes ; développements accessoires ; biographies d'artistes.</small> Les investigations archéologiques s'arrêtant d'ordinaire au commencement du xvii<sup>e</sup> siècle, la date de 1610 est celle que nous nous proposons de ne pas dépasser dans cet ouvrage. Cependant ce n'est point une limite que nous nous croyions rigoureusement interdit de franchir : nous donnerons fréquemment, pour les sauver de l'oubli, des renseignements recueillis dans le cours de notre travail et se rapportant à des époques plus rapprochées : mais il n'y faudra voir que des accessoires. C'est surtout dans le cadre d'une histoire topographique de la Ville avant Louis XIII que l'auteur de ce livre a voulu réaliser un travail complet. Pour y parvenir, il n'a reculé devant aucune étude d'où pouvait sortir l'éclaircissement de quelque question, et c'est ainsi qu'il a entrepris d'élucider la biographie de tous les architectes qui ont travaillé au Louvre. Ce qu'on relatait de leur personne et de leur vie était tellement entaché d'erreurs, que les traditions les plus contradictoires s'étaient peu à peu accréditées sur la construction de ce palais. Si les développements donnés au récit de toutes ces vies d'artistes paraissent un peu longs, il faudra se rappeler que telle date, tel fait, peu importants en apparence, permettent de nier ou d'affirmer la participation d'un architecte, d'un sculpteur ou d'un peintre, à des travaux qu'on leur avait attribués jusqu'ici.

PRÉFACE.    XIX

On connaît l'exactitude du plan de Verniquet[1]; c'est celui qui a été adopté pour base géométrale du nôtre. Il est encore très intelligible pour la génération actuelle, et l'aspect général du Vieux Paris s'y reconnaît assez pour qu'on y reporte sans trop de difficulté l'ancien état de choses. Nous l'avons, pour notre usage, réparti en seize feuilles; mais l'échelle (une demi-ligne pour toise, ou $0^{mm},58$ pour mètre) s'est trouvée un peu restreinte, et il nous a fallu employer d'assez petits caractères, afin de consigner sur chaque planche le plus grand nombre possible de renseignements. Il s'en est suivi, sur quelques points, une confusion apparente, à laquelle semblent ajouter les signes marquant les limites des censives et des paroisses. Toutefois, dans une carte faite exclusivement en vue d'études sérieuses, des entre-croisements répétés de légendes ne sont-ils pas encore préférables à l'omission de particularités importantes?

L'exposé du système graphique adopté pour donner tous les éclaircissements nécessaires a été reproduit sur toutes les feuilles; on y trouvera également un numéro d'ordre, propre à en faciliter la juxtaposition, c'est-à-dire la réunion en un grand tableau composé de seize planches principales, réparties sur quatre rangs. Quelques feuilles supplémentaires seront, en outre, consacrées aux faubourgs, et disposées de manière qu'on puisse les rapprocher des feuilles principales dont elles présenteront le numéro, avec adjonction du mot *bis*.

Le *plan de restitution*, étant le résultat d'un travail analytique destiné à faciliter l'intelligence du texte par la détermination des emplacements et des contours, ne comporte pas de renseignements chronologiques, sauf la distinction entre la période ancienne et la période moderne. Quant à la représentation en plan de la Ville, prise à diverses époques, elle sera l'objet de planches spéciales, où figureront, en même temps que le réseau des rues, les monuments et les enceintes qui existaient à un moment donné. Ces *plans*

---

[1] Verniquet, architecte et commissaire-voyer à Paris, dressa, de 1774 à 1791, un plan géométral de la capitale, en soixante et douze feuilles grand atlas, travail excellent, qui a servi de base aux plans publiés depuis cette époque.

c.

*d'époques*, réalisation sérieuse des projets de nos devanciers, atteindront un haut degré d'exactitude, parce qu'ils procéderont du travail d'analyse dont nous venons de parler et d'une recomposition synthétique. Ainsi, par exemple, ce n'est qu'après avoir compulsé soigneusement, un à un, les dossiers de toutes les maisons de la Cité, que nous avons pu deviner la situation des ruelles Portebûche et de la Licorne; et, si nous n'avions pas dépouillé minutieusement tous les titres relatifs à la rue de Beauvais, ce qui nous a procuré une cote importante[1], il nous eût été impossible de retracer avec précision la clôture septentrionale du Louvre.

Les *plans d'époques* seront au nombre de quatre; le premier montrera ce qu'était Paris à la fin du xiiie siècle, le dernier en figurera l'aspect vers 1610. Ces deux limites se justifient d'elles-mêmes : avant le règne de Philippe le Bel, la topographie de la capitale se dessine d'une manière imparfaite et présente de très nombreuses lacunes; l'année de la mort de Henri IV est, d'autre part, le terme naturel auquel il convient de s'arrêter, car moins d'un demi-siècle après commence, par le plan de Gomboust, la série des travaux graphiques vraiment dignes de confiance.

Illustrations de l'ouvrage.

On regrettera peut-être que nous n'ayons pas représenté Paris à vol d'oiseau, comme l'a fait Bretez[2] sur le plan dit *de Turgot*; mais rien n'est moins facile quand on veut opérer avec précision, car les titres ne contiennent aucune donnée sur la disposition architectonique des maisons. Nous avons restitué un *panorama des quais du Louvre et des Tuileries sous Louis XIII* (voir page 317), parce qu'un concours exceptionnel de circonstances en a fourni les éléments; mais il est bien peu probable que l'on ait plus tard les moyens de faire quelque autre tentative de ce genre. Comme compensation, l'ouvrage sera illustré de toutes les vues du Vieux Paris qui ont quelque valeur. La plupart seront reproduites en *fac-simile*, procédé qui est généralement le meilleur, puisqu'il préserve des interprétations douteuses; néanmoins,

---

[1] Voir page 157.

[2] Bretez, dessinateur-géographe, fit, en 1734, marché avec le Bureau de la Ville pour «lever et «dessiner en proportion et élévation» un plan de Paris, qui fut *gravé* par Claude Lucas et *écrit* par Aubin. Ce plan parut en 1737; il comprend vingt planches. (Voir l'*Introduction* à l'*Histoire générale de Paris*, p. 153.)

quand nous avons été certain de corriger avantageusement les défauts des modèles, nous n'avons pas hésité à le faire, en ayant soin d'indiquer les parties restées à l'état d'hypothèse. La monographie du Louvre, par exemple, contiendra tous les documents graphiques sur lesquels reposent les thèses soutenues dans le texte, ou qui donnent une idée de l'*état ancien* de l'édifice; mais les constructions qui sont demeurées intactes n'y figureront point. Ce système sera suivi dans tout l'ouvrage, car il s'agit d'exhumer le passé et non de reproduire ce qu'on peut facilement constater. Parmi les sujets auxquels se rapportent les vingt-deux gravures de ce premier volume, seize étaient ou *ignorés* ou entièrement *inédits*, et quelques-uns, comme le dessin de 1574[1], constituent des curiosités rarissimes. La proportion sera à peu près la même pour les volumes suivants. On nous permettra, pour rendre un juste hommage aux artistes qui exécutent nos planches, de faire observer qu'elles n'ont rien de commun avec les *images* dont on illustre ordinairement les livres publiés sur Paris; plusieurs d'entre elles sont de véritables chefs-d'œuvre de précision et de gravure.

En histoire, plus qu'en toute autre science, il est impérieusement nécessaire de ne rien accepter sans contrôle, et c'est pour avoir méconnu ce principe que les auteurs des livres sur Paris ont perpétué tant de méprises. Vérifier les assertions de nos devanciers, en recourant aux documents originaux, a donc été constamment notre règle de conduite. Sachant aussi combien il est imprudent de conclure d'après des apparences, quelque spécieuses qu'elles soient, nous poussons, jusqu'à l'exagération peut-être, l'emploi des formules dubitatives. Nous faisons plus encore : nous transcrivons, chaque fois qu'il n'y a pas d'inconvénient, les textes mêmes sur lesquels reposent nos assertions, et nous citons avec soin nos autorités, particulièrement s'il s'agit de combattre des opinions contraires aux nôtres. Quant à indiquer par le menu la totalité des sources où nous avons puisé pour dresser la nomenclature des maisons, c'eût été un travail stérile et re-

---

[1] Voir page 168.

butant. Il est en effet de nombreuses propriétés sur lesquelles assez de titres existent pour que chacune motive plusieurs lignes de notes. Or, pour être conséquent, il eût fallu tout rapporter, et alors la moitié de chaque page aurait été composée de renvois, où les numéros de certains registres se seraient répétés avec une fatigante monotonie.

Un livre de science n'a de raison d'être que s'il réalise un progrès incontestable sur ceux qui l'ont précédé. Pénétré de cette pensée, nous nous sommes voué exclusivement à l'œuvre de restitution qu'il fallait accomplir pour faire un livre qui pût être regardé comme définitif. Nous nous sommes donc imposé la loi d'épuiser toutes les sources et de ne nous arrêter que lorsque les indications faisaient absolument défaut. Favorisés par le hasard, des chercheurs découvriront sans doute après nous quelques pièces nouvelles; toutefois le nombre en sera peu considérable comparativement à la multitude des documents que nous avons consultés et dont le chiffre est déjà incalculable.

Maintenant nous a-t-il été donné d'accomplir réellement ce que nous avons voulu faire? Avons-nous réussi dans la tâche que nous nous étions imposée? C'est au lecteur d'en juger. Nous lui demandons simplement de ne se prononcer qu'en connaissance de cause, c'est-à-dire après avoir attentivement examiné notre travail et l'avoir comparé aux travaux du même genre.

Conclusion.   Nous ne terminerons pas cette longue préface sans témoigner notre reconnaissance pour les précieux encouragements qui nous ont soutenu dans la carrière laborieuse où nous sommes entré. Nous dirons donc, et en premier lieu, que nous avons les plus vives obligations à M. le comte de Laborde, directeur général des Archives de l'Empire: il a bien voulu, en effet, prendre l'initiative des recommandations qui ont attiré sur nos efforts l'attention de M. le Préfet de la Seine. Parmi les autres savants dont nous nous faisons honneur d'avoir obtenu les suffrages et reçu les conseils, nous citerons: feu Benjamin Guérard, MM. le marquis de La Grange, Natalis de Wailly, Paulin Paris, Prosper Mérimée, Léopold Delisle, Jules Quicherat, E. Viollet-Leduc, qui nous ont libéralement accordé leur appui et leurs conseils. Ne pouvant mentionner ici chacune des personnes dont les bons offices ont favorisé nos travaux, nous leur adresserons du moins à toutes les remercîments les plus sincères. Nous en devons de tout particuliers à MM. Douët-d'Arcq, Boutaric et Boisserand, archivistes aux Archives de l'Empire, ainsi qu'à M. Richard, conservateur adjoint à la Bibliothèque impériale, pour l'aide assidue qu'ils nous ont donnée. Nous nous empressons de reconnaître aussi que M. L. M. Tisserand, Secrétaire archiviste du Service historique de la Ville de Paris, appelé à nous prêter son concours pour la revision littéraire du texte de cet ouvrage, nous a, dans cette tâche aussi longue que minutieuse, fait amicalement profiter du secours d'une plume habile et exercée. Enfin nous ne saurions oublier que M. Albert Lenoir accueillit autrefois l'idée première de ce travail, et nous mit à même d'en commencer l'exécution, sous les auspices du Ministère de l'instruction publique. Les sympathies que nous avons rencontrées dès ce moment, les encouragements des Comités historiques, la haute approbation de l'Institut, nous ont plus tard ouvert les portes de l'Hôtel de Ville et assuré le patronage de l'Administration municipale : c'est dire que l'ouvrage avait enfin trouvé son plus solide appui, et l'auteur, la meilleure récompense de ses longs et persévérants efforts.

# RÉGION

## DU LOUVRE ET DES TUILERIES.

### I.

# SOMMAIRES.

### CHAPITRE PREMIER.

Pages.

PAROISSES, FIEFS, QUARTIERS, ASPECT GÉNÉRAL. — Circonscription des paroisses de la région. — Ses divers fiefs. — Quartiers qui en ont fait partie. — Ses transformations.................... 1

### CHAPITRE II.

ESPACE COMPRIS ENTRE LA RUE DES POULIES ET LA PLACE DU CARROUSEL. — Rue d'Autriche ou de l'Oratoire. Maison de la maréchale d'Ancre. Jeux de paume et guichet du Louvre. Grands hôtels de la Rocheguyon et de Bacqueville; d'Étampes ou d'Aumale; de Saint-Pol, d'Étampes, de Clermont et Créquy; d'Ostrevant; de Retz et de Conty. — Rue de Beauvais. Hôtel de Rostaing. — Rue du Petit-Bourbon. — Rue Champ-Fleuri ou de la Bibliothèque. — Rue du Chantre. — Rue du Coq. Hôtel du Bouchage. — Rue du Doyenné. — Quai de l'École. Hôtel de Bourbon. — Rue Fromenteau. Hôtels de la Roze et de Pontchartrain; de Vendôme, de Chevreuse et de la Marche; de la Petite-Marche; de Schomberg. — Rue Saint-Honoré, de la Croix-du-Tiroir ou du Château-Fêtu. Maison de l'Oratoire. Hôtel de Laval, de Vignolles et de Sillery. Hospice des Quinze-Vingts. — Rue Jean-Saint-Denis ou Pierre-Lescot. — Quai du Louvre. — Rue Saint-Nicaise. Hôtel de Beringhen. Chapelle Saint-Nicaise. Hôtel de Créquy et d'Elbeuf. Hôtel d'Uzès. — Rue des Orties. Hôtel de la Petite-Bretagne, de Coupeau et de Matignon. — Rues de Matignon et Neuve-Saint-Thomas; cul-de-sac du Doyenné. — Rue des Poulies. Hôtels de Combault; du Petit-Alençon, de Castellan et de Retz; du Grand-Alençon, de Villeroy, d'Anjou et de Longueville; de Villequier et de Provence; de Garancières, de Nevers, de Villequier et d'Aumont; d'Alluye, de Cipières, de Conty et d'Angivilliers. — Rue Saint-Thomas-du-Louvre. Église collégiale de Saint-Thomas. Hôtels de Torcy; d'O, de la Vieuville, de Chevreuse, d'Épernon et de Longueville; de Pisany et de Rambouillet. Hospice, collège ou chapitre Saint-Nicolas-du-Louvre............................ 7

### CHAPITRE III.

ORIGINE DU CHÂTEAU DU LOUVRE. — Opinions erronées des historiens à ce sujet. — Preuves que le château du Louvre a été fondé par Philippe-Auguste, et s'appelait d'abord *la Tour-Neuve*. — Le nom actuel de l'édifice provient du territoire sur lequel il a été construit. — Signification douteuse du mot *Louvre*.................................................. 113

## CHAPITRE IV.

Histoire du vieux Louvre (1202-1527). — Impossibilité de faire une histoire monumentale du château. — Il renfermait un arsenal, et la Grosse-Tour servait parfois de prison. — On y établit la bibliothèque du Roi. — Châtelains ou capitaines.................................. 123

## CHAPITRE V.

Description du vieux Louvre et des fortifications voisines. — Grosse-Tour. — Quadrangle. Il était d'un tiers moins grand qu'on ne le croit. Démonstration de ses dimensions. — Fossés, tours et portes; identité des tours de la Taillerie, de la Fauconnerie, de la Librairie, etc. — Le grand escalier. Renseignements biographiques sur Raymond du Temple. — Intérieur des bâtiments. — Grand jardin et ménagerie. Petit jardin. — Basses-cours et Artillerie. — Maison de l'Engin. — Enceinte de Philippe-Auguste; son emplacement exact. — Première porte Saint-Honoré. — Porte du Louvre. — Tour du Coin ou Jehan-de-Lestang. — Courtine du bord de l'eau. Guichet et port du Louvre. — La Porte-Neuve et la tour de Bois. — Quai du Louvre. — Rue des Orties. — Enceinte de Charles V. Contrescarpe élevée en 1581. — Deuxième porte Saint-Honoré. — Comptes des dépenses faites au Louvre par Charles V, de 1362 à 1371.................. 129

## CHAPITRE VI.

Le Louvre sous François Ier (1527-1547). — François Ier ne songe d'abord qu'à restaurer le vieux Louvre. — En 1527, il demande qu'on construise un nouveau quai pour remplacer celui qu'il réunit à la basse-cour du château. — Il démolit la Grosse-Tour, fait bâtir des jeux de paume et disposer la cour des cuisines. — Travaux pour la réception de Charles-Quint en 1539. — Résolution de réédifier complétement le château. — Sébastien Serlio et Pierre Lescot. — Notice biographique sur ce dernier. — Il est nommé officiellement architecte des constructions nouvelles en 1546, et c'est vers cette année seulement qu'on commence les travaux................ 201

## CHAPITRE VII.

Le Louvre sous Henri II (1547-1559). — Plans adoptés par Henri II. — Pierre Lescot est confirmé dans ses fonctions. — Aile occidentale; ses inscriptions; salle des Caryatides. — Lescot autorisé à modifier ses projets et à procéder aux démolitions nécessaires pour les effectuer. — On lui alloue 1,200 livres de gages. — Chiffres de Henri II et de Catherine de Médicis III. — Distribution intérieure du nouveau bâtiment. — Le pavillon du Roi. — Entrepreneurs des travaux du palais; artistes qui les exécutent. Notice biographique sur Jean Goujon. — Paul-Ponce Trebatti a-t-il pris part aux sculptures de la cour? — Comptables des travaux. — Comptes des dépenses faites sous le règne de Henri II, de 1555 à 1556.................................. 219

## CHAPITRE VIII.

Le Louvre sous François II, Charles IX et Henri III (1559-1589). — Détermination des parties construites sous Charles IX. — Les sculpteurs Pierre L'Heureux, François L'Heureux, Martin Le Fort, Pierre Nanyn, Jean Tacet ou Tacquet et Étienne Cramoy. — Distribution intérieure de la nouvelle aile méridionale. — Lacune dans les comptes. — Résumé de ceux qui s'étendent de 1560 à 1568. — Origine de la Petite et de la Grande-Galerie du Louvre. — Elles ont été bâties à

SOMMAIRES.

deux reprises. — Ce qui motive l'aspect actuel de la Petite-Galerie. Balcon dit *de Charles IX*. — Renseignements biographiques sur Pierre Chambiges, premier architecte de la Petite-Galerie. — Salle des Antiques. — Renseignements biographiques sur Thibaut Métezeau. — Travaux qu'on doit attribuer à Henri III. — Il prend pour architecte Baptiste Androuet Du Cerceau. Notice sur cet artiste. — Le grand jardin bouleversé.................................................. 249

## CHAPITRE IX.

Espace compris entre l'enceinte de Charles V, la rue Saint-Honoré, l'enceinte bastionnée et la Seine. — Rue de l'Échelle. — Terrain de la place du Carrousel. Hôtels de La Vallière; d'Armagnac ou de Brionne. — Rue Saint-Honoré (partie s'étendant de la rue Saint-Nicaise à la rue Royale). — Rue Saint-Louis. — Marché des Quinze-Vingts. — Clos des Quinze-Vingts ; ses limites restituées. — Rue du Dauphin ou Saint-Vincent. — Rue Saint-Honoré (continuation). Hôtels de Foix, Pussort, d'Armenonville et de Noailles. — Couvent des Feuillants ; passage de ce nom. — Couvent des Capucins. Hôtel de la Trémouille, de Joyeuse ou du Bouchage. Couvent de l'Assomption. — Rues de l'Orangerie et Saint-Florentin........................................ 277

## CHAPITRE X.

Quai des Tuileries. Enceinte bastionnée. Emplacement du château et du jardin des Tuileries. — Quai des Tuileries. Pêcheries. — Fondation de l'enceinte bastionnée ; sa situation ; son tracé. — Porte de la Conférence. — Troisième porte Saint-Honoré. — La Garenne ; le jardin de Regnard. — Les vieilles Tuileries. Le clos de Moucy ; le clos Maudole. Les terres de Jean Le Gendre et de Simon de Neufville. — François Ier acquiert la maison des Tuileries. — Elle est donnée viagèrement à Jean Tiercelin. — Acquisition de toutes les propriétés de la famille de Neufville par Catherine de Médicis.................................................................. 317

# APPENDICES.

I. Tableau de Saint-Germain-des-Prés et retable du Palais de Justice..................... iii
II. Hôtel de Bourbon.................................................................. vi
III. Hôtel d'Alluye.................................................................... vii
IV. Hôtel de Chevreuse................................................................ vii
V. Fragment de l'enceinte entre la Tour de Bois et la porte Saint-Honoré............... vii
VI. Emplacement de la seconde porte Saint-Honoré..................................... ix
VII. Statue de Vulcain au Louvre....................................................... xi
VIII. Travaux de Pierre Lescot et de Jean Goujon au Louvre............................ xi
IX. Époque de la mort de Jean Goujon................................................. xi
X. Appartements du Louvre, sous Louis XIII........................................... xi
XI. Petite Galerie du Louvre.......................................................... xii

## PLANCHES.

|     |                                                                                                                                                                                                                                                                                                                                                                    | Pages. |
| --- | --- | --- |
| I.  | La région du Louvre et des Tuileries en 1609, d'après le Plan de François Quesnel...... | 7 |
| II. | Vue de l'arche d'Autriche. — Plan des restes de l'hôtel de Bourbon................ | 32 |
| III. | Plan de l'hospice des Quinze-Vingts, avant la reconstruction de 1748, à la fin du xvii<sup>e</sup> siècle.................................................................... | 67 |
| IV. | Vue intérieure de l'hospice des Quinze-Vingts (Fac-simile d'une gravure d'Israël Sylvestre). — Plan de l'église et de la chapelle Saint-Nicaise. — Sceau de la communauté...... | 68 |
| V.  | Vues de l'église Saint-Nicolas-du-Louvre pendant sa démolition. — Sceaux et contre-sceaux du collège Saint-Nicolas et du chapitre Saint-Thomas........................... | 111 |
| VI. | Plan restitué du vieux Louvre............................................... | 129 |
| VII. | Vue du Louvre dans la seconde moitié du xvi<sup>e</sup> siècle (Fac-simile réduit d'un dessin de Jacques Cellier). — Plan d'un des jeux de paume du Louvre en 1555.................... | 134 |
| VIII. | Les environs du Louvre vers l'orient, d'après un plan manuscrit de la seconde moitié du xvi<sup>e</sup> siècle, provenant des Archives de Saint-Germain-l'Auxerrois.................. | 134 |
| IX. | Vues du Louvre, d'après les plans de la Tapisserie, de Du Cerceau, de Mérian et de Gomboust............................................................................ | 138 |
| X.  | Vue du Louvre et de l'abbaye de Saint-Germain-des-Prés, au commencement du xvi<sup>e</sup> siècle, d'après un tableau provenant du monastère et conservé aujourd'hui au Musée......... | 146 |
| XI. | Vue du Louvre et de la porte de Nesle, au milieu du xv<sup>e</sup> siècle, d'après le retable du Palais de Justice...................................................................... | 149 |
| XII. | Vue des quais de la rive droite, depuis la Porte-Neuve jusqu'au pont aux Meuniers (Fac-simile d'un dessin portant la date de 1574)....................................... | 169 |
| XIII. | Vue de la Porte-Neuve, d'après Israël Sylvestre................................. | 171 |
| XIV. | Plan des substructions aux environs de la Porte-Neuve........................... | 173 |
| XV. | Signatures de divers architectes du Louvre et des Tuileries (Pierre Lescot, Philibert Delorme, Pierre Chambiges, Thibaut et Louis Métezeau)...................... | 208 |
| XVI. | Plan restitué du Louvre de la Renaissance, étage inférieur........................ | 228 |
| XVII. | Plan restitué du Louvre de la Renaissance, étage supérieur....................... | 229 |
| XVIII. | Plans comparatifs de la Petite-Galerie du Louvre, dans son état primitif et à la fin du xvii<sup>e</sup> siècle..................................................................... | 261 |
| XIX. | Vue de la Petite-Galerie du Louvre vers 1650 (Fac-simile d'une gravure d'Israël Sylvestre) | 262 |
| XX. | Élévation panoramique (restituée) des quais du Louvre et des Tuileries, sous le règne de Louis XIII.................................................................... | 317 |
| XXI. | Vue de la porte de la Conférence, d'après Israël Sylvestre et Pérelle................ | 321 |
| XXII. | Vue de la porte Saint-Honoré, au milieu du xvii<sup>e</sup> siècle (Fac-simile d'une gravure d'Israël Sylvestre)........................................................................ | 324 |

SOMMAIRES.

## BOIS GRAVÉS.

| | Pages. |
|---|---|
| I. Sceau de la Prévôté des Marchands, en 1412 .......................... | Frontispice. |
| II. Profil d'une moulure de l'ancienne muraille du Louvre..................... | 131 |
| III. Sceau de Raymond du Temple................................... | 151 |
| IV. Disposition des Pavillons des Jardins du Louvre...................... | 158 |
| V. Chiffres de Henri II et de Catherine de Médicis....................... | 227 et 228 |
| VI. Chiffre de Charles IX........................................ | 250 |
| VII. Armes de la famille Chambiges................................. | 265 |
| VIII. Chiffre de Henri IV......................................... | 269 |
| IX. Marque de tâcheron sur un moellon trouvé dans les fondations du mur méridional de la Galerie du Louvre. (*Appendices*.)............................. | viii |
| X. Substructions de la seconde porte Saint-Honoré. (Appendices.).................. | ix |

## PLAN DE RESTITUTION.

Au présent volume se rattachent deux feuilles du Plan de restitution, portant les numéros V et V *bis*. (Voir la Préface, page xix.)

# TOPOGRAPHIE
## HISTORIQUE
# DU VIEUX PARIS.

## RÉGION
## DU LOUVRE ET DES TUILERIES

COMPRISE

ENTRE LA RUE DES POULIES (DU LOUVRE), LA RUE SAINT-HONORÉ,

L'EMPLACEMENT DES CHAMPS-ÉLYSÉES ET LA SEINE.

## CHAPITRE PREMIER.
### PAROISSES, FIEFS, QUARTIERS, ASPECT GÉNÉRAL.

A l'époque où la topographie du vieux Paris commence à se dessiner, c'est-à-dire vers le milieu du xii$^e$ siècle, la région suburbaine presque tout entière se dérobe encore à nos regards; toutefois la partie de cette région où fut construit le château du Louvre ne tarde pas à sortir de l'obscurité. Elle apparaît en effet vers l'avénement de Philippe-Auguste, et il est possible d'entrevoir l'aspect qu'elle offrait alors. Soumise, comme tout le reste de la Ville, à une juridiction d'abord religieuse et féodale, puis municipale, elle eut ainsi ses paroisses, ses fiefs, et plus tard ses quartiers. Il convient de dire ce que nous savons de ces diverses circonscriptions, et d'esquisser la physionomie générale du territoire, avant d'en aborder la description détaillée.

En ce qui concerne la division paroissiale, tout l'espace situé entre la Seine et la rue Saint-Honoré dépendait originairement de l'église Saint-Germain-l'Auxerrois. Cet état de choses a subsisté jusqu'au 30 juin 1633, où une sentence archiépiscopale assigna définitivement à la paroisse Saint-Roch le terrain situé au nord du jardin des Tuileries, depuis le mur de Charles V jusqu'à la fortification de Charles IX : il y avait déjà une cinquantaine d'années que l'église Saint-Roch servait de succursale à l'église Saint-Germain-l'Auxerrois, pour les habitants du faubourg Saint-Honoré. Naguère la répartition paroissiale était la même qu'en 1633; mais elle a subi récemment quelques modifications.

Au point de vue des circonscriptions féodales, sur le terrain que nous nous proposons de décrire on comptait d'abord quatre fiefs principaux, et bien caractérisés. Le premier, en procédant de l'est à l'ouest, était celui de l'église Saint-Germain-l'Auxerrois. Le second appartenait au prieuré Saint-Denis de la Chartre; il était contigu au premier, et avait en quelque sorte pour axe la rue d'Autriche. Le troisième, dit *le fief de Fromentel*, traversé par la rue de ce nom et mouvant du Roi, constituait une enclave dans le quatrième. Ce dernier était beaucoup plus vaste et s'étendait jusque sur l'emplacement des Champs-Élysées; il avait été, de temps immémorial, possédé par l'évêque de Paris, lorsque, le 28 août 1687, Louis XIV en fit acquisition à titre d'échange. Il comportait la voirie et la haute justice, à l'exception du rapt et du meurtre, dont la connaissance était réservée aux officiers du Roi.

Le fief de Saint-Germain-l'Auxerrois, aussi ancien peut-être que la fondation de cette église, en entourait le cloître et comportait aussi le droit de haute justice. Limité au nord par la rue Saint-Honoré, il s'étendait, vers l'ouest, jusqu'au milieu de l'îlot compris entre la rue d'Autriche et la rue des Poulies. La portion située au delà de cette dernière rue est sans doute restée en culture fort tard; mais, au commencement du règne de Saint-Louis (et il n'en est pas question auparavant), elle se montre déjà presque complétement bâtie.

Le fief de Saint-Denis de la Chartre, dont l'origine n'est pas relatée dans les archives de ce prieuré [1], a subi des modifications importantes par la création du château du Louvre, qui en a absorbé un fragment, ainsi que par la construction de l'enceinte de Philippe-Auguste. Ce fief était vraisemblablement borné d'abord par la rue du Coq. Il est à supposer que la rue, à l'état de chemin, se prolongeait jusqu'à la rivière, et que la construction du Louvre et des murailles de la Ville en supprima l'extrémité méridionale. La même circonstance donna lieu au percement d'une voie nouvelle, la rue d'Autriche, qui coupa en deux la pièce de terre de Saint-Denis de la Chartre, et fut rigoureusement alignée sur la fortification.

Le fief de Fromentel était, au commencement du XIIIe siècle, une propriété particulière. Au mois de novembre 1223, Perrette la Jardinière, voulant fonder

---

[1] Lebeuf dit que ce fief était « un détachement « du fonds de l'Évêché, cédé autrefois au chapitre « de Saint-Denis de la Chartre » (*Histoire du diocèse de Paris*, tome I, page 41); cela est bien probable; néanmoins Lebeuf n'émet là qu'une hypothèse.

une prébende dans l'église Saint-Honoré, en gratifia cette collégiale, à la manse commune de laquelle il fut uni, le 11 janvier 1570, par suite d'une transaction entre les chanoines du lieu et le titulaire de la prébende, Guillaume Jacquet[1]. Le fief de Fromentel relevait du Roi, et ne comportait que la censive, la saisine, les lods et amendes; il avait pour axe, nous le répétons, la rue à laquelle il emprunta ou donna son nom. Ainsi qu'on le reconnaît par des procès-verbaux d'experts, dressés en 1578 et 1626, il occupait la moitié de la largeur de chacun des îlots que la rue séparait; les murs mitoyens entre les maisons des rues Pierre-Lescot et Fromenteau ont fourni jusqu'à nos jours la preuve de ce fait. L'îlot compris entre les rues Fromenteau et Saint-Thomas-du-Louvre présentait aussi beaucoup de traces de l'ancien lotissement, commandé par les limites du fief; mais, de ce dernier côté, l'agencement originaire s'était déjà modifié à une époque assez reculée.

Le fief de l'Évêque, dans lequel les trois autres étaient en quelque sorte enclavés, avait une étendue considérable et remontait pour le moins au temps de Louis le Débonnaire[2]. Au delà du Louvre, il consistait en une réunion de terres cultivées qui furent peut-être appelées *la Culture-l'Évêque*, mais dont on ne rencontre pas, comme pour la culture qui était voisine du territoire de Champeaux, d'indications antérieures au xiiie siècle. En revanche, on peut citer une habitation seigneuriale qui s'y trouvait sous le règne de Louis le Jeune: le manoir de la Petite-Bretagne, sur les dépendances duquel fut fondée l'église Saint-Thomas-du-Louvre, vers 1180. Si ce manoir n'était point isolé alors, suivant toute apparence il n'était accompagné d'aucune autre maison de quelque importance, et le terrain n'avait pas encore perdu son aspect champêtre.

Aux quatre fiefs dont nous venons de parler sont venus se joindre, avec le temps, trois autres fiefs moins importants et assez mal définis. Le premier se composait de la zone de terrain occupée par l'enceinte de Charles V. Implanté au xive siècle sur le fonds de terre de l'Évêque, il s'effaça lorsque disparut la fortification[3], dont l'emplacement fit ensuite partie de la censive du Roi ou plutôt du

---

[1] Arch. de Saint-Honoré. Le fief de Fromentel est le même que la censive *Damiani Canetarii*, qui renfermait certaine maison contiguë au mur du Louvre et située entre les rues de Richebourg (du Coq) et de Fromenteau; il en est parlé dans une charte du 23 septembre 1296. (*Cartulaire de Notre-Dame*, t. III, p. 225.) Damiens *Canetarius* doit être le chanoine à la prébende duquel le fief était attaché.

[2] Conf. la charte du 19 oct. 820. (*Cart. de N. D.*, t. I, p. 260.)

[3] La Ville avait la propriété de ses fortifications, par suite d'un don royal. Au commencement du xviie siècle, elle rétrocéda au Roi la portion de l'enceinte de Charles V qui s'étendait de la Porte-Neuve à la Porte Saint-Honoré, et qu'on se proposait d'abattre pour les travaux du Louvre. Nous lisons, dans un jugement rendu par le Bureau de la Ville, à la date du 6 avril 1616, la phrase suivante, relative à cette même partie de l'enceinte: «Attendu «la remise que nous en avons faicte au Roy pour «l'effect du grand dessaing du Louvre.»

1.

domaine royal des Tuileries. Les deux autres consistaient dans le «pourpris» de chacune des collégiales Saint-Nicolas et Saint-Thomas-du-Louvre; les terrains, qui provenaient d'un morcellement du fief épiscopal, formèrent à la longue, et par suite de leur amortissement, deux petits fiefs, de telle sorte que les chapitres de Saint-Nicolas et de Saint-Thomas comptèrent parmi les seigneurs censiers de Paris[1].

Il nous reste à parler des quartiers, circonscription beaucoup moins ancienne que les paroisses et les fiefs[2].

Des chartes de 1222 et 1259 mentionnent un vieux bourg Saint-Germain[3]; on en distinguait donc un nouveau, sans doute le faubourg Saint-Germain-l'Auxerrois, qui fut créé sous Philippe-Auguste, et a fait partie du quartier Saint-Germain-l'Auxerrois, dont la limite devait être l'enceinte de Charles V. Immédiatement en dehors de l'enceinte, commençait le territoire de la Ville-l'Évêque, dont la partie la moins distante de Paris fut plus tard une annexe du quartier Saint-Honoré ou du quartier Saint-Germain. Ce dernier étant devenu trop considérable, l'édit du 12 décembre 1702, relatif à une nouvelle circonscription des quartiers, le divisa en deux parties, dont la première conserva le nom de *quartier Saint-Germain-l'Auxerrois*, autrement *du Louvre*, et la seconde, séparée de l'autre par la rue Fromenteau, fut appelée *quartier du Palais-Royal*. Par les lois des 27 juin 1790, 11 novembre 1795, et en vertu d'un arrêté préfectoral du 10 mai 1811, Paris ayant été divisé en municipalités ou arrondissements composés chacun de quatre sections ou quartiers, le fragment du quartier du Palais-Royal situé au midi de la rue Saint-Honoré a été nommé *quartier des Tuileries*, et attribué au premier arrondissement. La partie du quartier du Louvre, pareillement située au midi de la rue Saint-Honoré, et classée dans le quatrième arrondissement, a été fractionnée en deux quartiers, dont le premier a gardé l'ancienne désignation, à laquelle on substitua celle de *quartier du Muséum*, de 1793 à 1812; le second, compris entre l'ancienne place de l'Oratoire et la rue Saint-Honoré, a été appelé

---

[1] Conf. Du Breul (*Théâtre des Antiquitez de Paris*, p. 1081), et Sauval (*Hist. et recherches des antiquités de la ville de Paris*, t. II, p. 422 et 429).

[2] La question de l'origine des quartiers de Paris est fort mal connue, et les historiens qui en admettent l'existence au xe siècle se sont assurément trompés. Nous croyons que les paroisses ont très longtemps tenu lieu de quartiers; ainsi, au commencement du xive siècle, la perception de la taille, opération qui n'avait rien de commun avec l'autorité ecclésiastique, se faisait non par quartiers, mais par paroisses et subdivisions de paroisses. De fait, on ne constate l'existence avérée des quartiers qu'au milieu du xive siècle, et les quarteniers ne figurent point auparavant. La division en quartiers était une organisation militaire, à laquelle les Parisiens songeaient peu, puisque, même au temps de Henri IV, lorsqu'on voulait aider à retrouver une rue, c'était toujours la paroisse qu'on indiquait. Enfin les titres de propriété mentionnent fréquemment la paroisse, et jamais le quartier. Nous traiterons ailleurs avec plus de détails cette question des quartiers, qui est tout entière à éclaircir.

[3] *Cartulaire de N. D.*, t. I, p. 124, et t. III, p. 4.

*quartier Saint-Honoré*, après avoir été nommé, de 1790 à 1792, *quartier de l'Oratoire*, et de 1792 à 1814, *quartier des Gardes-Françaises*. Depuis le décret impérial du 1ᵉʳ novembre 1859 et l'arrêté préfectoral du 3 de ce mois, le même territoire dépend du premier arrondissement et forme le quartier Saint-Germain-l'Auxerrois, plus une partie des trois quartiers des Halles, du Palais-Royal et de la place Vendôme.

Nous avons énuméré les différentes circonscriptions entre lesquelles étaient répartis les environs du Louvre; l'aspect général que cette région a successivement présenté est plus difficile à préciser. Et d'abord les éléments nécessaires pour restituer la disposition du terrain manquent absolument avant le règne de Philippe-Auguste. On est à peu près certain qu'il n'y avait alors aucun chemin entre la rue Saint-Thomas et le lieu où est aujourd'hui la place de la Concorde, car il en était encore ainsi au xivᵉ siècle; mais on ne saurait dire si les rues Saint-Thomas et Fromenteau existaient antérieurement à 1180. La première pourrait n'avoir été ouverte que vers l'an 1210, afin de séparer Saint-Nicolas de Saint-Thomas-du-Louvre; la seconde semble beaucoup plus ancienne, sans qu'il soit possible de rien affirmer à cet égard. Au contraire, il nous paraît hors de doute que l'ouverture des rues Jean-Saint-Denis, du Chantre, Champ-Fleuri et de Beauvais, fut la conséquence de l'établissement du Louvre. Ces rues étaient trop rapprochées les unes des autres pour qu'on les fasse dater du temps où la charrue sillonnait le terrain; la rectitude de leur alignement démontre d'ailleurs qu'elles furent percées à une époque relativement récente [1]. Aussi bien est-il évident que ce percement avait eu lieu dès les premières années du xiiiᵉ siècle, car on rencontre en 1221 une mention de la rue du Chantre, l'une des moins importantes, et l'on observe même que des maisons y étaient déjà bâties. Philippe-Auguste, n'étant mort qu'en 1223, a donc pu, du haut des tours de son Louvre, contempler, au pied du château, tout un quartier nouveau dont les constructions, moins denses et moins élevées qu'on ne les a vues depuis, étaient cependant assez nombreuses pour ne laisser apparaître l'ancien sol en labour que par de rares solutions de continuité.

Sous Philippe le Bel, les environs du Louvre, ou faubourg Saint-Germain-l'Auxerrois [2], étaient peuplés et florissants jusqu'à la hauteur de l'hospice des Quinze-Vingts, près duquel se trouvaient plusieurs clos et tuileries. Bientôt toute la région fut assez habitée pour qu'on dût la renfermer dans la nouvelle enceinte de Charles V, événement qui eut pour résultat de changer la physionomie du quartier et d'en augmenter la prospérité. Une fois enclos dans la Ville, les jardins

---

[1] Nous avons développé plus longuement cette dernière idée dans un article sur les rues de l'ancien Paris, publié par la *Revue archéologique* (août 1857).

[2] Il s'appelait toujours ainsi vers l'an 1400, et l'on disait encore le château du *Louvre-lez-Paris* en 1371, quoique l'enceinte de la Ville, qui devait renfermer le Louvre, fût déjà commencée.

et les nombreuses granges des îlots compris entre les rues d'Autriche et Saint-Thomas cédèrent peu à peu la place à des bâtiments d'habitation. En 1530, par exemple, une suite de maisons occupait l'emplacement du jardin de Saint-Nicolas, qui n'était point encore détruit en 1489. Au delà de la rue Saint-Thomas et en deçà de la rue d'Autriche, la multiplicité des demeures seigneuriales empêcha la végétation de disparaître aussi vite; mais elle devint chaque jour plus clair-semée, et, au xviie siècle, on n'apercevait plus que les jardins de quelques grands hôtels, dont les uns ont été démolis pour l'agrandissement du Louvre sous Louis XIV ou Louis XV, tandis que les autres, comme les hôtels de Chevreuse et de Rambouillet, ont subsisté jusqu'à ces derniers temps. Le long de la rue Saint-Honoré, particulièrement, les maisons augmentaient rapidement en nombre, se serrant les unes les autres de façon à n'occuper que le plus petit espace possible : ainsi, entre les rues du Coq et Champ-Fleuri, l'îlot n'ayant guère que quarante-cinq mètres de largeur, n'offrait pas moins de neuf ou dix maisons en bordure sur la rue Saint-Honoré, dès le milieu du xve siècle. Quant aux environs des Tuileries, sous le règne de saint Louis, il y avait déjà des fabriques de poteries sur l'emplacement du palais actuel; mais tout le reste du terrain demeura en culture jusqu'en 1392, époque à laquelle le clos des Quinze-Vingts, longeant la grande rue du faubourg, fut acensé à divers particuliers. On y bâtit alors des maisons qui donnèrent la vie à ce quartier rustique. Il ne fut néanmoins bien peuplé que dans la seconde moitié du xvie siècle, où il était réputé faubourg de Paris. Le lieu où l'on a planté le jardin des Tuileries n'a jamais été qu'en nature de terre labourable et de verger.

TOPOGRAPHIE HISTORIQVE DV VIEVX PARIS.

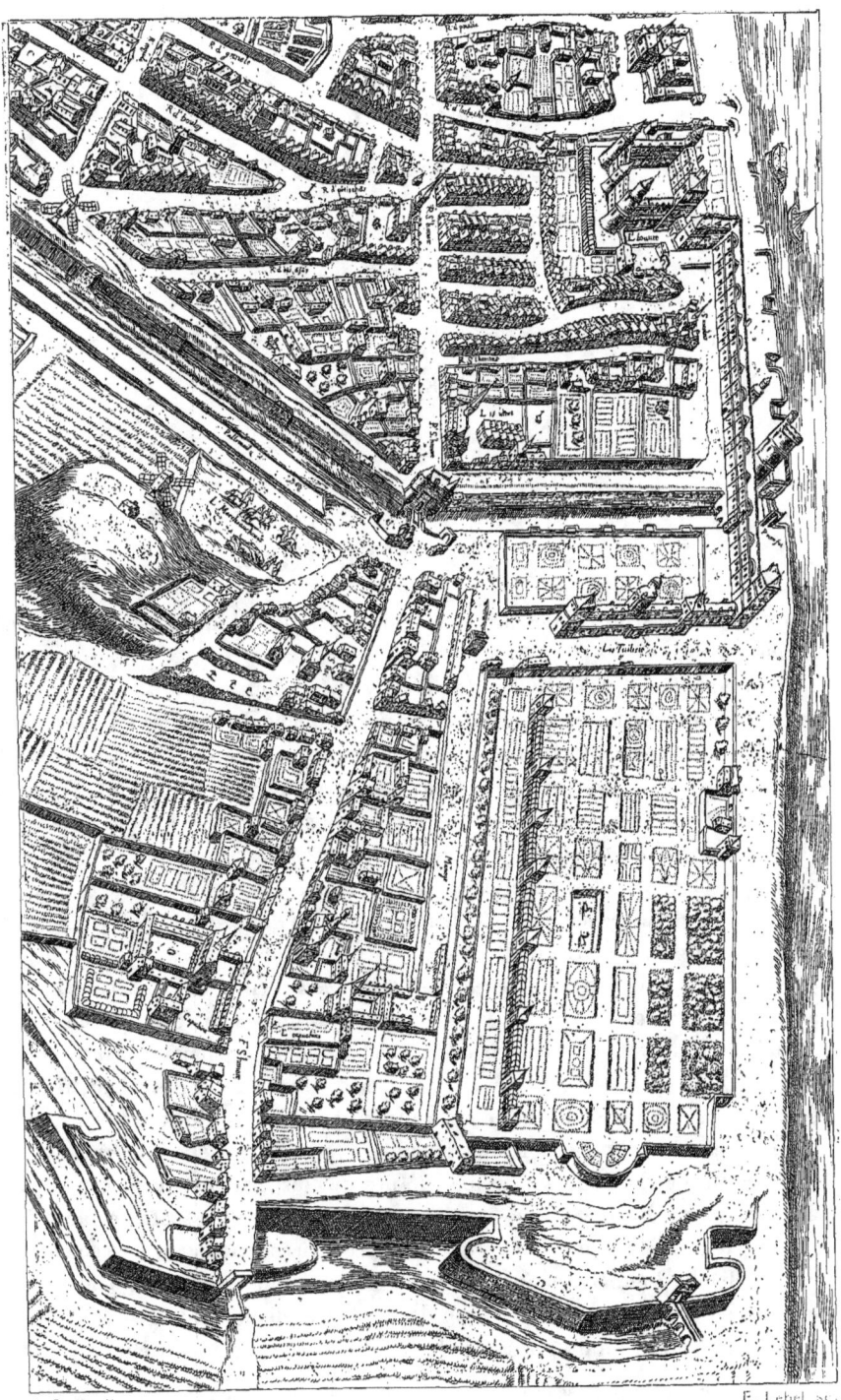

A. Berty dir.  E. Lebel sc.

LA REGION DV LOVVRE ET DES TVILERIES
EN 1609.
D'après le Plan de Fr. Quesnel.

# CHAPITRE II.

### ESPACE COMPRIS ENTRE LA RUE DES POULIES ET LA PLACE DU CARROUSEL.

(Voir le Plan de restitution, feuille V.)

## RUE D'AUTRICHE.

La rue d'Autriche commençait au quai de l'École et finissait à la rue Saint-Honoré.

Le premier nom qu'elle ait porté paraît provenir d'un individu, qui, possédant une maison en cet endroit, aurait été originaire du duché d'Autriche [1]. Elle est énoncée, dans diverses chartes, *vicus qui vocatur Oteriche* en 1252, *Oterriche* en 1254, *Hoteriche* en 1255, *Hoste-riche* en 1260, et encore en 1342 et 1373. Mais, comme pour nombre d'autres rues, le sens de l'appellation primitive a fini par s'obscurcir, et, à la place d'un mot qu'on ne comprenait plus, on en a employé deux autres dont la signification, très différente, était du moins claire pour tout le monde. On a ainsi écrit successivement *rue d'Osteriche* (1364), *d'Autheriche* (1378), *d'Auteriche* (1390), *d'Autruche* (1421), *d'Autriche* (1519), *d'Aultruche* (1596), *de l'Autruche* (1580, 1627), et enfin *rue d'Autruche, dicte du Louvre*, en 1568, puis *rue du Louvre* en 1600. On a continué à dire rue du Louvre jusque vers 1664, époque où une moitié de la rue fut supprimée pour l'agrandissement du palais, et l'autre moitié, celle du nord, prit le nom de *rue de l'Oratoire*, à cause de la congrégation qui s'y établit en 1616. Au XVIII$^e$ siècle, la rue d'Autriche, que nous trouvons encore appelée *rue de l'Autruche* en 1732, devint une impasse, car elle fut fermée, à l'extrémité voisine du Louvre, par une clôture qui disparut lorsqu'on commença à aligner les abords du château de ce côté, en vertu de lettres patentes du 26 décembre 1758. La rue de l'Oratoire, de nouveau raccourcie par le percement de la rue de Rivoli, a été élargie jusqu'à douze mètres par un décret du 3 mai 1854 : elle n'avait anciennement qu'environ deux toises et demie de largeur.

Au commencement du XVI$^e$ siècle, la rue d'Autriche, dans la partie la plus rap-

---

[1] Nous avions d'abord pensé que cette appellation pouvait venir d'un individu qui aurait été connu sous le nom de *l'Hôte riche* (*Hospes dives*); mais nous avons écarté cette première hypothèse.

prochée de la rue Saint-Honoré, renfermait plusieurs mauvais lieux, auxquels il est fait allusion dans des «lettres royaux» dont il sera question plus loin. Rabelais cite, entre autres, les «lupanares de Bourbon [1].»

## CÔTÉ OCCIDENTAL [2].

### PAROISSE SAINT-GERMAIN-L'AUXERROIS.

#### HAUTE JUSTICE DE L'ÉVÊCHÉ [3].

##### CENSIVE DE SAINT-DENIS DE LA CHARTRE.

Chantier faisant le coin du quai (1423-1540) et aboutissant, comme toutes les maisons du même côté de la rue, au mur d'enceinte de Philippe-Auguste [4].

Au mois de janvier 1612, le roi Louis XIII donna à la maréchale d'Ancre une place de cent quatre-vingt-dix toises de superficie, pour y bâtir une maison, à la charge de l'abattre lorsqu'on entreprendrait de continuer le Louvre de ce côté. Dans l'acte de donation, la place concédée est dite, «tenant d'un costé au «jardin neuf de nostre dict chasteau, qui est près de la gallerie (le jardin qu'on «a depuis appelé de l'Infante), d'autre costé à la descente de l'abreuvoir (situé «en face de la rue d'Autriche), depuis la petite porte de la Cour des Marbres, «jusques et y compris la muraille regardant le quay; aboutissant d'un bout sur «ledict quay, et d'autre à ladicte cour des Marbres..... avec une cour y attenant, «de l'antienne muraille desdicts jardins [5].» Cet emplacement faisait partie de celui qu'avaient occupé l'ancienne porte du Louvre et le chantier formant le coin du quai; dès la fin de l'année 1612, une maison y était construite, puisque le Roi en délivra un brevet de jouissance, à la date du 29 décembre. La maison de la maréchale d'Ancre se distingue sur une vue de la Petite-Galerie par Israël Sylvestre, et Tallemant des Réaux en fait mention dans son historiette de Concini : «Il n'a «jamais logé dans le Louvre, dit-il; mais il couchoit souvent dans un petit logis «qu'on vient d'abattre, qui estoit au bout du jardin, vers l'abbreuvoir. A la vérité, «il y avoit un petit pont pour entrer dans le jardin, qu'on appeloit vulgairement *le* «*pont d'Amour* [6].» On sait que Concini passait pour l'amant de Marie de Médicis.

---

[1] *Pantagruel*, liv. II, ch. vi.

[2] Le système que nous avons adopté pour la description des rues consiste, 1° à en considérer comme le commencement l'extrémité la plus rapprochée, à vol d'oiseau, du portail de Notre-Dame; 2° à prendre pour point de départ la première maison, à gauche, de façon à revenir à la première maison de droite.

[3] Personne n'ignore que ce qui restait encore des justices seigneuriales fut supprimé en 1674, et que le Roi y substitua celle du Châtelet.

[4] Voir, pour l'emplacement de ce mur, la *Description du vieux Louvre*, ch. v, p. 134.

[5] Arch. de l'Emp. Cart. Q 1171-1172.

[6] *Historiettes*, t. I, p. 199 de l'excellente édition de MM. P. Paris et de Montmerqué.

Suivant Sauval, le pont d'Aumour aurait relié les appartements de la Reine au jardin, sur lequel l'hôtel avait une porte de derrière.

Maison du Croissant (1423), à deux pignons.

Masure (1425) appartenant au Roi, et apparemment contiguë à la porte ou guichet du Louvre, car elle est dite, en un titre de 1426, située «près du pont « du Louvre.»

Ainsi que l'indique un censier de 1540, c'est sur l'emplacement des deux maisons précédentes que fut établi, en 1530, un des deux jeux de paume du Louvre, celui dont l'emplacement, au commencement du xviie siècle, se nommait *la Cour des Marbres*, parce qu'il servait de lieu de dépôt pour les marbres destinés à la décoration du château. Cette transformation du jeu de paume daterait du temps de Charles IX, au dire de Sauval; cependant on trouve encore quelques mentions des deux jeux de paume sous Henri III, et, en 1617, on désignait par le nom de petit jeu de paume, celui qui était le plus près de la Seine, ou du moins l'emplacement qu'il avait occupé [1].

Quant à la garde des marbres du Louvre, après avoir été confiée au nommé Nicolas Boulanger, elle fut donnée par le Roi, le 17 avril 1597, à son sculpteur, Louis Lerambert, qui, le 31 juillet 1602, obtint aussi la garde des marbres des Tuileries et de Saint-Germain-en-Laye, «ensemble la jouissance du petit jardin sur « l'eau, tenant à l'abreuvoir du Louvre, où estoit l'ancienne marbrière dont « jouissoit ledit Boulanger [2].»

Les jeux de paume, dont les dimensions seront indiquées dans la description du vieux Louvre, étaient construits «en forme de baraque» et assez étroits par rapport à leur longueur, comme on peut en juger par le plan que nous donnons de l'un de ces bâtiments. Ils semblent avoir été d'un aspect peu brillant à l'extérieur; mais, à l'intérieur, ils étaient certainement décorés de sculptures; parmi les acquits au comptant, se trouve un article du 17 janvier 1533, ainsi conçu : «A Barthélemy Quétry (*alias* Getty), trois cens escus sol. (au soleil) pour « deux patrons par luy faiz, où sont signées et painctz plusieurs histoires de presne « (*sic*), satires et nimphes, que le Roy a fait demourer en la salle du jeu de paulme « du Louvre [3].»

Porte ou Guichet du Louvre. Ce guichet était à l'alignement des maisons voisines; Lestoile l'appelle, en 1574, «la grande porte qui est entre les jeux de paulme, « regardant vers l'hostel de Bourbon.» Il en sera de nouveau question ailleurs.

---

[1] On lit dans les Mémoires de Fontenay-Mareuil : «Le mareschal d'Ancre étant sorti de son lo- « gis, il vint à pied *le long des murailles du petit jeu* « *de paulme du Louvre*.... La grande porte lui fut « ouverte, etc.»

[2] Conf. un article de M. Lacordaire, ap. *Arch. de l'art français*, t. IV, p. 229. Dans des brevets de 1612 et 1637, la demeure de Lerambert est dite, au contraire, «au bout du grand jeu de paume.»

[3] Arch. de l'Emp. reg. J 960, fol. 14 v°.

Deux maisons sans désignation ⁽¹⁾ (1496), appartenant à l'Hôtel-Dieu, et sur l'emplacement desquelles fut construit le second jeu de paume, qui ne disparut entièrement qu'en 1693.

Maison ou Masure (1496) qui n'avait que «treize pieds de plafond» dans œuvre, sur sept toises cinq pieds «de long ou environ.» Cette seconde dimension, quoique indiquée comme une longueur, doit s'entendre d'une profondeur, et confirme rigoureusement ce que nous dirons de celle des jeux de paume. La masure, qui était «sans édiffice,» fut donnée à bail à Antoine Hesselin le 5 mai 1496.

Maison sans désignation (1540), appartenant à un nommé Geoffroy Bordier.

Maison sans désignation (1540), appartenant à Florent Bataille, qui possédait aussi, dans la rue du Coq, une maison dont pouvait dépendre celle de la rue d'Autriche. L'absence de renseignements laisse un peu dans le vague ce point de la rue d'Autriche, où était d'ailleurs certainement situé

L'Hôtel de la Rocheguyon, depuis de Bacqueville, que Guy, seigneur de la Rocheguyon, chambellan de Charles VI, vendit, vers la fin du xɪv<sup>e</sup> siècle, à Guillaume Martel, seigneur de Bacqueville, aussi chambellan de ce Roi. A cet hôtel était annexé un jardin dont Charles VI se défit au profit de ce seigneur, le 8 mars 1408, moyennant une rente de huit sous parisis. Dans l'acte de cession, l'hôtel est énoncé : «Un hostel assis en la rue d'Autriche..... lequel hostel «avec un jardin contenant xxv toises de long et dix toises de lé ou environ, te-«nant d'une part au long des vielz murs de nostre ville de Paris, et d'autre part «à la chaussée; aboutissant d'un bout devers l'ostel de nostre lingière, et de l'autre «bout à un petit jardin appartenant audit hostel, etc. ⁽²⁾. Attenant au jardin s'élevait «une tour..... ou millieu desdiz murs..... de Paris.» L'hôtel de Bacqueville figure dans les comptes de confiscation pour l'année 1421, et est mentionné comme tenant d'une part et aboutissant aux jardins du Louvre.

Hôtel d'Étampes ou d'Aumale. Le censier de l'Évêché, de 1373, énonce cet hôtel sous le nom de «la maison Charles d'Évreux, qui fu mons. d'Étampes.» Dans le legs fait en 1399 à l'Hôtel-Dieu, par Louis, comte d'Étampes, de sa maison de la rue d'Autriche, maison dont nous reparlerons plus bas, fut comprise une «granche devant yceluy hostel, d'autre part la rue (du côté occidental), avecques «les estables et autres édifices» qui y étaient; «tenant d'une part à l'ostel de «mons. le comte de Saint-Pol, et d'autre part à l'ostel de monsieur de la Roche-«guyon.» Cette grange est la maison que désigne le censier de 1373, et, comme l'hôtel situé du côté oriental de la rue, elle fut vendue, le 1<sup>er</sup> juin 1405, à Jean I<sup>er</sup> de Bourbon, comte de Clermont. En 1421, l'hôtel d'Étampes semble avoir été

---

⁽¹⁾ Cela ne veut pas dire que ces maisons n'ont jamais eu d'enseignes, cela signifie seulement que les titres relatifs aux maisons ne mentionnent point d'enseignes, circonstance qui fort souvent était le résultat d'une omission.

⁽²⁾ Arch. de l'Emp. reg. J 163, n° 329.

réuni à l'hôtel de Bacqueville, puisque, dans les comptes de la Prévôté pour cette année, l'hôtel de Bacqueville est dit tenir à l'hôtel Saint-Pol. Cependant l'on voit toujours, depuis, l'hôtel d'Étampes distinct de celui de Bacqueville, et il est désigné ordinairement par son ancien nom.

Réuni à l'hôtel de la Bataille, situé rue du Coq, l'hôtel d'Étampes appartenait au duc d'Aumale en 1575; on lit dans le censier de l'Évêché pour cette année : « Monsieur le duc d'Aumalle pour sa maison qui fut Charles d'Évreux et fut mons. « d'Estampes. » En 1603, l'hôtel est dit appartenir à Charles de Balzac, seigneur de Clermont d'Entragues. En 1616 et même en 1650, on l'appelait *l'hôtel de Clèves*, parce qu'il avait été possédé aussi par Catherine de Clèves, duchesse douairière de Guise, qui le fit rebâtir vers 1613 et orner d'une galerie où figuraient les portraits de tous les princes, tant de la maison de Guise que de celle de Clèves et de Nevers. « C'est cet hôtel, dit Sauval, si renommé dans l'histoire du grand Al- « candre, où cette princesse, nommée Dorinde, s'étoit retirée après le meurtre de « son mari, et où la beauté ravissante de sa fille, appelée Milagarde, attiroit tous « les grands de cette faction, et, de plus, tant d'autres personnes considérables, « qu'on pouvoit dire avec raison que c'étoit là que la Ligue tenoit sa cour [1]. » Sauval pourrait se tromper ici, car, nous le répétons, l'hôtel est dit au seigneur de Clermont d'Entragues en 1603, et nous n'avons pas vu qu'à la fin du xvie siècle il appartînt à la duchesse de Clèves. Il est au contraire certain qu'elle le possédait en 1611; puisque, le 17 novembre de cette année, elle acheta, pour l'y réunir, la moitié d'une maison sise rue d'Autriche et tenant à l'hôtel du Bouchage, ainsi qu'il est rapporté dans un registre d'ensaisinement de l'Évêché. On lit dans le *Supplément aux antiquités de Paris* [2] : « En la rue qui va du Louvre en la rue Saint- « Honoré, madame la duchesse douayrière de Guise (Catherine de Clèves) fit bas- « tir ces 2 hostels de Clèves et d'Eu, tenans l'un à l'autre, environ l'an 1613. » On distinguait donc entre l'hôtel de Clèves et celui d'Eu ou d'Aumale; mais nous ne savons pas ce qui motivait la distinction. Peut-être l'hôtel de Clèves proprement dit occupait-il l'emplacement de l'hôtel de Bacqueville dont nous n'avons pu suivre l'histoire, et qui aurait été réuni à celui d'Étampes. Ce dernier, dans tous les cas, était au nord de l'autre.

En 1637, l'hôtel de Clèves appartenait à Claude de Lorraine, duc de Chevreuse, auquel la duchesse l'avait donné, et il était habité par le surintendant des finances, Bouthillier, qui y fit faire « un horloge sonnant; » il fut ensuite acheté 90,000 livres par le maréchal Antoine III de Gramont, qui le céda au Roi, le 17 mai 1667, pour la somme de 120,000 livres. L'hôtel d'Étampes ou de Gramont a subsisté, pour la plus grande partie, jusqu'à l'époque où a été alignée la place de l'Oratoire.

---

[1] Sauval, *Antiquités de Paris*, t. III, p. 294. — [2] Mss. de la Bibl. imp. fonds de Lancelot, n° 7905.

Maison sans désignation, qui, en 1540, appartenait à Madeleine de Fizes, et, en 1568, à Simon de Fizes, seigneur du Saulne. Elle existait encore dans la seconde moitié du xviie siècle. Le 7 juillet 1610, elle avait été adjugée pour moitié à la duchesse de Guise, qui en fut ensaisinée le 6 novembre 1612.

Des lettres royaux, du mois de février 1519, portent que Nicolas de Neufville, seigneur de Villeroy, a remontré au Roi qu'il a, depuis peu de temps, fait bâtir, rue des Poulies, un «beau et somptueux logis et maison, court, jardin, «estables, et autres aisances et appartenances; le derrière de laquelle maison et «jardin répond en une petite rue nommée *la rue d'Autriche*, assise derrière la «maison de Bourbon, où y a plusieurs petits porches et méchantes maisons où par «cy-devant se tenoient femmes de méchante et dissolue vie, tenant bourdeau. Et «pour autant que ladicte rue est à l'écart et le lieu peu fréquenté et habitué de «gens, s'y retiroient ruffiens, paillards, larrons et aultres méchantes gens; entre «lesquelles maisons il y a une maison et jardin de petite valeur, où pend pour en-«seigne *le Coq*, que l'on dict appartenir au Roy..... ladicte maison tenant d'une «part audict de Villeroy, à cause de l'acquisition qu'il a faicte de Me Le Grand, pro-«cureur au Chastelet, et d'aultre part à la basse-court et aultres maisons voisines «acquises par ledict de Villeroy, lesquelles maisons il a l'intention de faire bastir «et édifier, une partie pour la commodité de sa dicte maison et l'autre partie «pour y faire loger gens de bien[1].» La maison du seigneur de Saulne était une de celles qui avaient été acquises par Villeroy. Il l'avait donnée à son barbier et à un autre de ses serviteurs; elle avait ensuite passé en la possession du père du contrôleur Odeau, qui l'avait, à son tour, cédée à la dame de Fizes. Quant aux autres maisons de Villeroy, ce doit être celles que nous avons indiquées avant la grange de Charles d'Évreux. En 1627, un membre de la famille de Villeroy fut condamné à payer vingt-neuf années d'arrérages du cens qu'il devait sur la maison du Coq, énoncée dans la sentence comme tenant à la basse-cour du Louvre. Nous n'avons rien découvert qui permette de déterminer l'emplacement exact de cette maison; elle avait été donnée par le Roi à Nicole de Neuville, vers 1526.

Hôtel Saint-Pol. Il eut pour origine une maison que le censier de 1373 nomme «la maison à la comtesse de Sancerre[2], qui fu au prévost de Bruges, et «à présent messire de Clermont;» mais nous n'avons point recueilli, pour cette période, d'autre document relatif à cette maison, si ce n'est qu'elle appartenait, en 1388, à Marguerite de Clermont, dame de Montgobert, qui changea en une rente de vingt-quatre francs parisis celle de six muids de blé, due au couvent

---

[1] Sauval, t. III, p. 612, et Arch. de l'Emp. cart. Q 1172.

[2] Et non de Saintonge, comme il a été dit partout d'après Sauval, qui avait lui-même emprunté son erreur au censier de 1399, où on lit : «La «maison au conte de Saint-Pol, qui fu Robert de «Senliz, et fu messire Clermont, et fu à la contesse «de Saintonge, et, avant, au prévost de Bruges.»

de Saint-Martin-des-Champs. La maison de la dame de Clermont en avait été grevée l'an 1320, le jour de la fête de Saint-Denis, par Pierre de Chambly et Isabelle de Rosny, sa femme[1]. Le 11 octobre 1378, Jean, seigneur de Menou et de Montgobert, propriétaire de l'hôtel de Marguerite de Clermont, le vendit à Robert de Senlis, bourgeois de Paris, et à Agnès sa femme, avec des masures et places vides; le tout, faisant front sur la rue d'Autriche, tenait d'une part à la porte Saint-Honoré, de l'autre au comte d'Étampes, et aboutissait vers l'ouest aux anciens murs de la ville. Derrière ces murs s'étendaient des jardins dépendants de la maison; ils étaient bornés au midi par la maison du Coq, à l'ouest par la rue de ce nom jusqu'au coin de la rue Saint-Honoré inclusivement, et au nord par des maisons en bordure sur cette dernière voie. Après avoir distrait de son terrain une « place » de cinq toises et un pied de profondeur, sur laquelle fut construite une maison donnant sur la rue du Coq, et tenant à une allée qui communiquait de cette rue à la maison de la rue d'Autriche, Robert de Senlis vendit le reste, le 19 février 1395, au prix de 1,500 livres tournois, à Waleran de Luxembourg, comte de Ligny et de Saint-Pol, et connétable de France[2]. La maison prit alors le nom d'hôtel Saint-Pol, qu'elle a toujours conservé, même lorsque d'autres appellations lui ont été également appliquées.

L'hôtel Saint-Pol appartenait, en 1529, à Guillemette de Besançon, veuve de Pierre Pellieu, conseiller au Parlement. Le 8 juin, elle le céda à Louis Martine, avocat du roi au bailliage du Palais, lequel en fut ensaisiné le 12 juillet. Après la mort de celui-ci, ses héritiers divisèrent l'hôtel en deux parcelles. La partie située sur la rue d'Autriche fut vendue, le dernier jour de février 1537, à Charles Le Comte, maître charpentier du Roi. Par une déclaration foncière qu'en fit son fils Jean, quartenier de la Ville, on voit qu'en 1596 ce n'était plus qu'une simple maison avec « place à faire chantier, » qui aboutissait au vieux mur d'enceinte, avait sept toises de profondeur, trente-sept de façade depuis le coin de la rue Saint-Honoré, et était limitée, vers le Louvre, par une « allée commune servant à « aller de la maison de M. du Bouchage en ladicte rue d'Aultruche. » La maison de M. du Bouchage était située au delà du mur d'enceinte, sur la rue du Coq, et comprenait, sur la rue d'Autriche, un corps de logis dont la position demeure douteuse. La seconde partie de l'ancien hôtel Saint-Pol, celle qui aboutissait à la rue du Coq, fut vendue par Pierre, fils de Louis Martine, à Hélye Odeau, contrôleur de la maison du roi; suivant transaction passée avec la Ville le 4 mars 1546, et renouvelée en 1554 et 1555, Odeau obtint la propriété du mur d'enceinte sur une longueur de treize à quatorze toises, avec une tour en dépendant. Aux termes du contrat, l'acquéreur devait laisser au mur une épaisseur d'au moins

---

[1] Arch. de Saint-Martin-des-Champs. — [2] Arch. de l'Emp. cart. S 1056.

un pied et demi, de manière à conserver une clôture entre sa propriété et celle de Charles Le Comte. Cette dernière fut acquise, le 27 février 1619, par la communauté de l'Oratoire. (Voir *Rue Saint-Honoré*.) A l'encoignure de la maison, s'élevait une tourelle en saillie.

## CÔTÉ ORIENTAL.

### PAROISSE SAINT-GERMAIN-L'AUXERROIS.
#### HAUTE JUSTICE DE L'ÉVÊCHÉ.
##### CENSIVE DE SAINT-GERMAIN-L'AUXERROIS,

Deux Maisons, sans désignation, élevées sur une partie de la maison de la Licorne faisant le coin de la rue Saint-Honoré; confondues avec cette maison en 1531, elles en étaient déjà distinctes en 1639.

Hôtel d'Étampes, puis de Clermont et de Créquy. Cet hôtel est sans doute celui que Sauval dit avoir été bâti, rue d'Autriche, par Louis, troisième fils de Philippe le Hardi, chef de la maison d'Évreux, et qui aurait été habité par son fils Charles, comte d'Étampes. La maison du côté oriental de la rue d'Autriche était en effet plus importante que celle du côté occidental, qu'on qualifiait simplement de « granche » à la fin du XIVe siècle. Le 28 juin 1399, Louis, comte de Gien et d'Étampes, les légua toutes deux à l'Hôtel-Dieu de Paris. Dans le *vidimus* de son testament, daté du 12 mars 1400, la maison dont il s'agit ici est énoncée « son « hostel de Paris... assis en la rue d'Auteriche, et aiant yssue et entrée en la rue « des Poulies; tenant d'une part à l'ostel du duc Aubert (hôtel d'Ostrevant), et par « derrière (aussi vers le sud), à l'ostel de Mons. le maréchal de Bouciquaut, qui fu « maistre Pierre Varoquel, avecques la granche joignant audit hostel [1]. » La délivrance du legs eut lieu le 21 avril 1404; mais les maîtres de l'Hôtel-Dieu, n'espérant pas que leur nouvelle propriété pût être amortie [2], comme ils le désiraient, et n'ayant point les moyens d'y faire les réparations nécessaires pour la mettre en bon état, la vendirent au comte de Clermont, au prix de 1,500 livres tournois, le 1er juin 1405, en comprenant dans le marché la grange située vis-à-vis [3], et dont il a déjà été parlé. L'hôtel d'Étampes prit ainsi le nom d'*hôtel de Clermont*. En 1531, c'était une simple maison qui contenait un pressoir du côté de la rue d'Autriche, et appartenait à la famille Le Clerc. En 1571, Jacques Le Clerc, conseiller, et Jean Le Prévost, président au Parlement, en étaient propriétaires, ce

---

[1] Arch. de l'Emp. P 1163¹, cote 1161. — [2] C'est-à-dire tenue en mainmorte, et conséquemment déchargée des droits de mutation. — [3] Arch. de l'Emp. P. 1369.

dernier du chef de sa femme Anne, fille de l'auditeur des comptes Jean Le Clerc, seigneur d'Armenonville, laquelle en passa « titre nouvel » au terrier de Saint-Germain-l'Auxerrois, le 21 mars 1588. On entreprit la reconstruction de la maison en 1611, et comme elle fut achetée en 1622 par le maréchal Charles de Créquy, comte de Saulx, qui la fit achever, elle fut appelée successivement HÔTEL DE SAULX et HÔTEL DE CRÉQUY. Après avoir appartenu à Marie-Anne de Bourbon, fille naturelle de Louis XIV, elle fut vendue, au commencement du xviii$^e$ siècle, et sur son emplacement l'on bâtit plusieurs maisons particulières, en réservant un passage de la rue des Poulies à la rue (alors cul-de-sac) de l'Oratoire. Ce passage fut ensuite remplacé par une rue en biais, qui fut percée en vertu de lettres patentes du 12 mai 1780, et qu'on nomma *la rue d'Angivilliers*, parce qu'elle était voisine de l'hôtel ainsi appelé. (Voir *Rue des Poulies*.) La rue d'Angivilliers a disparu en 1854, pour faire place à la rue de Rivoli.

Du côté du nord, les limites de l'hôtel d'Étampes ne nous laissent aucune hésitation ; ce sont certainement les mêmes que celles de l'hôtel de Créquy. Des titres de 1406, 1409 et 1531 mentionnent l'hôtel d'Étampes ou de Clermont comme celui auquel aboutissaient les maisons du Chariot, du Papegaut et de la Licorne, situées sur la rue Saint-Honoré[1]. Mais, du côté du midi, les limites de l'hôtel sont bien plus difficiles à fixer. De certains renseignements, épars dans divers fonds, nous croyons pouvoir conclure que, sur la rue des Poulies, le mur séparant l'hôtel de Créquy de l'hôtel de Conty était le même que le mur mitoyen situé entre la maison de l'Image Saint-Eustache et cette « allée du comte d'Es- « tampes, » indiquée par un acte de 1441, comme y étant contiguë. Sur la rue d'Autriche il y a apparence que, primitivement, le mur mitoyen de l'hôtel d'Étampes occupait l'emplacement de celui qui a séparé plus tard l'hôtel de Larchant de l'hôtel de Cipières ; car on ne voit point que l'hôtel de Cipières ait jamais fait partie de l'hôtel d'Alençon, et nous savons, d'autre part, que l'hôtel de Larchant occupait l'emplacement de la portion la plus septentrionale de l'hôtel d'Alençon, celle qui provenait de la réunion à ce dernier de l'hôtel d'Ostrevant, lequel, suivant plusieurs chartes, était contigu à l'hôtel d'Étampes. Le corps de logis de l'hôtel de Cipières, en bordure sur la rue d'Autriche, a vraisemblablement remplacé la « granche » joignant l'hôtel d'Étampes, dont il est question dans le *vidimus* de 1400, et qu'il faut se garder de confondre avec celle qui était située de l'autre côté de la rue.

HÔTEL D'OSTREVANT (1409). Le censier de 1373 l'énonce « la maison au duc « Aubert (Albert de Bavière), qui fu au conte de Hénaut, et, paravant, mes-

---

[1] Ces détails montrent combien Sauval s'est mépris en affirmant que la maison vendue par l'Hôtel-Dieu, en 1405, avait été englobée dans l'hôtel de Bourbon.

«sire Audart Champenois, et au conte d'Arminac (d'Armagnac).» Le 24 novembre 1409, Guillaume de Bavière, comte palatin du Rhin, de Hainaut et d'Ostrevant, s'en dessaisit en faveur des seigneurs de Ligny, d'Anderquiez, de Moutheaulx, du sire Beaudoin de Frémont et de l'écuyer Helmich de Dornich, ses familiers. Ceux-ci paraissent l'avoir immédiatement aliéné, car nous trouvons que, à la date du 4 décembre 1410, le duc d'Alençon est dit en avoir fait acquisition depuis un an environ. Il en fut ensaisiné le 23 avril 1411, et le réunit à son grand hôtel qui y était contigu, et qu'on en distingua jusque vers le milieu du xv° siècle. Le compte des confiscations de 1421 [1] le signale comme étant en ruines, et inhabitable pour la plus grande partie.

Dans la dépendance de l'hôtel d'Anjou, et sur une partie de l'emplacement jadis occupé par l'hôtel d'Ostrevant, il existait, sous Henri III, une maison appartenant au valet de chambre ordinaire de ce prince, Étienne des Hayes, qui la tenait du roi de Navarre. Cette maison, large de seize toises un pied, et profonde de seize toises deux pieds et demi, fut vendue, le 14 décembre 1577, par Des Hayes à messire de Grimonville, seigneur de Larchant, ce qui lui valut le nom d'*hôtel de Larchant*. Acquise dans la suite par Jacques-Nompar de Caumont, duc de La Force, maréchal de France, et augmentée d'une portion des jardins de l'ancien hôtel d'Anjou, elle fut connue sous la dénomination d'*hôtel de La Force*, qu'elle portait encore lorsque le 25 novembre 1667, le Roi l'acheta en vue de l'agrandissement du Louvre. On ne la démolit du reste que partiellement; les bâtiments qui subsistèrent, ayant été habités par Séguin, capitaine du Louvre, furent nommés *la Capitainerie*, et, dans le xviii° siècle, *le Gouvernement;* ils ont été renversés, vers 1806, pour le prolongement de la place de l'Oratoire. (Voir *Rue de Beauvais*.)

D'après un accord de 1580, l'hôtel d'Ostrevant aurait été dans la censive de Saint-Denis de la Chartre; mais il n'est pas prouvé que telle fut vraiment sa mouvance, attendu que l'hôtel est mentionné dans les censiers de l'Évêché.

CENSIVE DE SAINT-DENIS DE LA CHARTRE.

Partie postérieure de l'HÔTEL D'ALENÇON ou D'ANJOU. (Voir *Rue des Poulies*.)

HÔTEL DE RETZ et DE CONTY. En 1573, quand le duc d'Anjou fit don à sa sœur Marguerite de l'hôtel d'Alençon, il en retrancha un pavillon où avait demeuré son chambellan Villequier, et qui était voisin de l'hôtel de Bourbon, puis il en gratifia Jeanne de Vinon de Dampierre, dame d'honneur de la Reine. Albert de Gondi, duc de Retz, ayant acheté la maison de Castellan, située derrière ce pavillon et donnant sur la rue des Poulies, fut, après la dame de Dampierre, sa parente par alliance, propriétaire du pavillon, et le réunit à son hôtel; mais le 2 oc-

---

[1] Ap. Sauval. — Les confiscations dont il s'agit avaient été effectuées contre les partisans du Dauphin.

tobre 1617, Henri de Gondi l'en détacha de nouveau et le vendit 75,000 livres[1] à Louise de Lorraine, princesse de Conty, deuxième femme de François de Bourbon. Le pavillon, qui fut peut-être reconstruit, devint aussi l'HÔTEL DU PETIT-CONTY, dit également le PETIT HÔTEL DE RETZ. En 1639 il faisait le coin de la rue du Petit-Bourbon et était habité par le duc de Mortemart. Il paraît ensuite avoir été confondu de nouveau avec le grand hôtel de Retz, autrement de Choisy, dont on le distinguait pourtant encore en 1662. Quelques années après, le Roi, qui l'avait acquis du duc de Guise, le fit démolir.

L'hôtel de Retz était séparé par la rue du Petit-Bourbon, de l'hôtel de Bourbon, qui s'étendait jusqu'au quai. (Voir *Quai de l'École.*)

## RUE DE BEAUVAIS.

La rue de Beauvais commençait à la rue du Coq, qui la continuait en retour d'équerre; elle finissait à la rue Fromenteau.

On peut admettre que le voisinage des jardins du Louvre a motivé le nom primitif de la rue de Beauvais, d'abord dite *de Beauvoir*[2]. Bordée vers le midi par des maisons qui s'appuyaient aux murailles du Louvre, elle est appelée *vicus contiguus castello de Lupara*, dans un titre de 1269. Un autre titre, de la même année, l'énonce *vicus qui dicitur Biauvoir*. En 1292 et 1316 on a dit «rue de Biauvoir» ou *Beauvoir*, ce qui a conduit à dire aussi «rue de Biauvés» (1316) et enfin «de Beauvaiz» (1455), dénomination sans raison d'être, laquelle s'est substituée entièrement à la première, bien qu'elle comportât une idée fort différente.

La rue de Beauvais était encore intacte au commencement du XVII$^e$ siècle. Le prolongement de l'aile occidentale du Louvre, sous Louis XIII, nécessita la démolition de la plupart des maisons qui bordaient la rue, du côté du midi; les dernières furent jetées bas vers 1664, à l'exception d'un petit groupe formant le coin de la rue Fromenteau. Ce groupe n'a disparu que sous le premier Empire, avec les maisons du côté septentrional, dont plusieurs, situées entre les rues du Coq et de l'Oratoire, avaient déjà été rasées en vertu des lettres patentes du 26 décembre 1758, qui prescrivirent l'établissement d'une place de dix toises de profondeur au devant du Louvre. Cette place, continuée par ordonnance du 26 février 1808, jusqu'à la rue des Poulies, et, dans la direction opposée, jusqu'à la rue de la Bibliothèque (Champ-Fleuri), a été appelée *place de Marengo*, puis, pen-

---

[1] Sauval dit 70,000. Nous parlons d'après les titres.

[2] Dans le Cart. de N. D. (t. II, p. 471) il est question d'un lieu dit *Bellum Videre*, à l'année 1244; mais ce lieu, dont les historiens ne parlent point, était situé sur la rive gauche de la Seine.

dant la Restauration, *place de l'Oratoire*. Elle a été absorbée dans les dépendances du Louvre et dans la partie de la rue de Rivoli entreprise en vertu du décret du 23 décembre 1852.

## CÔTÉ MÉRIDIONAL.

### PAROISSE SAINT-GERMAIN-L'AUXERROIS.

#### HAUTE JUSTICE
#### ET CENSIVE DE L'ÉVÊCHÉ [1].

Maison de «l'Imaige Nostre-Dame» (1489-1570), depuis Hôtel de Rostaing, faisant l'angle rentrant de la rue du Coq. Vers 1587, elle fut rebâtie par son propriétaire, Tristan de Rostaing, qui la légua à son fils, et elle commença à être appelée Hôtel de Rostaing. Elle aboutissait aux murs du Louvre et à ceux de la Ville. Le Roi en fit l'acquisition le dernier jour de février 1664, au prix de 80,000 livres.

Maison sans désignation en 1530, puis des Bons-Hommes (1603-1624).

Deux maisons sans désignation (1530); ainsi que la précédente elles semblent n'avoir point encore été distinctes de la suivante en 1489, et n'en formaient plus qu'une vers 1600.

Maison sans désignation en 1489, puis de «l'Imaige Saincte-Katherine» (1573).

Maison de «l'Ymaige Saint-Jehan» (1436-1624).

Maison de «l'Ymaige Saincte-Marguerite» (1436-1519), puis de l'Image Saint-André (1603-1624), située devant la rue Champ-Fleuri.

Maison de «l'Ymaige Saint-Kristofle,» puis du Saint-Esprit (1529-1624), appartenant à l'abbaye Saint-Victor.

Maison des «Imaiges Saint-Cosme et Saint-Damian» (1530), qui paraît avoir été une dépendance de la maison précédente, dont elle n'aurait pas encore été séparée en 1489.

Maison sans désignation en 1489, puis de «l'Imaige Sainct-Michiel» (1530), et de l'Image Saint-Roch (1563-1624).

Maison sans désignation en 1489, puis de la «Teste-Noire» (1582-1624); elle appartenait à l'abbaye Saint-Antoine.

Maison sans désignation (1489), appartenant à la fabrique de l'église Saint-Eustache, et comprenant trois corps d'hôtel.

Maison sans désignation en 1489, puis du Gobelet-d'Argent (1516) et du Cheval-Blanc (1613-1624).

[1] Nous rappellerons que, dans cette région, la censive de l'Évêché est devenue celle du Roi en 1687.

RUE DE BEAUVAIS. 19

Maison sans désignation en 1455, et paraissant avoir fait partie de la précédente; elle a été dite également du Gobelet-d'Argent (1575-1625) et peut-être de l'Image Saint-Louis en 1654. A l'époque de sa destruction elle avait, comme au milieu du xv$^e$ siècle, quatre toises trois pieds de profondeur dans œuvre, deux toises de largeur sur rue et six pouces de moins par derrière; elle était située devant la rue Jean-Saint-Denis (rue Pierre-Lescot).

Masure (1489), puis Maison des Boules (1613-1624), contiguë à la maison faisant le coin de la rue Fromenteau; elle aboutissait aux murs du Louvre, ainsi que toutes les maisons précédentes.

## CÔTÉ SEPTENTRIONAL.

### PAROISSE SAINT-GERMAIN-L'AUXERROIS.

#### HAUTE JUSTICE DE L'ÉVÊCHÉ.

##### CENSIVE DU FIEF DE FROMENTEAU.

Maison sans désignation en 1574, puis du Cheval-Blanc (1633), faisant le coin septentrional de la rue Fromenteau; elle appartenait au Roi en 1681. *Entre les rues Fromenteau et Jean-Saint-Denis.*

Maison dépendant de la maison du Pied-de-Biche, sise rue Fromenteau; il y pendait pour enseigne l'Hôtel d'Allemagne en 1724.

Maison du Petit-Jean-Saint-Denis (1610), ayant fait partie de la suivante; elle paraît aussi avoir eu pour enseigne l'Image Saint-Pierre, au xv$^e$ siècle.

##### CENSIVE DE L'ÉVÊCHÉ.

Maison des « Images Sainct-Jehan et Sainct-Denis » (1575-1630), faisant le coin occidental de la rue Jean-Saint-Denis; en 1489, elle ne formait avec la précédente qu'une seule maison, et, en 1603, elle avait pour enseigne le Petit-Saint-Denis.

Maison sans désignation (1489) et contenant deux corps d'hôtel, dont l'un faisait le coin oriental de la rue Jean-Saint-Denis, et l'autre le coin occidental de la rue du Chantre; à ce dernier corps de logis pendait pour enseigne la Bouteille en l'an 1700. *Entre les rues Jean-Saint-Denis et du Chantre.*

Maison du Pied-de-Griffon (1397), puis de la Croix-Blanche (1530), en deux corps d'hôtel, dont l'un formait le coin oriental de la rue du Chantre, et l'autre faisait front sur la rue de Beauvais. *Entre les rues du Chantre et Champ-Fleuri.*

Maison de la Fleur-de-Lis (1525), appartenant à la grande Confrérie aux Bourgeois.

3.

20    TOPOGRAPHIE HISTORIQUE DU VIEUX PARIS.

Maison sans désignation en 1489, et du Pigeon en 1687, faisant le coin occidental de la rue Champ-Fleuri.

<small>Entre les rues Champ-Fleuri et du Coq.</small> Maison de « l'Imaige Saint-Jullian » (1489), faisant le coin oriental de la rue Champ-Fleuri; elle se composait de deux corps d'hôtel, dont le second avait nom la Maison du Coq (1519-1624). En 1530, celle-ci est énoncée effectivement comme constituant la moitié de la maison précédente.

Masure (1489), puis Maison sans désignation (1603), faisant le coin occidental de la rue du Coq.

En 1519, il y avait dans la rue de Beauvais une maison de l'Image Saint-Michel, dont nous ne pouvons préciser l'emplacement.

## RUE DU PETIT-BOURBON.

La rue du Petit-Bourbon commençait à la rue des Poulies et finissait à la rue d'Autriche. Elle fut ouverte, en 1583, sur le terrain de l'hôtel de Bourbon ou Petit-Bourbon, le long du mur de l'ancien hôtel d'Alençon, et, suivant une clause stipulée dans l'adjudication, faite le 23 juin de cette année, d'une masure qui a été remplacée par l'hôtel de Combaut. Cette voie nouvelle, qui devait être large de seize pieds, était destinée à faciliter les communications entre le Louvre et les environs de l'église Saint-Germain-l'Auxerrois; elle prit naturellement le nom de *rue du Petit-Bourbon*, qu'elle portait au milieu du xvii$^e$ siècle. Nous l'avons trouvée énoncée *rue du Louvre*, en 1621; *rue du Louvre, qui conduit de la grande porte du château du Louvre à la rue des Poulies*, en 1667; plus tard, elle fut qualifiée seulement de passage. On voit, par les plans de Quesnel, de Mérian et de Gomboust, que la rue du Petit-Bourbon, s'élargissant tout d'un coup, formait une sorte de petite place du côté de la rue d'Autriche.

Aucune maison n'avait son entrée principale dans la rue du Petit-Bourbon; elle était bordée, au midi, par l'hôtel de Bourbon, et au nord, par les deux hôtels de Retz.

## RUE CHAMP-FLEURI.

La rue Champ-Fleuri commençait à la rue de Beauvais et finissait à la rue Saint-Honoré.

C'est seulement au xvii$^e$ siècle qu'une enseigne du *Champ-Fleuri* a existé dans cette rue; il ne faut donc pas chercher dans ce fait la raison d'être d'une telle dénomination. Il semble qu'on doive l'attribuer à quelque jardin ou pièce de terre en culture, dont la végétation était remarquable, circonstance qui pourrait aussi avoir été l'origine du nom de *Beauvoir*, donnée à la rue voisine. Nous avons vu la rue Champ-Fleuri énoncée *vicus qui dicitur Campus floridus*, en 1255 et 1282; *vicus de Campo florido*, en 1262; «*rue de Champfloury*,» en 1292, puis «*rue de Champflori*, et enfin, *du Champ-Fleuri*. Comme cette rue conduisait au Louvre, où, par décret du 21 mars 1801, devait être placée la grande bibliothèque nationale, on lui a donné, en 1806, le nom de *rue de la Bibliothèque*. Ce changement de dénomination fut provoqué par les propriétaires, qui se plaignaient de ce que la déplorable notoriété attachée à l'ancien nom de la rue nuisait à leurs intérêts. La rue Champ-Fleuri était, en effet, une de celles que Saint-Louis avait, en 1254, affectées aux filles de joie, et, au commencement de ce siècle, elle justifiait autant que jamais son antique et fâcheuse réputation. Du reste, les titres ne nous ont fourni aucune mention des mauvais lieux qui pouvaient s'y trouver, quoique nous ayons recueilli plusieurs indications de ce genre pour d'autres rues, telles que celles de Mâcon et de Glatigny.

La rue Champ-Fleuri, raccourcie par l'alignement donné à la place du Louvre, vers 1812, l'a été de nouveau, en 1853, par le percement de la rue de Rivoli; elle a été finalement supprimée par le décret du 3 mai 1854.

## CÔTÉ OCCIDENTAL.

### PAROISSE SAINT-GERMAIN-L'AUXERROIS.
#### HAUTE JUSTICE
##### ET CENSIVE DE L'ÉVÊCHÉ.

Maison de la Croix-Blanche (1480), réunie, au xvie siècle, à la maison faisant le coin de la rue de Beauvais, et néanmoins mentionnée encore en 1624.

Maison du «Saint-Esperit» (1489-1575), puis de la Pantoufle (1582-1624), et de l'Image Saint-Jacques (1700).

Maison sans désignation en 1565; en 1489, elle faisait partie de la précédente, et, en 1700, elle avait pour enseigne le Buste du Roi.

Maison de «l'Image Saint-Nicholas» (1489-1530); elle appartenait à l'évêché d'Embrun avant 1530, avait pour enseigne la Corne-de-Cerf, en 1575 et 1624, et a été de nouveau appelée la maison de Saint-Nicolas, vers 1687.

Maison de «l'Imaige Nostre-Dame» (1575-1624), qui, au xve siècle, devait encore être comprise dans la précédente.

Maison sans désignation en 1489, qui avait l'enseigne du Champ-Fleuri en 1680, et semble avoir eu celle de la Corne-de-Cerf en 1422 et 1566.

Maison sans désignation en 1489, puis du Pied-de-Biche (1567-1624).

Maison de la «Fleur-de-Lys» (1437-1624), puis du «Plat d'Estaing» (1603). Il s'y trouvait, dès 1588 et encore en 1700, un jeu de paume qui paraît avoir eu, pendant quelque temps, l'Image Saint-Nicolas pour enseigne. La maison de la Fleur-de-Lis fut achetée par le Roi, le 2 décembre 1667.

Maison sans désignation en 1489, puis de «l'Ymage Sainct-Eustace» (1530-1624), aboutissant à la précédente. Elle appartenait à la fabrique de l'église Saint-Eustache.

Maison du «Gros-Tournoys» (1373-1472), puis du Cornet-d'Or (1572-1698), qui était possédée, en 1422, par Guillaume Nonin, maître des œuvres de la Ville. Au xv$^e$ siècle elle s'étendait, derrière la maison précédente, jusque sur l'emplacement de la maison de la Fleur-de-Lis, laquelle n'en était qu'un démembrement.

Maison de la Corne-de-Daim (1575-1630), puis de la Croix-d'Or (1680), et de la Montagne (1700). Elle faisait partie de la suivante au xv$^e$ siècle.

Maison sans désignation en 1489, puis du Cheval-Blanc (1575-1717).

Maison sans désignation en 1489, puis du Patin (1573-1624), du Cheval-Rouge (1680), et de la Croix-Blanche (1705). Elle aboutissait à la maison suivante; mais, au xv$^e$ siècle, elle s'étendait jusqu'au jardin de la maison de l'Écu-de-France, sise rue du Chantre.

Maison sans désignation en 1489, puis de la Corne-de-Daim (1575-1657) ou de Cerf (1689), faisant hache derrière la précédente.

Maison sans désignation (1575), qui dépendait de celle de la Coupe faisant le coin de la rue Saint-Honoré; elle avait pour enseigne le Cygne-de-la-Croix, en 1687.

## CÔTÉ ORIENTAL.

### PAROISSE SAINT-GERMAIN-L'AUXERROIS.

#### HAUTE JUSTICE
#### ET CENSIVE DE L'ÉVÊCHÉ.

Maison de la Boule-d'Or (1700), ayant fait partie, jusqu'au milieu du xvii$^e$ siècle, de la maison formant le coin de la rue Saint-Honoré. Nous ne l'avons point fait figurer sur le plan, pour éviter la confusion.

Petite maison sans désignation en 1489, et ayant eu ensuite pour enseigne l'Entonnoir (1591-1630), puis la Ville-de-Mantes (1680) ou de Munster (1687), et la Ville-de-Bruxelles (1700).

Petite maison de la Cloche-d'Argent (1680), puis du Grand-Alexandre (1705), qui fit partie de la suivante jusqu'au milieu du xviie siècle.

Maison sans désignation en 1489, puis du Cheval-Rouge (1603-1624), du Cheval-Blanc (1680), de l'Écu-de-Bretagne et du Croissant (1700).

Maison avec grange, qui, en 1395, appartenait à un plâtrier nommé Jean Guéroult. En 1489 c'était encore une plâtrière, et elle était possédée par les Quinze-Vingts. En 1603 elle formait deux maisons, et s'appelait en 1680 l'Hôtel d'Anguin (d'Enghien?).

Maison sans désignation en 1489, puis de la Hure-de-Sanglier (1582). Elle a été divisée ensuite en deux maisons, dont la première a eu pour enseigne la Vertu-de-l'Assurance [1] en 1613 et 1624, et la Petite-Vertu en 1680. La seconde, qui faisait hache derrière l'autre, a eu pour enseigne le Roi Henri IV en 1687.

Maison de la Corne-de-Cerf (1489). En 1575 elle avait une issue rue du Coq, par le moyen d'une autre maison ayant la même enseigne, et qui alors en faisait apparemment partie. En 1614 et 1733 elle avait pour enseigne le Lion-d'Argent.

Maison avec jardin, sans désignation en 1489, laquelle eut pour enseigne le Deux-Coignées (1451-1530), puis « la Mouffle » [2], à cause de Guillaume Moufflet qui la possédait en 1589, et enfin la Pomme-de-Pin (1613-1640).

Maison sans désignation en 1489, puis du Pot-d'Étain (1603-1624) et de la Vierge (1705).

Maison de l'Image Saint-Louis (1687), jusque dans le xviie siècle, partie de la suivante.

Maison de « l'Estrille » (1353), puis de l'Image Saint-Julien (1624), de l'Étoile-d'Or (1637), et de l'Image Saint-Pierre (1700). Elle appartenait à l'Hôtel-Dieu, avait une issue sur la rue du Coq en 1575, et était contiguë à la maison qui faisait le coin de la rue de Beauvais.

# RUE DU CHANTRE.

La rue du Chantre commençait à la rue de Beauvais et finissait à la rue Saint-Honoré.

A l'office du chantre de l'église collégiale Saint-Honoré était attachée la possession d'une maison située dans cette rue, dont le nom, qui n'a jamais varié, s'expliqie ainsi sans peine. Les cartulaires de l'Hôtel-Dieu nous ont fourni une mention de la rue au Chantre de Saint-Honoré, *vicus Cantoris Sancti-Honorati*, remontant

---

[1] Cette enseigne devait être un rébus. — [2] Moufle, sorte de gros gant ou de mitaine.

à l'année 1235, et une charte de 1221 où la rue est énoncée sans appellation particulière, mais comme conduisant aux maisons du chanoine Drocon. Un passage de cette charte est en effet ainsi conçu : «Domum.....ante ecclesiam Sancti-Honorati, «in cuneo vici per quem itur ad domus Droconis, canonici dicti Sancti-Honorati, «contiguam domui Scolarum.»

La rue du Chantre, comme la rue Champ-Fleuri, après avoir été tronquée vers 1812, a été supprimée en 1854.

## CÔTÉ OCCIDENTAL.

#### PAROISSE SAINT-GERMAIN-L'AUXERROIS.
#### HAUTE JUSTICE
#### ET CENSIVE DE L'ÉVÊCHÉ.

Maison sans désignation en 1489, puis DE LA «Roze-Rouge» (1575-1620), contiguë à la maison faisant le coin de la rue de Beauvais.

Maison sans désignation en 1489, puis DU Croissant (1575-1720); elle était divisée en deux portions au xviie siècle.

Maison DES Trois-Croissants (1582-1624), où, en 1680, pendait pour enseigne L'Hôtel-d'Armagnac. Cette maison avait une issue sur la rue Jean-Saint-Denis, et provenait d'un morcellement de la maison précédente, opéré postérieurement à 1575.

Vers l'emplacement de la maison du Croissant il y avait, en 1582, une maison DE LA Corne-de-Cerf, contiguë à une autre maison qui tenait à celle de l'Écu-de-France. Ce pourrait donc être la seconde partie de l'hôtel du Croissant.

Maison DU Beautreillis (1540-1603), puis DU Cheval-Blanc (1613-1620). Il est présumable qu'en 1687 elle était divisée en deux : la première ayant pour enseigne L'Image Sainte-Anne, et la seconde celle de LA Fleur-de-Lis.

Partie postérieure de la Maison DE L'Écu-de-France (1489), située rue Jean-Saint-Denis. On y bâtit au xvie siècle une maison qui eut pour enseigne L'Image Saint-Claude, puis le Grand-Godet (1540-1640). En 1687, la maison du Grand-Godet était, suivant les apparences, subdivisée en quatre; la seconde avait pour enseigne le Fer-à-Cheval, et la quatrième L'Image Saint-Claude, puis la Croix-d'Or [1].

Maison DU Petit-Godet (1603-1640). Sur l'emplacement qu'elle occupait paraissent avoir été construites la Maison DU Pèlerin-Saint-Jacques (1687), la Maison

---

[1] Nous n'avons trouvé nulle part de maisons plus difficiles à restituer que celles de la rue du Chantre; en trop petit nombre pour être bien compris, les titres qui en restent sont presque ininterprétables.

de l'Image-Saint-Claude (1687), qui, en 1700, était réunie à la maison des Barreaux-Rouges de la rue Jean-Saint-Denis, et la Maison de la Croix-Blanche (1680), qui fut divisée en deux. Cette dernière était contiguë à la maison du coin de la rue Saint-Honoré.

## CÔTÉ ORIENTAL.

### PAROISSE SAINT-GERMAIN-L'AUXERROIS.
#### HAUTE JUSTICE
#### ET CENSIVE DE L'ÉVÊCHÉ.

Maison sans désignation en 1458, puis du Fer-à-Cheval (1587-1640), et du Louis-d'Or? (1700), contiguë à la maison qui formait le coin de la rue Saint-Honoré et en ayant fait partie. Le 26 septembre 1463, la maison du Fer-à-Cheval fut délivrée au chapitre Saint-Honoré, pour fondations d'obits, par les exécuteurs testamentaires de Guillaume Levasseur, chanoine de ce chapitre.

Maison sans désignation en 1489, puis de la Corne-de-Cerf (1540-1620) et du Bon-Repos (1680), qui paraît avoir été une grange en 1350. Il se pourrait que l'enseigne du Louis-d'Or eût été celle d'un corps d'hôtel de cette maison, laquelle se distingue mal de la précédente à la fin du xviie siècle.

Maison «ayant un Crucifix sur l'uis» (1489-1540), et qui a eu ensuite pour enseigne «la Fonteyne» (1581-1624), puis la Cage (1649), et la Magdeleine (1680). Sur son emplacement s'élevait, au xve siècle, une autre maison ayant pour dépendances un jardin et deux masures, le tout appartenant à la grande Confrérie aux Bourgeois.

Maison sans désignation en 1489, puis «de l'Imaige Nostre-Dame» (1575-1640). En 1684 elle était divisée en deux maisons, dont la première faisait hache derrière la seconde.

Maison sans désignation en 1489, puis de l'Image Sainte-Marguerite (1530), de la Fidélité (1603-1640), du Nom-de-Jésus (1687), et du Soleil-d'Or (1700).

Maison sans désignation en 1489, puis de la Croix-Blanche (1587), du Chapelet (1603-1640), et du Pied-de-Biche (1687). Cette dernière enseigne était celle de la maison située sur la rue Champ-Fleuri, et dont la maison du Chapelet dépendait.

Maison sans désignation en 1489, puis du Petit-Cerf (1575-1620), et du Cheval-Noir (1687). Cette maison et les trois précédentes furent bâties, sur l'emplacement d'une maison unique, par Germain de Marle, qui fut prévôt des marchands en 1474.

Maison de la Pomme-Rouge (1564-1640), qui était divisée en deux en 1575 et 1640.

Maison de la Rose (1564), ou Rose-Blanche (1624-1687).

Maison sans désignation en 1464, puis de l'Image Sainte-Barbe (1515-1540). Vers la fin du xvi⁰ siècle, elle fut divisée en deux. La première portion prit pour enseigne la Rose-Rouge (1603), puis la Croix-Blanche (1624-1650), la seconde fut la

Maison de l'Image Sainte-Geneviève (1603-1620). Celle-ci paraît avoir été subdivisée à son tour en deux maisons, dont la première eut pour enseigne la Croix-d'Argent (1680), et la seconde, l'Image Sainte-Barbe (1687), puis le Cheval-d'Or (1700).

Sur l'emplacement de toutes les maisons qui viennent d'être indiquées, à partir de celle de la Pomme-Rouge inclusivement, il n'y avait qu'une maison avec grange en 1489.

Maison de l'Image Saint-Jacques (1630-1640), puis de la Montagne Saint-Jacques (1680), contiguë à la maison qui faisait le coin de la rue de Beauvais.

## RUE DU COQ.

La rue du Coq commençait à la rue de Beauvais et finissait à la rue Saint-Honoré.

Le nom de cette rue provient de ce qu'il s'y trouvait, vers 1375, une maison ayant pour enseigne un coq, armes parlantes de la famille des Le Coq, à laquelle elle appartenait. Dès 1376 on trouve une mention de « *la rue du Coq, autrement dite* « *de Richebourg,* » et les deux appellations étaient encore en usage simultanément au xvi⁰ siècle, puisqu'on lit dans un titre de 1564, « *rue de Richebourg, dicte du Coq.* » Mais la dénomination de *Richebourg*, qui apparaît en 1245 et a fini par être entièrement abandonnée, avait été employée la première; elle rappelait plutôt le nom d'un individu que celui d'un territoire sur lequel la rue aurait été ouverte. On trouve cette voie énoncée *vicus qui vocatur Richebourc*, en 1261, et *vicus qui vulgariter appellatur Richebourt*, en 1258.

Vers la fin du règne de Louis XV, la rue du Coq était encore tellement étroite que, devant la maison de la Corne-de-Cerf, elle ne mesurait que quinze pieds de largeur. La direction n'en était pas, comme aujourd'hui, perpendiculaire aux murs du Louvre; mais elle biaisait, et la rue présentait une brisure sensible dans son parcours. Enfin, à la suite de la suppression d'une partie de la rue de Beauvais, elle avait été fermée à son extrémité méridionale, et ne constituait plus qu'une impasse lorsque, par arrêt du Conseil, du 26 décembre 1758, il fut ordonné quelle serait élargie jusqu'à trente-trois pieds, et qu'on en changerait l'alignement de façon que son axe se confondît avec celui du pavillon central du Louvre. L'arrêt de 1758, confirmé par lettres patentes du 12 mai 1767, n'a toutefois reçu d'exécution qu'en 1780. Entièrement renouvelée par suite du décret du 3 mai 1854, la rue du Coq présente actuellement une largeur de vingt-quatre mètres, et s'appelle *rue de Marengo*.

## CÔTÉ OCCIDENTAL.

### PAROISSE SAINT-GERMAIN-L'AUXERROIS.
#### HAUTE JUSTICE
#### ET CENSIVE DE L'ÉVÊCHÉ.

Maison sans désignation en 1489, puis DE LA POMME-DE-PIN (1603-1634), contiguë à la maison faisant le coin de la rue de Beauvais. Cette maison ou celle de l'Image Saint-Martin mentionnée plus bas, avait pour enseigne LA CHAUSSE en 1401.

Maison DU CHAPEAU-ROUGE (1401-1489). Vers la fin du xvi<sup>e</sup> siècle, elle a été divisée en deux; la première a eu pour enseigne LE CROISSANT (1603-1624), et peut-être L'ÉCU en 1687; la seconde, qui faisait hache derrière la première, a eu pour enseigne L'ÉTOILE-D'OR en l'an 1700. Ce devait être l'ancienne issue de la maison de ce nom, située rue Champ-Fleuri.

Maison sans désignation en 1245, puis DE L'IMAGE SAINT-MARTIN (1440-1624), et DE L'ÉCU (1687), laquelle contenait, en 1440, un jardin sur la rue Champ-Fleuri. Au mois de janvier 1255, elle fut achetée 23 livres parisis, de Guillaume de Saint-Symphorien, par Drocon, chanoine de Saint-Honoré, qui, en mai 1258, la vendit à ses collègues pour une somme de 10 livres, destinée à la fondation de son anniversaire.

Maison DU PLAT-D'ÉTAIN (1489), puis DE L'IMAGE SAINT-FRANÇOIS (1687), qui semble avoir été pendant quelque temps réunie à la précédente, vers le milieu du xvi<sup>e</sup> siècle.

Maison DE LA CORNE-DE-CERF ET DU SABOT en 1450, et depuis dite simplement DE LA CORNE-DE-CERF. Elle appartenait aux Célestins et se composait de trois pignons, c'est-à-dire de trois corps d'hôtel sur rue, dont l'un avait trois toises deux pieds six pouces de largeur, et les deux autres ensemble trente-six pieds. Au milieu du xv<sup>e</sup> siècle, chacun des corps d'hôtel consistait en un rez-de-chaussée et trois étages au-dessus, en tout douze «louaiges» occupés par autant de locataires. A la fin du xvi<sup>e</sup> siècle, le premier corps d'hôtel a commencé à former une maison à part, et les deux autres sont devenus une seconde maison à laquelle est restée l'enseigne de la Corne-de-Cerf.

Maison de la Magdeleine (1488), puis du Coq (1615-1634). En 1623, une maison du Nom-de-Jésus, que nous supposons être une partie de la maison de la Magdeleine, la séparait de celle de la Corne-de-Cerf.

Maison sans désignation en 1530, et qui, plus anciennement, a dû faire partie de la précédente ou de la suivante.

Maison sans désignation en 1489, et appartenant aux Quinze-Vingts. Elle paraît en avoir formé dans la suite deux ou peut-être même trois, dont la première a eu pour enseigne l'Image Notre-Dame (1687), et la dernière la Croix-Verte (1603-1624), et la Croix-Blanche en 1687.

Maison aux Balances (1373), puis de l'Écu-de-France (1399). Elle se composait de deux «pignons» et semble avoir été divisée en deux. Au commencement du xvie siècle, la partie septentrionale conservait l'enseigne de l'Écu-de-France ou du Petit-Écu (1603-1625); la partie méridionale paraît avoir été, à son tour, subdivisée en deux parcelles; mais, vers 1700, la maison a repris son unité.

Maison du «Cyne» ou Cygne (1463), contiguë à la maison faisant le coin de la rue Saint-Honoré. En 1530, elle était déjà divisée en deux moitiés dont la première a eu pour enseigne la Longue-Allée (1577), puis l'Image Saint-Jacques (1687), et l'autre, l'Étrille-Fauveau[(1)] (1577-1624). C'étaient deux maisons distinctes à la fin du xviie siècle.

Il est impossible, faute de renseignements suffisants, de se rendre un compte exact de la manière dont la partie méridionale de la maison du Cygne était primitivement agencée. Les maisons de la rue Saint-Honoré, jusques et y compris celle du Grand-Godet, étant dites y aboutir en 1489, de même que la maison de l'Écu-de-France, il est à croire que la maison du Cygne faisait d'abord hache derrière celle-ci, et qu'on agrandit plus tard, à ses dépens, la maison du Petit-Écu, de sorte qu'elle servit à son tour d'aboutissant aux maisons de la rue Saint-Honoré. Cette conjecture est d'autant plus rationnelle que la maison située entre celles de l'Étrille-Fauveau et de l'Écu-de-France a eu pour enseigne *la Longue-Allée*, expression qui implique l'existence d'un corridor ou galerie de communication d'une certaine longueur.

---

[(1)] Cette enseigne, qui n'était pas rare au xvie siècle, devait traduire graphiquement la locution proverbiale *Étriller Fauveau*, qu'on trouve dans le roman populaire de Fauvel, et par laquelle on exprimait l'action de se livrer à des manœuvres inspirées par la convoitise.

Marot dit, dans son épître du Coq-à-l'âne:
    Une estrille, une faux, un veau,
    C'est-à-dire *Estrille-Fauveau*,
    En bon rébus de Picardie.

L'enseigne de l'Étrille-Fauveau était peut-être représentée au moyen d'un rébus.

## CÔTÉ ORIENTAL.

### PAROISSE SAINT-GERMAIN-L'AUXERROIS.
#### HAUTE JUSTICE
#### ET CENSIVE DE L'ÉVÊCHÉ.

Masure (1486), puis Maison de la Croix-Blanche (1623) ou du Nom-de-Jésus (1613-1700), contiguë à la maison formant le coin de la rue Saint-Honoré. En 1378, l'emplacement de cette maison et de celle qui suit dépendait du jardin de l'hôtel Saint-Pol, situé rue d'Autriche.

Maison du Petit-Coq (1530), puis du Gros-Chapelet (1613), qui paraît avoir existé dès 1459, et fit sans doute, pendant un temps, partie de la maison du Rabot, située rue Saint-Honoré. Vendue en 1584 au comte du Bouchage, elle fut réunie par lui à l'hôtel de ce nom. Elle avait appartenu au baron de Seine, qui en fut judiciairement dépossédé, le 12 mars 1583, au profit de Michel de L'Isle.

Maison du «Cocq» (1378-1489) ou du Grand-Coq (1530-1614), qui donna son nom à la rue et devint l'Hôtel du Bouchage.

Ainsi que la précédente, la maison du Grand-Coq appartenait au baron de Seine; en 1581, il en céda une première partie au nommé Dupuy, et, en 1582, une seconde partie, formant le reste, à Sylvestre Picard[1]. En 1584, le tout fut acquis par Henri de Joyeuse, comte du Bouchage, qui, en la même année, acheta la maison du Petit-Coq et une autre, sise rue d'Autriche. Sur l'emplacement de ces propriétés, Henri de Joyeuse éleva un grand hôtel, où il reproduisit partout ses armoiries. En 1608, son frère le Cardinal y annexa la maison du Pot-d'Étain de la rue du Coq. Loué par Gabrielle d'Estrées, maîtresse de Henri IV, l'hôtel du Bouchage[2] fut temporairement désigné sous le nom d'hôtel d'Estrées, et on lui donna depuis celui d'hôtel de Montpensier, parce que Henriette-Catherine, comtesse du Bouchage, fille de Henri de Joyeuse, y demeurait après son mariage avec Henri de Bourbon, duc de Montpensier, qu'elle perdit en 1608. Remariée en 1611 à Charles de Lorraine, duc de Guise, fils de celui qui avait été tué à Blois, elle abandonna l'hôtel, le 20 janvier 1616, moyennant 90,000 écus, à Pierre de Bérulle, lequel y établit la communauté de l'Oratoire. (Voir *Rue Saint-Honoré*.)

Maison du Pot-d'Étain (1530-1624). Elle semble avoir été comprise dans la maison suivante vers 1490, et toutes deux ont dépendu de l'hôtel de Montpensier.

Maison «du Lyon-d'Or» (1489-1603). Cette maison et les trois précédentes aboutissaient aux dépendances de l'hôtel Saint-Pol.

---

[1] Arch. de l'Emp. reg. MM 623. — [2] C'est à l'hôtel du Bouchage que Jean Châtel tenta de tuer Henri IV, le 27 décembre 1594.

Maison sans désignation (1489), qui faisait anciennement hache derrière les deux suivantes, et se composait de deux parties vers 1620.

Maison sans désignation en 1489, et à laquelle on n'en trouve pas depuis. Elle appartenait aux Mathurins en 1624.

Maison sans désignation en 1489, puis des Deux-Boules (1619). Elle appartenait au vicomte d'Orbec en 1564, et fut achetée par les pères de l'Oratoire le 19 juillet 1619.

Maison des Trois-Poissons (1489-1540), aboutissant aux vieux murs de la ville, et ayant dépendu de l'hôtel du Bouchage.

Maison sans désignation en 1489, qui appartint à une famille du nom de *Bataille*, et fut dite en conséquence « hostel de la Bastaille » vers 1530. En 1564, elle était possédée par la duchesse de Valentinois; au lieu d'aboutir, comme en 1530, aux murs de la ville, elle s'étendait alors jusqu'à la rue d'Autriche, par suite de sa réunion à l'hôtel d'Étampes. (Voir *Rue d'Autriche*.)

Maison sans désignation en 1489, puis « du Van » (vent) en 1530, et ayant eu pour enseigne les Masures, en 1603 et 1624. Elle était contiguë à la maison faisant le coin de la rue de Beauvais, aboutissait aux murs de la ville, et paraît avoir dépendu de l'hôtel de la Bataille vers 1575.

La rue du Coq a renfermé, en 1381, une maison du Dauphin, puis, en 1570, deux maisons contiguës, celle de la Couronne-d'Épines et du Cheval-Blanc, et, en 1632, une maison de l'Hermitage, dont nous n'avons pu déterminer l'emplacement.

## RUE DU DOYENNÉ.
(Voir Rue des Orties, p. 83.)

## QUAI DE L'ÉCOLE.

Le quai de l'École commençait à la hauteur du Pont-Neuf et finissait en face de la rue d'Autriche.

On sait qu'il existait à Paris, depuis la plus haute antiquité, un commerce par eau fort actif. Il y a donc lieu de supposer que les mariniers parisiens, incapables de remonter le courant à la voile en toute saison, ont dû, à une époque reculée, établir le long du fleuve des chemins servant au halage. Dans un accord passé au mois de décembre 1222, entre le Roi et l'Évêque, il est parlé de la route royale du bord de l'eau, depuis les environs du Louvre jusqu'à la hauteur de Chaillot,

et il est indiqué que cette route était large de dix-huits pieds *à pied-main* [1]. «Via-
« ria que est in terra Episcopi, a domo quam Henricus, Remensis archiepiscopus,
« ædificavit apud Luparam usque ad poncellum de Chailloelo, scilicet in strata
« regali que est decem et octo pedum ad pedem manum [2]. »

Dans la région que nous décrivons, le chemin du bord septentrional de la rivière, lequel était le chemin de Saint-Cloud, a été divisé en trois tronçons, l'un formant le quai de l'École, l'autre qui s'étendait du Louvre aux Tuileries, et le troisième conduisant des Tuileries vers Chaillot. Nous nous occuperons d'abord du premier; l'occasion de parler des deux autres s'offrira plus loin.

C'est à l'école dépendant de l'église Saint-Germain-l'Auxerrois que le quai a emprunté sa dénomination; nous l'avons trouvé désigné par les formules: *Vicus per quem itur a scola Sancti-Germani ad portam de Lupera*, en 1271. — *Magnus vicus Scole Sancti-Germani*, en 1290. — *Vicus qui dicitur Scola Sancti-Germani*, en 1298 et 1302. — *Sus la rivière, si comme l'en va au Louvre*, en 1308. — *Cay du cloistre Saint-Germain*, en 1356. — *Les caiz de la rivière, lez la porte du Louvre*, en 1389. — *Chemin de dessuz la rivière, par lequel l'en va droit au chastel du Louvre*, en 1395. — *A l'Escolle Saint-Germain*, en 1409. — *Quay de l'Escolle Saint-Germain, devant les Buttes*, et *quay des Buttes*[3] *de l'Escolle Saint-Germain*, en 1558. La partie comprise entre la rue des Poulies et l'emplacement du vieux Louvre était appelée *le quai Bourbon* au XVIII$^e$ siècle, parce qu'elle était située devant les restes de l'hôtel de Bourbon.

Le quai de l'École, probablement revêtu en maçonnerie dès la fin du XIV$^e$ siècle, était certainement muni, dès le milieu du XV$^e$, d'un mur de soutènement qui se terminait alors à la grosse Tour du Coin, laquelle constituait une extrémité de l'enceinte de Philippe-Auguste. Sous François I$^{er}$, il subit, aux environs de cette tour, une modification que nous expliquerons ailleurs [4]. Il a été entièrement refait et élargi par lettres patentes du 25 mars 1719. On l'a reconstruit de nos jours.

A l'extrémité de chacune des rues d'Autriche et des Poulies, il y avait une des-

---

[1] Le sens de cette expression est fort obscur; elle pourrait signifier un pied non rigoureusement mesuré, mais simplement approximatif, tel qu'on l'obtient en étendant les mains après avoir joint les pouces, ou par quelque autre procédé analogue. (Voir le texte cité par M. Léopold Delisle dans ses *Études sur la condition des classes agricoles en Normandie*, une des œuvres les plus intéressantes de l'érudition moderne.)

[2] Trésor des Chartes, reg. JJ 278, et *Cart. de N. D.* t. I, p. 124.

[3] Ces buttes servaient apparemment au tir des arquebusiers, comme celles du fossé voisin de la Tour de Nesle. On lit dans les registres de la Ville que, le 15 avril 1567, le Prévôt des marchands et les Échevins demandèrent au maréchal de Montmorency la permission, pour les archers et les arquebusiers, «de tirer de leurs pistolles et harquebuzes «au quay,» comme ils avaient «acoustumé faire, le «premier jour du moys de may prochain.» (Arch. de l'Emp. reg. H 1784, fol. 370 r°.)

[4] Voir p. 176.

cente ou abreuvoir que la voie du quai franchissait au moyen d'une arcade. La première descente, située dans l'axe même de la rue des Poulies, s'appelait *l'abreuvoir des Fossés-Saint-Germain*, en 1385, et, à cause de sa proximité de l'hôtel de Bourbon, *l'Arche-de-Bourbon*, en 1506, 1603, etc. La seconde, située un peu avant la rue d'Autriche, était sans doute d'une origine moins ancienne, mais elle existait déjà au milieu du xve siècle, car elle est représentée sur le retable du Palais de justice; on la nommait *l'Arche-d'Aultruche* (1586, 1604, etc.), *la descente de l'Abreuvoir* (1604) ou simplement *l'Abreuvoir du Louvre* (1605), et *la descente du port au Foing* (1615). Lors du redressement du quai, en 1719, les deux abreuvoirs ont disparu ainsi que le petit escalier en pierre placé entre l'un et l'autre, lequel figure sur le retable du Palais de justice, sur le tableau de Saint-Germain-des-Prés et sur divers plans. Cet escalier semble avoir été ce qu'on appelait *la descente du Passeur*, en 1602 [1].

Par lettres patentes du 23 septembre 1501 [2], le Roi fit établir un bac devant l'hôtel de Bourbon, pour faciliter aux charrettes le passage de la rivière, après la chute du pont Notre-Dame. On peut croire que ce bac n'eut qu'une existence provisoire, puisque, s'il n'avait pas été supprimé, Henri II n'aurait point eu à ordonner, le 9 septembre 1550, qu'on en disposât un au même endroit, pour tenir lieu du pont que les habitants l'avaient prié de faire bâtir. Au reste, l'ordonnance de Henri II ne fut point exécutée sur-le-champ, et, le 5 décembre 1551, le Corps de Ville s'étant réuni pour délibérer sur le projet présenté au Roi par Gilles des Froissiz, à l'effet d'établir le bac en attachant le câble à la Tour de Nesle et à une des tours du Louvre, l'assemblée objecta que la concession du bac avait déjà été faite à la Ville par le Roi lui-même, et qu'elle se chargerait d'y pourvoir lorsqu'elle en aurait la commodité. Il est question des «maistres passeurs d'eaue «devant l'hostel de Bourbon» dans une ordonnance de 1574, et de la «commu-«naulté des passeurs d'eaue du port du Louvre» dans un autre document de 1571. Jusqu'à la construction du pont des Arts, en 1802, un service de bateaux s'est maintenu entre le faubourg Saint-Germain et le quai du Louvre.

Au devant de l'hôtel de Bourbon et du Louvre, il y avait un port qui a été appelé *le port de Bourbon*, en 1564, «le port de l'Arche-de-l'Aulthruche,» en 1586,

---

[1] On exécuta à l'arche d'Autriche, en 1604, des travaux de pavage, et, le 4 mai 1602, on présenta à la Ville un devis prescrivant de «démolir «le mur d'appui, *marches* et descente dicte du «Passeur, pour être refaicte de neuf et pareille «structure.» Le devis comprenait la reconstruction du mur d'appui de l'arche de Bourbon. La descente du Passeur devait être l'escalier placé entre les deux abreuvoirs, puisque ces deux abreuvoirs étaient dépourvus de marches.

[2] Le bac semble être plus ancien, car un bail en fut fait, à charge d'entretien, le 1er juillet de la même année. Le tarif agréé était de 8 deniers parisis par chariot et 3 deniers par charrette, avec retour gratuit pour les voitures qui avaient passé chargées. Les hommes et les chevaux payaient 2 deniers chacun.

TOPOGRAPHIE HISTORIQUE DV VIEVX PARIS

Egl. St Séverin.  Egl. St André.  Les Grands Augustins.  Le Château Gaillard.  Hôtel de Nevers.
Hôtel de Bourbon.  Arche d'Autriche.

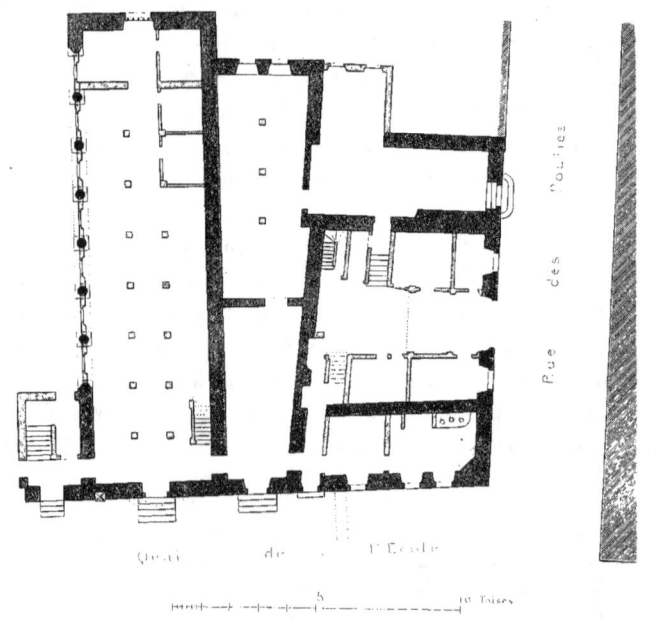

A. Berty del.

VVE DE L'ARCHE D'AVTRICHE.

PLAN DES RESTES DE L'HOTEL DE BOURBON
à la fin du XVIIe Siècle.

et *le port aux Passeurs, devant l'hôtel de Bourbon,* en 1616. Un *port du Louvre* est mentionné dans le censier du Parloir aux Bourgeois pour l'an 1292.

Le quai de l'École n'était bordé de maisons que du côté septentrional; on n'y voyait, entre les rues des Poulies et d'Autriche, qu'un seul édifice, l'hôtel de Bourbon, qui était en la paroisse de Saint-Germain-l'Auxerrois, en la haute justice de l'Évêché, et partie en censive de Saint-Denis de la Chartre, partie en censive de Saint-Germain-l'Auxerrois.

HÔTEL DE BOURBON. Jaillot a prétendu que l'origine de l'hôtel de Bourbon remontait presque à Philippe-Auguste; c'est faire erreur d'un siècle : les renseignements suivants, puisés dans les archives du Bourbonnais[1], ne laissent aucun doute à cet égard.

Les sires de Bourbon ne possédaient rien dans le voisinage du Louvre, lorsque, le jeudi avant la Saint-Laurent, l'an 1303, Louis, fils aîné du comte de Clermont, acheta, pour 1400 livres parisis, une maison qui avait été à Oudart de Neufville, et que l'acte de vente énonce : «Séant à Paris, ou fossé Saint-Germain-«l'Aucerrois..... en la censive du chapitre de l'église de Saint-Germain dessus «dit; tenant d'une part à la meson du Noier, qui est au prieur de la Charité-sur-«Laire (*sic*), et, de l'autre part, à la meson qui fu Robert Évrout[2]; abboutissant «par derrières au manoir dudit Robert.» Cette première acquisition fut suivie de celle de la maison d'Évrout, qui fut vendue en trois fois; savoir : 1° un quart à une époque inconnue; 2° un second quart le samedi avant la mi-carême 1308, par Gérard dit Larde, et Jehanne Gudinne, qui l'avait eu par héritage de Marie, femme de Robert Évrout, lequel était bourgeois de Paris, mais habitait Compiègne. Ce second quart est dit : «Séant..... sus la rivière, si comme l'en va «au Louvre..... tenant d'une part à la meson Vivien le Portier, et d'autre part «à Pierre le Boursier (qui possédait le reste), et, par les derrières, au manoir «monseigneur Enguerran de Marigny (hôtel d'Alençon).» Il était de la censive de Saint-Denis de la Chartre, et par conséquent compris dans une zone de vingt-cinq toises de large à partir de la rue d'Autriche; il renfermait en outre «la quarte «partie de onze hostises séanz en la rue d'Osteriche» et la moitié d'une maison que l'on disait «*A la Cage,* séant en Hosteriche, tenant à la meson Jehan du Droiz, «d'une part, et, d'autre part, à la meson Homart de la Marche.» Le tout fut vendu au prix de 320 livres de «bons parisis.» La troisième et dernière partie de la propriété d'Évrout, dont elle formait la moitié, et qui était aussi en censive de Saint-Denis de la Chartre, fut vendue 900 livres le vendredi avant les Brandons 1312, par ce Pierre le Boursier dont il est question plus haut et Perrenelle la

---

[1] Arch. de l'Emp. P. 1163 et P 1369, cotes 1149 à 1172 et 1793 à 1855.

[2] Robert Évrout est indiqué, sur le Rôle de la Taille de 1292, comme payant 14 livres. Dans celui de 1296, il est question d'un «Raoul Évroust, «vendéeur de merrien,» demeurant «en Osteriche.»

Ramonnière. Le lot est énoncé dans l'acte de vente « moitié d'une grande meson...
« qui fu feu Robert Évrout..... sus la rivière de Sainne, près de la porte du
« Louvre..... tenant à la meson Jehan Gudin d'une part, et d'autre part à l'autre
« moitié de ladite meson, que noble homme et puissant monseigneur Loys de Cler-
« mont, chamberier de France, sire de Bourbonnois, ainzné filz du conte de Cler-
« mont, tient à présent..... de rechef plusieurs mesons ou estages assis en la
« rue de Hosteriche, ou renc pardevers ladite grant meson, tenant à icelle grant
« meson, et à la court d'icelle, en la censive dessus dite. De rechef la moitié d'une
« petite meson assise en ladite rue, à l'opposite des antiens mesons (de l'autre côté
« de la rue) et estages dessus diz, tenant à la meson Jehan du Pont. »

On peut, au moyen des textes qui précèdent, se faire une idée assez nette de ce que devait être l'hôtel de Louis de Bourbon. La forme, en plan, se rapprochait de celle d'une croix irrégulière, dont trois branches aboutissaient sur les voies publiques (quai, rues des Poulies et d'Autriche) qui circonscrivaient l'îlot; la quatrième aboutissait à l'hôtel de Marigny. On ne voit point que cette bizarre disposition ait été sensiblement modifiée avant la fin du xiv$^e$ siècle. A cette époque, l'hôtel fut rebâti après avoir été considérablement augmenté au moyen de nombreuses acquisitions, qui, malgré ce qu'on en a écrit, n'entamèrent en rien l'hôtel d'Alençon. Elles consistèrent seulement dans une série de maisons que nous allons indiquer en suivant, autant que possible, l'ordre topographique, assez confus, qui résulte des titres.

Sur la rue des Poulies : la MAISON DU NOYER, qui appartenait au Prieur de la Charité-sur-Loire, et était contiguë à cette première maison achetée en 1303; elle fut obtenue, le 13 février 1385, en échange de deux autres situées à la porte Bordelle, et faisait hache derrière les deux suivantes; la MAISON DU NOYER, autrement « aus Nois, » avait été amortie au prieur de la Charité, en 1290. Elle tenait alors aux hoirs Jean Évroult; — la MAISON DE L'IMAGE NOTRE-DAME, contiguë à la précédente, acquise, pour 200 francs, le 26 mars 1384, de Pierre de Beauvais, dit du Noyer; — autre MAISON contiguë, qui paraît se confondre avec un logis dont la moitié fut achetée le 29 mai 1389; — la MAISON DES « CAUCHES, « COCHES, COICHES » ou « COQUELETZ, » contiguë, achetée 900 francs de Robert Ridel, le 16 septembre 1388.

Sur le quai : MAISON contiguë à une maison vide faisant le coin du quai, achetée le 8 mai 1353; — la MAISON DE L'IMAGE SAINTE-CATHERINE, achetée le 29 juin 1395, pour 400 écus à la couronne; — la MAISON DE LA BARBE-D'OR, contiguë, achetée avec la suivante pour la somme de 1000 francs, le 16 février 1389. — Le 26 mai 1385, il avait déjà été fait acquisition d'une place de quatre toises deux pieds de long, sur deux toises deux pieds de large, située derrière la maison de la Barbe-d'Or; sur cette place, en 1399, se trouvait la cuisine de l'hôtel de Bourbon;

— la Maison du Plat-d'Étain, contiguë, et appartenant à Robert Roussel; — la Maison de l'Écu-de-France, contiguë, achetée le 10 avril 1388. — Le 26 mai 1365 il avait aussi été fait acquisition d'une place située derrière cette maison, et qui tenait à la partie postérieure de l'hôtel du Noyer; il s'y trouvait alors des étables, et elle mesurait quatre toises deux pieds de long, sur quatre toises quatre pieds de large. La maison de l'Écu-de-France et toutes celles qui précèdent étaient de la censive du chapitre Saint-Germain-l'Auxerrois; toutes celles qui suivent étaient de la censive du prieuré Saint-Denis de la Chartre; — la Maison de l'Écu-de-Bretagne, achetée 200 francs le 19 décembre 1385; — la Maison du Fer-à-Moulin, contiguë, achetée le 23 mai 1386 (?); — autre Maison contiguë, acquise le 31 décembre 1385; — deux autres Maisons contiguës, propriétés, l'une de Jean Monet, l'autre de Jean Chaut; — autre Maison contiguë, achetée le 10 décembre 1395; elle avait, hors œuvre, neuf toises de profondeur, seize pieds de largeur au bout vers l'hôtel de Bourbon, et quinze et demi seulement sur le quai; — deux Places vides, contiguës, ayant appartenu à Simon Vergal; la seconde, où avait existé une maison appartenant à Jean de La Haute-Maison, faisait le coin oriental du quai et de la rue d'Autriche; — Maison dite de la Nasse, sise rue d'Autriche, et à laquelle aboutissaient les places précédentes; — une Maison appartenant à Thomas du Moret; — Maison contiguë, achetée le 22 novembre 1389.

Nous avons encore rencontré la mention de quelques autres propriétés, mais en termes trop vagues pour que nous puissions mettre le renseignement à profit. Il est sûr toutefois que le nombre total des maisons acquises depuis le commencement du siècle n'excéda point une trentaine; par conséquent, il est entièrement invraisemblable que le duc de Bourbon ait eu affaire à trois cents vendeurs, comme on le lit dans l'ouvrage de Sauval, lequel cite, parmi les maisons achetées, celle du maréchal Mathieu de Trie [1], dont il ne nous est parvenu aucune indication, et celle du comte d'Étampes, qui ne possédait réellement, dans cette région, que les propriétés rapprochées de la rue Saint-Honoré et dont il sera parlé plus loin. En fait de demeures seigneuriales, nous avons simplement vu qu'en 1355 le seigneur d'Attichi avait, sur le quai, une maison qui tenait à une autre contiguë à celle de Michel Le Normand; cette dernière était attenante à une quatrième touchant à la « maison vuide » faisant le coin de la rue du Noyer ou des Poulies. Les unes et les autres ont été certainement absorbées dans l'hôtel de Bourbon.

La reconstruction de l'hôtel de Bourbon ne semble pas avoir eu lieu avant 1390, car c'est le 23 avril de cette année qu'en fut donné l'alignement sur le quai [2]. Cet alignement ne suivit pas les anciens vestiges; mais, l'encoignure de la rue des

---

[1] Sauval dit que Mathieu de Trie et sa femme Jeanne Daresne la vendirent le 7 mai 1300 (ou plutôt 1320), moyennant 500 livres, à Louis de Bourbon, qui la réunit à son hôtel. Elle était située entre cet hôtel et celui d'Alençon. (Voir p. 87.)

[2] Arch. de l'Emp. cart. S. 63.

Poulies étant conservée, il déplaça de quinze pieds, vers le midi, l'angle de la rue d'Autriche, en empiétant sur la chaussée du quai, ce qui valut à l'Évêque de Paris une indemnité de 100 livres. L'alignement sur la rue des Poulies fut donné assez longtemps après, le 1ᵉʳ mai 1397, et la prise de terrain qui en résulta fut évaluée à 40 livres. A cette époque, l'hôtel de Bourbon devait être en grande partie rebâti, puisqu'il est appelé « *le grand hostel neuf* » dans une charte de 1396. Au mois de février 1397, le Roi permit d'y conduire « le gros d'un poys de l'eau des fon- « taines » qui venaient au château du Louvre.

En 1418, au moment où les Bourguignons chassèrent de Paris les Armagnacs, l'hôtel de Bourbon fut pillé, et le Duc ayant cessé pendant plusieurs années de payer les cens dus au chapitre de Saint-Germain-l'Auxerrois, celui-ci, en vertu du Privilége aux Bourgeois, obtint, le 4 novembre 1425, que l'hôtel lui fût adjugé. Cette circonstance décida le Duc à en faire don, le 20 décembre 1426, au duc de Bedford, régent du royaume, à la charge d'acquitter les redevances arriérées. Dans la suite, les Anglais ayant été expulsés de la capitale, le duc de Bourbon rentra en possession de son manoir, et deux transactions eurent lieu en 1448 et 1459, entre lui et le Chapitre, pour l'amortissement définitif des sommes qui restaient à payer.

L'arrêt de confiscation rendu, le 27 juillet 1527, contre le connétable de Bourbon, fut le commencement de la ruine de l'hôtel. On le démolit en partie; on dérasa, par exemple, la petite tourelle en encorbellement du coin de la rue des Poulies; on brisa les écussons, on macula les portes de cette couleur jaune que le bourreau appliquait aux maisons des coupables de haute trahison [1]. De nouvelles mutilations s'effectuèrent à la fin du xvıᵉ siècle, lorsqu'on perça, à travers les dépendances, une rue allant au Louvre; mais on respecta la chapelle et la grande salle, où se tinrent les États généraux en 1614, et qui servit de théâtre pour la cour, sous Louis XIII et Louis XIV. L'hôtel avait été acheté, dit-on, 500,000 livres, par Marie de Médicis; nous ignorons le nom du vendeur et la date de la vente. Vers 1664, on fut obligé, pour élever l'aile orientale du Louvre moderne, de détruire la plus grande partie du Petit-Bourbon [2], ainsi qu'on disait alors; la chapelle particulièrement disparut. Ce qui restait fut divisé en deux parties; on établit, vers le nord, les écuries de la Reine, et, vers le midi, le garde-meuble de la couronne, à l'usage duquel on fit servir plusieurs des anciens bâtiments. Enfin le tout fut rasé en vertu des lettres patentes du mois de décembre 1758, relatives au dégagement des abords du Louvre. Le commencement de la démolition précéda même la publication des lettres, car elle fut entamée le 20 septembre,

---

[1] François Iᵉʳ y logea, assure-t-on, son premier écuyer; mais il doit y avoir là une confusion avec l'hôtel Bourbon du quartier Saint-Antoine.

[2] Dès 1667 on se proposait d'abattre l'édifice pour y faire un manége, et disposer une avant-cour au-devant du Louvre.

suivant un passage du Journal de Barbier. Le terrain est resté vague ensuite et a été clos, jusqu'à ces dernières années, d'une grossière palissade. Aujourd'hui c'est un jardin dépendant du Louvre, et fermé par une grille en fer doré.

L'hôtel de Bourbon devait être un des plus magnifiques du vieux Paris. On n'en connaît point de plan complet; mais nous avons découvert deux plans partiels, fort bien faits, et reproduisant ce qui fut conservé des anciens bâtiments après la démolition de 1664. Il en existe, d'ailleurs, plusieurs vues qui concordent entre elles et avec les plans. La meilleure de ces vues est celle qu'offre le tableau de Saint-Germain-des-Prés, exécuté avant le saccagement de 1527, et que nous reproduisons. La façade sur la rivière était formée d'abord par un corps d'hôtel de neuf toises de largeur, qui faisait le coin de la rue des Poulies, était muni d'une petite tourelle en saillie sur l'encoignure, et couvert d'un toit en pavillon, surmonté de lucarnes. Venait ensuite un édifice rectangulaire de dix-sept toises de longueur sur cinq toises de largeur, dirigé perpendiculairement au quai, sur lequel il faisait front. C'était le principal corps d'hôtel; il s'ouvrait sur la cour, vers le Louvre, par une suite d'arcades, et il était, en dernier lieu, divisé intérieurement par deux rangs de piliers en bois. On remarquait au-dessus du pignon une sorte de balcon fermé, dans le genre de ceux que les Anglais nomment *oriels*; le petit toit en était revêtu de plomb et couronné des armes de Bourbon [1]. La balustrade du balcon, découpée à jour, avait pour motif un agencement de fleurs de lis et de lettres capitales dont la réunion formait le mot *Espérance* (devise de l'ordre du Chardon, fondé par le duc d'Orléans). Ces fleurs ainsi que ces lettres étaient « enchâssées dans des bâtons recroisés ou lozangés à double orle, ouvertes, « et alternativement entières et à demi [2]. » Attenant au corps de logis dont nous parlons, s'étendait ensuite, jusqu'à la rue d'Autriche, un bâtiment large de quatre toises environ, dont le toit, en appentis, était décoré de lucarnes à jour. Il renfermait une longue galerie, promenoir ordinaire des ducs, qui était embellie de peintures « exquises » et resplendissante de dorures. On l'appelait, pour cette raison, *la Galerie dorée*, « et de fait, dit Sauval, alors il n'y en avait point en France qui « l'égalât ni en grandeur, ni en assiette. » C'est dans le bâtiment de la galerie et vers son dernier tiers qu'était percée la grande porte de l'hôtel; elle était très richement décorée et couverte de dorures, ce qui lui avait valu le nom de *Porte dorée*. Les

---

[1] « Ce corridor (l'oriel,) est couvert de plomb, « sur le sommet duquel sont eslevées les armes de « Bourbon : *de France, sans nombre, au baston de « gueules, brochant sur le tout*, comme on le voit « plus clairement aux vitres de la chapelle de Bour- « bon, portées et soutenues, par des anges. Ces « armes, sur ledit corridor, sont couchées sur le « costé droict et tymbrées au mézail tarré de front, « ainsi qu'il appartient à haut et puissant seigneur. » (André Favyn, *Théâtre d'honneur*, p. 781.) — Au xviiie siècle on a cru à tort que ce balcon était celui où se serait placé Charles IX, le jour de la Saint-Barthélemy, pour tirer sur les protestants.

[2] Sauval, t. II, p. 210, et Favyn, *loco cit.*

vantaux en étaient ferrés de gros clous de cuivre doré. En haut de la porte et dans toute sa largeur, était sculptée «une ceinture.... enlacée en rouleau, bordée de «chaque côté et tout du long, de clous dorés, au lieu des perles qu'on voyoit à «celle des chevaliers; et enfin attachée avec un ardillon par un bout et par l'autre «avec une boucle, l'un et l'autre émaillés de verd, ébarbillonnés et déchiquetés «comme la tête d'un chardon.» Au milieu de chaque vantail apparaissait de même la ceinture de l'ordre du Chardon, avec le mot *Espérance*, et, avant que le bois des panneaux fût rompu comme il l'était au xvii° siècle, il devait se trouver en bas une ceinture sculptée, faisant pendant à celle du haut.

Quant à la disposition des bâtiments, un plan manuscrit du xvi° siècle (voir p. 135) nous en donne, seul, un aperçu, malheureusement peu précis, et médiocrement éclairci par les indications que nous a fournies un inventaire fait en 1457 [1]. Sauval mentionne la grande salle, dont le comble était assez élevé pour paraître de niveau avec celui de Saint-Germain-l'Auxerrois, et qui, assure-t-il, était plus vaste qu'aucune autre du royaume, n'ayant pas moins de trente-cinq toises de longueur sur dix-huit pas de largeur. L'une de ces dimensions pourrait convenir à la galerie du quai, mais l'autre ne saurait s'y appliquer, et les plans ne laissent pas voir la place d'un édifice aussi considérable, en dehors de ce que nous connaissons [2]. Pour la chapelle, on sait qu'elle était orientée et voisine de l'hôtel

---

[1] Ces indications sont les suivantes : «Chambre «de l'Ermeurerie. — Chambre haulte du paveillon «d'emprès l'orloge. — Chambre dudit paveillon. «— Grand chambre apparez. — Petite allée juxte «la galerie. — La garde-robe de Madame. — La «chambre Madame, joignant la chambre Monsei«gneur. — En la haulte chapelle. — Chambre joi«gnant la chambre Monseigneur. — En l'oratoire. «— La gallerie sur la rivière. — Chambre au bout «de ladite gallerie. — Ou (au) retraict de ladite «chambre, sept panneaux de verre, telz quelz. — «La grant salle dudit hostel de parement. — «L'eschansonnerie. — Grant cuisine. — Au garde«manger. — Petite chambre sur ladite cuisine. — «En la librairie. — En la chambre basse, plancher «de boys, près le puys des estuves. — Dessus le «four des estuves, près le puys fut trouvé une chau«dière, et une fontaine à biberon de cuivre. — *Item*, «en la chambre d'auprès les estuves, furent trouvés «deux pourtraictures de morts avecques leurs lances. «— Es baignouères dudit hostel, furent trouvez «grans cuves à baigner, de bois d'Irlande. — Es«tuves d'emprès les baignouères. — Chambres près «la gallerie, près le préau. — Une chambre appel«lée la chambre Monseigneur de Lyon, joignant la «grant gallerie, devers le Louvre. — Chambre de «la tapicerie. — Chambre au bout d'icelle. — «Chambre du portier. — Estable du four. — Cham«bre de dessus ledit four. — Deux estables joignnant «l'escuierie (les écuries étaient le long de la rue «d'Autriche). — Estable joignant icelle. — Cham«bre de la penneterie, près la grant salle. — La «chambre au-dessus de la fruiterie. — La haulte «chambre joignant la chambre Baudequin (tendue «de la riche étoffe appelée *baudequin*). — Grant cha«pelle. — Oratoire. — Chambre basse du concierge. «— Chambre haulte dudit concierge. — Ou hault «paveillon. — Chambre de la trésorerie.» — On lit dans un passage de l'inventaire : «*Item*, en la plu«part dudit hostel n'y a nulles fenestraiges assis en «fenestres, et aussi en la plus part où il y a fe«nestres assis en chassiz, tant en galleries que ail«leurs, n'y a nulles verrières.» Ainsi, en 1457, les traces du pillage de 1418 n'étaient point effacées.

[2] Le 2 mai 1515, la duchesse de Bourbon donna à louage à M° Jehan Legrant : «La grant salle basse

d'Alençon ; elle avait trente-deux toises de longueur et huit de hauteur, non compris le comble, habilement exécuté et dépourvu d'entraits, lequel était long de neuf toises et élevé de sept et demie [1]. Il formait vraisemblablement une voûte ogivale en bardeaux, figurant une sorte de carène renversée. Comme dans le reste du palais, on y avait prodigué les sculptures, la peinture et l'or, ainsi que les écussons aux armes de Bourbon et les emblèmes de l'ordre du Chardon. Les fenêtres, aux splendides vitraux coloriés, étaient terminées par des fleurs de lis [2], et, auprès de l'autel, se trouvait « un oratoire de menuiserie à claire-voye » avec quatre panonceaux : le premier aux armes de Charles VI, le second aux armes du Dauphin, le troisième aux armes de Louis II, duc de Bourbon, qui fit bâtir l'édifice [3], et le quatrième aux armes d'Anne, dauphine d'Auvergne, sa femme. Le clocher de la chapelle, qui s'élevait beaucoup au-dessus du toit, était, au dire de Favyn, « enceint et entouré d'un cercle de plomb doré, chargé, en façon de « chappeau ducal, de fleurs de lyz deschiquettées en teste de chardons. »

La superficie totale de l'hôtel de Bourbon était d'environ deux mille huit cents toises.

## RUE FROMENTEAU.

La rue Fromenteau commençait à la rue des Orties et finissait à la rue Saint-Honoré.

Pour désigner cette rue, en 1225, on disait *in Fremantel* [4], et, en 1282, *in Frigido Mantello* ; nous avons lu *vicus qui dicitur de Frigido Mantello, versus Sanctum Honoratum*, dans une charte de 1239 ; puis, dans les documents postérieurs, « rue « Froit-Mantel, Froit-Mantyau, Froid-Mantèau, Frémenteau, » et enfin *Fromenteau* dès 1543. Cette dernière orthographe est celle qu'on rencontre le plus ordinairement

---

« de l'ostel de Bourbon, à Paris, avec la galerie « basse estant au bout de ladicte salle, auprès de la « chapelle d'iceluy hostel, qui, est-il ajouté dans « l'acte, a servy de fourrière, durant que madicte « Dame a esté dernièrement par deçà. » Puisque la galerie basse, située au bout de la grande salle, se trouvait près de la chapelle de l'hôtel, il est certain que la grande galerie du bord de l'eau n'est pas celle qui renfermait la grande salle. Cette dernière devait faire partie du corps d'hôtel à pignon sur le quai.

[1] Mss. de Sauval, appartenant à M. Le Roux de Lincy.

[2] Nous interprétons ce passage en supposant que les frontons couronnant les baies avaient un amortissement en forme de fleur de lis, ou que le réseau des fenêtres était disposé en forme de fleur de lis, ainsi qu'on en voit, dans l'église Saint-Séverin, un spécimen, d'ailleurs plus moderne d'un siècle environ que ne devait l'être la chapelle de Bourbon.

[3] Les lettres C et V « pratiquées par l'architecte « dans les pierres de la croisée... ouverte au-des-« sus du portail de la chapelle, » ont fait croire qu'elle avait été commencée sous Charles V. On voyait les mêmes lettres dans un vitrail.

[4] Arch. de l'Emp. reg. LL 151.

dans les titres peu anciens. Quant à l'appellation de *Fromantel* ou *Froid-Mantel*, dont la signification est obscure, elle doit provenir, directement ou indirectement, d'un territoire; nous essayerons d'approfondir la question à propos de la rue Froid-Mantel, du quartier d'Outre-Petit-Pont.

La rue Fromenteau a été appelée *rue du Musée* par une ordonnance du 16 février 1839, rendue sur la demande des propriétaires. Elle était encore à peu près entière au commencement du dernier siècle. Les maisons qui, plus anciennement, étaient situées derrière le Louvre avaient alors été remplacées par une clôture de bâtiments peu importants, laquelle fut ouverte sous Louis XVI, de façon à permettre l'établissement de la place du Vieux-Louvre, et qu'on a entièrement abattue sous le premier Empire, en laissant l'espace libre pour former la place dite *du Musée*. La partie méridionale de la rue a disparu par suite du percement de la rue du Carrousel et de la démolition de l'église Saint-Thomas; le reste a été définitivement supprimé en 1850, conformément à la loi du 4 août 1849, relative à l'achèvement du Louvre.

En 1350, il existait un puits public dans la rue Fromenteau.

## CÔTÉ OCCIDENTAL.

### PAROISSE SAINT-GERMAIN-L'AUXERROIS.

#### HAUTE JUSTICE
#### ET CENSIVE DE L'ÉVÊCHÉ.

MAISON DU DAUPHIN (1422), puis DE LA CROIX-D'OR (1509-1603), faisant le coin de la rue des Orties. Dans un bail du 12 août 1422, cette maison est dite aboutir aux écoles du collège Saint-Nicolas.

PETITE MAISON, de forme triangulaire, qui était en ruine lorsqu'elle fut vendue, le 5 janvier 1623, au propriétaire de la maison de la Croix-d'Or; elle demeura annexée au second corps d'hôtel de cette maison, dont l'entrée était située rue des Orties.

MAISON sans désignation (1680), dépendant du cloître Saint-Nicolas.

MAISON DU PETIT-MONDE (1601), séparée, au rez-de-chaussée, de la maison suivante, par

«L'HUIS» (1565), ou «LE PETIT-HUIS DU CLOISTRE» (1576), aussi dit ARCHE SAINT-NICOLAS (1582), et servant d'issue au cloître, sur la rue Fromenteau.

MAISON sans désignation (1565), au-dessous de laquelle était pratiqué le passage que nous venons de mentionner.

MAISON sans désignation en 1581, puis «DE LA SERAINE» (1674) et DE LA CROIX DE LORRAINE (17..).

## CENSIVE DU FIEF DE FROMENTEAU.

Maison sans désignation (1584), qui, de même que les trois suivantes, appartenait au chapitre Saint-Nicolas.

Maison sans désignation en 1584, puis de la Pomme-de-Pin (17..), qui semble avoir eu aussi pour enseigne l'Image Saint-François en 1663. Cette maison et celle qui précède formaient apparemment les deux moitiés d'une maison dite de la Foulerie, en 1516, et plus tard de l'Image Sainte-Geneviève.

Maison « de l'Escu » (1532), ou Petit-Écu-de-France (1559). Ainsi que les deux maisons qui viennent d'être énoncées, elle avait perdu une partie de sa profondeur par l'agrandissement du petit cloître Saint-Nicolas.

Maison sans désignation en 1584, puis de l'Épée-de-Bois (1694), qui d'abord a dû faire partie de la maison de l'Écu.

Place vide en 1578, et sur laquelle il y avait, en 1584, une Maison qui a eu pour enseigne « le Bastoy » (1613) ou « Bastoir » (1622).

Maison de la Corne-de-Cerf (1623), dont une partie dépendait déjà, en 1745, de la maison située derrière et donnant sur la rue Saint-Thomas. En 1677, elle appartenait aux héritiers du président de la Cour des monnaies, Chauvry.

Maison « du Malassis » (1568?), puis de l'Image Saint-Pierre (1721). En 1531, cette maison et la précédente n'en constituaient qu'une, formée de deux corps de logis; en 1571, la séparation était effectuée.

Maison sans désignation en 1489, puis des Trois-Fleurs-de-Lis-Couronnées (1638) et de la Perdrix (1700), laquelle fut vendue, le 19 octobre 1638, par Charlotte de Meslay (*alias* de Molet) de La Rochefoucauld, à Nicolas des Noyers, sieur de la Brosse. En 1697, elle appartenait à Henri-Augustin le Pileur, depuis évêque de Saintes, et avait probablement conservé sa largeur primitive; mais elle avait alors perdu la moitié de son ancienne profondeur.

Maison sans désignation en 1489, qui eut pour enseigne le Chat-Lié en 1671, et appartenait alors au sieur de Champdoré. Elle faisait hache derrière la précédente et aboutissait à une maison de la rue Saint-Thomas dont l'emplacement, uni à celui des maisons du Chat-Lié, des Trois-Fleurs-de-Lis et de l'hôtel de Pontchartrain, n'était occupé que par une seule maison au xvi$^e$ siècle. L'enseigne du Chat-Lié était une allusion au nom de Robert Challier, dont il est question dans l'article suivant.

Hôtel de la Roze, puis de Pontchartrain. La partie postérieure de l'hôtel de Pontchartrain, celle qui dépendait du fief de Fromenteau, avait été élevée sur le terrain de deux ou plutôt de trois maisons qui, avec les deux précédentes, appartenaient à Charles d'Illiers en 1489, et, en 1427, avaient nom *l'hôtel de la Rose*. Au milieu du siècle suivant, toutes ces maisons n'en formaient plus qu'une seule, laquelle fut divisée en quatre portions, le 10 avril 1631 : Thomasse Thiboust, veuve de Robert Challier, qui avait possédé la maison en totalité, eut le lot situé sur la rue Saint-Thomas, vers le sud; à Charlotte de La Rochefoucauld, échut le lot le plus rapproché de la rue des Orties, sur la rue Fromenteau, celui où s'éleva la maison des Trois-Fleurs-de-Lis; à Pierre Maugis, sieur des Granges, abbé de Saint-Ambroise, fut attribué le lot contigu, où s'éleva plus tard la maison du Chat-Lié; Anne de Beauharnais, veuve de Paul Phélypeaux de Pontchartrain, devint propriétaire du quatrième lot sur la rue Fromenteau, et y bâtit l'hôtel dit *de Pontchartrain* ou *de Phélypeaux*, qu'elle vendit au Roi, nous ne savons au juste en quelle année. En 1707, l'hôtel de Pontchartrain, dont la principale entrée était rue Saint-Thomas, s'appelait *l'hôtel de Gramont*, et, en 1740, *l'hôtel de Lesdiguières*, parce que le «sieur de Lesdiguières» y habitait [1]; mais il paraît qu'il n'en jouissait qu'en vertu d'une concession temporaire, car on sait que Louis XV donna l'hôtel à sa première favorite en titre, la comtesse de Mailly, et qu'elle en disposa jusqu'à sa mort, arrivée en 1751. Le 21 mars 1752, Louis XV en fit une nouvelle libéralité au profit d'Abel-François Poisson de Vandières, directeur de ses bâtiments, frère de la duchesse de Pompadour, et connu sous le nom de marquis de Marigny. L'hôtel de Lesdiguières, dit, en conséquence, *de Marigny*, existait encore en 1848, et il avait servi de caserne dans les derniers temps.

Maison sans désignation en 1624, puis de l'Étoile en 1700. C'était un morcellement de la maison suivante, dans laquelle elle paraît avoir été confondue en 1584.

Hôtel de Vendôme, de Chevreuse et de la Marche. Il appartenait, en 1309, à Jean V, comte de Vendôme; dans la seconde moitié du xive siècle, à Pierre, seigneur de Chevreuse, et, dès 1399, à Jacques II de Bourbon, comte de la Marche, d'où lui est venu le nom d'*hôtel de la Marche*, sous lequel il était encore connu au temps de Louis XIV. En 1489, il était la propriété d'un nommé *Jean Guérard*, après avoir été celle du chapitre Saint-Thomas-du-Louvre. Sous le règne de Henri III, la famille des Akakia en avait la possession, et elle la garda jusqu'en 1661. Le 24 mars de cette année, Charles Akakia en aliéna les trois quarts, et, le 31 octobre suivant, Robert Akakia vendit le reste à Étienne Jehannot de Bartillat.

L'hôtel de la Marche doit être cette maison que, au dire de Sauval, Béatrix, comtesse de Montfort, veuve de Robert IV, comte de Dreux, acheta cinq cents livres en 1287 [2] : la famille de Béatrix fut alliée à celle du comte de Vendôme. En façade sur la rue Fromenteau, la maison dont il s'agit aboutissait sur celle de Saint-Thomas, et il en dépendait un jardin placé de l'autre côté de cette dernière voie.

---

[1] Piganiol dit aussi qu'il fut habité par une duchesse douairière de ce nom. — [2] T. II, p. 128.

Hôtel de la Petite-Marche (1446), dépendance de la maison précédente qu'on appelait autrefois *la Grande-Marche,* pour établir une distinction. Il aboutissait aussi sur la rue Saint-Thomas, et le corps de logis qu'il contenait en bordure sur cette dernière rue avait pour enseigne *l'Image Saint-Martin,* en 1530. Au commencement du xviii<sup>e</sup> siècle, cette maison et celle qui précède étaient connues sous le nom de *les Petites-Marches* et *les Grandes-Marches*[1].

Maison du Cheval-Rouge (1427-1689), laquelle, au commencement du xv<sup>e</sup> siècle, appartenait à Jehan de Troyes, marchand de chevaux, et tombait en ruines. Aboutissant rue Saint-Thomas, elle renfermait d'abord la maison suivante, dont elle n'était point encore séparée en 1584. En 1613 et 1635, elle avait pour enseigne le Petit-Soleil, tout en conservant celle du Cheval-Rouge. C'était, nous le supposons, parce qu'elle communiquait avec la maison du Soleil-d'Or, sise rue Saint-Thomas, et pour l'agrandissement de laquelle elle avait déjà été amoindrie en 1576. Au commencement du xvii<sup>e</sup> siècle, elle formait deux maisons, dont la seconde avait pour enseigne les Images Saint-Siméon et Saint-Judes; nous n'avons pu comprendre l'agencement de cette dernière.

Maison de l'Image Saint-Hugues (1582-1619), puis de l'Image Saint-François, et enfin de l'Image Saint-Étienne (1700). Elle était anciennement comprise dans une de celles qui lui furent contiguës.

Maison de « l'Ymage Nostre-Dame » (1427-1584), puis de la Fleur-de-Lis (1694), qui aboutissait rue Saint-Thomas. Elle était à l'état de masure en l'an 1453.

Maison sans désignation en 1514, puis de la Pomme-Rouge (1550). En 1575, elle avait pour enseigne la Rose-Rouge; en 1588, elle appartenait à Jacques de Montmorin, et a été dite, en conséquence, l'hôtel de Montmorin; en 1673, elle portait l'enseigne de la Serpette, et, vers 1700, on la nommait l'hôtel de Hollande. A l'époque de sa démolition elle avait exactement les mêmes dimensions qu'en 1514.

Maison sans désignation en 1492, puis de « l'Ymage Saint-Béal » (1550-1597), du Pot-de-Fer (1570-1584) et de l'Image Saint-Leu (1668). En 1584, elle appartenait à « Jean Dessoubz-le-Four, » seigneur de Goujangre, et, en 1694, à Charles Jaloux, seigneur d'Allainville. Elle n'a cessé d'aboutir rue Saint-Thomas que dans la seconde moitié du dernier siècle.

Maison où était pour enseigne « la Figure-du-feu-Roy-Henry » (1576-1681), et qui, vers 1700, avait l'enseigne de l'Ami-du-Cœur. Elle semble n'avoir formé primitivement, avec la précédente, qu'une seule maison, dont l'enseigne était l'Image Saint-Pierre, en 1461.

Maison « des Gracieulx »[2] (1471), qui s'appelait, vers 1700, l'hôtel d'Armagnac.

---

[1] Arch. de l'Emp. cart. S 1245 et 1873.
[2] L'enseigne des Gracieux traduisait un jeu de mots (*gras scieurs*), que le changement de la prononciation rendrait impossible aujourd'hui.

Maison du Chef-Saint-Denis (1471-1584). En 1597, elle était déjà réunie, ainsi que les maisons suivantes, à l'hôtel de Vignolles, situé rue Saint-Honoré.

Trois Maisons sans désignation (1584), dont la dernière était contiguë à la maison faisant le coin de la rue Saint-Honoré. Vers l'emplacement de ces maisons, il y en avait une qui, en 1416 et 1472, avait pour enseigne «l'Ymage Saint-«Yves.» La troisième paraît avoir été appelée, en 1520, la Maison du Sabot, et, au XIVe siècle, elle dépendait sans doute de l'hôtel de Laval, sis rue Saint-Honoré. Il est également question, dans les titres, d'une maison contiguë, en 1434, à un hôtel de la Clef, et qui a dû être située dans cette région, car elle aboutissait aux jardins de «Mons. de Laval,»

## CÔTÉ ORIENTAL.

### PAROISSE SAINT-GERMAIN-L'AUXERROIS.
#### HAUTE JUSTICE DE L'ÉVÊCHÉ.
##### CENSIVE DU FIEF DE FROMENTEAU,

*Entre les rues Saint-Honoré et de Beauvais.*

Maison sans désignation en 1540, puis du Petit-Treillis (1584), et des Trois-Balcons (1697-1721), contiguë aux dépendances de la maison qui formait le coin de la rue Saint-Honoré, et dont elle avait sans doute fait d'abord partie.

Maison du Cheval-Blanc (1584) dite l'hôtel Bourgeois en 1693 et 1719, puis ayant eu pour enseigne la Boule et l'Image Saint-Louis (1700).

Maison sans désignation en 1540, puis de la Galère-Royale (1673-1713) ou du Gaillon (1681). Cette maison et celle qui précède paraissent avoir été bâties sur un terrain dépendant de la suivante. La maison du Gaillon aboutissait à la maison du Cheval-Blanc en 1681.

Maison de la Croix-Blanche (1540-1584), et de la Croix-Rouge en 1633. Elle était divisée en deux, et cela probablement dès 1584.

Maison sans désignation en 1671, formant la seconde partie de la précédente, et rebâtie également en 1661, à la suite d'un arrêt du 4 mai 1656. Nous avons trouvé une mention, au XVe siècle, de certaines maisons ayant pour enseigne la Cuiller et qui semblent se confondre avec celles de la Croix-Blanche.

Maison de la Couronne (1420-1550) ou Couronne-d'Or (1693), et peut-être de l'Image Notre-Dame en 1567. Les renseignements relatifs aux maisons de ce point de la rue sont des plus confus.

Maison de «la Cuillière» (1524), puis de la Cuiller-de-Bois (1571-1584) et du Dauphin (1697). Elle paraît avoir anciennement fait partie de la précédente, et portait aussi pour enseigne l'Image Notre-Dame en 1567.

Maison sans désignation en 1576, et de d'Écu-d'Orléans en 1697. En 1681, elle formait deux maisons, dont la seconde n'a point eu d'enseigne, à notre connaissance. La maison de l'Écu-d'Orléans dépendait encore de celle de la Cuiller, en 1584.

Maison sans désignation en 1392, puis de « l'Imaige Saint-Loys » (1491-1559), et de « l'Espée-Rompue » (1550-1619). On doit croire que cette maison fut un moment réunie avec une de celles auxquelles elle touchait, puisque la maison de la Cuiller était, suivant un titre de 1524, contiguë à la maison suivante.

Maison de l'Image Saint-Sébastien (1489), puis des Images Saint-Siméon et Saint-Judes (1550-1584), qu'on appelait, en 1681, l'hôtel de Nantes et, en 1700, la maison de la Rose-Blanche. Ce n'était sans doute qu'un morcellement de la maison ci-après.

Maison du « Pan » (1425-1617), qui, en 1457, se composait de trois corps d'hôtel, dont l'un, celui du milieu, était à pignon sur rue, et les autres en appentis. De ces trois corps d'hôtel, l'un a été retranché à une époque assez ancienne; les deux qui restaient, et qui conservèrent l'enseigne du Paon, formèrent, à la fin du xvii⁰ siècle, deux maisons distinctes, dont la seconde avait pour enseigne la Grande-Grenade, en 1687. L'exiguïté de l'emplacement rend cette circonstance difficile à comprendre.

Maison sans désignation en 1584, puis de la Ville-de-Tours (16..), et qui paraît avoir eu pour enseigne l'Image Saint-Jacques vers 1700. A la fin du xvi⁰ siècle, elle était réunie encore à la suivante.

Maison de la Souche (1515), puis de la Cuiller (1617), qui, dès la fin du xvi⁰ siècle, dépendait de la maison de la Bergerie, sise rue Jean-Saint-Denis; elle appartenait au Roi en 1681.

Maison de la Corne-de-Cerf (1532-1584), puis du Cheval-Noir (1671), ayant fait d'abord partie de la maison du même nom, rue Jean-Saint-Denis.

Maison sans désignation vers 1570, puis de l'Écu-de-France (1572-1655) et du Château-Royal (1697). Dite l'hôtel de Nevers en 1767, elle était alors, et depuis 1750, réunie à la maison suivante, dont elle avait peut-être toujours été une annexe.

Maison du Pied-de-Biche (1573-1635), qui, en 1601, avait un petit corps d'hôtel sur la rue de Beauvais, et était contiguë à la maison faisant le coin septentrional de cette rue.

Maison sans désignation en 1584, puis du Mouton en 1620, faisant le coin méridional de la rue de Beauvais. En 1530, elle était encore confondue avec les suivantes; le Roi en fit l'acquisition les 7, 11 et 19 juin 1605. *Entre les rues de Beauvais et des Orties.*

Maison où il y avait un échaudoir en 1530, et qui faisait partie de la suivante; elle fut acquise par le Roi le 19 juin 1605.

Maison sans désignation en 1386, puis de «la Teste-de-Bélier» (1574) ou de Mouton (1584). En 1574, elle s'étendait encore jusqu'au coin de la rue de Beauvais et avait une issue dans cette rue; elle fut acquise par le Roi le 19 juillet 1605.

Une des trois maisons qui précèdent avait pour enseigne l'Image Saint-Martin au commencement du xv$^e$ siècle.

Jardin dépendant du Louvre (voir la *Description du vieux Louvre*, p. 158), puis maison ayant pour enseigne la Corne-de-Cerf en 1571, et aussi les Lions en 1581 et 1585. Le 4 juin 1607, le sieur de La Varenne obtint du Roi cette maison, et, sur l'emplacement qu'elle occupait avec les trois maisons qui précèdent, il bâtit un grand hôtel, qu'il vendit, le 6 mai 1613, à Gilles de Souvré, gouverneur de Tours et depuis maréchal de France. L'hôtel de Souvré, dit l'auteur du *Supplément aux antiquités de Paris*, «est petit, a sa veüe sur le petit jardin du Louvre, et va, par «une allée, sur le pont qui entre au Louvre, du costé de la rivière.» Le 8 avril 1658, il fut cédé au Roi, moyennant la somme de 90,000 livres, par Jacques Blanchet, agissant au nom de sa pupille Anne, fille mineure de Charles de Souvré, marquis de Courtanvaux. Dans le siècle passé, sur le terrain de l'hôtel de Souvré s'élevaient des constructions habitées par quelques particuliers favorisés, et surtout par des artistes et entrepreneurs chargés des travaux du Louvre. Au nombre de ces artistes figurèrent un des Coustou et l'architecte de Cotte.

Maison du Cheval-Blanc (1573-1673), puis du Sabot (16..) et de l'Image Saint-Louis (1657), dite, en 1573, aboutir aux offices du Louvre.

Maison de «l'Ymage Saint-Jacques» (1406-1450), derrière laquelle était située la fourrière du Louvre.

Maison de «l'Ymaige Saint-Nicholas» (1477), puis du Fer-à-Cheval (1550-1669), qui appartenait au collège Saint-Nicolas et fut achetée 11,000 livres par le Roi, le dernier jour d'octobre 1669.

Maison sans désignation en 1571, qui provenait sans doute d'un morcellement de la précédente, et avait pour enseigne le Portrait de Louis XIII en 1657. Elle appartenait alors à Gilles Baudouyn, contrôleur de la maison du Roi, lequel la vendit à son maître, le 13 décembre 1669. En 1657, elle était séparée de la suivante par une autre, qui n'était vraisemblablement qu'une portion de la maison du Portrait de Louis XIII, et qui, le 7 novembre 1669, fut aussi vendue au Roi par Anne Métezeau, veuve d'Étienne Baudouyn, frère de Gilles.

Maison des Trois-Pas-de-Degré? (1571), appartenant au comte de Schomberg en 1584, appelée pour cette raison Hôtel de Schomberg, et plus tard Hôtel ou Petit hôtel de Vendôme, parce qu'à la date du 10 janvier 1609, elle fut achetée par le comte de Vendôme, de François de Daillon, comte du Lude. L'hôtel de Vendôme, dit encore *de Schomberg* en 1624, et acquis, le 9 mai 1635, par Thomas Scarron de Vaure, oncle du célèbre cul-de-jatte, fut par lui cédé au Roi, le 19 avril 1667, pour la somme de 126,000 livres.

Piganiol dit que Catherine d'Estrées avait, dans la rue Fromenteau, un hôtel où elle fit élection de domicile lors du contrat de mariage de son fils César de Vendôme, le 5 avril 1598, et il ajoute que cet hôtel était vraisemblablement le même que celui de Phélypeaux[1]. Piganiol se trompe : l'hôtel de Gabrielle n'est autre que celui dont nous parlons, et qui, dans l'acte de vente de 1667, est indiqué comme communiquant par un passage avec la cour du Louvre. D'ailleurs Cheverny, dans ses Mémoires, affirme que Gabrielle était « logée à l'hostel « de Schomberg, derrière le Louvre [2]; » mais Gabrielle n'y demeura que lorsque Henri IV l'eut acheté pour elle de Gaspard de Schomberg, comte de Nanteuil, c'est-à-dire vers la fin de l'année 1596. On en a la preuve par une lettre datée du 28 octobre de cette année, et ainsi conçue : « Monsieur de Schomberg, j'ai « sceu que vouliés vendre vostre maison de Paris; et pour ce qu'estant proche « du Louvre, comme elle est, elle seroit fort propre à ma maistresse, qui en « cherche une à achepter, j'ay pensé que vous seriez aussy ayse de la lui vendre « qu'à un aultre. C'est pourquoy je vous prie de me mander si vous estes en ceste « volonté, et combien vous la voulés vendre au dernier mot. C'est là le subjet de « la mienne, laquelle je finiray par prier Dieu vous avoir, Monsieur de Schomberg, « en sa garde. — HENRI. — Ce XXVIII octobre, à Rouen. »

MAISON DE L'ÉCU-DE-FRANCE (1571), puis DU PORT-DE-SALUT (1610-1624), située devant « le petit huis » de Saint-Nicolas.

MAISON avec quatre « eschauldouers » (1530), puis dite DES TROIS-ÉCHAUDOIRS (1563-1610), DES TROIS-MASURES (1584), et DU SAUVAGE (1613-1624). Elle est énoncée en 1530 « faisant le coing sur le cay, » et, en 1582, tenant, vers le midi, « aux murs du Louvre. » Comme toutes les maisons précédentes, elle aboutissait aux murailles des basses-cours du château. Dans les comptes des bâtiments royaux pour l'année 1570, on trouve la mention d'une somme de 650 livres payées à Jean de Saint-Germain, vendeur de bétail, pour « une maison, court et « appartenances, scize rue Frémantel, près et joignant la court de derrière du « chasteau du Louvre; » et il est question, en outre, d'une somme de 450 livres donnée à Guillaume Donnet, marchand boucher, pour la cession par lui faite au Roi d'un « eschaudouer couvert de tuille, court, puis, le lieu ainsy qu'il se com- « porte, » situé aussi « rue de Frémentel. » On ne voit point quelle est précisément

---

[1] *Descript. de Paris*, t. II, p. 311. Lebeuf (t. I, p. 208) a soutenu, bien à tort, que la rue Fromenteau ou Fromentel, dans laquelle habitait Gabrielle, était celle de la Montagne-Sainte-Geneviève. Une pareille assertion est contraire à toutes les vraisemblances, et les titres de l'abbaye Sainte-Geneviève en démontrent d'ailleurs la fausseté.

[2] Il le dit à propos de l'attentat de Châtel, qu'il croit avoir eu lieu à l'hôtel Schomberg, et qui fut commis à l'hôtel du Bouchage.

la première de ces maisons ; mais la seconde paraît être celle des Trois-Masures. La maison des Trois-Échaudoirs est énoncée devant « le Gros-Caillou » dans un titre de 1582 ; nous n'avons trouvé aucun document qui nous renseignât sur ce Gros-Caillou.

Les maisons de la rue Fromenteau, situées derrière le Louvre, et dont l'une avait pour enseigne L'IMAGE SAINT-JEAN en 1444, ayant été successivement démolies, il s'ensuivit une diminution importante dans les revenus du chapitre Saint-Honoré, qui fut indemnisé par un arrêt du Conseil d'État, rendu le 25 janvier 1695.

# RUE SAINT-HONORÉ.

La rue Saint-Honoré commençait à l'extrémité occidentale de la rue de la Ferronnerie, et, sous le règne de Henri IV, elle finissait encore à la seconde porte Saint-Honoré, laquelle faisait partie de l'enceinte du XIV<sup>e</sup> siècle.

Telle qu'on la voit aujourd'hui, elle est formée de trois tronçons jadis fort distincts : le premier s'étendait de la rue de la Ferronnerie à la première porte Saint-Honoré (située à quelques mètres de la rue de l'Oratoire) ; le second était compris entre cette première porte Saint-Honoré, bâtie par Philippe-Auguste, et la deuxième porte Saint-Honoré, située près de la rue Saint-Nicaise ; le troisième tronçon se prolongeait à travers l'ancien faubourg Saint-Honoré, lequel finissait un peu avant la rue Royale. Primitivement, les trois parties n'avaient composé qu'une seule et même voie. Tronc commun des chemins du Roule, de Neuilly, de Clichy, etc. cette voie remontait certainement à une antiquité reculée ; mais elle n'était vraisemblablement pas d'origine gallo-romaine, et nous n'avons pu en trouver aucune mention antérieure au XIII<sup>e</sup> siècle. Une charte de 1222 l'énonce simplement : *strata publica, ab ecclesia Sancti Honorati... usque ad poncellum de Rollo* (le Roule).

La rue Saint-Honoré a emprunté son nom à la collégiale qui y fut fondée, en 1204, entre les deux voies représentées aujourd'hui par les rues Croix-des-Petits-Champs et des Bons-Enfants. Aussi le tronçon situé au delà de l'enceinte de Philippe-Auguste est-il celui qui, le premier, a été appelé rue Saint-Honoré, *vicus Sancti Honorati* (1241, 1260), ou, à cause de son importance « grant rue Saint-Honoré, » *magnus vicus Sancti Honorati* (1255), *magnus vicus per quem itur ad domum Cæcorum* (1304), et quelquefois chaussée Saint-Honoré : l'expression de chaussée s'appliquait autrefois à toutes les grandes routes partant de Paris, et cessait d'être en usage lorsque ces routes s'étaient transformées en rues. Quant au tronçon compris dans l'enceinte de Philippe-Auguste, il s'est confondu, sous le nom de *grand'rue Saint-Honoré*, avec celui qui reçut d'abord cette dénomination, mais vers la fin du xiv⁰ siècle seulement, après que la construction de la clôture de Charles V eut annexé à la Ville son premier faubourg occidental. Plus anciennement il n'existait pas dans l'intérieur de Paris de rue Saint-Honoré, et la voie qui continuait la rue de la Ferronnerie était considérée comme constituant deux rues : l'une, la plus rapprochée du Grand-Pont, qui avait nom *la rue du Château-Fêtu;* l'autre qu'on appelait *la rue de la Croix-du-Tiroir* [1], « *vicus crucis du Tiroir* » (1294), et qu'on désigna antérieurement par la simple formule « *à la Croix du Tiroir,* » *juxta crucem Tyrouer* (1248), *ante crucem dou Tirouer* (1267), à cause d'une certaine croix connue sous ce vocable et située devant la rue de l'Arbre-Sec. Du reste, il n'y a pas un grand nombre de titres où il soit fait mention de la rue de la Croix-du-Tiroir, et déjà, au commencement du xiv⁰ siècle, on ne la distinguait pas de la rue du Château-Fêtu. On lit dans un titre de 1324 : *in vico de Chesteau-Festu, juxta crucem de Tyrouel.* Au contraire, il existe une foule d'indications de la rue du Château-Fêtu, que nous avons vue énoncée *apud Castellum Festuci* (1227), *vicus qui vocatur Chastel-Festu* (1234), *vicus Castri Festuci* (1238, 1255), *vicus Castri-Festu* (1244), *locus qui dicitur Castellum Festuci* (1247), *vicus qui dicitur Chastel-Festu, per quem itur ad ecclesiam Sancti Eustachii* (1267), *vicus de Castello Festucœ* (1275), « *rue de Chastiau-Festu* » (1305, 1387, etc.), et enfin « *rue Sainct-Honoré, dicte le Chasteau-Festu* » (1442). Le château Fêtu, qui donna son nom à la rue, était voisin de la rue Tirechape.

Le mot Tiroir a été écrit de bien des façons : Tyroor (1236), Trioer (1238), Tyrouer (1238, 1248, 1253), Tirout (1253), Tirouer (1256, 1267, 1348, 1491, 1567, etc.), Tyruel (1259), Tyrouel (1282, 1286), Tiroer (1268, 1367), Tyroir (1293), Tiréeur (12..), Turuol (1308), Trieur (1344), Tréour (1387), *Tiratorium* (1437), Traiouer (1521), Trahouer (1558), Tréhouer (1569), Traihouer, Traihoir, Trahoir, Tiroir, Tiroi, etc. mais toutes ces variantes tendent à démontrer que le radical est le verbe tirer ou trier, *trahere*. Il n'est donc pas permis de supposer, comme Sauval et Bonami, que la Croix-du-Tiroir devait son nom au fief de Thérouenne, d'ailleurs fort éloigné de là; il serait encore moins raisonnable de croire, comme du Breul, que la Croix-du-Tiroir perpétuait le souvenir du supplice infligé, en 613, à Brunehaut, qui ne fut pas même mise à mort à Paris. Quant à la conjecture de Lebeuf sur certaines machines à tendre des étoffes (*tiratoria*) qui auraient pu se trouver là, elle n'est fondée sur aucun document. Ce qu'on tirait, ou plutôt ce qu'on *triait* à l'extrémité de la rue de l'Arbre-Sec, c'étaient, suivant toute apparence, les animaux de boucherie qui y étaient amenés. Raoul de Presles le dit formellement : « A proprement parler est-elle « appelée *la Croix-du-Tirouer*, pour les bestes que l'on y trioit [2]. » Or, non-seule-

---

[1] La rue de l'Arbre-Sec a été aussi nommée *rue de la Croix-du-Tiroir,* au xiii⁰ siècle.

[2] *Cité de Dieu*, liv. V, chap xxv, f° 134 v° du manuscrit de la bibliothèque Sainte-Geneviève.

ment aucun texte n'a jamais été invoqué pour prouver que Raoul de Presles s'est trompé, mais encore une charte de 1357 démontre qu'il a dit vrai, et que, de son temps, il existait de ces *tiroirs* ou *traits* près des marchés. Dans cette charte est indiqué un terrain placé entre un certain hôtel et «le *trait* de la Place aux «Pourceaux[1].»

La signification du mot Château-Fêtu n'a pas été mieux élucidée par les historiens que celle du mot Tiroir. Lebeuf, que sa science incontestable n'empêchait pas toujours de se livrer à des suppositions gratuites, a cru pouvoir mettre à profit ses conjectures sur la Croix-du-Tiroir, en imaginant une hypothèse assez singulière à propos du Château-Fêtu de la rue Saint-Honoré; à son avis, c'était une espèce de halle couverte de branchages[2], laquelle aurait servi à déposer les étoffes préparées dans le *tiratorium* du voisinage. Ainsi que pour la Croix-du-Tiroir, Lebeuf ne cite aucun fait à l'appui de son opinion. Avant nous, Jaillot a fait observer qu'on ne comprenait guère le mot de château appliqué à un hangar; il a de plus objecté qu'il existait, en 1348, un autre Château-Fêtu près du port Saint-Landry, et qu'on n'y vendait aucune marchandise. Il faut ajouter que nous connaissons un troisième Château-Fêtu (de 1407) rue des Chiens, puis un quatrième rue de Bièvre, et que les titres relatifs à ce dernier nous permettent d'en interpréter le nom. Effectivement, après avoir été énoncé, en 1358, «l'hostel «appelé *Chasteau-Festu*,» il a été, en 1368, nommé «le chastel *Malgarny*;» en 1388, «l'hostel *Maugarny*,» et, en 1428, ce n'était plus qu'une «grauche[3].» La conséquence ne semble pas difficile à tirer: *fêtu* est synonyme d'objet sans valeur; «je n'en donnerais pas un fêtu,» dit-on pour exprimer le peu de cas qu'on fait d'une chose. Château-Fêtu, *Castellum Festucæ*, et Château-Malgarni veulent donc dire ironiquement une maison misérable, en mauvais état, n'ayant ni solidité, ni prix, comme un fêtu de paille[4].

Suivant l'acte de donation daté de 1204, la première pièce de terre destinée à la fondation de l'église Saint-Honoré était située sur le chemin de Clichy, *viam que tendit ad Clichi*. Correspondant à l'emplacement du cloître, elle se trouvait en bordure à la fois sur les rues Croix-des-Petits-Champs, Saint-Honoré et des Bons-Enfants, si toutefois cette dernière existait déjà, ce qui n'est nullement prouvé. Malgré cette incertitude et l'absence de tout document confirmatif, Jaillot a avancé que la rue des Bons-Enfants se confondait avec le chemin de Clichy énoncé dans la donation de 1204; l'erreur est manifeste. La rue des Bons-Enfants, dont la

---

[1] Arch. de l'Emp. reg. S 1052, fol. 145.

[2] *Histoire du diocèse de Paris*, t. I, p. 59. — Des branchages ne motiveraient point le mot *fêtu*, qui s'entend de la paille. Quant au chaume, il était beaucoup trop commun à Paris, au XIII° siècle, pour constituer la cause d'une appellation particulière.

[3] Arch. de l'abbaye Sainte-Geneviève, *passim*.

[4] C'est évidemment une idée analogue qui a fait donner à plusieurs maisons de la même époque le nom caractéristique de *Château-Frileux*.

direction n'a jamais subi de changement depuis le xiiie siècle, tend vers Montmartre, et ne se dirige pas vers Clichy. Jusqu'à une époque assez rapprochée, elle n'a constitué qu'une ruelle, et non une rue, circonstance très propre à démontrer qu'elle n'est point une ancienne route. On n'aperçoit d'ailleurs, au delà de son extrémité, aucune trace de nature à faire croire qu'elle se prolongeait jadis dans la campagne. En outre, lorsqu'on désigne un terrain bordé par trois voies, il est naturel de nommer la voie principale de préférence aux autres; or il est absolument inadmissible que la rue Saint-Honoré ne fût pas, à l'époque dont nous parlons, beaucoup plus importante que la rue des Bons-Enfants, alors même que cette dernière eût effectivement été le chemin menant à Clichy. Par conséquent, dans l'indication de la charte de 1204, on doit voir la rue Saint-Honoré plutôt que la rue des Bons-Enfants, d'autant plus encore que l'arpent qui fut donné, et dont le cloître reproduit exactement la forme, offrait sur la rue des Bons-Enfants un développement deux fois moins grand que sur la rue Saint-Honoré. Au surplus, il est évident que la rue Saint-Honoré eût toujours formé le tronc d'où serait parti le chemin de Clichy, si celui-ci s'était véritablement identifié avec la rue des Bons-Enfants, et il n'y aurait pas eu moins de motifs pour donner le nom de *chemin de Clichy* à la rue Saint-Honoré qu'à la rue des Bons-Enfants. Nous croyons qu'en réalité la rue Saint-Honoré était considérée comme conduisant à Clichy, parce qu'elle avait pour embranchement le chemin d'Argenteuil, aujourd'hui rue d'Argenteuil, lequel, avant d'atteindre ce village, passait par Clichy. Il faut donc en conclure que la rue Saint-Honoré est bien celle que désigne le nom de *chemin de Clichy* dans la donation de 1204, premier document où il en soit fait mention.

## CÔTÉ MÉRIDIONAL.

(Partie s'étendant de la rue des Poulies à la seconde porte Saint-Honoré.)

### PAROISSE SAINT-GERMAIN-L'AUXERROIS.

#### HAUTE JUSTICE DE L'ÉVÊCHÉ.

##### CENSIVE DU CHAPITRE DE SAINT-GERMAIN-L'AUXERROIS.

Maison du Cheval-Rouge (1350-1432), puis de l'Écu-de-France (1640), faisant le coin occidental de la rue des Poulies. En 1531, elle avait pour enseigne l'Écu-de-Navarre, et se composait de sept corps d'hôtel, lesquels devinrent sept maisons différentes, dont quatre faisaient front sur la rue des Poulies, et trois sur la rue Saint-Honoré. La maison du coin avait encore pour enseigne l'Écu-de-France en 1700.

<small>Entre les rues des Poulies et d'Autriche ou de l'Oratoire.</small>

Maison de l'Écu-de-Navarre (1540-1639), ayant d'abord fait partie de la grande maison de ce nom.

Maison du Flacon-d'Étain (1605), comprise anciennement, de même que la précédente, dans la maison qui formait le coin de la rue.

Maison de la Longue-Allée (1575-1644), ainsi appelée parce qu'elle ne communiquait avec la rue Saint-Honoré que par le moyen d'une allée. Elle avait pour enseigne le Duc-de-Valois en 1750. C'était antérieurement à 1538 une dépendance de la suivante. Réunies en une seule, elles avaient pour enseigne la Rose en 1424.

Maison de l'Image Saint-Jean-Baptiste (1489-1582). Au xvii<sup>e</sup> siècle, elle était divisée en deux : la première a eu pour enseigne la Ville-de-Bruxelles en 1700; la seconde, les enseignes de l'Image Notre-Dame en 1630, et du Mont-Saint-Michel plus tard.

Maison de l'Écu-de-France (1531-1628), qui provenait d'un morcellement de la maison suivante, et y aboutissait d'abord.

Maison de l'Écu-de-Flandres, puis du Lion-Noir (1489-1640). La première partie de cette maison avait formé la maison de l'Écu-de-France; au xviii<sup>e</sup> siècle, la seconde partie s'appelait l'hôtel des Américains, nom qu'elle a conservé jusqu'à nos jours.

Maison du Chariot (1364) ou Chariot-Rouge (1539-1655) et du Chariot-Royal (16..). Elle aboutissait à l'hôtel d'Étampes en 1406 et 1439. Un corps d'hôtel qui en dépendait avait pour enseigne l'Autruche en 1637.

Maison du « Papegault » (1426-1633). En 1364, elle était encore comprise dans la maison du Chariot ou dans celle qui faisait le coin de la rue d'Autriche.

Maison de l'Écu-de-Bourbon (1439-1573), puis de l'Image Saint-Claude (1637), qui était probablement un morcellement de la précédente.

Maison sans désignation en 1364, puis de la Licorne (1491-1640), faisant le coin oriental de la rue d'Autriche ou de l'Oratoire. Au xvii<sup>e</sup> siècle, elle fut divisée en deux parties : la première conserva l'ancienne enseigne, et la seconde, formant le coin, eut en 1639 et en 1700 celle de l'Hôtel-des-Parfums.

### CENSIVE DE SAINT-DENIS DE LA CHARTRE.

*Entre les rues d'Autriche et du Coq.*

Partie de l'Hôtel Saint-Pol, faisant le coin occidental de la rue d'Autriche, et séparée des maisons suivantes par le mur d'enceinte de Philippe-Auguste. Nous avons vu un plan antérieur à 1745, où, sur cet emplacement, sont figurées deux maisons séparées entre elles par une allée conduisant à l'église de l'Oratoire. Ces deux maisons n'en constituaient d'abord qu'une, laquelle, ainsi que nous l'avons dit, fut vendue par Pierre Legrand à la Congrégation le 27 février 1619. Au même lieu s'élève actuellement le portail de l'église de l'Oratoire.

MAISON DE L'ORATOIRE. La congrégation des prêtres de l'Oratoire se forma, en France, sur le modèle de celle que Saint-Philippe de Néri avait établie à Rome; mais elle en demeura toujours indépendante. Elle eut pour instituteur Pierre de Bérulle, qui, dans le dessein de créer une pépinière de jeunes prêtres recommandables par leurs lumières et leurs mœurs, s'associa cinq ecclésiastiques de distinction, et s'installa avec eux, le 11 novembre 1611, dans la maison du Petit-Bourbon, aujourd'hui le Val-de-Grâce. Tels ont été les modestes débuts de la société célèbre qui a produit les Malebranche, les Massillon et nombre d'hommes éminents.

La bulle d'institution canonique, sollicitée du pape par Marie de Médicis, dès le 19 août 1611, ne fut délivrée que le 10 mai 1613; toutefois, à cette seconde date, la congrégation avait déjà une existence légale. En effet, sur la demande de sa mère, Louis XIII fit expédier au mois de décembre 1611, des lettres patentes autorisant l'érection de la Communauté, qu'il reconnut de fondation royale, et ces lettres furent enregistrées au parlement le 4 septembre 1612, à la charge de représenter, dans le délai de trois mois, le consentement de l'Évêque, qui fut accordé le 15 octobre. La Régente s'était en outre déclarée, le 2 janvier 1612, fondatrice de la nouvelle congrégation, que la marquise de Maignelay avait gratifiée, le 21 décembre précédent, d'une somme de 50,000 livres tournois, destinée à l'achat de maisons et terrains.

Le succès ayant couronné les efforts du fondateur, et le nombre de ses disciples s'augmentant sans cesse, il résolut de leur procurer, dans la Ville même, une habitation plus convenable que celle du faubourg Saint-Jacques. Il obtint l'hôtel de la Monnaie, qui était situé rue de ce nom, et devait cesser de servir à la fabrication des espèces; mais le projet ne se réalisa pas et Bérulle jeta ses vues ailleurs. Ayant déjà acquis, le 15 janvier 1613, l'hôtel de Matignon, qu'il ne garda point, il conclut, le 20 janvier 1616, avec la duchesse de Guise le marché qui le mit en possession de l'hôtel du Bouchage. (Voir *Rue du Coq*.) Huit jours plus tard, la Congrégation s'y transporta, et trois mois après elle y avait une chapelle provisoire.

Agrandie par l'annexion, effectuée en 1619 et 1621, de propriétés sises dans les rues d'Autriche, du Coq et Saint-Honoré (voir à l'article de ces rues), la maison de l'Oratoire ne renfermait point encore de chapelle proportionnée à son importance, et il devint nécessaire d'en élever une. On commença, le 19 juillet 1621, à jeter les fondements de celle qui existe, et la première pierre, incrustée de deux lames d'argent portant des inscriptions, fut posée, au nom du Roi, le 22 septembre 1621, par le duc de Montbazon, gouverneur de Paris. On y travaillait depuis près de deux années, lorsque, le 16 août 1623, le marquis de La Vieuville, surintendant des bâtiments, poussé par les ennemis de la Congrégation, se plaignit au Roi, dans un conseil, de ce qu'elle bâtissait une vaste église, et représenta que, si l'édifice s'achevait, il serait nécessaire de l'exproprier à grands frais quand il s'agirait d'exécuter les grands projets conçus pour le Louvre; il ajouta qu'il avait fait intimer par les trésoriers de France l'ordre de suspendre les travaux. La Communauté se défendit; elle démontra que les projets adoptés n'atteignaient point sa maison, et, le 17 septembre, elle obtint mainlevée des prohibitions qui lui avaient été signifiées[1]. Bientôt une circonstance des plus heureuses vint compenser largement les ennuis qu'on lui avait suscités : le 23 décembre 1623, dans un conseil où l'on décida que la chapelle de l'ancien hôtel de Bourbon serait rasée, Louis XIII manifesta sa volonté de la remplacer par l'église de l'Oratoire, et chargea sur-le-champ son architecte, Clément Métezeau, de modifier les plans de ce dernier édifice de façon qu'il pût entrer dans les bâtiments du Louvre. Le même jour, le général de la Congrégation alla remercier le Roi, qui lui octroya un brevet où l'église fut qualifiée d'*Oratoire royal;* puis, par un arrêt du Conseil d'État, du 17 juillet 1624, où il est exprimé que le Roi se proposait de comprendre dans le Louvre une partie de la maison de l'Oratoire, il fut ordonné que l'église serait orientée de telle sorte que son axe prolongé passât par le centre du palais, ce qui eut lieu.

Vers la fin de septembre 1625, les travaux de l'église furent interrompus, parce qu'il n'avait point été possible d'acquérir deux maisons qu'il fallait démolir, et que la Congrégation ne put les acheter qu'en 1627 et 1654. On dit cependant que l'église fut terminée en 1630[2]; mais cela ne saurait s'entendre que du chœur et de la croisée; quant à la nef, elle fut simplement commencée[3], et resta fort incomplète jusqu'en l'année 1745. L'architecte Caqué entreprit alors la construction du portail ainsi que des parties adjacentes, en conservant le style dans lequel avait été construit le monument. Suivant Piganiol, celui qui en dressa les premiers plans fut Clément Métezeau, auquel aurait succédé Lemercier, chargé de réparer les fautes commises par son prédécesseur. On lit dans le journal de la Société, probablement plus digne de confiance : « Elle (l'église) est bâtie sur le « dessein de M. Jacques Lemercier, fameux architecte, et l'ouvrage a été conduit « par M. Métezeau, premier architecte du Roy. » L'église de l'Oratoire, affectée

---

[1] *Journal historique, manuscrit, de la Maison de l'Oratoire*, p. 90. Arch. de l'Emp. reg. MM 623.

[2] A l'extérieur de la chapelle absidale est gravée l'inscription suivante :
I DV BOIS BELLANGER....IDVS
1638

[3] Les Annales manuscrites de l'Oratoire contiennent ce passage dont la rédaction paraît appartenir à deux époques : «A la fin du mois de septembre de l'année 1625, nous avons cessé de faire « travailler à la construction de notre église, que «nous ne pouvons finir, aiant besoin pour cela de «l'emplacement de la maison du sieur Morel et des «sieurs de Montreuil, qui entrent dans le dessein, «et qu'il ne nous a pas encore été possible d'ac-«quérir. Il reste encore à faire trois travées de lon-«gueur depuis la voûte de la croisée, jusqu'au por-«tail inclusivement, de laquelle partie les fondations

aujourd'hui au culte protestant, renfermait le tombeau du cardinal de Bérulle, œuvre remarquable de François Anguier. Les sculptures du portail ont été exécutées par Adam Lecadet et Francin, statuaires du roi.

### CENSIVE DE L'ÉVÊCHÉ.

Maison sans désignation en 1378, puis des Trois-Serpettes (1568), du Renard (1581) et de l'Éperon-d'Or (1603-1654), contiguë au mur de la Ville. Vers 1620, elle appartenait à Pierre Morel l'aîné, éperonnier du roi, et, dès 1575, elle renfermait deux corps d'hôtel qui, en 1613, étaient devenus deux maisons distinctes. La seconde fut acquise par la congrégation de l'Oratoire, le 20 février 1627, et la première, le 15 août 1654. Sur l'emplacement de celle-ci fut élevée une partie du portail de l'église, et sur l'emplacement de l'autre il existait, en 1700, deux maisons ayant pour enseigne le Lion-d'Or et l'Enfant-Jésus.

Maison du «Beuf» (1378), puis du Bœuf-Couronné (1489-1640), et du Louis-d'Or (1700). Elle fut acquise par les pères de l'Oratoire le 28 juin 1627.

Maison des «Ratz» (1378), puis «de l'Escu-de-Polongne» (1586-1640), et de la Perle-des-Plumes (1700).

Maison du «Heaulme» (1378-1640), où, vers le milieu du xive siècle, on vendait de la cervoise. Cette maison et les trois précédentes aboutissaient aux dépendances de l'hôtel Saint-Pol [1].

Maison sans désignation en 1575, puis du Volet-Blanc (1603-1640), et du Bœuf-Couronné (1700), laquelle, en 1530, faisait encore partie de celle du Heaume. Entre l'une et l'autre, vers 1640, on comptait deux maisons.

Maison de l'Image Saint-Martin (1378), puis du Rabot (1572-1640), et du Roi-de-France (1700).

Maison sans désignation en 1575, puis de la Pomme-Rouge (1605), et de la Bannière-de-France (1634-1700). Elle était encore comprise, en 1530, dans une des maisons qui, en 1575, lui étaient contiguës, vraisemblablement dans celle du

«sont faites. Elle est bâtie sur le dessin de M. Jacques Lemercier, fameux architecte, et l'ouvrage a été conduit par M. Métezeau, premier architecte du Roy. Elle consiste à présent en une nef de treize toises et demie de longueur, sur trente un pieds de largeur dans œuvre, et soixante-trois pieds de haut sous la voûte, qui est faite depuis le rond-point, vers le chœur, jusques et y compris les deux côtés de la croisée; au droit de ladite croisée, il y a deux chapelles de chaque côté, avec un passage de dégagement entre deux; c'est à cette dernière chapelle que se termine la longueur de la voûte de l'église. Il y a encore une chapelle de bâtie de chaque côté de la croisée, vers le portail; mais leur voûte est restée à faire; les quatre premières chapelles sont voûtées en plein-cintre et ont chacune douze à treize pieds de long, sur dix de large et vingt pieds de haut, avec une croisée en vitraux.»

[1] Nous suivons l'ordre des censiers de 1575, 1603, etc. Dans ceux de 1530 et 1489, au contraire, la maison des Rats est à la place de celle du Heaume, et vice versa. Il en est de même dans un titre de 1378.

Rabot. En 1489, cette dernière et la maison de la Pomme-Rouge n'étaient point bâties, ou du moins ne constituaient qu'une dépendance de l'hôtel Saint-Pol.

Maison du Soleil (1540-1640) ou du Petit-Soleil (1582), faisant le coin oriental de la rue du Coq. Le terrain qu'elle occupait provenait d'un morcellement d l'hôtel Saint-Pol, et elle n'est point encore mentionnée dans le censier de 1530

*Entre les rues du Coq et Champ-Fleuri ou de la Bibliothèque.*

Maison sans désignation (1603), faisant le coin occidental de la rue du Coq Jusqu'à la fin du xvi<sup>e</sup> siècle, elle fit partie de la suivante.

Maison de l'Image Saint-Jacques (1409-1620), puis du Cerf et de la Chasse Royale (1687).

Maison de « l'Imaige Saint-Jehan » (1408-1624) puis de la Vache (1624) ou Vache Couronnée (1634), et de l'Arbalète (1687). La maison de l'image Saint-Jean étant dite, en 1408, faire le coin de la rue de Richebourg, il est clair qu'elle comprenait les deux précédentes. Elle communiquait avec la rue du Coq en 1630.

Maison des « Troys-Roys » (1540-1640), puis de la Croix-Verte (1687), et d la Croix-d'Or (1700).

C'est en face de cette maison que se trouvait l'espèce de corps de garde qu'o appelait *la Barrière-des-Sergents*. Il avait été établi en vertu d'un arrêt du Parlement, rendu le 12 décembre 1551, et, suivant le Journal de Barbier, il fut détruit lors de l'entrée du Roi, le 7 septembre 1745 ; mais on le rebâtit ensuite.

Maison du Cerf (1489), puis de la Corne-de-Cerf (1530-1640), et de la Reine d'Angleterre (1687).

Maison de l'Image Notre-Dame (1489-1640), puis de l'Image Saint-Jacque (1687).

Maison sans désignation en 1489, puis du Grand-Godet (1530-1640), et d l'Image Sainte-Barbe (1687).

Maison de la Nef-d'Argent (1489), puis de l'Image Sainte-Barbe (1530-1640) de la Hotte (1624) ou Hotte-Fleurie (1687), et de la Chasse-Royale (1700).

Maison de l'Annonciation-Notre-Dame (1432), puis de la Hotte (1603-1640) et des Deux-Docteurs (1679). Elle paraît avoir dépendu de la suivante.

Maison de la Huchette (1432), puis des Trois-Docteurs (1634), et du Duc de-Bourgogne (1700).

Maison sans désignation (1489), faisant le coin oriental de la rue Champ-Fleuri. Elle avait été divisée en deux parties au xv<sup>e</sup> siècle, et eut pour enseigne « l'Arbalestre » en 1563 et 1640, puis les Trois-Fleurs-de-Lis en 1687.

*Entre les rues Champ Fleuri et du Chantre.*

Maison sans désignation en 1489, puis de la Coupe-d'Or (1540-1640), faisan le coin occidental de la rue Champ-Fleuri.

Maison de « l'Ymage Saint-Michiel » (1439-1640), qui appartenait au Roi en 1687

Maison sans désignation en 1489, puis du « Daulphin » (1573) et du Dauphin-Vert (1624-1640).

Maison du Cerf (1426), puis de la Corne-de-Cerf (1489), du Petit-Cerf (1530-1640), et de la Couronne (1687). Elle paraît avoir eu aussi pour enseigne l'Écu-Vert (1624).

Maison de « l'Imaige Sainct-Loys » (1573-1640), qui, en 1489, était une dépendance de la suivante.

Maison de la « Teste-Noire » (1445), depuis de « l'Estrille » (1603), et du Cheval-Blanc (1624-1640). En 1687, cette maison était réunie à la suivante, et avait pour enseigne le Cheval-Blanc et la Ville-de-Cornouailles.

Maison de la Croix-d'Or (1415-1620). Ce doit être celle où, en 1221, étaient placées les écoles de Saint-Honoré, et qui était contiguë à la maison du coin de la rue du Chantre, suivant un titre cité page 24.

Maison de la Pelle (1410), puis du « Saulmon » (1489-1650). Dans la première moitié du xve siècle, elle semble n'avoir point été distincte des deux suivantes.

Maison de la Rose (1489), puis de la Rose-Rouge (1575-1620), ayant d'abord fait partie de la suivante.

Maison sans désignation en 1221, puis de « l'Escu-de-Bretaigne » (1410), et de l'Écu-de-France (1415-1620), faisant le coin oriental de la rue du Chantre. Le jardin de cette maison s'étendait derrière les trois précédentes; sur une partie du terrain qu'il occupait il y avait, en 1687, deux maisons qui faisaient front sur la rue du Chantre, et dont l'une eut pour enseigne le Louvre, vers 1700. Le lundi avant la fête des Brandons, l'an 1311, Simon de Franc-Castel donna à l'église Saint-Honoré une rente de 3 livres à prendre sur la maison de l'Écu-de-Bretagne, et, le 30 juillet 1415, Pierre Foulon et sa femme lui donnèrent la maison même pour fondation pieuse.

Maison sans désignation en 1361, puis de la Clef (1411), du Pot-d'Étain (1427-1472), du Petit-Panier (1540), du Panier-Vert (1646) et de la Ville-de-Lude (1687), faisant le coin occidental de la rue du Chantre. En 1489 elle est indiquée, mais sans désignation particulière, sans doute parce que son enseigne appartenait exclusivement à la maison suivante. Au mois de mars 1361, la maison de l'Écu-de-France fut délivrée au chapitre Saint-Honoré, pour fondation de service, par les exécuteurs testamentaires de Jeanne, femme du nommé Delestre, dit *Saint-Omer*. [Entre les rues du Chantre et Jean-S[t]-Denis.]

Maison du Plat ou du Pot-d'Étain (1489-1741), puis de l'Imaige Saint-Martin et des Trois-Pilons (1687). Elle appartenait, dès le xiiie siècle (1234), au chantre et aux chanoines de Saint-Honoré; elle aboutissait à la précédente et pouvait être la même que celle de la Tête-Noire (1407), qui semble avoir été contiguë à la maison de la Clef.

Maison sans désignation en 1489 et ayant alors remplacé une masure, puis du Cheval-Blanc (1530), de l'Image Sainte-Geneviève (1540-1640), et de la Botte Rouge (1687). Au xv<sup>e</sup> siècle, elle faisait encore partie de la suivante.

Maison où, est-il dit en 1489, «souloient estre deux masures,» et qui a eu ensuite pour enseigne le Dieu-d'Amour (1530-1640). Elle formait le coin oriental de la rue Jean-Saint-Denis et appartenait aux Quinze-Vingts. Elle fut vendue en 1283 par le chapitre Saint-Honoré à Regnaut de Quinquempois et à Alix, sa femme.

<small>Entre les rues Jean-Saint-Denis et Fromenteau.</small> Maison de l'Étoile (1489-1624), puis de la Fleur-de-Lis et de la Ville-de-Lunel (1687), faisant le coin occidental de la rue Jean-Saint-Denis.

Maison sans désignation en 1489, puis de l'Étoile (1624-1687), morcellement de la précédente.

Maison des Quatre-Fils-Aymon (1489-1640), ayant un corps d'hôtel sur la rue Fromenteau.

Maison du Croissant (1585-1650), puis dite de la Longue-Allée (1603), et l'Hôtel de Picardie (1700). On y parvenait par un passage étroit, «une longue allée» prise sur le terrain de la maison précédente, derrière laquelle elle était située et dont elle a fait partie jusqu'à la fin du xvi<sup>e</sup> siècle.

CENSIVE DU FIEF DE FROMENTEAU.

Maison du Chariot-d'Or (1353-1624), ayant issue rue Fromenteau. En 1628 elle était déjà divisée en deux maisons, la seconde faisant hache derrière la première.

Maison du Lion-d'Or (1474-1624), faisant le coin oriental de la rue Fromenteau. En 1603, elle formait déjà, sur la rue Saint-Honoré, deux maisons distinctes, lesquelles, vers 1780, furent réunies et rebâties. Celle du coin avait eu pour enseigne la Croix-Blanche en 1700, et l'autre, qui avait gardé l'ancienne enseigne du Lion-d'Or, eut aussi l'enseigne de l'Image Saint-François en 1681. En 1657, on voyait en outre, sur la rue Fromenteau, un corps d'hôtel qui a toujours existé depuis, et qui a eu pour enseigne l'Ami-du-Coeur en 1694. La maison du Lion ou bien la précédente est mentionnée, en 1284, comme appartenant à Simon Malegaigne.

<small>Entre les rues Fromenteau et Saint-Thomas du-Louvre.</small> Maison sans désignation en 1530, puis de la Gerbe-d'Or (1612), faisant le coin occidental de la rue Fromenteau.

Maison sans désignation en 1530, et réunie depuis à la précédente; plus anciennement, elles ne formaient qu'une seule maison, à laquelle pendait pour enseigne l'Écu-de-France dès 1388. Les deux logis ont dépendu du suivant au xvi⁰ siècle.

Hôtel de Laval, de Vignolles et de Sillery. Avant qu'on en retranchât le terrain sur lequel fut élevée la maison du Sabot, cet hôtel avait de façade, sur rue, quatorze toises cinq pieds deux pouces; il était partie en censive du fief de Fromenteau et partie en ,

CENSIVE DE L'ÉVÊCHÉ.

Il appartint d'abord à un évêque de Nantes, puis, dès la fin du règne de Charles VI, à Guy, chevalier, seigneur de Laval, ce qui lui a fait donner le nom d'*hôtel de Laval*, encore en usage au xvi⁰ siècle, quoique l'hôtel, possédé en 1472 par Guillaume Champion, ne fût plus depuis longtemps à la famille de Laval. En 1530, c'était la propriété de Jean de Vignolles, notaire et secrétaire de la cour; en 1570, celle d'Anne Guiard, sa veuve, et, en 1597, celle de leur fils Gabriel Fournier, conseiller au Parlement. L'hôtel, agrandi alors de l'emplacement de quatre petites maisons situées derrière celle de l'Écu-de-France, le long de la rue Fromenteau, s'étendait aussi le long de la rue Saint-Thomas. Il passa ensuite à Pierre de Galande (*alias* Lalande), secrétaire du roi, lequel, aux dates du 13 septembre 1612 et du 29 février 1616, le vendit à Noël Bruslart de Sillery, commandeur de Saint-Jean-du-Temple, et frère du chancelier[1]. Noël Bruslart fit entièrement rebâtir l'hôtel « de belles pierres de taille et de briques, » est-il dit dans le *Supplément aux antiquités de Paris*, avec « un fort beau portail, et au-dessus une galerie ornée de balustres et de petites colonnes de pierre, artistement travaillées. » Le cardinal de Richelieu ayant résolu d'établir une place devant son palais, projet entraînant la destruction de l'hôtel de Sillery, le fit acheter à Bruslart, moyennant la somme de 50,000 écus, le 22 mars 1640, par Charles d'Escoubleau, marquis de Sourdis, qui, le même jour, en fit sa déclaration au profit du cardinal; mais celui-ci mourut avant d'avoir entièrement exécuté son dessein, et c'est seulement lorsque la cour eut été installée au Palais-Royal, que fut terminée la démolition de l'hôtel et des autres constructions qu'il fallut abattre pour donner à la place les dimensions voulues. Entre les rues Fromenteau et Saint-Thomas, on éleva alors huit petites maisons, au devant desquelles on plaça un mur de clôture, fidèlement reproduit dans le plan de Gomboust. Ces maisons occupaient la partie la plus méridionale de l'emplacement de l'hôtel de Sillery; celles des angles servaient de corps de garde, et les autres furent données à des ouvriers du roi, pour en jouir leur vie durant[2]. Elles étaient du plus fâcheux

---

[1] Arch. de l'Emp. cart. S 1824, et censiers de l'Évêché, *passim*.

[2] Voir le texte d'une de ces concessions, datée de 1653, ap. *Archives de l'art français*, t. V, p. 277.

aspect, et la perspective qu'elles offraient aux habitants du Palais-Royal parut si désagréable, que le Régent eut, en 1719, l'idée de les faire jeter bas et d'y substituer un réservoir monumental. Robert de Cotte, architecte du roi, fut chargé de bâtir l'édifice, qui est resté connu sous le nom de *Château-d'Eau*, et que Coustou jeune orna des statues d'une naïade et d'un fleuve, personnifications de la Seine et de l'eau d'Arcueil; le bâtiment contenait, en effet, des réservoirs d'eau de ces deux provenances, destinés à alimenter les bassins des Tuileries et celui du Palais-Royal. Il a disparu dans l'année 1854, en conséquence des décrets des 15 novembre 1853 et 3 mai 1854, qui, portant la largeur de la place à 80 mètres, ordonnèrent l'expropriation des maisons riveraines, et leur reconstruction sur un plan analogue à celui des maisons de la rue de Rivoli. La place du Palais-Royal avait déjà été assez élargie par lettres patentes du 22 avril 1769. D'autres lettres, du 8 mai 1770, avaient prescrit l'uniformité de toutes les façades des maisons qui la bordaient, et qu'on n'acheva de rebâtir qu'en 1776.

MAISON DU SABOT (1527-1640), faisant le coin oriental de la rue Saint-Thomas. En 1489, elle était comprise dans l'hôtel de Laval et existait encore avec son enseigne en 1612. Démolie à l'époque où l'on construisit l'hôtel de Sillery, elle servit à l'agrandissement de cet hôtel. Elle avait appartenu à la dame Anne de Vignolles.

Entre les rues Saint-Thomas et Saint-Nicaise. MAISON faisant le coin occidental de la rue Saint-Thomas. C'était une partie ou une dépendance de la suivante, avec laquelle elle était confondue au xv<sup>e</sup> siècle, et dont elle portait l'enseigne (la Crosse) en 1603 et 1640.

MAISON DE LA CROSSE (1489-1640), puis DU SINGE-VERT (1687).

MAISON DE LA CROIX-DE-FER (1489-1640), puis DE L'ÉPÉE-DE-BOIS (1705). Sa première enseigne comportait une allusion au nom de Jacques Croix, un de ses propriétaires.

MAISON DE L'HOMME-SAUVAGE (1500), ayant un corps d'hôtel en retour d'équerre sur la rue Saint-Thomas.

MAISON DES TROIS-MORTS et DES TROIS-VIFS [1] (1334). En 1478, elle se composait de deux corps d'hôtel à pignon sur rue, dont l'un avait gardé l'ancienne enseigne, tandis que l'autre pendait celle DE LA CORNE-DE-CERF (1478-1640). Cette dernière enseigne était la seule conservée en 1530. L'un des deux corps de logis doit avoir eu pour enseigne LA DEVISE-ROYALE en 1678, et L'ILE-D'AMOUR en 1696.

MAISON DU BOEUF ET DU MOUTON (1413), puis DU BOEUF-COURONNÉ (1416), DE L'IMAGE SAINT-MARTIN (1489-1640), et DU GRAND-LOUIS ou GRAND-MONARQUE (1719).

---

[1] Le sujet de cette enseigne était emprunté à un fabliau populaire.

C'est dans l'arrière-corps de logis de cette maison qu'habitait, en 1653, le clergé de l'Hospice des Quinze-Vingts. Comme les deux précédentes, elle aboutissait anciennement à la cour de cet établissement.

Maison de l'Écu-de-France (1413), puis de « l'Ymaige Saint-Kristofle » (1453-1620), et aussi de « la Caige » (1563), aboutissant jadis au jardin de l'Hospice.

Maison de l'Image Saint-Vincent (1563), demembrement de la précédente.

Maison du Godet (1413), attenant à une porte qui conduisait dans l'intérieur de l'Hospice. Elle paraît être la même que certaine maison qui avait pour enseigne le Puits-sans-Vin en 1713, la Croix-d'Or en 1739, et était contiguë à l'église.

Église des Quinze-Vingts, faisant le coin oriental de l'ancienne entrée de la cour de l'hospice, dite *la Cour-Pavée*.

Hospice des Quinze-Vingts. Dans des lettres patentes données par François I<sup>er</sup>, au mois de mai 1546, il est dit que Saint-Louis avait fondé, entre autres établissements hospitaliers, « la maison et hospital des Quinze-Vingts, en mémoire « et récordation de trois cens chevaliers qui, en son temps et règne, eurent les « yeulx crevez pour soutenir la foy catholique[1]. » Cette tradition était donc répandue alors; elle ne l'est guère moins aujourd'hui, car, propagée par Corrozet, Du Breul, Sauval et Brice, elle se retrouve dans les ouvrages les plus modernes. Depuis plus de deux siècles pourtant on n'ignore pas qu'elle est erronée, puisque Guillaume Du Peyrat la rejetait déjà en 1645 [2]. Après lui Félibien et Jaillot ont fait observer que, dans les anciens titres relatifs à la fondation des Quinze-Vingts, dans les bulles qui la concernent et dans les historiens contemporains, on n'aperçoit aucune trace d'une origine semblable, bien faite, assurément, pour ne point être passée sous silence si elle eût été vraie. Ils ont, en outre, objecté qu'il était contraire à toute vraisemblance que le pieux saint Louis n'eût pas su mieux récompenser de nobles chevaliers ayant perdu la vue au service d'une cause sainte qu'en les assimilant à des pauvres vulgaires, réduits à aller mendier publiquement, comme le faisaient les Quinze-Vingts dès le temps de ce roi. Mais ces rai-

---

[1] Arch. de l'Emp. reg. X 8604, p. 247.

[2] *Histoire ecclésiastique de la Cour,* in-fol. Paris, 1645, p. 412. Du Peyrat cite l'opinion du président Fauchet, et aussi un poëte contemporain de saint Louis, Rutebeuf, qui parle de la fondation des Quinze-Vingts en ces termes railleurs :

Li rois a mis en 1 repaire,
Mes<sup>a</sup> ne sai pas por quoi faire,
Trois cens aveugles route à route<sup>b</sup>.

Parmi Paris en vat trois paire,
Toute jor<sup>c</sup> ne finent<sup>d</sup> de braire;
Au trois cens qui ne voyent goute,
Li uns sache<sup>e</sup>, li autre boute<sup>f</sup>.
Si<sup>g</sup> se donnent mainte sacoute<sup>h</sup>,
Qu'il n'y a nul que lor<sup>i</sup> éclaire.
Si fex<sup>j</sup> y prent, ce n'est pas doute,
L'ordre sera bruslée toute :
S'aura<sup>k</sup> li Rois plus à refère.

<sup>a</sup> Mais. — <sup>b</sup> En compagnie. — <sup>c</sup> Tout le jour. — <sup>d</sup> Finissent. — <sup>e</sup> Tiraillent. — <sup>f</sup> Butent, trébuchent. — <sup>g</sup> Ainsi. — <sup>h</sup> Secousse. — <sup>i</sup> Leur. — <sup>j</sup> Le feu. — <sup>k</sup> Ainsi aura.

sonnements, quelque concluants qu'ils soient, n'en resteront pas moins, bien des années encore, nuls et non avenus pour une foule de gens, et l'on continuera à imprimer que les premiers aveugles reçus dans l'Hospice furent des chevaliers victimes de la cruauté des Sarrasins. On répétera de même cette autre fable, que l'Hospice fut bâti au milieu d'un bois, quoiqu'on puisse constater sans grande peine que, vers le milieu du xiiie siècle, l'emplacement du Carrousel et de ses environs était occupé par des habitations, des jardins, des tuileries; qu'il y avait déjà là, en 1247, un marché aux chevaux, et, en 1235, un marché aux porcs. Selon une opinion plus justifiée, le lieu où furent établis les Quinze-Vingts se serait appelé *le Champ-Pourri*. Dans le «Dit des crieries de Paris,» les Aveugles sont effectivement représentés comme criant dans les rues de la ville «du pain à «cels de Champ-Pourri.» Mais les documents originaux ne nous ont fourni aucune autre preuve à l'appui, et nous avons seulement vu que dans le voisinage, au commencement du xive siècle, il y avait «une fosse à fiens.»

Saint Louis, dont la charité était aussi zélée que la foi, touché du sort misérable des aveugles à Paris, leur acheta un terrain dépendant de la censive de l'Évêché, et y fit bâtir une maison. Cet événement est ordinairement reporté à l'année 1254; mais on n'a plus les moyens de vérifier l'exactitude de cette date, la charte d'acquisition étant disparue depuis très longtemps : un inventaire des titres de l'Hospice, rédigé en 1430, n'en fait aucune mention. Toutefois, il est sûr qu'en 1260 l'Hospice était fondé, puisque, au mois de mars de cette année, saint Louis assigna 15 livres de rentes à Jean Le Breton, qu'il avait nommé chapelain de la Communauté, et, au mois de juin suivant, il céda à l'Évêque 100 sous de rente annuelle à titre d'indemnité pour la redevance de quatre setiers de blé et de deux setiers d'avoine, dont était chargée la terre où s'élevait la maison des Aveugles, *ubi ipsa (domus Cæcorum) constructa erat*[1]. Le 23 juillet 1260, le pape Alexandre IV accorda une bulle portant indulgences pour ceux qui visiteraient, le jour de la translation de saint Rémi, sous l'invocation duquel elle avait été consacrée, la chapelle que le Roi avait fait récemment construire dans la maison bâtie par lui, à l'usage des aveugles, «tu quandam domum ad opus cæcorum «parisiensium, et in ea ecclesia in honore sancti Remigii, de novo duxeris cons- «truendas.» La bulle d'Alexandre IV fut confirmée par Urbain IV, le 21 novembre 1261, et par divers autres papes, depuis 1265 jusque dans le dernier siècle. Le 20 septembre de la même année 1265, le pape Clément IV manda à tous les prélats de France de permettre, dans leurs diocèses, des quêtes au profit des Quinze-Vingts, faveur approuvée en 1354 par le Parlement, et renouvelée, à diverses reprises par l'autorité pontificale. Une bulle du 7 mai 1599, entre autres, porte confirmation de tous les privilèges précédemment concédés à l'Hospice,

---

[1] *Cart. de N. D.* t. III, p. 5.

et spécialement du droit d'avoir, deux fois l'an, deux troncs placés dans toutes les églises du royaume [1].

Saint Louis ne borna pas ses bienfaits envers les aveugles de Paris à ceux que nous venons d'indiquer; reconnaissant que les revenus de ces malheureux étaient encore trop restreints, il leur fit don, par lettres du mois de mars 1269, de 30 livres parisis de rente annuelle, à prendre sur le trésor du Temple, afin qu'ils pussent plus aisément se procurer du potage à leurs repas, *ad opus potagii eorumdem*. Dans les mêmes lettres, il fixa le nombre des hôtes de la maison à trois cents [2], comme il l'avait déjà fait précédemment, *prout alias ordinavimus*, et il décida que les places venant à vaquer seraient à la nomination du Grand Aumônier, auquel il avait confié la direction spirituelle de l'établissement. Cette dernière circonstance exempta l'Hospice de la juridiction de l'Ordinaire, c'est-à-dire de l'Évêque, en lui créant un privilège qui, maintes fois attaqué, fut toujours maintenu, notamment par une bulle de Clément VII, datée du 25 octobre 1387, confirmée par Jean XXIII le 10 janvier 1412, et toujours respectée depuis. Elle attribuait la juridiction au Grand Aumônier, s'il était ecclésiastique, et, dans le cas contraire, au chapelain perpétuel de la Communauté [3].

La maison des Aveugles étant sur le territoire de la paroisse Saint-Germain-l'Auxerrois, ils eurent à solliciter du Chapitre la permission d'avoir chez eux un cimetière. Au mois d'octobre 1269, saint Louis ayant amorti une rente de 10 livres 15 sous léguée à la Communauté par Guillaume Barbier, dit *Pied-de-Fer*, laquelle rente se percevait sur deux maisons situées en face des étaux à bouchers du Grand-Pont, les Aveugles abandonnèrent cette rente au Chapitre en échange des avantages qu'ils réclamaient. La transaction définitive n'eut lieu cependant que par un accord daté du samedi avant la Nativité de saint Jean-Baptiste 1282. Il est stipulé dans cet accord que, moyennant l'abandon de la rente ci-dessus mentionnée [4], les Aveugles auraient le droit de posséder, à l'intérieur de leur maison, un cimetière où ils pourraient enterrer, non-seulement les individus qui mourraient dans l'Hospice, mais encore tous ceux qui y choisiraient leur sépulture; qu'ils auraient deux cloches, du poids de cent livres chacune; qu'il les suspendraient, s'ils le voulaient, à deux toises au-dessus du toit de leur chapelle; puis qu'ils seraient quittes du droit de décime que le Chapitre avait sur leur

---

[1] Un règlement du Parlement, fait en 1535, au sujet des mendiants valides et invalides, défendit aux quêteurs des Quinze-Vingts de quêter dans les églises, et leur enjoignit de se borner à quêter aux portes. La même obligation leur fut imposée au mois d'avril 1546; mais des lettres patentes du 2 mai 1657 les en dégagèrent, et l'opposition que le grand Bureau des pauvres fit à ces lettres fut mise à néant par un arrêt du Parlement, du 27 juillet suivant.

[2] D'où leur est venu le nom de *Quinze-Vingts*. On disait anciennement *sept-vingts*, *huit-vingts*, etc. pour 140, 160, etc. et l'on écrivait même VII$^{xx}$, VIII$^{xx}$, et par conséquent XV$^{xx}$.

[3] Arch. des Quinze-Vingts.

[4] Félibien, *Hist. de Paris*, Preuves, part. I$^{re}$. p. 270 et 271.

terre, ainsi que des 30 livres parisis que, de l'aveu du roi saint Louis, la Communauté devait payer au Chapitre après la bénédiction du cimetière de l'Hospice. Le Chapitre se réservait d'ailleurs les droits parochiaux de luminaire, oblations et autres qui lui appartenaient sur la maison et ses dépendances. Ces dernières conditions furent modifiées par une bulle du 5 août 1320, portant mandement à l'Évêque de Paris d'accorder au chapelain perpétuel des Quinze-Vingts la faculté d'administrer les sacrements et de laisser consacrer aux besoins des Aveugles les offrandes faites à leur chapelle, à charge de payer au curé de Saint-Germain-l'Auxerrois des honoraires convenables. Nous avons eu entre les mains une pièce du 19 juillet 1397, dans laquelle ce curé fait renonciation aux offrandes, avec quelques réserves.

L'église des Quinze-Vingts fut rebâtie à la fin du XIVe siècle, et une bulle du 18 mars 1387 autorisa la consécration de la nouvelle chapelle, dont le clocher devait contenir deux cloches de grosseur moyenne. Il appert d'un acte du notaire apostolique que la dédicace en eut lieu le 16 août 1393, par les soins de l'évêque de Bethléem, et, cette fois, sous le vocable de saint Louis[1]. Des lettres épiscopales du 2 avril 1397 permirent de transporter en un lieu plus commode les fonts baptismaux, primitivement placés au milieu de la nef[2]. Il était d'usage que les vieux ornements de la Sainte-Chapelle fussent donnés à celle des Aveugles, pour continuer à y servir au culte, ce qui fut confirmé par des lettres patentes du 15 novembre 1551.

L'hospice des Quinze-Vingts n'était point, à Paris, le seul où l'on reçût des aveugles; divers autres établissements hospitaliers en admettaient également. Pour distinguer les Quinze-Vingts, au mois de juillet 1312, Philippe le Bel les autorisa à porter sur la poitrine une fleur de lis, marque de la fondation royale de leur maison. Elle semble, à cause de cette origine, avoir joui du droit d'asile : le 23 mars 1517, un particulier ayant été arrêté dans l'enceinte de l'Hospice, y fut réintégré par sentence du prévôt de Paris. Précédemment, en mars 1360, des lettres patentes avaient attribué le droit de juridiction intérieure aux Quinze-Vingts, et les avaient exemptés de toutes tailles et impositions, privilège qui, le 4 février 1553, fut étendu jusqu'à l'impôt perçu pour les fortifications.

---

[1] Des confréries de saint Rémi et de saint Louis existaient dans l'église des Quinze-Vingts, dès 1419. Piganiol dit aussi (t. II, p. 411): «Dans «l'église de l'hôpital royal des Quinze-Vingts, est «une confrérie royale de la sainte Vierge, de saint «Sébastien et de saint Roch, qui fut érigée, dit-on, «il y a plus de deux cents ans. Ce qu'il y a de «constant, c'est qu'en 1717 les confrères se sépa-«rèrent, qu'une partie resta aux Quinze-Vingts, et «que l'autre se retira à Saint-Thomas-du-Louvre.» Piganiol ajoute que, les statuts ayant été revisés, la réunion des deux branches de la confrérie eut lieu le jour de l'Annonciation 1728, que le Roi s'en déclara protecteur, et que, à son exemple, la Reine et beaucoup de seigneurs s'en firent recevoir membres.

[2] Arch. des Quinze-Vingts.

La communauté des Quinze-Vingts, nommée dans les plus anciens documents *la Congrégation* ou *l'Hôpital des pauvres aveugles de Paris,* n'a pas toujours été composée du nombre d'individus que son nom implique. Peu de temps après la mort de saint Louis, les aveugles que contenait l'Hospice atteignaient le chiffre de plus de trois cent cinquante, suivant Guillaume de Nangis, qui, parlant de ce prince, dit : « domum vero magnam cæcorum pauperum Parisius construi fecit, « ubi plusquam trecenti quinquagenta cæci commorantur, in capella ibi constructa « divinum servitium audientes. » Beaulieu répète mot pour mot les mêmes expressions. D'après Piganiol, qui, ne précisant pas de date, se sert de la locution vague et probablement inexacte « peu de temps après, » on dressa ensuite des statuts, aux termes desquels il ne devait y avoir que cent quarante frères aveugles, avec soixante frères voyants pour les conduire ainsi que pour faire les affaires de la maison, et de plus quatre-vingt-dix-huit femmes tant aveugles que voyantes, ce qui, en y comprenant le maître et le portier, constituait un total de trois cents personnes, lesquelles devaient être regnicoles ou naturalisées. Mais ce nombre de pensionnaires ne se maintint pas, et les lettres patentes de 1546, que nous citerons plus bas, montrent jusqu'à quel point il diminua sous le règne de François Ier. Dans l'origine, la Communauté se gouvernait à la façon des colléges et des chapitres, sous la direction du Grand Aumônier. Au commencement du xve siècle, il y avait un maître, des chapelains, des frères et des sœurs; une entière concorde ne régnait pas ordinairement entre eux, et le 14 juin 1493, sur leur requête, le Grand Aumônier fit, relativement à la gestion des revenus de l'Hospice, un règlement dont les Aveugles n'acceptèrent qu'une partie. Ces tiraillements donnèrent l'idée d'une réforme. En 1508, le Parlement, afin d'y pourvoir, nomma le conseiller Jean Berthelot, auquel il fallut bientôt adjoindre trois de ses collègues pour maîtriser l'opposition violente qui se manifesta au sein de la Communauté. L'ordre ne fut rétabli que par l'observation des statuts donnés par le Grand Aumônier, le 29 juillet 1521, et enregistrés au Parlement le 7 septembre 1522; nous ne croyons pas devoir les transcrire, parce qu'ils figurent dans les *Preuves* de Félibien [1]. Ces statuts, du reste, subirent des changements imposés par lettres patentes données à Fontainebleau, au mois de mai 1546. Il y est exprimé que les règlements de 1521, en ce qui touchait la tenue du chapitre, avaient été observés pendant un temps « pour ce que lors n'y avoit en ladicte maison que vingt-cinq, « trente ou quarante frères, tant aveugles que voyants... et, comme ministres et « jurez, que huict, dix ou douze au plus; » mais que le nombre des pensionnaires s'étant accru à ce point qu'il y en avait alors quatre-vingts et plus, « sans en ce « comprendre autant de femmes, seurs, tant aveugles que voyans, » et que, d'un

---

[1] T. V, p. 748.

autre côté, tous voulaient prendre part au chapitre, ce qui produisait plusieurs abus, à l'avenir ceux-là seuls qui auraient le droit d'assister au chapitre, avec voix délibérative seraient les six gouverneurs, le maître, le ministre, deux jurés aveugles, deux jurés voyants, le portier, le greffier et huit frères, dont quatre aveugles et quatre voyants. L'édit fut enregistré le 14 février suivant[1]; mais on cessa de compter le portier parmi les membres du chapitre, où l'on fit entrer quatre frères aveugles de plus. Les archives de l'Hospice contiennent une quantité d'autres règlements touchant la police intérieure de la maison. Ainsi une ordonnance du 5 octobre 1578 défend les blasphèmes ou injures, et prohibe la vente, faite aux frères, du vin « en assiette[2], » en même temps que la vente aux étrangers du vin en pot. Il ressort de cette défense, souvent renouvelée, que le vice de l'ivrognerie n'était pas rare dans l'Hospice. Une particularité plus surprenante, c'est qu'on fut obligé d'y restreindre le luxe : un arrêté du chapitre, rendu le 5 avril 1631, interdit l'usage des étoffes autres que le drap ou la serge brune, et celui des ornements de velours. On peut encore voir une preuve de la vanité chatouilleuse des Quinze-Vingts dans ce fait que, sur leur requête, en 1539, un cabaretier nommé *Guillaume Driart*, demeurant près la Porte-Paris, qui avait pris pour enseigne *les Quinze-Vingts*, fut condamné à faire disparaître cette enseigne, suivant une sentence du prévôt de Paris, rendue le 22 mars.

L'hospice des Quinze-Vingts occupait le terrain acquis par saint Louis avant 1260, plus un arpent de terre où ils avaient placé leur cimetière, et qui, avec plusieurs autres propriétés éparses dans la Ville, fut amorti par l'Évêque de Paris, le 14 novembre 1283[3]. Les limites de l'établissement étaient : au midi, l'hôtel de la Petite-Bretagne; à l'ouest, le chemin de ronde du rempart; à l'est, des maisons de la rue Saint-Thomas, et au nord, la rue Saint-Honoré, le long de laquelle avaient été bâties plusieurs maisons appartenant à la Communauté et aboutissant à une grande cour intérieure qu'on nommait *la Cour-Pavée*, dès 1463. Ces maisons étaient louées à des particuliers, la plupart des pensionnaires demeurant dans l'intérieur de l'Hospice. Toutefois quelques-unes des maisons qui se « trouvaient hors le grant hostel dudict hospital » servaient d'habitation à des frères, auxquels, suivant un arrêt du Parlement du 12 octobre 1523, la jouissance en fut confirmée leur vie durant, à charge de faire toutes les réparations nécessaires. Il leur fut défendu d'ailleurs, par un autre arrêt du 12 janvier 1555, d'y loger ou d'y nourrir des personnes étrangères à la Communauté, à peine de 100 sous d'amende. Un article des comptes de la recette pour l'année 1383 apprend que, parmi les bâtiments de l'Hospice employés au logement des aveugles,

---

[1] D'après l'inventaire de l'Hospice; mais nous n'avons rien vu sur ce sujet, à la date précitée, dans les registres du Parlement, où de semblables recherches donnent trop souvent un résultat négatif.
[2] Au détail.
[3] *Cart. de N. D.* t. III, p. 40.

TOPOGRAPHIE HISTORIQUE DU VIEUX PARIS.

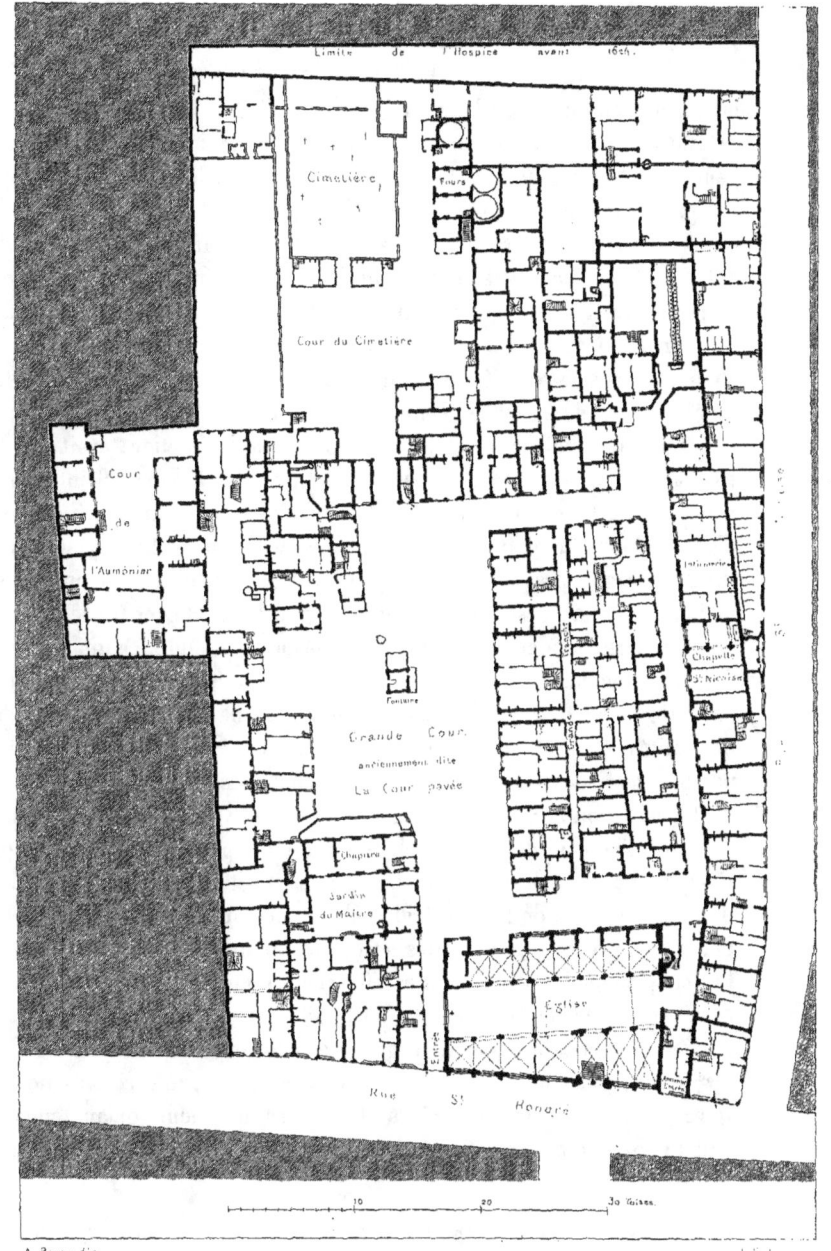

HOSPICE DES QUINZE-VINGTS.

PLAN

avant la reconstruction commencée en 1748.

on distinguait ceux de « la grant cour, » ceux de « la petite court, » ceux de « la
« Bretaigne [1], les chambres en haut » et « les chambres en bas. » De grands changements s'étaient sans doute introduits dans l'ancien état des lieux, en 1747,
époque à laquelle fut exécuté l'excellent plan dont la réduction est ci-jointe, et
que nous avons découvert dans les archives de l'établissement [2]. On y distingue,
outre l'église et la chapelle Saint-Nicaise, la maison de l'aumônier, qui avait toujours été située au même endroit; le cimetière, qui n'avait point été déplacé non
plus, mais qu'on avait un peu amoindri au xviie siècle, et les boutiques des marchands et artisans qui s'étaient établis dans l'enceinte des Quinze-Vingts, parce que
c'était un lieu de franchise, comme le Temple.

L'église des Quinze-Vingts, à l'époque de sa destruction, avait son sol en contre-bas de plusieurs marches par rapport au pavé de la rue Saint-Honoré, qu'elle
a bordée de tout temps. En 1283, elle n'avait environ que huit toises et cinq
pieds de long sur quatre toises et un pied de large [3]. En dernier lieu, elle mesurait dix-sept toises et demie de longueur par le milieu sur onze toises dans sa
moindre largeur, c'est-à-dire à son extrémité orientale, et treize toises et demie à
son extrémité occidentale. Elle était de forme trapézoïde, ce qui indique une suite
de remaniements, et se composait d'une nef de quatre toises de large terminée
par un chœur carré, d'un bas-côté septentrional se rétrécissant à l'une de ses
extrémités, et d'un bas-côté méridional, plus étroit que l'autre, qui se terminait
par une sacristie et était garni de cinq chapelles. Nous trouvons que l'édifice en
contenait six ou sept : celle de la Vierge ou de Notre-Dame-des-Aides, puis celles
de Saint-Thomas, de Saint-Roch, de Saint-Joseph, de Saint-Claude et de Saint-Crespin. La chapelle de Saint-Crespin était située « au bas de l'église; » c'était
donc la première de l'aile méridionale, et les autres vocables se rapportent évidemment aux quatre chapelles suivantes du même côté. Il est clair encore que
les cinq chapelles du midi ne différaient point de celles qui, consacrées par
Jean Ancel, évêque de Sébaste, en 1530, étaient alors récemment bâties. Les
parties les plus anciennes de l'église ne pouvaient remonter au delà de la fin du
xive siècle, puisque, comme nous l'avons rapporté, une reconstruction de l'oratoire primitif eut lieu vers 1380; Lebeuf assure même qu'au temps où il écrivait (1754) on n'y voyait rien de plus ancien que le collatéral du sud. Le même

---

[1] Apparemment le corps de logis le plus voisin de l'hôtel de la Petite-Bretagne, auquel le cimetière était contigu, suivant les titres et les plans.

[2] Ce plan est unique, car il ne faut point tenir compte de celui qu'on a gravé pour *l'Architecture françoise* de Blondel, et qui est aussi inexact que peu habilement exécuté.

[3] « Quoddam oratorium situm in porprisio (l'en-
« ceinte) dicte domus Cæcorum seu hospitalis con-
« gregationis predicte, juxta magnum cheminum
« Sancti Honorati..... continens de longo octo
« tesias et quinque pedes, vel circiter, et in lato qua-
« tuor tesias et unum pedem, vel circiter. » (Charte
d'amortissement de 1283.)

9.

savant nous fait connaître aussi que les vitraux ne dataient guère que du xvie siècle, et que, de la chapelle due aux libéralités de saint Louis, il ne subsistait plus que trois statues replacées, au portail du nord, dans des niches relativement modernes. Une de ces statues, dont l'exécution était grossière, passait pour être un portrait fort ressemblant du saint fondateur de l'Hospice, tradition aussi plausible que celle qui attribuait la première chapelle à l'illustre Eudes de Montreuil, l'un des plus grands architectes du xiiie siècle [1].

Le sceau des Quinze-Vingts, que nous reproduisons, est attaché à une charte de 1306. Il représente saint Louis accompagné d'un groupe d'aveugles, et montrant de la main l'hospice qu'il avait fondé pour eux. Autour est la légende : (✠ *S. de*) LA MESON DES TRAS CENS AVEUGLES DE (*Paris*).

L'église renfermait un certain nombre d'épitaphes; nous ne transcrivons ici, comme ailleurs, que celles qui sont antérieures au règne de Louis XIII.

A côté de la nef, vers la chaire :

Cy-gist honorable homme Méry Marchant, en son vivant maistre couvreur et bourgeois de Paris; lequel décéda le..... jour de février mil cinq cens.

Auprès de la porte :

Cy-gist honorable femme Germaine Bouvot, en son vivant femme de honorable homme Martin Bacquet (*alias* Bucquet), quand il vivoit, marchand de bestial au marché de Paris; laquelle décéda le 17e mars 1565.
Priez Dieu pour elle.

Dans le chœur, devant l'autel :

Cy-gist révérend père en Dieu, Me Nicolas Violle, s[gr] de Noirzeau en Brie, abbé de Nostre-Dame-la-Grande de Poictiers, conseiller, aumosnier ordinaire du roy; lequel décéda le 15e février 1573.
Priez Dieu pour son âme.

Dans la nef :

Cy-gist honorable homme Me Jehan d'Yvoreau, en son vivant commissaire au Châtelet de Paris, qui décéda le dernier jour de mars 1574.

---

[1] Eudes de Montreuil semble avoir été le proche parent de Pierre de Montreuil, qui bâtit la Sainte-Chapelle. Au dire de Thévet, Eudes de Montreuil accompagna saint Louis en Orient et fortifia le port de Jaffa. On le considérait comme le constructeur des églises de Sainte-Catherine du Val des Écoliers, de Sainte-Croix de la Bretonnerie, de l'Hôtel-Dieu, des Mathurins, des Blancs-Manteaux et des Cor-

TOPOGRAPHIE HISTORIQUE DV VIEVX PARIS.

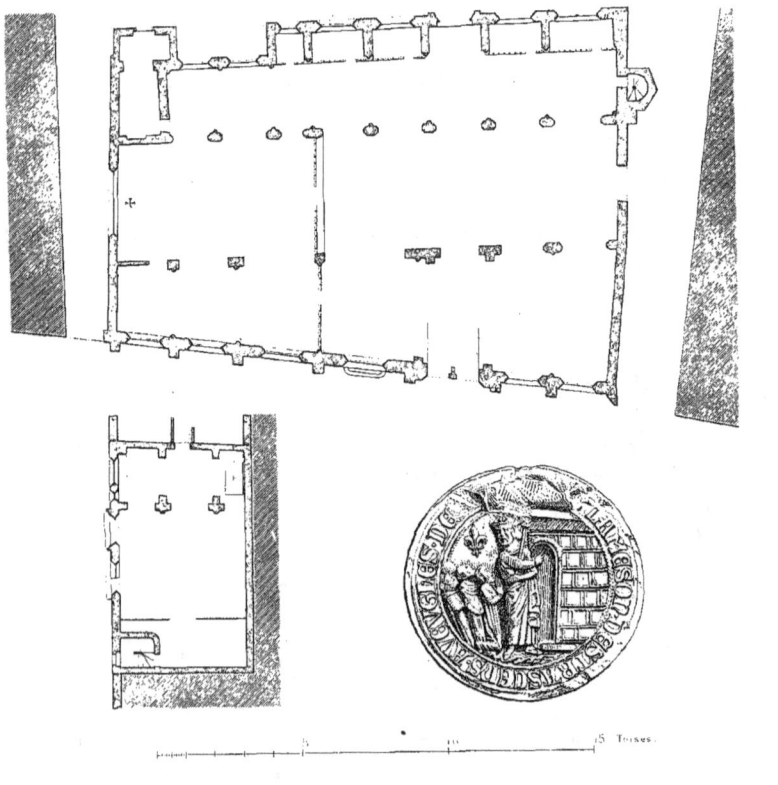

A. Berty dir.                                           E. Lebel et J. Sulpis sc.

HOSPICE DES QVINZE-VINGTS.

Vue intérieure (Fac-simile d'une gravure d'Israël Sylvestre). — Plan de l'Église.
Plan de la Chapelle St Nicaise. — Sceau de la Communauté.

Et honorable femme Jeanne Boulart, sa femme, laquelle décéda le.....
Priez Dieu pour eux.

Dans la chapelle de saint.....

Cy-gist honorable homme Raolin, marguillier, en son vivant marchand et bourgeois de Paris, lequel décéda le 5ᵉ jour de juillet 1578.
Aussi gist honneste femme, Jeanne Fournier, sa femme, laquelle décéda le 5ᵉ jour de..... 15.....
Priez Dieu pour eux.

Dans le chœur :

Cy-gist honorable homme maistre Gilles Bluet, Mᵉ ès-arts, en son vivant notaire du roy, nostre sire, au Châtelet de Paris, et frère aveugle de l'hostel de céans; lequel trépassa le 17ᵉ jour de juillet 1581.

Dans la chapelle Saint-Joseph :

Cy-gist honorable homme Vincent Robin, en son vivant marchand, bourgeois de Paris, lequel décéda le..... jour de..... 15.....

Dans la chapelle Notre-Dame-des-Aides :

Cy-gist pieuse et dévote personne Guillaume Guillot, en son vivant sœur voyante de la maison des Quinze-Vingts, femme de Pierre Richard, frère aveugle de ladite maison, laquelle pour le salut de son âme et de son mary, et de feu Pierre Guillot et Jeanne du Tellier, ses père et mère, qui décédèrent, à sçavoir, ledit Guillot, l'an 1596 et lad. Du Tellier, l'an 1597. Comme aussi de Nicolas Guillot, son frère, d'Estienne et Marguerite Richard, ses enfans, tous deffunts, elle a fondé tous les samedis de l'année, à perpétuité, une basse messe en lad. église.
Priez Dieu pour leurs âmes.

Au milieu du dernier siècle, l'état de vétusté des bâtiments de l'Hospice détermina les administrateurs à le réédifier complètement. En 1748, la reconstruction en fut commencée d'après les plans de Labbe, inspecteur des bâtiments du roi. L'architecte Martin succéda à Labbe dans la conduite des travaux, que l'ouvrage de Blondel nous montre inachevés en 1756. Les nouveaux bâtiments, dont on possède des plans et même un modèle en relief[1], n'étaient point destinés à durer longtemps; car, dans le dessein d'augmenter les revenus de l'Hospice, des lettres patentes du 7 juillet 1779 ordonnèrent que l'établissement serait transféré dans l'hôtel des

deliers. D'après une épitaphe qui se lisait dans la nef de l'église des Cordeliers avant l'incendie de 1580, il mourut en 1289, et avait eu successivement deux femmes, dont l'une, appelée *Machaut*, avait suivi la reine Marguerite à la funeste croisade de 1248.

[1] Il appartient à l'administration actuelle de l'Hospice, qui a conservé ses anciennes archives.

Mousquetaires-Noirs, rue de Charenton, où il est encore aujourd'hui, et que l'ancien emplacement serait aliéné, opération dont on attendait de grands bénéfices. Le mois suivant, un projet ayant été adopté pour déblayer le terrain et y tracer de nouvelles rues, l'édifice fut mis en vente et acquis, le 21 décembre, au prix de six millions de livres, par les sieurs Hector-Hyacinthe Séguin, Fr. Bouillerot et consorts. En 1781 eut lieu, à cette place, l'ouverture de cinq rues : *la rue des Quinze-Vingts*, dont le nom s'explique de lui-même ; *la rue de Rohan*, ainsi appelée en l'honneur du cardinal, grand aumônier, et qui prit, pendant la Révolution, le nom de *Marceau*, l'illustre général blessé mortellement au combat de Hochsteinbach, le 21 septembre 1796 ; *la rue de Chartres*, ainsi appelée en l'honneur du fils aîné du duc d'Orléans, et qu'on nomma ensuite *rue de Malte*, en souvenir de la conquête de cette île par le général Bonaparte, au mois de juin 1798 ; *la rue* ou *passage de Montpensier*, ainsi appelée en l'honneur du second fils du duc d'Orléans, et plus tard dite *de Quiberon*, en souvenir de la victoire remportée par Hoche sur les Anglais et les émigrés, en juillet 1795 ; enfin *la rue de Beaujolais*, à laquelle on donna le nom du troisième fils du duc d'Orléans, et qui reçut celui de *rue d'Arcole*, après les combats d'Arcole, en novembre 1796. L'emplacement de l'hospice des Quinze-Vingts a été de nouveau déblayé en 1854, pour le prolongement de la rue de Rivoli et les travaux du Louvre ; mais on a conservé une partie de la rue de Rohan, qui a été élargie, et dont on n'a point modifié l'appellation primitive.

Maison de la Fleur-de-Lis (1513), puis de la Reine-de-France (1705), faisant le coin occidental de l'entrée de la Cour-Pavée et le coin oriental du chemin sur les remparts ou rue Saint-Nicaise. On voit, par un procès-verbal de visite du 16 juillet 1666, relatif à l'élargissement de la rue Saint-Nicaise, que la maison de la Fleur-de-Lis avait quatre toises de façade sur la rue Saint-Honoré, et sept toises un pied sur la rue Saint-Nicaise.

# RUE JEAN-SAINT-DENIS.

La rue Jean-Saint-Denis commençait à la rue de Beauvais et finissait à la rue Saint-Honoré.

Jaillot a conjecturé, avec grande apparence de raison, qu'un membre de la famille de Jacques Saint-Denis, chanoine de Saint-Honoré en 1258, a pu faire donner à cette rue le nom qu'elle portait déjà en 1267, et qui n'a point éprouvé de modification jusqu'au 23 mai 1807, date à laquelle un décret y a substitué celui de *Pierre-Lescot*, l'architecte du Louvre. La rue Pierre-Lescot, raccourcie en 1812 et 1853, a été supprimée par le décret du 3 mai 1854.

## CÔTÉ OCCIDENTAL.

### PAROISSE SAINT-GERMAIN-L'AUXERROIS.
#### HAUTE JUSTICE
#### ET CENSIVE DE L'ÉVÊCHÉ.

Maison sans désignation (1575), qui dépendait de la suivante, fut dite également du Bœuf, vers 1620, et était contiguë à celle du coin de la rue de Beauvais.

Maison sans désignation en 1489, puis du Bœuf-Couronné (1530-1624), et de la Ville-de-Lyon (1668).

Maison sans désignation en 1489, puis des Deux-Visages (1613-1624), qui, un peu plus tard, se confondit avec la précédente.

Maison sans désignation en 1489, puis de la Corne-de-Cerf (1525) et de la Bergerie (1585-1620). En 1597 elle était annexée à la maison de la Souche, rue Fromenteau.

Maison sans désignation en 1489, puis de «la Harce» (1575-1624) et du Nom-de-Jésus (1680). Vers la fin du xviie siècle, elle était séparée de la précédente par une maison qui avait pour enseigne le Petit-Écu (1680) et dépendait sans doute de celle de la Herse.

Maison sans désignation en 1489, puis du Paradis (1575), ou Petit-Paradis [1] (1588-1687) et de l'Image Saint-Jean (1700).

Maison sans désignation en 1489, puis de l'Image Notre-Dame (1568-1624).

Maison de l'Image Sainte-Geneviève (1623), bâtie sur une place qui, vide encore en 1575, faisait partie de la maison précédente.

Grange dépendant de la maison des Quatre-Fils-Aymon de la rue Saint-Honoré (1489), puis Maison du Croissant (1580-1640); elle paraît avoir eu, en 1700, l'enseigne du Bois-de-Boulogne, par suite d'un emprunt à l'une des maisons suivantes.

Maison sans désignation en 1575, puis du Bois-de-Boulogne (1680), morcellement de la précédente, dont on la trouve séparée, en 1624 et 1680, par une petite maison que nous ne pouvons reconnaître et qui fut peut-être englobée dans l'hôtel de Picardie.

Maison du Cheval-Blanc (1582), puis du Coq (1623) et du Chapeau-Rouge (1689), qui, au xve siècle, faisait partie de la suivante.

Maison sans désignation en 1489, puis du Saint-Esprit (1575-1624), contiguë à la maison faisant le coin de la rue Saint-Honoré. Au xviie siècle, elle a été di-

---

[1] On nommait anciennement *petit paradis* ce que nous appelons un *reposoir*.

visée en deux : le premier corps d'hôtel a eu pour enseigne LA RAQUETTE en 1687, et le second, LE CHEVAL-NOIR vers 1700. Une maison qui semble se confondre avec celle du Saint-Esprit est dite, en 1586, avoir pour enseigne LA CAGE.

## CÔTÉ ORIENTAL.

### PAROISSE SAINT-GERMAIN-L'AUXERROIS.
#### HAUTE JUSTICE
#### ET CENSIVE DE L'ÉVÊCHÉ.

MAISON DE LA SOUCHE (1603-1656), contiguë à celle qui faisait le coin de la rue Saint-Honoré. Elle semble avoir été divisée en trois maisons, dont la seconde avait pour enseigne LE BON-PASTEUR en 1680, la troisième, L'IMAGE SAINT-CLAUDE en 1680, et les BARREAUX-ROUGES en 1700.

MAISON DE L'IMAGE SAINT-LOUIS (1603-1640); elle a été également divisée en deux moitiés, dont la première a eu pour enseigne LE PRÉ-FLEURY (1680) à un de ses corps d'hôtel, et LA CROIX-VERTE (1625-1687) à l'autre. La seconde moitié de la maison de l'Image Saint-Louis est devenue la maison de LA GERBE-D'OR (1687), puis du PETIT-SAINT-JEAN (1700).

Toutes les maisons dont il vient d'être question paraissent avoir été élevées, postérieurement à 1530, sur les dépendances de la maison de l'Écu-de-France, située un peu plus loin dans la même rue.

MAISON DE L'IMAGE SAINT-CLAUDE (1603), puis DE LA CROIX-D'OR (1680), faisant partie de la maison suivante et aboutissant de même sur la rue du Chantre.

MAISON DE L'ÉCU-DE-FRANCE (1489-1640) et aussi DE L'IMAGE SAINT-CLAUDE (1603), aboutissant rue du Chantre. Cette maison remontait sans doute au XIIIe siècle; mais on ne comprend pas les documents qui peuvent s'y rattacher. La rue Jean-Saint-Denis tout entière offre d'ailleurs un chaos d'inextricables difficultés, que la rareté des titres ne permet pas de débrouiller complètement.

MAISON DE L'ÉCU-DE-BERRY (1368), puis DE « LA MONTJOYE » (1530-1620), qui comprenait les deux suivantes avec leurs subdivisions, et aboutissait sur la rue du Chantre. En 1530, elle se composait de trois grands corps d'hôtel; le premier conserva l'enseigne DE L'ÉCU-DE-BERRY, eut aussi celle DE LA MONTJOYE en 1613, et fut apparemment divisée en deux portions, dont la seconde avait pour enseigne LA GRIMACE en l'an 1603. La maison de la Grimace, qui communiquait avec la rue du Chantre, fut à son tour subdivisée en deux maisons; à la première pendait encore pour enseigne LA GRIMACE en 1623; la seconde s'est appelée LA CROIX-VERTE de 1625 à 1640, et LE GRAND-MONARQUE en 1687.

Le second grand corps d'hôtel de la maison de l'Écu-de-Berry forma la

Maison du Fer-à-Cheval (1582), depuis du Cheval-Royal (1687); le troisième corps, la

Maison de la Montjoie-Saint-Denis (1582), dite aussi, à la même époque, de la Corne-de-Cerf, et, en 1687, du Cheval-Blanc.

Maison de l'Image Saint-François (1700), portion de celle qui faisait le coin de la rue de Beauvais.

## QUAI DU LOUVRE.

(Voir la Description du Vieux Louvre, p. 175.)

## RUE SAINT-NICAISE.

La rue Saint-Nicaise commençait à la rue des Orties et finissait à la rue Saint-Honoré.

Il n'existe plus maintenant aucune trace propre à faire retrouver la situation précise du mur qui, avant la construction de l'enceinte de Charles V, séparait la culture des Quinze-Vingts d'avec leur maison; mais nous avons réussi à déterminer avec exactitude l'emplacement du mur servant, au xv$^e$ siècle, de limite à l'Hospice vers l'occident. On en obtient le tracé en faisant passer, à six toises vers l'est de la rue Saint-Nicaise, une ligne parallèle à sa direction, puis en la prolongeant jusqu'auprès de la chapelle consacrée sous ce vocable, au delà de laquelle il y a eu une légère brisure. Ce que nous dirons plus loin des limites de la Petite-Bretagne et de l'hôtel d'O établira surabondamment notre opinion sur ce point. Le mur occidental des Quinze-Vingts bordait la voie qui longeait le rempart à l'intérieur, et formait une sorte de chemin de ronde que nous avons trouvé énoncé « *Chemin sur les fossez de Paris* » en 1437, quoique l'enceinte fût assurément bâtie alors; puis, « *Chemin sur les meurs des petitz champs, allant à la Tour-de-Bois* (1522); *Chemin allant sur les murs de la Ville* » (1530), et enfin « *Voyrie par laquelle on va du Louvre au marché aux Moutons* » (1530), locution en apparence mieux appropriée à la rue des Orties qu'au chemin dont nous parlons, mais qui se rapporte bien pourtant à ce dernier. Il est à remarquer que le mur d'enceinte de la Ville n'était pas parallèle au mur de clôture de la Petite-Bretagne et des Quinze-Vingts, mais qu'il allait en s'éloignant, du côté de la Tour-de-Bois, de façon à laisser dans le voisinage de cette tour un espace vide que l'on utilisa dès 1490, ainsi que l'extrémité de la rue des Orties, pour en faire un marché aux moutons [1]. Il se pourrait même que cette portion de la rue des Orties eût été plus spécialement considérée comme le lieu du marché aux moutons, puisque dans une note ajoutée, en 1586, au censier de l'Évêché pour 1575, on lit une mention de « maisons qui estoient assises à Paris, sur le marché des Moutons, près « ladicte église (Saint-Thomas-du-Louvre), l'une joignant le cymetière et lieu où « lesdicts chanoines et Chapitre sont demeurans, et l'autre ayant son entrée sur « ladicte rue et sur ledict marché aux Moutons. » Ce marché appartenait « à la « confrairie des marchands vendeurs de bestail à pied fourchu, de Paris. » En 1530, on le désignait comme une « place contenant demy-arpent ou environ. »

La rue Saint-Nicaise, dont le nom provenait de la chapelle Saint-Nicaise dépendant de l'Hospice, était, ainsi qu'on le voit par les observations qui précèdent, très-sensiblement distincte du chemin qu'elle avait remplacé. En réalité, c'était une rue moderne, dont l'origine, restée fort obscure pour les auteurs, ne remontait pas au delà du règne de Louis XIII; l'ouverture en avait été faite dans les circonstances suivantes.

Par brevets du 26 janvier 1613, du 7 mars 1614, des 9, 10 et 26 mai 1615, le Roi accorda à Hérouard, son médecin; à de Heurles, son maître d'hôtel; à Philippe, son chirurgien; à Berruyer, son secrétaire; à Pierre du Boys, et à Georges Baudoyn, écuyer de la bouche, diverses places à prendre dans le rampart, « l'in- « tention de Sa Majesté » étant que l'on réservât « une rue servant à aller de ladicte « gallerie (du Louvre) à la porte Saint-Honoré; ensemble une allée de longueur « compettante au derrière desdictes places et le long du mur estant au bas du « rempart dans le fossé [2]. » Hérouard et les autres concessionnaires ayant demandé au bureau de la Ville qu'on leur fît bail de leurs places, le Prévôt des marchands, à la date du 21 juillet 1616, envoya Augustin Guillain, son maître des œuvres, pour visiter le terrain et dresser le plan de la rue à ouvrir, plan qui fut accepté le 1er août. Quelques jours après, le 12 et le 13 du même mois, les baux furent passés, et dans l'un de ces actes il est dit : « Veu le plan dressé pour la disposi- « tion de la rue ordonnée estre faicte sur ledict rempart.... sera laissée, oultre « la susdite profondeur (de la place baillée), une allée de seize pieds de large, com- « pris le mur d'appuy, commençant au devant du mur du fossé, en tirant dans le- « dict rempart, selon les allignemens et dispositions de simétrie pour les bastimens, « qui seront baillés par ledict Guillain. Ensemble de la diminution et abbaissement « du rempart, nyveau et pentes de la rue de devant. » Il résulte d'un autre bail, passé en 1620 [3], que la grande rue ou « rue de devant, » non encore bâtie à cette

---

[1] Il faut prendre garde de le confondre avec le marché aux pourceaux de la butte Saint-Roch.

[2] Arch. de l'Emp. cart. Q 1146-1148.

[3] Le dernier jour de juillet 1620, une enquête fut faite à la requête du procureur général, pour examiner s'il y avait des inconvénients à bâtir entre la galerie du Louvre et la porte Saint-Honoré. Les experts conclurent qu'on pouvait effectivement y

dernière date, devait avoir quatre toises cinq pieds de large du côté de l'hôtel de La Vieuville, et quatre toises seulement du côté de la rue Saint-Honoré, disposition qui n'a point été observée. Cette grande rue, c'est celle de Saint-Nicaise. Quant à l'allée de seize pieds de largeur, il n'y a aucune apparence qu'elle ait jamais existé. Elle devait passer entre « les murs de closture des courts et jardins « deppendanz des logis » qui seraient « bastiz et le parapet des fossez..... le long « du mur estant au bas du rempart, dans le fossé. » Ce second membre de phrase et la profondeur des terrains baillés donnent à penser que le mur d'enceinte de la Ville aurait formé le côté oriental de l'allée, et déterminé son alignement.

Dans un « titre nouvel » du 17 mai 1652, la rue Saint-Nicaise est appelée *la rue du Fossé-Mademoiselle*, à cause de la proximité du fossé des fortifications, lequel servait de clôture au jardin de Mademoiselle, situé devant les Tuileries; au XVIIe siècle, on l'appelait aussi fréquemment *rue du Rempart*, et c'est même le premier nom qu'elle ait porté avant celui de Saint-Nicaise, dont on n'a fait exclusivement usage que dans le siècle suivant. Les travaux entrepris, sous le Consulat et le premier Empire, pour la réunion du Louvre aux Tuileries, ont fait détruire tout le côté occidental de la rue Saint-Nicaise, dont les maisons avaient été fortement ébranlées par l'explosion de la machine infernale du 24 décembre 1800. Le dernier tronçon a disparu en 1854.

## CÔTÉ OCCIDENTAL.

#### PAROISSE SAINT-GERMAIN-L'AUXERROIS.
#### HAUTE JUSTICE DE L'ÉVÊCHÉ.
#### CENSIVE DE L'ÉVÊCHÉ, PUIS DE LA VILLE.

Le côté occidental du chemin qu'a remplacé la rue Saint-Nicaise était formé par le rempart de terre soutenant le mur d'enceinte de la Ville; mais, primitivement, la muraille n'était point butée par un terrassement, ce qui laissait au chemin de ronde une largeur considérable. Suivant un document des archives des Quinze-Vingts, la Communauté le fit barrer, en 1383, au moyen d'un mur remplaçant une portion de celui qui avait été détruit lorsqu'on construisit les fortifications. En 1385, le Roi permit qu'on perçât deux portes dans ce nouveau mur, à la condition

construire « en faisant oster les terres massives du « rempart jusques au rez-de-chaussée de la grande « gallerie du Louvre; » les terres butant le rempart étaient donc encore en place. Un arrêt du Parlement, du 5 juillet 1634, décida, contrairement aux prétentions de Froger, l'entrepreneur des nouvelles fortifications, que la dame Hérouard, l'écuyer Georges et le nommé Du Boys conserveraient la jouissance de leurs places, dont il paraît qu'on rectifia les alignements en 1649.

qu'il y aurait pour chacune deux clefs, dont l'une serait remise au capitaine du Louvre. La charte écrite à cette occasion indique que l'enceinte de la Ville était à environ vingt-cinq toises des murs de la Petite-Bretagne, ce qui confirme la position que nous lui avons donnée sur notre plan de restitution, et que nous justifierons au surplus par d'autres preuves plus précises.

HÔTEL DE BERINGHEN, faisant le coin de la rue des Orties. Le 9 mai 1615, Pierre Du Boys et Georges Beaudouyn reçurent en don, de Louis XIII, une partie du rempart, de vingt toises de largeur sur dix-huit de profondeur. Le 13 août 1616, la Ville bailla à Francisque Mitaelly Pallagally[1] une autre place de dix toises de largeur sur dix-sept de profondeur, et, le même jour, elle céda à Nicolas Huot une troisième place, aussi de dix toises de largeur, mais de seize toises et demie seulement de profondeur. C'est apparemment sur ces terrains que fut construit l'hôtel de Beringhen, dont les bâtiments avaient en effet dix-huit toises de profondeur sur la rue des Orties, et seize et demie, une quarantaine de toises plus haut. Sur le plan de Gomboust, l'hôtel de Beringhen figure déjà avec son jardin pris sur le fossé, et avec cette indication, *M. Varin*, parce qu'il appartenait en effet à Jean Warin, intendant des bâtiments, et graveur général des monnaies, qui y mourut le 26 août 1672[2]. Désigné plus tard, à ce qu'on assure, sous le nom d'*hôtel de Roquelaure*, il reçut bientôt après la dénomination sous laquelle il a été connu jusqu'à la Révolution, et qu'il devait à Henri de Beringhen, premier écuyer de la petite écurie, depuis 1645. Beringhen, dont la famille possédait encore l'hôtel à la fin du règne de Louis XV, l'avait déjà acquis en 1676, car sur le plan de Bullet, publié en cette année, l'hôtel est désigné comme celui de «M⁽ʳ⁾ le Premier,» titre qui s'appliquait au premier écuyer, comme au premier président. L'hôtel de Beringhen a été démoli sous le règne de Napoléon I⁽ᵉʳ⁾.

A la suite de ce logis venait un espace vide formant l'entrée de la place du Carrousel. Il avait été occupé par un jardin dépendant de l'hôtel de Chevreuse, situé de l'autre côté de la rue. Ce jardin ne se voyait plus en 1662, et avait probablement été supprimé à l'occasion du grand carrousel qui eut lieu cette année, et dont la place située devant les Tuileries perpétue le souvenir. Au delà de l'entrée de la place on rencontrait deux maisons qui en formaient l'angle septentrional. La première, bordée d'échoppes, appartenait en 1739 à M. de Rolinde, et passa dans le même siècle à M. de Chanteule et au comte de Feillens. La seconde est marquée sur un plan dressé vers 1720 comme contenant les écuries de madame de la Vallière. L'emplacement de ces deux maisons doit se confondre avec celui de vingt toises de large sur quinze de profondeur, qui fut donné à bail à Hérouard, au mois de juillet 1616. Contiguës aux écuries de madame de

---

[1] Nous donnons le nom tel que nous l'avons trouvé écrit.

[2] Conf. son testament, ap. *Archives de l'Art français*, t. I, p. 298.

La Vallière, étaient celles du sieur Paumier, établies sur un chantier appartenant au Roi[1] en 1687. En 1712, on bâtit là un magasin qui fut donné à l'Opéra en 1713, et servit, jusqu'en 1790, à loger les machines, les décors et les costumes de ce théâtre, lequel y tint aussi son école de danse. Le magasin de l'Opéra, que certains plans indiquent par ces mots, *Académie de musique*, et qui fut abattu en 1802, devait s'élever sur la place, large de vingt toises et profonde de quatorze, baillée le 12 août 1616 à de Heurles; il était suivi d'une place en forme de T, qui s'étendait vers la rue du Carrousel, et qui, sur le plan de 1720[2], est appelée *Place du magasin des marbres*. Cette parcelle, réunie à celle du magasin de l'Opéra, avait été occupée par le Bureau des voitures ou coches de la cour, dès 1676. Elle ne s'identifie avec aucun des anciens lots, non plus que les constructions suivantes, sur une partie desquelles nous reviendrons ailleurs. Une de ces constructions est indiquée, sur le plan de Gomboust, comme appartenant à M. Petit, et, sur un plan de 1739, comme propriété de M. de Préval. Il en dépendait un jardin formant l'angle rentrant de la rue du Carrousel.

## CÔTÉ ORIENTAL.

### PAROISSE SAINT-GERMAIN-L'AUXERROIS.

#### HAUTE JUSTICE
#### ET CENSIVE DE L'ÉVÊCHÉ.

Les murs de l'hôtel de la Petite-Bretagne et de l'hospice des Quinze-Vingts bordaient, du côté oriental, le chemin auquel fut substituée la rue Saint-Nicaise. Après l'ouverture de cette rue et antérieurement à l'année 1650, entre la rue Saint-Honoré et l'hôtel de Longueville, on bâtit de petites maisons qui cachaient le mur occidental de clôture de l'Hospice, et s'y appuyaient. Vers 1700, ces maisons qui dépendaient des Quinze-Vingts, étaient au nombre de douze[3] : la première, contiguë à la maison du coin, avait alors pour enseigne *la Croix-Rouge*, la quatrième, *le Pavillon-Royal*, et la neuvième, *l'Épée Royale*. La onzième, qu'on a vue si longtemps se dresser isolée sur la place du Carrousel, et qu'on

---

[1] Ou plutôt aux nommés Charpentier et Clicquain, qui travaillaient pour le Roi, et firent là un chantier de construction. Ils le cédèrent à Paumier, et le tenaient de Gilles Baudouyn, parent de l'écuyer Georges Baudouyn, donataire de 1615, lequel semble avoir possédé deux places différentes.

[2] Ce plan paraît avoir été fait à l'occasion d'un incendie qui consuma les écuries de Paumier et une partie de celles de La Vallière.

[3] Le terrain de celles qui se trouvaient au nord de la chapelle Saint-Nicaise avait fait partie de l'Hospice; l'emplacement de celles qui étaient au sud de la chapelle avait été pris sur le chemin de ronde, quand on en modifia l'alignement pour le transformer en rue.

appelait *l'hôtel de Nantes*, n'a été abattue qu'en 1849; elle avait formé l'encoignure septentrionale de la rue des Chartres. Entre la sixième et la septième, on avait réservé une entrée pour la chapelle Saint-Nicaise, que ces maisons masquaient.

CHAPELLE SAINT-NICAISE. Il est singulier que l'histoire de cette petite chapelle soit si peu connue. Les renseignements qui s'y rapportent sont tellement rares que, dans l'inventaire des titres des Quinze-Vingts, il ne se trouve pas un seul article s'y rattachant, et l'on doit le peu qu'on en sait à l'abbé Lebeuf. Il en parle dans des termes auxquels nous ne pouvons rien ajouter : «C'est, dit-il, la cha-
«pelle de l'infirmerie de cette maison (l'Hospice); elle passait en 1491 pour un «bénéfice, et elle fut permutée alors. L'édifice, qui est orienté au midi, est de ce «temps-là. Elle sert à présent (1754) d'école; l'on y expose les corps des frères «aveugles morts. Le culte de saint Nicaise, évêque de Reims et martyr, a été trans-«féré dans la grande chapelle de l'Hôpital, où l'on célèbre sa confrérie, non le «14 décembre comme autrefois, mais le 21 juillet[1].» La chapelle saint Nicaise[2], contiguë à l'infirmerie de l'Hospice, avait, hors œuvre, huit toises de longueur sur quatre toises quatre pieds et demi de largeur. Elle était de forme à peu près rectangulaire, et dans son angle nord-est se trouvait la cage de l'escalier conduisant au petit clocher dont elle apparaît surmontée dans le plan de Mérian. Elle a été abattue vers 1779[3].

Partie postérieure de L'HÔTEL DE LONGUEVILLE. (Voir *Rue Saint-Thomas*.)

HÔTEL DE CRÉQUY ET D'ELBEUF. Il fut construit sur une parcelle vendue, le 6 mars 1626, par le sieur de Sauveterre à Louis Bretel, père de M₡ Claude Bretel, seigneur de Lanquetot, et fut cédé le 30 mai 1656, à M₡ Charles Bernard et à Suzanne de Brue. Ceux-ci le transmirent, le 20 mars 1657, à François de Créquy, qui fut maréchal de France et mourut en 1687. L'hôtel passa ensuite aux héritiers de sa femme, Catherine de Rougé, et, en 1739, il s'appelait *hôtel de Coëtanfao*, parce qu'il appartenait à François-Toussaint de Kerhoent, marquis de Coëtanfao. On l'a nommé ensuite *hôtel de Vieux-Pont* (1723), et enfin *hôtel d'Elbeuf*, parce qu'il fut à Emmanuel-Maurice de Lorraine, duc d'Elbeuf, dont la femme le fit rebâtir vers 1755. L'édifice n'a été démoli que vers 1838.

HÔTEL D'UZÈS. Sur un lot de terrain qui lui fut dévolu lors de la vente faite en 1626, par le sieur de Sauveterre, d'une partie de l'hôtel de Matignon, Marie

---

[1] *Hist. du Diocèse de Paris*, t. I, p. 63.

[2] Le corps des Merciers reconnaissait jadis pour patron le roi saint Louis. Sauval dit qu'ils en solennisaient la fête aux Quinze-Vingts, le premier dimanche après la Saint-Louis; mais que, leur chapelle ayant été convertie en infirmerie, Charles VI leur permit, en 1403, de tenir leurs assemblées de confrérie dans une salle du Palais, nommée *la salle Saint-Louis*. Cette chapelle transformée semble avoir quelque rapport avec la chapelle Saint-Nicaise.

[3] Jaillot, en 1772, en parle comme d'un monument existant encore. Le plan de reconstruction de l'Hospice, dressé en 1747, en impliquait la destruction.

de Caumont, dame de Crécy, construisit une maison dont la principale entrée se trouvait être rue de Matignon en 1663, époque où, depuis plus de dix ans, on y avait placé les écuries de la Reine mère[1]. Cette maison, possédée en 1757 par Charles-Emmanuel, sire de Crussol, duc d'Uzès, a été dite en conséquence *hôtel d'Uzès* et *de Crussol*. Les petites écuries du Roi y étaient déjà établies en 1770, et y sont restées jusqu'à la Révolution.

Trois Maisons, dont la seconde avait pour enseigne la Maison-Rouge en 1688; à la dernière, qui faisait le coin de la rue des Orties, pendait pour enseigne l'Épée-de-Bois vers 1700. Celle-ci, réunie à la maison du coin de la rue Matignon, avait pour enseigne *le Compas* en 1688. Les maisons du Compas et la Maison-Rouge appartenaient alors aux héritiers de Jean Baudouyn; il les avait construites sur des terrains acquis par lui, le 26 septembre 1613 et le 20 juillet 1616, des nommés Nicolas Monnant et Samuel Cauche, auxquels le Roi les avait donnés.

# RUE DES ORTIES.

La rue des Orties commençait à la rue Fromenteau, finissait d'abord au rempart de la Ville et s'est terminée plus tard à la place du Carrousel. (Pour la notice, voir p. 177.)

## CÔTÉ SEPTENTRIONAL.

### PAROISSE SAINT-GERMAIN-L'AUXERROIS.
#### HAUTE JUSTICE
#### ET CENSIVE DE L'ÉVÊCHÉ.

Hôtel de la Petite-Bretagne, de Coupeau et de Matignon, faisant le coin oriental du chemin du Rempart. Cette maison était d'origine très ancienne, car ce fut dans son enceinte que le chapitre de Saint-Thomas-du-Louvre s'établit à la fin du XIIe siècle. Jean VI, duc de Bretagne, dans des lettres du 2 février 1428, rappelle aux chanoines que leur église est située dans l'enclos de sa «maison ou «hostel, cy-devant appellée la Petite-Bretagne.» Dans les mêmes lettres, dont l'original est en latin[2], il dit, en outre, que la Petite-Bretagne était alors inhabitée et en ruines; puis que, le chapitre Saint-Thomas désirant y établir des jardins et y bâtir des maisons, il la lui abandonna en toute propriété ainsi que

<sub>Entre les rues Saint-Nicaise et Saint-Thomas.</sub>

---

[1] Arch. de l'Emp. cart. S 1857. — [2] Le texte en est donné par Du Breul, p. 798.

libre de toute redevance. Il n'y avait pas longtemps que le duc Jean avait recouvré la possession de l'antique manoir de sa famille, car, sous Charles VI, ce manoir appartenait au Roi; un article du censier de l'Évêché pour 1399 énonce effectivement « la maison de la Petite-Bretaigne et ses appartenances qui sont au Roy, « nostre sire, » et la phrase se répète dans les censiers postérieurs.

Le chapitre Saint-Thomas ne garda que quelques années l'hôtel de la Petite-Bretagne, après le don qui lui en avait été fait : le 1er juillet 1437, moyennant une rente annuelle de 9 livres, il l'aliéna au profit d'un tailleur, Pierre Marchand, dit *de Nantes*. Celui-ci s'en défit antérieurement à 1449, en faveur de Jean de Valenciennes, qui en jouit jusque vers 1483. A Jean de Valenciennes succédèrent, dans la possession de l'hôtel, Germain de Valenciennes, et, de 1530 à 1565, son fils, Jean de Valenciennes, essayeur des monnaies. Après la mort de ce dernier, le manoir fut divisé en deux parties, l'une qui appartenait à Anne et à Claude de Valenciennes, et l'autre, à leur frère Germain; toutefois, comme celui-ci était seigneur d'Ormoy et de Coupeau [1], le nom d'*hôtel de la Petite-Bretagne* fut souvent remplacé, de son temps, par celui d'*hôtel de Coupeau*. Ce logis cessa entièrement, à partir de 1578, d'être une propriété de la famille de Valenciennes. Jaillot dit que le sieur Pinard, secrétaire des commandements du roi, le vendit, en 1500, à Jacques de Matignon, comte de Thorigny; mais Jacques de Matignon ne naquit qu'en 1531, et la transaction n'eut lieu qu'en 1575. L'an 1591, en raison de l'absence et incapacité de Matignon, qui suivait le parti du Roi, un arrêt du Conseil d'État confirma la propriété de l'hôtel aux chanoines de Saint-Thomas, et leur permit de passer bail du grand jardin. Ils le louèrent, le 17 septembre, à un nommé Guillaume Ferry [2], lequel y demeurait déjà à cette date, et l'habitait encore en 1596. Mais cette année même, par un mandement du trésorier de l'Épargne, à lui adressé le 2 août, Matignon, qui était de retour, fut invité à céder sa maison au Roi, ce qu'il fit moyennant la somme de 10,000 écus sol, le 4 février 1597. Henri IV l'avait achetée [3] parce qu'il était nécessaire d'en abattre une partie afin de continuer la grande galerie du Louvre. Il en donna le reste au président Pierre Jeannin, le 9 juillet 1611. Ce reste consistait, d'après les lettres de donation, en

---

[1] Autrement *Coupeaulx*, *Coippeau*, *Coypeaulx* et *Coispeaulx*.

[2] Ce jardin est énoncé dans le bail « Grand jar--din de la Petite-Bretagne, clos de mur, avec son « habitation et la maison qui a été commencée à « démolir par les lansquenets, estant des apparte--nances d'un plus grand lieu, assis rue des Orties, « joignant le rempart, cy-devant appelé l'hostel de « Matignon. » (Arch. de Saint-Thomas.)

[3] En 1606, l'hôtel de Matignon, devenu propriété du Roi, renfermait une pépinière de mûriers blancs qu'y avait plantés Claude Mollet, jardinier des Tuileries. « En l'an mil six cent six, dit-il, j'estois logé « à l'hostel de Matignon, derrière Saint-Thomas-du-« Louvre, où il y avoit une belle grande place, la-« quelle est pour lejourd'huy toute pleine de basti-« mens. De cette place, j'en avois fait un très-beau « jardin, auquel j'avois élevé une grande quantité « de mûriers blancs... » (*Théâtre des plans et jardinages*, Paris, in-4°, 1652, p. 340.)

« une place et quelques restes de maisons y restans, appellé communément l'hostel
« de Matignon..... ladicte place et restes de maisons contenant environ cinquante
« toises de long et quarante-quatre de large; joignant, du costé d'orient, à l'église
« Saint-Thomas et autres maisons et jardins près de ladicte église, qui ont leur
« entrée par la rue Saint-Thomas; du costé d'occident, aux remparts de la Ville;
« au midi, à une place devant la Grande Galerie; au nord, au jardin et hostel d'O,
« à présent au sieur de la Vieuxville. » Le chiffre de cinquante toises de profondeur montre que le terrain octroyé à Jeannin n'arrivait point à la hauteur de l'alignement moderne, obtenu par la concession faite, vers cette époque, à plusieurs particuliers, d'une partie de la place comprise entre la Grande Galerie et le lot de Jeannin. Jeannin vendit son terrain 18,000 livres, le 15 juillet 1613, à Pierre de Bérulle, depuis cardinal, qui stipulait au nom des pères de l'Oratoire; mais, la Congrégation ayant renoncé à s'établir sur l'emplacement de l'hôtel de Matignon, Pierre de Bérulle, par contrat du 15 mai 1616, reconnu le 11 août suivant, l'abandonna pour pareille somme de 18,000 livres au sieur de Sauveterre. Le 6 mars 1626, ce dernier revendit diverses parcelles de son terrain à Charles de Beauclerc, à Claude Bretel, sieur de Lanquetot, à la dame de Crécy et à M° Abraham Bouleau, conseiller secrétaire du roi. Au reste, dès 1617, il y avait plusieurs maisons nouvellement bâties sur l'emplacement de l'hôtel de Matignon; on y comptait treize propriétaires, parmi lesquels le duc de Chevreuse pour une portion de son hôtel, et tous étaient solidaires des cens et autres redevances grevant la Petite-Bretagne. Depuis, le nombre des propriétaires s'est augmenté par suite du morcellement des anciens lots.

La limite méridionale de la Petite-Bretagne ne peut plus être déterminée exactement à cause de la construction de la grande galerie du Louvre, mais nous avons reconnu les trois autres; celle de l'orient, depuis la fondation de la collégiale Saint-Thomas, est le mur, figuré sur tous les plans, auquel s'appuyaient les bâtiments du cloître et qu'il faut prolonger jusqu'à la rencontre de l'hôtel de Rambouillet. Vers le nord, la Petite-Bretagne aboutissait à l'ancien mur de clôture des Quinze-Vingts, dont nous reparlerons dans l'article sur l'hôtel de Chevreuse, et, à l'ouest, depuis la fin du xiv° siècle au moins, elle était bornée par un mur dont la trace se dessine en faisant passer une ligne parallèle à la rue Saint-Nicaise, à douze mètres en deçà de cette rue. Nous ne l'avons pas constaté sans peine, mais en voici les preuves.

D'un arpentage du 18 mars 1622 [1], il appert que ce qui subsistait alors de la

---

[1] Le texte de la partie intéressante de cet arpentage est ainsi conçu : « ... et ait trouvé le long du « costé dudit rampart, à prendre après ung antien « mur de closture séparant le cimetière des Quinze-« Vingts de l'hostel de Chevreuse, antiennement ap-« pellé l'hostel de la Villeville (sic), se continuant « ladite longueur du costé dudit rampart, tant au « derrière dudit hostel que au derrière des jardins

Petite-Bretagne était un quadrilatère de trois cent cinquante-cinq perches de superficie; les deux côtés de l'est et de l'ouest avaient une même longueur de vingt-trois perches et demie ou soixante et dix toises et demie, à partir de la muraille des Quinze-Vingts (qui n'était point encore déplacée comme elle le fut deux ans plus tard); le côté septentrional, au long de cette même muraille, mesurait quinze perches et un tiers ou quarante-six toises, et le côté méridional, à partir du cloître de Saint-Thomas, quatorze perches et deux tiers ou quarante-quatre toises; or, si d'après ces données on restitue le mur occidental, il se trouve occuper précisément la situation que nous avons indiquée. Notre conclusion est confirmée, du reste, par les lettres du 9 juillet 1611, où il est exprimé que le terrain avait quarante-quatre toises de largeur environ.

L'hôtel de la Petite-Bretagne est décrit en ces termes dans le bail fait, l'an 1437, à Pierre Marchand : « C'est assavoir la grand maison couverte de tuille, estant en « la grant cour dudit hostel..... avecques la cour de devant, tenant (la cour) « d'une part à un grand mur faisant closture, au bout du chemin devers la rivière « de Seine, faisant le coing du chemin devers les murs de ladicte rivière, qui va « devant la cour du chasteau de Bois (faisant le coin de la rue des Orties et des « remparts), et ladite pièce de terre estant derrière ledit corps d'hostel couvert « de thuille, contenant trois arpens et trois cartiez ou environ, tenant d'une part « au chemin et sur les fossez de Paris (le chemin sur les remparts); d'autre part, « à plusieurs jardins estant sur la rue Saint-Thomas-du-Louvre (depuis le cloître « jusqu'au jardin de l'hôtel de la Marche); aboutissant par derrière au cimetière « des Quinze-Vingts de Paris et au jardin de la Marche (hôtel de Rambouillet) et « d'une part (au midi) audict corps de maison et aux murs des estables abbatues, « tenant à ladite maison couverte de tuille. » Ainsi le grand corps de logis de la Petite-Bretagne était placé entre une cour sur la rue des Orties et un jardin qui s'étendait jusqu'aux Quinze-Vingts. Ce jardin ou clos, auquel le bail de 1437 donne une superficie d'environ trois arpents trois quartiers, fut considérablement

"de monsieur Lanquetot, Louis Noblet et celuy de « la maison voisine (côté de l'ouest), contenir ladite « longueur vingt-trois perches deux thiers; et, de pro- « fondeur par ledit bout, vers ladite dernière héri- « taige, joignnant ledit Noblet, à prendre sur le « rampart jusques au dehors du mur du Doyenné, « où estoit la salle de la Petite-Bretaigne (côté du « midi), proche du cimetière de ladite église, et ce « à l'alignement du gros mur où estoit le dehors de « ladite grande salle dudit hostel de la Petite-Bre- « taigne, quatorze perches deux thiers de large. Et « par l'autre profondeur, du costé et le long dudit « mur des Quinze-Vingts, dessus déclaré, tirant vers

« la grande cour dudit hostel de Chevreuse, à l'ali- « gnement du mur de madame Saint-Thouyn (côté « du nord), a de profondeur quinze perches ung « thiers. Et partant d'icelles trois mesures, tant celle « de long, du costé, que lesdittes deux largeurs « prinse et mesurée comme il appartient, se fer- « mant icelles héritaiges de l'autre long costé du « Doyenné et de madame Saint-Thouyn, de pareille « longueur que celle du rampart, c'est trouvé en « superficie la quantité de trois cent cinquante-cinq « perches de superficie, sans comprendre les espoisses « des murs. » (Arch. de l'Emp. fonds de Saint-Thomas, cart. S 1857.)

amoindri, dans le xvɪᵉ siècle, par l'extension de l'hôtel d'O, et ne se couvrit de constructions que dans le siècle suivant.

En disposant le lotissement des maisons à bâtir sur l'emplacement de l'hôtel de Matignon, on réserva une rue ou plutôt un cul-de-sac perpendiculaire à la rue des Orties, et qui atteignait presque l'hôtel de Chevreuse. Cette impasse paraît s'être nommée d'abord *rue de Matignon*[1] (1627), a été ensuite appelée *cul-de-sac Saint-Thomas*, puis *cul-de-sac du Doyenné*. En 1639, les propriétaires des maisons en bordure proposèrent au chapitre Saint-Thomas de percer une rue qui, partant de l'impasse et passant le long de l'église à travers la cour du Doyenné, irait déboucher rue Saint-Thomas. Cette offre ayant été acceptée avec l'approbation de l'Archevêque de Paris, accordée le 2 septembre de cette année, des lettres patentes du mois de janvier 1641, enregistrées le 7 février suivant, homologuèrent le contrat passé entre les parties. Le Doyen y avait stipulé la conservation de deux cabinets attenant à l'église, d'où résulta la nécessité de jeter deux arcades au-dessus de la nouvelle rue, à laquelle on donna le nom de *rue Neuve-Saint-Thomas* et de *rue du Doyenné*, en la confondant souvent avec la partie du grand cul-de-sac qui s'ouvrait sur la rue des Orties. On remarque sur le plan de Gomboust que, dès le milieu du xvɪɪᵉ siècle, il y avait aussi une petite rue coudée en équerre, aboutissant, d'une extrémité, à la rue des Orties, et, de l'autre, au cul-de-sac Saint-Thomas, en face d'une petite impasse séparant, d'avec les maisons de la rue des Orties, certaines maisons sises rue du Doyenné. La petite impasse n'apparaît plus sur les plans du temps de Louis XVI; quant à la rue en équerre, qu'on appelait *rue de Matignon*, elle fut transformée en cul-de-sac par la suppression de la partie donnant dans l'impasse Saint-Thomas. Cette partie, dite la *rue du Compas* sur un plan des premières années du xvɪɪɪᵉ siècle, à cause d'une maison voisine (voir p. 79), fut donnée, par arrêt du Conseil du 18 juillet 1772, à Jacques Anisson du Péron, qui, possédant déjà la maison circonscrite par les rues des Orties, de Matignon et le cul-de-sac Saint-Thomas, voulait la joindre à une autre située plus au nord sur ce dernier cul-de-sac. Le tronçon conservé de la rue de Matignon a été détruit lorsqu'on a commencé à déblayer la place du Carrousel, sous le premier Empire; puis, en 1851, ont définitivement disparu l'impasse Saint-Thomas et la rue du Doyenné, dont les maisons étaient déjà en partie démolies.

Les titres relatifs aux maisons bâties sur l'emplacement de l'hôtel de Matignon ne nous ont pas révélé d'autres constructions à signaler, si ce n'est celles dont il est question ailleurs, et, de plus, la maison de *l'Image Saint-Martin* (1710),

---

[1] Le dernier juin 1627, Charles de Beauclerc, conseiller du roi, et autres, acquirent de Michel Particelly, sieur de Moin, une place de quinze toises de largeur sur dix-sept de profondeur, contenant une masure, et qui est dite située «rue de Matignon;» mais l'identité de la rue est douteuse.

faisant le coin occidental de la rue de Matignon et de la rue des Orties; la maison dite *du Contrôle*, vers 1760, et qui était contiguë au cloître Saint-Thomas; enfin l'hôtel situé au fond de l'impasse Saint-Thomas, et nommé *l'hôtel de Quitry* en 1676, parce qu'il avait appartenu à Guy de Chaumont, seigneur de Quitry, maître de la garde-robe du Roi; on l'appelait en 1719 « *le petit hôtel d'Anguin.* »

MAISON sans désignation en 1599, puis DE L'IMAGE SAINT-LOUIS (1677), DU GRAND-MONARQUE (1701), DE L'IMAGE NOTRE-DAME (1705), DU FILS-DU-ROI-DE-FRANCE (1711) et DE L'HERMITAGE (1728), faisant le coin occidental de la rue Saint-Thomas. Cette maison avait été élevée sur une partie du cloître Saint-Thomas; elle fut entièrement rebâtie en 1759, ainsi que le mur du cloître sur la rue des Orties.

Entre les rues Saint-Thomas et Fromenteau. MAISON DE LA CROIX-DE-FER (?) (1575), puis DE LA CROIX-BLANCHE (1705), faisant le coin oriental de la rue Saint-Thomas.

CHAPELLE SAINT-NICOLAS-DU-LOUVRE. (Voir p. 109.)

MAISON DE LA TREILLE (1373-1640) ou DU CEP-DE-VIGNE (1419), puis DE L'IMAGE SAINT-CLAUDE (1737).

MAISON sans désignation en 1480, puis DE LA CROIX-DE-FER (1568-1737), laquelle a dû faire partie anciennement d'une des maisons qui lui ont été contiguës.

MAISON DU LION-D'OR (1655), formée, postérieurement à 1619, d'un corps d'hôtel de la maison de la Croix-d'Or faisant le coin occidental de la rue Fromenteau.

### CÔTÉ MÉRIDIONAL.

#### PAROISSE SAINT-GERMAIN-L'AUXERROIS.
HAUTE JUSTICE
ET CENSIVE DE L'ÉVÊCHÉ.

Il n'y avait point d'abord de côté méridional à la rue des Orties, puisque cette rue était primitivement un quai. Plus tard elle a été bordée, du côté de la rivière, par la muraille de Charles V, et enfin par la grande galerie du Louvre.

# RUE DES POULIES.

La rue des Poulies commençait au quai de l'École et finissait à la rue Saint-Honoré.

Il est parlé dans une charte de 1265 des cens à percevoir sur une certaine maison de la rue des Poulies et sur les poulies qui s'y trouvaient, « super quadam « domo in vico de Pouliis, et super poliis et pertinentiis. » Qu'étaient-ce donc que ces poulies dont la rue a pris le nom? Suivant M. Génin, le mot *poulie* serait dérivé de *pullus* et voudrait dire une écurie [1]; suivant Sauval, dont tous les auteurs ont adopté l'opinion, les poulies étaient une sorte de jeu ou exercice de corps. Ces explications sont complétement en dehors de la vérité : les poulies en question constituaient un appareil à travailler les draps, et servaient à une opération du genre de celle qu'on nomme actuellement *le ramage*. Dans divers titres relatifs au fief d'Autonne [2], situé rue des Rosiers et des Écouffes [3], nous avons, en effet, trouvé les passages suivants : « Ostel du Pot-d'Estain, aultrement dit les Poulies (1453); « — jardin ouquel avoit anciennement des poulies (1552); — ung jardin appelé le « jardin des Poulies, à cause des *poulies à draps* que l'on tenoit illec (1583); — grand « jardin nommé anciennement le jardin des Poulies, à cause des *poulies à draps* que « l'on y tenoit (1583); — deux maisons et *deux poulies à draps* (1583). » Rien n'est plus concluant; mais ces textes ne sont pas les seuls que l'on puisse citer, et nous indiquerons en outre un document du xve siècle dans lequel l'auteur, faisant allusion à diverses enseignes de Paris, dit que : « Tous ceulx qui serviront les roys et « les roynes, seront vestus de *draps qui seront faits aux Polies*, en la rue des Blancs-« Manteaux [4]; » puis un arrêt rendu par le Parlement en 1299, où il est exprimé que les foulons ne vouloient point porter leurs étoffes aux nouvelles poulies, *novas polias*, situées hors des murs de la Ville, mais seulement aux anciennes, comprises dans l'enceinte [5]. Le rapport entre les poulies et la fabrication du drap ne saurait être plus manifeste, et, conséquemment, non-seulement Sauval et M. Génin se sont trompés dans leurs conjectures, mais Jaillot s'est également abusé en imaginant que la rue devait son nom à un membre de la famille Des Poulies, laquelle ne s'est ainsi appelée que parce qu'elle exerçait la profession d'« ampoliéeur, » indiquée dans les rôles de la Taille. Comme dernière preuve à l'appui de notre assertion sur l'origine du nom de la rue, nous dirons que la maison où étaient placées les poulies, cause de cette appellation, était habitée par un tisserand, *textor*.

La rue des Poulies est énoncée *vicus de Poliis* dans une charte de 1256, la première où l'on en voit une mention [6]; — *vicus qui dicitur des Polies* en 1262;

---

[1] *Récréations philologiques*, t. I.
[2] Arch. de l'Hôtel-Dieu.
[3] On voit dans ces mêmes titres que la rue des Écouffes a été appelée aussi *rue des Poulies*.
[4] Biblioth. impér. Mss. Fonds latin, n° 4641, fol. 118. La pièce a été récemment publiée.
[5] *Olim*, t. II, p. 436.

[6] Jaillot cite une charte du Cartulaire de Saint-Germain-l'Auxerrois (fol. 52 v°), dans laquelle la rue des Poulies serait mentionnée à l'année 1205. Cette charte, écrite en français, porte réellement la date de 1205, mais par erreur évidente, puisqu'il y est parlé d'Oudart de La Neuville comme prévôt de Paris, et Oudart ne l'a été que de 1280 à 1283.

— *vicus Poliarum* et «rue des Pollies» en 1285. Cette désignation s'est toujours conservée avec d'insignifiantes variations d'orthographe; mais elle n'a point été la seule employée, et la rue a été très-souvent confondue, dans sa partie méridionale, avec la rue des Fossés-Saint-Germain; par exemple, une maison qui y était située est dite dans un censier de 1531, «faisant le coing du Fossé sur la ri-«vière,» et l'hôtel de Bourbon y est présenté comme aboutissant «audict Fossé «Sainct-Germain.» Cette partie de la rue est appelée «rue Jehan| Évrout» dans le livre de la Taille de 1292 [1], où l'on trouve également la rubrique de «le Fossé «Saint-Germain, le renc Robert-de-Villeneuve, jusques sus la rivière.» Elle est de plus qualifiée de *rue du Noyer* ou «*Nouier*» en des actes de 1353 et 1341, à raison de certaine maison du Noyer qui fut réunie à l'hôtel de Bourbon en 1385; enfin, depuis le xve siècle, elle a été fréquemment appelée *rue de Bourbon* ou *du Petit-Bourbon* à cause de cet hôtel. Un titre de 1583 mentionne une maison faisant le coin du quai et de la «rue de Bourbon,» et des baux de 1746 et 1755 portent que certaines maisons étaient situées «rue anciennement appelée *des Poulies* et «actuellement *du Petit-Bourbon.*» Toutes les appellations autres que celle de rue des Poulies n'ont guère été d'ailleurs qu'exceptionnelles, et le plus habituellement on a considéré la rue comme se prolongeant jusqu'au quai. On lit dans le censier de l'Évêché de 1399 : «La rue des Poulies, qui commence en la grant rue «de Saint-Honoré et fenist sur le quay de la rivière, envers l'ostel de Bourbon.» Sous Louis XIV, une variante sans précédent s'est introduite, et l'on a dit pendant un temps *rue de Villequier* pour désigner le tronçon de la rue le plus éloigné de la rivière, celui où était l'hôtel de Villequier.

Les lettres patentes du 26 décembre 1758, relatives au dégagement des abords du Louvre, ayant prescrit d'abattre tous les bâtiments situés devant la colonnade, ont fait disparaître les deux tiers du côté occidental de la rue des Poulies; le côté oriental, entamé par l'établissement de la place Saint-Germain-l'Auxerrois, ordonné par arrêt du Conseil, du 13 novembre 1784, a été détruit en très grande partie par suite du décret du 3 mai 1854. La rue des Poulies, dont la largeur a été portée à vingt mètres, se nomme actuellement *rue du Louvre*.

---

[1] Nous l'avons constaté en comparant le rôle de la Taille de 1292 avec les rôles de 1296 à 1299. Dans ces derniers figurent, sous les rubriques «la «rue des Poulies» et «le commencement de la rue «des Poulies,» des individus qui, dans le rôle de la Taille de 1292, sont dits habiter la «rue Jehan «Évrout.» Deux membres de la famille Évrout ont été nommés à l'article de l'hôtel de Bourbon, p. 33.

## CÔTÉ OCCIDENTAL.

#### PAROISSE SAINT-GERMAIN-L'AUXERROIS.
#### HAUTE JUSTICE DE L'ÉVÊCHÉ.
##### CENSIVE DU CHAPITRE SAINT-GERMAIN-L'AUXERROIS.

Hôtel de Combault, contigu à l'hôtel de Bourbon faisant le coin du quai. Sur le même emplacement, il y avait, dans la seconde moitié du xv<sup>e</sup> siècle, une maison sans désignation, faisant partie de l'hôtel de Bourbon et aboutissant à la cour de cet hôtel, sur laquelle elle avait issue[1]. Après avoir été acquise par la duchesse de Bourbon, elle passa en héritage à la duchesse d'Angoulême, mère de François I<sup>er</sup>. Cette princesse, par lettres du 1<sup>er</sup> juillet 1528, en fit don à Jean Le Verrier, dit *de Nismes*, premier valet de chambre du roi, et à sa fille Jeanne; libéralité confirmée par François I<sup>er</sup>, le 21 mars 1532, et par Henri II, le 1<sup>er</sup> juin 1547. En 1571, la maison appartenait au seigneur de Houlles, mari de Jeanne Le Verrier, et, le 23 juin 1583, elle fut adjugée au maçon Jacques Le Roy comme dernier enchérisseur. C'était alors une «mazure» où il y avait quelques démolitions; elle offrait une superficie de cinquante toises, et une largeur de dix, jusqu'à «l'avant portail faict en cul de four et entrée de la grande porte de Bourbon.» L'adjudication eut lieu au prix de 600 écus sol, de 10 sous tournois de rente, de 2 sous parisis de cens, et à charge de bâtir. A la masure devait être jointe une cour de la grandeur qu'il plairait au Roi de désigner, et le preneur s'engageait à laisser une ruelle de seize pieds de large entre son terrain et l'hôtel de Retz[2]. A Jacques Le Roy succéda bientôt Robert de Combault, seigneur d'Arcis-sur-Aube, premier maître d'hôtel du roi. Il fit construire un hôtel qui prit son nom, forma le coin méridional de la nouvelle rue, et fut, le 22 juillet 1602, cédé par sa veuve, Louise de La Béraudière, à François de La Béraudière, abbé commendataire de Noaillé, puis évêque de Périgueux. L'hôtel de Combault passa ensuite au duc d'Orléans, frère de Louis XIII, après avoir été à Marie de Médicis, qui, en 1629, se laissa vainement réclamer les droits de lods et ventes par le chapitre Saint-Germain-l'Auxerrois. Jean Du Buisson l'acquit du duc d'Orléans, le 11 avril 1647, et le revendit, le 30 juin 1666, moyennant la somme de 600,000 livres, au roi Louis XIV, qui en avait besoin pour agrandir le Louvre.

---

[1] Ainsi que nous l'avons dit p. 35, Sauval rapporte que, sous le règne de Philippe le Long, le maréchal de Trie avait une maison située entre les hôtels de Bourbon et d'Alençon; cette maison occupait le même emplacement que l'hôtel de Combault, et se confond probablement avec le logis qui, au xv<sup>e</sup> siècle, aboutissait à la cour de l'hôtel de Bourbon.

[2] Arch. de l'Emp. reg. Q 1099<sup>25</sup>.

Hôtel du Petit-Alençon, de Castellan et de Retz, faisant le coin septentrional de la rue du Petit-Bourbon. Il est rapporté dans un titre de 1578 que cet hôtel s'était appelé « de tout temps et ancienneté le *Petit-Alençon;* » mais on n'en voit pas clairement l'origine. Le Petit-Alençon était sans doute un morcellement du grand, et la séparation eut lieu assez probablement vers 1470, au temps où le duc Réné vendit le Grand-Alençon, car on lit dans les archives de Saint-Germain-l'Auxerrois, qu'il vendit aussi le Petit-Alençon, acquis par M<sup>e</sup> René de Cerceaux. Le 31 août 1502, la veuve de ce dernier céda le Petit-Alençon à Gervais de Fresnoy. Un parent de celui-ci, Gilles de Fresnoy, sieur Du Plessis-Grandier, fut ensuite possesseur de l'hôtel, et s'en défit, le 20 octobre 1561, au profit d'Honorat de Castellan, conseiller et médecin du roi. Le 18 février 1578, les héritiers de Castellan vendirent le Petit-Alençon, devenu hôtel de Castellan, 2,333 écus d'or et un tiers, à Albert de Gondi, maréchal de France et duc de Retz, qui y réunit la partie du Grand-Alençon à laquelle le Petit aboutissait, c'est-à-dire cette partie que la dame de Dampierre avait habitée et dont la façade donnait sur la rue d'Autriche. (Voir p. 16.) Le 5 septembre 1604, Henri de Gondi, évêque de Paris et fils du précédent, vendit l'hôtel de Retz 8,000 livres à Claude de Bossut et à Gabrielle de Gondi, sa femme. Cependant on observe que, en 1617, le lot de la dame de Dampierre fut séparé de nouveau de l'hôtel de Retz par le petit-fils du maréchal, Henri de Gondi. Ce dernier aliéna également la partie de l'hôtel de Retz faisant front sur la rue des Poulies; elle lui fut achetée, le 12 mai 1621, au prix de 75,000 livres, par Jean de Vaugain, sieur de Blainville, conseiller d'État, et passa plus tard au duc de Choisy, qui, après l'avoir fait entièrement reconstruire, l'abandonna au Roi le 23 février 1657, moyennant 200,000 livres. A cette époque, les corps d'hôtel en bordure sur la rue d'Autriche étaient confondus, avec ceux de la rue des Poulies, sous la dénomination d'*hôtel de Choisy.* Les uns et les autres ont été abattus vers 1664.

Nous n'avons trouvé aucun plan de l'hôtel de Choisy. Suivant un arpentage de 1627, il contenait quatre cent deux toises de superficie, dont cinquante-trois toises et demie seulement en censive de Saint-Denis de la Chartre, et le reste en censive de Saint-Germain-l'Auxerrois. Il paraît avoir eu dix toises de largeur sur la rue d'Autriche, et onze toises quatre pieds sur la rue des Poulies; mais la teneur de la pièce où sont consignés ces détails est telle que nous n'en avons pu tirer aucun parti sous le rapport graphique.

Grand hôtel d'Alençon, de Villeroy, d'Anjou et de Longueville. Au milieu du xiii<sup>e</sup> siècle, Alphonse, frère de saint Louis, comte de Poitiers et de Toulouse, avait dans la rue d'Autriche un hôtel peu considérable, qu'il résolut d'agrandir. En conséquence il acheta, 1° au mois de juin 1254, du chevalier Jean de Maisons, deux logis qui avaient pour dépendances des places et des jardins, et qui traversaient tout l'îlot compris entre les rues des Poulies et d'Autriche; 2° au mois de février de la même année, une maison située rue d'Autriche, devant son hôtel; 3° au mois de septembre 1255, une grange située dans cette dernière rue et contiguë à son ancienne demeure; 4° enfin aux mois de mars, juillet, août 1260 et janvier 1261, une suite de maisons donnant toutes sur la rue des Poulies[1], à l'exception d'une seule. La dépense monta à 535 livres parisis; mais l'hôtel prit alors de vastes proportions et put s'étendre sur la rue des Poulies, à laquelle il n'atteignait point auparavant. Au mois de juin 1262, Alphonse, moyennant 60 livres parisis et un denier de cens, acquit encore, pour en faire un jardin, une place ou pièce de terre qui était sise derrière sa maison[2], et qui lui fut cédée par le chapitre de Saint-Germain-l'Auxerrois. Dans l'acte de vente il est dit que cette place était contiguë à une maison ayant appartenu à Hamon Le Breton, garde du sceau de l'archidiaconé de Paris, et qu'elle tenait aussi à une autre maison dont avait été propriétaire un tisserand nommé également *Hamon Le Breton*. Or, d'une autre charte, du 5 septembre 1265, il appert que la maison contenant les poulies, d'où provient le nom de la rue, était possédée par un individu appelé *Drocon Le Breton*[3]. Faut-il supposer que Drocon a succédé à un des Hamon, et que sa maison a été annexée dans la suite à celle du comte de Poitiers, ce qui aurait fait dire à Sauval que la maison d'Alphonse était la même que celle des Poulies? Il est plus probable que Sauval ne s'est pas bien rendu compte de ce qu'il avançait. On verra plus loin que la maison des Poulies n'a été réunie au manoir du comte de Poitiers que par Enguerrand de Marigny, et qu'elle est seulement une des nombreuses propriétés sur l'emplacement desquelles ce manoir s'est développé.

Après la mort du comte de Poitiers, son hôtel fut acheté par Archambaud II, comte de Périgord, qui, au mois de septembre 1281, en vendit la moitié, moyennant 750 livres, au neveu d'Alphonse, Pierre de France, cinquième fils de saint Louis, comte de Blois et d'Alençon. L'hôtel, d'abord dit «HOSTEL D'HOSTERICHE,» appellation encore en usage en 1421, commença alors à se nommer *hôtel d'Alençon*, désignation sous laquelle il a été connu jusque dans la seconde moitié du XVIᵉ siècle. Le comte d'Alençon étant mort à son tour, sa veuve, Jeanne de Châtillon, fit avec Philippe le Bel, en 1286, un accord suivant lequel, en échange de l'abandon d'une rente de 100 livres qu'elle percevait sur le trésor royal, Philippe lui cédait cette moitié de l'hôtel qu'avait possédée son mari, en la lui garan-

---

[1] Trésor des chartes, cart. J 152.

[2] Cart. de Saint-Germain-l'Auxerrois, fol. 16 v°. Ce cartulaire a été écrit à la fin du XIIIᵉ siècle; le sommaire de la charte est ainsi conçu: «Littera de «uno denario census super jardino domus Comitis «Pictavensis, quem tenet nunc Comitissa de Alen«cone.»

[3] Il était apparemment tisserand, comme son parent Hamon, qui, pour son travail, employait des «poulies à draps.»

tissant contre tous les embarras que pourraient lui susciter les exécuteurs testamentaires du comte d'Alençon, ainsi que les ayants cause du comte de Poitou. A Jeanne de Châtillon paraît avoir succédé « madame Blanche d'Espaigne [1] » dans la jouissance de la partie méridionale de l'hôtel d'Alphonse.

Au mois de juin 1306, Enguerrand de Marigny, ministre de Philippe le Bel, acheta 5,500 livres tournois, du chanoine Guillaume de Chanac, exécuteur testamentaire de Hélie de Maumont, clerc du roi, « un manoir ou unes mesons, assises « à Paris, en la rue que on dit le Fossé-Saint-Germain (des Poulies), en la terre « et en la censive des doyen et chapitre Saint-Germain-l'Auxerrois, joingnans de la « partie deseure (au nord) aus petites mesons et jardins feu Jehan Augier, ou chief « de la rue des Poulies, et, en la partie dessous, à la meson feu Jehan Évrout (une « de celles qui devinrent l'hôtel de Bourbon); si comme ils se pourtendent en lonc « et en lé jusques à la granche dudit Jehan Augier; » puis, le jour de Pâques fleuries de la même année 1306, la maison ou masure de Jean Bardel « où il « soloit avoir plusieurs estages, assis en rue d'Osteriche, à l'opposite du Louvre, « tenant d'une part à l'ostel ou manoir de madame Blanche, et d'autre part à une « place qui fu jadis Robert Évrout. » Cette maison, prise à croît de cens en 1298, par Jean Bardel, de Jean de Saint-Benoît, bourgeois de Paris, s'étendait jusqu'à la rue des Poulies, où elle avait issue. En 1308, le vendredi après la fête de sainte Madeleine, Enguerrand acheta, au prix de 100 livres de bons parisis petits, une nouvelle maison, rue des Poulies; elle appartenait à Michel de Bourdenay, qui l'avait acquise moyennant 10,000 livres, le lundi après la Saint-Martin d'été, de Roger des Bous, auquel le chapitre Saint-Germain-l'Auxerrois l'avait cédée le lundi avant la fête de saint Pierre et saint Paul de l'an 1300. La maison de Michel de Bourdenay était attenante, vers le midi, « à la maison feu Jehan Augier, et d'autre « part à la maison de Viez Poulies, et par derrière habouttant à la maison de noble « dame madame Blanche d'Espaigne. » Là ne se bornèrent pas les acquisitions d'Enguerrand, et il acheta encore, le mercredi après la Chandeleur 1310, de « Gieffroi Coquatrix, » une maison énoncée « rue des Poulies, qui s'estent jusques à « la rue d'Osteriche, laquelle maison est appelée et a esté toujours la maison de « La Brichète; » ensemble « une grange et maisonètes qui sont des appartenances « d'icelle maison; laquelle maison, grange et maisonète... tient à présent comme « siènes noble homme mons. Enguerran de Maregny... et lesquelles... a ad- « joinctes à sa maison de Paris; » puis, et à une époque que nous n'avons pu fixer [2], une autre maison que Roger l'Émailleur avait cédée à Jean de Vaires, le

---

[1] Sans doute Blanche, fille de saint Louis et femme de Fernand, fils du roi de Castille. Elle mourut le 7 juin 1320, et fut enterrée aux Cordeliers de Paris.

[2] Le cartulaire de Marigny, auquel nous empruntons ces détails, ne contient pas les actes d'acquisition des trois dernières maisons, mais on ne peut douter qu'Enguerrand n'en ait été le proprié-

dimanche après la Saint-Nicolas d'hiver 1309; enfin la maison des Poulies elle-même, qui était située entre les maisons de Jean de Vaires et de Roger des Bous, et qui, moyennant 32 livres parisis, avait été vendue à Jean de Paris, marchand de chevaux, par Alix des Poulies, le lundi après l'Épiphanie de l'an 1302 [1]. Il n'y a, au surplus, aucune apparence qu'Enguerrand se soit emparé par abus d'autorité, comme l'a dit Jaillot, des maisons de la rue des Poulies; les transactions semblent au contraire avoir été régulières.

En possession des diverses maisons qui viennent d'être indiquées, Enguerrand les réunit à la partie septentrionale de l'hôtel d'Alphonse, dont il était probablement alors propriétaire, nous ne savons à quel titre, et où il demeurait lorsqu'il fut arrêté par ordre de Louis X. Aux termes du jugement qui, au mois d'avril 1315, condamna Enguerrand à être pendu, son hôtel devait être démoli; mais il était plus profitable de se borner à le confisquer, et Louis X le donna à son frère Philippe, roi après lui sous le nom de *Philippe le Long*, de sorte que l'hôtel retourna à la couronne. Il resta uni au domaine royal jusqu'en 1328, année où Philippe de Valois en gratifia son frère Charles, chef de la maison d'Alençon. A cette époque, les deux moitiés de l'hôtel du comte de Poitou et les maisons achetées par Marigny ne formaient sans doute plus qu'une seule et même habitation. Dans le compte des confiscations de Paris, pour 1421, l'hôtel, alors « vuide et ruineux, » où résidait un nommé *Jean de Bournonville*, en qualité de concierge, est encore dit appartenir au duc d'Alençon. Les historiens rapportent qu'en 1470, le duc Réné le vendit; mais ils ne désignent point l'acquéreur. Au commencement du xvi<sup>e</sup> siècle, le propriétaire de l'hôtel était Nicolas de Neufville, seigneur de Villeroy, qui le fit construire entièrement avant 1519, de sorte que le nom d'*hôtel de Villeroy* commença à se substituer à celui d'*hôtel d'Alençon* ou de *Grand-Alençon*, comme on disait souvent afin de le distinguer d'avec le petit. Le 30 mai 1568, Nicolas Le Gendre [2], seigneur de Villeroy, et Jean de Neufville, seigneur de Chantelou, son frère, cédèrent l'hôtel, pour la somme de 50,000 livres, au duc d'Anjou, depuis roi de France sous le nom de *Henri III*, qui chargea son favori Du Gast d'y établir un arsenal d'armes magnifiques, destinées aux six mille Gascons dont Du Gast était colonel général. C'est à l'hôtel de

taire, car le cartulaire renferme plusieurs copies de transactions antérieures qui y sont relatives.

[1] L'ordre des maisons semble avoir été celui-ci, en descendant vers la rivière: la maison Jean de Vaires, la maison des Poulies, la maison Michel de Bourdenay, la maison de Jean Augier et la maison Hélie de Maumont, sous laquelle celle de Dardel pouvait avoir son issue. La maison de La Brichète était sans doute située au-dessus de celle de Jean de Vaires. En 1261, cette maison de Pétronille La Brichète était séparée de celle du comte de Poitou par une maison qui avait appartenu à «Herchambaud,» sommelier du roi. C'est ce qui nous fait penser qu'Enguerrand disposait de la partie septentrionale de l'hôtel du comte de Poitou. On comprend que l'absence de titres suffisants laisse ces questions fort obscures.

[2] Il portait le nom de son grand-oncle maternel.

Villeroy, devenu hôtel d'Anjou, que le Duc reçut, au mois d'août 1573, les ambassadeurs députés pour lui annoncer son élection au trône de Pologne. Quelques semaines après, le 18 octobre, il fit don de l'hôtel à sa sœur Marguerite de Navarre, en retranchant toutefois un pavillon dont il gratifia la dame de Dampierre. (Voir *Rue d'Autriche*, p. 16.) Marguerite, après avoir laissé démembrer par son mari une autre partie de l'hôtel d'Anjou, qui est devenu celui de Larchant, le vendit au prix de 10,000 livres, le 17 avril 1580 [1], à Guy Du Faur de Pibrac, président au Parlement, auquel Marie de Bourbon, duchesse de Longueville, l'acheta 1,400 écus d'or, le 27 janvier 1581. En août 1583, la Ville permit que la moitié des eaux alimentant la fontaine qui s'y trouvait fussent détournées au profit d'une autre fontaine placée dans une maison de la rue des Bourdonnais et appartenant au sieur de Villeroy.

L'hôtel d'Anjou, rebâti en partie par la duchesse de Longueville, dont il prit le nom, fut abandonné au Roi, le 13 août 1662 [2], par Henri de Longueville, petit-fils de Marie de Bourbon, en échange de l'hôtel de Chevreuse, sis rue Saint-Thomas-du-Louvre. Il avait été estimé 489,000 livres, et on le destinait à être démoli pour l'agrandissement du Louvre; mais la partie la plus proche de ce palais fut seule abattue. En 1670, elle était occupée par les magasins du roi, et quelques personnes, entre autres d'Orbay, architecte du Louvre, y avaient leurs logements. En 1709, l'hôtel de Longueville fut réparé pour servir de demeure au marquis d'Antin, surintendant des bâtiments, ce qui le fit appeler *l'hôtel d'Antin* ou *de la Surintendance*. On y voyait encore des F et des salamandres, preuve que les constructions contemporaines de François Ier n'étaient point toutes détruites. Après une nouvelle restauration on y plaça, en 1738, l'administration des Postes. Un peu auparavant, l'hôtel avait été mis à la disposition des fermiers des voitures de la cour, connues sous le nom de coches de Versailles, et il n'a été définitivement rasé, de même que les trois maisons suivantes, qu'à la suite des lettres patentes de 1758 relatives au dégagement des abords du Louvre.

Maison de la Colombe, Petit hôtel de Villequier et de Provence. Ce fut, entre 1371 et 1531, la maison « au Coulon » ou « Coulombe, » aboutissant à l'hôtel d'Alençon. En 1481, la maison du Coulon était double, et il est présumable qu'elle comprenait les deux petits corps d'hôtel abattus par Villeroy pour agrandir son hôtel, suivant une déclaration du 12 octobre 1520; en 1481, la maison du

---

[1] En 1577, Étienne Douiller fit pour 1,500 livres de maçonnerie «en la maison de la reyne de «Navarre, près l'hostel de Bourbon.»

[2] La transaction paraît avoir été conclue plusieurs années auparavant, car dans le *Journal d'un voyage à Paris, en 1657-58*, publié par M. Faugère, on lit, à la date du 1er août 1657 : «Il nous «dit que le Roy avoit acheté cinq cent mille livres «l'hostel de Longueville, pour en faire sa petite «écurie.» (P. 209.) Ce n'est point d'ailleurs chose très-rare qu'une vente d'immeuble effectuée à deux époques très-distinctes.

Coulon, contiguë à l'hôtel d'Alençon, contenait en effet deux corps de logis, et en 1520, bien quelle fût toujours attenante à cet hôtel, elle ne se composait plus que d'un seul corps d'hôtel. En 1578, on la trouve confondue avec la suivante; mais, dans la première moitié du xviie siècle, elle en fut de nouveau distinguée sous le nom de *petit hôtel de Villequier*. En 1655, elle est dite constituer un tiers du grand hôtel de Villequier et appartenir au prince de Harcourt. Un peu plus tard, elle s'appelait *hôtel de Provence*, et, vers 1731, elle était au duc d'Elbeuf, qui la vendit à un nommé Villemot.

Hôtel de Garancières, de Nevers, de Villequier et d'Aumont. Propriété des seigneurs de Garancières dès 1371, l'hôtel était, en 1421, confisqué sur l'un d'eux, Guillaume de Montenay. En 1531, il appartenait à Sébastien de La Grange, sieur de Trianon et avait pour enseigne, au-dessus de la porte, *le Lion-Couronné*. En 1567, possédé par le duc de Nevers, qui en paya les droits de lods et ventes le 16 avril, il commença à se nommer *hôtel de Nevers* et comprenait, comme nous venons de le dire, la maison précédente. En 1577, il était au baron René de Villequier, gouverneur de Paris. Dans le siècle suivant, il fut transmis à César d'Aumont, marquis de La Guierche, qui en passa titre nouvel le 12 juillet 1655; c'est vers cette époque que Marot en grava les plans. Le 3 mars 1672, Charlotte d'Aumont, fille de César, le vendit au Roi 210,540 livres; mais, sur l'opposition d'Anne d'Aumont, sa sœur, femme de Gilles Fouquet, la vente fut résiliée. Des trois cent trente-sept toises et vingt-cinq pieds de superficie que l'hôtel présentait alors, le Roi acquit seulement cinquante-quatre toises, payées 37,000 livres, avec une place de trente-trois toises carrées, dépendant de l'hôtel de Longueville et située derrière l'hôtel de Provence. En 1732, l'hôtel d'Aumont appartenait à M. de Rouillé, ministre de la marine, qui le fit restaurer par l'architecte Blondel[1]; on y avait annexé la cour de l'hôtel de Conty, transformée en jardin où l'on remarquait une statue d'Apollon, par Lemoine. En 1760 et 1761, le Roi devint définitivement possesseur des hôtels d'Aumont et de Provence, dont il ordonna la destruction partielle. Ce qu'on en laissa subsister, réuni à une portion de l'hôtel de Conty, forma l'hôtel d'Angivilliers, dont il sera parlé plus loin.

Maison sans désignation en 1399, qui appartenait alors à Me Gilles de Clamecy[2], et aboutissait à l'hôtel d'Ostrevant. En 1531, elle était divisée en deux parties et aboutissait à la maison suivante, qui s'augmenta probablement à ses dépens; elle fut ensuite réunie à l'hôtel de Villequier, et, dans la seconde moitié du xviie siècle, c'était l'hôtel de M. de Bordeaux. Si nous ne nous trompons, elle se confond avec la maison dont, le 19 mars 1571, fut passé titre nouvel par Charlotte de

---

[1] *Architecture françoise*, t. III.
[2] Gilles de Clamecy fut prévôt de Paris en 1419.
— La maison avait appartenu précédemment à messire Jean Dainville et à Pierre des Jardins.

Bouteville, veuve de Benoît Le Grand, seigneur du Plessis. Celle-ci tenait la maison de son père, Jean de Bouteville, et la vendit, avant 1583, à Antoine de Chaulnes, trésorier général de l'extraordinaire des guerres.

Hôtel d'Alluye, de Cipières, de Conty et d'Angivilliers. Indiquée sans désignation particulière en 1421, et ayant eu pour enseigne *l'Image Notre-Dame* (1445-1542) ou *la Belle-Image* (1570)[1], cette maison appartenait, sous Charles IX, au président Pierre de Ranconnet, héritier de sa femme, Jeanne Aymery. Un parent de cette dernière, Adam Aymery, avait possédé la maison en 1531; elle fut depuis, et avant 1580, à la dame d'Alluye, veuve de Florimond Robertet, conseiller du Roi. Vers ce dernier temps, il dépendait de l'hôtel de l'Image Notre-Dame, autrement dit d'*Alluye*, une terrasse qui, vraisemblablement prise sur le terrain de l'hôtel de Garancières, s'étendait derrière cet hôtel jusqu'à celui d'Anjou. Dès 1531, la maison de l'Image Notre-Dame, laquelle aboutissait primitivement à l'hôtel d'Ostrevant ou d'Alençon, avait sur la rue d'Autriche un corps d'hôtel provenant, nous le supposons, d'un morcellement de l'hôtel d'Étampes; elle était, en outre, réunie à la maison suivante, et les deux maisons ont formé l'hôtel de Cipières, appartenant à la famille de ce nom, en 1596[2]. En 1639, cet hôtel, propriété de M. de La Fonds, était habité par M. d'Orval, premier écuyer de la Reine, et l'on y entretenait des écuries, du côté de la rue d'Autriche. L'hôtel de Cipières, a été dit ensuite *hôtel d'Argenson*, puis *de Conty*, à cause de la princesse de Conty, à laquelle il était échu. Augmenté plus tard de l'hôtel de Créquy et d'une partie de l'hôtel d'Aumont, après avoir été appelé *hôtel de Tresmes*, il a pris le nom du marquis *d'Angivilliers*, ordonnateur des bâtiments royaux, qui l'avait acheté et y demeurait. Enfin, entamé par le percement de la rue d'Angivilliers en 1780, ainsi que par le prolongement de la place de l'Oratoire en 1808, l'hôtel ne se composait plus, dans ces derniers temps, que de quelques bâtiments situés sur la rue de l'Oratoire et qui, sous Louis-Philippe, servirent de siège à l'administration de la Maison du Roi; ils ont été rasés en 1854, pour le passage de la rue de Rivoli.

Maison de « l'Image Saint-Eustace » (1445). Nous venons de dire qu'au XVIe siècle elle avait été réunie à la maison précédente; il se pourrait qu'au XVe elle n'eût

---

[1] On donnait indifféremment ces deux noms aux enseignes de la Vierge.

[2] M. Vallet de Viriville a signalé (*Moniteur universel* du 1er avril 1855) certain exemplaire des *Annales d'Aquitaine*, de J. Bouchet, portant des notes manuscrites, dont une concerne les armoiries de Jeanne Darc, et une autre apprend que, « en l'an « 1616, telles armes furent trouvées sur une vitre « d'une vieille salle basse ou cuisine d'une maison de « la rue des Poulies appartenant à M. de Laujon (?),

« secrétaire du roy, appelée communément *l'hostel de* « *Cypierre*, et jadis *l'hostel de Vaucouleurs*, à cause que « c'estoit la maison et hostel de ladite Pucelle, qui es- « toit de Vaucouleurs. » M. de Viriville a fait observer que, si Jeanne Darc n'est jamais entrée dans Paris, il se peut du moins qu'un des Du Lis, membre de la famille de la Pucelle, ait habité l'hôtel de Cipières et lui ait valu le nom d'*hôtel de Vaucouleurs*; toutefois nous n'avons rencontré aucune trace de ce fait dans les titres domaniaux que nous avons consultés.

point été distincte de l'hôtel d'Étampes, à laquelle il est certain qu'elle fut simplement contiguë pendant un temps. Dans ce cas, ce serait la maison de l'Image Notre-Dame et non celle de l'image Saint-Eustache qui, ayant appartenu à « Jehan « Le Meingre, » dit *Bouciquault*, maréchal de France, est indiquée sur un titre de 1400, comme tenant à l'hôtel d'Étampes. L'hôtel dont jouissait ce maréchal et qu'il vendit, le 18 février 1399, à Guillaume Fouquart, garde des coffres du Roi, lui avait été donné par le Dauphin, régent de France, pendant la captivité du roi Jean. Il avait été confisqué sur Catherine d'Artois, comtesse d'Aumale, et sa fille Blanche, comtesse d'Harcourt, pour les punir d'avoir embrassé le parti du roi de Navarre.

Maison sans désignation en 1531, qui eut pour enseigne le Boisseau en 1636, et aboutissait à la maison du Lion-d'Or de la rue Saint-Honoré. En 1568, elle appartenait à Simon de Fizes, seigneur de Chaulnes, secrétaire des finances de la Reine mère, et en 1571, à Jean Charron, valet de chambre du Roi, qui la louait à Henri de Savoie, sieur de Châteauvieux. A la fin du xviie siècle, elle était divisée en deux parties, la seconde faisant hache derrière la première.

Maison faisant partie de celle du Cheval-Rouge en la rue Saint-Honoré. Elle comprenait encore la maison suivante en 1522, et, après en avoir été séparée, elle a eu pour enseigne le Marteau-d'Or (1570) et le Grand-Dauphin (1700). En 1568, elle appartenait à Charles Le Comte, charpentier du Roi.

La maison du Cheval-Rouge s'étendait d'abord jusqu'à la rue Saint-Honoré, dont elle faisait le coin, et, par conséquent, toutes les maisons suivantes avaient été bâties sur son emplacement.

Maison de l'Écu-de-Navarre (1531-1628), dite en 1531 faire le coin de la rue Saint-Honoré, et, en 1550, contiguë à la maison qui formait ce même coin, apparemment parce qu'elle était déjà divisée en deux maisons; celle du nord a eu pour enseigne la Corne-de-Cerf (1570-1650).

Maison dite la Maison-Rouge (1639); ce n'était sans doute qu'un corps d'hôtel de la maison qui faisait l'encoignure de la rue Saint-Honoré, et à laquelle elle était contiguë. En 1741, on l'y avait de nouveau réunie.

# RUE SAINT-THOMAS-DU-LOUVRE.

La rue Saint-Thomas-du-Louvre commençait à la rue des Orties et finissait à la rue Saint-Honoré.

Il est question, pour la première fois, de cette rue dans une charte de 1212, où elle est énoncée *strata Canonicorum*, la rue des Chanoines; quant au nom de rue

Saint-Thomas-du-Louvre, *vicus Sancti Thome de Lupera*, il ne se rencontre pas avant 1242; mais il a été exclusivement en usage depuis.

A l'exception de la partie qui avait été retranchée pour la formation de la place du Palais-Royal, la rue Saint-Thomas était encore entière au commencement de ce siècle. Les travaux faits, sous le premier Empire, afin de réunir le Louvre aux Tuileries l'entamèrent fortement, et ce qui en subsistait a disparu dans le cours de l'année 1850, en même temps que *la rue du Carrousel*. Cette dernière, ainsi appelée depuis 1815, devait être nommée *rue Impériale*; on l'avait percée, par arrêté du 26 février 1806, pour servir de communication entre le Louvre et les Tuileries; mais elle n'avait jamais été bordée que d'échoppes.

## CÔTÉ OCCIDENTAL.

### PAROISSE SAINT-GERMAIN-L'AUXERROIS.
#### HAUTE JUSTICE
#### ET CENSIVE DE L'ÉVÊCHÉ.

EGLISE COLLÉGIALE DE SAINT-THOMAS-DU-LOUVRE, faisant le coin de la rue des Orties. S'il était possible d'admettre l'authenticité d'une charte de l'an 1030, portant donation d'un setier de blé aux maîtres et écoliers de Saint-Thomas et de Saint-Nicolas-du-Louvre, l'origine de ces deux communautés remonterait pour le moins au commencement du XIe siècle; mais cette charte, dont on n'a du reste jamais montré qu'un *vidimus* de 1340, est si évidemment supposée qu'il n'y a point lieu d'en tenir compte.

L'acte de fondation de l'église Saint-Thomas-du-Louvre est perdu depuis longtemps. Le premier document qui s'y rapporte et qu'on puisse citer est une bulle d'Urbain III, datée du 2 juillet 1187, et adressée au proviseur de la maison de Saint-Thomas, martyr, « Wuilelmo, presbytero, provisori domus Thomæ martyris. » Cette bulle fait savoir que le comte de Dreux, Robert Ier, quatrième fils de Louis VI, avait donné, pour l'usage de pauvres clercs, certaines maisons qu'il possédait à Paris, et constitué des rentes pour l'entretien de quelques religieux qu'il y avait établis, « quasdam domos quas habebat Parisius provisioni pauperum clerico-« rum cum quibusdam redditibus... deputavit, religiosis personis in eodem loco, « auctore Domino, constitutis, quæ secum pariter in eodem laudabili opere de-« beant exerceri [1]. » Elle prescrit la bénédiction par l'Évêque d'un cimetière destiné à la Communauté; mais elle n'indique pas en quelle année eut lieu la fonda-

---
[1] Gérard Dubois, *Hist. ecclesiæ Par.* t. II, p. 182.

tion qu'elle approuve et que quelques auteurs ont assignée à l'an 1173, époque de la canonisation de Thomas Becket. Jaillot a conjecturé avec plus de raison, ce nous semble, que la fondation n'est point antérieure au voyage que Louis le Jeune fit, en 1179, au tombeau de cet archevêque, pour lui demander la santé de son fils, qui fut roi sous le nom de Philippe II, dit *Auguste*.

Robert I$^{er}$ étant mort le 11 octobre 1188, sa femme Agnès, comtesse de Braine, obtint du pape Clément III une bulle du 26 juillet 1189, confirmant les donations faites par son époux, tant en maisons qu'en rentes, dont une partie, à prendre sur les dîmes de Torcy, Chilly et Brie (Comte-Robert), était destinée à l'entretien des quatre chanoines qui déjà demeuraient dans le cloître, et possédaient une église en face avec une portion d'un verger voisin. Les libéralités de Robert I$^{er}$, ratifiées par l'autorité apostolique, le furent aussi par lettres de Philippe-Auguste, délivrées en 1192 à Fontainebleau, sur la demande de Robert II et de sa femme, Yolande. En 1199, les époux confirmèrent eux-mêmes toutes les concessions précédentes, en changeant seulement le don fait sur les dîmes de Torcy en rentes sur le domaine de Brie, rentes dont les chanoines n'ont jamais cessé de jouir. En 1191, dix arpents de terre situés près de Chaillot, et offerts en aumône par Henri de Chaumont, étaient venus augmenter les ressources de l'hôpital des pauvres clercs du Louvre, «hospital pauperum clericorum de Lupara,» lequel avait été construit dans une cour où il y avait eu des étables [1]. Cette cour, le verger et les maisons indiquées dans la bulle de 1187 dépendaient du manoir de la Petite-Bretagne.

L'an 1209, le nombre des chanoines n'était plus borné à quatre; mais il s'était apparemment beaucoup accru, puisque, au mois de novembre, à la suite d'une contestation entre le comte Robert II, son frère Philippe, évêque de Beauvais, d'une part, et l'Évêque de Paris, de l'autre, il fut fait entre eux un accord par lequel ils convinrent que, durant sa vie, l'Évêque de Beauvais aurait le droit de nomination à toutes les prébendes ou semi-prébendes, anciennes ou nouvelles, faites ou à faire; que le comte de Brie et ses successeurs disposeraient, après la mort du prélat, des quatre anciennes prébendes, et que toutes les autres seraient alternativement à la collation de l'évêque de Paris et du comte de Dreux [2].

Cette convention a été observée jusqu'en 1740. Par son testament fait en novembre 1217, l'Évêque de Beauvais légua au chapitre Saint-Thomas une somme de 15 livres pour aider à bâtir l'église, *ad fabricam ecclesiæ;* plus, une somme de 50 livres pour contribuer à élever leur maison, *ad domum ædificandam*. Les deux communautés, d'abord confondues, étaient alors entièrement distinctes. N'ayant pu s'entendre au sujet d'un verger, d'une cour et d'un pré voisin de l'église, elles

---

[1] «Scilicet curiam in qua erant stabula, ut ibi construeretur hospital : partem virgulti, vulgo *du verger*, inter (infra?) hospitale, canonicos attingentis, a claustro, quod est ante januam ecclesiæ, usque ad extremitatem muri.» (Bulle de 1189.)

[2] *Cart. de N. D.* t. I, p. 139.

avaient été séparées en vertu d'une sentence rendue en novembre 1212 par l'Évêque de Paris, laquelle spécifiait que la rue Saint-Thomas devait leur rester commune et former la ligne de démarcation entre leurs propriétés[1]. Dès le commencement du XIIIe siècle, le chœur de l'église Saint-Thomas, devenu insuffisant pour contenir tous les chanoines ayant le droit d'y siéger, avait été agrandi au moyen des sommes recueillies dans une quête, et par la concession de soixante jours d'indulgences offertes, avec la sanction du Légat, par lettres du Doyen, du 15 octobre 1200.

Le 2 février 1428, Jean VI, duc de Bretagne, céda, à titre d'aumône, son manoir de la Petite-Bretagne au chapitre Saint-Thomas. Suivant l'abbé Lebeuf, il augmenta le nombre des prébendes; cependant le pouillé de 1450 ne mentionne qu'un doyen, quatre anciens chanoines, cinq autres et le clergé de l'église, *communitas ecclesiæ*[2]. Il y eut ensuite onze prébendes, dont une était attachée au titre de doyen. Cette dignité ayant été supprimée en 1728, la prébende qui en dépendait fut affectée à un simple canonicat, de sorte que le chapitre se composa alors de onze chanoines sans chef et présidés seulement par le doyen d'âge. Ce nombre fut encore modifié par un décret de l'Archevêque, en date du 10 mars 1740, confirmé par lettres patentes du 20 mai suivant. Aux termes de ce décret, le collège de Saint-Nicolas, séparé de la Collégiale depuis 1212 et devenu aussi un chapitre, y fut de nouveau réuni, les sept prébendes à nomination alternée étant supprimées, et le nombre total des canonicats fixé à quatorze, tous à la collation du métropolitain. Quelques années plus tard, le 23 avril 1749, une nouvelle fusion eut lieu, cette fois avec le chapitre Saint-Maur-des-Fossés, et, malgré l'opposition des habitants de Saint-Maur, elle fut légalisée par lettres patentes du 5 novembre 1750. Le personnel du Chapitre se trouva ainsi composé d'un doyen, qui était l'archevêque de Paris, d'un prévôt, fonctionnaire dont le titre avait été emprunté au collège Saint-Nicolas, d'un grand chantre et de vingt-deux chanoines.

L'église Saint-Thomas-du-Louvre, dont nous n'avons découvert qu'un petit plan périmétrique, formait un parallélogramme d'environ quatorze toises de longueur sur huit de largeur. Le chœur, qui se terminait carrément, aboutissait sur la rue Saint-Thomas. L'édifice, dont l'orientation n'était pas fort exacte, mais avait été adaptée à la direction de la rue, datait du XIIIe siècle, selon Lebeuf, et paraît s'être composé d'une nef, accompagnée d'un collatéral vers le nord. Il renfermait une chapelle de Saint-Sébastien, qui est mentionnée dès 1428, et existait encore trois siècles après, plus une chapelle de Sainte-Marguerite et une de

---

[1] "Omnia supradicta quæ sunt ultra stratam Canonicorum cedent in partem canonicorum ipsorum : omnia autem quæ sunt citra viam, ex parte hospitalis, erunt ipsius hospitalis, sicut in se comportant, strata quidem remanente in communi."

[2] Les registres capitulaires de Notre-Dame font mention d'une chapellenie de Sainte-Marguerite en l'église Saint-Thomas-du-Louvre, l'an 1500.

Sainte-Catherine, dotée de 12 livres de rente[1]; enfin l'église était le siége de deux confréries, l'une de la Vierge et l'autre de Saint-Nicolas. On y remarquait les tombeaux de Côme Guymier, jurisconsulte distingué, et du poëte Mellin de Saint-Gelais, surnommé l'*Ovide français*. En 1739, la voûte en plâtre menaçant ruine et les murs surplombant d'une façon dangereuse, le Chapitre reconnut la nécessité d'une entière reconstruction, et obtint du Roi, sur la ferme des poudres, une somme de 150,000 livres, qui permit de commencer les travaux. Déjà on avait démoli la vieille nef[2] et jeté les fondements d'une autre, lorsque, le 15 octobre 1739, vers dix heures du matin, le vieux clocher s'écroula en écrasant la voûte d'un des bas-côtés du chœur ainsi que la salle capitulaire, située au-dessus, et en tuant six chanoines[3]. Cet événement fit accélérer la reconstruction, et la nouvelle église, dont le chevet avait été tourné vers l'occident, fut consacrée sous l'invocation de Saint-Louis, le 24 août 1744, jour auquel les chanoines de Saint-Thomas et de Saint-Nicolas, réunis sous le nom de *chapitre Saint-Louis-du-Louvre*, commencèrent à y officier. L'église Saint-Louis, supprimée à la Révolution, et affectée au culte protestant après le concordat de 1801, a été démolie en 1811, à l'exception d'un fragment de l'abside qu'on a vu debout jusqu'en 1850. Elle avait été élevée sur les dessins de Thomas Germain, orfèvre du roi; Baptiste Pigale

---

[1] Il paraît que les ducs de Bretagne, issus des comtes de Dreux, avaient fondé en l'église Saint-Thomas, quelques prébendes ou chapelles dans le XIII° ou le XIV° siècle, car, sur un cartulaire écrit vers la fête de Saint-André de l'an 1349 et commençant par ces mots : «Sequuntur omnes possessiones et «res immobiles ecclesie Sancti Thome de Lupera,» on lisait au fol. 4 : «Habet communitas a duobus «capellanis fundatis per dominum ducem Britan-«nie, et dotatis apud Sauciellum, quolibet anno in «Nativitate Domini : xIII° parisis;» puis, au fol. 5 : «De 11 chapellenies fondées en laditte église, par «le... duc de Bretagne, dont la collation lui ap-«partient de plein droit, et dottées de xxxII^lt parisis «de rente sur son hostel et toutte sa terre de Sau-«ciel, de l'aveu et consentement mons. l'Évesque «de Paris;» et au fol. 12 : «Jaçoit ce quelles soient «fondées de grant ancienneté, touttefois n'en estoit «rien fait en nostre église. Or, sont tenues lettres de «madame de Cassel, appelée madame Jehanne de «Bretagne, qui est dame dudit Sauciel, qui est en «possession de donner lesdites chapelles, et tient «les fondations, donations et octrois dépendans, «par lesquelles lettres elle donne l'une à M. Le Four-«nier, qui y vint et fut reçu en sa personne, 2 juin,

«et l'autre à Jehan Le Goupil, qui y fut reçu par «procureur; et avons les lettres et la procuration «originalle retenues et mises au triangle (coffre pour «les papiers) pour mémoire, et fut tout à fait au «conseil mestre Guill. Chellay environ... Signé ès «lettres est escript... l'an XLIX; et par composition «et bonnes lettres doivent les deux chapelains à la «communauté, chacun à Noël, XXIII° parisis. Or «est contenu en icelles que, fondées pour faire divin «service en l'église et au leu conseil, si eus nous «deussent servir à faire nostre service en l'église.» (Invent. de Saint-Thomas. Arch. de l'Emp. LL 165.)

[2] Lors de la démolition, derrière le maître-autel, sur un pan du gros mur de l'église, dans la partie faisant front sur la rue Saint-Thomas, où s'éleva depuis le portail de la nouvelle construction, on aperçut un cintre de neuf à dix pieds de hauteur sur cinq à six de largeur, avec des peintures représentant, sur un fond semé de fleurs de lis avec manteaux herminés, quatre chanoines en habit de chœur d'été, les mains jointes, et agenouillés à la suite les uns des autres. Ces peintures avaient été longtemps cachées par le retable du maître-autel.

[3] On continuait à faire le service dans l'ancien chœur, qui avait été fermé par une cloison.

y avait exécuté les têtes de chérubins de l'intérieur, et le bas-relief de la porte d'entrée, entrepris suivant délibération capitulaire du 20 août 1742. La sculpture d'ornementation de la porte et de l'intérieur était l'œuvre de Robillon; le maître-autel, qui provenait de Saint-Maur, était de Frémin, premier sculpteur du roi d'Espagne. Lemoine avait été chargé de la décoration de la chapelle de la Vierge et de l'exécution du mausolée du cardinal Fleury[1], situé en face.

Le cloître Saint-Thomas, rebâti en 1759, faisait le coin de la rue des Orties. Il était attenant à l'église, laquelle, au moyen de deux arcades jetées sur la rue du Doyenné, communiquait avec l'hôtel du Doyenné, ou maison destinée au doyen. Le chef de la Communauté n'y résidait pas toujours, à ce qu'il paraît, puisqu'il existe plusieurs baux de sa maison, un entre autres qui fut fait le 29 septembre 1527, moyennant 1,400 livres de loyer, et où il est indiqué qu'elle renfermait trois corps d'hôtel, un jardin et des écuries. L'hôtel du Doyenné Saint-Thomas fut reconstruit en 1738, époque où on l'appelait ordinairement *le Petit-Doyenné*. Au xve siècle, le jardin qui en dépendait s'étendait le long de la rue jusqu'à l'emplacement occupé depuis par l'hôtel de Chevreuse. Les six maisons élevées à la suite du Doyenné ont donc été bâties sur l'emplacement de ce jardin, qui, étant depuis longtemps amorti, devint une sorte d'arrière-fief, comportant censive ou rente au profit de la communauté, laquelle y exerçait aussi les droits curiaux.

Deux anciens sceaux du Chapitre, dont l'un remonte à 1379, présentent sur leur face un évêque (saint Thomas de Cantorbéry) debout, mitré, nimbé, crossé et bénissant. Il est accosté de deux fleurs de lis, et l'on observe à ses pieds un écu chargé des trois léopards d'Angleterre. La légende est ainsi conçue : S. DECANI [*et capituli*] ECCE BI THOME DE LUPERA PAR. Sur le contre-sceau est figuré le martyre de saint Thomas Becket, et de la légende mutilée on ne voit que les mots : FCM ANNO DO . . . . .

ÉPITAPHES.

Dans le chœur à droite :

Cy-gist feu Guillaume Rostiel, chevalier, jadis chambellan de monseigneur le duc de Bretaigne, qui décéda le mardy, jour de la feste Saint-Denis, l'an de grâce MCCCXV.
Priez Dieu pour l'âme de ly.

---

[1] Blondel l'attribue à Bouchardon. — En 1742, le Chapitre avait offert au cardinal Fleury les deux premières travées construites, l'une pour y placer la chapelle de la Vierge, et l'autre pour servir de sépulture à lui et à sa famille. Th. Germain, l'architecte, posséda de même la chapelle Saint-Thomas de Cantorbéry, dont il donna les dessins. La chapelle située à l'opposite de cette dernière, et dédiée à saint Nicolas, appartenait à la famille Surbeck.

Près de la porte du chœur :

Icy gyst Pierre Bréant, barbier à hault homme et puissant prince le duc de Bretaigne; qui décéda l'an MCCCXL, ou mois de septembre.
Priez Dieu pour l'âme de ly.

Au bas de l'église :

Cy-gist vénérable et discrète personne M⁰ Jacques de Rouvez, maistre ès-arts, curé de Clestot et chanoine de cette église de Saint-Thomas-du-Louvre, natif de Rouen; lequel trépassa l'an de grâce MCCCCXXXIX, le lundy xx° jour de septembre.
Dieu lui fasse mercy à l'âme.
*Pater noster. Ave Maria.*

Proche de la porte de l'église, du côté de la rue Saint-Thomas :

Cy-gist noble homme Germain de Valenciennes, en son vivant escuyer, (S') d'Ormoy, Coupeaulx et Villabé, et général essayeur du Roi, nostre sire, en sa chambre des monnoyes à Paris; qui trespassa l'an 1520, le mardi 15° mars.
Et aussy gist noble damoiselle Anthoinette Budé, jadis sa première femme, laquelle décéda le mardy 21° jour d'avril 15....., après Pasques.

Contre la porte du chœur, du côté gauche :

Par dure mort dont tout est succombé,
Cy-dessous gist par un mortel décret,
En son vivant M⁰ Raoul Labbé,
Homme savant, M⁰ ès arts et décret.
Lequel fonda, par chacune semaine,
Une messe, que cy après les chanoines
Feront; diront pour certaines raisons
*De profundis* avec trois oraisons :
C'est *Inclina Deus*, *Qui non patrem*,
*Et fidelium*. Pour ce il a au Doyen
Rente assignée sur bon et loyal titre,
Semblablement à M⁰ˢ du chapitre,

Qu'ils prient pour lui, de ses biens amassez,
Ses père, mère, et amis trespassez.
Laquelle chose a esté arrêtée
Par Raoul et Pierre, ses neveux, augmentée
De vingt livres tournois expressément
Par un tel pac, que à chacun bout d'année,
La messe basse sera haute sur année.
Auquel deffunct mort fit son jour extrème,
Mil cinq cens quarante, de décembre le sep-
[tième.
Prions Jésus et sa divine face
Qu'à leur âme miséricorde fasse.

Dans la porte du chœur :

DIANA SANGELASI
*Mellino parenti*
*Bene merito, mœrens.*
*Obüt xiiii octobris*
*Anno Domini*
MDLVIII.

Dans la nef, devant la chapelle Notre-Dame :

Cy-gist noble homme Jean Noplet, natif de..... en son vivant secrétaire de illustrissime prince Charles, cardinal de Lorraine; qui décéda la 33ᵉ année de son âge, le 16ᵉ jour de juin 1562. Et noble femme Cath. Charlet (*alias* Harlet), sa femme, laquelle décéda le.....

Près de la sacristie :

Cy-gist vénérable et docte personne Mᵉ Robert Rousseau, prestre, natif des isles Philippines, en son vivant chanoine de céans, qui trespassa le 1ᵉʳ jour de septembre 1562.
Priez Dieu pour lui.

Près de la porte du chœur :

Francisco Moyen, puero optimi : Animum imperio pater parit viro. xii annum agens, obiit xii kal. septembris 1567. Parent. mœstiss., in spem vitæ resurrectionis, pos.

Devant l'autel :

Cy-gist noble homme Mᵉ Nicolas Lavergnot (*alias* Lauvergnat), en son vivant chirurgien du deffunt roy François premier, et premier chirurgien des feuz roys Henry et François second, et du roy Charles neufiesme de ce nom; lequel décéda le.....

Dans la nef, près de la chapelle Notre-Dame :

Cy-gist honorable personne Claude de La Croix, vivant marchand et bourgeois de Paris, et vendeur de bestial aux marchez de Paris, lequel décéda le 4ᵉ oct. 1579, de son âge le 75ᵉ. Et Marie du Bois, sa femme, qui décéda le 24ᵉ janvier 1573, de son âge le 58ᵉ.
Priez Dieu pour eux.

Dans le chœur, près de la porte :

Cy-dessoubs gist noble homme Jacques de Romey, escuyer, seigneur de Romainville, valet de chambre et portemanteau ordinaire du Roy; lequel décéda le..... jour de febvrier 1590.

Maison sans désignation, contiguë au cloître Saint-Thomas, et mentionnée dès 1530. Les écuries du duc d'Orléans s'y trouvaient vers 1705.

Maison sans désignation, contenant plusieurs corps d'hôtel et aussi mentionnée dès 1530.

Maison sans désignation en 1530, faisant hache derrière les deux suivantes; réunie à l'hôtel de Longueville, elle s'appelait LE PETIT HÔTEL DE LONGUEVILLE à la fin du xviiᵉ siècle.

Maison sans désignation, mentionnée dès 1530.

Maison sans désignation en 1530, qui, en 1575, appartenait à un avocat appelé

*Favier*, et, en 1603, à Molan, trésorier de l'épargne, aussi possesseur de la maison suivante.

HÔTEL DE TORCY (1423), puis MAISON DU MOUTON (1584). L'hôtel de Torcy est indiqué dans les comptes de confiscation de 1423 à 1427; en 1499, il était possédé par Robert d'Estouteville, seigneur de Torcy, etc.; vers 1634 il appartenait à François de Montigny, marquis de Congis.

HÔTEL D'O, DE LA VIEUVILLE, DE CHEVREUSE, D'ÉPERNON et DE LONGUEVILLE. Il existait déjà en 1373, et en 1399, après avoir été la propriété de la dame de Meudon, de messire Garnier de Brou et de Richard des Ormes, c'était «l'ostel, «granche et jardin de messire Guillaume de Gaillonnel, chevalier et maistre d'os- «tel du Roy.» Vers 1420, il appartenait à Pierre de Thumery (*alias* Thomeret), valet de chambre du duc de Bourbon, qui le vendit à Jean de Saint-Romain, conseiller du Roi. Jean de Saint-Romain, probablement parent du sculpteur de Charles V, ayant suivi le parti de Charles VII, sa maison fut confisquée sous la domination anglaise. Elle passa ensuite à messire François d'Aubistout, puis à Nicolas Hardoyn (1489), et, avant 1530, à la famille d'O, dont un membre, la dame Hélène d'Illiers, veuve de Jean d'O, capitaine de la garde écossaise, la possédait à la fin du XVIe siècle. Dans les premières années du siècle suivant, «le viel «hostel d'O,» comme on disait, devint la propriété de M. de Maintenon, marié à Françoise d'O; puis, le marquis Robert de La Vieuville, baron de Rugles, l'obtint par décret du 15 septembre 1607. En 1620, il fut vendu 175,000 livres au connétable Charles d'Albert de Luynes, qui y réunit, l'année suivante, une maison du prix de 8,000 écus[1]. La veuve du connétable, Marie de Rohan, le revendit 180,000 livres, avant le mois de mars 1622, à Claude de Lorraine, duc de Chevreuse, qu'elle épousa en secondes noces, et qui demeurait auparavant à l'hôtel d'Aumale, rue d'Autriche. Le duc de Chevreuse fit rebâtir l'hôtel par Clément Métezeau[2], l'augmenta et l'embellit de telle sorte que sa veuve en obtint 400,000 livres, lorsque, l'an 1657, elle le céda au duc de Candale, qui stipulait au nom de son père, Bernard de Nogaret, duc d'Épernon. Le 30 juillet 1662, Marie-Claire de Bauffremont, veuve de Gaston de Foix, comte de Fleix, l'abandonna au Roi, moyennant 488,722 livres 8 sous 9 deniers, et, le 13 août suivant, Louis XIV le donna au duc Henri II de Longueville, en échange de l'hôtel que celui-ci avait rue des Poulies. Le duc de Longueville décéda l'année d'après, et Marie d'Orléans de Longueville, sa fille, ayant hérité de tous ses biens par suite de la mort de ses frères, donna, dit-on, l'hôtel à son cousin Louis-Henri, légi-

---

[1] L'hôtel s'étendit alors jusqu'aux remparts, dont le Roi avait donné une partie au duc, en réservant quatre toises pour le passage de la rue Saint-Nicaise. Il a été parlé (p. 76) du jardin dépendant de l'hôtel, et situé au delà de cette rue, sur un terrain occupé par l'ancienne place du Carrousel.

[2] Voir les renseignements que nous donnons sur la famille des Métezeau, chap. XII.

timé de Bourbon-Soissons, connu sous le nom de *prince de Neufchâtel*, qui mourut en 1703[1]. La fille de ce dernier, Louise de Bourbon, l'apporta en dot, le 30 juillet 1710, à Charles Philippe d'Albert, duc de Luynes, dans la famille duquel il retourna ainsi. Leur fils, Marie-Charles-Louis, après l'avoir loué aux cardinaux de Janson et de Polignac, le vendit au Roi en même temps que le petit hôtel de Longueville, le 23 avril 1746.

L'hôtel de Longueville, d'un aspect imposant, était enrichi de plafonds peints par Mignard; mais il y manquait encore une aile vers 1750. La fin de cet édifice a été peu digne de son ancienne splendeur; il fut acheté en 1749 par les fermiers généraux, qui y établirent le magasin général des tabacs, et firent élever dans le jardin un vaste bâtiment de mauvais goût, dû à Contant, architecte du Roi. En 1802, on y avait placé les écuries du premier Consul, et, vers 1806, il a été abattu pour le percement de la rue du Carrousel.

L'hôtel de Jean de Saint-Romain était loin d'occuper une superficie aussi vaste que l'hôtel de Longueville. Il n'avait environ que quarante et un mètres de largeur sur trente-cinq de profondeur, car le mur qui le limitait vers l'ouest était celui du clos de la Petite-Bretagne, bornant également le jardin du cloître Saint-Thomas. En 1530, l'hôtel s'était étendu sur une portion du clos de la Petite-Bretagne, puisqu'il est dit, dans le censier de cette année, que les jardins du manoir aboutissaient par derrière « aux Quinze-Vingts de Paris et à messire Jehan d'O, à cause de por-« tion desdicts jardins. » En 1585, il traversait tout l'îlot, car il est énoncé alors aboutissant « sur les remparts. » En 1615, on y annexa une place de cent huit toises « dans le rempart » même, c'est-à-dire au delà de l'ancien alignement de l'îlot, et à ces cent huit toises la Ville, par bail fait à M. de La Vieuville, le 13 juillet 1616, en ajouta quatre-vingt-dix-huit, circonstance qui nous a permis de comprendre ce que nous n'aurions pu saisir autrement. En effet nous voyons, par le procès-verbal de visite du 13 juillet 1616, que la place de deux cent six toises, formée par la réunion des deux parcelles de cent huit et de quatre-vingt-dix-huit toises, était destinée à avoir une profondeur de sept toises sur la même largeur que l'hôtel; or, pour qu'un terrain de sept toises de profondeur présente une superficie de deux cent six toises, il faut qu'il ait vingt-neuf toises et demie de largeur. Telle devait donc être la largeur de l'hôtel vers l'occident, et c'est ce qu'elle était en réalité. Les raisons que nous allons en donner expliqueront comment, sur les plans modernes, au lieu de vingt-neuf toises et demie, on en compte trente-trois et demie.

Le 11 juillet 1624, les Quinze-Vingts vendirent pour 6,000 livres au duc de Chevreuse, qui voulait élargir son jardin, deux portions de leur cimetière, longeant

---

[1] Sur un plan de 1694, l'hôtel de Longueville est intitulé «maison de monsieur l'archevesque de «Rins.» En 1694, l'archevêque de Reims était Charles-Maurice Le Tellier, fils du chancelier.

le mur septentrional de l'hôtel, mitoyen avec l'Hospice. La première de ces portions avait trois toises de longueur de l'est à l'ouest, et quatre de largeur du nord au sud, soit douze toises de superficie; la seconde, contiguë à la première, avait quatre toises de largeur à son extrémité occidentale, qui touchait à la précédente; douze pieds et demi à l'extrémité orientale, qui aboutissait à l'hôtel de Rambouillet, et cent treize toises cinq pieds et demi de superficie, soit environ trente-sept toises de longueur[1]. Le mur mitoyen entre l'hôtel de Chevreuse et l'Hospice avait donc trente-sept toises de longueur plus trois, soit quarante toises. Mais si l'on restitue ce mur mitoyen, opération sans difficulté quand on possède les données précédentes et quand on connaît la situation du mur moderne, reproduit sur une foule de plans, on constate que le mur restitué ne laisse plus à l'hôtel de Chevreuse que cette largeur occidentale de vingt-neuf toises et demie que nous venons de signaler. On constate, en outre, qu'il s'en faut de sept toises qu'il atteigne l'affleurement du portail moderne de l'hôtel sur la rue Saint-Nicaise; conséquemment l'alignement de ce portail se trouvait à sept toises au delà de l'ancien alignement, que les deux cent six toises acquises en 1616 permirent de reporter là où il était avant la destruction de la rue. Ainsi rétablies, les dimensions primitives de l'hôtel de Chevreuse concordent rigoureusement avec les limites de la Petite-Bretagne, telles que nous les avons fixées. Nos renseignements donc se justifient les uns les autres et portent avec eux un caractère de vérité mathématique.

Hôtel de Pisany et de Rambouillet. Il fut formé de deux propriétés distinctes, dont la première était un

Jardin, énoncé en 1378 comme appartenant au comte de Vendôme, qui fut ensuite à un seigneur de Chevreuse, et qui, en 1399, était au comte de La Marche, comme la maison située en face, de laquelle il dépendait. Dans le siècle suivant il fut possédé par «Jehan d'Oc,» d'où est venue l'erreur, partout répétée, que l'hôtel de Rambouillet avait porté le nom d'*hôtel d'O*. En 1489, il était devenu la propriété du général des monnaies, M° Germain de Marle, de même que la maison suivante, à laquelle le jardin se trouvait réuni dans la seconde moitié du XVI° siècle. L'autre partie de l'hôtel de Rambouillet provenait d'une

«Granche» qui, en 1399, appartenait également au comte de La Marche; elle avait été auparavant à Robert Trichard, à Drouet d'Arcy et à Jean de La Fontaine, mais elle n'eut jamais pour possesseurs les comtes de Vendôme ni les seigneurs de

---

[1] «Cent treize toises demy pied de terre, à prendre dans le cimetière et petit jardin des Quinze-Vingts, et joignant le jardin dudit seigneur (de Chevreuse), sur douze pieds et demy de large, et aboutissant à la maison du marquis de Rambouillet; et quatre toises de large vers le rempart, en tirant une ligne droite de l'un à l'autre bout, d'une part; et une espace de terre de trois toises de long, avançant sur ledit rempart, sur la largeur de quatre toises de superficie, d'autre part. En tout, cent vingt-cinq toises et demy, demy pied.» (Arch. des Quinze-Vingts.)

Chevreuse. En 1489, c'était une maison avec jardin, propriété de Germain de Marle, qui fut ensuite celle de Claude de Marle, et, en 1575, celle de Pierre Du Halde. Elle était, à cette dernière époque, augmentée du jardin dont il est question dans l'article précédent, et bientôt après elle fut acquise par Jean de Vivonne, marquis de Pisany, qui mourut le 7 octobre 1599. Julie Savelli, sa femme, ayant marié, en 1600, leur fille Catherine à Charles d'Angennes, marquis de Rambouillet, ce dernier se trouva, du chef de son épouse, propriétaire de l'hôtel, qui perdit le nom de Pisany et prit celui de Rambouillet[1]. En 1618[2], Charles d'Angennes le fit rebâtir pour plaire à sa femme, si célèbre, sous le nom d'*Arthénice*, dans l'histoire littéraire de ce temps. «Elle fut elle-même, raconte Tallemant des Réaux, l'archi-
«tecte de l'hostel de Rambouillet, qui estoit la maison de son père. Mal satisfaitte
«de tous les dessins qu'on luy faisoit (c'estoit du temps du mareschal d'Ancre, car
«alors on ne sçavoit que faire une salle à un costé, une chambre à l'autre, et un
«escalier au milieu; d'ailleurs la place estoit fort irrégulière et d'une assez petite
«estendue), un soir après y avoir bien resvé, elle se mit à crier : «Viste! du papier!
«J'ai trouvé le moyen de faire ce que je voulois. » Sur l'heure, elle en fit le dessin,
«car naturellement elle sçayt desseigner, et dez qu'elle a veu une maison, elle en
«tire le plan aisément... On suivit le dessin de madame de Rambouillet de point
«en point. C'est d'elle qu'on a appris à mettre les escalliers à costé pour avoir
«une grande suitte de chambres, à exhausser les planchers et à faire des fenêtres
«hautes et larges, et vis-à-vis les unes des autres. Et cela est si vray que la Reine-
«mère, quand elle fit bastir le Luxembourg, ordonna aux architectes d'aller voir
«l'hostel de Rambouillet, et ce soing ne leur fut pas inutile. C'est la première qui
«s'est avisée de faire peindre une chambre d'autre couleur que de rouge ou de
«tané, et c'est ce qui a donné à sa grande chambre le nom de la *chambre bleue*[3].»
Parlant de cette chambre, Sauval s'exprime ainsi : «La chambre bleue, si célèbre
«dans les OEuvres de Voiture, estoit parée d'un ameublement de velours bleu, re-
«haussé d'or et d'argent. C'estoit le lieu où Catherine recevoit ses visites. Les fe-
«nestres sans appui, qui règnent du haut en bas, depuis son plafond jusqu'à son
«parterre, la rendent très gaye et laissent jouir sans obstacle de l'air, de la vue et
«du plaisir du jardin.» Sauval ajoute ces détails, qui offrent quelque intérêt pour
l'histoire de l'art : «Si nous admirons ces sortes de croisées au palais Cardinal,

---

[1] Sauval dit que l'hôtel de Rambouillet s'est nommé aussi *hôtel de Noirmoutiers* ; si le fait est vrai, nous nous étonnons de n'en avoir point eu la preuve.

[2] La pierre de fondation de l'hôtel de Rambouillet, qui est au musée de Cluny, porte cette inscription :

FAICT PAR HAVLT ET PVISSANT SEIGNEVR
M⁰ CHARLES D'ANGENNES, MARQVIS DE RAMBOVILLET,
ET DE PISANY, VIDAME DV MANS,
BARON DV CHAVDVLOR ET DE TALLEMONT,
CONSEILLER DV ROY EN SON CONSEIL D'ESTAT, ET M⁰ DE LA
GARDEROBBE DE SA MAJESTÉ. CE 23 JVIN 1618.

Les plans de l'hôtel de Rambouillet furent, suivant Des Réaux, dressés du temps du maréchal d'Ancre, et par conséquent au plus tard en 1617.

[3] *Historiettes*, t. II, p. 486.

« au petit Luxembourg et dans les maisons de la place Royale et de l'isle Notre-
« Dame, elles ne sont que des images et des imitations de celles de la chambre
« bleue. C'est à Cléomire[1] que les architectes sont redevables de ce nouvel em-
« bellissement; mais ce n'est pas le seul ornement qu'elle a ajouté à l'architecture :
« la rampe de son escalier, arrondie en portion de cercle, et les portes en enfi-
« lade de son appartement, ont servi de modèle à ces escaliers circulaires qui ne
« conduisent que jusqu'au premier étage, et à ces longues suites de portes qui
« font le principal ornement de nos châteaux et de nos palais. » Il existe divers
dessins de l'hôtel de Rambouillet que Sauval dit, non sans exagération, avoir été
« le plus renommé du royaume. » Suivant la mode du temps, il était construit en
briques et en pierre. En 1641, les bâtiments de l'hôtel furent augmentés d'un
beau pavillon auquel on travailla en secret, et qui, un soir, fut ouvert brusquement devant une nombreuse compagnie; la surprise fut grande, parce qu'on
savait que derrière la tapisserie il n'y avait que le jardin des Quinze-Vingts. Toutefois aucun plan connu de nous ne laisse voir ce cabinet, dont l'emplacement aurait
été pris sur le terrain de l'Hospice.

Le marquis de Rambouillet mourut en 1652, après avoir perdu ses deux fils;
il laissa pour principale héritière sa fille aînée, Julie-Lucine d'Angennes, qui
avait épousé, en 1643, Charles de Sainte-Maure, duc de Montausier. Celui-ci
mourut en 1690, n'ayant eu de son mariage avec Julie d'Angennes qu'une fille
unique, Julie-Maure de Sainte-Maure, mariée en 1664 à Emmanuel II, comte
de Crussol, qui était fils du duc d'Uzès, et qui en prit le nom ainsi que le titre en
1680. De là les appellations successives d'HÔTEL DE MONTAUSIER, DE CRUSSOL et
D'UZÈS, données à l'hôtel de Rambouillet. Vers 1778, le duc d'Orléans en fit acquisition pour y placer ses écuries, que construisit l'architecte Poyet; en 1784,
on le transforma en un Vauxhall d'hiver, destiné à remplacer celui de la Foire
Saint-Germain, et, en 1792, on y établit le théâtre du Vaudeville, incendié le
18 juillet 1836. L'hôtel a ensuite servi d'écuries pour les équipages du roi Louis-
Philippe. On l'a démoli en 1850.

MAISON sans désignation, acquise en 1324 par le chapitre Saint-Thomas. En
1349, elle appartenait à la veuve d'un nommé Drocon, affineur, ce qui explique
comment des titres de 1474, 1516 et d'autres plus récents l'appellent « hostel de
l'Affinouère. » Acquise, en 1516, et au prix de 400 livres, de Mᵉ Pierre Henne-
quin, par Mᵉ Ant. Bachot, auditeur du Roi, elle fut possédée, en 1575 et 1603,
par le grand historien Augustin de Thou; en 1623, par le secrétaire d'État Ant.
de Loménie, et, en 1705, par M. de La Barre; on la nommait en conséquence,
à cette dernière époque, HÔTEL DE LA BARRE OU DES BARRES.

---

[1] Dans le roman du *Grand Cyrus*, l'hôtel de Rambouillet est décrit sous le nom de palais de Cléomire.

Maison sans désignation en 1380, qui, dès le commencement du xive siècle, appartenait aux Quinze-Vingts, et paraît avoir eu, en 1450, l'enseigne DE L'IMAGE SAINT-JACQUES; elle était alors divisée en deux. En 1380, elle était séparée, au rez-de-chaussée, d'avec la maison suivante, par une allée conduisant dans l'intérieur de l'Hospice.

Maison DE L'AUMÔNIER-DU-ROI (1380), aussi dite DE LA ROSE (1491) ou DE LA ROSE-ROUGE (1563). Diane de Clermont, dame de Montlouis, en fut ensaisinée en 1579. Cette maison était anciennement au moins aussi profonde que celle de l'Affinoir, car la maison des Trois-Morts, sise rue Saint-Honoré, y aboutissait.

Maison sans désignation (1563), qui, en 1489, était encore confondue avec la précédente. En 1755, cette maison, réunie en une seule avec les deux précédentes, était alors connue sous le nom d'HÔTEL DE LANCASTRE, et fut vendue aux Quinze-Vingts, dont les bâtiments s'étendirent sur son emplacement. En 1624 elle appartenait à M. de Marillac.

DEUX MAISONS, dont l'une avait pour enseigne «L'IMAGE SAINT-JEHAN,» et l'autre «HÉRODIAS» (1489-1610).

Partie postérieure de la maison du SAUVAGE, de la rue Saint-Honoré.

Maison DE LA CROIX-BLANCHE (1605), dite, en 1608, LE PETIT-MOISSET. Elle n'a été séparée que vers 1582 de la maison formant le coin de la rue Saint-Honoré, et dont elle faisait d'abord partie.

## CÔTÉ ORIENTAL.

### PAROISSE SAINT-GERMAIN-L'AUXERROIS.

#### HAUTE JUSTICE
#### ET CENSIVE DE L'ÉVÊCHÉ.

Maison DE L'IMAGE SAINTE-ANNE (1575), contiguë à l'hôtel de Vignolles, qui faisait le coin de la rue Saint-Honoré; elle appartenait aussi, en 1575 et 1603, à la dame de Vignolles, et provenait d'un morcellement de l'ancien hôtel de Laval. Sur son emplacement, en 1680, il existait une petite maison ayant pour enseigne LA GALÈRE, qui fut détruite lors de la construction du Château-d'Eau. C'était une taverne très-connue.

Maison sans désignation (1575), qui paraît avoir dépendu de la suivante au xve siècle.

JARDIN (1453), où s'élevaient deux corps d'hôtel en 1575, et qui constituait alors la partie postérieure de la maison du Pot-de-Fer de la rue Fromenteau.

Partie postérieure de la maison de l'IMAGE NOTRE-DAME, sise rue Fromenteau.

C'était, en 1489, une grange qui devait comprendre l'emplacement de la maison suivante, puisqu'il n'y avait alors que deux propriétés entre les hôtels de Laval et de la Marche.

Jardin (1453), puis Maison du Soleil-d'Or (1575-1640).

Partie postérieure de la Maison du Cheval-Rouge faisant front sur la rue Fromenteau.

Partie postérieure de l'Hôtel de la Petite-Marche, devenue, en 1530, la Maison de l'Image Saint-Martin.

Partie postérieure de l'Hôtel de la Grande-Marche. (Voir p. 42.)

Maison sans désignation (1530), qui forma la partie antérieure de l'hôtel de Pontchartrain. Elle fut élevée, vers le commencement du xvie siècle, sur l'extrémité septentrionale du jardin du chapitre Saint-Nicolas du Louvre, et, pour cette raison, elle a pu être considérée comme en censive de la Communauté. Il en a été de même des maisons suivantes, auxquelles il est extrêmement difficile d'appliquer les titres, et dont le nombre a doublé de 1530 à 1630.

Grange (1530), puis Maison sans désignation (1575), qui était divisée en deux au xviiie siècle. C'est la première qui fut démembrée lors du partage, fait en 1631, de l'hôtel ayant appartenu à Robert Chaillier.

Maison sans désignation en 1530, indiquée ensuite comme une dépendance de la maison à laquelle elle aboutissait.

Deux Maisons sans désignation (1575), qui n'en formaient plus qu'une en 1694, et n'étaient point distinctes de la suivante en 1530.

Maison sans désignation (1530).

Grange (1495), puis Place et Jardin (1578), et enfin Maison sans désignation, qui, en 1702, était possédée par Robin Rouillé, maître des requêtes.

Petite Maison sans désignation (1680), ayant probablement fait partie d'abord de la précédente.

Maison sans désignation en 1569, puis du Pèlerin Saint-Jacques (1713), aussi appelée la Grande-Maison en 1713, et la Maison-Neuve en 1755.

Deux Maisons sans désignation (1680), qui paraissent avoir été élevées sur une place baillée le 13 septembre 1530 à Thomas Le Jeune. Cette place avait sept toises un pied de largeur sur rue. Le Chapitre en retint une toise un pied, et c'est là sans doute l'origine de l'entrée du petit-cloître, entrée qui séparait les deux maisons d'avec la suivante. L'une d'elles a eu pour enseigne le Lion-d'Argent en 1764.

Deux Maisons sans désignation (1580?). La seconde était contiguë à la maison faisant le coin de la rue des Orties, et, au-dessous de la première, se trouvait l'entrée de l'hôtel de la Prévôté et du grand cloître Saint-Nicolas.

Hospice, collége ou chapitre Saint-Nicolas-du-Louvre. On a vu plus haut que «les pauvres clercs» de l'hospice fondé par Robert de Dreux, conjointement avec le chapitre de Saint-Thomas, se séparèrent de ce dernier en 1212, et commencèrent alors à former une communauté à part. Pour mieux constater leur indépendance, ils sollicitèrent bientôt après du pape Innocent III la permission d'avoir un cimetière et une chapelle qui leur fussent propres, et cette faveur leur fut accordée en 1217 par un bref adressé à l'évêque de Paris. Dans leur requête, le recteur et les frères de l'Hospice avaient expressément reconnu les droits paroissiaux du curé de Saint-Germain-l'Auxerrois; néanmoins les chanoines de cette église firent opposition au bref, et il n'eut son plein effet qu'après avoir été appuyé d'une sentence qui fut rendue l'année suivante par l'Évêque de Paris, et confirmée par le pape Honorius.

La chapelle concédée en 1217 contenait des fonts baptismaux, et paraît avoir été dédiée sous le vocable de Saint-Nicolas, entre les années 1228 et 1231, car, à la première de ces dates, on trouve l'Hospice énoncé «domus pauperum scola- «rium Sancti Thome de Lupera,» et à la seconde, «hospital pauperum scolarium «Sancti Nicolai de Lupera,» appellation qui est restée longtemps en usage. Le nom de pauvres écoliers, remplaçant celui de pauvres clercs, donne à penser que l'institution se transformait alors en un vrai collège, ce qu'elle fut depuis, en produisant plusieurs hommes distingués [1]. Cependant les titres de maître et de frères de l'hôpital continuèrent à être employés durant tout le XIIIe siècle; mais, à partir de 1371, année où ils reçurent une bulle confirmant tous leurs priviléges, les écoliers de Saint-Nicolas furent appelés boursiers, comme ceux de tous les autres colléges.

Au mois de juillet 1228, l'évêque de Paris, Guillaume, s'étant rendu dans l'Hospice pour réformer certains abus qui s'y étaient introduits, ordonna qu'à l'avenir aucun écolier devant y demeurer plus d'un an, et qui s'en éloignerait au bout de l'année, ne pourrait y être réintégré, sinon par permission spéciale [2]. En 1245, les clercs de Saint-Nicolas acquirent plusieurs maisons rue Fromenteau, et en 1292, Philippe le Bel amortit tous les biens de l'établissement. Le 22 janvier 1365, Charles V lui accorda un don de 1,100 francs d'or, comme indemnité de la violation de ses immunités par des sergents d'armes; pour ce délit, les sergents furent obligés de venir demander pardon à genoux, en présence de plusieurs députés de l'Université.

Un accord de 1284 apprend que la communauté de Saint-Nicolas se composait alors d'un maître ou proviseur, d'un chapelain [3], d'un clerc et de quinze écoliers nommés par l'Évêque de Paris. En 1350, Barthélemy de Bruges fit les fonds né-

---

[1] On a compté parmi eux saint Yves; mais Lebeuf a réfuté cette opinion. (T. I, p. 91.)

[2] *Cart. de N. D.* t. I, p. 350.

[3] Ce chapelain est sans doute celui qu'on dit avoir été institué en vertu de la fondation de Jean d'Anneville, taillandier de Paris.

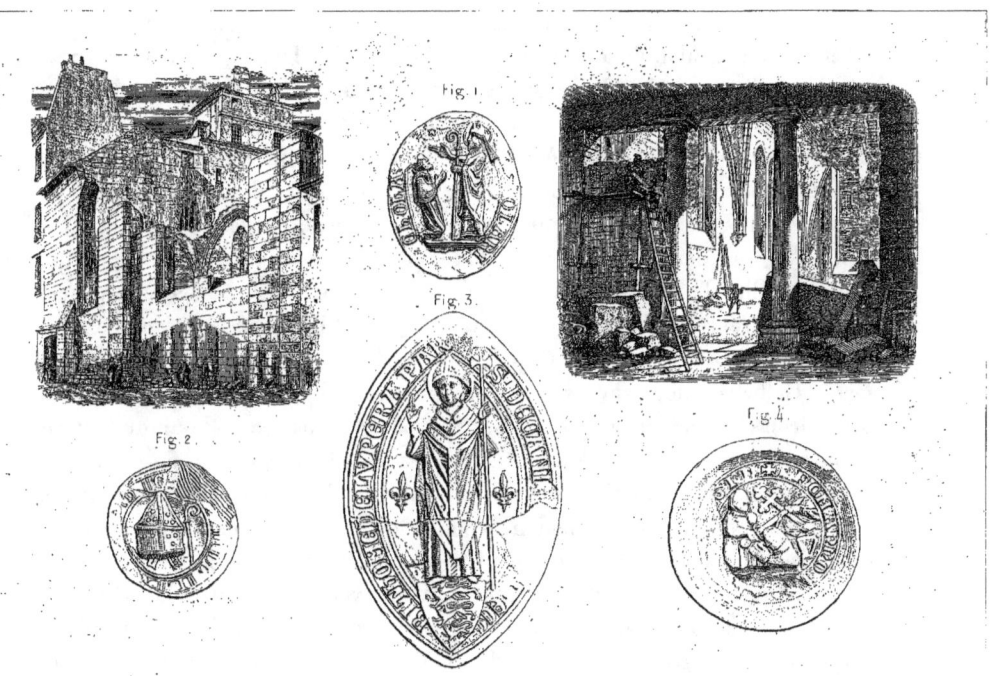

VVES DE L'ÉGLISE SAINT NICOLAS DV LOVVRE
PENDANT SA DÉMOLITION

cessaires à l'entretien de trois nouveaux boursiers; néanmoins il n'y en avait encore que quinze lorsque, le 15 janvier 1541, le cardinal Du Bellay, voyant que le collége, naguère florissant, était chaque jour de plus en plus négligé pour ceux de la rive gauche, le transforma en un chapitre comprenant une prévôté, dignité unique, neuf prébendes, dont une était unie à la prévôté, et une semi-prébende. Cette semi-prébende, qui remplaçait une chapellenie fondée en 1530 par Martial Gallicher, archidiacre de Brie, fut érigée en prébende entière l'an 1559. Par arrêt du Parlement en date du 30 avril 1622, le prévôt et les chanoines de Saint-Nicolas furent obligés à la résidence dans le cloître, et au service de l'église. La réunion de leur chapitre à celui de Saint-Thomas eut lieu en 1740.

La chapelle Saint-Nicolas avait, suivant Lebeuf, les caractères d'une construction du XIIIe siècle. Elle était située sur la rue des Orties, et se composait d'une nef de trois travées, avec bas-côtés, et d'un chœur, le tout offrant environ douze toises et demie de longueur sur cinq et demie et six et demie de largeur. Au XIVe siècle, il y existait une confrérie de Saint-Nicolas, qui comptait parmi ses membres le roi Charles VI. En 1684, on voyait encore les armes de ce monarque ainsi que celles d'Isabeau de Bavière peintes sur un vitrail de la nef, à la gauche d'un crucifix représenté sur la même verrière. Louis XIV y transféra, vers 1670, la chapelle Notre-Dame-des-Vertus, qu'il avait fondée en 1669 à Saint-Eustache; et Martial Gallicher, nous l'avons dit, y créa une chapellenie en 1530. La chapelle Saint-Nicolas, abandonnée après la construction de l'église Saint-Louis du Louvre, et louée avec sa sacristie à des particuliers, a été abattue vers la fin du dernier siècle[1], quelques années avant la destruction des bâtiments claustraux qui en dépendaient, et qui subsistaient à l'époque de la Révolution sous le nom de *cloître Saint-Louis*. Ces bâtiments, dont le périmètre était devenu très-irrégulier, communiquaient par trois allées avec les deux rues voisines. L'entrée donnant sur la rue Fromenteau conduisait à une cour qui semble avoir été d'abord le «petit jardin,» et qui s'appelait *le petit cloître* dès 1613. Celui-ci, agrandi aux dépens d'une maison de la rue Fromenteau, était séparé du grand cloître par une maison existant déjà en 1613. Elle était contiguë aux écuries du Chapitre, et au-dessous était pratiqué un passage communiquant d'un cloître à l'autre. Le grand cloître, dit aussi *la Cour du Cadran* (1757), avait son côté occidental formé par la maison de la Prévôté, qui fut rebâtie du temps de Louis XV[2], et sous laquelle on passait pour se

---

[1] Baltard a publié deux vues de cette démolition. Nous ne possédons pas de plan exact de l'édifice.

[2] Au moment où l'on rebâtissait la Prévôté, on découvrit, dans une cave, une suite de vases en grès, qui avaient servi de mesures pour les pitances des écoliers, et qui étaient marqués S. N. Les fouilles faites alors mirent au jour le corps d'une femme, Jeanne Campan, épouse d'un changeur, morte en odeur de sainteté deux siècles auparavant. Ce corps était si bien conservé que le scalpel du chirurgien le trouva dans le même état que si le sujet eût été vivant. Le bruit de cet événement s'étant répandu, fit crier au miracle, et attira une foule considérable. (Mém. mss. des arch. de Saint-Louis du Louvre.)

rendre du cloître en la rue Saint-Thomas. On enterrait anciennement dans la cour de Saint-Nicolas; mais le pavé qu'on y posa en 1655 fit disparaître les sépultures. L'emplacement de la collégiale de Saint-Nicolas répondait à celui de la cour où il y avait eu des étables, et qui est mentionnée dans la bulle de 1189; il correspondait également au lieu sur lequel s'élevait le cloître primitif de l'établissement fondé par Robert de Dreux[1]. Comme à Saint-Thomas, le terrain forma une espèce de fief, et le service paroissial, pour les individus habitant le cloître, se faisait dans la chapelle de l'établissement.

Un sceau du collège Saint-Nicolas, datant de 1373, représente le saint patron debout, de profil, mitré, crossé, et bénissant de la main droite un personnage à genoux. Autour est la légende : († *s. d*]om[*vs scho*]lari[*vm sti Ni*]cholа[*i de Lupara*). Le contre-sceau porte une mitre de face, accompagnée d'une crosse à sénestre; la légende est détruite.

Sous le règne de Henri III, il y avait, rue Saint-Thomas, une maison avec pressoir, que les titres ne mentionnent point, mais dont il est question dans ce passage des comptes de la maison de la reine de Navarre : «A François Legendre, « maistre du pressouer, en la rue Sainct-Thomas-du-Louvre, » pour « le louaige et « occupations d'une granche et pressouer où a esté mi à couvert les coches et cha- « riotz de ladicte Dame (la Reine) depuis le premier jour d'octobre mil cinq cent « soixante-seize jusques au dernier jour du mois de juin dernier.

Nous avons passé en revue chacune des rues environnant le Louvre et com- prises dans notre cadre; nous nous occuperons, dans le chapitre suivant, de l'his- toire du monument lui-même.

---

[1] Ce cloître était en effet devant la porte de l'église Saint-Thomas, *ante januam ecclesiæ*.

# CHAPITRE III.

## ORIGINE DU CHÂTEAU DU LOUVRE.

L'origine du château du Louvre est enveloppée d'obscurité, ce qui a naturellement donné libre carrière aux hypothèses. Ainsi André Favyn, dans son *Histoire de Navarre*[1] et dans son *Théâtre d'honneur*[2], en attribue la fondation à Childebert, sans même prendre la peine de chercher un prétexte à une supposition si déraisonnable. «Écouter Favyn, c'est une raillerie,» dit Sauval, puisque Grégoire de Tours, Frédégaire et Aymoin, qui ont parlé des édifices élevés par Childebert, ne font aucune mention du Louvre. Mais l'argument n'a pas semblé péremptoire à D. Toussaint Duplessis, qui, dans ses *Nouvelles Annales de Paris*[3], nie que le silence des historiens de Childebert puisse infirmer la haute antiquité du Louvre, et cite à l'appui de son opinion certain diplôme de Dagobert daté du 26 mai 633. Produite, il est vrai, avec quelque timidité, cette pièce est absolument sans valeur, car non-seulement elle est fausse, et on l'avait reconnu depuis longtemps à l'époque où écrivait Duplessis, mais, fût-elle authentique, on ne saurait l'invoquer, puisqu'il y est question non du Louvre, mais de la petite ville de Louvres en Parisis[4].

Suivant Sauval, André Du Chesne, dans une géographie manuscrite, aurait aussi avancé que le Louvre était d'origine extrêmement ancienne, et que Louis le Gros l'avait fortifié de murailles afin d'y recevoir les hommages de ses grands vassaux. Si Du Chesne a jamais été de cet avis, il paraît en avoir changé avec le temps, car dans ses *Antiquités et recherches des villes de France*[5], après avoir dit que le Louvre fut fondé en 1214, il se borne à ajouter qu'au lieu où Philippe-Auguste le fit bâtir

---

[1] P. 151. L'ouvrage a été publié en 1612.

[2] P. 565. L'ouvrage a été publié en 1620. Comme dans le premier, il n'y a qu'une ligne relative à l'origine du Louvre, lequel est dit : «basty à «un des bouts de la ville, par ledit Childebert et «Ultrogothe, sa femme.»

[3] In 4°; Paris, 1753, p. 90.

[4] Cette charte, si notoirement fabriquée, contient la cession d'un droit d'asile à l'abbaye de Saint-Denis, et le passage mis en avant est ainsi conçu : «Quisque fugitivorum... ex parte Parisius «veniens, Sanctum Marterum præterierit, sive, de «palatio nostro egrediens, publicam viam quæ per-«git ad Luveram, transierit, etc.»

[5] P. 102 de l'édition in-12 de 1668, qui a été revue par François Du Chesne, fils d'André.

il pourrait y avoir eu quelque place ou quelque vieil édifice appelé *Lupara*, parce qu'il avait vu une charte bien antérieure où figurait ce mot *Lupara*. Le document auquel Du Chesne fait allusion, et dont il rapporte les expressions, n'étant autre que la prétendue charte de Dagobert, il n'y a pas lieu de le faire intervenir dans la discussion.

De nos jours nul ne soutiendrait sérieusement que le Louvre est de fondation mérovingienne; en revanche, il est encore permis de se demander s'il n'y avait point un château de ce nom avant le temps de Philippe-Auguste. Jusqu'au commencement du xviii° siècle, l'opinion que ce roi fut le premier fondateur du Louvre semble avoir été la plus répandue; mais depuis, et surtout à partir de la publication du livre de Sauval, l'idée contraire a généralement prévalu, et c'est celle des auteurs modernes. Examinons sur quoi elle est basée.

Sauval dit, en combattant l'assertion de Du Haillan, qui attribue à Philippe-Auguste la construction du Louvre : « Il semble que Rigord et Jean de Saint-Victor « nous ayent laissé des passages exprès pour la détruire [1]. » On imaginerait difficilement une proposition moins justifiée. Rigord, en réalité, ne parle pas du Louvre dans sa Chronique, qui finit à l'année 1208; la continuation de sa Chronique, qu'on croyait être aussi son œuvre, et qui est celle de Guillaume Le Breton, énonce simplement que le comte Ferrand, fait prisonnier à la bataille de Bouvines, en 1214, fut renfermé dans la Tour-Neuve, située hors des murs de la ville : « Fer« randum vero, Parisius devectum, in Turri Nova, extra muros, inclusum arctæ « custodiæ mancipavit. » Guillaume Le Breton, dans sa *Philippide*, n'est pas plus explicite sur ce sujet, car il s'exprime en ces termes :

At Ferrandus........................
..........................parisianis
Civibus offertur, Luparæ claudendus in arce [2].

Quant à Jean de Saint-Victor, il ne nous apprend rien de plus, si ce n'est l'existence d'une tradition suivant laquelle la Tour-Neuve aurait été bâtie pour servir de prison à Ferrand : « Itaque Ferrandus, in Nova Turre, que dicitur Lupare, pro « se, ut fertur, constructa, vinctus est et incarceratus [3]. » Quelles conséquences a-t-on le droit de tirer de ces textes touchant l'antiquité du château du Louvre? Sauval sentait si bien qu'ils n'étaient d'aucune portée, qu'il a eu recours à d'autres arguments, et, de ce fait que le donjon du Louvre a d'abord reçu le nom de *Tour-Neuve*, il s'est cru en droit d'inférer la préexistence, au même lieu, d'autres tours plus anciennes. C'est une hypothèse ajoutée à l'erreur que nous venons de cons-

---

[1] *Antiquités de Paris*, t. II, p. 7.
[2] Guill. Armor. *Philippid*. lib. XII, vers 164.
[3] Biblioth. impér. mss. de Saint-Victor, n° 306, fol. 332 r°.

tater : en effet, par cela même que le nom de *Tour-Neuve* a d'abord désigné la plus haute tour du Louvre, on serait tout aussi fondé à soutenir qu'elle n'avait été précédée d'aucune autre, absolument comme aucun pont, aucune porte, aucune rue ne précéda le Pont-Neuf de Henri III, la Porte-Neuve de François Ier, la rue Neuve-Notre-Dame, etc. Pour ce qui est d'un passage de la *Philippide* où il serait relaté que Philippe-Auguste aurait, en 1222, obtenu de l'Évêque de Paris l'amortissement des terrains renfermés dans le Louvre par lui ou ses devanciers, il n'a existé que dans l'imagination de Sauval. Guillaume Le Breton vante l'équité du Roi, s'abstenant de toute exaction dans les grands travaux qu'il fit exécuter; mais c'est tout, et l'amortissement dont il s'agit eut lieu en 1210, et non pas en 1222. Nous montrerons plus loin que cet amortissement est justement la meilleure arme avec laquelle on puisse attaquer la thèse de Sauval.

Si Philippe-Auguste, fait encore observer Sauval, était le créateur du Louvre, et ne s'était pas borné à y ajouter la Tour-Neuve, comment ses historiens et spécialement Rigord, son panégyriste, qui mentionnent la construction des Halles et de l'enceinte de Paris, eussent-ils passé sous silence une œuvre aussi importante? L'objection est spécieuse cette fois; mais elle n'ébranle pas notre conviction, parce qu'il nous semble hors de doute que les contemporains de Philippe-Auguste considérèrent le château du Louvre comme une simple annexe, comme un complément des nouvelles murailles de la ville; de sorte que Rigord et Guillaume Le Breton, ayant relaté la construction de ces murailles, n'eurent point l'idée de mentionner d'une façon particulière le donjon qui en faisait partie intégrante [1].

Les auteurs postérieurs à Sauval n'ont allégué, que nous sachions, aucune raison plausible afin d'établir qu'il y avait un château du Louvre avant Philippe-Auguste. Jaillot, il est vrai, donne comme certain que la Tour-Neuve ne fit que remplacer une autre tour du même nom [2]; mais cet historien, ordinairement si exact, commet ici une erreur telle qu'on en trouverait bien peu d'aussi graves dans tout son excellent ouvrage. Les lettres d'août 1204, seul document qu'il cite, ne contiennent pas un seul mot dont on puisse induire qu'à une première tour en ait succédé une seconde, il y est déclaré simplement que le Roi accorde 30 sols parisis de rente annuelle aux moines de Saint-Denis de la Chartre, à titre d'indemnité pour la cession, par eux consentie, du terrain sur lequel la tour du Louvre était située : «Pro excambio terre quam monachi Sancti Dionysii in Carcere «habebant, ubi turris nostra de Luvre sita est.» Dans le reste de l'acte il est spécifié que la rente se percevra le jour de la Saint-Remi, sur la prévôté de Paris, et que le Prévôt devra au Roi 5 sous d'amende par chaque jour de retard, s'il

---

[1] Cette idée est exprimée dans le texte du plan de Gomboust: «Et le Louvre basty de même temps, *fai-sant partie de ladite enceinte*» (de Philippe-Auguste). — [2] *Quartier du Louvre*, p. 14.

apporte quelque délai dans l'acquittement de cette obligation [1]. Quant aux deux prétendues tours neuves, il n'y est fait allusion nulle part.

Nous constatons qu'à la fin du xii$^e$ siècle le terrain du Louvre, c'est-à-dire l'espace compris entre la rue d'Autriche (de l'Oratoire prolongée) et la rue Fromenteau (récemment détruite), ne relevait que de deux fiefs, celui de Saint-Denis de la Chartre, à l'orient, et celui de l'Évêque, à l'occident. La limite entre les deux censives était sans doute primitivement la rue du Coq, alors simple chemin au milieu de terres en culture, et qui devait se prolonger jusqu'à la rivière, en passant vers l'emplacement de la Grosse-Tour du Louvre, ainsi que l'implique son ancien alignement, fort différent de l'alignement moderne, et à peu près parallèle à la rue de l'Oratoire. Après la construction de l'enceinte, la limite entre les deux censives était le mur même qui passait au centre de l'îlot compris entre les rues de l'Oratoire et du Coq, et il est bien sûr d'ailleurs que le fief de Saint-Denis de la Chartre s'étendait jusqu'au bord du fleuve, puisqu'en 1425 un chantier qui faisait le coin occidental de la rue d'Autriche et du quai est dit en censive du Prieuré, de même qu'en 1489 une maison placée au coin de la rue Fromenteau et de la rue des Orties est dite en censive de l'Évêché. Ceci posé, il devient clair que le Louvre, à son origine, s'est nécessairement trouvé, soit dans l'un des deux fonds de terre que nous venons de désigner, soit dans tous les deux à la fois. Il relevait des deux censives.

En effet, nous voyons que les possesseurs des deux fiefs furent successivement indemnisés par le Roi : Saint-Denis de la Chartre reçut, en août 1204, une rente de 30 sous parisis, et l'Évêque de Paris obtint, en janvier 1210 (n. s.), la concession de 11 deniers de cens, à prendre sur une maison en Champeaux (aux environs des Halles), laquelle somme formait la compensation de 11 autres deniers de cens que l'Évêque avait perdus sur certaines masures depuis peu ren-

---

[1] Cette charte, confirmée par le roi Jean, a toujours eu son effet; elle a été publiée plusieurs fois. En voici le texte, copié sur le Cartulaire du Prieuré, coté S 1056, où il s'en trouve trois transcriptions identiques : «Philippus, Dei gratia «Francorum rex, omnibus ad quos littere presentes «pervenerint, salutem. Noveritis quod nos, pro ex-«cambio terre quam monachi Sancti Dionysii de «Carcere habebant ubi Turris nostra de Luvre sita «est, eisdem monachis assignamus triginta solidos «Parisienses annui redditus capiendos ab ipsis, sin-«gulis annis, in festo sancti Remigii, in preposi-«tura nostra Parisius, per manum prepositi nostri «Parisius; sub conditione quod post eumdem ter-«minum, singulis diebus quibus Prepositus noster «Parisius predictos denarios retinuerit, postquam a «monachis super hoc fuerit requisitus, idem Pre-«positus nobis dabit quinque solidos pro emenda. «Actum Parisius, anno ab Incarnatione Domini «m° cc° quarto, mense Augusto.» Cette charte vidimée en 1308, le vendredi après le dimanche où l'on chante *Reminiscere*, l'a été de nouveau le 20 février 1453, et il en existe une copie collationnée du dernier jour de janvier 1357. Dans le Cartulaire de Saint-Denis de la Chartre, coté LL 1414, est aussi l'indication d'une charte de Philippe-Auguste sur le même sujet, datée du 4 août 1200, laquelle aurait été vidimée par l'Official l'an 1300; mais cette charte n'est pas transcrite, et nous ne savons s'il n'y a point confusion.

fermées dans l'enceinte de la Tour-Neuve : «In masuris que modo sunt infra «ambitum novorum murorum Nove Turris[1]. » Ainsi, non-seulement pour construire sa grosse tour du Louvre, mais encore pour en bâtir l'enceinte, Philippe-Auguste fut obligé d'acquérir le terrain : où était donc alors ce château du Louvre que l'on dit avoir existé avant ce prince, et dont on ne trouve aucune mention, si le centre même du sol sur lequel s'éleva la nouvelle forteresse dut être acquis par le Roi?

On ne saurait d'ailleurs objecter que, par les transactions de 1204 et 1210, Philippe-Auguste n'ait fait que renouveler des engagements contractés par quelqu'un de ses prédécesseurs. Quiconque est familier avec les formules ordinaires des chartes sait combien on s'y montrait soigneux de rappeler les stipulations antérieures, précaution indispensable, et qui ajoutait à l'authenticité des actes. Ici rien de pareil, et la teneur des textes ne laisse pressentir aucun précédent. Tout est récent, l'expropriation comme l'indemnité, et conséquemment il reste démontré que Philippe-Auguste n'avait d'abord aucun droit sur les terrains du Louvre. Comment concilier ce fait avec l'existence d'un vieux château qu'il aurait simplement restauré et augmenté?

Antérieurement à Philippe-Auguste, nous en avons la conviction, il n'y a jamais eu sur l'emplacement du Louvre ni manoir royal ni forteresse quelconque. Le fait est difficile à prouver directement comme la plupart des faits négatifs, c'est-à-dire qu'on n'a point la ressource de renvoyer à quelque diplôme énonçant en termes formels que le terrain ne renfermait point de vastes constructions; mais il est possible de suppléer à cette absence de documents. Au moyen de déductions tellement rigoureuses qu'elles excluent toute incertitude, nous démontrerons que Philippe-Auguste a jeté les premiers fondements de l'unique édifice qui ait porté le nom de Louvre, et que sur son emplacement il n'y a eu, avant la fin du XIIe siècle, que des masures éparses et rustiques dont l'histoire n'a point à tenir compte.

---

[1] Voici le texte de la charte: «Philippus, Dei «gracia Francorum rex, noverint universi presentes «pariter et futuri, quod nos, de xv denariis quos «habebamus de censu de fundo terre, in domo Rogeri Anglici, in Campellis sita, que contigua est «domui que fuit Odonis de Sancto Mederico, com«mutavimus undecim denarios cum dilecto et fideli «nostro P. (Pierre II de Nemours), Parisiensi epi«scopo, pro undecim denariis de censu de fundo «terre, quos domnus Episcopus habebat apud San«ctum Thomam de Luvre, in masuris que modo sunt «infra ambitum novorum murorum Nove Turris. «Ut igitur hec permutatio perseveret et robur in «posterum obtineat firmitatis, presens scriptum «fieri fecimus et sigilli nostri impressione muniri. «Actum Parisius, anno Domini M.CC.IX, mense «januario.» (Cartulaire de Notre-Dame, tome I, p. 68.) C'est parce que le château du Louvre avait été construit sur le fief de l'Évêque de Paris que ce dernier eut d'abord sur ceux qui y habitaient un droit de haute justice (Cartulaire de Notre-Dame, t. III, p. 341), lequel, suivant Sauval (t. I, p. 76), aurait été confirmé par arrêt du Parlement en 1277.

Du Breul et Du Haillan disent nettement que Philippe-Auguste a créé le Louvre; des auteurs plus anciens, tels que Corrozet et Nicolles Gilles, disent simplement qu'il fit bâtir la Tour-Neuve ou Grosse-Tour. Est-ce parce qu'ils pensaient que la fondation de la Tour-Neuve comprenait celle du château tout entier, ou parce que la Tour-Neuve constituait seulement, à leurs yeux, une addition à des constructions antérieures? Dans ce dernier cas, il serait absolument singulier qu'ils ne se fussent pas expliqués plus clairement. Ils ne l'ont pas fait parce que pour eux, comme pour les chroniqueurs leurs aînés, la Tour-Neuve et le château du Louvre, c'était tout un. Il est du reste bien avéré que, dans la langue du moyen âge, on disait souvent *une tour* pour désigner un château; et le Glossaire de Du Cange traduit une des acceptions du mot *turris* par *arx* et *castrum*. A propos du Louvre, rien n'était plus naturel que l'emploi d'une pareille synecdoche. Avant le règne de Charles V, l'enceinte du château, moins haute de plusieurs toises que celle qui nous est connue, avait sensiblement moins d'importance. Ce qui attirait surtout l'attention dans l'ensemble de l'édifice, c'était l'énorme tour dominant les courtines; par ses dimensions et bientôt par sa destination lugubre, elle frappa les imaginations; on dut nécessairement la considérer comme la tour par excellence, la tour principale parmi celles qui défendaient Paris, et cette circonstance, jointe à l'époque, relativement fort récente, de sa construction, lui fit donner par les contemporains les noms de *Tour-Neuve*, de *Tour de Paris* [1] et même, par emphase, celui de *la Tour* seulement, qu'on lui appliquait dans le premier siècle de son existence.

Au surplus, nous n'émettons pas ici une simple conjecture, et le fait ressort des textes mêmes, qui ne peuvent s'interpréter autrement. Si, par la dénomination de *Tour-Neuve*, on n'avait pas entendu le château tout entier, il répugne de croire que Guillaume Le Breton eût pu écrire « in Turri Nova, extra muros, » au lieu de « in turri nova castelli Luparæ, quod est extra muros, » ou toute autre formule analogue. Il ne serait pas moins étonnant qu'on lût dans les Grandes Chroniques de Saint-Denis : « ....... en une nove tor fort et haute, au defors des murs « de la Cité, si est appelée la tor du Lovre, » au lieu d'une indication comportant que cette tour était le donjon du château du Louvre. On ne concevrait pas surtout que Louis VIII, dans son testament, eût dit : « in turri nostra Parisiensi, « juxta Sanctum Thomam, » et non « in turri castelli Parisiensis, juxta San- « ctum Thomam, » seule rédaction rationnelle. D'un autre côté, l'identité de la Tour-Neuve et du château du Louvre se déduit rigoureusement de la charte de 1210, car personne, certes, n'admettra que cette expression d'enceinte des nouveaux murs de la Tour-Neuve, « ambitum novorum murorum Nove Turris, » si-

---

[1] Nous pourrions citer nombre de faits analogues dont le souvenir n'est point effacé; nous nous bornons à rappeler, comme l'exemple le plus remarquable, la fameuse Tour de Londres, forteresse qui a été pour cette ville exactement ce que le Louvre fut pour Paris.

## ORIGINE DU CHÂTEAU DU LOUVRE.

gnifie le périmètre du donjon, lequel n'avait que quinze mètres environ de diamètre, et semble avoir plutôt dépendu de Saint-Denis de la Chartre que de l'Évêché. Or, si elle ne désigne pas les murs du donjon, il faut bien qu'elle désigne ceux du château; c'est pour cela que, dans un compte de 1202, il a pu être écrit que le donjon et la basse-cour du château de Dun-le-Roi (Cher) seraient faits d'après les mêmes dimensions que la Tour de Paris : « pro facienda turri et de ballio « faciendo ad mensuram Turris Parisius [1], » locution complètement inintelligible pour qui prendrait à la lettre le mot *turris*. Enfin il est si vrai que l'enceinte des murs de la Tour-Neuve, dont il est parlé dans la charte de 1210, se confond avec celle du château, que, dans une autre charte, d'avril 1222, où il est question du tort causé à l'Évêché par l'établissement de cette clôture, elle est cette fois énoncée *l'enceinte du château du Louvre*, « accincta castelli Lupere [2]. » Mais s'il est démontré que la Tour-Neuve et le Louvre ne sont point distincts, comme tous les historiens s'accordent à attribuer la construction de la Tour-Neuve à Philippe-Auguste, il s'ensuit que ce prince est le vrai et le seul fondateur du Louvre.

Les erreurs des historiens touchant l'origine du château du Louvre n'ont pas uniquement pour cause l'obscurité des documents relatifs à la question; elles proviennent aussi de ce que le terrain sur lequel a été élevé le château s'appelait *le Louvre*, avant que Philippe-Auguste y fît bâtir sa tour. Cette circonstance explique seule, et d'une manière suffisante, les locutions « in Nova Turre que dicitur Lu- « pare, » de la *Chronique de Saint-Victor*, « ecclesia Sancti Thome de Louvre, » d'une charte de 1198; « hospitale pauperum clericorum de Lupera, » d'une autre de 1191; et spécialement cette phrase : « Apud Sanctum Thomam de Luvre, in « masuris... infra ambitum novorum murorum Nove Turris. » Avant de dire elliptiquement le Louvre pour indiquer le château [3], expression dont l'usage général n'est pas fort ancien, on a dit le Château ou la Tour du Louvre, comme on a dit les Halles de Champeaux, les Planches de Mibrai, le Pressoir de Gibart, etc. désignations fournies par les noms des territoires. Au surplus, Sauval cite une charte du mois d'octobre 1215, portant que Henri, archevêque de Reims, avait fait construire une chapelle à Paris, dans un lieu appelé *Loure* ou *Louvre* [4]. Rien n'est plus explicite qu'un pareil document.

Jaillot assure qu'il a vu des actes du temps de Louis le Jeune où il est fait men-

---

[1] Compte royal de 1202, p. CLIII du second volume de *l'Usage des fiefs*, par Brussel.

[2] *Cart. de N. D.* t. I, p. 125.

[3] Au XVIᵉ siècle on disait encore habituellement *le château du Louvre*; cependant on rencontre exceptionnellement le mot *Lupara* employé dès 1299 pour désigner le château.

[4] Cette charte faisait partie des archives de Saint-Thomas-du-Louvre; mais elle n'y figure plus, et elle n'est pas même indiquée dans les anciens inventaires du Chapitre. Toutefois Sauval n'a évidemment point inventé le fait, qui a une grande importance, et dont nous regrettons beaucoup de ne pouvoir donner une preuve matérielle.

tion d'un Louvre, sans qu'on puisse discerner s'il s'agit du château ou du territoire. Si ces actes ont existé réellement, il est bien certain pour nous qu'ils se rapportaient à la localité; nous devons dire que nous les avons beaucoup cherchés sans les découvrir, et l'article que Jaillot a consacré au Louvre contient de telles erreurs, qu'il est nécessaire de se montrer circonspect à l'endroit de ses affirmations. Nous avons bien rencontré, dans les cartulaires, de nombreuses indications d'un Louvre au XIIe siècle; mais c'était toujours à la petite ville du Parisis, et non au terrain voisin de l'église Saint-Germain-l'Auxerrois, qu'elles se rapportaient. De fait, nous ne connaissons rien de plus ancien relativement à ce terrain qu'une bulle de 1189, où l'église Saint-Thomas est surnommée *de Louvrea*.

Il serait à souhaiter qu'on réussît à éclaircir la véritable signification du mot *Louvre*, sur l'étymologie duquel on n'a guère émis que des conjectures gratuites. Il faut lire ce que Sauval rapporte du rapprochement qui a été fait entre le Louvre et l'île de Lipara, pour avoir une idée des conceptions ridicules auxquelles une fausse science peut conduire. Du Haillan n'a pas montré beaucoup plus de sagacité lorsqu'il s'est imaginé que, le château du Louvre étant un des plus beaux édifices de la France, Philippe-Auguste « l'appela en langage du temps, « *le Louvre*, qui est comme qui diroit *l'œuvre* quasi chef-d'œuvre. » L'hypothèse de Sauval a eu plus de succès, car, adoptée par Lebeuf et par Jaillot, elle est assez généralement accréditée. D'après cette hypothèse, le mot *Louvre* viendrait du saxon *Leouar*, expression qui, dans un vieux glossaire, serait traduite par *castellum*, et aurait fini par se transformer en celle de Louvre. Pour que cette étymologie offrît la moindre vraisemblance, il faudrait d'abord que le château eût donné son nom au territoire, et c'est le contraire qui est vrai; il faudrait ensuite que la langue saxonne eût été familière aux habitants de l'Ile-de-France pendant le XIe ou le XIIe siècle, et personne ne saurait l'admettre. Une hypothèse bien plus sérieuse est celle qui place, sur le lieu où a été depuis bâti le château du Louvre, une maison appartenant au seigneur de Louvres en Parisis; mais malheureusement il n'y a là qu'une simple supposition, basée exclusivement sur la similitude des noms. Si l'on pouvait invoquer quelque texte à l'appui, nous nous rallierions immédiatement à cette dernière étymologie, parce que le territoire des bords de la Seine et le bourg de la route de Senlis nous paraissent devoir leur nom à une circonstance identique. A partir du commencement du XIIIe siècle, on les trouve toujours énoncés *Lupara*, *Lupera* et quelquefois *Luperiæ*, ce qui a fait croire que le radical était *lupus*, et que Louvre désignait un rendez-vous pour la chasse aux loups ou bien un repaire de ces animaux; mais il suffit de remonter à une époque plus éloignée pour que cette explication cesse d'être plausible. On a vu que le territoire est appelé *Louvre* en 1198 et *Louvrea* en 1189; la ville est énoncée *Loveriæ* en 1172 et 1097, *Luvræ* en 1147, *Luvra* en 1119 et 632 (?), *Lu-*

## ORIGINE DU CHÂTEAU DU LOUVRE.

*vriacus* en 1107, *Luver* en 1098, et *Lalvero* au ix<sup>e</sup> siècle. Ces diverses dénominations n'éclaircissent pas le sens du mot *Louvre*; mais elles établissent péremptoirement que sa forme moderne est identiquement la même que la forme ancienne, et, par suite, qu'il n'est ni une corruption du saxon *leouar*, ni une dérivation du latin *lupus*. Si l'on veut trouver la véritable étymologie du mot *Louvre*, c'est dans la langue celtique qu'il faut la chercher [1].

Résumons la question de l'origine du château du Louvre.

On n'a jamais cité le moindre document digne de foi qui établisse l'existence du château avant la fin du xii<sup>e</sup> siècle; au contraire, nous trouvons un certain nombre de textes authentiques tendant à démontrer que l'édifice fut fondé par Philippe-Auguste, et la réunion de ces textes, se corroborant les uns les autres, équivaut à une démonstration matérielle, d'autant plus encore qu'on n'a absolument rien de sérieux à y opposer. Le château, d'abord nommé par synecdoche *la Tour* ou *la Tour-Neuve*, doit son appellation définitive au territoire sur lequel il fut bâti. Ce territoire, dont le nom a un sens obscur, n'est mentionné pour la première fois d'une manière précise qu'en 1189.

---

[1] En parcourant les glossaires avec l'espoir d'y découvrir quelque donnée confirmative de notre opinion, nous avons lu dans le Dictionnaire celto-breton de Legonidec que le mot *louvre* vient de *lovrez*, léproserie. Cette étymologie séduisante n'est qu'imparfaitement justifiée lorsqu'on l'étudie. Il y a eu une léproserie à Louvres; mais Lebeuf pense que l'origine n'en remontait pas au delà du xiii<sup>e</sup> siècle. Il peut s'être trompé; mais comment admettre que cette léproserie ait été fondée à une époque assez ancienne pour avoir donné au bourg le nom qu'il aurait porté dès 632, à ce qu'on assure d'après une charte, malheureusement suspecte? Il existait des léproseries en Orient dès le vi<sup>e</sup> siècle; en était-il de même en Occident? Une charte de Dagobert, datée du 30 décembre 634, parle bien d'une basilique de Verdun où habitaient les lépreux, «basilica sancti «domni Petri et domni Victoris oppidi Virdunensis, «ubi leprosi resident;» nous ignorons s'il faut voir là une véritable léproserie. Quoi qu'il en soit, l'existence d'un hôpital de lépreux à Louvres et le nom de ce bourg offrent une coïncidence très-remarquable.

# CHAPITRE IV.

## HISTOIRE DU VIEUX LOUVRE.

(DE 1202 À 1527.)

La pénurie habituelle de documents spéciaux ne permet que très-rarement d'écrire l'histoire architecturale des anciens monuments, et l'on y supplée le plus souvent par la narration des événements dont ils ont été le théâtre. Déterminé à ne pas nous engager dans une voie semblable, nous ne pouvons que reconnaître l'impossibilité absolue de faire une histoire détaillée du vieux Louvre, telle que nous l'eussions souhaité. Un sinistre des plus désastreux au point de vue de la science en est la cause principale. En effet, sans l'incendie du 27 octobre 1737, qui, en détruisant la Chambre des Comptes, a surtout ravagé les archives du Domaine, il est probable qu'on posséderait encore ces registres si précieux des *OEuvres royaux,* consultés par Sauval et constituant à peu près l'unique source de renseignements où il fût possible de puiser. Aujourd'hui que ces registres sont détruits, on en est réduit à parler du Louvre d'après ce que Sauval en dit lui-même dans son récit, plein d'inexactitudes; il existe encore quelques fragments de comptes fort intéressants mais peu étendus, que M. Le Roux de Lincy a empruntés à un manuscrit de la bibliothèque de l'Arsenal, et qu'il a publiés en 1852 dans la *Revue archéologique* [1]. Ce sont là des éléments extrêmement incomplets, auxquels nos recherches n'ont presque rien ajouté, et qu'il n'y a aucune espérance de voir augmenter sensiblement un jour.

Nous avons dit que Philippe-Auguste fonda le Louvre avec l'intention d'en faire l'ouvrage principal de la nouvelle fortification de Paris, comme le donjon était alors la suprême défense des châteaux forts. Il est donc à supposer que la construction du château fut entreprise en même temps que l'enceinte, vers 1190. Le premier document où il soit question du château du Louvre est le compte de 1202, précédemment cité, où il est simplement énoncé *Turris;* on y parle des ferrures posées

---

[1] Voir à la fin du chapitre v, p. 181.

aux fenêtres, du salaire des gardes et d'une somme de 8 livres 13 sous et 4 deniers pour le vin des bourgeois qui y avaient fait le service militaire [1]. Tout cela implique bien que, en 1202, la Grosse-Tour était déjà élevée avec ses principales dépendances.

Philippe-Auguste laissa vraisemblablement le Louvre achevé et compris dans les limites qui nous sont connues pour le xvie siècle; l'agencement des rues voisines paraît en être une preuve. Saint Louis passe pour avoir fait faire des travaux au Louvre; mais l'importance et la nature de ceux qu'il ordonna ne sont point déterminées par les auteurs contemporains. Nous avons trouvé, dans un compte des baillis et prévôts pour l'année 1248, un article de 20 livres 13 sous pour les œuvres du Châtelet, du Louvre et autres, « pro operibus Castelleti, Luparæ et « aliis [2]. » D'ailleurs il existait au Louvre, sous Charles V, une salle qui ne fut détruite que sous François Ier et que l'on nommait *salle de Saint-Louis,* parce que, apparemment, elle avait été faite ou décorée par ordre de ce prince [3].

Durant les deux règnes qui suivirent celui de saint Louis, le Louvre dut s'augmenter de quelques constructions. Philippe le Bel qui fit tant pour le palais de la Cité, fit aussi travailler au Louvre. Dans un compte du Trésor [4], il est question, à l'année 1296, de bois de charpente, acheté de Jean de Corbeil, pour les lices du Louvre, « ad opus liciarum de Lupara, » et, à l'année 1299, de 1,000 livres dépensées aux œuvres de Vincennes et du Louvre, « pro operibus Vicenarum et « Lupare. » En 1333, Philippe de Valois acquit une grange vers la rue Fromenteau, pour y placer une ménagerie d'animaux féroces; mais c'est par Charles V seulement que furent de nouveau exécutés au Louvre des travaux considérables. Charles V avait un goût très-vif pour l'architecture et il en donna des preuves en consacrant à la restauration de l'édifice la somme de 55,000 livres, laquelle aurait équivalu, suivant Sauval, au vingtième de son revenu annuel [5]. Cette restau-

---

[1] « Pro fenestris Turris ferrandis, et de residuo « cameræ, xxv[e]. — Simon et custodes Turris, xvii[l] « et iiii[d], de tertio anni. — .. Et pro vino burgen- « sium qui custodierunt Turrim, viii[l] et xiii[s] et iiii[d]. »

[2] Bibl. imp. fonds latin, suppl. n° 108.

[3] Elle était située dans l'aile occidentale. (Voir au chapitre suivant.)

[4] Page 263 du tome XXI de la collection des *Historiens de France,* par MM. Guigniaut et Natalis de Wailly.

[5] Christine de Pisan, parlant du Louvre dans son *Livre des fais et bonnes meurs du sage roy Charles le Quint,* dit qu'il le « fist édifier de neuf, « moult notable et bel édifice, comme il appert. »

Elle nous apprend aussi que Charles V était familier avec l'art de bâtir, et déclare qu'il « fust sage « artiste » et « se démonstra vray architecteur, devi- « seur certain et prudent ordeneur. » (3e part. ch. xi.) Ailleurs elle affirme qu'en « géométrie, qui est l'art « et science des mesures et ecquerres, compas et « lignes, sans qui nulle œuvre est faicte, » Charles V « s'entendoit souffissamment, et bien le monstroit en « devisant (imaginant) ses édifices. » Il paraît donc que le Roi ne se bornait pas à faire beaucoup construire, mais qu'il prenait une part quelconque à la confection des plans. Cela explique la faveur qu'il accorda à Raymond du Temple, son architecte, et aussi l'empressement avec lequel, lorsque l'em-

ration avait été commencée dès le règne du roi Jean, puisque les fragments de comptes que nous possédons remontent à l'année 1362; mais ce n'en fut pas moins par la volonté de son fils, alors régent, qu'elle fut entreprise; elle eut pour résultat de transformer l'édifice, de forteresse, en manoir d'habitation. C'est sans doute dans ce dessein que Charles V, au dire de Sauval, exhaussa les ailes de cinq ou six toises sur plusieurs points, et les couronna de terrasses, remaniement qui entraîna la disparition des créneaux des courtines. La distribution intérieure fut aussi considérablement modifiée : on fit les logements plus commodes, on en multiplia le nombre, et l'on en rendit l'accès plus aisé par l'établissement, dans la cour, d'un grand escalier hors d'œuvre; en un mot, la physionomie du château fut totalement changée et perdit son aspect, exclusivement militaire, pour en prendre un autre plus en harmonie avec sa nouvelle destination. Le Louvre alors tint le milieu entre l'hôtel Saint-Paul, cet hôtel solennel des grands ébattements, et la Bastille, qui allait surgir du sol. Il est digne de remarque que la Bastille fut fondée en 1369, juste à l'époque où la transformation du Louvre dut être complète.

Au commencement du règne de Charles VI, en 1382, les Maillotins eurent l'idée de démolir le Louvre, et ils l'eussent fait sans les observations d'un bourgeois de Paris, appelé *Le Flamand*, qui conseilla d'attendre le dénoûment de la guerre que le Roi faisait alors en Flandre. Cette guerre s'étant terminée favorablement pour Charles VI, ce prince revint à Paris, et ordonna immédiatement aux Parisiens de porter toutes leurs armes au Louvre (janvier 1383). Il y en fut déposé d'immenses quantités, et jamais l'édifice n'en contint autant; quoique, de tout temps et jusque sous Charles IX, il ait été employé comme arsenal. Dans les comptes des baillis de France, il est fait mention, dès 1248, des arbalètes qui se fabriquaient au Louvre[1], et dans d'autres comptes, de 1234, de l'artilleur du château et des soufflets d'une forge sans doute destinée à la confection des machines de guerre[2]. En 1358, quand les habitants de Paris se saisirent du Louvre, ils y trouvèrent un grand nombre de canons et autres engins de guerre. En 1460, la nécessité de restaurer le grand Châtelet, qui était le siége de la Prévôté de Paris, fit transporter cette juridiction et sa geôle au château du Louvre. En 1506, des munitions étaient accumulées dans les caves, les salles basses et même dans une des ailes, de telle sorte qu'il fut expressément interdit d'y allumer du feu dans aucune cheminée, malgré la présence des officiers de la Prévôté. Ils continuaient

pereur Charles IV vint à Paris, en 1377, il lui «monstra les beaulx murs et maçonnages qu'il avoit «fait au Louvre édifier.» Ce pouvait être, de sa part, autant amour-propre d'artiste que vanité de propriétaire. Nous verrons que Catherine de Médicis s'occupait également d'architecture.

[1] «Magister Aubertus, qui facit balistas ferri «apud Luparam, pro expensis: vii$^l$ ii$^s$ iii$^d$.» (*Recueil des historiens de France*, t. XXI, p. 262.)

[2] «Quinque balistæ emptæ de attilatore Lu-«paræ: viii$^l$.» — «Pro follibus in fabrica Luparæ.» (*Ibid.* p. 235 et 239.)

toutefois à y tenir leurs séances en attendant la fin des réparations du Châtelet, où ils furent renvoyés par lettres patentes du 23 décembre. D'après le *Journal d'un bourgeois de Paris*, on logea au Louvre, en 1523, «vingt-cinq pièces d'artil-«lerie grosses, sur roues et charroys,» et «grands nombres de charroys garnis de «pouldre et bouletz de fer, le tout pour mener en Picardie, contre les Anglois et «Bourguignons.» Peu de temps après commença la décadence de l'arsenal du Louvre, dont François Ier fit renverser les bâtiments. En 1533, ce prince avait emprunté à la Ville, pour y fondre des canons, une des granges qu'elle avait près des Célestins, au lieu que l'on appelle encore maintenant *l'Arsenal*, et qui finit par devenir décidément l'arsenal royal, à la place de celui du Louvre; par ordonnance du 18 décembre 1572, Charles IX y transféra le siége du bailli de l'artillerie.

En 1214, la Grosse-Tour du Louvre servit de prison au comte Ferrand, et, pour cela, on l'appela pendant un temps *la Tour Ferrand*. Le vaincu de Bouvines est le premier d'une assez longue série de captifs grands seigneurs, dont le dernier fut Jean II, duc d'Alençon, incarcéré par ordre de Louis XI. Mais la Grosse-Tour n'eut jamais, d'une façon permanente, cette sinistre destination; en temps ordinaire, elle constituait surtout un lieu de sûreté pour le roi, ses chartes et ses richesses de toutes sortes. Nous savons que, sous Charles V, il y existait une chambre où ce monarque resserrait ses joyaux, sans doute à l'exemple de ses prédécesseurs, et le testament de Louis VIII nous apprend que ce dernier prince y avait déposé ses épargnes. On trouve des mentions d'un trésor du Louvre dès 1297; ce trésor, qu'on doit considérer comme celui de l'État, ne se confondait point alors avec le trésor de la Maison du Roi[1], déposé au Temple, et qui fut définitivement réuni à l'autre par une ordonnance de 1317. Il est difficile de dire combien de temps le trésor royal resta au Louvre; il pourrait en avoir été retiré pendant la domination des Anglais. François Ier, en 1531, le rétablit dans une des tours du château, où il avait fait mettre des coffres fermant à plusieurs clefs. Le Trésor ou bureau de l'épargne y fut maintenu par Henri II et ses successeurs.

On sait que Charles V fonda la Bibliothèque royale au château du Louvre, en y transportant, vers 1367, les manuscrits et l'ameublement spécial de celle qui existait alors au palais de la Cité. Avant lui plusieurs de nos rois avaient réuni des livres; mais c'était généralement pour leur usage personnel et non en vue de créer une bibliothèque de la couronne. Ainsi saint Louis, au lieu de léguer à son fils les livres assez nombreux qu'il avait amassés, en fit don, par son testament, à quatre communautés religieuses. Telle ne fut point la conduite de Charles V. Aimant passionnément les livres, se plaisant à en faire copier et traduire, il centupla la quantité de ceux dont s'était contenté son père et ne recueillit pas moins de neuf cents

---

[1] E. Boutaric, *La France sous Philippe le Bel*, p. 229.

manuscrits, quantité fort considérable pour cette époque, où l'achèvement d'un seul volume exigeait un si long temps. La garde de ce trésor fut confiée à Giles Malet, d'abord valet de chambre, puis maître d'hôtel du roi; il en dressa, l'an 1373, un inventaire qui est parvenu jusqu'à nous[1]. Il résulte de ce précieux document que les livres étaient renfermés en trois chambres situées l'une au-dessus de l'autre, la première contenant deux cent soixante-neuf volumes, la seconde deux cent soixante, et la troisième trois cent quatre-vingt-un. Ces trois chambres formaient trois étages de la tour dite de *la Librairie*, dont nous déterminerons plus loin l'emplacement. A Giles Malet, mort en 1410, succéda, dans la place de garde de «la librairie,» Antoine des Essarts, garde des deniers de l'épargne, lequel en fut mis en possession le 7 juillet; après lui vint Jean Maulin, clerc de la Chambre des comptes; puis Garnier de Saint-Yon, échevin de Paris, qui y fut appointé le 11 mai 1412. Il exerçait encore ses fonctions en 1429, lorsqu'il en fut déchargé et reçut quittance de sa gestion par l'ordre du duc de Bedford, régent pour le roi Henri VI. Bedford acheta, moyennant la somme de 1,200 livres, cette première bibliothèque du Louvre, qui fut ainsi, en grande partie, perdue pour la France. En 1423, loin de s'être augmentée, elle ne se composait plus que de huit cent cinquante volumes, et on l'estima 2,223 livres 4 sous.

A Louis XI appartient l'honneur d'avoir reconstitué la Bibliothèque royale. Ayant fait rechercher les livres épars depuis Charles V en diverses maisons royales, il y joignit les siens ainsi que ceux de Charles VII, et forma, vers 1475, une collection d'ouvrages qui, grâce à l'invention de l'imprimerie, s'accrut rapidement. Cette collection eut pour garde un nommé *Laurent Palmier*, et, selon Du Breul, *Robert Gaguin*. Charles VIII suivit les traces de son prédécesseur, et ses guerres en Italie lui fournirent l'occasion de faire une foule d'acquisitions précieuses. La Bibliothèque royale était encore au Louvre sous son règne. Du temps de Louis XII, elle en fut enlevée pour n'y plus revenir; on la transporta à Blois, où elle fut réunie à celle que Charles d'Orléans avait fondée en cette ville, à son retour d'Angleterre[2]. Néanmoins, sous Henri IV, il y avait au Louvre un «Cabinet des livres,» dont parle Sully, et Catherine de Médicis y avait amassé beaucoup d'anciens ouvrages «hébreux, grecs et latins, traduits et à traduire,» dit le poëte Ronsard.

L'officier qui commandait le château du Louvre portait d'abord le titre de châtelain, *castellanus;* au XIVe siècle et depuis il a été constamment qualifié de capi-

---

[1] Il est conservé à la Bibliothèque impériale en registre et en rouleau. On lit sur la seconde page : «Cy-après en ce papier sunt escrips les livres de «tres souverain et tres excellent prince Charles, le «quint de son nom, par la grâce de Dieu, roy de «France, estans en son chastel du Louvre, en «trois chambres l'une sus l'autre. L'an de grâce «mil CCCLXXIII. Enregistré de son commandement «par moy, Giles Malet, son varlet de chambre.» On possède un autre inventaire de 1411.

[2] Leprince, *Essai historique sur la Bibliothèque royale*.

taine; il exerçait certaines fonctions judiciaires, et le tribunal de la Capitainerie siégeait encore dans le dernier siècle. Le premier châtelain du Louvre que nous connaissions s'appelait *Renaud;* il fut un des porteurs de son homonyme, l'évêque Régnaut de Corbeil, lors de l'installation solennelle de celui-ci sur le siége épiscopal de Paris, le 10 juillet 1250. Le poste de châtelain ou capitaine du Louvre était, on le comprend, un emploi d'importance; parmi ceux auxquels il fut confié, nous trouvons Enguerrand de Marigny, ministre de Philippe le Bel, le connétable de Saint-Pol, du temps de Louis XI, et le duc de Luynes, favori de Louis XIII.

De Charles VII à François Ier, le Louvre paraît avoir été négligé, les rois n'y logeant que par intervalle et préférant le séjour de l'hôtel Saint-Paul ou des Tournelles. On y fit cependant, à plusieurs reprises, quelques réparations; ainsi, en 1513, on remit aux verrières de la chapelle quatre écussons aux armes du roi, de la reine, de la dame de Genlis et de son mari qui était capitaine du château; on y repeignit aussi à l'huile une image de saint Jean-Baptiste, et l'on y fit un bénitier. On condamna, en outre, une porte qui communiquait d'un oratoire situé en la chapelle avec la basse-cour voisine de l'hôtel de Bourbon[1].

Pendant les dix premières années de son règne, François Ier ne résida pas plus au Louvre que ses prédécesseurs; mais, vers 1527, il résolut d'en faire sa demeure ordinaire, à Paris. Cette circonstance rendit au château l'importance qu'il avait au temps de Charles V, et bientôt une reconstruction entreprise dans des conditions splendides vint lui donner une célébrité fort supérieure à celle qu'il avait eue jadis. A l'année 1527 finit l'histoire du Louvre du moyen âge et commence celle du Louvre de la Renaissance.

---

[1] *Comptes de l'ordinaire de Paris.* (Sauval, t. III, p. 562.)

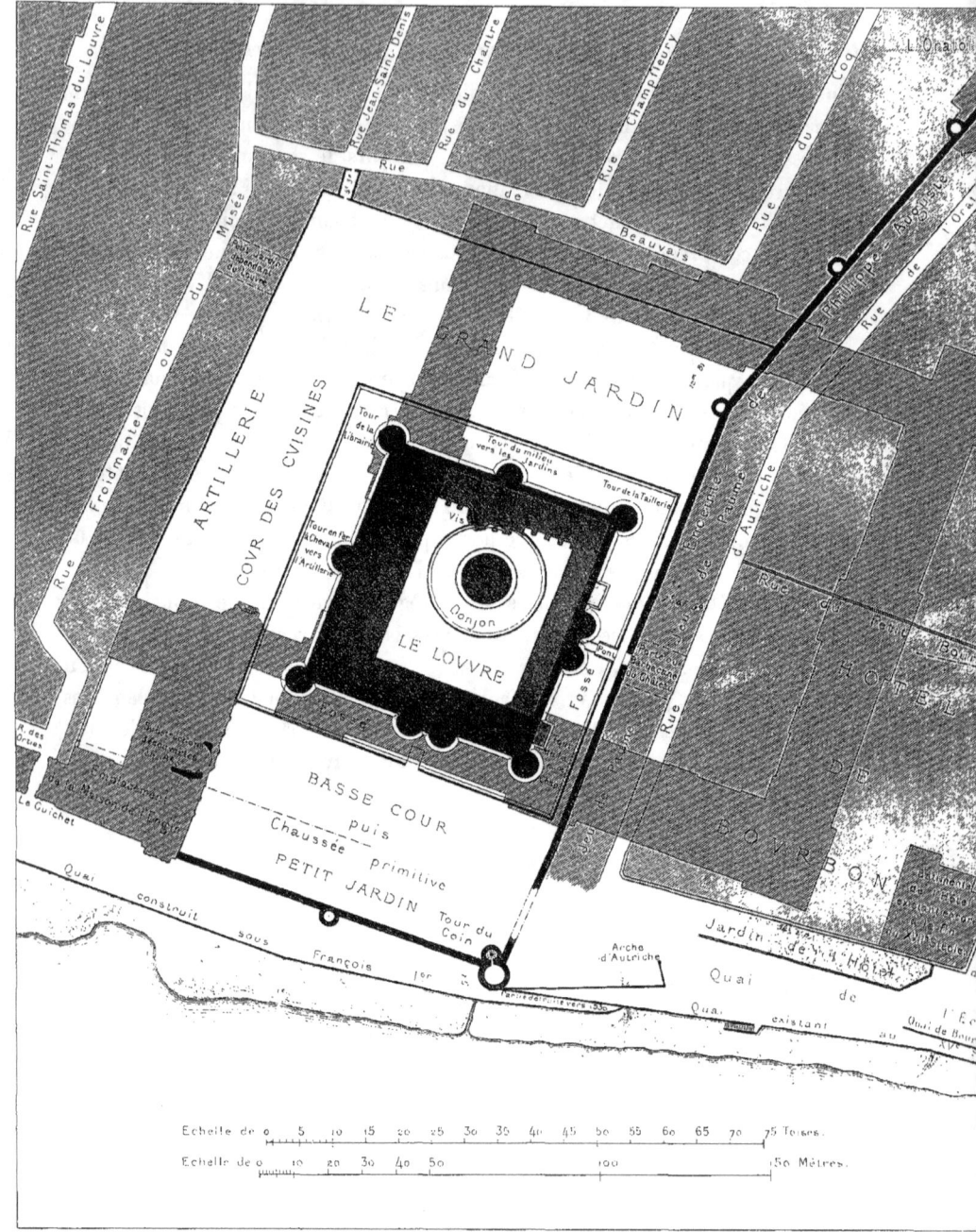

PLAN RESTITVÉ DV VIEVX LOVVRE

# CHAPITRE V.

### DESCRIPTION DU VIEUX LOUVRE ET DES FORTIFICATIONS VOISINES.

Le vieux Louvre se composait d'une grosse tour ou donjon, placée vers le milieu d'une cour circonscrite par quatre ailes qui formaient un parallélogramme rectangle. Ce quadrangle, un peu plus profond que large, dont la plus grande dimension s'étendait du sud au nord, avait sa principale entrée au midi, du côté de la rivière, et était entouré de fossés qui le séparaient des basses-cours, jardins et bâtiments secondaires constituant les dépendances du château [1]. Sous le règne de Henri II, le tout occupait une superficie d'environ trente mille mètres carrés, et avait pour limites, au nord et à l'ouest, des maisons en bordure sur les rues de Beauvais et Fromenteau; au sud, le quai du bord de la Reine; à l'est, la rue d'Autriche. (Voir le plan restitué du vieux Louvre, qui est ci-joint.)

### LA GROSSE-TOUR.

La Grosse-Tour, que Sauval dit avoir été située exactement au centre de la cour du Louvre, et qu'il faut placer plutôt un peu vers l'orient [2], était cylindrique et analogue à la tour de Montgommery, qu'on voyait encore, il y a un siècle, au Palais de Justice. Elle avait des murs de treize pieds d'épaisseur à sa partie inférieure, et de douze seulement au-dessus du talus, à partir duquel elle mesurait vingt-quatre toises de circonférence; les approches en étaient défendues par un fossé particulier large et profond [3], et elle s'élevait de seize toises depuis le « rez-

---

[1] Guillaume de Lorris, poëte du temps de saint Louis, a dépeint, dans son *Roman de la Rose*, un château fantastique de la Jalousie, dont la description n'est autre, assure Sauval, que celle du vieux Louvre; mais Sauval n'aurait pas fait une telle supposition s'il eût mieux connu ce dernier édifice. Les vers de Guillaume de Lorris ne traduisent qu'une création de son imagination, et les quelques traits du château de la Jalousie qui peuvent s'appliquer au Louvre devaient se retrouver dans plus d'une autre forteresse du xiii° siècle.

[2] Elle était probablement dans l'axe du portail. (Consulter la vue du vieux Louvre qu'offre le tableau de Saint-Germain-des-Prés, et que nous reproduisons. Le retable du Palais confirme également cette particularité.)

[3] Il devait être moins large que Sauval ne le donne à entendre. Nous doutons que ses parois aient été éloignées l'une de l'autre de plus de trois toises.

« de-chaussée » (le sol de la cour?) jusqu'à la naissance du toît conique qui la surmontait. On ignore le nombre d'étages qu'elle avait, on sait seulement que chacun de ces étages était éclairé par huit fenêtres de quatre pieds de haut sur trois de large, grillées et garnies d'un réseau de fil d'archal contenant cent quatre-vingt-deux mailles. La communication entre la cour et la Grosse-Tour avait lieu par un pont de pierre, d'une arche, et un pont-levis, dont le « pignon [1] » était orné d'une statue de Charles V tenant son sceptre, haute de quatre pieds, et qui fut payée six livres huit sols parisis à Jean de Saint-Romain, un des sculpteurs habituels de ce roi. Sauval ne dit point de quel côté était le pont; mais on peut admettre qu'il se trouvait au midi, du côté de la grande entrée, à l'opposé d'une galerie, aussi de pierre, qui servait à aller directement des ailes du château en la Grosse-Tour, et était certainement située du côté du nord, puisqu'elle « aboutissait au grand escalier « du corps de logis de derrière, » c'est-à-dire à l'escalier de l'aile septentrionale [2].

La Grosse-Tour renfermait une chapelle, trois « boulées » (voultes, voûtes?), un retrait, un puits, plusieurs chambres, et une pièce voûtée où le Roi resserrait ses joyaux [3]. On y montait par un escalier hélicoïde, en pierre, fermé par le bas d'une épaisse porte « de fer, » ou plutôt renforcée de nombreuses ferrures, indépendamment d'une profusion de serrures et de verrous. Sur l'un des côtés du fossé on avait construit un petit bâtiment couvert de tuiles, abritant une fontaine; il fut abattu en même temps que la tour. De l'autre côté s'élevait un pavillon carré qui fut rasé en 1377, parce qu'il encombrait la cour; on en porta les débris dans la grange de l'hôtel de la Petite-Bretagne. La Grosse-Tour est la première partie du vieux Louvre qui ait disparu; démolie en 1527, elle laissa au lieu qu'elle avait occupé une dépression du sol dans laquelle les eaux pluviales séjournaient; ce qui provoqua, de la part du vulgaire, d'interminables dissertations sur les oubliettes et les cachots mystérieux des vieux châteaux.

Nous avons dit que la Grosse-Tour du Louvre, forteresse dans une forteresse, avait été en quelque sorte le germe du château; elle en exprimait la destination première, à tel point que, prenant la partie pour le tout, on désigna d'abord l'ensemble par le nom de *la Tour-Neuve*, *la Tour du Louvre*, *la Tour de Paris*. La captivité que le comte de Flandres subit dans le donjon a fait également appeler cette partie du château *la Tour-Ferrand*, dénomination que lui donne le continuateur de Nangis. Depuis, le donjon a toujours porté le nom populaire et expressif de *Grosse-Tour du Louvre*.

---

[1] Par ce mot *pignon* Sauval comprend sans doute le fronton couronnant la voussure de la porte d'entrée de la tour, voussure de chaque côté de laquelle il y avait vraisemblablement des ouvertures étroites destinées au jeu des flèches du pont-levis.

[2] La galerie devait être une addition au plan primitif, car elle ne pouvait que nuire à la défense de la Grosse-Tour.

[3] « La volte de la Grosse-Tour, où le Roy met ses « joyaux. » (Compte de 1367.)

## LE QUADRANGLE.

Deux des ailes du Louvre de Charles V ont subsisté jusque dans le xviie siècle : l'aile septentrionale, abattue par Lemercier postérieurement à 1624, et l'aile orientale abattue, par Levau vers 1660. Cependant il n'existe aucun plan de l'une ni de l'autre; du moins les recherches prolongées auxquelles nous nous sommes livré ne nous en ont pas fait découvrir[1]. Il n'en existe pas davantage pour les deux autres ailes dans leur état ancien; mais, en revanche, on possède des renseignements ne laissant aucun doute sur l'emplacement de ces constructions, emplacement qui est la base de toute restitution du vieux Louvre et qu'il convient donc d'étudier préalablement.

Sauval dit que la grande salle de Saint-Louis, rebâtie par Charles V, avait douze toises de long sur sept de large, d'où l'on peut conclure que cette largeur de sept toises était celle de l'intérieur d'une des ailes. Sauval nous apprend, en outre, que François Ier démolit le corps de logis où se trouvait la salle Saint-Louis, circonstance impliquant qu'elle était dans l'aile occidentale, la seule qu'on ait entièrement jetée bas avant le règne de Henri II. Or, en supprimant les colonnes qui la décorent, la salle actuelle des Cariatides présente environ six toises quatre pieds dans œuvre. Il y a donc les plus fortes raisons de croire qu'elle reproduit la largeur de l'aile qu'a remplacée le bâtiment dont elle fait partie, et qu'elle en marque aujourd'hui l'emplacement exact. Ces présomptions se changent en certitude lorsqu'on se rappelle que, suivant l'affirmation de Sauval, la vieille muraille de ce côté, jugée excellente, a été conservée lors de la reconstruction de Henri II; ce qui explique comment le mur du côté des Tuileries est d'une épaisseur considérable qu'on ne saurait comprendre autrement. Les architectes Percier et Fontaine[2] ont reconnu,

---

[1] L'atlas de la censive du prieuré de Saint-Denis de la Chartre, exécuté en 1754 et 1755, contient un plan de masse de l'ancien Louvre reporté sur celui du Louvre moderne, d'ailleurs sans nulle indication des documents d'après lesquels il a été fait. Cette circonstance, qu'il figure dans les archives de Saint-Denis de la Chartre, donnerait à penser qu'il a une grande valeur; mais il n'en est rien, et nous avons surabondamment constaté qu'il était faux. On lit au bas que le Louvre contenait dix arpens trente-huit perches huit toises, ce qui excède la réalité, sans toutefois s'éloigner considérablement du chiffre que nous trouvons. On remarque sur ce plan un certain nombre d'indications qui pourraient n'être point uniquement dues à l'imagination du dessinateur. — Sauval avait fait lever, des restes du vieux Louvre, un plan qui n'est point parvenu jusqu'à nous.

[2] M. de Clarac (p. 251) dit qu'il en a reçu d'eux l'assurance, et donne le profil que voici :

comme celui d'une moulure ayant fait partie de l'ancienne muraille du Louvre, vers l'occident.

au surplus, que ce mur, bâti en pierres d'une espèce dont on ne se servait plus au xvie siècle, est sûrement ancien, et l'on peut s'assurer, par une gravure de Baltard, qu'il était encore, sous le Consulat, garni de deux larmiers gothiques. Enfin, sur le plan de Du Cerceau[(1)] sont figurées, à côté de l'escalier de Henri II, les amorces des murs mêmes de l'aile primitive, dont les parois, prolongées, se confondent avec celles de l'aile moderne[(2)]. (Voir, au chapitre vii, le plan du Louvre de la Renaissance, étage inférieur.)

Du côté du midi, les données ne sont pas tout à fait aussi explicites que du côté de l'ouest; néanmoins il est impossible de se refuser à croire que l'aile méridionale[(2)], dont P. Lescot donna le dessin, fut élevée sur les anciens fondements. En mesurant l'intérieur de cette aile, à laquelle Perrault a adossé une nouvelle façade, et qui est devenue la galerie regardant sur la cour, où sont les salles de l'Aruspice et de la Médée, on trouve qu'elle a, dans œuvre, quatre toises trois pieds et demi, largeur attribuée par Sauval à la salle neuve de la Reine, dont les appartements, dit-il, étaient situés du côté de la principale entrée du château, en d'autres termes, sur la rivière. Il serait, à coup sûr, bizarre que les architectes chargés de reconstruire l'aile méridionale fussent tombés sur des dimensions pareilles, si l'idée ne leur en avait pas été suggérée par des fondations préexistantes, dont ils voulaient profiter. Ce système avait déjà été suivi vers l'ouest, parce qu'il utilisait des substructions d'une extrême solidité, comme toutes celles de l'époque ogivale, et prévenait un déplacement incommode des fossés, mesure inévitable dans le cas contraire. On verra de plus que des renseignements très-positifs sur la longueur de l'aile occidentale, et sur la largeur du fossé vers la rivière, confirment de tout point l'hypothèse de l'identité d'emplacement entre l'aile méridionale primitive du château et celle du xvie siècle. Un pareil ensemble de présomptions ne saurait être l'effet du hasard; en semblable matière, de telles coïncidences sont aussi probantes qu'on peut raisonnablement l'espérer.

Après avoir ainsi obtenu la base que nous cherchions, il devient possible de poursuivre notre étude de restitution.

La cour du Louvre, affirme Sauval, avait trente-deux toises cinq pieds de longueur, c'est-à-dire du nord au sud, et trente-quatre toises et demie de largeur, c'est-à-dire de l'est à l'ouest. Il y a là une double et énorme erreur que personne

---

[(1)] Dans le premier volume des *Plus excellens bastimens de France*, Du Cerceau donne les plans des deux ailes reconstruites au xvie siècle.

[(2)] Le mur extérieur de l'aile ancienne offrait la même épaisseur que celui de l'aile nouvelle; quant au mur intérieur, il avait une épaisseur de trois pieds absolument comme le mur moderne, à l'étage supérieur. A l'étage du rez-de-chaussée, le mur moderne est garni de contre-forts reliés par des arcs, en façon de portiques, ce qui lui donne une épaisseur totale de six pieds. Il est extrêmement vraisemblable que le mur ancien était pareillement muni de contre-forts saillants de trois pieds environ, et, en faisant nos calculs, nous supposerons le fait admis.

n'a jamais soupçonnée, mais que nous allons rendre palpable en rétablissant, au moyen de documents authentiques, tout ce qui se trouvait entre la rue des Poulies et l'aile occidentale du Louvre.

C'est en 1390, le 23 avril, que fut donné l'alignement de l'hôtel de Bourbon, sur le quai, et, par un rapport d'experts relatif à cette opération, on voit qu'il y avait « ou costé par devers la rivière, *entre les deux coings des deux rues* (des Poulies « et d'Autriche), au lonc dudit hostel, cinquante et quatre toises et deux piez de « lonc, ou environ, de coing à autre [1]. » Si donc l'on peut retrouver le coin oriental de l'hôtel de Bourbon et une portion de son alignement sur le quai, que les anciennes vues montrent avoir été rectiligne, on replacera avec certitude l'autre coin de la façade de l'hôtel, celui qu'elle formait avec la rue d'Autriche et la partie méridionale de l'îlot sera reconstituée. Deux plans identiques de la Bibliothèque impériale, levés à la fin du xviie siècle, et reproduisant ce qui restait alors des bâtiments du Petit-Bourbon, satisfont à la condition; le résultat qu'ils nous ont permis d'obtenir est tellement juste qu'en mesurant la distance entre le coin restitué de la rue d'Autriche et le mur de l'hôtel d'Alluye (voir le plan restitué), nous avons trouvé la longueur de « cent dix-neuf thoises et demye unze poulces, » indiquée par un toisé fait à propos des censives du Chapitre Saint-Germain-l'Auxerrois et du prieuré Saint-Denis de la Chartre, le 11 janvier 1580. Cette dimension cesserait d'être exacte si l'on admettait que la façade de l'hôtel de Bourbon, sur le quai, était moins large que nous ne le disons; mais une telle supposition est absolument inadmissible en présence du texte que nous venons de citer. Nos assertions touchant la largeur de l'espace entre les deux rues sont confirmées, en outre, par un plan manuscrit de Desgodets (1694), où est figurée, dans la cour du Louvre moderne, une fontaine, jalon du parcours ancien de la rue d'Autriche; elles le sont également par ce que nous apprennent divers plans anciens, touchant la direction de cette voie, depuis la rue Saint-Honoré jusqu'à la hauteur de la rue de Beauvais. Enfin une preuve mathématique ajoute à la rigueur de la démonstration : les limites de l'hôtel de Bourbon, vers le nord, nous étant connues par plusieurs documents graphiques, et sa superficie comprenant environ deux mille huit cents toises, il est de nécessité absolue qu'il ait présenté, de l'est à l'ouest, la profondeur spécifiée par la charte de 1390 [2].

---

[1] Archives de l'Empire, cart. S 63. Une autre copie du procès-verbal existe dans les liasses P, précédemment citées et relatives à l'hôtel de Bourbon.

[2] Cette superficie d'environ deux mille huit cents toises est indiquée par Jaillot (*Quartier du Louvre*, p. 12), qui ne parle point des dimensions de l'ancien Louvre. La profondeur de l'hôtel de Bourbon, déterminée par le mur de l'hôtel de Longueville, était d'environ cinquante et une toises en moyenne, chiffre qui, multiplié par la largeur de cinquante-quatre toises, donne la superficie de deux mille sept cent cinquante-quatre toises. En y ajoutant l'aire du petit triangle engendré par la brisure de la rue des Poulies, on atteint une surface de deux mille sept cent quatre-vingts toises.

Il a suffi d'établir la largeur de l'îlot compris entre les rues des Poulies et d'Autriche, et déjà la place manque pour un château dont les dimensions seraient celles que rapporte Sauval. Ce qui suit rendra plus manifeste encore l'erreur de cet écrivain.

Rien ne nous renseigne directement sur la largeur de la rue d'Autriche dans la partie qui nous occupe ; mais nous voyons, par les plans, qu'à la fin du xviie siècle, la rue, dans sa moitié septentrionale, ne mesurait encore que quinze à seize pieds de largeur. Il avait dû en être de même vers le quai, de sorte que les bâtiments de l'hôtel de Bourbon n'étaient pas séparés par plus de deux toises et demie environ de ceux du côté occidental de la rue. Ces dernières constructions qui, au xve siècle, appartenaient à des particuliers, étaient, ainsi que le prouvent un grand nombre de pièces, adossées au mur d'enceinte de la Ville, construit par Philippe-Auguste. Nous citerons, entre autres, un document de 1425, provenant des archives de Saint-Thomas-du-Louvre, où la maison ayant pour enseigne le Croissant est énoncée « près du Louvre, tenant d'une part au Roy... d'autre part à un chan- « tier appartenant à Pierre Moriset, faisant le coing de dessus la rivière de Seine « (du quai), *aboutissant par derrière aux vielz murs de la ville de Paris.* » Au xvie siècle, le terrain de la maison du Croissant et des maisons voisines, du même côté, appartenait au Roi; on y avait établi deux jeux de paume dont Sauval nous fait connaître les dimensions[(1)], et qui avaient une profondeur de sept toises deux pieds un quart (quarante-quatre pieds trois pouces). Un document très précieux et entièrement inconnu vient justifier le dire de Sauval, et montrer de plus que les jeux de paume, comme les maisons qui les avaient précédés, s'appuyaient sur l'ancienne enceinte de la Ville : c'est le plan d'un de ces jeux de paume, gravé sur bois pour un petit livre italien publié en 1555 [(2)]. (Voir la planche ci-contre.) Le mur sur la rue y est représenté avec une épaisseur de deux pieds, et les cotes donnent quarante-quatre pieds huit pouces pour la largeur dans œuvre, cinq pieds dans une place et sept pieds dans l'autre, entre les deux parements du mur du fond, dont cette épaisseur considérable indique assez clairement l'origine.

Au delà du mur de la Ville était le fossé du Louvre. Était-il muni d'un chemin de ronde, ou le mur de la Ville en formait-il la contrescarpe? Nous l'ignorons;

---

[(1)] *Antiquitez de Paris*, t. II, p. 13.

[(2)] Ce plan nous a été obligeamment signalé par M. J. Gailhabaud. Le livre dont il fait partie est intitulé : *Trattato del giuco della palla di Messer Antonio Scaino de Salo, diviso in tre parti*. Venise, Gabriel Giolito, petit in-8°, 1555. L'auteur déclare qu'il a reçu de France le dessin du plan, mesuré au pied de roi, et qu'il n'a point voulu convertir cette mesure en d'autres. La description de l'édifice est d'ailleurs courte, confuse, et n'apprend guère que ce que la vue de la planche fait deviner. Scaïno dit que la galerie intérieure, qui était destinée aux spectateurs et qui entourait l'aire du jeu, formait un très-beau portique, *uno bellissimo portico*. Il en attribue la construction à Henri II, et comme il appelle muraille de gauche le mur de Philippe-Auguste, on peut croire que le plan est celui du jeu de paume du nord.

TOPOGRAPHIE HISTORIQUE DU VIEUX PARIS.

VUE DU LOUVRE,

DANS LA SECONDE MOITIÉ DU XVIe SIÈCLE.

Fac-simile réduit du dessin de Jacques Cellier.

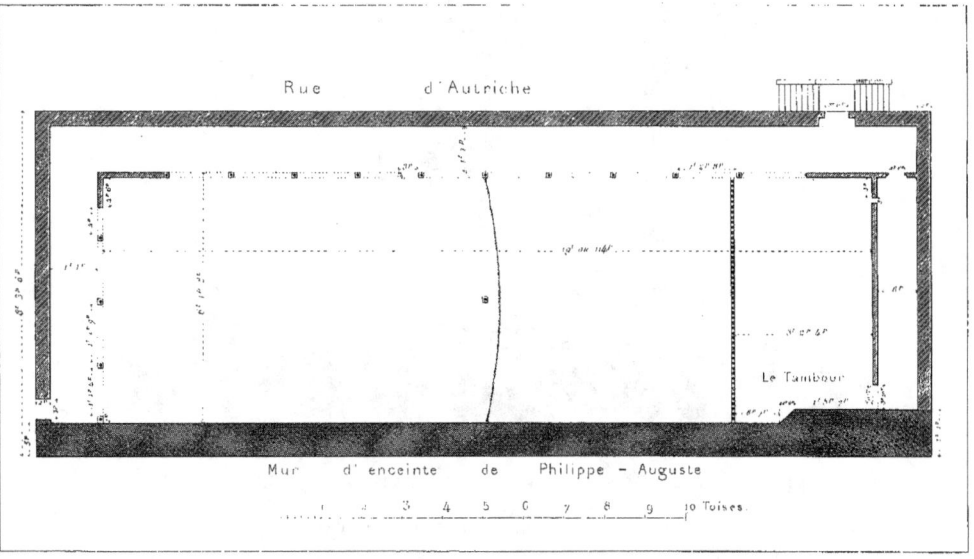

PLAN D'UN DES JEUX DE PAUME DU LOUVRE,

EN 1555.

TOPOGRAPHIE HISTORIQUE DV VIEVX PARIS

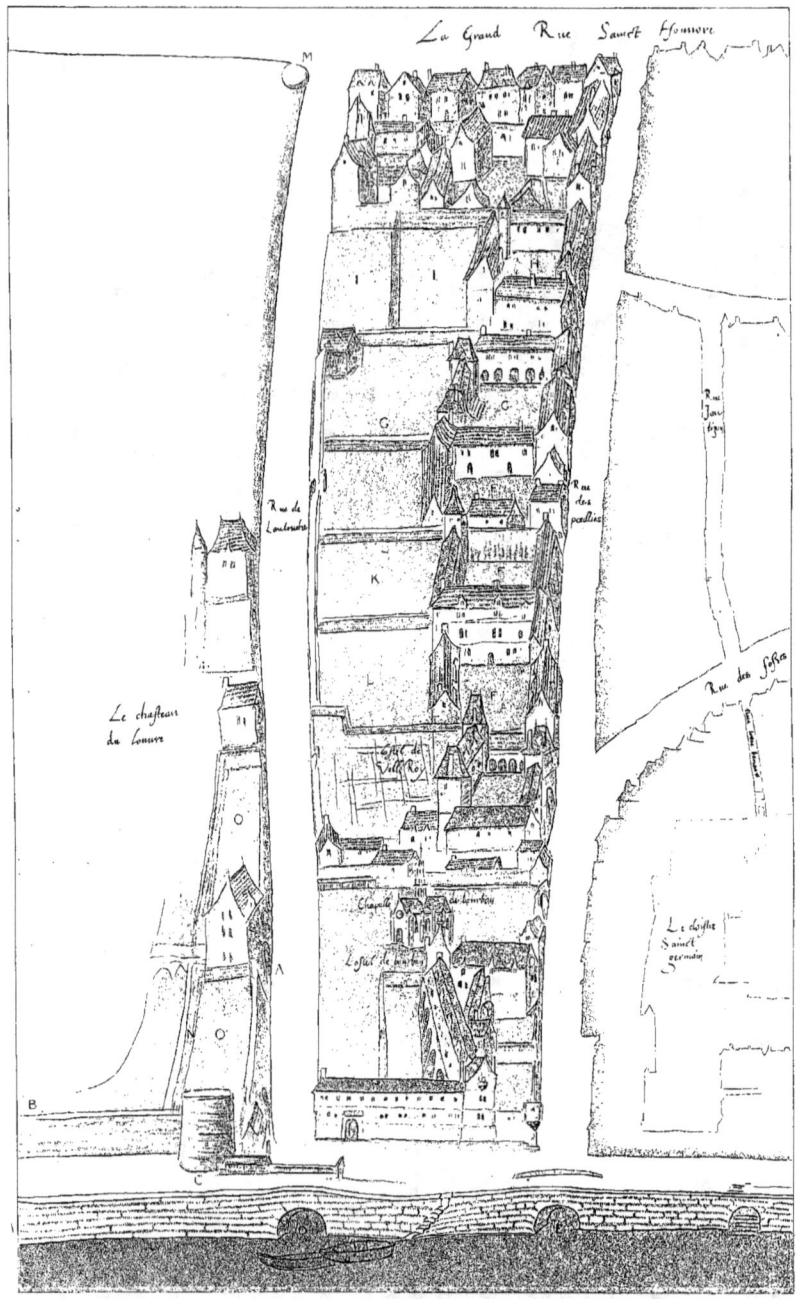

A. Berty dir.                                           E. Lebel sc.

## LES ENVIRONS DV LOVVRE, VERS L'ORIENT.

d'après un plan manuscrit de la seconde moitié du XVI° siècle,
provenant des archives de S.<sup>t</sup> Germain l'Auxerrois.

A Guichet du Louvre. _ B Fossé du Château _ C Tour du Coin._ D Arche d'Antroche._ E Arche de Bourbon
F F F Hôtel de Nevers._ G G Maison de l'Image Notre Dame._ H Maison de l'Image Saint Eustache.
I Hôtel d'Étampes._ K Hôtel de Larchant._ L Dépendance de l'Hôtel de Villeroy _ M La celle de
l'Hôtel Saint Pol._ N Mur d'enceinte de Philippe Auguste._ O O Emplacement des jeux de paume.

mais on ne saurait douter que, si un chemin de ronde a existé réellement, il ne dût être fort étroit. En admettant, comme le donnent à penser la vue de Cellier[1] et le plan manuscrit de Saint-Germain-l'Auxerrois (voir les planches ci-jointes), qu'il n'y avait point de chemin de ronde, et en franchissant le fossé, qui, d'après Sauval, était en cet endroit large de cinq toises huit pieds (six toises deux pieds), nous arrivons aux murailles mêmes du château.

Étonné de la différence considérable que nous constatons entre les données de Sauval et celles qui résultent de nos recherches, nous nous sommes demandé un instant si, vers l'orient, le Louvre n'aurait pas été fermé par une simple muraille au lieu de l'être par une aile, comme sur les trois autres côtés. En y réfléchissant, nous sommes arrivés à la certitude du contraire, et nous avons même réussi à obtenir une indication sur la largeur de cette aile, dont l'existence nous avait un moment semblé problématique.

En effet, on lit dans l'ouvrage de Corrozet que la chapelle du Roi, au Louvre, se trouvait du côté de la rue d'Autriche : « En ladicte rue, dit-il, est la chapelle « de M. de Bourbon, contre le logis de Villeroy, près le chasteau du Louvre et « *la chapelle du Roy dedans ledict chasteau*[2]. » D'un autre côté, nous voyons, dans l'ouvrage de Sauval, que cette chapelle avait quatre toises et demie de large[3]. Il y a donc toute raison de croire que l'aile orientale avait la même largeur que l'aile méridionale[4], environ quatre toises et demie dans œuvre, et hors œuvre, sept toises ou un peu moins.

Réunissons maintenant, pour les additionner, les chiffres qui précèdent, et où nous n'avons pu commettre que de bien légères erreurs.

|  | Toises. | Pieds. | Pouces. |
|---|---|---|---|
| Largeur ancienne de la rue des Poulies (à l'entrée)..... | 4 | 2 | 4 |
| Largeur de l'îlot entre la rue des Poulies et la rue d'Autriche........................... | 54 | 0 | 0[5] |
| Largeur de la rue d'Autriche..................... | 2 | 3 | 0 |
| Épaisseur du mur extérieur du jeu de paume.......... | 0 | 2 | 0 |
| Largeur du jeu de paume, dans œuvre.............. | 7 | 2 | 3[6] |
| A reporter..................... | 67 | 9 | 7 |

---

[1] Elle est intitulée : *Portraict en perspective du Louvre, à prendre du costé du Pré-aux-Clercs*, et se trouve dans le manuscrit de la Bibl. imp. (suppl. franç. n° 153) intitulé : *Recherches de plusieurs singularités par Françoys Merlin, portraictes et escrites par Jacques Cellier, demeurant à Reims; commencées le 3ᵉ jour de mars 1583, et achevé le 10 septembre mil cinq cent quatre-vingt-sept.*

[2] Fol. 211 r° de l'édition de 1586.

[3] T. II, p. 22.

[4] On verra qu'il en était de même de l'aile septentrionale, et que l'aile occidentale, seule, avait plus de profondeur. Cette parité de dimensions, que, par des voies différentes, nous sommes conduits à donner à trois des ailes du Louvre, confirme pleinement ce que nous en disons.

[5] Une différence de deux pieds en moins sur la longueur de l'alignement du côté du quai résulte du biais de cet alignement.

[6] La profondeur de sept toises quatre pieds trois

|  | Toises. | Pieds. | Pouces. |
|---|---|---|---|
| Report............................... | 67 | 9 | 7 |
| Épaisseur du mur de la Ville (dans sa partie amincie, au moyen de laquelle le jeu de paume avait la largeur ci-indiquée)................................ | 0 | 5 | 0 |
| Largeur du fossé....................... | 5 | 8 | 0 |
| Largeur de l'aile méridionale du château, environ....... | 7 | 0 | 0 |
| TOTAL..................... | 82 | 4 | 7 |

Mais l'espace entre le mur intérieur de l'aile occidentale du Louvre et une parallèle passant par le coin oriental de la rue des Poulies était, en chiffres ronds, de deux cent quatre mètres cinquante centimètres, ou cent quatre toises cinq pieds cinq pouces. Si l'on en retranche les quatre-vingt-deux toises quatre pieds sept pouces que nous venons d'obtenir, il ne reste plus que vingt-deux toises dix pouces. Donc la cour du Louvre n'a jamais pu avoir trente-deux toises et cinq pieds de l'est à l'ouest; mais elle a dû infailliblement être d'une dizaine de toises moins large en ce sens.

Il nous semble qu'une pareille démonstration suffit pour rendre manifeste l'erreur dans laquelle est tombé Sauval; mais comme cette erreur, révélée pour la première fois, a rendu complètement fausses toutes les idées qu'on s'est faites jusqu'à ce jour sur les dimensions du vieux Louvre, il n'est point inutile de la constater de nouveau, en recourant à des preuves d'un genre entièrement différent.

L'aile orientale de l'ancien Louvre n'a point été démolie avant 1660, et la tour de l'angle du sud-est se trouve figurée sur plusieurs tableaux, gravures ou dessins. Or, sur le plus grand nombre et sur les mieux faits, particulièrement sur la vue de Cellier et sur le tableau de Rémi Zeeman (au musée du Louvre), on compte dix fenêtres entre le pavillon, relativement moderne, de l'angle sud-ouest de la tour, celle-ci étant séparée de la dernière fenêtre par un espace qu'on peut estimer de dix à quinze pieds[1]. On a le droit d'en conclure que l'on connaîtra la longueur approximative de l'aile méridionale, du côté de la rivière et, par suite, du côté de la cour, du moment où l'on aura réussi à replacer la dixième des baies indiquées sur les gravures; mais nous savons, par certains plans cotés, que cette dixième baie était au droit de la fenêtre moderne correspondante; si l'on restitue à la suite la tour d'angle et l'aile orientale en retour, le résultat corrobore parfaitement celui auquel nous sommes arrivé par une autre voie.

---

pouces, donnée ici au jeu de paume (y compris le mur extérieur), est encore justifiée par un document que nous avons cité page 10.

[1] Sur une vue de Perrelle, sur une autre vue de Sylvestre et sur la Joute de Callot, laquelle est très-finement exécutée, il y a dix fenêtres; une seconde planche de Sylvestre n'offre que huit fenêtres, et une troisième, au contraire, en montre onze : ces deux dernières s'excluent l'une l'autre. Le nombre de dix fenêtres n'est aucunement douteux.

Nous avons assez vite reconnu l'erreur de Sauval; il nous a été beaucoup plus difficile de rétablir la vérité, car le problème se présentait à nous avec deux solutions différentes; l'une était certainement la vraie, mais, entre les deux, le choix nous a paru fort embarrassant. La première solution consistait à considérer l'avant-corps situé après celui qui est maintenant contigu au pavillon du pont des Arts (A du plan restitué), comme ayant formé le centre de la cour dans le projet de Lescot, de telle sorte que, pour restituer l'ancienne aile orientale sur laquelle avait dû venir s'élever la nouvelle, il n'y eût qu'à compter, à l'est de cet avant-corps (A), une distance égale à celle qui se trouve à l'ouest pour atteindre l'aile occidentale; ce qui donnait une cour de près de vingt-sept toises. Une vue gravée par Boisseau, et intitulée *Face du derrière du Louvre comme il se voit à présent,* semblait justifier la supposition, en laissant croire que l'aile orientale ancienne venait s'attacher à l'aile méridionale immédiatement après le troisième avant-corps (B), aujourd'hui attenant au pavillon du pont des Arts. Mais il y avait à cette hypothèse de très-puissantes objections. Le plan de Du Cerceau ne donne nullement à penser que, dans le projet de Lescot, la partie orientale de l'aile du bord de l'eau dût être identique avec la partie occidentale; puis une cour de vingt-sept toises reporte à environ cinq toises l'espace entre la dixième fenêtre et la tour de l'angle sud-est, ce qui impliquerait l'inexactitude de toutes les représentations qu'on en possède, car cette distance y est deux ou trois fois moindre. Les faits énoncés plus haut et si manifestement inattaquables ne peuvent se concilier avec la première hypothèse, qui n'avait guère pour base que la vue de Boisseau. En examinant la gravure avec attention et surtout en considérant les deux copies [1] que l'on en connaît, nous avons compris que nous l'avions mal interprétée d'abord, et nous avons reconnu que, pour bâtir l'avant-corps (B) voisin de l'aile orientale, il avait fallu entamer cette aile dans sa profondeur, de façon qu'elle formât une forte retraite à l'encoignure, détail aussi clairement indiqué que possible sur les copies de l'eau-forte de Boisseau. La cour de l'ancien Louvre, séparée par un mur d'avec la cour moderne, se terminait à peu près au droit de l'angle saillant occidental du troisième avant-corps [2]. C'est ainsi que nous avons été amené à donner à l'intérieur du quadrangle une longueur d'environ vingt-deux toises de l'est à l'ouest, dimension qui concorde avec les documents graphiques et avec les documents écrits, et qui sera de nouveau confirmée par ce que nous dirons plus loin de la longueur du fossé méridional.

La largeur de trente-quatre toises et demie attribuée par Sauval à la cour du

---

[1] Elles sont toutes trois collées sur le même feuillet du recueil intitulé: *Topographie de Paris,* à la Bibliothèque impériale.

[2] Sauval donne à la cour la largeur de trente-deux toises cinq pieds; ne faut-il pas voir là une faute de lecture: trente-deux pour vingt-deux?

vieux Louvre, du nord au sud, n'est pas moins inexacte que celle qu'il lui prête de l'est à l'ouest.

On a vu plus haut qu'en reconstruisant les ailes de l'ouest et du sud, Lescot conserva les anciennes fondations et partie des anciens murs; ce n'est pas certes se montrer trop téméraire que d'imaginer qu'il se proposait d'en faire tout autant au nord, puisque l'on n'aperçoit aucune cause ayant pu motiver un déplacement dans cette direction plutôt que dans les autres. Rien ne s'oppose donc à ce qu'on admette que, si l'aile septentrionale avait été rebâtie en même temps que l'aile méridionale, elle l'eût été dans des conditions semblables. Mais cette aile, qui n'a existé qu'à l'état de projet, se restitue sans hésitation, car, le monument étant symétrique, il ne s'agit, pour la retracer, que de répéter au nord la disposition connue du midi. Le résultat est une cour de vingt-sept toises et non de trente-quatre toises et demie de profondeur.

Jusqu'ici, malgré le degré de vraisemblance auquel nous sommes arrivé, nous ne sortons pas de l'hypothèse; mais voici des faits qui fortifient nos conjectures et nous donnent une certitude en quelque sorte mathématique.

1° Dans la vue de Boisseau et sur le plan de Gomboust, l'axe de l'aile septentrionale, dont un reste est figuré en coupe, correspond à peu près à l'axe du pavillon de l'Horloge, comme dans notre restitution; 2° la vue de Cellier et les plans de Quesnel et de Mérian indiquent très-nettement que la tour de l'encoignure du nord-ouest (E du plan restitué), détruite par Lemercier, était fort proche du ressaut formé par la cage de l'escalier de Henri II (L), tandis que, si l'on s'en rapportait à la cote donnée par Sauval, elle en aurait été séparée par plus de vingt et un mètres; 3° des documents que nous citerons ailleurs établissent que, entre les tours des angles, vers l'occident, la courtine n'était flanquée que d'une tour unique, dite *en fer à cheval* (N), laquelle était située à quinze toises et cinq pieds de celle du nord-ouest, et avait environ quatre toises deux pieds de diamètre. Or, si l'on replace cette tour unique au centre du corps de logis de Lescot, et si l'on restitue une aile septentrionale telle que nous la comprenons, avec les tours du nord-ouest et du sud-ouest, dont l'agencement et les dimensions ne laissent guère de champ à l'erreur, on constate que la tour en fer à cheval se trouve effectivement, et avec la précision la plus surprenante, à quinze toises cinq pieds des deux tours d'encoignure [1]. Est-il possible de ne voir là qu'une coïncidence fortuite? C'est ce que personne ne se décidera à admettre. Il paraît donc démontré que la cour du vieux Louvre avait seulement vingt-sept toises du nord au sud, et que l'aile septen-

---

[1] Les comptes contiennent l'article suivant : « Pour trente-deux toises d'entablement pour les « murs des salles et chambres neuves du Roy et de « la Reyne. » Il est probable que ce passage se rapporte à l'aile occidentale, dont l'entablement, ne faisant point ressaut sur les tours, devait offrir un développement de trente et une toises quatre pieds à trente-deux toises.

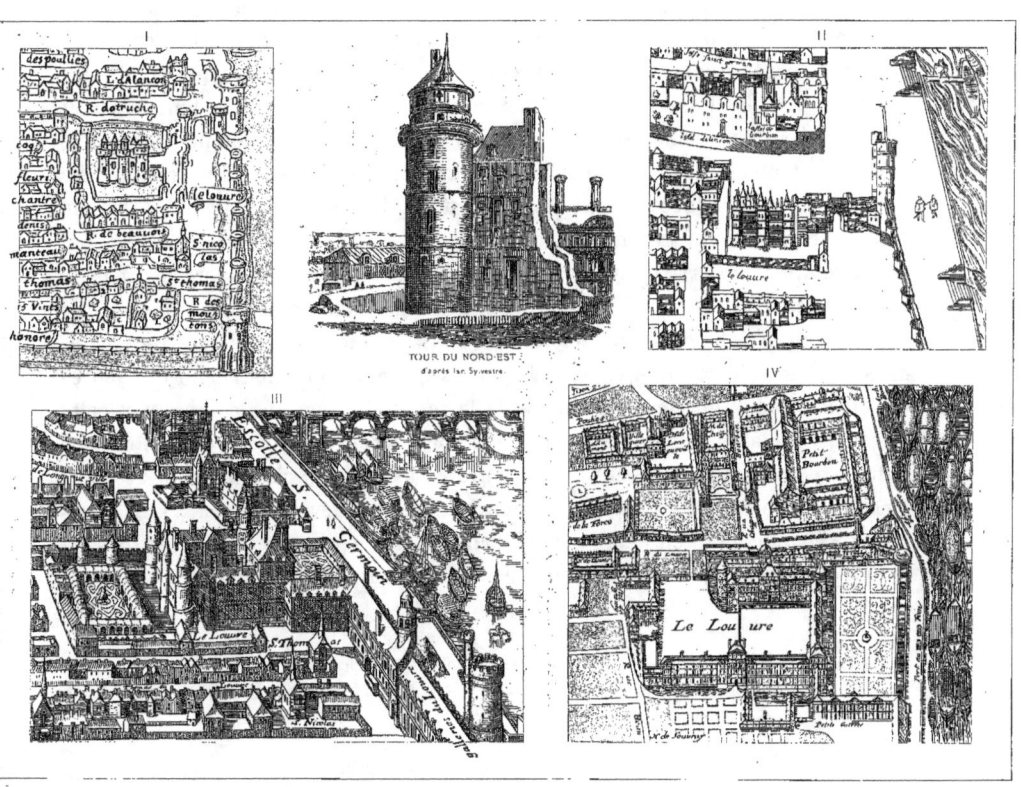

TOPOGRAPHIE HISTORIQUE DV VIEVX PARIS

LE LOVVRE

D'APRÈS LES PLANS DE LA TAPISSERIE (I), DE DV CERCEAV (II), DE MÉRIAN (III) ET DE COMBOVST (IV)

DESCRIPTION DU VIEUX LOUVRE, ETC.     139

trionale offrait une largeur égale à celle de l'aile méridionale, c'est-à-dire environ sept toises hors œuvre.

Résumons ce qui semble désormais acquis sur les dimensions de l'ensemble du Louvre.

Suivant Sauval, ce château formait un carré long de soixante et une toises trois quarts sur cinquante-huit toises et demie. Le second de ces chiffres, s'appliquant à la dimension du nord au sud [1], diffère beaucoup de celui que nous obtenons, et qui est d'environ quarante et une toises sans les fossés ou de cinquante-cinq toises et demie avec les fossés [2]. De l'est à l'ouest nous obtenons trente-huit toises et demie ou cinquante-deux toises quatre pieds avec les fossés [3]. Compter les fossés, c'est sans doute le parti que Sauval avait pris dans ses calculs. En adoptant les dimensions qu'il énonce et en ne comprenant point les fossés, au lieu d'un total de soixante et une toises trois quarts, on obtient une dizaine de toises en moins. Les fossés compris, on arriverait à un excédent de quelques pieds seulement; mais la circonstance est sans aucune importance, puisque nous sommes parfaitement sûr que la cour n'avait point la dimension que Sauval lui prête. Peut-être Sauval, dans le chiffre de soixante et une toises trois quarts, comptait-il celui qui représentait la largeur des jeux de paume de la rue d'Autriche : en comprenant cette largeur, nous atteignons un résultat semblable, à peu de chose près [4]. Il est une autre hypothèse que l'on peut aussi mettre en avant, afin d'expliquer les contradictions de Sauval, c'est qu'il a pris des chiffres de développement, « de pour- « tour, » comme on disait jadis, pour des chiffres de longueur rectiligne, et qu'il est arrivé de cette façon à des résultats aussi exagérés qu'inconciliables [5].

---

[1] D'après ce qu'on lit à la page 19 du tome II; mais, à la page 10, Sauval appelle *longueur* ou profondeur la dimension du sud au nord.

[2] Ainsi :

| | | |
|---|---|---|
| Largeur du fossé méridional......... | 6$^t$ | 0$^p$ |
| Largeur de l'aile méridionale......... | 7 | 0 |
| Largeur de la cour, du sud au nord.... | 27 | 0 |
| Largeur de l'aile septentrionale....... | 7 | 0 |
| Largeur du fossé septentrional........ | 7 | 8 |
| Total............ | 55 | 2 |

[3] 
| | | |
|---|---|---|
| Largeur du fossé oriental ............ | 5$^t$ | 8$^p$ |
| Largeur de l'aile orientale........... | 7 | 0 |
| Largeur de la cour, de l'est à l'ouest.... | 22 | 0 |
| Largeur de l'aile occidentale......... | 9 | 2 |
| Largeur du fossé occidental.......... | 8 | 0 |
| Total ............ | 52 | 4 |

[4] 
| | | |
|---|---|---|
| Largeur du château avec ses fossés..... | 52$^t$ | 4$^p$ |
| Largeur, hors œuvre, des jeux de paume . | 8 | 3 |
| Total ............ | 61 | 1 |

[5] Nous regrettons naturellement de nous trouver en continuelle opposition avec Sauval; mais la confiance que nous inspirent nos calculs n'en est point ébranlée. Sauval, on le sait, manque très-souvent de précision. Son livre, qu'il n'a malheureusement point eu le temps de publier lui-même, renferme, outre d'innombrables fautes d'impression, des contradictions et des erreurs maintes fois signalées. On ne saurait donc accorder aux *Antiquités de Paris* cette foi aveugle que commandent les travaux d'une exactitude irréprochable. Nous avons démontré mathématiquement que Sauval faisait la cour du Louvre considérablement plus large qu'elle ne l'était réellement; pourquoi ne se serait-il

## LES FOSSÉS.

Les fossés du Louvre étaient à fond de cuve, c'est-à-dire à parois presque verticales. Ils étaient revêtus en maçonnerie de petit appareil du côté de la contrescarpe, munis d'un garde-fou à hauteur d'appui, et remplis par l'eau de la rivière [1].
« Ceux des ailes, en dedans œuvre, dit Sauval, avoient cinquante-sept toises; les « autres des corps de logis, soixante, et tous néanmoins quant à la largeur si « différente que celui qui bordoit la première entrée (celui du sud) n'avoit que « cinq toises et demie; l'autre, qui tenoit au grand jardin (celui du nord), sept « toises huit pieds; celui de l'aile droite (de l'ouest), sept toises; et le fossé de la « gauche (de l'est), cinq toises huit pieds. » Il ajoute plus bas, dans un passage apparemment écrit avant la démolition de l'aile orientale, que les anciens fossés constituaient ce qu'il y avait de mieux conservé dans le palais et qu'ils étaient presque aussi entiers que jamais, à l'exception de celui « du principal corps de logis du nou- « veau Louvre, » qu'on avait un peu gâté. Sauval avait eu toute occasion de vérifier la largeur des fossés, et il semble qu'on puisse se fier à ce qu'il en rapporte. Cependant, sur le plan de Du Cerceau, le fossé méridional n'a pas cinq toises et demie, mais six et demie, ce qui fut la vraie dimension après la reconstruction du xvi$^e$ siècle. On en a la preuve dans l'élévation de la Petite-Galerie par Marot, intitulée : *Eslévation de l'un des corps de logis du Louvre, etc.* Cette planche, qu'on n'a point comprise parce que, gravée à l'endroit, elle donne des épreuves renversées, montre que la contrescarpe du fossé, qui avait trois pieds de fruit ou d'inclinaison, venait s'attacher à la galerie, à dix-neuf mètres cinq centimètres de l'axe de sa travée centrale. En prolongeant la contrescarpe d'après cette donnée, on obtient effectivement un fossé d'environ [2] six toises et quatre pieds; aussi adoptons-nous

---

pas trompé également sur d'autres questions? Si toutes les dimensions qu'il donne sont justes, comment se fait-il qu'on ne puisse les concilier les unes avec les autres? Il ne cite pas non plus le texte de ses autorités, condition nécessaire pour forcer la conviction, et la plupart de ses assertions ne sont que des interprétations de passages empruntés à des comptes, genre de document dont le sens est souvent fort obscur. L'ouvrage de Sauval est très-précieux; mais il faut bien se garder d'accepter sans examen tout ce qu'il dit, ou tout ce que l'inintelligente précipitation de ses éditeurs lui a fait dire. Après tout, ce que nous osons affirmer, c'est simplement que, des données nouvelles par nous recueillies et de celles qu'on doit à Sauval, nous avons réussi à dégager des approximations beaucoup plus voisines de la vérité que n'ont pu le faire nos devanciers. Nous mettons, au surplus, toutes les pièces du procès sous les yeux du lecteur, qui jugera en dernier ressort.

[1] S'ils étaient constamment remplis d'eau, c'est qu'une vanne empêchait qu'ils se vidassent lorsque la rivière baissait : les fossés, en effet, ne pouvaient avoir assez de profondeur pour se maintenir toujours pleins, sans l'aide d'une écluse.

[2] Nous répétons constamment le mot *environ*, parce que, en comparant des plans entre eux, on y trouve presque infailliblement des variantes, quelquefois même des différences énormes quand les plans sont anciens. D'autre part, deux cotes en apparence contradictoires peuvent être vraies toutes deux, si elles ont été prises à des hauteurs diverses;

cette dimension comme très-certaine [1]. Un grand plan du commencement du xviiie siècle donne au fossé occidental huit toises au fond et neuf toises au-dessus des talus, au niveau du sol. Divers autres plans accusent huit toises seulement à cette hauteur. Peut-être y a-t-il eu un élargissement qui aura motivé l'expression de Sauval. Dans tous les cas, la largeur de huit toises est confirmée par le fait que la contrescarpe, suivant le plan de Du Cerceau, affleurait le mur de la Petite-Galerie.

Les fossés du Louvre communiquaient avec la rivière par un canal que le compte de 1364 appelle « le conduit qui va à Saine. » Aucun renseignement précis n'en fixe la situation; mais on observe sur la vue de Cellier une sorte de ressaut ou tour carrée à créneaux et à archères, au devant de laquelle est un petit mur d'appui polygonal en plan, qui en cache le pied. Cette tour carrée, dont l'emplacement est évidemment le même que celui de l'extrémité de la galerie de Charles IX [2], donne immédiatement l'idée d'une construction commandant l'entrée d'un canal. Or il est fort probable qu'il y en avait un à cet endroit; sur le plan de Verniquet, par exemple, on observe que la berge de la rivière présente là même une échancrure, comme sur les autres points où des égouts viennent se décharger dans la Seine; en outre, M. Duban, lorsqu'il a repris en sous-œuvre les fondations de la Petite-Galerie, a reconnu là des substructions anciennement lavées par les eaux. C'est pourquoi, sans décider par quel motif le fossé occidental, au lieu de se prolonger en ligne droite jusqu'à la rivière, se brisait deux fois avant de l'atteindre, nous n'hésitons pas à voir dans la galerie de Charles IX un édifice exactement bâti sur l'emplacement du canal par lequel étaient alimentés les fossés du château [3]. Nous en trouvons une nouvelle preuve dans le fait suivant, pleinement confirmatif de ce que nous avons dit précédemment sur les dimensions du quadrangle : restitué de cette façon, le fossé méridional présente, d'une extrémité à l'autre, à quelques pieds près, ces soixante toises de longueur que lui prête Sauval, et qu'il est absolument im-

enfin, dans le domaine des restitutions monumentales, on ne saurait obtenir la même précision que celle à laquelle on arrive en opérant sur des constructions existantes.

[1] Lors de la reconstruction qui eut lieu au xvie siècle, le mur extérieur de l'aile méridionale fut réduit à cinq pieds d'épaisseur (au rez-de-chaussée), tandis qu'il en avait huit ou neuf auparavant. Or, comme ce fut le parement extérieur et non le parement intérieur de la muraille qu'on recula, le fossé se trouva sans doute élargi de trois ou quatre pieds. Le chiffre donné par Sauval peut d'ailleurs être exact si l'on a mesuré au fond du fossé.

[2] Elle avançait peut-être un peu davantage vers la rivière, car elle paraît former une saillie très-sensible sur le mur de la courtine, dont la position nous est bien connue. Au surplus, l'identité de situation entre l'avant-corps crénelé et la galerie de Charles IX est bien facile à reconnaître; car sur le dessin de Cellier on voit, immédiatement après l'avant-corps, vers l'ouest, une construction qui correspond à celle au-dessus de laquelle se trouve actuellement le Grand-Salon, et, tout auprès, le guichet de la rue Fromenteau, dont l'origine est assez ancienne.

[3] M. de Clarac l'avait compris, mais il n'a tiré aucun parti de son observation, dans sa *Description du Louvre*.

possible de retrouver en acceptant comme exactes ses affirmations sur la longueur des ailes du Louvre. S'il était vrai que le château formât un parallélogramme de soixante et une toises trois quarts de l'est à l'ouest, comment les fossés du nord et du midi pourraient-ils avoir été moins longs que les bâtiments le long desquels ils s'étendaient, au lieu de les excéder de plusieurs toises sur chaque côté? On n'écarte pas la difficulté en imaginant que, dans le chiffre de soixante toises attribué aux fossés du nord et du sud, ne se trouve pas comprise la largeur des fossés de l'est et de l'ouest; car, si l'on compte ainsi, il faudra ajouter aux fossés de l'est et de l'ouest la largeur de ceux du nord et du sud, et alors la longueur des premiers devra être d'environ soixante et douze toises et non de cinquante-sept, ce qui ne fait qu'augmenter la confusion.

Notre restitution concorde d'une manière complétement satisfaisante avec la longueur du fossé méridional indiquée par Sauval [1]; les cinquante-sept toises qu'il indique pour la longueur des fossés perpendiculaires à la Seine n'excèdent celle que nous trouvons que d'une toise quatre pieds, différence assez insignifiante. La non-conformité des chiffres s'explique encore d'une manière, sinon incontestable, du moins extrêmement plausible : les contrescarpes des fossés du Louvre ne s'assemblaient point partout à angle droit. Sur une gravure de Sylvestre intitulée : *Veue du Louvre par dedans le bâtiment neuf,* les fossés paraissent arrondis à leur encoignure; or, si la courbe qu'ils décrivaient était disposée comme elle l'est sur le plan de Saint-Denis de la Chartre, de façon à présenter une saillie sur l'alignement des contrescarpes, ainsi que cela avait lieu souvent, il devait en résulter un excédent de longueur, lequel nous fournit les quelques pieds qui nous manquent. (Voir le plan restitué.)

La première mention que nous ayons rencontrée des fossés du Louvre ne remonte pas au delà du règne de Charles V, et il est assez douteux qu'ils existassent déjà du temps de Philippe-Auguste. Dans les comptes de la Ville pour l'année 1424-1425, il est question de « deux chantiers... devant le chastel du Louvre, » jadis loués à un particulier et dont on ne tirait plus aucun produit « pour ce que, est-il « dit, les fossez dudit Louvre y furent faits ou temps de piéçà [2]. » Il n'est pas probable que cette expropriation eût été rappelée en 1425, si elle avait été faite deux siècles auparavant.

## LES TOURS.

S'il y avait au Louvre cette quantité de tours probablement exagérée dont parle Sauval, c'est surtout dans les basses-cours qu'elles devaient s'élever; les tours qui

---

[1] Sauval ne fait aucune distinction, quant à la longueur, entre le fossé du nord et le fossé du midi ; il a probablement conclu de l'un à l'autre, ce qui ne peut être juste, comme on l'a vu, que pour les fossés de l'est et de l'ouest.

[2] Arch. de l'Emp. reg. KK 402.

faisaient partie du corps même du château n'étaient point nombreuses, puisqu'elles se bornaient à celles qui défendaient les portes et flanquaient les quatre encoignures. Parmi les tours d'angle, celle du sud-est nous est connue par plusieurs vues qui sont loin de la présenter sous le même aspect, mais qui en donnent du moins une idée assez juste, si l'observateur, familier avec les anciennes images, sait les interpréter l'une par l'autre. On reconnaît ainsi que la tour dont nous parlons était cylindrique, qu'elle portait sur un empâtement en talus, dont la hauteur équivalait à la profondeur du fossé, et qu'elle se divisait, à partir du niveau du sol, en trois étages séparés par des larmiers, et éclairés par des fenêtres étroites, sans régularité. Au-dessus de ces trois étages régnait une corniche très-saillante, garnie de créneaux et de machicoulis; plus haut, et fortement en retraite, s'élevaient deux autres étages, aussi séparés par un cordon. Le toit était conique, couvert d'ardoises, percé de lucarnes, de souches de cheminée, et couronné par une girouette très-élancée [1].

La hauteur de la tour du sud-est n'est point indiquée; mais on remarque sur le dessin de Cellier, confirmé par le tableau de Zeeman et les gravures de Sylvestre, que la corniche à créneaux, très-mutilée au XVIIe siècle, se raccordait à peu près avec l'appui des fenêtres de l'attique des bâtiments neufs, tels qu'ils étaient avant les travaux de Perrault, ce qui donne pour cette corniche une élévation d'environ vingt mètres à partir du sol actuel.

Suivant toute apparence, les quatre tours d'angle étaient semblables, de sorte que l'on peut conclure des dispositions de l'une à celles de l'autre. Les vues de la tour du sud-est nous ayant appris ce que pouvaient être les tours d'encoignure quant à leur hauteur, deux documents écrits nous renseigneront sur leur largeur probable [2].

En 1365, la tour du nord-ouest dite «devers la Fauconnerie» avait «de pour-«tour... par le milieu» onze toises. Si l'on entend par le mot *pourtour* la circonférence entière du cylindre que formait la tour, on n'obtient qu'un diamètre de vingt et un pieds, évidemment trop petit, puisqu'il serait à peine égal à celui des tours de l'enceinte de Paris; mais si l'on considère que la tour de la Fauconnerie était au moins d'un quart engagée dans les ailes adjacentes, et que, par conséquent, il n'y avait que les trois quarts de sa surface extérieure qui fussent en parement et, par suite, mesurables, on admettra que, par *pourtour*, il ne faut pas comprendre la circonférence entière, mais seulement la partie faisant saillie au delà des courtines (ce dont nous fournirons une preuve péremptoire en parlant de la tour dite «*du* «*Milieu*, devers les jardins»). Raisonnant d'après cette donnée, nous concluons que la tour de la Fauconnerie, ayant onze toises ou soixante-six pieds de développement

---

[1] Les girouettes du Louvre étaient peintes et dorées. On lit dans les comptes de 1365 à 1367: «Maistre Jehan Coste, peintre et sergent d'armes du «Roy, pour avoir peint de fleurs de lys les trois «bannières qui sont sur les trois tours.»

[2] Nous citons les textes plus loin.

extérieur et quatre-vingt-huit de développement complet, présentait un diamètre de vingt-huit pieds, positivement le même que celui de deux des tours du Palais de Justice, sur le quai de l'Horloge [1], avec lesquelles il est tout naturel de croire que les tours du Louvre offraient la plus grande analogie.

Le second document corrobore le premier. En 1364, on fit pour la même tour de la Fauconnerie quarante et une marches de pierre de liais, de deux pieds et demi de large et de six pieds et demi de long. Dans les escaliers hélicoïdes du moyen âge, le noyau fait toujours partie de la marche, et, pour une marche de six pieds et demi, le noyau devait être d'environ un pied. Cela suppose que la cage de l'escalier contenu dans la tour avait quatorze pieds de diamètre intérieur. Quelle pouvait être l'épaisseur des murs? Les tours de la Bastille, qui offraient cinq toises de diamètre extérieur, avaient des murs épais de sept pieds; en adoptant ce chiffre pour l'épaisseur des murs de la tour de la Fauconnerie, nous revenons au diamètre de vingt-huit pieds précédemment obtenu.

Vers le centre de l'aile septentrionale, il existait une tour appelée « *la tour du Milieu*, devers les jardins, » parce qu'elle était placée entre les deux tours d'encoignure et regardait le grand jardin. Les plans de Quesnel et de Mérian, les seuls où elle soit représentée, la montrent moins grosse et moins élevée que ses voisines. Elle avait de *pourtour* six toises cinq pieds et demi [2]. On a ici la preuve que nous interprétons le mot pourtour dans le sens où il doit être compris. Effectivement, six toises cinq pieds et demi impliquent, soit treize pieds, soit vingt-six pieds de diamètre, selon qu'on mesure la tour entière ou seulement la moitié en saillie. Cette seconde dimension rend la tour du Milieu un peu moins différente des tours des angles que les plans ne l'indiquent; mais le premier chiffre est évidemment inadmissible, car les murailles des tours ne devaient pas avoir moins de six pieds d'épaisseur; d'où il résulte que, si la tour « devers les jardins » n'avait eu que treize pieds de diamètre extérieur, elle n'en eût eu qu'un de diamètre intérieur, hypothèse déraisonnable. Il eût été, en outre, impossible d'y pratiquer un escalier ou une poterne; or elle contenait apparemment l'un ou l'autre. Sauval dit qu'il y avait une porte à chacune des ailes du Louvre, et celle du nord était sans doute percée dans la tour du Milieu.

La tour « devers les jardins » était à dix-huit toises cinq pieds de la tour du coin nord-ouest, dite de *la Fauconnerie* [3]. Il s'ensuit qu'elle était beaucoup plus rapprochée de la tour du coin nord-est, détail qui, fortuitement ou à dessein, est très-

---

[1] C'est aussi « par le milieu » que nous pouvons mesurer ces tours, dont la partie inférieure a disparu dans le terre-plein du quai. Les tours du Palais donnent une idée de ce que devaient être les tours du Louvre.

[2] « *Item*, ladite tour du milieu devers les jardins « a de pourtour six toises v pieds et demy. » (Compte de 1365.)

[3] « *Item*, le pan de mur devers le jardin, entre « icelle tour (de la Fauconnerie) et la tour du milieu, « a de long dix-huit toises trois pieds. »

fidèlement reproduit sur le plan de Quesnel. Il s'ensuit encore qu'elle ne correspondait pas au centre de la cour, ce qui étonne un peu d'abord, mais ce qui cesse de surprendre quand on examine le tableau de Saint-Germain-des-Prés, où la porte méridionale du château est figurée environ un tiers plus loin de la tour sud-ouest que de la tour sud-est : on sait que le manque de symétrie n'a rien d'anormal dans les châteaux du moyen âge.

La tour de l'angle nord-est est manifestement celle qu'on appelait « de la Taillerie; » celle de l'angle nord-ouest est non moins évidemment celle qu'on nommait « tour de la Fauconnerie, » ou plutôt « devers la Fauconnerie, » à cause de l'office dont elle était proche : le texte que nous citons en renvoi[1] donne toute certitude à cet égard. La tour de la Taillerie et une partie de l'aile septentrionale du vieux château sont représentées sur la gravure de Sylvestre, déjà citée, et intitulée : *Veue du Louvre par dedans le bâtiment neuf.*

Par cela même que nous connaissons l'identité de la tour dite *devers la Fauconnerie* avec celle du nord-ouest, nous pouvons déterminer enfin quelle était réellement la fameuse tour de la Librairie : les deux n'en faisaient qu'une, car, dans les comptes de 1367-1368, il est expressément dit que « la librairie du Roi » était « ordonné » dans cette même « tour devers la Fauconnerie[2]. » On ne saurait croire qu'il y avait simultanément deux tours dites « devers la Fauconnerie; » mais il faut admettre que cette désignation a été la plus anciennement employée pour distinguer la tour de l'angle nord-ouest, et qu'elle a été remplacée par celle de « tour de la « Librairie, » lorsque Charles V y eut fait établir sa bibliothèque, d'abord installée dans le palais de la Cité. Du logis qu'elle occupait dans ce dernier édifice, et par marché passé, le 14 mars 1367, avec Jacques Du Parvis et Jean Grosbois, huchiers, le Roi fit transporter au Louvre, après qu'ils eurent été démontés, des bancs, des pupitres et deux roues que l'on rétrécit d'un pied chacune. Le premier des deux étages[3] supérieurs de la tour du nord-ouest, où furent déposés les livres, reçut, « tout au « tour par dedans, » un lambris de bois d'Irlande, du prix de cinquante francs d'or[4]. Puis, les anciens siéges ayant été trouvés mauvais, on en refit « de mérien neuf, » ainsi que deux portes de sept pieds de hauteur sur trois de largeur et trois doigts d'épaisseur, destinées à chacun des étages. Cette seconde dépense monta à 16 francs.

---

[1] « Pour avoir abatu les créneaux depuis la « tour de la Taillerie, tout au long du côté des jar- « dins jusqu'à la tour devers la Fauconnerie, et en « retournant de l'autre costé de la salle Saint- « Louis, etc. »

[2] « Et tout rassemblé et pendu les lettrins (pu- « pitres provenant de la bibliothèque du Palais) ès « deux derrains estages de la *tour devers la Faucon- « nerie.* » — « Ès deux derrains estages *devers la*

« *Fauconnerie*......*où est ordonné la Librairie du* « *Roi.* »

[3] En 1373, trois des étages étaient occupés.

[4] Le bois d'Irlande employé en cette circonstance, et qu'on croit être du chêne de Hollande, avait été donné au Roi par le sénéchal de Hainaut, à l'occasion des travaux du Louvre; il y en avait quatre cent quatre-vingts pièces. (Voir les comptes n°ˢ 106, 108, 117.)

On garnit aussi les fenêtres de châssis de fer treillagés, pour empêcher le passage des oiseaux. Sauval ajoute que la voûte était revêtue de bois de cyprès, chargé de sculptures; mais il s'est trompé en assurant qu'il s'y trouvait trente chandeliers et une lampe d'argent, car l'article des comptes où figure ce détail se rapporte à la « volte de la Grosse-Tour, » et non point à la tour de la Librairie.

La tour de la Fauconnerie ou de la Librairie était à quinze toises cinq pieds de la tour la plus rapprochée, sur la face occidentale du château[1]. Celle-ci était désignée par l'appellation de la « tour qui fait fer à cheval devers l'Artillerie, » parce qu'elle offrait en plan la moitié d'un cercle ou un peu plus. Pour la même raison, on donnait aussi le nom de « tour en fer à cheval » à celle du milieu, sur les jardins.

La tour en fer à cheval, du côté occidental, renfermait peut-être une poterne[2], comme celle du côté septentrional, et était également seule pour garnir la courtine. Nous serions certain du fait par les plans de la Tapisserie et de Du Cerceau, alors même que nous n'aurions pas constaté, par la précision avec laquelle elle vient se placer dans l'axe de la cour de Lescot, à égale distance des tours d'angle, qu'elle ne peut avoir été accouplée à une autre[3]. Ainsi au nord et à l'ouest, c'est-à-dire vers la campagne, où les attaques étaient le plus à redouter, le château n'avait que des issues sans importance, faciles à fermer et à défendre. Il en était autrement sur les deux autres faces, bien moins accessibles à l'ennemi, protégées qu'elles étaient, l'une par la rivière, l'autre par le voisinage de la Ville.

La tour du sud-ouest, dont le nom nous est inconnu, est représentée sur le tableau de Saint-Germain-des-Prés comme ayant son parapet crénelé un peu plus élevé que celui de la tour du sud-est. Le corps de logis qui la réunissait à la grande porte avait aussi un étage de plus que la portion de l'aile située après. Il n'y avait point de différence dans le niveau des faîtages; mais, dans le second corps de logis, le toit plus aigu, par suite de la moindre hauteur de l'égout, était percé de lucarnes et de souches de cheminées comme on n'en voyait point de l'autre côté. L'exhaussement du mur de la partie occidentale de l'aile faisant face à la Seine, ainsi que celui des courtines de l'ouest et du nord, datait apparemment du règne de Charles V : la mention de cette « neufve maçonnerie, » haute de deux toises et demie

---

[1] « Pour avoir abatu les créneaux depuis *la tour « devers la Taillerie* (à l'angle nord-est), *tout au long « du costé des jardins jusqu'à la tour devers la Fau- « connerie, et en retournant de l'autre costé de la salle « Saint-Louis* (située dans l'aile occidentale), dont « on a osté une assise pour l'encorbellement qui « court tout au long des murs et tours : première- « ment, *le pan de mur entre la tour qui fait fer de « cheval devers l'Artillerie et la tour devers la Fau- « connerie a de long quinze toises et demy et deux « pieds... Item, ladite tour devers la Fauconnerie a « de pourtour xi toises par le milieu, etc. »

[2] D'après un plan gravé sur bois au XVIe siècle, la poterne aurait été placée entre cette tour et celle de la Fauconnerie. L'incertitude de la situation exacte des poternes et le désir d'éviter la confusion nous a empêché de les indiquer sur le plan restitué.

[3] Sauval a dit lui-même, d'après un compte du domaine : « Il y avoit au Louvre trois tours du côté « de la rue Froid-Mantel. » (T. III, p. 449.)

TOPOGRAPHIE HISTORIQUE DV VIEVX PARIS.

VVE DV LOVVRE ET DE L'ABBAYE ST GERMAIN DES PRÉS

«jusqu'à l'enchappement,» s'applique très-bien au remaniement. Toutefois il faut remarquer que, sur le retable du palais, c'est la partie orientale de l'aile du sud qui semble la plus élevée, et non la partie occidentale; mais peut-être n'y a-t-il là qu'une faute de perspective.

L'entrée principale du château n'était pas placée, nous le répétons, au centre même de l'aile méridionale, mais elle se rapprochait très-sensiblement de la tour du sud-est. Elle était formée de deux tourelles crénelées, entre lesquelles était percée la baie ogivale par laquelle on pénétrait dans la cour[1]. Suivant Sauval, «le por- «tail» était surmonté d'une terrasse de neuf toises sur huit. La première de ces dimensions se rapporte parfaitement à la largeur probable de l'ensemble; mais pour admettre la seconde, l'aile méridionale ayant tout au plus sept toises de profondeur, il faut supposer que la partie de la terrasse comprise entre les deux tours était en saillie par rapport au nu des murs de la courtine. Elle s'avançait effectivement sur un encorbellement formé par la continuation de celui du parapet des tourelles[2]; on le voit bien sur le tableau de Saint-Germain-des-Prés. Dès le milieu du xve siècle, sur la terrasse s'élevait un étage coiffé d'un toit en pavillon, dont les deux épis étaient reliés par une crête à jour[3]. La grande porte du Louvre était ornée de statues placées dans des niches et représentant les rois Charles VI et Charles VII; elles avaient été exécutées, sur les ordres de ce dernier souverain, par les sculpteurs Philippe de Foncières et Guillaume Jasse.

Nous ignorons aussi le nom de la tour du sud-est. Il y a beaucoup de présomptions pour qu'elle ne soit autre que la tour dite *de la Grande-Chapelle,* car cette chapelle était dans l'aile qui faisait face au manoir de Bourbon.

Le portail oriental, détruit le dernier, existait encore vers 1660, et avait, dit Sauval, une entrée fort étroite[4]. Il était flanqué de deux tours rondes, décoré des statues de Charles V et de Jeanne de Bourbon, et offrait aux regards un «chef» ou clef de voûte semée de fleurs de lis. On y accédait par le moyen d'un pont-levis servant à franchir le fossé. Ce pont, représenté sur le plan manuscrit de Saint-

---

[1] Au-dessus d'une fenêtre à croisillon, surmontant la baie, on voit sur le tableau de Saint-Germain-des-Prés une forme circulaire, qui peut être le cadran d'une horloge; la peinture, détériorée en cet endroit, ne permet pas de le décider. Dès le temps de Charles V, il y avait réellement une horloge dans le château (voir p. 198, l'article des comptes n° 124). Une entrée du Louvre, qui paraît être celle du sud, est représentée sur un jeton contemporain de François Ier, avec ces mots placés au-dessous: LE LOVVRE, et cette légende autour: *In hoc ærarium Franciæ.*

[2] En supposant cet encorbellement répété sur la cour, on obtient, à très-peu de chose près, le chiffre donné par Sauval.

[3] Sauval dit que les bâtiments du Louvre étaient surmontés de terrasses sous Charles V, et que François Ier remplaça les terrasses par des combles; le retable du Palais de Justice prouve que cette substitution était déjà effectuée vers 1450.

[4] C'était la principale porte au xviie siècle, et le passage en était réellement peu large. En parlant du meurtre du maréchal d'Ancre, Fontenay-Mareuil dit dans ses Mémoires: «On avisa que l'arrest ne «se pourroit mieux faire qu'entre la grande porte «de devant le Louvre et la cour, où le passage est

Germain-l'Auxerrois comme dormant et à deux arches, devait être de système mixte. Il était précédé d'un bâtiment carré, sorte de barbacane ou tête de pont, en bordure sur la rue d'Autriche, et dont la profondeur égalait celle de l'espace compris entre la rue et le fossé. Devant les trois autres portes du château il y avait pareillement des ponts; mais ceux du nord et de l'ouest, peu importants, n'étaient guère que des passerelles à bascule.

Indépendamment des tours que nous venons de décrire et des tours de Bois et Jean de l'Estang, dont il sera parlé ultérieurement, Sauval cite les suivantes, dont il avait recueilli les noms dans les registres des œuvres royaux : la tour où se mettait le Roi quand on joutait; la tour de la grande chambre de la Tournelle, où était la Chambre du Conseil; les tours de la Petite-Chapelle, de l'Horloge, de l'Armoirie et d'Orgueil. Nous n'avons point de renseignements sur ces diverses tours, dont plusieurs se confondent certainement avec celles dont il vient d'être question. Sauval nomme aussi la tour du Windal (Vindas) et celle de l'Écluse[1] : la première était située sur le bord de la rivière et accolée à la porte de l'une des basses-cours; la seconde servait à retenir l'eau des fossés. Les noms de ces deux tours éveillent une même idée, et peut-être ne formaient-elles qu'une seule construction sous deux désignations diverses. Dans tous les cas, nous y verrions très-volontiers cette construction crénelée que nous avons signalée, d'après la vue de Cellier, comme occupant l'emplacement de l'extrémité de la Petite-Galerie. Quant aux tours énoncées «la «tour du coin devers Saint-Thomas,» et «la tour du coin de la Basse-Cour par «devers Saint-Thomas,» elles s'identifient sans doute avec la tour de l'angle sud-ouest. Dans les comptes de l'argenterie pour l'année 1352, il est fait mention d'une tour de «Bische-Mouche,» où l'on mettait les joyaux du Roi[2], et dont rien ne fixe la place. Le nom de cette tour, si étrange au premier abord, provenait de ce qu'elle avait été mise à la disposition de deux financiers italiens, Biccio et Muschiato, appelés en français *Biche* et *Mouche*, qui furent employés par Philippe le Bel[3]. Sauval assure que les tours dépendant du château sans en faire partie avaient toutes été construites à la hâte et après coup. La plupart étaient confiées à la garde d'un capitaine ou concierge plus ou moins qualifié. Le 20 septembre 1411, le

---

«long et assez étroit quand on a passé le pont-levis.» Le contraste entre cette porte et les nouveaux bâtiments du Louvre était fort choquant. Dans le *Journal d'un voyage à Paris en 1657-1658*, on lit, à la date du 23 décembre 1657 : «En peu de «temps on n'entrera plus par cette vilaine porte, «qui fit dire un gros mot à un ambassadeur, lors-«qu'estant entré dans la cour, et ayant admiré la «belle façade du grand corps de logis, il se tourna, «et voyant la déformité qui luy estoit opposée, il «s'en mocqua et dit : «Zeste d'une telle entrée! elle «seroit meilleure pour une prison que pour la mai-«son d'un si grand prince.»

[1] Et non de *l'Église*, comme on l'a imprimé à tort.
[2] Conf. les *Comptes de l'argenterie*, publiés par M. Douët d'Arcq, p. 188. — La tour de Biche-Mouche ne serait-elle pas la même que la Grosse-Tour, où Charles V faisait garder aussi ses joyaux?
[3] E. Boutaric, *La France sous Phillippe le Bel*, p. 297 et 309.

TOPOGRAPHIE HISTORIQUE DV VIEVX PARIS.

VVE DV LOVVRE ET DE LA PORTE DE NESLE
AV MILIEV DV XVe SIÈCLE.

D'après le retable du Palais de Justice.

comte de Nevers fut nommé concierge de celle du Windal, et pendant le malheureux règne de Charles VI, les capitaines des tours de Bois et de l'Écluse furent plusieurs fois destitués. Les tours secondaires du Louvre eurent aussi leurs prisonniers : en 1391, celle de l'Écluse servit de lieu de détention à Hugues de Saluces, qu'on ne jugea sans doute point digne d'une incarcération dans la Grosse-Tour.

Il n'y a presque aucun document graphique sur la face orientale du Louvre, la moins facilement visible des quatre[1]. Tout ce qu'on en aperçoit sur les gravures, c'est la partie supérieure, qui se dessine au-dessus de l'hôtel du Petit-Bourbon ; elle répond peu à l'idée qu'on est disposé à s'en faire, car elle présente l'apparence, non d'une aile de château fort, mais bien d'un groupe de maisons sans caractère, dont la plus élevée était au centre. Quelque bizarre que cela semble, il est manifeste que tel était l'aspect de l'aile orientale du Louvre lorsqu'elle fut abattue : la planche de Boisseau le prouve. Il est à croire que les bâtiments en furent bouleversés à la fin du xvie siècle, quand il fallut les entamer pour le prolongement des constructions nouvelles. Le retable du Palais de Justice offre une vue fuyante, mais exacte, de la face orientale du Louvre à l'état ancien (voir la planche ci-contre). On y observe que la tour de la Taillerie était semblable à celle du sud-est, et qu'un grand comble se dressait au-dessus et en retraite du portail, comme du côté de la Seine. La précieuse peinture montre en outre qu'il y avait, attenant à la tour du sud-est, une sorte d'avant-corps dont on ne saurait préciser les dimensions et dont l'agencement avec les parties voisines est même assez problématique, puisqu'on peut le comprendre de deux façons différentes. Cet avant-corps, adjonction évidente au plan primitif du château, était couronné de créneaux ; il ne s'aperçoit plus ou se distingue mal sur les vues du xviie siècle, et personne n'en a encore signalé l'existence.

## LE GRAND ESCALIER.

Le grand escalier du Louvre, élevé en 1365, était une des parties les plus remarquables du château. Fondé sur huit quartiers de pierre qui provenaient des carrières de Notre-Dame-des-Champs, et qui avaient chacun quatre pieds de long sur deux pieds et demi de large, il était de système hélicoïde, comme presque tous les escaliers de cette époque, qu'on appelait pour cela des *vis* ; il avait pour cage une tour ronde[2] appliquée à la face méridionale de l'aile du nord, et enrichie de

---

[1] M. de Clarac parle (p. 353) d'un tableau qui aurait représenté le portail de ce côté, et appartenait à un M. Bourdillon ; mais personne n'a pu nous apprendre ce qu'était devenu ce tableau.

[2] Sauval désigne évidemment le grand escalier dans ce passage où il dit qu'on montait aux appartements du Roi «par une grande vis *ronde*, que «Charles V avoit fait faire en 1365, à trois toises «de la salle de la Reine, dans le corps opposé à celui «qu'ils occupoient» (et qui était au midi). Un escalier polygonal en plan, surtout à l'extérieur, eût été bien plus dans les habitudes de l'époque.

diverses sculptures ainsi que de dix statues placées dans des niches et abritées sous des dais. De ces statues, deux exécutées par Jean de Saint-Romain, et n'ayant que trois pieds de hauteur, représentaient des sergents d'armes; elles étaient placées de chaque côté de la porte des appartements royaux; les autres, disposées à l'intérieur de la construction, sans ordre ni symétrie, étaient celles du Roi et de la Reine, ouvrage de Jean de Liége; puis celles du duc d'Orléans et du duc d'Anjou, par Jean de Launay et Jean de Saint-Romain; enfin celles des ducs de Berry et de Bourgogne, par Jacques de Chartres et Guy de Dampmartin. Chacune de ces figures avait été payée 20 francs d'or ou 16 livres parisis. Au haut de l'escalier se voyaient les images de la Vierge et de Saint-Jean, dues aussi au ciseau de Jean de Saint-Romain, lequel était encore l'auteur de deux « reprinses » ou culs-de-lampes qui portaient le pignon du dernier étage de la tour[1]. A l'une des fenêtres il y avait un fronton lambrequiné des armes de France, aux fleurs de lis sans nombre, ayant pour supports deux anges, et pour cimier un heaume couronné, pareillement soutenu par deux anges. Aidé de Guy de Dampmartin, Jean de Saint-Romain avait de plus, au prix de 40 francs d'or, décoré le sommet de la voûte de l'escalier de douze branches « d'orgues » (d'ogives) ou nervures, des armes royales sculptées en basrelief sur la clef, et de celles des princes du sang sur les « panneaux, » c'est-à-dire, nous le supposons, sur les reins ou lunettes comprises entre les nervures.

La grande vis du Louvre était munie à chaque étage d'un banc ou « reposoir » de six pieds et demi de long sur deux de large, de façon que le Roi pût se reposer en montant. Elle se composait d'une première suite de quatre-vingt-trois marches, mesurant chacune sept pieds de longueur, six pouces d'épaisseur et deux pieds et demi de giron près des parois de la cage, qui devait donc avoir environ quinze pieds de diamètre intérieur. Au-dessus de ces quatre-vingt-trois marches, commençait une seconde cage de même forme que la première, mais plus étroite[2], car ses quarante

---

[1] « Jean de Saint-Romain pour avoir taillé deux « reprinses, l'une un beuf, et l'autre un esgle, cha- « cun tenant un rouleau, en manière des évangé- « listes; lesquels servent, sur le chanteau où sont les « armes du Roy, pour porter le pignon du dernier « étage de ladite viz. » (Comptes de 1364.) — Un autre compte contient aussi, ayant quelque rapport avec le grand escalier, l'article suivant, qui nous révèle une singulière coutume: « Thomas du Buis- « son, peintre, pour avoir faict plusieurs croix de « peinture vermeille outre la grande viz neuve du « Louvre, l'uisserie des jardins et autres lieux en la « cour d'iceluy, pour la défense de ceux qui y fai- « soient leur retraict pour pisser; par marché faict, « XXVI s. p. » — Il paraît que Jean de Saint-Romain réunissait les talents du sculpteur et du peintre. Une pièce des archives de Joursanvault (n° 817) établit qu'en 1364 cet artiste, qualifié d'« ymagier, » reçut deux escus d'or pour « la peincture des chandeliers « de fust qui furent mis à Saint-Anthoine, entour le « corps du Roy. »

[2] Un agencement semblable s'observe dans la tour de l'hôtel de Bourgogne, dont la hauteur est la même, et qui est presque contemporaine, car elle ne fut bâtie que quarante-deux ans plus tard, au mois de mars 1407 (v. s.), d'après Monstrelet. Ce monument, qu'on voit encore dans une maison de la rue du Petit-Lion-Saint-Sauveur, a été relevé géométralement et gravé pour la *Statistique monumentale de Paris*, publiée par M. Albert Lenoir.

et une marches n'avaient que trois pieds de long et un pied et demi de giron dans leur partie la plus large. Ce second escalier conduisait à la plate-forme qui terminait la tour, et s'élevait à dix toises six pouces du sol, hauteur en concordance avec le nombre de marches indiqué. Le tout était en solide maçonnerie de pierre de taille, et pour faire les paliers on avait employé dix dalles tumulaires[1] provenant du cimetière des Innocents. Vendues le 25 septembre 1365, à raison de 14 sous parisis la pièce, par Thibaut de la Nasse, marguillier de l'église, ces dalles furent mises en œuvre par les nommés Pierre Anguerrand et Jean Coulombel. La largeur des marches du grand escalier prouve que la tour où il était contenu différait peu des autres quant à son diamètre intérieur; mais vraisemblablement les murs en étaient moins épais; elle ne figure, du reste, sur aucun des anciens plans; toutefois il est évident qu'elle se trouvait dans l'axe de la Grosse-Tour.

Le grand escalier, détruit sous Louis XIII, lorsque Lermercier commença les travaux d'agrandissement du château, avait été élevé par Raymond du Temple, architecte ordinaire de Charles V. Une notice très-intéressante de M. Jules Quicherat nous apprend que Raymond du Temple fut aussi maître des œuvres de maçonnerie de Charles VI, et qu'il faisait partie de la troupe des sergents d'armes, sorte de garde instituée par Philippe-Auguste pour la défense de la personne du Roi. Ce renseignement explique la présence des statues dont nous venons de parler et qui ornaient la porte des appartements royaux. Raymond avait un fils nommé *Charlot*; Charles V en fut le parrain, et, en cette qualité, lui fit don, l'an 1376, de 200 francs d'or, afin qu'il pût s'acheter des livres, pendant qu'il étudiait à Orléans[2].

L'achitecte du principal escalier du Louvre était aussi employé par les princes; il travailla à la grande chapelle de l'église des Célestins et à l'hôtel de Bohême, pour le compte du duc d'Orléans. On possède les deux quittances d'une somme de 200 francs qu'il reçut de ce prince, à titre de gratification. A l'une de ces quittances pend encore un sceau où est figurée une tête barbue tournée à gauche, avec ces mots pour légende : *Seel Ramont du Temple*.

Il existe aux archives de l'Empire deux procès-verbaux de visite de terrains vagues, dressés par Raymond du Temple, l'un le 24 avril, et l'autre le 13 dé-

---

[1] Et non vingt, comme le dit Sauval. (Voir les comptes ci-après, n° 25.)

[2] *Bibliothèque de l'École des Chartes*, 2ᵉ série, t. III, p. 55.

cembre 1372⁽¹⁾. Nous avons vu aussi, dans un acte de 1401, qu'il portait le titre de maître maçon juré de l'église de Paris, et qu'il avait un parent nommé « Jehan « du Temple le Jeune, » avec lequel il assista alors à certains travaux du voyer de l'Évêché⁽²⁾. Il servit le Chapitre de Notre-Dame plus de trente ans, car il fut chargé, par suite d'une résolution capitulaire du 2 septembre 1370, de visiter la maison de Coquatrix qui menaçait ruine. En 1387, il avait fait exécuter certains travaux aux « aisances » de la cour du Parlement (Boutaric, *Recherches archéologiques sur le Palais de justice*, p. 45.) Il vivait encore au mois de décembre 1403 ⁽³⁾.

## INTÉRIEUR DES BÂTIMENTS.

Parmi toutes les questions topographiques relatives à l'ancien Louvre, il n'en est point, on le conçoit, de si obscure que celle de la distribution intérieure. Là il y a impossibilité de rien restituer avec quelque certitude; tout est plus ou moins douteux et confus⁽⁴⁾. Ce qu'on peut dire seulement, c'est que les appartements royaux étaient dans l'aile méridionale, la grande chapelle dans l'aile orientale, et la salle Saint-Louis dans l'aile occidentale, avec une autre grande salle et deux petites chapelles. On peut encore penser qu'une des salles dites *de la Reine* était dans l'aile septentrionale, puisqu'elle n'était séparée du grand escalier que par une distance de trois toises. Quant au reste, nous ne saurions mieux faire que de transcrire la description de Sauval, malgré les inexactides qu'elle doit renfermer. Sauval s'exprime ainsi : « Les principaux appartements de nos rois et de nos

---

⁽¹⁾ Arch. de l'Emp. reg. J 151, n° 78.

⁽²⁾ Arch. de l'Hôtel-Dieu, layette 9.

⁽³⁾ Félibien, t. III, p. 245.

⁽⁴⁾ M. de Clarac, pour sa *Description du Louvre*, a néanmoins composé, de concert avec le dessinateur Civeton, un plan qui passe pour représenter l'édifice dans son état ancien, et particulièrement pour en reproduire la configuration intérieure. Ce plan, accepté par le public, auquel il eût été assez difficile d'en constater les nombreuses erreurs, a conservé une certaine réputation, qui empêche de le passer sous silence. Étranger, comme presque tous les antiquaires de son époque, à l'archéologie du moyen âge, M. de Clarac n'avait pas les connaissances indispensables pour reconstituer sur le papier, avec quelques chances de succès, un château fort du XIV° siècle; mais, lors même qu'il eût possédé cette science spéciale, si rare de son temps, il n'aurait jamais restitué sérieusement l'intérieur du Louvre de Charles V, par la raison péremptoire que l'on ne dispose pas de la dixième partie des données nécessaires pour cela. M. de Clarac a sans doute pris beaucoup de peine afin d'obtenir le résultat auquel il est arrivé; toutefois on ne saurait méconnaître qu'il n'a pas profité de tous les renseignements qu'il avait sous la main. Un fait plus regrettable encore, c'est qu'il se soit mis en fréquente opposition avec des documents graphiques qui font autorité. Ainsi, contrairement au tableau si précis de Saint-Germain-des-Prés, il a placé une tour supplémentaire entre la porte du midi et la tour de l'angle sud-ouest; sans tenir compte des plans de Du Cerceau, de Quesnel et de Mérian, il a cru pouvoir accoler à l'aile septentrionale du château deux tours au lieu d'une, et à l'aile méridionale, trois autres tours au lieu de la seule qu'on y vit jamais, etc. Quant au texte de l'ouvrage, il est naturellement le reflet des erreurs contenues dans le plan et ne révèle presque aucun fait nouveau, à part ce qu'on y apprend sur les travaux modernes, dont nous n'avons pas à nous occuper. En affirmant donc que l'histoire monumentale de l'ancien Louvre restait à faire après le livre de M. de Clarac, nous croyons ne pas excéder les bornes de la vérité.

« reines, au Louvre, ont toujours été placés au lieu même où nous les voyons ; et,
« bien que la principale entrée fût à cet endroit (au midi), et que ce ne soit jamais
« dans la façade d'un palais que se retire le prince, à cause du grand bruit qui s'y
« fait d'ordinaire, la vue en est si belle, qu'en 1365 on l'appeloit le Grand-Pavillon
« du Louvre, et que nos rois, aussi bien que nos reines, y logeoient presque tou-
« jours et le préféroient aux autres appartemens qu'ils avoient dans l'autre corps
« de logis parallèle, qui jouissoit de l'aspect du grand jardin.

« Tous les registres de la Chambre des comptes touchant les réparations des
« œuvres royaux, depuis le roi Jean jusqu'à Charles IX, font voir que les portes des
« principaux appartemens étoient ornées de pratiques de menuiserie ; que les appar-
« temens tant du Roi et de la Reine que des Enfans de France étoient carrelés,
« planchéés, nattés et lambrissés de bois de chêne, qui coûtoit à mettre en œuvre
« huit sols parisis le millier ; de plus, qu'ils avoient chacun leur chapelle et leur
« galerie, et ne recevoient le jour que par de petites fenêtres, étroites et obscurcies
« d'un gros treillis en fer, d'un châssis de fil d'archal, et de vitres peintes de cou-
« leurs hautes, et rehaussées des armoiries de la personne qui y demeuroit.

« Les reines occupoient le premier étage (le rez-de-chaussée) ; les rois, le second ;
« et la conformité de leur logement étoit si grande, que l'un n'avoit pas plus d'é-
« tendue que l'autre, ou même plus de membres, ni de commodités ; celui de la
« Reine étoit relevé de trois ou quatre marches au-dessus du rès-de-chaussée ( du
« sol de la cour). Sous Charles V et ses successeurs, il fut toujours accompagné
« d'une grande salle et de deux chapelles qui remplissoient entièrement le pre-
« mier étage du corps de logis parallèle à la rue Froimantel, et assorti, dans celui
« qui regardoit sur la rivière, d'une grande chambre de parade, d'une autre
« grande chambre et de quelques garderobes et cabinets. On montoit à celui du
« Roi par une grande vis ronde que Charles V avoit fait faire en 1365, à trois
« toises de la salle de la Reine, dans le corps de logis (du nord) opposé à celui
« qu'ils occupoient.

« On fit tant de logemens dans ce palais, que les Enfans de France, les princes
« du sang et les officiers de la couronne y avoient de si grands appartemens, qu'il
« n'y en avoit pas un où il ne se trouvât une chambre, un cabinet, une garde-robe
« et une chapelle, et tous se dégageoient dans des salles et des galeries ; car on
« y comptoit jusqu'à six salles et quatre ou cinq galeries.

« Pour ce qui est des salles, la première se nommoit la Salle neuve du Roi, et la
« seconde, la Salle neuve de la Reine ; toutes deux longues, chacune, de sept toises
« un pied et un quart, et larges de quatre toises trois pieds et demi. La troisième
« regardoit sur les jardins, et, à cause de cette situation, étoit appelée la Salle sur
« les jardins. La quatrième fut faite par saint Louis, et pour cela portoit le nom de
« son fondateur ; il lui avoit donné douze toises de long sur sept de large ; mais, comme

« elle tomboit en ruine sous Charles V, il la fit abattre et en fit faire une autre en
« cet endroit-là, de pareille grandeur, et lui conserva son ancien nom, qu'elle a
« toujours eu jusqu'à ce que François I$^{er}$ ruina le corps de logis où elle étoit. La cin-
« quième se nommoit la Salle du Conseil, et consistoit en une chambre et une garde-
« robe qu'on appeloit la Garde-robe du Conseil de la Trappe. Mais la plus fréquen-
« tée et la mieux ornée se nommoit tantôt la Salle basse, tantôt la Grande Salle,
« tantôt la Salle du Guet, et tantôt la Salle par terre. Sous Charles V, elle portoit huit
« toises cinq pieds et demi de long, sur cinq toises neuf pouces de large; et sous
« François I$^{er}$, sept toises un pied et un quart de long, sur quatre toises trois pieds
« et demi de large. Charles V la fit peindre en 1366; mais les peintures étant toutes
« effacées du temps de François I$^{er}$, elles furent renouvelées en 1514, rehaussées
« d'oiseaux et d'animaux qui se jouoient dans de grandes campagnes, et accompa-
« gnées de figures de cerfs. Dans cette salle, Charles V et ses successeurs reçevoient
« et régaloient les princes étrangers; c'étoit là qu'ils mangeoient en public et fai-
« soient leurs grandes fêtes. A un des bouts tenoit la chapelle basse du Louvre; à
« l'autre, Louis de France, duc de Guyenne, fils aîné de Charles VI, fit élever, en
« 1413, un avant-portail de pierre de taille, chargé de moulures, voûté et terminé
« d'une chambre couverte d'une terrasse entourée d'un balustre de pierre à claire-
« voie. Dans la chambre furent mises les orgues de ce prince, et la terrasse destinée
« pour les joueurs d'instruments ou ménétriers du roi et du duc de Guyenne : car
« c'est ainsi qu'ils sont appelés dans les registres de la Chambre des comptes. Dans
« le milieu de la face de cette salle, parallèle à cet avant-portail, étoit pratiquée la
« principale porte de la chapelle du Louvre. Raymond du Temple la couronna d'un
« grand fronton gothique de pierre de taille, et Jean de Saint-Romain, sculpteur,
« eut six francs d'or, ou quatre livres seize sols parisis, pour le remplir ou le lam-
« brequiner d'une image de Notre Dame, de deux anges tenant deux encensoirs,
« et de cinq autres jouant des instrumens et portant les armes de Charles V et de
« Jeanne de Bourbon; elle avoit quatre toises et demie de large sur huit et demie
« de long. Sous Charles V, son autel étoit de marbre, et sous François I$^{er}$, il étoit
« paré de deux images de bois, peintes et dorées, l'une de Notre Dame, l'autre de
« sainte Anne; mais ses murailles furent ornées, en 1365, de treize figures de pierre
« qui représentoient chacune un prophète ayant un rouleau en main, qui furent
« exécutées à l'envi par les meilleurs sculpteurs du siècle. Et dans ce temps-là fut
« dressé un oratoire ou prie-Dieu pour le roi, quand il se trouvoit au service; quoi-
« qu'elle fut voûtée, au reste, et qu'elle ne portât que deux toises cinq pieds de
« haut, sur vingt toises quatre pieds de circonférence, on ne laissa pas d'y bâtir une
« cheminée. Enfin Jean Bernard, charpentier, y fit, en 1366, un petit clocher de
« menuiserie, terminé d'une tourelle et garni d'une petite cloche. Avec tout cela,
« Charles V n'en fut pas le fondateur, mais le restaurateur, ainsi que de tout le

« reste du Louvre; car, sans doute, c'étoit Philippe-Auguste qui l'avoit bâtie, et,
« de plus, elle avoit été érigée en chapellenie par Philippe le Bel. Et de fait, après
« la mort de Jeanne de Navarre, ce prince ne se vit pas plutôt veuf, qu'il l'institua
« et même donna dans son Louvre un appartement au chapelain qui en avoit la
« direction; de plus, chargea la prévôté de Paris de deux cent (?) vingt-cinq
« livres [1] pour sa nourriture, et de quarante sols pour ses habits; voulant encore
« que, tant que lui et ses successeurs rois logeroient dans ce château, il eût la
« moitié, tant de pain, du vin, de la viande que de la chandelle, et des autres
« nécessités qu'on fournissoit alors aux officiers commensaux de sa maison, et
« simplement la moitié de cette portion quand il n'y auroit que ses enfants qui y
« demeureroient.

« Ce n'étoit pas la seule chapelle qui fût alors au Louvre; il y en avoit dans
« tous les appartemens principaux : le Roi, la Reine et les Enfans de France en
« avoient chacun une attachée à leurs chambres, la plupart terminée d'un petit
« clocher et placée dans les tours qui flanquoient et environnoient le château. Dans
« celle du Roi, il y avoit une armoire garnie de tables et de reliques; dans celle
« de la Reine, un autel, un oratoire et un jubé de menuiserie, travaillé et taillé
« avec beaucoup d'art et de patience.

« La chambre aux Oiseaux (joyaux?) avoit neuf toises de long sur quatre et
« demie de large. En 1430, elle étoit mieux garnie et plus riche que celle du
« Palais, de l'hôtel Saint-Pol, du château de Vincennes et de la Bastille. Des cabi-
« nets ou armoires à trois étages paroient ses murs de haut en bas; là étoit ren-
« fermée et rangée l'argenterie du Roi, sa vaisselle d'or et d'argent, des draps
« d'or, des échiquiers de jaspe et de cristal, des anneaux pontificaux, des croix,
« des crosses d'or, et toutes sortes d'ornemens de chapelle et paremens d'autel,
« chargés de pierreries; ce qui fait dans les registres de la Chambre des comptes
« plusieurs listes et chapitres non moins longs qu'ennuyeux.

« On ne se servoit alors ni de chaises, ni de placets, ni de sièges plians; ces
« sortes de meubles si commodes n'avoient point encore été inventés. Dans la
« chambre du Roi et de la Reine, il n'y avoit que des tréteaux, des bancs, des
« formes et des faudesteuils ou fauteuils; et, pour les rendre plus superbes, les
« sculpteurs en bois les chargeoient d'une confusion de bas-reliefs et de rondes-
« bosses; les menuisiers les entouroient de lambris, et les peintres les peignoient
« de rouge et de rosettes d'étain blanc. La chambre de parade, où Charles V tenoit
« ses requêtes, fut peinte de cette sorte, en 1366, par Jean d'Orliens, et parée

[1] L'abbé Lebeuf dit qu'il y avait dès 1315, au Louvre, une chapelle dotée de 25 livres à prendre sur la prévôté de Paris et jouissant d'autres droits, laquelle chapelle est appelée *la chapelle Saint-Jean* dans un acte de permutation du 13 décembre 1522. (*Histoire du diocèse de Paris*, t. I, p. 61.) Cette chapelle Saint-Jean paraît être celle dont parle Sauval.

« de ces meubles et de ces ornemens par ses charpentiers et menuisiers. Au lieu
« de ces cabinets magnifiques d'Allemagne, qui parent les appartements des dames
« d'aujourd'hui, on ne voyoit alors que des buffets grands, gros, épais, et chargés
« de basses-tailles mal travaillées [1]. »

Dans une autre partie de son livre, Sauval a encore consigné les détails suivants :
« Les salles, autres que celles de Saint-Louis, avoient huit toises de longueur sur
« cinq de large, ou un peu plus de sept toises de longueur sur quatre et demie
« de large environ. La grande chambre de parade, où le roi tenoit quelquefois ses
« requêtes, étoit longue de dix toises et large de six. Sa chambre avoit cinq toises
« et demie de longueur sur cinq de largeur. La chambre de la Trappe ou du
« Conseil en avoit six sur cinq. Son retrait, trois sur deux et demie... Sa chapelle
« basse, quatre et demie sur deux et demie.

« Les pièces de l'appartement de la Reine étoient presque de même grandeur ;
« mais la chambre du dauphin portoit quatre toises de large sur quatre toises cinq
« pieds et demi de long. Sa grande chambre de parade avoit six toises quatre
« pieds ou environ de longueur, sur quatre toises de large. Son cabinet, trois de long
« et de large. Sa chapelle basse, trois toises deux pieds sur deux toises un pied.

« La chambre de madame Michelle, depuis duchesse de Bourgogne, et qui lui
« laissa son nom, étoit de six toises et demie de longueur, et de six pieds et demi
« en largeur. Son cabinet portoit trois toises en carré ; le reste en proportion.

« Les chambres des princes du sang portoient cinq toises de long sur quatre et
« demi de large; leurs garde-robes avoient quatre toises de longueur et treize
« pieds de largeur, et ainsi du reste [2]. »

### LE GRAND-JARDIN ET LA MÉNAGERIE.

Le terrain dépendant du Louvre, vers la rue Saint-Honoré, était occupé par un assez vaste jardin qu'on appela, sous Charles V et depuis, *le Parc* ou *le Grand-Jardin,* pour le distinguer d'autres jardins plus petits, comme ceux qui étaient spécialement destinés au Roi et à la Reine, et qui furent convertis en basses-cours par Charles VI. Le Grand-Jardin avait pour limites : à l'orient, le gros mur de la Ville, auquel s'appuyaient les maisons de la rue d'Autriche ; à l'occident, la muraille à laquelle s'adossaient les maisons de la rue Fromenteau, et dont nous connaissons l'alignement ; au midi, le fossé du château ; au nord, un mur, auquel, suivant de nombreux documents, aboutissaient les maisons du côté méridional de la rue de Beauvais. Ce dernier mur fut abattu en partie sous Louis XIII ; mais nous en avons retrouvé un point au moyen d'une indication comme il est rare d'en rencontrer

---

[1] T. II, p. 20 et suiv. — [2] *Ibid.* p. 275.

dans les anciens actes. Un extrait des registres de criées, portant la date du 5 novembre 1455 [1], contient le passage suivant, confirmé par d'autres : « Une masure « ou place, où jadiz ot maison, assise à Paris, en la rue de Beauvaiz... aboutissant « par derrière aux jardins du Louvre et appartenances; et contient ladite masure, « dedans euvre, quatre toises et demye de long, et deux toises sur rue ; et par « derrière deux toises demy pié moins. » Ayant recherché quelle était cette maison, nous avons vu qu'elle s'élevait en face de la rue Jean-Saint-Denis (Pierre-Lescot), et nous avons même découvert un plan dressé il y a environ un siècle et demi, où elle est figurée avec ses anciennes dimensions. Nous avons ainsi constaté que le mur de clôture du jardin passait à quinze mètres du coin oriental des rues Jean-Saint-Denis et de Beauvais. Toutefois ce point n'aurait point suffi pour déterminer la direction du mur, si nous n'avions pu y joindre cette indication, fournie par les plans de Mérian et de Gomboust, que le mur se prolongeait parallèlement à l'aile du château. Suivant ces données, nous avons reconnu que le mur du jardin venait se souder à l'enceinte de Philippe-Auguste, près du lieu ou celle-ci se brisait pour courir aussi parallèlement à la face orientale du Louvre. Vers le même endroit, sur le plan manuscrit de Saint-Germain-l'Auxerrois, apparaît un pavillon carré, flanqué d'une tourelle à son angle sud-ouest.

D'après Sauval, le jardin du Louvre était semé de poirées, de pourpiers, de laitues et autres légumes; il était décoré de plants de rosiers, de haies, de pavillons, de préaux et de tonnelles « comme étant toute la science des jardiniers de ce « temps-là, qui ne connoissoient point de plus magnifiques compartimens. » Sauval dit encore : « Quatre pavillons alternativement ronds et quarrés remplissoient les « quatre coins; quant à leur grandeur, il falloit qu'elle fût bien considérable, chacun « étant environné de siéges, de chaises et de marchepieds faits de gazon, avec un « préau dans le milieu. » Sauval s'est au moins trompé sur le nombre des pavillons, qui montait à cinq; on lit dans les comptes de 1368 : « *Item*, pour avoir planté « d'un costé et d'autre ded. treilles et pavillons XVII c et demy de chez (ceps) de « vigne, VIII francs d'or, et les treilles et pavillons et hayes mesurées comme il « ensuit : premièrement, le pavillon rond contient VIII toises; le pavillon devers la « rue du Coq contient VII toises; *item*, le pavillon devers la rue de Beauvez contient « V toises; celui de la rue Fromentel contient VIII toises; le pavillon carré de la « Fauconnerie XII toises; et pour le lozengié [2] d'icelui XVI toises. *Item*, les hayes « dud. pavillon XV toises de long [3]; *item*, les haies du petit jardin VI toises. »

---

[1] Arch. des Quinze-Vingts.

[2] On voit par un autre extrait des Comptes que ces *lozengiés* ou treillages étaient disposés de façon à former des créneaux et des fleurs de lis : « Jean « Baril, faiseur de treilles, pour avoir faict un grand « préau èsdits jardins, et faict de merrien (bois) un « lozengié tout autour, à fleur de liz et à créneaux. »

[3] Quinze toises de développement sans doute, ce qui impliquerait que ce pavillon avait un peu moins de quatre toises de côté.

De ce texte il semble résulter que les pavillons étaient placés selon la disposition suivante :

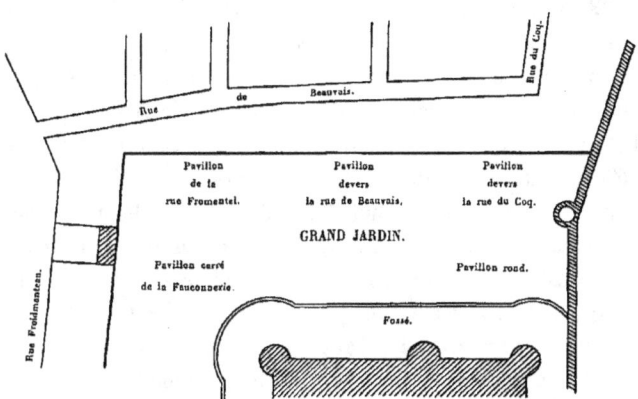

Quant à l'apparence du Grand-Jardin, entièrement gâté par Henri III, dit Sauval, on ne peut que renvoyer au plan de Mérian, où ce jardin est représenté comme un large préau entouré d'une suite de tonnelles.

Vers 1368, on refit les murs du jardin du Louvre et l'on y ouvrit une porte conduisant à la rue Fromenteau; un article des comptes est ainsi conçu : «Pour «avoir faict ès jardins, depuis le coin devers la rue Froidmantel, seize toises de «long, abatu les cloisons et murs vielz, en droit de la rue de Champ-flori jusqu'à «la gauche de la fourière du Roi... Pour un portail à istre (sortir) desdits jardins «en la rue Froidmantel..... Pour avoir taillé et faict l'appareil, aux maçons, «d'un portail de pierre, qui est assis au mur neuf entre la rue Froidmantel et les «murs dudict jardin, de dix pieds de haut et huict de lé, à voulsure, chanfrané «par dehors; entre lesquels murs est le *montoir* du Roy et de la Royne.» Le portail dont il est ici question devait communiquer avec ce petit jardin en bordure sur la rue Fromenteau, mentionné plusieurs fois comme le tenant méridional de la maison de la Tête-de-Bélier, et énoncé «jardin que l'on dit estre du Louvre» en 1530, puis simplement «jardin du Louvre» en 1574 et 1577. Ce petit jardin semble aussi être le même que celui qui, d'après Sauval, «portoit six toises de «longueur sur six autres et cinq pieds de longueur, du côté de la rue Saint-«Honoré.» On retrouve ces dimensions, si l'on admet que le portail avait une quinzaine de pieds de profondeur[1].

---

[1] M. Le Roux de Lincy possède un manuscrit de Sauval, qu'il se propose de publier, et dans lequel, indépendamment de plusieurs chapitres inédits, on rencontre de nombreuses différences avec le texte imprimé. Or, dans ce manuscrit, dont le propriétaire a bien voulu nous donner communication, nous lisons (p. 20) que le grand jardin du Louvre «étoit renfermé entre les fossez du Louvre,

DESCRIPTION DU VIEUX LOUVRE, ETC.   159

Conformément à un usage de l'époque, il y avait au Louvre, comme à l'hôtel Saint-Paul, une ménagerie d'animaux féroces. La maison où on l'entretenait était, en 1333, une «granche» que Philippe de Valois acheta, dans ce dessein, aux nommés Geoffroy et Jacques Vauriel. Elle se trouvait à l'angle nord-ouest du jardin; un acte de 1572[1] énonce la maison ayant pour enseigne la Tête-de-Bélier comme faisant le coin des rues Fromenteau et de Beauvais, «tenant d'une part à «ladicte rue de Beauvays, d'aultre au jardin du Louvre (celui dont il vient d'être «parlé), aboutissant d'un bout par derrière à *la maison où sont les lions du Roy*, «estant des appartenances dudict Louvre, et d'aultre part, par devant, à la rue «Fromenteau.» L'hôtel des Lions, ainsi qu'on disait, était lui-même contigu à «la «cuisine des communs du Louvre,» fait qui ressort de cet article du compte des confiscations de 1427 à 1434, «Jardin scis en Froit-Mantel, tenant tout au long «de la rue Froidmantel, et, d'autre part, tout au long, à une maison appelée la «*Cuisine du Louvre;* ayant entrée à un bout répondant devers les murs de Paris, «lequel lieu on souloit appeler l'hostel des Lions[2].» Le passage qui précède montre également que la maison des Lions se confondait avec le petit jardin de la rue Fromentel. Le 4 mai 1375, Charles V avait donné cette maison à Jeannin Hoguelet, garde des chambres et tapisseries du château de Vincennes, et à Guy Natin; ce dernier avait succédé à son père comme gardien des bêtes sauvages de la ménagerie du Louvre[3], aux gages de 12 deniers par jour.

### BASSES-COURS. — ARTILLERIE.

Avant le règne de François Ier, le Louvre n'avait de basses-cours qu'au midi et au couchant. Le terrain dépendant du château, vers le nord, était occupé par le Grand-Jardin; vers l'orient, le mur d'enceinte de la Ville, servant de contrescarpe au fossé, formait une limite au delà de laquelle, à l'exception de la barbacane, il n'y avait que des propriétés particulières dont l'annexion au château ne fut point antérieure à 1530.

Quant aux basses-cours occidentales, Sauval n'en mentionne qu'une, appelée «la basse-cour du côté de Saint-Thomas-du-Louvre et de la rue Froitmantel.»

---

«les rues de Froitmanteau, de Beauvais et d'Os-«triche. Le long de la rue Froidmantel, il portoit «soixante et une toises de longueur sur soixante et «une toises cinq pieds de largeur, du costé de l'é-«glise Saint-Honoré; et le long de ces deux costez, «il étoit revêtu de treilles de pareille longueur, que «l'on entretenoit avec beaucoup de soin et de cu-«riosité.» Ce passage n'est évidemment qu'une variante de celui que renferme le texte imprimé, mais nous ignorons lequel des deux exprime la vérité. Quoi qu'il en soit, si le Grand-Jardin pouvait avoir soixante et une toises de l'est à l'ouest, il n'a certainement offert cette dimension du nord au sud qu'en formant hache du côté de la rue Fromenteau; cette dernière disposition est peu vraisemblable.

[1] Arch. du Chap. Saint-Honoré.
[2] Sauval, t. III, p. 365.
[3] Arch. de l'Emp. reg. J 108, n° 320.

Elle était comprise entre le fossé et un mur auquel s'adossaient les maisons du côté oriental de la rue Fromenteau. Nous avons vu une foule de titres où ces maisons, détruites en partie avant le xviie siècle, sont effectivement indiquées comme aboutissant au mur ou «encloistrure» du Louvre; mais nous n'en avons pas trouvé un seul qui, par une indication de profondeur, nous fournît un jalon certain pour rétablir le mur de clôture de la basse-cour. On peut heureusement combler cette lacune; ainsi, sur une gravure de Sylvestre représentant la face occidentale du Louvre, telle qu'elle était lorsque Lemercier abandonna ses travaux, et intitulée : *Veue du Louvre et de la grande galerie du costé des offices*, on remarque des fragments d'une muraille qui présente un retour d'équerre sur le premier plan, et dont l'extrémité méridionale va s'attacher à la Grande-Galerie au lieu où elle se réunit au corps de bâtiment qui contient aujourd'hui le Grand-Salon [1]. Ce mur, dont une portion figure sur le plan de Quesnel, est évidemment celui qui limitait la basse-cour. Ayant servi un peu plus tard à appuyer de nouvelles maisons, il apparaît sur plusieurs plans manuscrits de la Bibliothèque impériale et des Archives, et nous y avons constaté qu'il courait parallèlement à la rue Fromenteau, à environ dix-huit mètres de cette rue, jusqu'à cinquante-trois mètres de la Grande-Galerie, point où il fléchissait légèrement, suivant la direction de la Petite-Galerie jusqu'à ce qu'il atteignît la Grande [2]. Il y a une telle conformité entre toutes les données graphiques, que l'authenticité de cette limite de la basse-cour ne saurait soulever une objection.

La plus grande partie de la basse-cour occidentale était occupée par «l'Artil-«lerie,» c'est-à-dire par un arsenal que Philippe-Auguste y établit, s'il faut en croire Sauval; mais le fait aurait besoin d'être démontré, car s'il paraît certain que, dès le principe, le Louvre dut servir de dépôt pour les munitions et les engins de guerre, il ne s'ensuit pas que l'Artillerie ait été, lors de sa fondation, placée dans la basse-cour où on l'a vue depuis, et d'où on ne l'a retirée entièrement qu'en 1572.

Les titres des maisons de la rue Fromenteau, que nous avons dépouillés avec grand soin dans l'espoir d'y rencontrer quelque renseignement sur l'artillerie du Louvre, ne la mentionnent même pas. Sauval dit qu'elle était sous la direction d'un maître ou garde, d'un artilleur ou canonnier et d'un maître de petits engins, qui tous avaient des logements dans la basse-cour; celui du maître était si commode

---

[1] Par une licence qui lui était habituelle, et qui a induit bien des gens en erreur, Sylvestre a supprimé le côté occidental de la rue Fromenteau, afin de faire voir un tronçon plus considérable de la Grande-Galerie; mais l'indication des fragments du mur n'est nullement imaginaire.

[2] Il est à remarquer que ce mur, prolongé suffisamment, vient se confondre avec l'alignement du côté occidental de la rue Jean-Saint-Denis, ce qui pourrait faire croire que cette rue se continuait primitivement jusqu'à la rivière, et qu'elle fut prise pour limite lors de l'acquisition du terrain du Louvre.

qu'il renfermait un jardin et des étuves qu'on appelait *le Jardin* et *les Étuves du maître de l'artillerie*. En 1391, la maison où se fabriquait l'artillerie était proche de la rue Fromenteau et avait quatorze toises de long sur quatre de large, dans œuvre. En 1412, on voyait au même lieu une grande halle pour la poudre et l'artillerie, qui se travaillait à l'étage inférieur; il y avait aussi un pavillon dit *de la Fonderie*, à cause de sa destination, couvert d'un comble en croupe, et grand de sept toises « en quarré. » En 1430, on démolit un corps d'hôtel d'un étage, qui servait à l'artillerie et présentait sept travées de longueur. Un autre, qui s'appelait « l'Ouvrouer de l'artillerie, » subsistait encore en 1487. Sauval parle également sans en préciser l'emplacement, d'une « chambre des empenneresses, » où l'on garnissait les flèches de plumes, et d'un atelier où on les ébauchait[1]. Dans ce dernier on avait construit « une armoire à trois pans ou équières, longue de cinq « toises, haute de sept pieds, large de deux et demi, » que remplissait une quantité d'armes offensives et défensives, pour l'usage de la garnison. D'après un compte de 1367, qui énonce « la tour dessus l'armurie du Roy, » il paraît qu'un magasin d'armes existait dans l'intérieur même du château.

En 1368, dans une cour voisine de la rue Fromenteau, était établi un jeu de paume, où venaient s'exercer le Roi et les princes[2]. C'est de même, dans la basse-cour occidentale, qu'était situé « l'Ostel de la Fourrière du Louvre, » dont il est question dès 1368; il y aboutissait, en 1406, une maison de la rue Fromenteau, qui avait pour enseigne *l'Image Saint-Jacques*, et était située à peu près derrière l'emplacement aujourd'hui occupé par le pavillon de l'Horloge[3]. La Fourrière, espèce de magasin ou dépense, faisait partie de ces nombreux offices du château qui comprenaient une lingerie, une pelleterie, une lavanderie, une taillerie[4], un bûcher, un charbonnier, une fauconnerie, des poulaillers ou galliniers, des celliers, la conciergerie, la maréchaussée et, sans aucun doute, des écuries. Pour le service de la bouche, il y avait, indépendamment des cuisines, édifices toujours importants dans les manoirs du moyen âge, une paneterie, une saucerie, une épicerie, un garde-manger, une fruiterie, une échansonnerie, une bouteillerie et un lieu servant à la fabrication de l'hypocras. Mais Sauval, qui nous a transmis tous ces détails, n'y a pas joint le moindre renseignement topographique, et l'on chercherait inutilement à imaginer quelle était la disposition des communs du Louvre.

---

[1] Nous avons trouvé une mention, en 1269, de la «meson à l'aubalestière du Louvre,» comprise parmi «pluseurs mesons assises en Biauvoier.»

[2] «Et en la cour devers la rue Froidmantel, «scellé et assis en un auvent où le Roy et nos sei-«gneurs jouent à la paulme, et au mur faict un «estuy à mettre les esteufs (balles).» —

[3] En 1571 et 1573, la maison de l'Image Saint-Jacques n'est plus dite aboutissant à la Fourrière, mais aux «offices du Louvre.» Les anciens communs du château avaient alors été bouleversés.

[4] Ateliers pour les vêtements.

Il est douteux que la basse-cour méridionale du Louvre existât avant la construction du mur d'enceinte que Charles V fit élever le long de la Seine[1]; peut-être l'établissement de cette basse-cour a-t-il fait disparaître ces chantiers appartenant à la Ville, et dont il a été parlé plus haut. Il est clair aussi que la basse-cour, avant la construction du quai en dehors de la courtine, ne s'étendait point jusqu'à ce dernier ouvrage, puisque, auparavant, le chemin public était au nord ou en deçà de la courtine. On voit, par les lettres ordonnant la construction du quai (1527), qu'il avait pour but d'empêcher que les chevaux de halage, entrant par la fausse porte du mur de Philippe-Auguste, ne passassent dans la place qui se trouvait au devant de la principale façade du château : «La faulse porte par où «l'on a accoustumé passer les chevaulx tyrans les bateaulx qu'ilz (qui) portent la «marchandise, affin que iceulx chevaulx puissent doresnavant par ledict chemyn «(le quai à faire) avoir leur passage sans passer par ladicte place (devant le «Louvre) et faulse porte [2]. » Ce terrain situé devant le Louvre, et n'y étant pas incorporé, payait à l'Évêque certain cens à propos duquel il y eut contestation avec la Ville. On lit dans le censier de 1373 : «Item, la place entre la porte du Louvre «et la maison de l'Engin, dont descort fu entre le Prévost des marchans et Monsieur «de Paris; qui est Vincent Lamiraut et à Robert Roussel[3].» La place dont il est ici question touchait au chemin du bord de l'eau, lequel prolongeait celui du quai de l'École et se continuait avec la voie dont les restes ont formé la rue des Orties. La jouissance de ce chemin, laissée au public, n'empêchait pas que la porte de l'enceinte, dite *porte du Louvre*, ne fît partie, au XV° siècle, des dépendances du château, comme l'apprend ce passage des comptes de la Ville, en l'année 1424-1425 : «De la vielz porte de la basse-court du Louvre, devant l'arche de Bour-«bon, pour (par) où l'on passe pardevant le chastel du Louvre, pour aller tout «autour de la Ville. — Néant, pour ce que jà pieça le Roy, nostre sire, l'a appliqué «pour servir à la basse-court dudit Louvre. »

Nous venons de nommer une «maison de l'Engin» dont l'indication ne se rencontre dans aucun auteur; ce sont les censiers de l'Évêché qui nous en ont révélé l'existence. Dans celui de 1373 on énonce «l'Engin de la Tournelle du Louvre, » et dans celui de 1530 «la maison où estoit l'Engin du Louvre. » Le passage que nous venons de citer établit que la maison de l'Engin était située sur le chemin du bord de l'eau, au delà de la porte de Paris dite *du Louvre*, ce que tous les censiers confirment. Ainsi celui de 1399 la mentionne sous la rubrique «Oultre «le Louvre, à comancier devers le chasteau de Boys, en venant à la vielle porte

---

[1] Le manuscrit de M. Le Roux de Lincy mentionne une basse-cour située du côté de l'hôtel de Bourbon, et dont les dimensions étaient de quarante-trois toises et demie sur huit.

[2] Nous reviendrons plus loin sur la construction de ce quai.

[3] Fol. 34 v°. L'article se retrouve dans les censiers postérieurs.

« emprès le Louvre, » après le manoir de la Petite-Bretagne et l'église Saint-Thomas; ceux de 1489 et 1530 la mentionnent dans le même ordre et après la maison qui faisait le coin occidental des rues Fromentel et des Orties; elle se trouvait donc entre ce coin et la place située devant le Louvre. Cette circonstance et le mot d'*engin*, parfaitement applicable à une écluse ou vanne, portent naturellement à croire que la tour de l'Engin était celle dont nous avons parlé à propos des fossés, et qui commandait le canal; puis, que la maison de l'Engin était cette construction contiguë à la tour, et qu'a remplacée la salle des Antiques.

### ENCEINTE DE PHILIPPE-AUGUSTE. — ENCEINTE DE CHARLES V. QUAI DU LOUVRE. — RUE DES ORTIES.

Le trajet du mur d'enceinte de Philippe-Auguste, de la rue Saint-Honoré jusqu'au quai, est fort difficile à retrouver, et, pour cette raison, il n'a jamais été restitué exactement. Longtemps nous n'avons connu, comme tous ceux qui se sont occupés de la question, que des documents graphiques insuffisants pour la résoudre, ou plutôt faits pour en donner une fausse solution; tels sont le plan de l'atlas de Saint-Denis de la Chartre, très-erroné, et le plan de Caqué, gravé vers 1770, lequel est meilleur, quoiqu'il reste encore loin de la vérité. Sur ces deux plans, le mur traverse l'îlot compris entre les rues du Coq et de l'Oratoire ou d'Autriche, en biaisant par rapport à cette dernière rue. Nous n'avons jamais admis que telle pût être la direction du mur, parce que nous avions vu un titre de 1596, relatif à une place ayant fait partie de l'hôtel Saint-Pol, où il est dit que cette place, qui aboutissait par devant à la rue d'Autriche, par derrière aux anciens murs de la Ville et faisait le coin de la rue Saint-Honoré, avait sept toises de profondeur[1], ce qui nous paraissait indiquer que l'enceinte courait parallèlement à la rue d'Autriche, à sept toises de son alignement occidental. La découverte successive de trois plans anciens est venue justifier nos prévisions. Le premier de ces plans[2], copié d'un autre que Bruant avait fait pour Colbert, fournit des traces de mur faciles à discerner pour quiconque a l'habitude de pareilles recherches; le second, conservé parmi les archives de l'Oratoire, est beaucoup plus explicite; il reproduit une des tours de l'enceinte, en confirmant les indications du premier; enfin le troisième, qui est fort habilement dessiné[3] et qui corrobore les précédents, montre que la muraille, amincie par places de façon à n'avoir que six pieds d'épaisseur, se trouvait à sept toises de la rue d'Autriche et lui était rigoureusement parallèle. Ce parallélisme, qui produisait une brisure à environ quatre-

---

[1] Voir p. 13.
[2] Arch. de l'Emp. 3ᵉ classe, n° 61.
[3] Archives de l'Empire, Atlas du département de la Seine, n° 62.

vingt-trois toises de la rue Saint-Honoré, près du point où l'on rencontrait le mur du grand jardin du Louvre, se continuait jusque dans le voisinage du quai, où le mur s'infléchissait de nouveau pour atteindre la porte et la grosse tour dite *du Coin*.

La première porte Saint-Honoré a dû être construite en même temps que l'enceinte dont elle faisait partie, c'est-à-dire dans les dernières années du xiie siècle; elle a donc précédé l'existence de l'église qui lui a donné le seul nom qu'on lui connaisse. C'est en 1533 qu'elle a disparu : « En ce temps (vers le mois de mars « 1533 ou 1532 v. s.) fut abbattue la faulse porte Sainct-Honoré, » rapporte la chronique manuscrite de François Ier [(1)]; dans un acte du 13 août 1534, elle est indiquée comme ayant été « desmolye et abatue par l'ordonnance du Roy. » Conséquemment, la mention qu'on en rencontre dans un titre de 1545 doit être attribuée à un souvenir, de même que, par suite d'une habitude analogue, on a nommé un point de la rue Saint-Antoine *porte Baudoyer*, plusieurs siècles après la démolition de la porte elle-même. L'époque ancienne à laquelle la première porte Saint-Honoré a été rasée ne laisse aucun espoir d'en retrouver des plans géométraux; il n'y a aucune raison de supposer qu'elle différât des autres portes contemporaines dont la rive gauche nous offre des spécimens. Il est donc présumable que le plan de Braun, qui la représente avec la physionomie d'une des portes de l'enceinte de Charles V, n'est point fidèle quant à ce détail. On en a trouvé quelques substructions en bâtissant le portail de l'Oratoire, l'an 1745; mais on n'a pas songé alors à tirer parti de cette découverte. Suivant Sauval, la statue de la Vierge qui décorait de son temps l'entrée de la maison de l'Oratoire provenait de la porte Saint-Honoré, et cette tradition était confirmée par la ressemblance de la statue avec celle du cul-de-sac des Peintres, débris qu'on savait avoir appartenu à l'ancienne porte Saint-Denis.

Sur le plan de la Tapisserie, il n'y a qu'une tour indiquée entre la rue Saint-Honoré et le Louvre. Cette tour se confond évidemment avec celle qui est placée par Quesnel à peu près à la hauteur de la rue de Beauvais, et par Caqué à environ huit toises du mur extérieur de l'aile septentrionale du Louvre. Le troisième plan cité plus haut fait voir que, en réalité, elle avait son centre situé sur une parallèle passant à douze toises cinq pieds du nu de ce mur. Les plans de Braun et de Du Cerceau la montrent précédée d'une autre tour, dont l'emplacement correspond à celui qu'occupe le chevet de l'église de l'Oratoire [(2)]. Il est probable qu'une troisième

---

[(1)] Fol. 84 v°. Cette chronique a été récemment publiée par M. G. Guiffrey. — Au xvie siècle, les portes de l'enceinte de Philippe-Auguste étaient appelées *fausses portes*, pour éviter qu'on les confondît avec celles de l'enceinte du xive siècle.

[(2)] Il résulte d'un titre cité dans le *Mémoire historique et critique sur la topographie de Paris*, rédigé par Bouquet (in-4°, 1771), qu'en 1546 (et non 1608) la ville accorda à Hélye Odeau (et non Derdeau, comme dit le Mémoire) la permission de

tour était située à la brisure de l'enceinte, près de la clôture septentrionale du Grand-Jardin [1]. A en juger par le plan de Mérian, il y en aurait eu une quatrième très-rapprochée de la troisième; mais il n'est pas vraisemblable qu'il en ait existé une devant le Louvre même, attendu que l'enceinte de Paris servait de contrescarpe au fossé du château, dont les tours protégeaient suffisamment le mur de la Ville dans cette région.

L'entrée principale du Louvre étant d'abord tournée du côté de la rivière, il faut admettre qu'en construisant l'enceinte de Philippe-Auguste on y réserva une porte ou poterne qui permettait de se rendre au château sans passer par la porte Saint-Honoré. Toutefois, la première mention que nous connaissions de la porte du Louvre, *porta de Lupera*, ne remonte qu'à l'an 1271. Elle était située devant l'emplacement actuellement occupé par le pavillon qui fait face au pont des Arts. On en connaît mal l'aspect à cause de l'époque ancienne de sa démolition, et, dans le retable du Palais de justice, elle ne se dessine que confusément. Sur le plan de Braun, elle est représentée flanquée de deux tourelles en encorbellement; les tourelles auraient, au contraire, porté de fond, suivant le plan de la Tapisserie. Celui de Du Cerceau lui donne une tout autre apparence, et elle y semble composée d'un pavillon à toit élevé, percé d'une grande arcade en plein cintre. Elle aura pu être remaniée et, plus probablement encore, elle a été détruite par suite de la construction du quai sous François Ier, car on ne la voit plus sur le plan de Belleforest (1575). Dans l'origine, elle devait ressembler beaucoup à la porte de Nesle.

Au midi de la porte du Louvre, dont elle était séparée par une petite place de trois toises deux pieds de long, et par une maison dont les dimensions ne sont pas connues, s'élevait une haute tour qui faisait le pendant de la tour de Nesle, et dont les historiens ont parlé en l'appelant *la Tour qui fait le Coin*, parce qu'elle est ainsi qualifiée dans un titre de 1420 [2]. C'est là sa première désignation; elle en a depuis reçu une autre, car elle est la même que la tour «Jehan de l'Estang,» dont l'identité n'a point encore été constatée. Nous en trouvons la première preuve dans un bail qui fut fait par la Ville, le 29 juillet 1486, à Jean Ferrant, et qui contient ce passage : «La tour que l'en souloit appeler la tour Jehan de l'Estang, «et la moitié de l'alée des murs par hault, au long de la rivière de Seine, en

«desmolir pour la commodité de sa maison, scise «rue Richebourg, dite du Coq, certaine portion de «l'ancien mur de la Ville, contenant 13 ou 14 thoises «de long ou environ, passant le long de l'héritage «d'icelle et de ses voisins, avec une vieille et an-«tienne tour, tous joignant ledit mur ou bien édif-«fiés sur iceluy.» Or la tour distante d'une douzaine de toises du Louvre moderne qui est figurée sur le plan de Turgot n'a jamais fait partie de la maison d'Odeau, anciennement hôtel Saint-Pol, et conséquemment il devait y avoir une autre tour plus rapprochée de la rue Saint-Honoré que ne l'était la tour reproduite sur le plan de Turgot.

[1] Ce doit être celle qui touchait au jardin de l'hôtel de Bacqueville. (Voir p. 10.)

[2] Nous l'avons trouvée ainsi désignée dès 1364; mais il nous semble douteux que ce nom ait été populaire.

« tyrant vers la tour ouprès de laquelle souloit avoir ung chastel de bois ; avecques
« la maison édifiée joingnant de lad. tour dud. de Lestang, entre icelle et l'ancien
« portail ou porte à harsse de l'antienne muraille (porte du Louvre) et closture de
« lad. ville, qui est oultre l'ostel de Bourbon ; tenant à la basse-court du chastel du
« Louvre et à lad. vieille muraille. » La seconde preuve résulte d'un autre bail,
daté du 7 avril 1506, où on lit : « Petite place vuide et non valleur, assise au long
« des anciens murs de lad. ville, entre la maison et édifice contre la tour dite Jehan
« de l'Estang et la faulse porte d'iceux murs, par laquelle on va au Louvre ; conte-
« nant icelle place trois toises deux pieds de large, le long desd. murs et de deux
« toises deux pieds de profond, pour illec édifier maison manable..... ensemble
« le dessus de lad. porte, aisance et allée des murs par hault, sur la longueur de
« lad. place[1]. » La tour Jean de l'Estang portait encore ce nom en 1573. L'individu à qui elle l'avait emprunté jouissait, vers 1440, de la tour ainsi que de la
porte, en vertu d'un don royal ; à un article des comptes de la Ville, commençant par ces mots : « De la vieille porte de la basse-court du Louvre, que tient et
« occupe Jehan de l'Estang, » est ajouté en note : « Soit poursuivy led. de l'Estang,
« par le procureur de la Ville, nonobstant le don à lui fait par le Roy, attendu que
« c'est du domaine de la Ville. »

La tour du Coin formait l'extrémité occidentale de la fortification de Philippe-
Auguste, sur la rive droite, et, quoi qu'on en ait dit, elle n'a jamais été confondue
avec la tour de Bois. Elle offrait la plus grande ressemblance avec la tour de
Nesle, qui est bien connue, et elle était munie, comme celle-ci, d'une tourelle
cylindrique servant de cage d'escalier. Suivant Sauval, elle aurait été démolie en
1531. Nous admettons volontiers cette date, qui correspond à peu près à celle des
travaux du quai, quoique la tour du Coin soit reproduite sur le plan de Belleforest (1575). Ce dernier plan n'inspire en effet qu'une très-médiocre confiance ;
il est d'ailleurs en contradiction avec un dessin daté de 1574 et avec la vue de
Cellier, qui représente la tour dérasée comme elle l'est sur le plan de Gomboust,
dont le texte lui prête encore vingt pieds de hauteur.

La tour du Coin, que le tableau de Saint-Germain-des-Prés nous montre
dans son intégrité, n'a eu son étage inférieur entièrement détruit qu'en 1719,
lorsqu'on a refait le quai du Louvre. A cette époque, elle était depuis longtemps
dépourvue de sa cage d'escalier, qui ne s'aperçoit sur aucune des gravures du
xviie siècle où la tour est reproduite, non plus que sur les quatre ou cinq plans
manuscrits au moyen desquels nous en avons rigoureusement déterminé l'emplace-

---

[1] Arch. de l'Emp. cart. Q 1146. — Si nous connaissions la longueur de la maison, comme nous
possédons celle de la place contiguë, il serait possible de replacer exactement la porte, mais nous
n'avons point voulu tenter d'en restituer le plan, qui
est par trop hypothétique.

ment. Ces plans, circonstance rare, concordent entre eux; ils placent le côté occidental de la tour à quarante-huit toises de la galerie de Charles IX, et le centre à environ vingt-quatre toises (quarante-six mètres soixante et dix-sept centimètres) de l'avant-corps du pavillon faisant face au pont des Arts; grandeurs justifiées par un plan coté, très-intéressant, de la Bibliothèque impériale [1]. On voit sur ce dernier plan qu'à environ quarante-huit toises de la galerie [2], c'est-à-dire au point où la tour s'attachait au mur qui la reliait à la galerie [3], ce mur était distant de cinq toises [4] du parapet du quai nouveau, que donne le plan de Verniquet, et à sept toises de la clôture du jardin de l'Infante, repères bien positifs. En opérant, soit d'après ce dernier document, soit d'après les autres, on obtient un résultat identique. Le seul embarras qu'on pourrait éprouver serait relatif au diamètre de la tour, trop étroit sur la plupart des plans, où il atteint à peine quatre toises, quoiqu'il ne fût certainement point inférieur à celui de la tour de Nesle, qui mesurait cinq toises. Cependant il n'y a qu'un seul plan [5] où la tour du Coin soit tracée avec cette largeur.

Dans un travail du genre de celui-ci, la détermination d'un point précis est souvent féconde en conséquences importantes; c'est ainsi que la certitude acquise de l'emplacement de la tour Jean de l'Estang va nous conduire à reconnaître l'erreur de tous ceux qui ont voulu restituer le mur d'enceinte ou courtine du bord de l'eau dans le voisinage du Louvre. Cette courtine n'était point située sur un emplacement intermédiaire entre ceux de la Grande-Galerie et du mur du quai actuel; mais elle a servi de base à la Grande-Galerie même, dont la face méridionale en donne l'alignement. Voici les observations qui nous l'ont fait comprendre.

La courtine est représentée sur les plans comme parfaitement droite, et s'attachant à la tour du Coin dans la direction du centre de cette tour. Pour retracer toute la courtine, il suffit donc d'en retrouver un fragment; or ce fragment, nous l'avons dans le mur de quarante-huit toises de longueur dont il a été parlé tout à l'heure. Ce mur a certainement le même point de départ que la courtine, et, ainsi que la courtine figurée sur le dessin de Cellier, il va gagner la tour représentée aujourd'hui par l'extrémité de la galerie de Charles IX, à l'alignement du bâtiment qui vient à la suite et qui touche au guichet Saint-Nicolas. Comme dans le tableau

---

[1] Ce plan est gravé et rare; il est intitulé: *Plan des quays du Louvre et de l'Escole, à rebâtir de l'ordre de M*$^{rs}$ *le Prévôt des marchands et Eschevins, suivant le devis du M*$^r$ *général des bâtiments de la Ville, présenté au Bureau le 3 février 1719.*

[2] D'après un titre de 1614, que nous citerons au chapitre XII, le véritable chiffre paraît avoir été quarante-huit toises et deux pieds.

[3] La manière dont le mur s'attache à la galerie n'est pas la même sur tous les plans, mais la différence est sans importance, du moins par rapport à la question qui nous occupe.

[4] La cote est indiquée.

[5] C'est un grand plan manuscrit de la paroisse Saint-Germain-l'Auxerrois, conservé aux Archives de l'Empire.

de Saint-Germain et la vue de Cellier, il apparaît flanqué d'une tour intermédiaire sur le plan gravé, signé H. R. M. D. et sur une estampe de 1613, œuvre très-rare de Mathieu Mérian [1]. Enfin il faut que l'alignement de la courtine et celui du mur se confondent. Puisqu'ils avaient, nous le répétons, un point de départ unique, le premier ne peut avoir différé du second qu'en formant un angle avec ce dernier; or, si l'on suppose seulement cet angle de deux degrés, la courtine, prolongée en ligne droite, passe au midi de la tour de Bois. Puis, concevrait-on que, sans nécessité appréciable, avec un terrain complètement libre, on eût changé la direction d'un mur de quatre-vingt-quatorze mètres de longueur, afin de lui faire faire avec son ancien alignement un angle presque nul? Cela n'est pas un instant admissible. Au surplus, dans un bail de 1615, époque où l'état des lieux nous est connu, le mur est appelé « gros mur de la Ville séparant le jardin « du Louvre et le quai du port au Foing; » il ne saurait donc y avoir confusion.

L'identité d'alignement étant établie entre le mur de quarante-huit toises et une portion de la courtine, le reste de cette courtine et la Grande-Galerie doivent être considérés comme ayant un alignement commun, car le mur prolongé vient se confondre avec celui de la galerie, sinon d'une manière rigoureuse, du moins en ne présentant qu'une flexion à peine perceptible [2]. Or, cette brisure ne doit pas être attribuée à un changement de direction adoptée lors de la construction de la Grande-Galerie, et cela par une raison analogue à celle que nous venons de donner. On n'a pu songer en effet à se priver, sur une longueur de plus de cent vingt toises, des fondations toutes faites qu'offraient les substructions de la grande courtine de Charles V, dans le seul but d'obtenir une modification d'alignement absolument insignifiante, puisqu'elle se serait traduite par une déviation de trois degrés au plus avec l'ancienne direction [3]. Rien d'ailleurs ne laisse soupçonner la nécessité d'un changement d'alignement, et l'on comprend, au contraire, qu'un redressement vers le nord, si l'on en eût effectué un, aurait pu avoir pour résultat l'étranglement de la rue des Orties ou l'obligation de pratiquer des retranchements, procédé onéreux et encore peu en usage au xvie siècle. Enfin l'on observe que, au-dessous du sol, le mur méridional de la Grande-Galerie n'a pas moins de sept à huit pieds d'épaisseur, ce qui achève de nous faire croire qu'elle est venue se planter sur les fondements de la courtine [4]. Cette circonstance explique

---

[1] Cette planche, dont M. Bonnardot, l'infatigable collectionneur, possède deux épreuves, représente un feu d'artifice; la pièce principale est placée sur la tour intermédiaire, laquelle apparaît dérasée à la hauteur de celle du Coin.

[2] Sur les grandes minutes de Verniquet, la brisure ne forme pas même un angle d'un degré.

[3] La position de la tour de Bois, près de laquelle se terminait la courtine, nous est connue, et la courtine ne pouvait se trouver plus au midi que ne l'était la tour, qui, tout en commandant la rivière, devait aussi servir à flanquer la courtine.

[4] Si la courtine eût eu la direction qu'on lui prête, nous en aurions infailliblement aperçu quelques fragments dans la grande tranchée pratiquée pour l'égout des quais en 1861.

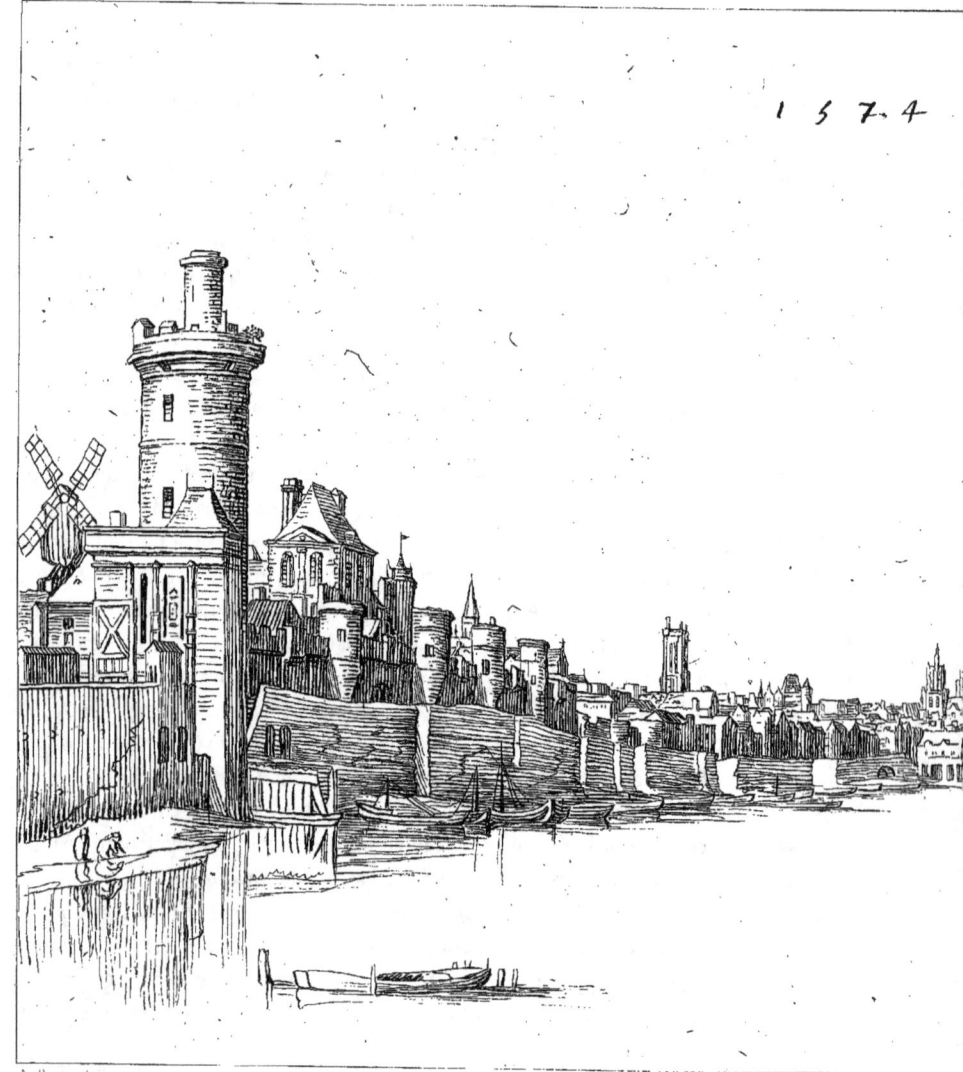

VVE DES QVAIS

comment on ne voit nulle part la présence simultanée de la courtine et de la galerie : l'apparition de l'une a coïncidé avec la disparition de l'autre.

La grande courtine de Charles V est désignée par le nom de « les murs de la « rivière, » dans un titre de 1437; dans un autre titre, de 1580, le fragment subsistant devant le Louvre est appelé le « gros mur qui faict closture du quay estant « le long de la rivière de Seyne et du Louvre. » Un extrait de comptes, rapporté par Sauval, apprend qu'elle fut commencée en mars 1370[1]. Sur les plans de Belleforest et de Du Cerceau, elle est représentée munie de cinq demi-tourelles en encorbellement, non du côté de la rivière, mais du côté de la Ville, disposition extraordinaire, irrationnelle et, partant, très-douteuse. Sur la grande gouache de l'Hôtel de ville, elle paraît relier une suite de sept tours rondes et complètes. Ce second arrangement est bien plus vraisemblable, car la portion que nous connaissons, c'est-à-dire celle qui était située devant le Louvre, était flanquée effectivement de tours rondes portant de fond, comme la courtine des Célestins, construite dans le même temps et pour le même but[2]. Il est à remarquer que si, entre l'emplacement de la galerie de Charles IX et la tour du Coin, on restitue la tour intermédiaire dont il a déjà été question, et si l'on reporte successivement la distance qui le séparait de la tour du Coin, de façon que l'emplacement de l'extrémité de la galerie de Charles IX devienne celui de la troisième tour, on trouve, entre les tours du Coin et de Bois, la place des sept tours de la grande gouache. Des tours flanquant la courtine, les quatre plus rapprochées de la Tour-Neuve subsistaient encore en 1574, fait attesté par le précieux dessin inédit qui porte cette date, et dont le *fac-simile* est ci-joint. Comme sur le plan de la Tapisserie, les tours y offrent la forme de cylindres saillants des deux côtés de la muraille; mais, à l'exception d'une, elles y semblent reposer sur des espèces de culs-de-lampe, ou plutôt être entamées par le bas, de telle manière que la section ressemble à une trompe. La muraille est figurée crénelée, garnie de machicoulis et munie, au centre de chacune de ses grandes divisions, de balcons de défense, qui sont probablement les « garites doubles » auxquelles Guillebert de Metz fait allusion en parlant de la courtine[3].

---

[1] « Les nouveaux murs du devant du Louvre, « 1370, commencés en mars. » (Extrait des comptes de Simon Gaucher, payeur de la Ville. Sauval, t. III, p. 124.) La chronique latine du Religieux de Saint-Denis, publiée par M. Bellaguet, dit (t. I, p. 100) que les fondements des courtines du bord de l'eau furent jetés par le prévôt Hugues Aubriot: « Prope « portam Sancti Antonii ac Luparam prima jaciens « fundamenta, utraque etiam latera Secane fluvii « muris lapideis in parte maxima claudit. »

[2] Voir un dessin de Cellier dans le recueil déjà cité.

[3] « Aux deux boutz de la basse partie de la Ville, « sur la rivière, son très-haulx et fors murs à grans « tours; c'est assavoir au Louvre où ils sont à garites « doubles, les ungs dedens, devers la Ville, et les « autres du costé dehors de la Ville. Et aussi aux « Célestins, lesquelz estora Hugues Ambriot, pré- « vost de Paris. » (*Description de la ville de Paris*, publiée par M. Le Roux de Lincy, p. 75.)

170    TOPOGRAPHIE HISTORIQUE DU VIEUX PARIS.

Le guichet (actuellement fermé) situé à une trentaine de mètres de la Petite-Galerie existait bien avant la construction de la Grande; il avait nom *le guichet du Louvre* dès 1501, et le « guychet de la rivière de Seyne » en 1519. Un acte de 1542[1] mentionne une maison « assise au bout et faisant le coing de la rue Froitmantel, « devant et à l'opposite du *guichet du Louvre*, sur la rivière de Seine, aboutissant « par devant sur le pavé estant le long des murailles de la ville de Paris » (sur la rue des Orties, qui longeait intérieurement la courtine). Entre la dernière et l'avant-dernière tour de la courtine était aussi percée une porte en 1574. Au-devant du guichet du Louvre il y a eu, au xvie siècle, un port appelé « port du Guichet-« du-Louvre » dans une ordonnance de la Ville qui fut rendue le 20 octobre 1586 et qui prescrivait de prendre des pierres aux chantiers des fortifications des Tuileries, pour exécuter des travaux de pavage sur ce port ainsi que sur celui de l'Arche-d'Autriche. On lit également « port du Guichet-du-Louvre » dans un titre de 1556, et ailleurs « port Sainct-Nicolas » (1566), à cause du voisinage de l'église Saint-Nicolas, et « port de l'Arche-Saint-Nicolas, dict le Guichet-du-« Louvre » (1622). Le port situé devant le Louvre s'appelait *le port au Foin* dès le commencement du xviie siècle (1615); au xviiie siècle, il se nommait, dans sa partie orientale, *le port au Blé*, et aussi *le port aux Huîtres*.

Au bout de la courtine du bord de l'eau s'élevaient la tour de Bois et la Porte-Neuve, que l'on n'a jamais tenté de restituer qu'au moyen des vues et des plans à vol d'oiseau. Plus heureux que nos devanciers, nous avons découvert un plan géométral manuscrit[2], qui, malgré ses inexactitudes, nous a beaucoup aidé à comprendre et à restituer l'ensemble et surtout la situation de ces constructions. D'après ce plan, l'axe de la tour aurait été à environ soixante-sept mètres de l'axe du pavillon de Lesdiguières, et la porte qui la précédait, à quarante-trois ou quarante-quatre mètres plus loin. Reportant ces distances sur le plan de Verniquet, nous avons reconnu que la face extérieure de la porte se plaçait à environ sept mètres du bas d'un escalier accolé au quai, en parfaite conformité avec les vues de Sylvestre et avec la situation du mur d'enceinte, du côté des Tuileries. Aussi bien avions-nous un excellent moyen de contrôler notre restitution. La belle et grande vue de Sylvestre, gravée en 1650, et donnant la meilleure représentation de la Porte-Neuve, fait voir qu'en avant de cette porte il y avait deux baies en plein cintre pratiquées dans le mur du quai, et que la plus rapprochée de la porte en était éloignée d'une distance qu'un tracé perspectif montre avoir été le double de la largeur de la baie. Or les deux baies existent encore; celle d'amont a deux mètres

---

[1] Arch. de Saint-Thomas-du-Louvre.

[2] Ce plan, dessiné sur parchemin et dressé à une échelle inférieure de près d'un quart à celle de Verniquet, porte la date du 15 octobre 1665; mais une note apprend qu'il a été copié d'après les anciens plans des voyers. Il provient de l'abbaye Saint-Germain, et se trouve aujourd'hui dans le carton des Archives de l'Empire coté S 2857.

TOPOGRAPHIE HISTORIQUE DV VIEVX PARIS.

A<sup>te</sup> Guillaumot del.   A. Berty dir.   A<sup>te</sup> Guillaumot et L. Lebel sc.

VVES DE LA PORTE NEVVE

d'après Israël Sylvestre.

DESCRIPTION DU VIEUX LOUVRE, ETC.                171

soixante-cinq centimètres de largeur, et conséquemment le parement de la Porte-Neuve devait en être éloigné de près de six mètres. Là, en effet, apparaissent dans le mur du quai les traces de la porte, dont la partie en saillie sur ce mur a fini par se transformer en une sorte d'éperon. Les fouilles faites en 1861 pour le grand égout nous ont fourni une preuve matérielle de l'exactitude du résultat que nous avions obtenu au moyen des observations précédemment indiquées; une ligne partant du jambage occidental du premier guichet du Carrousel (le plus rapproché du Louvre), et rejoignant un point du mur du quai placé à sept mètres de celui où commence la courbure de la rampe, coïncide avec le parement extérieur de la Porte-Neuve.

Entre la Porte-Neuve et la Grande-Galerie il existait une maison de trois travées, attenant à la porte, ayant pour dépendance une sorte de pavillon carré, voisin de la tour de Bois, et plus ancien que la maison. (Voir le grand plan de restitution, feuille V.) Celle-ci fut construite, vers l'année 1635, pour servir de logement au Grand Prévôt, d'après le passage suivant du *Supplément manuscrit aux antiquités de Paris*, qui fut rédigé en 1638 ou 1639[1]: «Près la Porte-Neufve (ainsy appellée «cy-devant) est l'hostel du Grand Prévost de France et de l'hostel du Roy, basti «depuis quatre ans, avec tout le logement nécessaire à son train, qui a son com-«mencement par la haute tour Neufve joignant à cet hostel. A présent le sieur de «Hoquincourt y fait sa demeure, fort commode pour estre proche du Louvre.»

La Porte-Neuve ne consistait qu'en une simple muraille épaisse de un mètre soixante centimètres et ornée de deux ordres superposés, offrant chacun trois pilastres. Au centre de l'étage inférieur était une grande baie en plein cintre formant la principale entrée, et accompagnée d'une petite baie rectangulaire pour les piétons. A la travée centrale de l'étage supérieur on remarquait un écusson aux armes de France, encadré dans un chambranle à fronton. Un entablement couronnait le bâtiment et se continuait sur un mur[2] ou plutôt sur une aile en retour, à l'extrémité de laquelle s'élevait le pavillon rectangulaire, proche de la tour de Bois. Les lignes des deux constructions se raccordaient de façon à éloigner l'idée d'une soudure, ce qui permet de croire qu'elles étaient contemporaines[3]. Il paraît certain que le pavillon est le logis auquel il est fait allusion dans le passage suivant d'un bail de 1586: «Corps de garde, naguères faict de neuf, et dressé contre le logis

---

[1] M. Le Roux de Lincy a récemment constaté que ce manuscrit ne diffère point du livre de même nom publié en 1639.

[2] Le plan n'indique qu'un mur; mais il est évident qu'il y avait une aile, laquelle est figurée sur les vues de Sylvestre comme présentant un ressaut au premier tiers de sa longueur. La tranchée faite en 1861 a laissé voir un mur que nous croyons être le mur extérieur de cette aile, dont rien ne nous a révélé la profondeur. Des murs et des massifs de maçonnerie mis au jour par les fouilles étaient sans doute les restes des divisions intérieures de l'aile, qui ne s'attachait point d'équerre à la Porte-Neuve.

[3] Le pavillon figure sur la vue de 1574 et sur le plan manuscrit de la Porte-Neuve, où n'est pas reproduite la maison du Grand Prévôt, laquelle n'était sans doute point bâtie lorsqu'on fit le plan.

22.

« de la Porte-Neufve d'icelle Ville. Ensemble une place vague estant entre ledict
« corps de garde et la tour estant près ladicte Porte-Neufve appelée le Chasteau
« de Boys... estant icelle place sur la largeur de douze pieds pour y bastir maison. »
On lit aussi dans un procès-verbal de visite, dressé par Guillaume Guillain, le
22 août 1577 : « A costé de ladicte porte, y a ung logis couvert en pavillon applic-
« qué à une porte et entrée, avec une grande allée voultée, de cinq toises de long
« sur huict pieds de large, et à costé, une forme d'allée de quatre toises de long
« sur six pieds de large, avec autres aysances près lad. salle; et au-dessus du rez-
« de-chaussée, une chambre et une garde-robbe; et, au-dessus, les greniers selon
« le contenu dud. lieu. Une viz dans œuvre, qui sert à monter audict lieu et aux
« terrasses et allée qui sont sur le pont-levis de lad. Porte-Neufve. Et entre ledict
« bastiment et la grande tour du Bois, y a ung petit bastiment qui est en partye
« ruyné, et n'y a aulcune couverture; qui pouvoit servir à loger le portier ancien-
« nement. » Sur une vue de Sylvestre, de petites maisons sont effectivement représentées entre le pavillon et la tour de Bois. Le pavillon doit également être ce
« logis du Roy, près la Porte-Neufve, » dont il est fait mention dans les comptes des
bâtiments royaux de la fin du règne de Henri II. En 1557, Eustache Ive y fit pour
3 livres 9 sous 9 deniers de travaux de maçonnerie; en 1558, Léonard Fontaine
y fit pour 65 livres de travaux de charpente, et Jean Le Gay, pour 54 livres 12 sous
6 deniers d'ouvrages de couverture. Il en est aussi question dans un titre de 1577.
Suivant le plan des archives de l'Abbaye, le pavillon aurait été presque carré, et
d'après la vue de Sylvestre, il aurait, au contraire, été assez étroit par rapport à
sa profondeur. Les fouilles de 1861 nous ont montré qu'il n'avait que cinq mètres
vingt centimètres de largeur, et qu'il était précédé d'un mur biais, couronné d'une
corniche à chanfrein, destinée apparemment à recevoir une retombée quelconque.
Du parement intérieur de la Porte-Neuve au pavillon, la distance comprenait un
peu plus de trente-deux mètres.

La Porte-Neuve était munie d'un pont-levis placé devant la grande entrée, et
d'une planchette correspondant à la petite entrée. Sur les vues de Sylvestre, on
aperçoit les ouvertures destinées au jeu des flèches; mais il n'y a plus de pont-levis,
et à la place apparaît une chaussée continue. Nous voyons, en effet, dans les registres du Corps municipal, que, le 6 juillet 1637, le Bureau de la Ville ordonna
au Maître des œuvres de charpenterie « d'abattre et desmolir le pont-levis de la
« Porte-Neufve, et, au lieu d'iceluy, y faire un pont dormant garny de plates-
« formes, et disposer la charpenterie en telle sorte qu'il » pût « estre pavé par-dessus
« au plustôt. » Dans le devis fait à cette occasion, il est spécifié qu'il y avait à la
porte « ung pont-levis et une planchette garnis de barrières aux deux costez desd.
« pont et planchette; » puis que « les flèches et tappecul tant dud. pont-levis que
« de la planchette » étaient de nulle valeur. Un pont-levis implique un fossé; il y

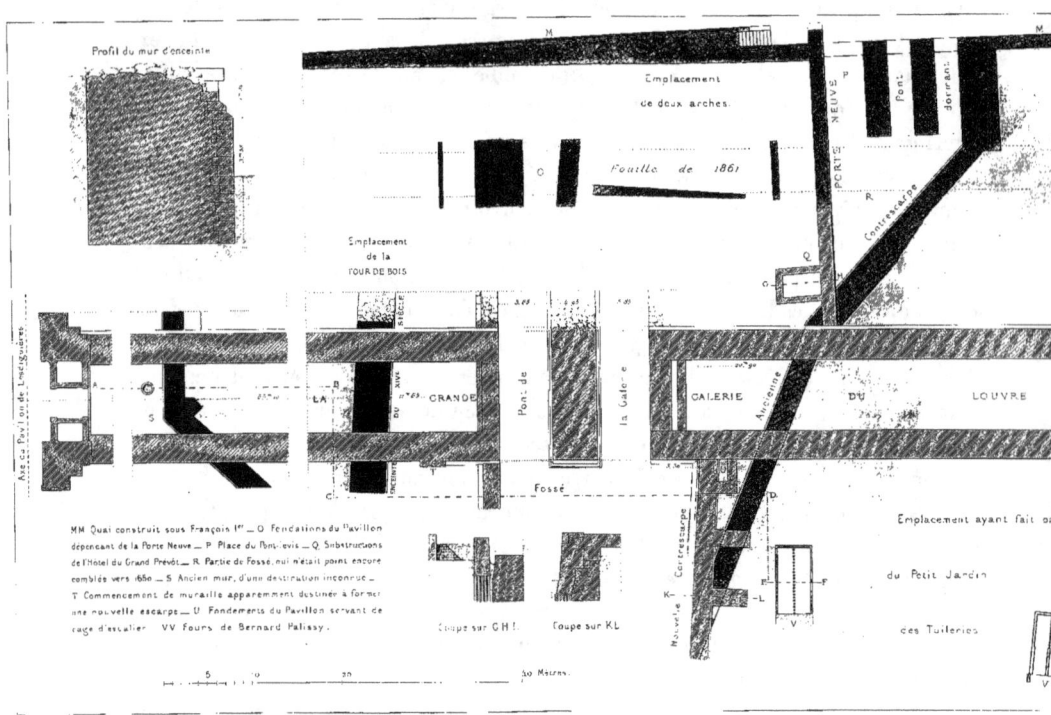

PLAN DES SVBSTRVCTIONS
AVX ENVIRONS DE LA PORTE NEUVE

en avait donc un devant la Porte-Neuve; les deux arcades qui existent encore, et qui servaient au passage des eaux, en sont une preuve matérielle. Mais ces arcades et la porte même étaient en saillie par rapport à la contrescarpe du fossé, dont nous connaissons la position exacte, au nord de la Grande-Galerie. Il s'ensuit que la contrescarpe présentait un décrochement ou ressaut au-devant de la Porte-Neuve, du moins à la fin du xvie siècle et au commencement du xviie. Antérieurement ce ressaut n'existait peut-être point, et l'on pourrait croire que la Porte-Neuve a été élevée sur un dos d'âne séparant le fossé de l'arrière-fossé, c'est-à-dire dans une position analogue à celle des barbacanes ou boulevards qui protégeaient les portes Saint-Denis et Saint-Martin. L'arrière-fossé, qu'on aurait supprimé lors de la construction en pierre de la contrescarpe, en exceptant toutefois la partie située au-devant de la porte, aurait laissé celle-ci dans la situation singulière où nous la trouvons. Il est vrai que le plan de la Tapisserie n'indique point d'arrière-fossé dans cet endroit, mais une charte du mois de juillet 1385, que nous citerons dans le chapitre ix, donne à croire qu'il y en a réellement eu un, et il se pourrait qu'il eût été conservé longtemps au-devant de la Porte-Neuve. A l'appui de cette hypothèse, nous observions, sur le plan de Quesnel, que le fossé est représenté comme se continuant en ligne droite sous la Grande-Galerie, de façon à passer entre le mur de Bois et le revers de la Porte-Neuve, et l'existence de cette disposition nous semblait d'autant plus probable que, sur les vues de Sylvestre, on aperçoit, en amont de la porte, deux arcades qui, pareilles aux arcades d'aval, servaient de même à la décharge des eaux des fossés[1]. Nous avons constaté, en 1865, que le canal en question était postérieur à la construction de la Grande-Galerie, et nous l'avons fait effacer sur la planche. Les fouilles de 1861 ont levé nos incertitudes sur l'agencement du fossé devant la Porte-Neuve, car elles ont mis au jour un mur de contrescarpe courant en biais, et se coudant ensuite de façon à se relier avec le pied-droit occidental de la seconde arcade d'aval. Ce pied-droit n'était autre chose que la culée du pont dormant, lequel se composait de deux arches voûtées et était précédé d'un espace vide que le pont-levis servait à franchir. Cet état de choses est rétabli sur notre plan, où nous n'avons eu qu'à compléter des fragments de forme et de dimensions certaines [2]. En deçà de la porte, il est douteux que les arcades aient

---

[1] Les deux arcades en amont, figurées sur le dessin de 1574, sont aujourd'hui cachées sous une large rampe qui a remplacé ce petit escalier des vues de Sylvestre qu'on retrouve sur le plan de Verniquet, en même temps que l'embouchure de l'égout correspondant aux arcades d'amont. Les fouilles de 1861 ont causé la destruction du canal biais et coudé qui se déchargeait par les arcades d'amont, et que nous avons tracé en ponctué.

[2] Les deux arches du pont existent, et nous savons qu'elles devaient avoir cinq toises et demie d'une tête à l'autre (on n'en voit plus aujourd'hui que quatre toises environ). Les traces du remplissage de la travée du pont-levis sont extrêmement sensibles, et prouvent que la seconde pile était épaisse de deux mètres soixante centimètres, comme la première. Il n'y a donc rien de conjectural dans notre restitution.

formé un véritable pont comme celles qui étaient au delà. Le 6 mai 1609, la Ville les loua toutes au nommé Charles Doussier; le bail les énonce, « quatre arcades en « forme d'allées voultées, dont deux en dedans de la Ville, chacunne de cinq thoises « et demies de long, toutes pavées de pierre de liais, traversant la chaussée au « derrière du pont-levis, et les deux autres au dehors, entre icellui pont-levis et « le tappe-cul de ladite Porte-Neufve. »

La tour de Bois terminait, sur la rivière, l'enceinte de Charles V, comme la tour du Coin terminait celle de Philippe-Auguste. Ainsi que la tour du Coin, elle était surmontée d'une plate-forme crénelée, à mâchicoulis, et avait son escalier hors d'œuvre dans une cage en forme de tourelle, dont la hauteur excédait le niveau de la plate-forme. Les gravures de Sylvestre lui donnent quatre étages. Suivant la chronique latine du religieux de Saint-Denis, elle fut entreprise en 1382, immédiatement après le retour de Charles VI à Paris, d'après les ordres du Roi, et afin de lui assurer le pouvoir de sortir de la Ville quand il lui plairait[1]. La tour ne devait point son nom, comme on l'a imaginé, au voisinage d'un bois, mais bien à la proximité d'une de ces fortifications, bastides ou bretêches en charpente, qu'on nommait des *châteaux de bois*. Nous avons cité un titre de 1486 où elle est énoncée « tour auprès de laquelle souloit avoir ung chastel de bois. » Elle est appelée « tour « du chasteau de Bois » dans les comptes du Parloir aux Bourgeois pour l'année 1424-1425, et dans d'autres pièces aussi postérieures à la démolition de la bastide. Cette démolition eut lieu en vertu d'une ordonnance de 1420, dans laquelle il est dit « que le chastel de Bois lèz le Louvre estoit moult préjudiciable à la for- « teresse de la Ville, parce que les habitants d'icelle n'eussent pu aller jusques à « la tour de la dicte Ville, qui faict le coing, qui est sur la rivière, devant et à « l'opposite de Nesle[2]. » Le château de Bois est mentionné dans le censier de l'Évêché pour l'année 1399.

La tour du château de Bois, appelée indifféremment *tour de Bois* ou *du Bois*, était, au XVe siècle, protégée par une enceinte palissadée. Il est parlé, dans un titre de 1481, « du ciruit (circuit) de la tour du chasteau de Boys, en tant que l'ancien « paleys et affiche autour de ladite tour, pour la deffense de ladite Ville, se com- « porte. » Un autre, de 1459, contient le bail de la pêcherie « du pourpris (l'en- « ceinte) du boulevart de Boys, » lequel, ajoute-t-on, « est près du bastardeau[3] qui « retient l'eaue des grands fossés de lad. Ville, joignant de la tour du chasteau de « Boys. » Le batardeau en question était en pierre et muni d'une terrasse; pour y parvenir, il fallait passer par la chambre du premier étage au-dessus du rez-de-

---

[1] « Propter eamdem causam turrim validam, « quam amnis Sequane subtus ambiret, prope Lu- « param construxit. » (T. I, p. 238.)

[2] *Mémoire de Bouquet*, p. 170.

[3] Entre 1516 et 1518, on paya à François de Caumont la somme de 65 livres parisis pour avoir fait un « bastardeau au travers du bout du fossé... « près la tour de Bois, de sept à huit toises de long. »

chaussée de la tour, ce qu'on voit par le bail qui en fut fait, en 1443, au nommé Perrin, et par les comptes de la Ville, où il est indiqué que le troisième étage de la tour servait « à mettre l'artillerie et les habillemens de guerre [1]. » Un extrait de comptes, cité par Sauval, établit qu'en 1573 la tour de Bois avait été reprise par la Ville pour y déposer des poudres. Nous n'avons point vu que, suivant l'assertion de M. Bonnardot, elle ait été nommée tour de l'Écluse, ce qui est néanmoins fort possible, ou Tour-Neuve (excepté au XVIIe siècle), et encore moins tour du Coin, confusion qui n'a été faite que par les historiens modernes. La tour de Bois a été démolie vers 1670 [2], en même temps que la Porte-Neuve, dont la partie en saillie sur le mur du quai a subsisté pendant quelque temps, figurant une sorte d'éperon ou contre-fort. La construction de la Porte-Neuve avait été la conséquence de la création du quai du Louvre, dont nous sommes ainsi amené à parler.

Le 15 mars 1527, François Ier envoya au Prévôt des marchands et aux Échevins une lettre dans laquelle il leur demandait de faire faire « ung chemin le long « de la tour respondant sur la rivière » (la tour du Coin); la porte du Louvre allait en effet être fermée aux voitures, ce qui rendait nécessaire un chemin pouvant remplacer la voie supprimée. On ne mit pas un grand empressement à obéir au Roi; car, trois ans après, les choses étaient encore à peu près dans le même état, et, le 26 juin 1530, le Corps de la Ville délibéra à propos d'une lettre dans laquelle le Gouverneur de Paris recommandait de commencer promptement « le quay et pont » rendus indispensables par « la closture du guichet du Louvre » (la porte de Philippe-Auguste), ajoutant que, conformément à l'avis du Bureau de la Ville, le Roi souhaitait que le pont fût bâti en pierre et non en bois [3]. Cette fois on se mit sérieusement à l'œuvre, et le 15 juillet, le Bureau adopta le rapport qui lui fut présenté par les maîtres des œuvres touchant le genre de pierre à employer; il fut convenu qu'on ferait usage de « bonban de Vergellé ferme, de vingt poulces de hault, » déclaré préférable au cliquart et au haut liais de Vaugirard; les garde-fous devaient être en liais de Notre-Dame-des-Champs. Le 10 mars 1530 (v. s.) le Roi accorda à la Ville une aide sur le poisson et le sel, dans le but de subvenir aux frais d'exécution.

---

[1] « De la tour du chasteau de Bois et du logis « d'habitation d'icelle, et tout le lieu ainsy qu'il se « comporte, excepté la chambre du troisième estaige « de ladite tour, qui sert à mettre l'artillerie et ha-« billemens de guerre pour la deffense d'icelle Ville, « et aussy réservé l'allée pour où l'on va sur la terrasse « du bastardeau de pierre joignant de ladite tour, qui « retient l'eaue des fossez de ladite Ville; pour ce « que, pour y aller, fault passer parmy la chambre du « premier estaige du rez-de-chaussée. » (Comptes du Parloir aux Bourgeois, année 1444-1445.) Celui qui occupait alors la tour de Bois, Pierre Gorre, était obligé par son bail « de faire ouverture » quand on aurait « à faire pour aller lever ou abaisser la bonde » qui était au batardeau.

[2] Elle avait été baillée pour soixante et dix ans en 1612, et fut donc abattue avant l'expiration du bail.

[3] Les lettres royaux commencent par ces mots: « Pour ce que désirons que le quay que avez, par « notre ordonnance, encommencé le long des murs « du chastel du Louvre, etc. »

Les travaux néanmoins n'avancèrent qu'avec beaucoup de lenteur, puisque, le 15 décembre 1536, le Roi, étant à Fontainebleau, envoya de nouvelles lettres où il pressait «la continuation du quay qui estoit encommancé devant le Louvre, «le long de la rivière, par le dehors de la muraille» (la courtine), et par lequel, disait-il, «il nous sera beaucoup plus aisé de prandre le chemyn pour aller à «Boullongne, où faisons compte d'aller souvent à l'esbat.» Il y avait urgence, poursuivait-il, de «faire ung pont en porte au bout dudit quay, pour sortir par «hors nostre dicte Ville, et aussi faire paver icelluy quai pour rendre le chemyn «plus nect et plus biau, de sorte que nous trouvions le tout fait à nostre arrivée en «ladicte Ville.» On ne satisfit point complétement à ce désir, car, le 8 septembre 1538, le Corps de Ville étant allé rendre visite au Roi, à Saint-Germain-en-Laye, fut invité à «parachever le bastiment du quay pour passer du Louvre aux Tuile-«ries.» Le fait est consigné, comme tous ceux qui précèdent, dans les registres de délibérations, où nous les avons recueillis. Un passage du mémoire de Bouquet nous apprend que, en la même année 1538, on acheta des pierres destinées à «la construction d'un pont entre la tour du Bois et les Thuilleries, pour la com-«modité et aisance du passage des marchandises.» En 1537, dit Sauval, les travaux avaient déjà coûté 10,000 écus, et une somme égale était nécessaire pour leur achèvement.

Ainsi la Porte-Neuve a été élevée vers 1537, le pont vers 1538, et le quai, commencé vers 1530, n'a pu être terminé avant 1539. Ce quai, dit au XVIIe siècle *quai des galeries du Louvre*, présentait, entre le port Saint-Nicolas et la Porte-Neuve, quatre descentes, l'une très-proche de la porte et parallèle au fleuve, et les trois autres perpendiculaires à son cours. La plus voisine du port Saint-Nicolas a disparu dans la seconde moitié du XVIIe siècle, à cause de l'agrandissement du port; la seconde a été supprimée plus tard, et la troisième semble avoir été élargie au XVIIIe siècle. Quant au quai même, il a subsisté jusqu'à nos jours dans la partie située en aval du pont des Arts; en deçà, il a été reconstruit dans une nouvelle direction en vertu de lettres patentes du 27 mars 1719. A cette époque, le mur du quai, depuis la rue des Poulies jusqu'à une trentaine de mètres avant la tour du Coin, point où il faisait une flexion, était le même qu'en l'année où fut exécuté le retable du Palais de Justice; on retrouve en effet, sur ce retable, jusqu'à la descente située vers le milieu de l'hôtel de Bourbon; mais la portion de mur qui commençait à environ trente mètres de la tour du Coin avait pu être rebâtie pour faciliter l'entrée du nouveau quai. Ce dernier empiétait probablement plus sur le lit de la rivière que le quai primitif, lequel, au reste, s'étendait également devant la tour du Coin et la courtine, si les tableaux du Palais de justice et de Saint-Germain-des-Prés sont exacts.

Avant d'examiner l'emplacement du mur de l'enceinte de Charles V, vers les

Tuileries, et pour en finir avec les environs du Louvre du côté de la Seine, nous dirons quelques mots de la rue des Orties, qui longeait la face septentrionale de la Grande-Galerie depuis la rue Fromenteau jusqu'à l'enceinte, et dont les derniers restes ont disparu en 1850.

Dans la rue des Orties il n'y a jamais eu de maisons que du côté du nord, car, avant la construction de la grande courtine du bord de l'eau, la rue n'était autre que le chemin de halage. Les maisons qui la bordaient, ayant vue sur la rivière, étaient dites *super rippam Secane* (1349). On se servait au reste de locutions analogues longtemps après que la courtine eut été bâtie : ainsi, « maison sur Seine » en 1480, « rue seur Sène » en 1522, et « rue de Seyne » en 1568, 1584, etc. La rue a été appelée également « chemin devers les murs de la rivière » (1437), « grant rue du Louvre » (1455), « rue du Louvre » (1530), « chemin tendant du « Louvre à la tour de Bois » (1530), et « le pavé estant au long des murailles » (1519), parce qu'elle longeait la courtine. Le nom de rue des Orties, emprunté aux plantes sauvages qui y croissaient, ne semble pas fort ancien, et nous ne l'avons point trouvé avant 1591. On a quelquefois dit simplement « rue de l'Or« tye » (1608). Dans le censier de l'Évêché de 1603, on lit : « rue des Orties, *alias* « Sainct-Nicolas-du-Louvre; » dans un titre de 1623, « rue des Galleries, » et dans un autre de 1647, « rue des Galleryes du Louvre, autrement des Ortils. » A l'extrémité occidentale de cette rue il y avait, dès la fin du xv<sup>e</sup> siècle, un marché aux moutons (voir p. 73), et dans cette partie elle a été appelée, au commencement du dernier siècle, *rue de la Petite-Monnoye*, parce qu'elle était voisine de la Monnaie, installée en la grande galerie du Louvre.

Toutes nos recherches pour découvrir un plan géométrique donnant une portion quelconque de l'enceinte entre la tour de Bois et la porte Saint-Honoré ont été sans succès; mais il est heureusement d'autres documents dont nous avons pu nous aider.

On voit de la manière la plus nette sur les plans de Quesnel et de Mérian que, au commencement du xvii<sup>e</sup> siècle, le jardin devant les Tuileries avait pour limites, vers l'orient, le fossé même de l'enceinte de Charles V, dont la contrescarpe formait, pour ce jardin, un mur de soutenement buté par des éperons rectangulaires. Sur le plan de Gomboust on retrouve la contrescarpe et ses éperons intacts; mais la partie méridionale du fossé est comblée et sert de jardin à l'hôtel de la rue Saint-Nicaise dit plus tard *hôtel de Beringhen*. Sur plusieurs plans postérieurs, particulièrement sur le grand plan manuscrit de Bullet, conservé aux Archives de l'Empire, le jardin des Tuileries n'existe plus, mais celui de l'hôtel de Beringhen reste toujours borné par une portion du mur de la contrescarpe, encore muni de ses éperons, lesquels, après avoir formé des saillies sur le fossé, figurent maintenant des redans en creux par rapport à la place du Carrousel. En rapprochant le plan de Bullet de celui de Verniquet, on reconnaît sur-le-champ et sans la moindre hésitation que le même mur n'a point été déplacé, qu'il clôt toujours l'hôtel de Beringhen, qu'il passait à environ soixante-sept mètres du coin occidental des rues Saint-Nicaise et des Orties, et que, si on l'eût prolongé, il serait allé se confondre avec l'alignement occidental de l'ancienne rue du Carrousel. On a d'ailleurs trouvé, au commencement de ce siècle, un fragment de la contrescarpe entre la seizième et la dix-septième arcade à partir du pavillon Marsan [1], et la situation de ce fragment justifie notre tracé, à l'appui duquel nous citerons encore deux preuves concluantes. Les plans de Quesnel et de Gomboust montrent, accolé à la face septentrionale de la Grande-Galerie, un pavillon qui contenait un escalier et s'appuyait sur le mur de la contrescarpe; or ce pavillon, fort peu connu, dont nous avons de très-bons plans, occupait un emplacement correspondant à celui des deux premières colonnes après la grande travée de la galerie : c'est exactement à ce point que passe le mur à éperons, restitué d'après les données ci-dessus indiquées. Une seconde preuve, incomprise jusqu'à ce jour, c'est l'existence même de la grande travée à niches de la galerie, travée qui ne diffère des autres que parce qu'elle constituait un pont au-dessus du fossé, dont elle indique conséquemment la situation d'une manière permanente et incontestable.

On lit dans Bonfons : « Ce qui ensuit est gravé à une pierre estant autour des « fossés bastis depuis la porte Sainct-Honnoré jusques à la porte Neufve, qui sont « faicts pour la closture de la maison et palais de la Royne, mère du Roy : Du règne « du très-chrestien Henry troisiesme, roy de France et de Polongne, et du gou- « vernement pour Sa Majesté en la ville de Paris et Isle de France, Réné, seigneur « de Villequier, et de la prevosté et échevins de M. Augustin de Thou, Jean Ge- « douyn, M. Pierre Laisné, Anthoine Mémin et Nicolas Bourgeois, MDLXXXI [2]. » Du Breul dit également qu'en 1581 on édifia les murs du fossé de la Porte- « Neufve [3]. » A quoi se rapportent ces deux passages? Les auteurs ne se sont point expliqués à ce sujet, et M. Bonnardot seul [4] a tenté de résoudre la question, en affirmant que Du Breul a fait allusion à la porte dite depuis *de la Conférence;* mais il est au contraire certain que, là comme ailleurs, par le nom de Porte-Neuve Du Breul désigne seulement la porte voisine de la tour de Bois. En effet cette expression « les murs du fossé » ne peut indiquer ni l'enceinte du xive siècle, ni le bastion des Tuileries commencé en 1566, et n'a trait qu'à une contrescarpe. Or,

---

[1] Ramond du Pouget, qui rapporte le fait (*Notice sur les anciennes enceintes*, p. 27), a pris ce fragment pour une portion du mur même de l'enceinte, d'où il résulterait que la porte Saint-Honoré était à la hauteur de la rue Traversière; il n'est point difficile de reconnaître que la porte Saint-Honoré ne peut avoir été située aussi loin vers l'ouest.

[2] Édition de 1586, fol. 198 v°.

[3] P. 1064.

[4] *Dissertations archéologiques sur les anciennes enceintes de Paris*, p. 248.

il n'y a jamais eu de contrescarpe en maçonnerie au bastion des Tuileries, tandis qu'il en a existé une, d'origine évidemment peu ancienne, au fossé voisin de la tour de Bois. Bonfons d'ailleurs, s'il avait eu en vue les fossés du bastion, n'aurait point dit qu'ils avaient été « bastis depuis la porte Sainct-Honoré jusqu'à la Porte-« Neuve, et faicts pour la closture de la maison et palais de la Royne mère, » parce que non-seulement le jardin des Tuileries n'occupait que les deux tiers de l'espace renfermé entre la rue du Faubourg-Saint-Honoré et la Seine, mais encore et surtout parce que, au XVI$^e$ siècle, le bastion ne servait point de clôture au jardin, car il en était séparé par un espace vide assez considérable. En revanche, les expressions de Bonfons conviennent parfaitement à la contrescarpe à éperons, qui constituait réellement la clôture du palais des Tuileries vers l'orient, et nous savons ainsi que cette contrescarpe, si manifestement élevée à une époque récente et pour faciliter l'établissement du Petit-Jardin, a été bâtie en 1581.

Connaissant la situation précise du mur de la contrescarpe et celle de la tour de Bois, on découvre sans peine l'emplacement du mur de l'enceinte, qui devait être parallèle. Le plan de Gomboust démontre qu'il faut le chercher dans l'alignement de la façade occidentale de l'hôtel de Beringhen, à trente-deux ou trente-trois mètres de la contrescarpe; plus loin le trajet du mur d'enceinte est identique avec celui d'une muraille reproduite en perspective dans les vues du grand Carrousel de Sylvestre, et avec celui de murs mitoyens dont le dernier séparait l'entrée du marché des Quinze-Vingts de la maison voisine vers l'ouest, à dix-huit mètres de la petite rue Saint-Louis. L'enceinte ainsi retracée court en se rapprochant, vers le nord, de la rue Saint-Nicaise : telle était sa position suivant les baux faits, en 1616, des terrains du rempart, qui ont formé le côté occidental de la rue. Ces baux énoncent diverses profondeurs de lots depuis neuf toises et demie, dix, onze, douze toises, etc. jusqu'à dix-huit; or les bâtiments de l'hôtel de Beringhen, dans leur plus grande profondeur, c'est-à-dire sur la rue des Orties, présentaient effectivement ces dix-huit toises entre la rue Saint-Nicaise et les jardins établis sur l'emplacement même du fossé.

De la porte Saint-Honoré à la tour de Bois, le mur de la ville, bâti avant 1390, avait cent quatre-vingt-dix toises de longueur [1], dimension que nous retrouvons fort exactement; sur le plan de Braun, il est représenté flanqué d'une seule tour; sur celui de Du Cerceau il y en a deux [2]; sur ceux de Quesnel et de Mérian, on n'en voit aucune. Nous pensons qu'il n'en existait réellement plus à l'époque où ces deux derniers plans ont été dressés, et cela peut-être par suite d'un remaniement

---

[1] Sauval, t. I, p. 40.
[2] C'est le nombre probable. Nous croyons avoir reconnu dans un pavillon attenant au mur de l'hôtel de Beringhen l'emplacement d'une des tours. Ce pavillon avait quatre toises quatre pieds six pouces de profondeur, et quatre toises deux pieds de largeur; il était à quarante-six toises de la Grande-Galerie, et il figure sur le plan de Verniquet.

contemporain de la contrescarpe. Quant au fossé, que les prisonniers du Châtelet creusèrent plus profondément de 1523 à 1533, rien n'indique qu'il ait été sensiblement rétréci, puisque nous lui trouvons une largeur de près de dix-sept toises; c'était celle des fossés creusés sous le règne du roi Jean, suivant Bouquet, et elle s'éloigne peu des proportions des fossés voisins des tours de Nesle et Saint-Bernard. Nous avons fait remarquer qu'il pouvait y avoir eu un arrière-fossé supprimé à la fin du xvie siècle. Les fortifications de Charles V entre la tour de Bois et la porte Saint-Denis ont été détruites sous Louis XIII. (Voir *Place du Carrousel.*) Alors disparut aussi une butte de terre proche du marché aux moutons, laquelle fut, le 8 juin 1590, abandonnée par la Ville à un nommé François Imbert, pour qu'il y construisît un moulin à vent, en remplacement de celui que les troupes royales lui avaient brûlé le 14 mai précédent, et qui existait déjà en 1574.

En déterminant l'emplacement de l'enceinte, nous avons aussi fixé celui de la seconde porte Saint-Honoré, qui en dépendait, mais dont nous ne saurions indiquer les dimensions, faute d'un plan de quelque valeur. Elle consistait en un bâtiment rectangulaire flanqué à ses angles de tourelles en encorbellement ou portant de fond, car les vues ne concordent pas sur ce point. Au devant étaient un pont dormant sur lequel s'abattait le pont-levis, et un boulevard à herse, addition relativement moderne, qui paraît dater de 1593. On lit, en effet, dans les registres de la Ville, que, le 18 décembre de cette année, le duc de Mayenne accorda aux maîtres des œuvres du Corps municipal la permission de prendre des pierres et des moellons «en quelques fondemens cy-devant commencez et delaissez près le «bastiment neuf des Thuilleries, pour réparer *et couvrir d'un ravelin*» la porte Saint-Honoré, que les boulets avaient ruinée pendant le siége. Cette avant-porte gênant la circulation, le Roi, par lettres adressées au Prévôt des marchands, le 17 juin 1603, en ordonna la démolition en même temps que le comblement du fossé à cette place[1]. Le pont-levis de la porte, étant pourri, fut remplacé par un pont dormant en 1609[2].

La seconde porte Saint-Honoré, qui, assure-t-on, a été quelquefois nommée

---

[1] «Très-chers et amez (le Prévôt des marchands «et les Échevins), ayant advisé pour la commodité «du publicq de nostre bonne ville de Paris de faire «abbattre le boullevert et remplire le fossé qui est «devant la porte Sainct-Honnoré de nostre bonne «ville de Paris, et rendre, par ce moyen, l'entrée et «yssue par ladite porte en droicte ligne, tirant de «la grande rue Sainct-Honnoré en celle des faul-«bourgs, comme elle estoit anciennement et aupa-«ravant les derniers troubles, nous vous mandons, «ordonnons et très-expressément enjoingnons que, «incontinent après la présente receue, vous ayez à «faire abattre ledit boullevert, remplire le fossé «d'icelluy, applanir le chemin droict, et icelluy faire «paver selon noz voulloir et intention, etc.» (Arch. de l'Emp. reg. H 1793, fol. 163 v°.) On trouve néanmoins la mention du boulevard après cette date, mais il ne s'agit sans doute que de l'emplacement.

[2] «En la porte Sainct-Honnoré, faut faire ung «pont dormant au lieu du plancher du pont-levis, «qui est du tout pourry et en partie ruyné.» (Procès-verbal de visite du 22 juin 1609, reg. H 1795, fol. 74.)

*porte des Aveugles*, à cause du voisinage des Quinze-Vingts, fut abattue en 1634 [1], et l'on bâtit une boucherie sur son emplacement. (Voir *Rue Saint-Honoré*, 2ᵉ partie.) Par un traité conclu, le 23 novembre 1633, avec Charles Froger, pour la construction de l'enceinte bastionnée du faubourg Saint-Honoré, traité enregistré au Parlement le 5 juillet 1634, Froger avait été « tenu de faire abattre et desmolir « les anciennes portes, murailles et remparts; faire combler les anciens fossés, « depuis la grande galerie du Louvre jusques à la porte Saint-Denys......... « renverser dans ledit fossé les terres du rempart, qui » étaient « derrière l'ancienne « muraille de la Ville. »

### COMPTES DES DÉPENSES FAITES AU LOUVRE PAR CHARLES V.
#### DE 1362 À 1371 [2]

I. *Compotus Petri Culdoe clerici, etc. de receptis et misiis per eum factis pro operibus castri Luparæ, ab anno 1362 usque ad 4 martii 1363.*

Compte Pierre Culdoë, lieutenant de noble homme messire Jean de Danville, chevalier, chastelain du chastel du Louvre, des receptes et mises par luy faictes à cause de certaines besognes qui ont esté faictes ès jardins dud. Louvre, à la plaisance du Roy, nostre Seigneur, commençant ou mois de mars 362 et finissant ou mois de mars cccLxIII après ensuivant.

#### DESPENSE.

1. Périn Durant, jardinier, pour avoir quis plusieurs bonnes herbes et icelles plantées ausd. jardins du Louvre, ou mois de mars 1362, en xvı francs xvııı s. p. la pièce.. xııı. l. vııı s. p.

2. Jean Baril, faiseur de treilles, pour avoir faict un grand préau esd. jardins, et faict de merrien [3] un losengié tout autour à fleur de liz et à créneaux; et faict deux chaières et couvert par dessus de losenges, et armoié des armes du Roy et de nosseigneurs de France; pour motte, merrien, osier et peines de ce, par lettres de recognoissance données le 15 jour de juillet ccclxIIII; en francs xvIII s. p. la pièce............................................. xxx l. p.

3. Pierre Hubert, faiseur de treilles, pour avoir relié les haies losengés d'entour lesd. jardins, ou mois de février 1363, et drecié environ la moitié desd. hayes que le vent avoit abatues : pour merrien, osier et peine de ce, par lettres de recognoissance données le 15 jour de juillet 1364, en francs xvIII s. p. la pièce....................................... IX l. p.

4. Jean Baril, pour avoir faict une motte de tère et de poulce, et dessus un paveillon de merrien à treilles, losengié et armorié des armes du Roy, de la Royne et de nos seigneurs de France;

---

[1] C'est effectivement en cette année que, suivant un censier contemporain de l'Évêché (Arch. de l'Emp. S 1263), elle fut « abbastue et desmolie. »

[2] Nous réimprimons le texte publié par M. Le Roux de Lincy d'après une copie du xvIIᵉ siècle qu'il attribue à Menant, doyen de la Chambre des comptes. Cette copie, d'ailleurs fort précieuse, renferme évidemment plusieurs fautes de lecture; mais on ne peut y remédier.

[3] *Merrien*, bois de charpente.

et y avoir faict un pont-levis, ou mois de mars CCCLXIII; pour merrien, osier et peines de tout ce, par lettres de recognoissance données le 15 jour de juillet 364, en francs XVIII s. p. la pièce.................................................................... XXXVI l. p.

Charles, par la grace de Dieu Roy de France, à tous ceux qui ces présentes lettres verront, salut. Sçavoir faisons que nous, pour le bon rapport qui faict nous a esté de la personne de Pierre Culdoë, iceluy avons faict et establi, et par ces lettres faisons et establissons clerc et payeur de noz œuvres, aux gages, profict et émolumens accoustumés, tant comme il nous plaira. Si donnons en, mandement par ces présentes, à nos amez et féaux les gens de nos comptes, que, sur ce pris le serment dud. Pierre, iceluy laissent et fassent joir et user dud. office; et, à tous nos autres justiciers et sujets, que à luy en faisant led. office en tout ce qui en dépend et pourra dépendre, obéissent et entendent diligemment. En tesmoin de ce que nous avons faict mettre à ces présentes le scel duquel nous usions paravant que nous venissions au gouvernement de nostre Royaume. Donné à Paris, le 19° jour d'avril, l'an de grace 1364.

*Ainsy signé :* Par le Roy, B. François.

II. Compte Pierre Culdoë, clerc et payeur des œuvres du Roy, nostre sire, des receptes et mises par li faictes, à cause du dict faict (pour les œuvres et réparations du chasteau du Louvre), depuis le VI° jour de juillet 1364.

### DESPENCE, MAÇONNERIE.

5. Guillaume de Moutier, carrier, pour une auge de pierre de cinq pieds de long et trois pieds et demye de lé, tenant une queue et demye d'eau, pour mettre emprès le puis du Louvre, pour servir à la cuisine................................................................ VI l. p.

6. Jean Dure, maçon, pour faire le pan de mur depuis la tour de la chapelle avec la tour vers la Fauconnerie; dessassoir et assoir VI ou VII ommois de pierre e n lad. tour par dessous en plusieurs lieux, où mestier estoit; et au dessus, changer toutes les pierres qui faisoient à changer jusqu'à l'entablement; par marché faict XLIII fr. valent............ 39 l. 12 s. p.

7. Jean de Chaumont et Jean de Neufmur, maçons, pour faire l'u ne des tours d'emprès le pont-levis, et devers le pan de mur ensuivant; et la tour qui fait le coin sur Saine, devers Paris; dessassoir et rassoir V ou VI ornes [1] de pierre, partout où mestier estoit, changer toutes les mauvaises pierres jusqu'à l'entablement etc.; et pour faire, en la douve des fossés, environ deux toises de mur etc. XXXVI fr. val........................... XXXII l. VIII s. p.

### CHARPENTERIE.

8. Maistre Jean Bernard, charpentier, pour faire un petit clocher en la grand chapelle, à pendre la clochette à sonner la messe; pour mettre un pallet de fust en l'huis de la chambre du Roy, et faire quatre marches de fust oudessus la terrasse plommée [2], par où le Roy monte ou galetas, etc.

9. Jean Aubert, charpentier, pour faire deux forts huis [3], l'un enchassillé et lié, de VI pieds

---

[1] *Assises?* — [2] Plombée. — [3] Vantail de porte.

et demy de lonc et 5 pieds de lé, pour la sale Saint-Louis, et l'autre claire, de vi pieds et demy de long et de quatre pieds de lé, et de plaine paulme d'espoisse, glué à double parement, pour mettre iceluy huis en l'une des tours du vielz pont devers Paris. *Item*, pour faire x huis simples, joins à double foulure [1], tous de chesne, pour mettre ez lieux plus nécessaires du Louvre, etc.......................................................... xvi l. xviii s. p.

### MERRIEN.

10. Pour quatre solives et xv chevrons pour faire tréteaux pour asseoir les esteaux des cuisines ou garde-manger du Louvre, etc. Pour le merrien des x estaux à boucher, pour mettre ez cuisine et ez garde-manger du Louvre, etc.

### FERRURES.

11. Andrieu du Vergier, pour faire en la salle du Louvre un grand serrure et une clef, en l'huis de la grand chapelle une serrure à boce, un verrouil et une clef à l'huis de la chambre M. d'Estampes, en montant à la tour une serrure plate à l'entrée de la salle au Chastelain. Et pour faire en la tour, dessous la chambre du Roy, deux grandes serrures à boce et deux clefz; et, en la tour dessous la chapelle, aux huis de la tour deux serrures à boce et deux verrouils. *Item*, en l'huis de la chambre de la Fourrière, une serrure à boce, etc. *Item*, à l'huis des grands degrez d'emprés la terrasse, une serrure à boce. *Item*, pour faire en la salle où le Roy mangiest, une serrure et un verrouil, etc. vi francs, val...................... cviii s. p.

### VOITURES ET LABOURS.

12. Jean Alant, pionnier, pour curer les fossez d'entour le chastel du Louvre jusqu'à vif fond de terre, et le conduit qui va à Saine, etc. vi<sup>xx</sup>iiii francs pièce xviii s. p. val.. cxi l. xii p. [2]

13. Richar Auvet, voicturier, pour amener de Saint-Germain des Prez aux Tuilleries, sur la rivière de Seine, vi<sup>c</sup> quarreaux de pierre, et, de l'autre part la rivière, rechargé lesdits carreaux et mener au Louvre; par marché faict................................................. iiii l. p.

14. Thomas du Maret, batelier, pour passer par l'eau de Saine les Tuilleries, de Saint-Germain des Prez, lesd. vi<sup>c</sup> carreaux de pierre, et iceux descendre aux degrez du Louvre, par marché faict, etc............................................................ lx. s. p.

*Summa* vi<sup>xx</sup>vi l. xviii d. p.

### VOIRIÈRES ET AUTRES CHOSES.

15. Guillaume Brisetout, voirier, pour xx pièces de verre neuf, en la chambre du Chastelein (*en un autre endroit il y a :* et de ses escuyers), en sa garde-robe, etc.

[1] *Feuillure, rainure?*
[2] C'est-à-dire 124 francs, à 18 sous parisis le franc; valant en autre monnaie iii livres 12 sous parisis. — Il y avait alors aussi des francs d'or qui ne valaient que 16 sous, et cela introduit de la confusion dans les comptes.

16. *Item*, led. Guillaume pour rapareiller les voirières de la grand chapelle du Louvre, celles du galetas et celles des trois chambres du Roy, au Louvre; par marché faict........ xl s. p.

17. Jean le Grand, chasublier, pour faire deux custodes, froncier, docier et parement à une nape, un autel de marbre, un estuy pour corporaux couvert de soye et semé de fleur de lis; pour aneaux et tissu de soye à pendre lesd. custodes; par marché faict à li par led. maistre Jacques, 8ᵉ jour juillet 1364............................................ viii l. p.

*Summa operum istius compoti* vᶜli l. xiii s. vi d. p.

III. LOUVRE. — Le commencement de ce compte manque; il y a environ cinq ou six cahiers adirés. Il est daté en un endroit : *Magnum compotum de operibus et reparationibus Luparæ a 18 octobris 1364 usque ad primam maii 1367*.

(*Nota*. Il n'y a que la recepte et partie du premier chapitre de despense qui manquent.)

Pour achapt de pierre montant à 5,000 l. en fr. à 18 s., et en francs à xvi s. 2,180; que toute la despence n'y soit.

DESPENCE.

1ᵉʳ article du 1ᵉʳ chapitre de despense qui reste de ce compte :

18. Jean Le Mane, quarrier, pour avoir livré aud. Louvre pour les œuvres dessus dattés, cent batelées de quartier de pierre, de 3 et 2 piedz et demy de long, et de deux pieds de lé, à l'un des bouts, de la pierre de Vitry; chacun batel portant par eau le poids de 1600 tonneaux de vin; achetées de li par led. maistre Rémond, 23ᵉ jour de mars 1364; chacun poids de tonnel xvi s. p. vaut la batelée xii l. p. par quittance etc. qui font en francs d'or xviii s. p........ xiiᶜl l. p.

(Les autres pierres venoient de Wicestre [1], pierre de lyais de N. D. des Champs, pierre de Gentilly, pierre de Saint-Leup de Serans [2], du pont de Charenton, de Vitry, carrières de Valgirard [3].)

19. Pour les fondemens de la grand viz viii quartiers de pierre du feriont (*sic*) de N. D. des Champs; chacun quartier de quatre pieds de long et de deux pieds et demy de lé; chacun quartier acheté un franc d'or............................................ vi l. viii s. p.

20. Pour 58 marches de lyais, de vi pieds et demy de long et de 2 pieds et demy de lé, dont 17 ont esté mis à la grand viz neuve, et 41 employés en la tour vers la Fauconnerie; chacune marche xiii s. iii d. p.

21. Pour 8 couvertures de lyais qui font reposoir pour le Roy ez quatre estages de lad. viz, chacune couverture de vi pieds et demy de long et de 2 pieds de lé; achetée chacune pièce xl s. p.

22. Pour 32 toises d'entablement pour les murs des sales et chambres neuves du Roy et de la Royne; chacune toise xx s. p.

*Summa* iiᵐlviii l. xviii s. p. de xviii s. pour franc, et viiᵐiiiiˣˣxvi l. xvi s. p. de xvi s. pour franc.

---

[1] *Wicestre*, aujourd'hui Bicêtre. — [2] Saint-Leu-d'Esserant. — [3] *Valgirard*, aujourd'hui Vaugirard.

COMPTES DU VIEUX LOUVRE. 185

23. Pour quatre grans cartiers de lyais, pour quatre corbeaux qui sont au pignon de la chambre du Roy où fut la sale Saint-Louis, à xx s. p. le quartier.

24. Pour deux grans couvertures de pierre de lyais, chacune de sept pieds de long, de 2 pieds de lé et d'un pied et demy d'espoix; l'une pour l'huisserie de la sale neuve du Roy et l'autre pour l'huisserie de la sale neuve de la Royne aud. Louvre; chacune pièce achetée cinq francs d'or, cy.................................................................. viii l. p.

25. Thibaut de la Nasse, marguillier de Saint-Innocent, pour dix tumbes dont l'on a faict marche en la grand viz neuve dud. Louvre; achetée de li chacune tumbe pris ou cimetière dud. Saint-Innocent à xiiii s. p. par quictance................................................ vii l. p.

26. Pour deux couvertures de lyais, chacune de sept pieds de long, et de 2 pieds de lé; pour 2 apuis ez fenestrages de la sale du Roy, chacune trois francs d'or..... iiii l. xvi s. p.

27. Pour 24 marches de lyais pour la grand viz neuve, chacune de 7 pieds de long et de 2 pieds et demy de lé.

28. Pour autres 24 marches semblables.

29. Pour 14 petites marches pour la petite tournelle de la grand viz, à monter sur la terrasse.

30. Pour la maçonnerie des murs où fut la sale Saint-Louis.

Somme vii<sup>c</sup>xx l. p. *franco pro* xvi s. et xviii<sup>c</sup>xiiii l. xiiii s. iiii d. p. *fr. pro* xvi s.

31. Pour vii<sup>xx</sup> toises de grand parpin d'un pied et demy de lé, pour tuyaux de cheminées etc.

32. Pour 28 corbeaux de pierre de lyais de N. D. des Champs, pour les quatorze poutres des sales et chambres de la Royne, à x s. par chacun...................... xiiii l. p.

33. Pour la cheminée de la chambre à parer du Roy etc.

34. Pour voute de la cave de l'eschançonnerie du Roy.

35. Pour marches pour l'entrée de la garde-robe emprès l'eschançonnerie, et pour la tour qui fait fer à cheval devers l'Artillerie, etc.

S. xvii.xx l. *pro prima expensa.*

*Summa* vii<sup>m</sup>ii<sup>c</sup>lxi F. x s. p. *franco pro* xviii s. p. et iiii<sup>m</sup>iiii<sup>c</sup>xlvi l. xix s. viii d. p. *franco pro* xvi s. p.

AUTRE DESPENCE POUR CHAUX.

36. Pierre Engeran, marchand de chaux, pour avoir livré xvi muids de chaulx, le 23 octobre 1364; chacun muid iiii F. i s. x d. p. cy................. lxv l. iiii s. p. fr. 18 s. p.

37. Pour trois sextiers de chaux en pierre, pour blanchir la tuile des salles et chambres neuves du Roy, etc.

*Summa* v<sup>c</sup>xlv F. xix s. p. *franco pro* xviii s. p. et iii<sup>c</sup>iiii<sup>xx</sup>xiiii l. vii s. p. *franco pro* xvi s. p.

##### AUTRE DESPENCE POUR SABLON.

38. Michaut Roussel, ayde à maçon, pour avoir mis du mortier pour les œuvres de maçonnerie dud. Louvre, xvi muids de chaux, et livré le sablon au prix d'un franc d'or chacun muids, cy xvi fr. d'or................................................... xiiii l. viii s. p.
Summa iiii$^{xx}$xvi l. xviii s. p. *franco pro* xviii s. p. et vii$^{xx}$ l. xviii s. p. *franco pro* xvi s. p.

##### AUTRE DESPENCE POUR PLASTRE.

39. Le x° juin 1365, fut marché faict par led. maistre Rémond à Pierre Tournant et autres plastriers, de livrer aud. Louvre, pour les œuvres d'iceluy lieu, certaine quantité de plastre cuit, au prix de xxiiii s. p. chacun muid.

| | |
|---|---|
| Du 23 juin 1365 jusqu'en juillet...................... | xxxv l. viii s. p. |
| juillet 1365, somme............................... | iiii$^{xx}$xvi l. xix s. p. |
| aoust 1365, somme................................ | vi$^{xx}$vi l. vii s. p. |
| septembre 1365, somme........................... | vii$^{xx}$v l. v s. p. |
| octobre 1365, somme............................. | viii$^{xx}$x l. ix s. p. |
| novembre 1365, somme............................ | iiii$^{xx}$viii l. xviii s. p. |

40. Autre recepte de plastre, au prix de xxxii s. p. chacun muid, à cause que busche estoit enchérie; du 22 novembre 1365.

| | |
|---|---|
| Du 22 novembre et mois de décembre 1365, somme................ | iiii$^{xx}$viii l. viii s. p. |
| janvier 1365................................... | lxix l. iiii s. p. |
| février 1365................................... | vii$^{xx}$iiii l. xvi s. p. |
| mars 1365..................................... | vii$^{xx}$ii. l. xvi s. p. |
| avril 1366.................................... | iiii$^{xx}$vii l. iiii s. p. |
| mai 1366..................................... | iiii$^{xx}$xix l. xii s. p. |
| juin 1366 jusqu'au 4 juillet........................ | iiii$^{xx}$xiii l. xii s. p. |

41. Autre recepte de plastre, au prix de xxviii s. p. pour chacun muid.

| | |
|---|---|
| Depuis le 4 juillet jusqu'au 20...................... | xlviii l. vi s. p. |

Autre recepte de plastre, au prix de xxx s. pour chacun muid.

| | |
|---|---|
| Du 25 juillet jusqu'à la fin d'aoust.................... | cxv l. xv s. p. |
| septembre 1366................................ | vi$^{xx}$x l. xvii s. vi d. p. |
| octobre 1366.................................. | cv l. vii s. vi d. p. |
| novembre 1366................................. | iiii$^{xx}$x l. p. |
| décembre 1366................................. | lxx l. x s. p. |
| janvier 1366................................... | xlvi l. xvii s. vi d. |
| février 1366................................... | vi l. xv s. p. |
| mars jusqu'au 17............................... | xv l. ii s. vi d. p. |

4° *Expensa. Summa ab alia* ii$^{m}$xix l. iiii s. p. *franco pro* xvi s. p.

42. Autre despence pour maçonnerie.

Jean de Chaumont et Jean de Neufmur, tailleurs de pierre, pour avoir abatu sainement de l'hostel qui fu madame de Valence, à Saint-Germain des Prez[1], vi milliers et iii$^{c}$ de quarreaux

---

[1] Cet hôtel fut abattu en 1360, comme il sera dit en son lieu.

de pierre, pour les œuvres dud. Louvre, au prix de ix s. p. chacun cent, montent xxvii l. vii s. p. par marché faict par led. maistre Rémond du Temple.................... xxvii l. p.

43. Pour avoir abbatu les créneaux depuis la tour devers la Taillerie, tout au long du costé des jardins, jusqu'à la tour devers la Fauconnerie, et en retournant de l'autre costé de la salle Saint-Louis, dont on a osté une assize pour l'encorbeillement qui court tout au long des murs et des tours, etc. Le 15 janvier 1365 fut mesuré la besogne en la manière qui ensuit : — Premièrement le pan de mur entre la tour qui faict le fer à cheval devers l'Artillerie, et la tour devers la Fauconnerie, a de long quinze toises et demy et deux pieds, et de haut, depuis le commancement de la neufve maçonnerie jusqu'à l'enchapement en droit les planchers [1], trois toises deux pieds valant cinquante-deux toizes et demy, deux pieds. *Item*, pour les deux arcs de pierre d'icelles aisances. *Item*, lad. tour devers la Fauconnerie a de pourtour xi toizes parmy le milieu; et de haut, depuis la neufve maçonnerie jusqu'à l'enchapement, deux toises et demyes. *Item*, pour le chauffedos [2] en droit la chambre de la Reine.

*Item*, le pan de mur devers les jardins, entre icelle tour et la tour du milieu, a de long dix huit toizes trois pieds.

*Item*, lad. tour du milieu devers lesd. jardins a de pourtour six toizes cinq pieds et demy.

*Item*, pour la saillie des encorbeillemens d'icelle tour, pour le chauffedos de l'oratoire du Roy, onze toizes douze pieds et demy.

*Item*, pour la voute dud. oratoire, une toize et demy, etc.

Somme ix<sup>c</sup> xii toizes demyes demy quart c. s. chacun toise carrée, parmi quelz ont esté quis eschaffaux, chables, engins, taillié et assis la pierre; fait le mortier; et l'en leur a livré la matière sur le lieu.

Le mur de la salle Sainct-Louis, les fondemens ont dix pieds de parfont, sur cinq toises et un pied de long, etc.

44. Pour avoir abbatu trois viez pignons, l'un où fut la terrasse plomée, et les deux autres en la chambre où le Roy souloit gésir [3] aud. Louvre; par marchié faict........ xlviii s. p.

45. Colin le Charron, tailleur de pierre, pour avoir taillé une huisserie et la voussure empointée [4], et un chanteau [5] ouquel a un archet; et dedans iceluy un escu de France adestré de deux angelos; icelle huisserie entre la salle neuve du Roy et sa chambre devers la rue d'Otherice, aud. Louvre; par marché faict.............................. xiiii l. p.

46. Jean de Sainct-Romain, ymager, pour avoir taillé deux reprinses [6], l'une un bœuf et l'autre un esgle, chacun tenant un rouleau en maniere des Évangélistes, lesquelz servent, sur le chanteau où sont les armes du Roy, pour porter le pignon [7] du dernier étage de lad. viz; par marché......................................................... vi l. viii s. p.

47. Drouet de Dampmartin, tailleur de pierre, pour avoir taillé une huisserie [8] à voulsure

---

[1] Au droit des planchers, à leur hauteur.
[2] Chauffe-doux, poêle ou étuve.
[3] Coucher.
[4] *Voussure empointée*, voussure en arc aigu, vulgairement *une ogive*. Les Anglais disent encore *pointed arch*.
[5] *Chanteau*, tympan d'arc ?
[6] *Reprinses*, culs-de-lampe recevant une retombée et enrichis de figurines.
[7] Ce doit être le fronton surmontant un arc. (Voir la note p. 130.)
[8] Baie de porte.

empointée et un chanteau auquel a un archet; et dedans iceluy archet un escu des armes de la Royne, devers la rue d'Osteruche; par marché.................................. xiiii l. p.

48. Jean Bairot, maçon, pour avoir faicte l'assiette de maçonnerie du gros mur de ix pieds d'espois, lequel faict closture tout contremont entre les sales et chambres neuves du Roy et de la Royne, aud. Louvre, devers la Taillerie; et y sont faictes trois grandes cheminées, chacune de quinze piedz de lé pardevant, et de douze piedz ou font, endroit les contrecœurs, l'une pour la sale du Roy, l'autre pour la sale de la Royne, et l'autre pour la sale de commun, l'un en droit l'autre; et sont faictes les languettes⁽¹⁾ et manteaux de pierre de taille et les jambes et les huisseries où il appartient; et est fondé led. mur huit pieds et demy en terre, etc.

49. Jean de Sainct-Romain, pour avoir faict quatre images de pierre, assavoir une de N. D. et une de sainct Jean, pour les deux pignons de la grand viz neuve; une de sainct Michel et l'autre de sainct Georges, pour les deux costez du pignon de la grand chambre du Roy, où fut la sale Sainct-Louis, etc....... ................................ xix l. iiii s. p.

50. Jean Bairot, maçon, pour avoir desselé tous les bouts de viez poutres qui estoient èsd. sales et chambres de la Royne, et assis les vingt-huit corbeaux de liaiz qui portent les quatorze poutres de dessus; pour plastre et peine............................ xvi l. xvi s. p.

51. Logemens neufs : la salle contient xxxix toises et demye xiii pieds et demy; la chambre à parer, devers la Fauconnerie, contient trente-deux toises, la chambre ensuivant, vingt-huit toises et d. et six pieds; la grand chambre derrière, où fut la salle Sainct-Louis, 33 toises trois quarts et deux pieds, et les autres deux chambres de la Reyne, devers la Taillerie, li toizes demye et xii pieds, qui font ix^{xx}vi toizes six pieds et demy à v s. le pavement de plastre et platras, la toize................................................... ix^{xx}xiiii l. ix d. p.

52. Pour avoir mis en plastre lxxii croisées et chassis, sçavoir :
En la salle neuve du Roy, 24 chassis.
En sa chapelle, 4 chassis et 2 fenestres.
En ses trois chambres devers la Fauconnerie, en l'allée des aisances et icelles aisances, xvi chassis et 2 fenestres.
En la tour qui fait fer à cheval, 10 chassis.
En la tour devers la Fauconnerie, 24 chassis.
En l'allée de la terrasse, 2 chassis.
Devant l'huis de la salle du Roy, 1 chassis.
En ses deux chambres devers la Taillerie, et en l'allée des aisances, 34 chassis.
En la tour emprès, 26 chassis.
*Item*, en la salle la Reyne et en sa chapelle, 19 chassis et 2 fenestres.
En ses trois chambres, devers la Fauconnerie, en l'allée des aisances et en icelles, 26 chassis.
En ses deux chambres devers l'artillerie, et ez aisances, 30 chassis.
En la salle du commun et en la salle emprès, 10 chassis.
En l'Eschançonnerie et en la grand chambre emprès, vi chassis.
Qui font 247 chassis et vi fenestres, etc. pour iiii^{xx}i huis neufve.
*Summa ab alia* iiii^{m}vi^{c}lviii l. xv s. p. *franco pro* xviii s. p. et x^{m}iiii^{xx}xv l. iii s. i d. et pit. par. *franco pro* xvi s. p.

---

⁽¹⁾ *Languettes*, séparations placées entre des tuyaux de cheminées faisant partie d'une même souche.

## COMPTES DU VIEUX LOUVRE.                    189

### AUTRE DESPENSE POUR FAVERIE.

53. Le 14 mars 1364, fut marchié faict par led. maistre Rémond à Andrieu Vergier, fèvres [1], de faire et livrer aud. Louvre, griffes, tirans, barreaux, gougeons et treillis de fer, au prix de.................................................... xiiii d. p. la livre.

54. Pour un huis de fer et deux manteaux avec un boulon de fer à le fermer, pour le manteau de la cheminée en l'estude du Roy; par marché faict................. x l. p.

*Summa ab alia* xlvii l. vi s. ii d. p. *franco pro* 18 s. et vii<sup>e</sup>xlviii l. vii s. x d. p. *franco pro* xvi. s.

### AUTRE DESPENSE POUR VOICTURES ET LABOUREURS.

55. A Jean de Vaux, voicturier, pour avoir pris en l'hostel qui fut Madame de Valence, à Sainct-Germain des Prez, et amené aud. Louvre vi.m.ccc carreaux de pierre, à xx s. p. chacun cent.................................................................. lxiii l. p.

56. Pour avoir amené xi. tumbes prinses à Sainct-Innocent, par marché, pour la grand viz neuve.............................................................. xxiiii s. p.

57. Pour avoir pris aux Blancs Manteaux et en la grand rue Sainct-Denis, cinq images de pierre qui y ont esté taillées, et iceux amenez sainement, pour la grand viz neuve, cy.................................................................... iiii. l. xvi. s. p.

*Summa* iiii<sup>xx</sup>viii l. p. *franco pro* xviii. s. et iiii<sup>xx</sup>ix l. v s. x d. *franco pro* xvi. s. p.

### AUTRE DESPENSE.

58. Yvert Doublet, charpentier, pour avoir livré xii. aiz de chesne ordonnez pour molles à tailler pierres [2]............................................................ xxiiii. s. p.

*Summa ab alia* iiii<sup>xx</sup>ix l. iiii s. p. *franco pro* 18 s. p. et vi<sup>xx</sup> l. iiii s. iiii d. *franco* xvi s. p.

Autre despence de journées faictes aud. Louvre de pionniers et tumbereaux de taillerie de pierre, de maçons et aides, à cause de plusieurs besognes faictes appartenant aux oeuvres d'iceluy lieu, tant pour les fondemens de la grande viz neuve comme ailleurs aud. Louvre, osté gravois des viez édifices qui ont esté abbatus et nouvelles besognes qui y ont esté faictes depuis le mois d'avril 1365, en la manière que led. maistre Rémond du Temple les a ordonnées.

Les semaines et jours et les noms des ouvriers cy après ensuivent.

59. Pionniers chaque semaine, nom, surnom, et les tournées chaque semaine environ xxx.
Pionniers à ii s. vi d. par jour.
Tailleurs de pierre v s. vi d. par jour.
Un homme et son tumbereau viii s. p. par jour, quelquefois vi s. vi d. p.
Somme des premières journées xxi l. xvi s. p. francs xviii. s. p.
Et des autres journées ix<sup>e</sup>iiii<sup>xx</sup>xvi l. xvii s. vi d. p. francs p. xvi s.
Autres journées depuis le 25 avril 1365 jusqu'au 10 avril 1366, etc.
Sommes des journées dernières vii<sup>e</sup>xvii l. xvi s. x. d. *franco pro* xvi s. p.

---

[1] *Fèvres*, forgerons, serruriers. — [2] Il doit s'agir ici de planchettes de chêne destinées à être découpées sur les épures, pour servir de patrons aux tailleurs de pierre.

### AUTRE DESPENSE POUR MERRIEN.

60. Baudinet le Courtier, marchant de merrien, pour xvi$^c$ i. pièces de merrien, premièrement vingt-cinq poutres, les vingt chacune de vi. toizes de long, et d'un pied et demy de fourneture, les quatre autres chacune sept toizes de long. *Item*, 366 solives chacune de deux toizes et demye de long, etc.

*Summa ab alia* xviii$^c$xii l. xii s. p. *franco pr.* 18 s. p.

Et iii$^m$iiii$^c$xliiii l. xvi s. vi d. ob p. *franco pro* xvi s. p.

### AUTRE DESPENCE POUR VOIRIERES.

Bertaut Le Voirier pour avoir mis un percan (panneau?) de voirre, contenant vi pieds, en l'estude du Roy, audit Louvre, au prix de iiii s. p. chacun pied.............. xxiiii s. p.

### AUTRE DESPENCE POUR PLOMMERIE.

Maistre Regnault de Bailleul, plommier du Roy, pour avoir reffaict et ressoudé la couverture du plomb de dessus les degrés d'emprès la terrasse du Louvre; pour soudure, suif et charbon et peine................................................................ xxxii s.

### AUTRE DESPENCE POUR PEINTURES.

Maistre Jean Coste, peintre, et sergent d'armes du Roy, pour avoir peint de fleurs de lys les trois bannières qui sont sur les trois tours, etc.

Thomas du Buisson, peintre, pour avoir faict plusieurs croix de peinture vermeille outre la grand viz neuve du Louvre, l'uisserie des Jardins et autres lieux en la cour d'iceluy, pour la défense de ceux qui y faisoient leur retrait pour pisser; par marché faict........ xxvi s. p.

### AUTRE DESPENCE POUR XVI POUTRES ET II$^c$ SOLIVES.

Le 13 juin 1365 fut ordonné Baudinet le Cambier, marchand de merrien, par honorable homme et sage Philippe Ogier, général maistre des dictes oeuvres, et par maistre Jacques de Chartres, de faire venir par eau, de la forest de Cuise, xvi granz poutres et 200 solives pour les édifices de la Reyne, audit Louvre; lequel Baudinet s'en chargea; et pour ce a receu, par les mains dud. Pierre Culdoë, ii$^c$l francs d'or, si comme il appert par quittance et par le compte faict par ledict Baudinet de la despence de ce. Et lequel compte a esté veu par Messeigneurs des comptes, dont la teneur s'ensuit : « Le compte de feu Baudinet le Cambier, « marchand de bois, comme, ou temps qu'il vivoit, a faict venir et amener des bois de la forest « de Cuyse ii$^c$ granz poutres, et ii$^c$ solives esquarrées et ou tout prestes, au port de Saine, « devers le chastel de Louvre, » etc.

### RECEPTE.

Des deniers dudit seigneur, par les mains dudict maistre Pierre.

Somme : ii$^c$l francs xvi s. pièce, valent............................... ii$^c$l f. p.

*Mise :* Pour faire abattre xvi chesnes, etc. pour chacun abattre et coper viii s. p.; vi l. viii s. p.

Pour esquarrir lesd. poutres................................................. vi l. viii s. p.

Pour abattre, coper et esquarrir lesd. ii$^c$ solives, chacun cent x f. p........ xx f. p. etc.

Pour les despens dud. Baudinet et de son cheval : par 24 jours allant, venant et séjournant illec pour l'avancement de la besogne; pour chaque jour xvi s. p.......... xix f. iiii s. p.
Somme de toute la despence ii<sup>c</sup>xxix f. iiii s. p. valent ii<sup>c</sup>iiii<sup>xx</sup>vi francs et demy. Ainsi est deu aud. Baudinet xxxvi francs et demy................................. xxx f. iiii s. p.

### AUTRE DESPENCE POUR GAGES DES GENS DUDICT OFFICE.

A Jean Le Baut, sergent des dictes oeuvres : de par les gens de comptes du Roy, nostre dict seigneur, à Paris. Pierre Culdoë, payeur des oeuvres royaux, accomplissez (*le contenu en blanc*) en la manière que nostre dict seigneur le mande.

Jean Le Bault, pour ses gages de xii d. p. par jour, depuis le 1<sup>er</sup> may 1364 jusqu'au 27 oct. qui sont ix<sup>xx</sup> jours..................................................... ix f. p.

Pierre Culdoë, clerc et payeur des dictes oeuvres, pour ses gages de iii s. p. par jour, du 22 décembre 1364 jusqu'au 27 oct. (*sic*), qui sont ix<sup>xx</sup> jours.

### AUTRE DESPENSE EXTRAORDINAIRE.

61. Martin Ville et autres, ses compagnons aydes aux maçons, pour leur vin que le Roy, nostre seigneur, leur donna aud. Louvre; pour ce, par quictance, etc. en deux francs d'or xxxvi s. p.

62. Richard Pitois et autres, maçons et tailleurs de pierre, pour leur vin que le Roy, nostred. seigneur, leur donna par mandement sous le sel secret, donné 18<sup>e</sup> jour d'octobre 1365, lorsqu'il alla visiter les oeuvres de l'hostel M. d'Anjou, à Paris, en xx francs d'or..... xxvi l. p.

*Summa ab alia* xxxvi s. p. *franco pro* xviii s. p. et xlv l. xii s. p. *franco pro* xvi s. p.

IV. Autre despence extraordinaire pour chenetz de fer, coustes, coussins, tables, traiteaux, droçoirs, bancs, fourmes et autres ustensiles et choses notables achetées du commandement du Roy, pour la garnison de sond. chastel du Louvre; lesd. parties contenues en un rôle, etc.
(Ce chapitre est escrit entièrement.)

63. Pour trois paires de chenetz, pesant ix<sup>xx</sup>xiii l. de fer, xvi d. p. pour la livre, pour ce.................................................................... xii l. xvii s. iii d. p.

64. Pour x paires de chenetz, pesant v<sup>c</sup> lxi l. de fer............... xxxvii l. viii s. p.

65. Pour quatre paires d'autres, etc. pesant vii<sup>xx</sup>x l...................... x l. p.

66. Pour quatre paires de chenetz de fer, pour les chambres de la Royne, une paire pesant ix<sup>xx</sup>xviii livres etc. qui font quatre cent cinquante-cinq livres de fer à 16 d. p., xxvi l. xiii s. iiii d. p.

67. Pour une tenaille, unes pincettes et un tirtifeu; pour ce............... xvi s. p.

68. Pour trois tenailles, trois tirtifeux et deux pelles de fer............... xlviii s. p.

69. Pour cinq soufflets neufs, les aucuns ouvrez de taille<sup>(1)</sup>, ii francs d'or.... xxxii s. p.

70. Richard des Ourmes, courtepointier, pour quinze lits neufs; sçavoir : deux lits pour le corps du Roy, xl francs, un lict pour M. d'Estampes, xvi francs, et douze licts communs, trois francs trois quarts la pièce; montent xlv francs, en cent francs d'or........ iiii<sup>xx</sup> l. xvi s. p.

---

<sup>(1)</sup> Ornés de sculptures.

71. Pour dix-huit coustes [1] viez, fournis de coussins, xix l. xii s. p.; pour les rapareiller............................................................. iiii l. p.; xxiii l. xii s.

72. Pour cent aulnes de toile à faire paillasse et autres choses, à ii s. p. l'aune; pour ce............................................................................. x l. p.

73. Agnès La Cauche, cousturière pour le Roy, pour avoir taillé ix paillasses, icelles emplies de foin et de feurre, et cousues............................................ xxxii s. p.

74. Giles Durant, espicier, pour xii aulnes de toile, pour les fenestres de la chambre de M. d'Estampes et de la chambre au grand maistre d'ostel, chacun aulne v s. p...... lx s. p.

75. Perrenelle de Crespon, pour deux sarges de Caen et quatre tapis vert pour l'estude du Roy, trois francs et demy la pièce. Pour ce...................... xvi l. xvi s. p.

76. Marie Lallemande, pour sept aulnes et un quartier de drap noir de Caen et viii pieces de feutre blanc et pers, pour feustrer l'estude du Roy et les fenestres de sa chambre et de la chambre de la Royne, devers la Fauconnerie, à xiiii s. p. l'aune, ci s. vi d. p. et pour chacune pièce de feutre xii d. p. vallent viii s. p. Pour ce....................... cix s. vi d. p.

77. Nicolas Yfore, blasonnier, pour avoir feustré ix chassis en la chambre du Roy, deux en sa petite chapelle, quatre en son estude et une fenestre, huit en la chambre dessus iceluy estude, et, en l'oratoire de sa chapelle neuve, deux, qui font vingt-cinq chassis vi s. p. la pièce, valent vii l. x s. p. Item, pour avoir feutré deux comptoirs, un banc, une chaière, une fourme [2] et deux quartiers de planches oudit estude, et pour deux coussins...... iiii l. p.

78. Item, en la chambre de la Royne devers la Fauconnerie, feutré cinq chassis en la tournelle, emprés, trois, et en sa chapelle iii, qui font xi chassis; aud. prix valent.... lxvi s. p.

79. Item, et pour sa peine d'avoir mis de la toile cirée en neuf chassis, tant en la chambre M. d'Estampes comme en la chambre au grand maistre d'hostel, lxiiii s. p. Et pour tout ce faire led. Nicolas a quis ruban et cloud; par quittance, etc................. xviii l. p.

80. Thibaut Le Roulier, pour un banc de taille trois francs, et pour quatre fourmes, quatre escrans à feus, quatre francs; en sept francs d'or, valent..................... cxii s. p.

81. Pour quatre bancs de taille.................................. xii l. vi s. p.

82. Hannequin de la Chapelle, pour un banc de taille à osteaux et à bestes, deux pieds de long, six francs; pour un autre banc de taille, à deux paremens et à marchepied, de xii pieds de long, viii francs; et pour un autre banc de taille à un parement, de xii pieds de long, vi francs; lesquels bancs sont ez chambres du Roy...................... xv l. iiii s. p.

83. Et pour portage du banc à marchepied, lequel fut aporté à heure de minuict par huict compagnons, pour la venue du Roy.................................... xvi s. p.

84. Pour un dréçoir en la salle du Roy, deux francs et demy, et pour six fourmes, trois de douze pieds et trois de sept pieds de long, trois francs; cy............ iiii l. viii s. p.

---

[1] Lits de plume.

[2] *Forme*, banc. C'est aussi un escabeau ou tabouret de bois : «Pour une formète à seoir pour «jouer des orgues.» (Douët d'Arcq, *Comptes de l'Argenterie de France au xiv*e *siècle*, table des mots techniques, p. 377.)

85. Pour quatre estaux à bouchier, mise en la cuisine de la basse-cour du Louvre, IIII francs d'or valant.................................................. LXIIII s. p.

86. Pour demy cent d'aiz de chesne, de six et sept pieds de long, pour faire des dréçoirs et marchepieds en la grand Sale par terre. Pour ce...................... IIII l. p.

87. Jean de Verdelay et Colin de La Baste, huchiers, pour un ban de chesne à coulombes[1], de xx pieds de long, mis en la Sale par terre, pour la grand table du Roy, avec le dois[2] d'icelle longueur, de trois pieds de lé, garny de traiteaux; lequel banc a esté allongié le siége de deux personnes et haucié à doubles marches, et le dois pareillement. Pour ce... XIIII francs.

88. *Item*, pour un dréçoir enfoncé et une marche tout autour en icelle sale, et enfonsé le viez banc Sainct-Louis et une marche autour. Pour ce................... VIIII francs.

89. Pour portage du premier banc, demy franc; et pour deux eschelles à tendre les chambres du Roy, un franc; cy pour tout................................. XVIIII l. XVI s. p.

90. Pour deux dréçoirs mis ez chambres du Roy................... VI l. VIII s. p.

91. Pour quarante-six tables fournies de tréteaux et quarante-deux fournies, IIII$^{xx}$ francs d'or valant.................................................. LXIIII l. p.

92. Pour un banc où le Roy tient ses requestes...................... LXIIII s. p.

93. Marie Sirasse, huchière, pour un dois de xx pieds de long, en forme de peneaux gluez, le dossier et le marchepied de devant de taille, et quatre bestes sur les piedz; et pour une table de sapin d'icelle longueur et de quatre piedz de lé, fournie de trois tréteaux en la salle de la Royne, aud. Louvre. Pour ce................................. XXVIII francs.

94. *Item*, pour six tables de noyer, une paire de tréteaux et VI fournies[3], les quatre de dix-huit pieds de long, et les deux de XII pieds, pour les sales et chambres de la Royne, XVI francs.

95. *Item*, pour un dréçoir à deux fondz, de six pieds de long en lad. sale...... II francs.

96. *Item*, pour deux buffes et deux petites fournières pour l'aumosnier et pour l'huissier et sergent d'armes, trois francs.

97. *Item*, pour avoir faict de peine establir au rond de la tour qui faict fer de cheval devers l'Artillerie, à mettre les ornemens de la chapelle, avec deux dréçoirs qui sont ou galletas d'icelle tour, et pour la façon de six fourmes................................. III francs.

98. *Item*, pour deux chaières à dos carrées de bois d'Illande, qui sont ez galletas, IIII francs.

99. *Item*, pour une marche à deux degrés esd. galletas et pour deux traiteaux, II francs d'or. Pour tout...................................... XLVI l. VIII s. p.

*Summa ab alia* IIII$^c$ XXXV l. V s. II d. p. *franco pro* 16 s. p.

Autre despence.

100. Pour papier, parchemin, etc.

---

[1] *A coulombes*, à colonnes. — [2] Le dais. — [3] Il faut peut-être lire *formes*.

Pour le présent compte ordonner et minutter en papier, iceluy escrire en deux livres de parchemin, etc.................................................................... LX l. p.

*Summa istius expensæ communis* CLXXI l. VIII s. p. *franco pro* XVI s. p.
*Summa totalis expensæ hujus compoti* XIV<sup>m</sup>IX<sup>c</sup>VII l. XVIII d. p. par. *videlicet* XV<sup>m</sup>IIII<sup>xx</sup>XI l. XVII s. VIIII d. p. *franco pro* XVIII s. p. *valent* XVI<sup>m</sup>VII<sup>c</sup>LXVIII *franc. auri cum tribus quartis unius et* II d. p.
Et XXX<sup>m</sup>VIII<sup>c</sup>XV l. III s. X d. *pretii p. franco pro* XVI s. p. *valent* XXXVIII<sup>m</sup>V<sup>c</sup>XIX *franc. auri*.
*Sic summa totius expensæ ad franc.* LV<sup>m</sup>II<sup>c</sup>IIII<sup>xx</sup>VII *franc. auri cum tribus quartis unius, debet dictus solutor* VI<sup>c</sup>XXXVII *franc. auri cum tribus quartis unius.*
*Item, debet pro quadam parte per eum tradita in debitis, videlicet pro Bandineto le Cambier,* XXXIX l. III s. p. *valentes* XXXI *franc. cum dimidio.*
*Item debet pro fine compoti sui de operibus hospitii Sancti Audoeni, incepti octava die maii* 1364 *et finiti ultima die martii* 1366............................................. XLIX l. et LII. s. p.
*Summa quam debet* VII<sup>c</sup>XXIII *franc. auri cum quarto unius et* II s. p.
*Et debentur ei pro fine compoti sui de operibus hospitii Bosci Vicennensis, incepti duodecima die junii* 1365 *et finiti quindecima die maii* 1367 IIII<sup>c</sup>LXIIII *franc. auri et* 4 d. p.
*Auditus et clausus* 17 *die julii anno* M.CCC.LXVIII *ad Burell. presente magistro Philippo Ogier.*
*Sic debet dictus solutor* II<sup>c</sup>LIX *franc. auri cum quarto unius et* XX d. p. *Redduntur domino Regi in fine alterius compoti ipsius Petri Culdoë de dictis operibus, suti infra, infiniti prima die februarii* 1368 *et ibi corrigitur.*

V. Compte Pierre Culdoë, clerc et payeur des œuvres de nostred. Seigneur, et des receptes et mises par luy faictes à cause dud. faict, tant pour les œuvres des dréçoirs nuefs d'iceluy Seigneur et de la Royne, comme pour réparations faictes en plusieurs lieux ou chastel du Louvre, du 1<sup>er</sup> jour de may 1367 jusqu'au 12 juillet 1368.

### RECEPTE DES GÉNÉRAUX, etc.

*Summa* VII<sup>m</sup> *franc. auri.*
Autre recepte des deniers des coffres du Roy, C francs.
*Summa totalis receptæ presentis compoti* VII<sup>m</sup>C *fr. auri valent* V<sup>m</sup>VI<sup>c</sup>IIII<sup>xx</sup> l. p.

### DESPENCE.

101. Colart du Pont, pour avoir livré, pour les œuvres des dréçoirs, XII toises et demye de parpins de pierre, etc.

102. Led. Colart, pour avoir livré, pour la maçonnerie des dréçoirs dessusd. et du pont-levis de la Grosse-Tour, L toises et demy d'autres parpins.

103. Pour deux grands tables de lyais de VIII pieds de long; plus, pour sept autres tables de sept pieds de long, pour la couverture de la petite viz desd. dréçoirs, deux pour l'évier de l'Eschançonnerie, une pour la couverture du retrait aux escuelles d'iceulx dréçoirs, une pour l'allée du pont-levis de la Grosse-Tour.

104. *Item*, dix charretées de noyaux de pierre pour la cheminée des dréçoirs, etc.

105. *Item*, en la tour dessus l'armurie du Roy, etc.

106. Jacques du Parvis et Jean Grosbois, huchiers, pour leur peine d'avoir dessemblé tous

les bancs et deux roës qui estoient en la librairie du Roy, au Palais, et iceux faict venir aud. Louvre, avec les lettrins[1] et icelles roës estrécies chacune d'un pied tout autour; et tout rassemblé et pendu les lettrins ès deux derrains estages de la tour devers la Fauconnerie, pour mettre les livres du Roy; et lambroissié de bois d'Illande le premier d'iceux deux estages tout autour par dedans, au pris de L francs d'or, par marché faict à eux par led. maistre Jacques, 14ᵉ jour de mars 1367. Et depuis, pour ce que les sièges estoient trop viez, ont esté faictz de mérien nuef que lesd. huchiers ont quis, dont led. marché leur a esté creu de VIII francs, tant pour ce que pour courbe et siages de LX pieces de grans bois. *Item*, pour deux fors huis pour iceux deux estages, de sept pieds de haut, de trois pieds de lé, et trois dois d'espoisse, VIII francs d'or. Pour ce, parmy quatre quictances, etc..... qui font pour le tout LXVI. francs d'or valent.................................................................... LII l. XVI s. p.

107. Jean Caillou et Geffroy le Febvre, jardiniers, pour leur peine d'avoir replanté sauge, exope, lavende, fraisiers et plusieurs autres herbes ez jardins dud. Louvre; et iceux jardins fouys[2] tout autour, et livré aucunnes herbes et semences, et renouvellé tous les sentiers des préaux, et porté hors les mauvaises herbes et ordures desd. jardins; par marchié faict à eux par led. maistre Rémon, le 18ᵉ jour de mars 1367; pour ce...................... x l. p.

108. Pierre Lescot, cagetier, pour avoir faict et treillissé de fil d'archas au devant de deux croisiées de chassis et de deux fenestres flamengés, ez deux derrains estages de la tour devers la Fauconnerie, aud. Louvre, où est ordonné la librairie du Roy, pour deffense des oyseaux et autres bestes, à cause et pour la garde des livres qui y seront mis; pour fil d'archas, crochet de fer et peine de ce, par marchié faict à luy par led. maistre Jacques, 4ᵉ jour de mai 1368, et quictance 3 juin ensuivant, en XVIII francs d'or...................... XIIII l. VIII s. p.

109. Pour la ferrure de quatre grans huis enchassillez et enfoncez de ciprès, pour la volte de la Grosse-Tour, où le Roy met ses joyaux; chacun de quatre liens, trois paumelles à gon, à queue d'aronde, trois gons et deux potences pardedans, de trois pieds de lon et de deux tirons à rosète.

110. *Item*, pour trente petits chandeliers pour lad. volte.

111. *Item*, pour une poulie de cuivre qui sert pour une lampe d'argent en lad. volte.

112. Pour cinq serrures de fust, etc.

#### AUTRE DESPENCE POUR DONS.

Au Roy, nostre sire, par cédule sous son séel de secret rendue à Court, dont la teneur s'ensuict :

« De par le Roy, les genz de nos comptes à Paris, nous vous mandons et enjoignons que la somme de cinquante francs d'or que nous avons euz et receuz comptant de Pierre Culdoë, payeur de nos œuvres, et lesquels nous avons donné aux ouvriers qui font les fossez pour la fortification de lad. ville de Paris, le jour de la datte de ces présentes, que nous visitasmes lesd. fossez, présent le Prévost des marchans et les Eschevins, icelle somme cinquante francs vous allouez ès comptes dud. payeur et déduisiez de sa recepte sans difficulté ou contredit aucun,

---

[1] *Lettrins*, pupitres. — [2] Creusés, béchés.

et sans demander sur ce autre déclaration ou quitance que ces présentes, car ainsi le voulons estre faict. Donné en nostre chastel du Louvre-lez-Paris, le 15° jour d'aoust, l'an de grâce 1367. Par le Roy, Ogier. »

Pour ce icy en L francs d'or.................................................. XL l. p.

113. A Jacqueline, femme de feu Jean Colombel, maçon, pour don faict à elle par led. Pierre pour aumosne, du commandement du Roy, présent led. maistre Philippe, au mois de janvier 1367, pour ce qu'elle est pouvre et impotent de ses membres; et aussy que son dict feu mary fut mort en faisant les œuvres du Roy oud. Louvre, en six francs d'or... IIII l. XVI s. p.

114. Regnaut Laucon, natier, pour avoir livré et assiz aud. Louvre en la Chambre à parer du Roy, devers la Fauconnerie, et en la chambre à parer de la Royne, dix toises et demys de nattes en réparation..................................................... XLVIII s. p.

115. Mathieu Congnée, lieur de livres, pour avoir relié et couvert de nuef le messel de la grand chapelle dud. Louvre................................................. XX s. p.

116. Led. pour avoir relié et couvert plusieurs comptes, tant ordinaires comme des aydes pour la délivrance du Roy Jean dont Dieu ait l'âme, comme plusieurs autres besognes de son mestier pour les necessitez de lad. Chambre des comptes; les parties en un roolle, etc. IIII l. XIIII s. p.

*Summa totius expensæ presentis compoti* v<sup>m</sup>VII<sup>c</sup>IIII<sup>xx</sup>XIII l. V s. IX d. p.
*Debentur ei* CXIIII l. V s. IX d. p.
*Et debita per eum Curiæ tradita quæ adhuc debentur de dicto facto scripta. Item, in illo fol. seq. et quæ sunt solvenda per Regem ascendunt ad* IIII<sup>xx</sup>VIII l. V s. II d. p.
*Item debentur ei* XXV l. VII d. p.
*Auditus ad Burellum 18 die aprilis, anno 1369 post Pascha, presente magistro Philippo Ogerii.*
*Redduntur eidem in alio compoto suo sequenti de dictis operibus finitis, prima die februarii 1368, hic infra sutum et ibi correctum; et quitus hic dominus Rex.*

Debtes que le Roy, nostre sire, dit, etc.

117. A Andrieu du Verger, febvre, pour X treillis de fer, deux cents petits gons et deux cents crochets de fer, pour la librairie du Roy, et illec ferré deux forts huis et plusieurs autre besognes de son mestier par lui faictes et livrées aud. chastel du Louvre, laquelle le Roy nostred. seigneur luy doit.................................................. XXIIII l. IIII s. VI d.

*Summa debitorum* IIII<sup>xx</sup>VIII l. V s. VIII d. p.

VI. Compte Pierre Culdoë, payeur des œuvres du Roy, nostre Sire, des receptes et mises par luy faictes ou chastel du Louvre, depuis le 12° jour de juillet 1368 jusqu'au 11° jour de febvrier ensuivant; et sont comprises en ce présent compte certaines mises et besognes faictes aud. Louvre depuis que led. Pierre fut institué clerc et payeur, dont il n'a rendu aucun compte cy-devant.

RECEPTE.

De Jean Amiot, commis à payer les œuvres de l'hostel de Saint-Pol, pour convertir en VIII poutres neuves, par lettres données le 20 jour de septembre 1368.... VI<sup>xx</sup>II franc. et XV s. p.

*Summa totius receptæ presentis compoti* IIII<sup>c</sup>XXX *franc. auri et* XV s. p. *qui valent*... III<sup>c</sup>XLIII l. XV s. p.

#### DESPENCE.

118. Estienne Michiel, marchand de merrien, pour avoir faict abbattre viii chesnes en la forest de Cuise, et iceux coper et esquarir pour viii grans poutres, et faict amener par eau et faict descharger devers le Louvre, pour les planchers d'entre les chambres et sales neuves du Roy et de la Royne, en lieu de viii autres poutres qui sont trop foibles; la despence de ce veue et communiquée par maistre Philipe Ogier, etc. par quictance.......... iiii$^{xx}$viii l. vii s. p.

*Summa totalis expensæ presentis compoti* v$^c$xxxiiii l. iiii s. p.
*Auditus ad Burellum 20 die aprilis anno 1369 post Pacha.*
*Debentur ei* ciiii$^{xx}$viii l. viiii s. p.
*Item debentur ei pro fine alterius compoti sui pro denariis de dictis operibus, finiti 1ª martii 1368, hic superfiniti immed.* xxv l. vii s. p.
*Summa quæ sibi debetur* ii$^c$xiii l. viii s. vii d. p.
*Et debet dictus solutor pro fine magni compoti sui hic superius suti, de dictis operibus Luparæ, finiti 1ª die maii 1367,* ii$^c$lix *franc. cum quarto unius, qui valent* ii$^c$vii l. ix s. viii d. p.
*Ita debentur ei* cxviii s. xi d. p.
*Redduntur eidem in fine ultimi compoti sui de dictis operibus Luparæ, finiti 3ª martii 1371; et sic quitus est dominus Rex.*

VII. Compte feu Pierre Culdoë, etc. à cause de certaines besognes et réparations qui ont esté faictes en la granche dud. seigneur, séant à l'Escole Saint-Germain-l'Auxerrois, à Paris, sur la rivière de Seine, pour la réparation d'icelle granche, commencée au mois de juillet 1368, et finissant icelles œuvres le ....... 1369.

#### RECEPTE : ii$^c$xxxvii l. ii s. iiii d. p.

#### DESPENCE.

119. Pour avoir, du costé de la Place aux Marchands, coppé un demy pan de mur et taillé mérien, latte, etc.

*Summa totius expensæ presentis compoti* ii$^c$xxxvi l. ii s. iiii d. p. *et sic quitus.*

VIII. Compte de feu Pierre Culdoë, etc. pour certaines besognes et réparations faictes ou chastel du Louvre, du 1$^{er}$ jour de febvrier 1368 jusqu'au 3$^e$ jour de mars 1371, qu'il alla de vie à trespassement. Ce présent compte rendu à Cour par Jean Ployart, procureur de la femme et exécuteur dud. Culdoë.

#### RECEPTE.

De Jean Amiot, commis à payer les œuvres du Palais royal et de l'hostel Saint-Pol, par lettre, c francs.
De luy à six diverses fois clx francs.

*Summa receptæ* mv$^c$ francs.

#### DESPENCE.

120. Pour avoir faict ez jardins, depuis le coin devers la rue Froimantel seize toizes de long, abatu les cloisons et murs viez, endroit la rue de Champflori, jusqu'à la granche de la Fourière du Roi, etc.

121. Pour un portail à istre desd. jardins en la rue Froidmantel.

122. Maistre Dreufavier, tailleur de pierre, pour avoir taillé et faict l'appareil [1] aux maçons d'un portail de pierre qui est assis au mur neuf entre la rue Froidmantel et les murs desd. jardins, de dix pieds de haut et huit de lé, à voulsure, chanfranc par dehors, entre lesquelz murs est le *montoir* du Roi et de la Reine.

123. Jean Gassot, maçon, pour avoir scellé de plastre un porche couvert et les membrures d'un dossier à lict, en la chambre madame Marie de France, aud. Louvre, et aussy scellé un autre porche à deux manteaux devers l'huis des jardins; et, en la cour devers la rue Froidmantel, scellé et assis en un auvent où le Roy et nos seigneurs jouent à la paulme; et, au mur, faict une fenestre à mettre les esteufs.

124. Philippe Sirasse, huchier, pour avoir faict de bois d'Illande un estuy pour hébergier l'orloge M. le Dalphin, qui sonne les oeures aud Louvre.

#### AUTRE DESPENCE POUR LABOURS, JARDINS ET TREILLIS ENSEMBLE.

125. Jean Dudoy, jardinier, pour avoir faict et livré ez jardins dud. Louvre, ce que s'ensuit : c'est à sçavoir VIII hottées de fiens, et fouy une grande place de terre devers l'Artillerie, et pareillement devers la Taillerie du Roy; osté et porté hors les mauvaises herbes avec les pierres et gravois; et, esd. jardins, faict plusieurs carreaux de sauge, exope [2], lavende, cocq [3], fraisiers, violiers; et planté oignons de liz et rosiers vermeux [4] doubles, et plusieurs autres bonnes herbes que il a quis. Par marché faict............................................... XXXIIII l. p.

126. Estienne de la Groye, jardinier, pour avoir faict esd. jardins certaines treilles, pavillons et hayes, tout au long et au travers des murs par dedans.

127. *Item*, pour avoir planté d'un costé et d'autre desd. treilles et pavillons XVIIc et demy de chez (*ceps*) de vigne, VIII fr. d'or; et les treilles, pavillons et hayes mesurées comme il ensuit : premièrement le pavillon rond contient VIII toises. *Item*, le pavillon devers la rue du Coq contient VIII toizes; *Item*, le pavillon devers la rue de Beauvez contient 5 toizes; celuy de rue Froidmantel contient 8 toizes; le pavillon carré de la Fauconnerie XII toizes; et, pour le losengié d'iceluy, XII toizes. *Item*, les hayes dud. pavillon, XV toizes de long. *Item*, les hayes du petit jardin, 6 toizes. *Item*, une demye yraigne qui soustient les rosiers blancs.

Une place ou court au dehors des jardins, devers la rue de Froidmantel, auquel lieu est ordonné à mettre les chevaux du Roy et de la Reyne, quand il leur plaira monter par illec.

128. Robin le Beuf, la peine de bras pour sa peine d'avoir apporté toutes les coustes et les coissins de tous les édifices dud. Louvre, qui sont en la garnison du fort, et les a mis en la Salle par terre et les avoir escoussés et estendues pour essorer; et aussy nettoyé et houssé les chambres haut et bas, et porté hors les ordures que les gens de M. le Delphin y avoient laissées de l'espace d'un an ou environ. Par quictance du, etc..................... IIII l. p.

129. Jean Dudoz, jardinier, pour avoir livré aud. Louvre quatre cens de fiens, et les enfouys en terre; et planté trois gerbes de roziers vermeulx, et douze milliers de fraiziers avec plusieurs

---

[1] Tracé l'épure.
[2] Hysope.
[3] Balsamite ou Tanaisie.
[4] Vermeils, rouges.

## COMPTES DU VIEUX LOUVRE. 199

autres bonnes herbes; et aussy aprovigné les saulges, lavendes et violiers, et fouy tous les quarreaux desd. jardins et redrécié les sentiers. Pour ce...................... xii l. p.

130. Sevestre Vallerin, la peine de bras pour sa peine d'avoir sarclé les sentiers qui vont parmy les préaux, avec les carreaux où sont les roziers, fraiziers, violiers, sauge, exopes, lavende, coq, percin [1], sariette et autres bonnes herbes : et aussy avoir arrosé quatre pavillons et une grande sale carrée pour faire venir les herbes. Pour ce, etc................ c s. p.

*Summa totalis expensæ hujus compoti*, xv<sup>c</sup>xxviii l. xix s. iii d. p.
*Debentur ei* iii<sup>c</sup>xxviii l. xix s. iii d. p.
*Et debita per eum Curiæ tradita quæ sunt in fine hujus compoti ascendunt ad* xx l. vi s. viii d. p.
*Auditus ad Burellum* xi<sup>a</sup> *die februarii anni 1371, presente magistro Philippo Ogerii, consil. Regis et generali visitatore operum Regis.*
*Sic debentur ei* iii<sup>c</sup>viii l. xii s. vii d. p.
*Item debentur ei pro fine alterius compoti sui de dictis operibus Lupare hic supra suti, finiti ultima die februarii 1368*, cxviii s. xi d. p.
*Summa quæ sibi debetur* iii<sup>c</sup>viii l. xi s. vi d. p.
*Uxor et hæredes dicti Petri habuerunt cedulam Curiæ testimonialem de dictis* iii<sup>c</sup>xiiii l. *et diem auditionis hujus compoti qua tradita fuit dicto Johanni Ployant, procuratore ut supra de præcepto et ordine Dominorum Cameræ. Habuerunt dictam summam per compotum Hugonis le Frepier, de subsidio decanatus Pontis-Sanctæ-Maxentiæ. Facta 3 aug. 1368. Et quittus Rex* [2].

---

[1] Persil.

[2] «On a pu remarquer, dit M. Le Roux de «Lincy, certaines différences dans la manière d'ex-«primer les chiffres nombreux qui se trouvent dans «les comptes de dépenses précédents; ces différences «proviennent de la copie faite par M. Menant, copie «que nous nous sommes astreint à reproduire avec «la plus grande exactitude.»

# CHAPITRE VI.

## LE LOUVRE SOUS FRANÇOIS I<sup>er</sup>.

DE 1527 À 1547.

François I<sup>er</sup> est considéré avec raison comme le fondateur du Louvre moderne [1]; le premier, en effet, il conçut le projet de substituer un édifice entièrement nouveau à la forteresse de Philippe-Auguste, remaniée par Charles V, et il commença même à réaliser ses desseins. On lui doit aussi d'avoir choisi Pierre Lescot pour architecte; mais à cela se borne son action, car les travaux qui furent exécutés par ses ordres, et dont il n'est rien resté d'appréciable pour nous, n'ont eu aucune importance et ne sauraient être comparés à ceux de plusieurs de ses successeurs, particulièrement à ceux de Henri IV. Il faut donc se garder de prêter à François I<sup>er</sup>, dans la création du Louvre moderne, une part hors de proportion avec celle qui lui revient légitimement, et qu'on a l'habitude d'exagérer.

La première pensée de François I<sup>er</sup>, aussitôt après son retour d'Espagne, paraît avoir été, non de rebâtir complétement le Louvre, mais simplement de le restaurer et d'en rendre le séjour plus agréable. Dans ce dessein, il résolut d'abord de s'emparer de la place ou chemin de halage qui se trouvait entre la courtine de Charles V et la basse-cour méridionale du château, de manière à augmenter la superficie de cette cour. La suppression du chemin de halage nécessitant l'établissement d'un autre chemin au delà de la courtine, le Roi, par lettres du 15 mars 1527, demanda à la Ville de construire un quai empiétant sur le lit de la rivière, et propre à suppléer celui dont le public allait être privé. Les lettres dont la teneur suit montrent qu'il ne s'agissait encore que de «réparer et mettre en ordre» le Louvre; elles font savoir en même temps que, par suite de l'annexion du chemin du bord de l'eau à la basse-cour, la «principalle entrée audict Louvre» ne devait plus être, comme précédemment, la porte méridionale, mais celle qui

---

[1] Le souvenir de ce fait s'est toujours conservé très-vivace; ainsi, dans une déclaration royale du mois d'avril 1627, on lit : «Le roy François I<sup>er</sup> fit «le premier desseing du nouveau bastiment de «nostre chasteau du Louvre, orna la ville de grands «quaiz, etc.»

s'ouvrait sur la rue d'Autriche, disposition conservée dans tous les projets dressés depuis :

« A nos très chers et bien amez les Prévost des marchans et Eschevins de nostre « bonne ville de Paris. — De par le Roy. — Très chers et bien amez, pour ce que « nostre intention est de doresnavant faire la plus part de nostre demeure et sé-« jour en nostre bonne ville et cité de Paris et alentour plus qu'en aultre lieu « du royaulme; cognoissant nostre chastel du Louvre estre ce lieu plus commode « et à propos pour nous loger; à ceste cause, *avons délibéré faire réparer et mettre en* « *ordre ledict chastel*, et faire clorre la place estant devant icelluy pour nous en « aider; dont nous avons bien voulu advertir ad ce que advisez de faire faire ung « chemyn le long de la tour respondant sur la rivyère (la tour du Coin), près la « faulse porte par où l'on a accoustumé passer les chevaulx tyrans les bateaulx « qu'ilz portent la marchandise, affin que iceulx chevaulx puissent doresnavant par « ledict chemyn avoir leur passaige sans passer par ladicte place et faulse porte. « Et semblablement avons advisé *faire nostre principalle entrée audict Louvre par la* « *porte qui est en la rue d'Autruche, devant la maison de Bourbon*. Et, pour ce qu'il y « a une maison au coing de ladicte rue, près ladicte faulse porte, devant la ri-« vyère, qui entre avant (fait saillie) en icelle rue, et la difforme grandement; de « laquelle maison voulloir que ce qu'il [dé]passe et entre en ladicte rue soit ab-« battu et retranché au nyveau et à la raison des murailles mesmes dudict Louvre, « nous vous pryons que recouvrez ladicte maison et en diligence faictes abbattre « ladicte difformité, et icelle mettre à l'alignement de ladicte muraille, ad ce « que la rue demeure belle, large et droicte, comme dict est ci-dessus. Et, en ce « faisant, nous ferez plaisir et chose très agréable. Très chers et bien amez, « Nostre Seigneur vous ait en sa garde. — Donné à Sainct-Germain-en-Laye, le « quinziesme jour de mars mil cinq cens vingt-sept. — *Signé* FRANÇOIS, *et au-« dessous*, ROBERTET [1]. »

Nous avons dit que le quai demandé en 1527 n'était point encore fait en 1530; mais alors avait eu lieu l'expropriation de la maison en saillie et même de toutes les constructions qui formaient le côté occidental de la rue d'Autriche, en face du Louvre. Très-peu de temps après, on les voit effectivement remplacées par les deux jeux de paume situés de chaque côté du guichet, lesquels, on se le rappelle, occupèrent l'emplacement de plusieurs logis ainsi que d'un chantier [2] for-

---

[1] Arch. de l'Emp. reg. H 1779, f° 12 v°.

[2] Dans les acquits au comptant pour l'année 1533 il y a une pièce (n° 54) où on lit : « Le Roy « descharge le seigneur de Villeroy, trésorier de « France, de faire apparoir du povoir qu'il a eu « verballement pour l'acquisition de deux maisons « et ung chantier, appliquez à l'usaige et closture « du Louvre; pour laquelle acquisition a esté paié, « par son ordonnance, six cens cinquante-cinq livres « tournois. » Cette pièce semble bien se rapporter aux constructions sur l'emplacement desquelles furent élevés les jeux de paume.

mant l'encoignure de la rue et du quai. (Voir *Rue d'Autriche*, p. 8.) C'est apparemment aussi vers 1530 que François Ier substitua aux terrasses de Charles V des combles élevés, où furent disposés un grand nombre d'appartements, circonstance que Sauval mentionne sans désigner d'époque, et qui nous confirme dans l'idée qu'on ne songea primitivement qu'à rendre les bâtiments du château plus commodes. En 1530, et dans cette seule intention, on en avait fait disparaître, depuis trois ans, le trait le plus saillant : on avait renversé le sinistre donjon, qui rappelait trop, peut-être, au vaincu de Pavie la tour grillée de Madrid, où s'était passée une partie de sa captivité. En vain la Grosse-Tour, dont relevaient tous les grands fiefs de France, et qui était ainsi le symbole de la royauté, se recommandait-elle par son ancienneté et surtout par les souvenirs qui lui donnaient un si puissant prestige, elle n'en fut pas moins rasée du sol, comme une construction vieillie, encombrant la cour et interceptant la lumière. Suivant un marché du 28 février 1527, conclu avec le couvreur ordinaire du Roi, Jean-aux-Bœufs, auquel on alloua une somme de 2,500 livres, la démolition fut immédiatement commencée; elle dura jusqu'au mois de juin : on transportait les matériaux dans la basse-cour méridionale. La démolition de la Grosse-Tour, ce premier acte de la transformation du Louvre, fit sensation dans Paris, de sorte qu'il en est question dans plusieurs écrits des auteurs contemporains, généralement si avares de pareils détails. Ainsi, et sans compter Corrozet ni la Chronique de Gaignières, le *Journal d'un Bourgeois de Paris*[1] relate l'événement en ces termes, qui confirment ce que nous venons d'en dire : « Audict an 1527, en février, fut commencé à « abattre la Grosse-Tour du Louvre, par commandement du Roy, pour appliquer « le chasteau du Louvre à logis de plaisance, et pour soy y loger. Et maintenoit « le Roy que ladicte tour empeschoit ledict chasteau et la cour d'iceluy. Toutesfois « fut grand dommaige de la desmolir, car elle estoit très belle, haulte et forte, et « estoit appropriée à mettre prisonniers de grand renom. On disoit qu'elle avoit « onze pieds d'espaisseur, et fut du tout desmolie et abbattue un peu devant la « Sainct-Jean-Baptiste ensuivant. »

Le règne de François Ier est pauvre en chroniques, et le petit nombre de celles qui s'y rapportent, consacrées principalement au récit des guerres, n'apprennent rien sur les travaux du Louvre. On trouve seulement dans le *Journal d'un Bourgeois de Paris*, après la mention de la destruction de la Grosse-Tour et de la fondation du château de Madrid, cette simple phrase : « En ce temps (le Roi) fist fort répa- « rer le chasteau du Louvre, pour soy y loger, et y feist faire de grands bastiments, « tant cuisines, estables que autres choses. » Le paragraphe a trait aux environs de l'an 1527, et l'on observe qu'il n'est toujours question, pour cette période, que

---

[1] Consulter l'édition publiée par M. Lalanne en 1854.

de réparations et de l'adjonction de quelques constructions secondaires. Au commencement de 1529, on travaillait activement au Louvre, et le nombre des ouvriers qui y étaient occupés fut le prétexte dont se servit le Parlement pour empêcher qu'on y transférât le malheureux Berquin, détenu à la Conciergerie. En 1530, les basses-cours occidentales tombant en ruines, le Roi les fit raser et établit à la place une cour avec des cuisines; sous Louis XV, cette cour portait encore le nom de *Cour des cuisines;* elle avait causé la disparition de tout ou partie de l'ancienne Artillerie. Sauval, qui nous l'apprend, et qui reporte à la même année la construction des deux jeux de paume, parle également de travaux divers faits à l'occasion de fêtes solennelles, et dont il résulta quelques modifications dans l'état des dépendances du château. Ainsi l'on fut obligé d'aplanir la basse-cour voisine de la rivière, pour que des joutes pussent y avoir lieu, lorsqu'au mois de mars 1531 (n. s.) la reine Éléonore d'Autriche fit son entrée à Paris. En 1533, à propos des «préparatifs du festin et sollempnité des noces..... entre Mons. le duc de Longueville et «la fille de Mons. le duc de Guise.....» on procéda à «la construction d'un *tribunal* «et autres choses que le Roy» avait «ordonné estre faictes tant en la grant court du «chasteau du Louvre, à Paris, que autres endroits d'icelluy chasteau,» travaux qui coûtèrent 1,500 livres[1]. En 1535, on fit des lices du côté de Saint-Thomas, et, en 1537, on en fit d'autres «en une grant court,» dit la Chronique de Gaignières, avec «plusieurs eschaffaulx pour mectre et asseoir les princes, princesses, dames «et damoiselles» qui devaient assister au tournoi donné en l'honneur du roi d'Écosse; mais on ne voit pas qu'aucun de ces travaux ait intéressé le corps même du château. Il est donc bien clair que François Ier, ainsi que nous l'avons dit au commencement de ce chapitre, n'eut d'abord d'autre intention que de restaurer le Louvre. Ce qui reste à préciser, c'est l'époque à laquelle fut prise la résolution de rebâtir totalement l'édifice. Commençons par établir le peu de fondement des opinions émises sur ce sujet par les historiens de Paris.

La plupart des auteurs du dernier siècle fixent à l'année 1528 le commencement de la reconstruction du Louvre; selon eux, par conséquent, les projets remonteraient au moins à 1527. C'est une simple supposition, en contradiction avec les documents contemporains que nous venons de citer, et elle est d'autant plus inacceptable, qu'on ne saurait, en l'admettant, s'expliquer cette singularité : François Ier, qui fit tant à Fontainebleau, à Madrid, à Chambord et ailleurs, aurait, durant un long espace de vingt ans, si peu avancé les bâtiments du nouveau Louvre, qu'à sa mort il n'y aurait eu presque rien de bâti. Le même argument peut être opposé, bien qu'avec moins de force, à la date de 1539, qui a été proposée par quelques écrivains, et qui n'est pas, d'ailleurs, appuyée de preuves plus

---

[1] Acquits au comptant.

authentiques que la date de 1528. Il est facile de se convaincre, en réfléchissant aux faits suivants que cette date est inexacte.

Au mois de janvier 1539, quand Charles-Quint, après sa prétendue réconciliation avec François I<sup>er</sup>, passa à Paris pour se rendre à Gand, c'est au Louvre qu'il logea. Le château était alors, et malgré tout ce qu'on y avait fait depuis 1527, dans un si triste état, qu'il fut nécessaire d'y exécuter quantités de réparations et d'embellissements. « On dora toutes les girouettes. Les armes de France en « plusieurs endroits furent peintes et arborées. On attacha contre les murs, tant des « escaliers que des salles et des antichambres, des chandeliers de laiton. La plupart « des croisées furent agrandies et les vitres peintes. On augmenta le nombre des « appartemens. On fit des lices, et il y eut des joutes et des tournois. En un mot, « on n'oublia ni n'épargna rien, afin de mieux recevoir l'Empereur et de le ré- « galer magnifiquement. Et de fait on rendit ce château si logeable que Charles- « Quint, le Roi, la Reine, le Dauphin, la Dauphine, le Roi et la Reine de Navarre, « les Enfants de France, le cardinal de Tournon, le Connétable et même la duchesse « d'Étampes, maîtresse de François I<sup>er</sup>, y eurent des appartemens proportionnés à « leur qualité. Aussi alors y fit-on tant de dépenses qu'un registre entier des « Œuvres royaux en est tout plein et ne contient autre chose [1]. » Certes, rien n'est plus déplaisant ni plus incommode que la proximité d'un bâtiment en construction; si donc en 1539 on avait été occupé à rebâtir une aile du Louvre, il est peu supposable qu'on eût choisi ce château pour y loger un souverain auquel le roi de France désirait assurément donner une haute idée de sa cour. Aussi bien les réparations indiquées par Sauval ne semblent-elles pouvoir convenir qu'au vieil édifice, à peine suffisant pour une si nombreuse compagnie, et qui aurait cessé d'être assez vaste dans le cas où l'un des corps de logis aurait été, soit démoli, soit à l'état de maçonnerie imparfaite. En 1539, le quadrangle du Louvre était donc encore celui du XIV<sup>e</sup> siècle, et, par suite, en dépit des efforts faits pour le décorer et lui communiquer quelque élégance, il était peu propre à éblouir un monarque habitué aux splendeurs des palais de marbre de l'Italie.

Cette dernière circonstance fut vraisemblablement la cause qui détermina enfin le Roi à rééditier le Louvre. Nous n'en avons aucune preuve formelle, et néanmoins nous en doutons peu parce que cela concorde parfaitement avec les événements postérieurs, et avec ce que l'on sait du caractère de François I<sup>er</sup>. Vaniteux et jaloux de son rival, il put lire sur le visage de celui-ci quelque expression de dédain à l'aspect des sombres tourelles de Philippe-Auguste, et des beautés surannées de l'époque de Charles V. C'en fut assez probablement pour froisser son amour-propre et le décider à jeter bas ces gothiques murailles qui n'éveillaient, dans son esprit léger, que l'idée d'une vieillerie de mauvais goût. Mais il ne suffisait point de renverser

[1] Sauval, t. II, p. 49.

l'antique manoir; avant d'y porter le pic, il fallait s'assurer que les ressources ne manqueraient point pour le remplacer immédiatement par un palais somptueux, propre à faire oublier la royale forteresse dont le nom avait si longtemps inspiré le respect. Là surgissaient des difficultés de toutes sortes, dont la plus sérieuse était cette pénurie d'argent qui constitua l'état normal des finances sous tous les Valois d'Angoulême. Avec un peu plus d'économie et d'ordre dans l'emploi des revenus de la couronne, François I$^{er}$ eût sans doute joui de la satisfaction, réservée à son fils, de voir entièrement élevée une des ailes du monument dont il ne fit guère que concevoir le projet.

La résolution de bâtir le Louvre étant définitivement adoptée par le Roi, quelque grands qu'aient été les embarras financiers qui traversèrent ses desseins, ils le préoccupèrent peut-être moins que le choix d'un architecte capable de réaliser dignement sa pensée. Son engouement pour les artistes italiens était tel, qu'on doit s'étonner de la préférence qu'il donna à un Français. Il est vrai que ce Français dressa ses plans d'après les idées les plus avancées, et qu'il pourrait bien n'avoir fait que succéder à un Bolonais, dont la médiocre capacité s'était trop clairement révélée. En effet, «pour conduire ce bâtiment, dit Germain Brice, et pour le rendre plus ré-« gulier, il (François I$^{er}$) fit venir exprès d'Italie un des plus renommez architectes, « et celui des quatre qui a le mieux écrit sur l'art de bâtir, nommé Sébastien « Serlio, dont cependant les dessins, quoique très-beaux, ne furent pas suivis, « ceux de Pierre Lescot, seigneur de Clagny..... ayant été trouvez infiniment « plus réguliers et plus magnifiques. » Il n'entrait point dans les usages de Brice de citer des autorités, de sorte qu'on en est réduit à se demander où il avait puisé cette anecdote, qui ne paraît point avoir été connue de Sauval, et dont nous ne sachions pas qu'il soit fait mention antérieurement. Mais on a fort enchéri depuis sur le récit de Germain Brice, en ajoutant que Serlio reconnut lui-même la supériorité des projets de son concurrent. L'historiette ressemble beaucoup à un de ces enjolivements qu'il a été trop longtemps de mode de broder sur le fond des choses vraies. Les artistes italiens appelés en France ne péchaient point par excès de modestie; bien au contraire, ils étaient pleins de morgue, et le plus souvent «ils « tailloient des princes, » comme parle Antoine de Laval; aussi, pas plus du temps de Serlio que du temps du Bernin, n'étaient-ils disposés à admettre la suprématie d'un talent quelconque en dehors de leur pays. Quant à cette circonstance que des dessins furent demandés à Serlio en même temps qu'à Lescot, elle peut avoir été apprise à Brice par quelqu'un de ces «curieux» qu'il fréquentait, et n'est point invraisemblable; mais il reste à prouver qu'elle a pour fondement autre chose qu'une tradition sans valeur. Ce dont nous avons la certitude morale, c'est que Serlio ne fut pas appelé d'Italie en vue d'une reconstruction du Louvre. Au dire de Sarrazin, son éditeur, son biographe et son contemporain, il vint en France amené par le cardinal de Lorraine, qui, désireux de plaire à François Ier, crut être agréable à ce monarque en lui présentant Serlio. La démarche eut du succès; Serlio, parfaitement accueilli par François Ier, fut sur-le-champ nommé architecte du Roi et envoyé à Fontainebleau, où s'offrait la plus belle occasion de déployer tout son talent[1]. Ces détails sont confirmés par les lettres patentes données à Fontainebleau, le 27 décembre 1541, qui lui accordent 400 livres de gages par an, plus une indemnité de 20 sous par chaque journée passée à visiter les bâtiments royaux. Dans ces lettres, le Roi le nomme « nostre paintre et architecte ordinaire au faict de « nosdicts ediffices et bastimens dudict Fontainebleau, auquel nous l'avons pour « ce retenu [2], » et il n'y est fait aucune mention de gages antérieurs; d'où il faut conclure que Serlio était arrivé récemment et qu'il fut immédiatement commis à la conduite des travaux de Fontainebleau, les seuls importants qu'il ait incontestablement dirigés en France. Il n'y a, en somme, que d'assez faibles présomptions en faveur de l'opinion suivant laquelle les plans du nouveau Louvre auraient d'abord été demandés à l'architecte bolonais; tandis que Pierre Lescot est sûrement l'auteur de ceux qui furent suivis.

Les nombreux biographes de Lescot ne nous apprennent rien de son père, et tous se contentent de dire que le célèbre artiste appartenait à la famille d'Alissy, laquelle occupait un rang élevé dans la noblesse de robe. Le renseignement n'est point fort exact, car la famille de Lescot s'appelait de Lissy et non d'Alissy; il n'est point non plus fort instructif, et nous nous sommes efforcé d'en découvrir d'autres un peu plus satisfaisants. Nous avons recueilli ce qui suit :

Guillaume Dauvet, seigneur de Clagny, conseiller maître des requêtes de l'hôtel du roi et second président de la Cour des Aides, qui vivait encore en septembre 1515, épousa Jeanne Lhuillier, dame de Francart, et de ce mariage naquit Anne Dauvet, qui fut la femme de Pierre Lescot[3], seigneur de Lissy-en-Brie[4]. Celui-ci,

---

[1] « Et Carolus insuper Lotharingiæ cardinalis, « in eum summa usus liberalitate memoratur : qui « ex Italia in Galliam virum secum abducens, Re- « gemque præclaro aliquo munere sibi gratificari « percupiens, ante illum mox Serlium accersivit sta- « tuitque. Cujus virtutem Rex admiratus et honori- « ficentissimis verbis prosecutus, regii architecti « nomine ac dignitate eum quamprimum condeco- « ravit; liberalique stipendio ascripto, ad Fontem- « Bleicum, quem Rex pulcherrimis sumptuosissimis- « que sibi exornanda proposuerat, statim illum ut « virtutis suæ ostendendæ latissimum campum et « materiam insignem haberet, dimisit. » (Notice biographique dans l'édition in-4° des OEuvres de Serlio, traduites de l'italien en latin par Jean-Charles Sarrazin. Venise, 1568 et 1569.)

[2] *Comptes des bâtiments royaux*, t. I, p. 172. M. le comte de Laborde, qui va éditer ces curieux documents, a bien voulu nous permettre d'en prendre connaissance avant la publication de son ouvrage. Ce n'est pas le seul acte qui lui donne des droits à notre reconnaissance.

[3] Ce nom, en vieux langage, signifiait *l'Écossais*. Lescot descendait probablement d'une ancienne famille parisienne ainsi appelée, dont plusieurs membres figurent dans les rôles de la Taille du temps de Philippe le Bel; l'un d'eux, aussi appelé Pierre, figure également dans les comptes du Louvre, en 1367. (Voir p. 195, n° 108.)

[4] Le P. Anselme (*Histoire généalogique*, t. VIII, p. 775, c), dit *de Lizy-sur-Ourcq*; mais il se trompe, car, dans tous les titres, le mot est écrit *Lissy* et

pourvu de l'office de procureur du roi en la Cour des Aides, par lettres du 29 octobre 1504, reçu en sa charge le 4 novembre suivant, fut élu prévôt des marchands en 1518, et mourut en 1533 [1]. Il posséda, du chef de sa femme, en la rue du Port-Saint-Landry, un hôtel qu'il vendit à Pierre Filhol, archevêque d'Aix [2], et le fief de Clagny, paroisse de Montreuil, près de Versailles, à l'occasion duquel, le 5 février 1531, il eut à donner aux Célestins de Paris un reçu de 8 écus au soleil, reçu qui existe encore et qui porte sa signature [3]. C'est ce Pierre Lescot, procureur général en la Cour des Aides, qui fut le père de Pierre Lescot l'architecte.

Si ce dernier avait réellement, à l'époque de sa mort, l'âge qu'on lui prête, il dut naître en 1510. Il était Parisien, au dire de Jean Goujon, qui, ayant longtemps travaillé avec lui, le connaissait bien et qui vante son mérite [4]. Il ne fut point seigneur de Lissy, comme son père; mais il fut, ainsi que lui, seigneur du fief de la Grange-du-Martroy, en la justice de Montreuil, et, comme son grand-père maternel, seigneur de Clagny [5]. En cette qualité, au bas du reçu donné aux Célestins, l'an 1531, il ajouta, le 4 mai 1536, un autre reçu qui nous a fourni la signature autographe dont on trouvera un *fac-simile* sur la planche où sont réunies les signatures de divers architectes du Louvre et des Tuileries.

On ne connaît guère de la vie de Lescot que les détails contenus dans une épître qui lui fut adressée par Ronsard, et dont nous copierons textuellement les parties intéressantes :

> ........................................
> Toy, l'Escot, dont le nom jusques aux astres vole,
> As pareil naturel : car estant à l'escole,
> On ne peut le destin de ton esprit forcer,
> Que toujours avec l'encre on ne te vist tracer
> Quelque belle peinture, et jà, fait géomettre,
> Angles, lignes et poincts sur une carte mettre.
> Puis, arrivant ton âge au terme de vingts ans,

nous avons eu la preuve que le fief de Lescot était celui de Lissy, canton de Brie-Comte-Robert, à dix kilomètres de Melun.

[1] Suivant une note des registres secrets de la Cour des Aides, qui nous a été communiquée par M. E. Boutaric. — Arch. de l'Emp. reg. Z 757, p. 3.

[2] Comptes de la Prévôté, *ap.* Sauval, t. III, p. 617. — Nous avons retrouvé les titres de propriété de cette maison; il y est seulement parlé des Dauvet et non de Lescot. La maison n° 19 du quai Napoléon en occupe l'emplacement.

[3] Arch. de l'Emp. cart. S 3796.

[4] Dans l'épître que nous citerons plus loin, parlant de ceux qui ont écrit sur l'architecture, J. Goujon assure en connaître «plusieurs autres «qui sont capables de ce faire; neantmoins ilz ne «s'en sont encores mis en peine, et pourtant ne «sont dignes de petite louenge. Entre ceulx-là se «peut compter le seigneur de Clagny, *Parisien;* si «faict aussi maistre Philibert Delorme, architecte.»

[5] Ayant le titre d'abbé, il était fréquemment appelé *l'abbé de Clagny*, ce qui a fait dire et répéter qu'il possédait en commende l'abbaye de Clagny : il n'y a jamais eu d'abbaye de ce nom.

TOPOGRAPHIE HISTORIQUE DV VIEVX PARIS.

SIGNATVRES D'ARCHITECTES DV LOVVRE ET DES TVILERIES.

Tes esprits courageux ne furent pas contans
Sans doctement conjoindre avecques la peinture,
L'art de mathématique et de l'architecture,
Où tu es tellement avec honneur monté
Que le siècle ancien est par toy surmonté.
Car bien que tu sois noble et de mœurs et de race [1],
Bien que dès le berceau l'abondance te face,
Sans en chercher ailleurs, riche en bien temporel,
Si as-tu franchement suivi ton naturel,
Et tes premiers régens n'ont jamais peu distraire
Ton cœur de ton instinct, pour suivre le contraire.
On a beau d'une perche appuyer les grans bras
D'un arbre qui se plie, il tend tousjours en bas;
La nature ne veut en rien estre forcée,
Mais suivre le destin duquel elle est poussée.
Jadis le roy François, des lettres amateur,
De ton divin esprit premier admirateur,
T'aima pardessus tout : ce ne fut, en son âge,
Peu d'honneur d'estre aymé d'un si grand personnage,
Qui soudain cognoissoit le vice et la vertu,
Quelque déguisement dont l'homme fust vestu.
Henry, qui, après lui, tint le sceptre de France,
Ayant de ta valeur parfaite cognoissance,
Honora ton sçavoir; si bien que ce grand roy
Ne vouloit escouter un autre homme que toy,
Soit disnant et soupant; et te donna la charge
De son Louvre enrichy d'édifice plus large,
Ouvrage somptueux, à fin d'estre monstré.
Il me souvint un jour que ce prince, à la table,
Parlant de ta vertu, comme chose admirable,
Disoit que tu avois de toy-même appris
Et que sur tous aussi tu remportois le pris :
« Comme a faict mon Ronsard, qui, à la poésie,
« Maugré tous ses parens, a mis sa fantaisie. »
Et pour cela tu fis engraver sur le haut
Du Louvre une déesse, à qui jamais ne faut
Le vent à joue enflée, au creux d'une trompette;
Et la monstras au Roy, disant qu'elle estoit faite
Exprès pour figurer la force de mes vers,
Qui, comme vent, portoient son nom vers l'univers [2].

On sait que, pendant le xvi⁰ siècle, la collation des bénéfices fut une des libéralités au moyen desquelles le Roi encourageait et récompensait les grands artistes.

---

[1] On verra ailleurs que Ronsard ne faisait point un pareil éloge de Philibert de l'Orme.

[2] Œuvres de Ronsard, p. 985 de l'édition de 1609. — Claude Binet, le biographe de Ronsard,

Pierre Lescot était trop bien en cour pour ne pas avoir sa part dans la distribution des faveurs et des charges; il fut ainsi conseiller et aumônier ordinaire du Roi, et, en outre, abbé commendataire de Clermont, près Laval[1]; enfin il fut pourvu d'un canonicat dans l'église de Paris, le 18 décembre 1554, et solennellement installé dans le chœur de la cathédrale, du côté gauche, le lundi 31 du même mois[2]. Son nom apparaît en effet sur la liste des chanoines du jour de Pâques 1555; mais on ne le voit point, en cette année, au bas des résolutions du Chapitre. La raison en est sans doute que la réception de Lescot n'avait point été définitive, par suite d'une opposition qui nous est révélée dans une délibération du vendredi 7 août 1556; on y lit que ce jour-là Pierre Lescot, par l'intermédiaire de M⁰ Mariau, demanda à être admis, *in propria*, à la jouissance de son canonicat et de sa prébende, tout en conservant sa barbe. Il la gardait, assurait-il à cause de ses fonctions journalières auprès du Roi, et faisait valoir subsidiairement que, pour un service public, il devait être prochainement envoyé à Rome. Il protestait d'ailleurs de son respect pour les statuts obligeant les chanoines à se raser au moins toutes les trois semaines, et prenait l'engagement de ne point se présenter dans l'église, pendant les offices, avant de s'être fait couper la barbe, et sans être vêtu d'habits convenables, à la façon de ses collègues. Cette requête provoqua une discussion assez vive; mais le résultat en fut favorable au postulant, car le Chapitre décida que, pour cette fois seulement, sans tirer à conséquence, on dérogerait à la règle, et que, le mercredi suivant, Lescot, après avoir prêté le serment accoutumé, serait définitivement installé, ce qui eut lieu[3].

Lescot était peintre et même peintre habile, qualité qu'on ne lui connaît guère, mais qui ressort des vers de Ronsard et surtout d'un passage où Jean Bodin, à propos de tableaux, dit : «Nous en avons de Michel Ange, Raphaël Durbin, de «Durel (Dürer), et, sans aller plus loin, *un de M. de Clagny*, en la galerie de Fou- «taine-Beleau, qui est un chef-d'œuvre admirable, que plusieurs ont parangonné

raconte ainsi l'anecdote à laquelle le poëte fait allusion : «Il n'y avoit grand seigneur en France qui ne «tinst à grande gloire d'estre en son amitié, et ses «œuvres en font assez de foy. Ce fut ainsi ce qui «esmeut le sieur de Clany, à qui le roy Henry avoit «commis la conduite de l'architecture de ses chas- «teaux, de faire engraver en demy-bosse, sur le «haut de la face du Louvre, une déesse qui em- «bouche une trompette, et regarde de front une «autre déesse portant une couronne de laurier et «une palme en ses mains, avec cette inscription en «table d'attente et en marbre noir :

«VIRTUTI REGIS INVICTISSIMI.»

«Et comme un jour le Roy, estant à table, luy de- «mandoit ce qu'il vouloit signifier par cela, il luy «répondit qu'il entendoit Ronsard par la première «figure, et, par la trompette, la force de ses vers, «et principalement de *La Franciade*, qui pousseroit «son nom et celuy de toute la France par tous les «quartiers de l'univers.» Les bas-reliefs dont il est ici question sont au-dessus de la porte de l'aile occidentale, qui est contiguë à l'encoignure sud-ouest de la cour.

[1] Au moins dès 1556. Il énonce tous ces titres dans un hommage du 13 septembre 1559.

[2] Registres capitulaires de Notre-Dame. Arch. de l'Emp. LL 250, p. 913.

[3] *Ibid.* LL 252, p. 222 et 230.

« aux tableaux d'Appelles[1]. » On ne cite néanmoins aucun tableau de Lescot, et, s'il est illustre, c'est uniquement comme architecte. Il fut l'un des premiers qui, en France, aient employé le style classique pur de tout mélange. Il paraît, du reste, avoir très-peu construit et n'avoir pas beaucoup cherché les occasions de le faire, soit parce que sa fortune l'en dispensait, soit parce que les fonctions qu'il avait à remplir près du Roi lui eussent rendu impossible la conduite d'un grand nombre d'édifices. Sa première œuvre connue est le jubé de Saint-Germain-l'Auxerrois, exécuté de 1541 à 1544, dont la sculpture fut faite par Jean Goujon[2]. En 1550 il bâtit, avec le même artiste, la fontaine dite *des Nymphes* et aujourd'hui *des Innocents*. On lui attribue également les plans de l'hôtel Carnavalet[3]. Ce sont là les seuls édifices qu'on signale comme étant de lui[4], indépendamment du Louvre, spécimen magnifique de son talent, et dont il ne cessa de diriger la construction jusqu'à sa mort. Après en avoir dressé les projets et les avoir fait agréer, il en fut nommé officiellement architecte, par lettres patentes données à Fontainebleau, le 2 août 1546, et dont voici la teneur, précédée de la formule de *vidimus* qui est en tête dans les comptes où se trouve cet intéressant document[5].

« Transcript du pouvoir du sieur de Claigny, pour ordonner du fait des bas-
« timens et édiffices du chasteau du Louvre.

« A tous ceux qui ces présentes lettres verront, Anthoine Duprat, chevalier,
« baron de Thiers et de Viteaux, seigneur de Nantoulet et de Précy, conseiller du
« Roy, nostre sire, gentilhomme ordinaire de sa chambre et garde de la prévosté
« de Paris, salut. Sçavoir faisons que, l'an de grâce 1556, le 9e jour d'apvril après
« Pasques, par Philippe Boisselet et Germain Le Charron, notaires du Roy, nostre
« sire, au Chastellet de Paris, furent vues, leues, unes lettres dudit Sieur, escriptes
« en parchemin, données à Fontainebleau, saines et entières en seing, scel et es-
« criptures, desquelles la teneur ensuit :

« François, par la grâce de Dieu, roy de France, à nostre cher et bien amé
« Pierre Lescot, seigneur de Claigny, salut et dilection. Parce que nous avons
« délibéré de faire bastir et construire en nostre chastel du Louvre un grand corps
« d'hostel, au lieu où est de présent la Grande Salle, dont nous avons fait faire les
« dessins et ordonnances par vous, duquel nous avons advisé d'en bailler la totale

---

[1] *Discours de Jean Bodin sur le rehaussement et la diminution des monnoyes*, in-8°, Paris, 1578. Cité par M. Éd. Fournier, *Variétés historiques*, t. VII, p. 148.

[2] Voir, au chapitre suivant, la notice sur Jean Goujon.

[3] On attribue aussi cet hôtel à un Du Cerceau et à Bullant. Nous sommes loin d'affirmer que Lescot en ait été l'architecte.

[4] Félibien (*Hist. de Paris*, p. 1021) dit que Lescot éleva des bâtiments à Fontainebleau; mais le fait est peu vraisemblable.

[5] L. de Laborde, *Comptes des bâtiments royaux*, t. I, p. 249.

« charge, conduicte et superintendance, à cette cause soit besoin de vous faire
« expédier vos lettres de pouvoir, en tel cas requises; pour ces causes, confians à
« plain de votre personne et de vos sens, suffisance, loyauté, prud'hommie et bonne
« expérience au fait d'architecture, et grande diligence, et aussy que vous avons
« amplement déclaré nostre vouloir et intention sur le fait desdits bastimens, au
« moyen de quoy sçaurez, autant bien que nul autre, conduire et vous acquiter
« de ladite charge à nostre grez et contentement; vous avons commis et députté,
« commettons et députtons, et vous avons donné et donnons plain puissance, au-
« thorité, charge et mandement spécial par ces patentes, de ordonner du fait des-
« dits bastimens et édiffices que avons ordonné être fait en nostre chastel du Louvre,
« et autres que pourrons faire construire cy-après en nostre ville de Paris; en faire
« conclure et arrester les pris et marchez avec les maistres maçons, charpentiers,
« tailleurs, menuisiers, victriers et tous autres artisans et gens de mestiers, que
« requis en sera, pour les ouvrages qu'il y conviendra faire; iceux contraindre de
« faire leur devoir et à nous servir de leur mestier, selon ce que aurez convenu
« avec eux, èsquels y seront obligez; aussy de ordonner tant des frais desdits bas-
« timens, voictures nécessaires à iceulx, que de tous autres frais licites et conve-
« nables pour le fait et nécessité d'iceulx meublemens, ornemens et décorations
« qui y seront décentes et requises; iceux frais faire payer aux personnes, à me-
« sure qu'ils ont gaigné et desservy, par celuy ou ceux qui sont ou seront par nous
« commis à faire les payemens desdits édiffices; et généralement de faire et faire
« conduire, ordonner et pourveoir aux frais desdits bastimens et édiffices, leurs
« circonstances et dépendances, ensemble desdits frais nécessaires à iceux, tout
« ainsy que verrez estre à faire, et que nous mesme ferions et pourrions faire si
« estions en personne : jaçoit ce que le cas requit mandemant plus espécial. Les-
« quels pris et marchez qui seront par vous faits et arrestez, pour l'effet que dessus,
« ensemble les payemens qui, en vertu de vosdites ordonnances, seront faits, nous
« avons, dès à présent comme pour lors, vallidez et authorisez, vallidons et autho-
« risons, et déclarons avoir pour agréable; et voulons lesdits payemens et frais estre
« passez et allouez ès comptes et rabatus de la recepte et assignation d'icelluy ou
« ceux qui les auront payez, par nos amez et féaulx les gens de nos comptes, et
« partout ailleurs où il appartiendra; leur mandant aussy le faire sans aucune dif-
« ficulté, en rapportant sur lesdits comptes le *vidimus* fait sous scel royal de ces
« dites présentes, que nous avons pour ce signées de nostre main, iceux pris et
« marchez, vosdites ordonnances, les roolles et cahiers de vos frais, signez et ar-
« restez de vous respectivement où besoin sera, avec les quittances des parties où
« elles escheront, sur ce suffisantes seulement; car tel est nostre plaisir. Mandons
« et commandons à tous nos justiciers, officiers et subjets, que à vous, en ce fai-
« sant, obéissent et entendent diligemment, prestent et donnent conseil, confort,

« ayde et prisons, si mestier est et requis en sont. Donné à Fontainebleau, le
« 2ᵉ jour d'aoust, l'an de grâce 1546, et de nostre règne le 32ᵉ. — *Ainsy signé :*
« FRANÇOIS. De par le Roy : BAYARD, *et scellé à simple queue de cire jaulne.* — En
« témoin de ce, nous, à la rellation desdits notaires, avons fait mettre le scel de
« ladite Prévosté de Paris à ces présentes lettres de *vidimus*, collationnées à l'ori-
« ginal de cesdites lettres, ledit an et jour dessus premiers dits. *Signé* BOISSELET
« et LE CHARRON. »

Pierre Lescot fut architecte du Louvre pendant la longue période de trente-deux années, car il vécut jusqu'en 1578. Les biographes n'ont pas fixé le jour même de sa mort; elle arriva le mercredi 10 septembre, vers quatre heures de l'après-midi. Lescot habitait alors une maison du cloître Notre-Dame, qu'il possédait en vertu de son canonicat. Il fut enterré le 12 dans la cathédrale, et, comme récompense d'une fondation pieuse qu'il avait faite, on permit à ses exécuteurs testamentaires de l'inhumer dans la chapelle Saint-Ferréol, à la charge, toutefois, de décorer cette chapelle d'une manière convenable [1].

Pierre Lescot était propriétaire d'une grande maison située au faubourg Saint-Jacques [2], et qu'on appelait *l'hôtel de Clagny;* il la donna à son neveu, Léon Lescot [3], qui le remplaça au Chapitre Notre-Dame [4], fut également conseiller et aumônier du roi, ainsi qu'abbé de Clermont. Léon Lescot, reçu conseiller au Parlement, le 12 avril 1581, possédait, avec un sien frère, Pierre Lescot, seigneur de Lissy, aussi conseiller aux requêtes du Parlement [5], le fief, précédemment mentionné, du Martroy, dont ils firent tous deux hommage le 1ᵉʳ mars 1581. Ce fief leur appartenait en qualité d'héritiers de leur frère Claude, à qui Pierre Lescot, le conseiller, l'avait cédé, après l'avoir reçu lui-même de son oncle Pierre Lescot, l'architecte [6]. Or il est dit, dans une transaction du 6 juin 1576 [7], que ce même Pierre Lescot était « le filz aisné et principal héritier de feu noble homme « et saige Mᵉ Léon Lescot, en son vivant aussi seigneur dudict Lissy, » qui fut pareillement conseiller au Parlement, eut pour femme « noble damoiselle Marie « Chevrier, » et était déjà mort en 1557, car, dans une reconnaissance du 17 septembre de la même année, Marie Chevrier est énoncée veuve et curatrice de ses enfants [8]. Ce premier Léon Lescot, père des neveux de l'abbé de Clagny, était

---

[1] Arch. de l'Emp. reg. LL 265, p. 171.—La chapelle Saint-Ferréol et Saint-Férucion est la seconde après la porte Rouge. — L'épitaphe de Pierre Lescot ne se rencontre point dans les recueils.

[2] C'est celle où fut établi le couvent de Port-Royal, transformé aujourd'hui en Hôpital de la Maternité.

[3] Arch. de l'Emp. cart. S 4515.

[4] Son nom se voit au bas d'une délibération de deux jours postérieure à la mort de son oncle.

[5] François Blanchard, *Catalogue des conseillers au Parlement*, p. 85 et 97. Sa réception eut lieu le 25 octobre 1568. Ce Pierre Lescot, qui fut marguillier de Saint-Pierre-aux-Bœufs, en 1583 et 1584, confondu avec son oncle, a fait croire que celui-ci avait été conseiller au Parlement.

[6] Arch. de l'Emp. reg. S 3819, f° 232 et 233.

[7] Arch. de l'Emp. cart. S 3412.

[8] Arch. de l'Emp. cart. S 3412.

donc son frère. Il n'était point le seul, car un certain Jean Lescot, qualifié seigneur de Lissy, reçu conseiller au Parlement en 1522, et mort l'an 1545 [1], paraît ne pouvoir être qu'un autre frère de Pierre Lescot l'artiste [2]. Le grand hôtel de la rue Saint-Honoré, qui a porté depuis le nom d'*hôtel d'Aligre*, fut possédé successivement par l'un et par l'autre [3]. Jean Lescot eut une sœur, Madeleine Lescot, religieuse professe aux Filles-Dieu, « pour la nourriture et entretènement » de laquelle il donna au monastère onze arpens et demi quartier de terre « au terrouer de la Villette Saint-Ladre [4]. »

Réserves faites en ce qui touche le degré de parenté de Jean Lescot, la généalogie de la famille se traduit ainsi :

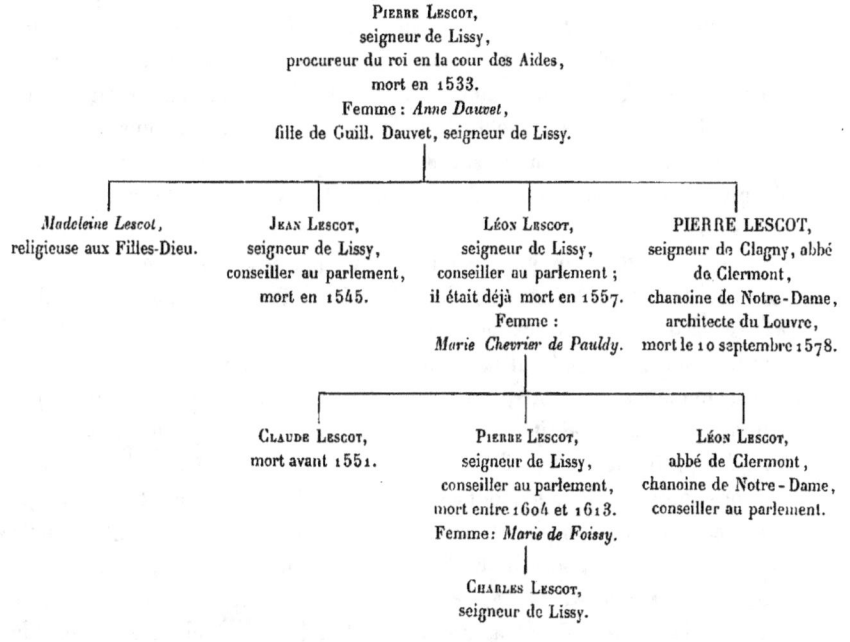

[1] *Catalogue des conseillers au Parlement*, p. 53. Ses armes étaient écartelées, aux premier et quatrième, de sable à une tête de chevreuil d'argent, ramée d'or; aux deuxième et troisième, d'azur à trois rocs d'or, à la bordure de gueules. Nous ne savons au juste quelles étaient les armes de Pierre Lescot.

[2] Sa qualité authentique de seigneur de Lissy nous dispose beaucoup à le croire; il aurait hérité du fief paternel, et Pierre, du fief maternel. — D'après le passage de Sauval déjà cité, Pierre Lescot, le procureur général de la cour des Aides, avait eu effectivement un fils nommé Léon. Le fils de ce dernier, le second Léon Lescot, était bien le neveu de l'abbé de Clagny : nous en avons eu deux preuves incontestables.

[3] Censier de Saint-Germain-l'Auxerrois pour 1531, f° 18 r°. Inventaire des titres du Chapitre, t. III, fol. 203 r°. (Arch. de l'Emp. reg. LL 550 et S 585.)

[4] Déclaration des biens des Filles-Dieu, en 1549. Arch. de l'Emp. cart. L 6626.

La dernière et la plus importante des questions que comporte l'histoire du Louvre au temps de François Ier est celle de l'époque exacte à laquelle fut commencée la reconstruction de l'édifice. D'après Brice et quelques auteurs, elle aurait été entreprise en 1528; d'après d'autres, en 1539, et, suivant l'opinion aujourd'hui la plus répandue, en 1541. On a vu que la première de ces dates n'est point un moment acceptable, et que la seconde a été adoptée par confusion avec celle des travaux faits pour la réception de Charles-Quint. Quant à la troisième, qui s'éloigne moins de la vérité, et que personne ne semble révoquer en doute maintenant, il s'en faut de beaucoup qu'elle soit justifiée; car, ainsi que nous l'avons constaté, non sans surprise, elle a pour unique base cette double remarque, faite par d'Argenville, qu'en 1528 Lescot était trop jeune pour qu'on lui confiât une tâche aussi lourde que la réédification du Louvre [1], et que d'ailleurs Serlio, le premier auquel on se serait adressé, ne fut appelé d'Italie qu'en 1541. L'observation de d'Argenville, quoique fondée, ne détermine pas la date qu'il s'agit de fixer; elle établit bien que cette date ne peut remonter plus haut que 1541, mais elle n'empêche nullement de croire qu'il faut descendre plus bas. Cette dernière conclusion nous paraît clairement ressortir de l'examen des faits suivants.

Dans les lettres du mois d'août 1546, par lesquelles Lescot fut nommé architecte des nouvelles constructions, on lit : «Parce que nous avons délibéré de «faire bastir et construire en nostre chastel du Louvre un grand corps d'hostel «au lieu où est de présent la Grande Salle, dont nous avons fait faire les dessins «et ordonnances par vous, duquel nous avons advisé d'en (de vous en) bailler la «totale charge, conduite et superintendance, etc.» Si cette phrase ne signifiait point que, au moment de l'expédition des lettres patentes, la vieille Grande Salle, et conséquemment l'aile dont elle faisait partie, existaient encore ou du moins n'avaient point été remplacées par de récentes constructions, il semble, on l'avouera, fort singulier qu'on se soit servi de cette locution, «nous avons délibéré de faire «bastir... *un grand corps d'hostel au lieu où est de présent la Grande Salle,*» surtout en spécifiant que les dessins du corps d'hôtel futur avaient déjà été donnés par Lescot. On chercherait d'ailleurs inutilement à arguer du peu de lucidité de ce texte, et si, en soutenant qu'il est amphibologique, on affirmait qu'il faut appliquer non au «corps d'hostel,» mais à la «Grande Salle,» ces mots, «dont nous avons «fait faire, etc.» on ne produirait qu'un argument sans portée. En effet, outre que le membre de phrase «duquel nous avons advisé, etc.» qui ne peut avoir trait qu'au «corps d'hostel,» rend le doute impossible, il est manifeste que, dans le cas où la nouvelle Grande Salle, c'est-à-dire l'étage inférieur, aurait déjà été rebâtie,

---

[1] *Vies des fameux architectes*, p. 300.

il y aurait eu simplement un étage à superposer et non point un corps d'hôtel à édifier au lieu où elle se trouvait, ainsi que l'expriment les lettres patentes. D'un autre côté, lorsqu'on prend pour vraie la date de 1541, on se demande qui dirigea les travaux de ces bâtiments élevés de 1541 à 1546, et dont on n'a aucune idée. Si c'eût été Lescot, il n'y aurait point eu lieu de lui délivrer des lettres d'office en 1546, et, dans celles qui lui furent accordées à cette époque, il eût été fait allusion à ses précédents services, comme dans celles qui lui furent octroyées plus tard. On ne voit pas, dans ces documents, que Lescot ait eu un prédécesseur au Louvre, et c'était l'usage, en son temps, de rappeler une pareille circonstance.

Au surplus, il est un fait qui démontre encore mieux la fausseté de l'opinion générale. Dans son édition des *Antiquitez de Paris*, publiée en 1543 [1], date remarquable, Corrozet, témoin oculaire et en quelque sorte spécial, dit seulement, en parlant du Louvre, que la Grosse-Tour a été renversée en 1527, « par le com-« mandement du roy Françoys, lequel a eslu, en Paris, celuy chasteau du Louvre « pour commune résidence; » mais, de ces prétendus travaux qui devaient être alors en pleine activité, il n'est pas dit un seul mot. Au contraire, l'édition de 1550 porte que François Ier fit faire au Louvre « de grandes réparations et nou-« veaux édifices [2]; entre lesquelz, un peu devant son trespas, feit commencer une « grand'salle à la mode des antiques, la plus excellente, selon l'art d'architecture, « qu'on veit jamais : laquelle le Roy nostre sire, Henry second du nom, à présent « régnant, a fait parachever [3]. » N'est-il pas évident que si Corrozet, qui entre dans de tels détails en 1550, n'en donne pas de semblables en 1543, c'est qu'à cette dernière date il n'avait rien de pareil à mentionner?

Mais ce n'est pas tout, et le langage de Corrozet fournit un autre argument non moins péremptoire contre la date de 1541. Suivant cet auteur, la Grande Salle « à la mode des Antiques, » première partie du Louvre qui ait été reconstruite, fut commencée « un peu devant » le « trespas » de François Ier. Or François Ier mourut le 31 mars 1547, à l'âge de cinquante-trois ans. Comment croire qu'un contemporain ait pu considérer comme s'étant passé *un peu devant le trépas* de son roi, un événement accompli six ans auparavant?

De ce qui précède, nous pensons être en droit de conclure rigoureusement que les « projets informes d'un très grand dessein..... plantés » sur les fondations de l'aile occidentale du vieux Louvre, lesquels constituent la part attribuée par Sauval [4] à François Ier, dans la reconstruction de l'édifice, et ne peuvent avoir réclamé cinq

---

[1] Cette édition est si rare qu'on n'en connaît qu'un exemplaire; il appartient à M. le baron J. Pichon, président de la Société des bibliophiles, qui a bien voulu nous en donner communication.

[2] Les édifices auxquels Corrozet fait allusion sont les cuisines, jeux de paume, etc.

[3] Fol. 162 v°.

[4] T. II, p. 24.

années de travail, n'ont point été exécutés avant le jour où Lescot devint officiellement architecte du palais. Ainsi il faut reporter la véritable fondation du nouveau Louvre à l'année 1546. En admettant cette époque comme celle où les maçons se mirent à l'œuvre, on trouve rationnelle la teneur des lettres patentes et l'on s'explique le silence de Corrozet en 1543, ainsi que les expressions dont il s'est servi en 1550. Enfin l'on comprend que les travaux dus à François I$^{er}$ aient paru si peu de chose que, sans en tenir aucun compte, certains écrivains du xvii$^e$ siècle, et même du xvi$^e$, ont pu regarder Henri II, et non son père, comme le fondateur du Louvre moderne[1]. La date de 1541 doit donc être définitivement écartée.

---

[1] Félibien des Avaux qui, en sa qualité d'intendant des bâtiments, avait été à même d'étudier les registres des OEuvres royaux et qui en a extrait beaucoup de renseignements, dit, dans ses *Entretiens sur les vies des peintres* (p. 11): «Quand le «roy Henry second fit commencer le Louvre.....» Sous Henri III, Jérôme Lippomano, se faisant l'écho d'une opinion répandue, dit aussi que le nouveau Louvre avait été commencé par Henri II: «*Il re Enrico lo principiò.*» (*Relation des ambassadeurs vénitiens*, t. II, p. 593.) Ronsard s'exprime également comme si les travaux du Louvre n'avaient été confiés à Pierre Lescot que par Henri II. (Voir p. 209.)

## CHAPITRE VII.

### LE LOUVRE SOUS HENRI II.

#### DE 1547 A 1559.

Les bâtiments du quadrangle du Louvre qui ont été élevés au xvi<sup>e</sup> siècle sont, pour la plus grande partie, l'œuvre de Henri II. A son avénement au trône, ce prince n'avait trouvé que quelques constructions à l'état rudimentaire, et en juillet 1559, lorsqu'une mort accidentelle vint le surprendre, il avait totalement achevé la réédification de l'aile occidentale, et terminé le premier avant-corps de l'aile méridionale, ainsi que le gros pavillon d'angle situé à la jonction des deux corps de logis. C'est donc sous son règne que le monument projeté par François I<sup>er</sup> se révéla dans sa magnificence, et se dessina avec ces lignes majestueuses qui lui restent encore, malgré les modifications imaginées depuis.

Les plans dressés par Lescot sont perdus, et, dès le temps de Sauval, personne n'en avait plus connaissance[1]. Plusieurs fois, avant leur complète transformation par Lemercier, on leur fit subir certains changements; mais la pensée première fut respectée, et elle se manifeste assez clairement quand on consulte les planches de Du Cerceau. Dans les projets originaires, la masse du nouveau Louvre devait coïncider avec la masse de l'ancien, et être entourée des mêmes fossés; les tours d'angle, vers la campagne, étaient remplacées par des pavillons rectangulaires, dont la plus grande dimension s'étendait de l'est à l'ouest; l'aile occidentale offrait, sur la cour, trois avant-corps, dont le premier et le troisième, contigus aux pavillons d'angle, faisaient également saillie à l'extérieur[2]. Aux ailes méridionale et

---

[1] Ils existaient encore en 1624, car, dans des lettres patentes du 5 janvier de cette année, le Roi dit qu'il s'est fait «représenter les plans et «desseins» du Louvre, «qui furent faictz et arres-«tez après bonne et mure délibération, du raigne «de Henry deuxième...... en la forme et figure «cy-attachée.»

[2] Primitivement l'avant-corps renfermant le grand escalier présentait une largeur extérieure de cinq toises, comme l'avant-corps attenant au gros pavillon du sud-ouest, et il était manifestement destiné à s'agencer de même avec un pavillon d'angle.

septentrionale, il devait y avoir aussi des avant-corps correspondant symétriquement à ceux de l'aile occidentale, mais sans aucune saillie extérieure, et la cour était sans doute destinée à former ainsi un carré parfait. Pour l'aile orientale, où l'on était convenu de placer la grande entrée, nous ignorons comment elle eût été disposée; mais il y a lieu de croire qu'elle aurait consisté en une galerie étroite, plutôt qu'en une aile profonde, comme aux autres côtés. La décoration avait été réservée, avec un parti pris très-évident, pour les faces intérieures de l'édifice, et l'extérieur conservait un aspect sévère, rappelant quelque peu le château-fort, non sans comporter de sérieuses garanties de sécurité. Les plans de Lescot réalisaient l'idéal de l'époque en matière de résidence souveraine à élever dans une capitale.

«Tout le monde, dit Sauval[1], tient pour assuré que François I$^{er}$ et Henri II «avoient (auraient) renfermé les limites de cet édifice dans une cour de soixante-«quatre toises en quarré et dans un jardin derrière, d'une fort grande étendue,» lequel, ajoute-t-il plus loin, se serait prolongé jusqu'aux murailles de la Ville. Il nous paraît extrêmement douteux que le projet d'un pareil jardin, entraînant des expropriations considérables, et n'ayant laissé aucune trace, ait été adopté par l'un des Valois; Sauval a probablement fait confusion avec les plans de Henri IV, dont il sera parlé dans la suite. Il est en outre très-sûr que, au XVI$^e$ siècle, nul ne songeait à renfermer le Louvre dans une cour de soixante-quatre toises en carré : on en a la preuve en portant le compas sur nos planches, où l'on peut voir que la forme de l'édifice en exclut l'inscription dans un carré de soixante-quatre toises de côté, sauf le cas d'une disposition anomale tout à fait contraire aux vraisemblances. Mais l'affirmation de Sauval, un passage amphibologique du récit de J. Lippomano[2], et la certitude où nous sommes que l'extension donnée au quadrangle du Louvre par Lemercier a été conçue plus anciennement qu'on ne le pense, nous ont fait rechercher si les dimensions de la cour actuelle ne seraient point celles du plan primitif qu'on n'aurait eu le temps de développer dans aucun sens. Deux faits démontrent le contraire : la coïncidence exacte de trois des ailes du nouveau Louvre avec trois des ailes de l'ancien, et le passage où Du Cerceau, en si bonne situation pour être informé, rapporte que Henri II, après avoir rebâti l'aile occidentale et «se trouvant si grandement satisfait de la veue d'une «œuvre *si parfaite, délibéra la faire continuer ès trois autres costez, pour rendre cette* «*cour non pareille.*» Cette façon de s'exprimer implique que Du Cerceau considérait l'aile occidentale comme complète.

A la mort de François I$^{er}$, et plusieurs années après, les fonctions d'architecte du Louvre n'étaient point rétribuées; mais une grande considération s'attachait

---

[1] T. II, p. 25 et 27. — [2] Nous le citerons quand nous serons arrivé au règne de Henri III.

sans doute à celui qui les remplissait. Toujours est-il que Lescot demanda, à l'avénement de Henri II, qu'elles lui fussent confirmées. Le 14 avril 1547, il reçut effectivement de nouvelles lettres d'offices, qu'un *vidimus* du 9 avril 1556 donne comme ainsi conçues : « HENRY, par la grâce de Dieu, roy de France, à nostre cher
« et bien amé Pierre Lescot, seigneur de Claigny, salut et dilection. Comme le feu
« Roy, nostre très honoré seigneur et père, que Dieu absolve, vous eust, par ces
« lettres patentes y attachées contre le contre-scel de nostre chancellerie, commis
« et députté pour ordonner du fait des bastimens et édiffices qu'il avoit commancé
« de faire faire en nostre chastel du Louvre, à Paris; en faire et arrester les pris et
« marchez; semblablement ordonner des frais et voictures nécessaires à iceux frais;
« faire payer aux personnes et ainsy qu'ils l'auront gaigné et desservy, et général-
« lement de faire et ordonner en cet endroit tout ce que verrez estre requis
« et nécessaire, et comme il l'eust fait ou peu faire par luy-mesme, à la charge
« et commission; pour le désir et voulloir que nous avons à faire parachever le
« logis qui est encommancé audit chastel du Louvre, nous, ayant advisé de vous
« continuer, sçachans que nous n'y pourrions commettre personnage de meilleure
« expérience ni qui sceust mieux conduire cet œuvre selon le dessin et devis qui en
« a esté fait du vivant de nostre dit feu seigneur et père; pour ces causes et pour
« la bonne confiance que nous avons de vostre personne et de vos sens, suffisance,
« loyauté, preud'hommie et bonne diligence, vous avons, en vous continuant la-
« dite charge et commission, commis et députté, commettons et députtons par ces
« présentes pour parachever les bastimens, édiffices commancez audit chastel du
« Louvre, seullement; voullons et nous plaist qu'en ce faisant vous puissiez faire
« et arrester avec les maçons, charpentiers, menuisiers et tous autres artisans, les
« pris et marchez pour ce requis et nécessaires, et que les payemens qui, par vos
« ordonnances, en seront faits, lesquels nous avons de nouvel, en tant que besoin
« seroit, vallidez et authorisez, vallidons et authorisons, soyent passez et allouez ès
« comptes, et rabatus de la recepte et assignation d'icelluy qui est ou qui pourra
« estre cy-après commis à ce faire, par nos amez et féaulx les gens de nos comptes;
« auxquels mandons ainsi de faire sans difficulté, en rapportant sur cesdits comptes,
« le *vidimus* de cesdites présentes que nous avons, pour ce, signées de nostre
« main, lesdits pris et marchez, vos dites ordonnances et les roolles et cahiers
« desdits frais signez et arrestez où besoin sera, avec les quittances des parties
« où elles escherront, sur ce suffisantes seulement, car tel est nostre bon plaisir de
« ce faire; vous avons donné et donnons plain pouvoir et authorité, commission
« et mandement espécial, mandons et commandons à tous nos justiciers, officiers
« et subjets que à vous en ce faisant, soit obéi. Donné à Saint-Germain-en-Laye,
« le 14ᵉ avril, l'an de grâce 1547, après Pasques, et de nostre règne le premier.
« *Signé* HENRY, *et au-dessous :* Par le Roy, le seigneur DE MONTMORENCY, connes-

« table de France, et autres présens. — *Clausé et scellé sur simple queue de cire* « *jaulne* [1]. »

Assuré dans sa position, Lescot put désormais consacrer son activité à la reconstruction de l'aile occidentale. Le nouveau bâtiment occupait si exactement l'assiette de l'ancien, que l'on conserva la vieille muraille extérieure, en y appliquant un revêtement. Comme le corps de logis primitif, il était principalement destiné à contenir une vaste salle d'apparat. Celle qui fut imaginée par Lescot, et que l'on connaît sous le nom de *salle des Caryatides*, occupait presque toute l'aile et communiquait directement avec la cour par une porte percée dans l'avant-corps central. Au-dessus de cette porte, et gravée sur une plaque de marbre noir, était une inscription dont tous les auteurs, depuis Du Breul, ont donné ainsi les termes : « Henricus II, rex christianissimus, vetustate collapsum, refici cœptum a « patre Francico I°, rege christianissimo, mortui sanctissimi parentis memor, pien- « tissimus filius, absolvit. Anno a salute Christi M. D. XXXXVIII [2], » ce qui veut dire que, l'édifice tombant en ruine et François I<sup>er</sup> en ayant entrepris la reconstruction, son fils, Henri II, l'avait achevé en 1548. Mais cette leçon est erronée et l'on peut la citer comme une des preuves les plus frappantes de l'incroyable abandon avec lequel la plupart des historiens de Paris se sont copiés les uns les autres. Non-seulement en effet les mots écrits sur la plaque de marbre n'étaient pas tels qu'ils les rapportent; mais encore, au lieu d'une inscription, il s'en trouvait deux, distinctes et présentant chacune un sens complet. La première inscription, actuellement disparue, et qu'il serait bon de rétablir, était gravée sur le marbre noir; Du Cerceau nous en a laissé un *fac-simile* très-fidèle. Elle énonçait simplement que Henri II avait terminé l'œuvre commencée par François I<sup>er</sup>, et elle était disposée de cette manière :

```
HENRICVS II REX CHRISTIANISS.
VETVSTATE COLLAPSVM REFICI
COEPT. A PAT. FRANCICO I
R. CHRISTIANISS. MORTVI
SANCTISS. PARENT. MEMOR
PIENTISS. FILIVS ABSOLVIT
```

La seconde inscription, qui donne la date, existe encore; elle est divisée en deux parties, chacune étant inscrite dans un demi-cercle flanquant, en guise d'ornement, la table rectangulaire en marbre, de la façon suivante :

---

[1] *Comptes des bâtiments royaux*, t. I, p. 256.
[2] M. de Clarac est peut-être le seul qui l'ait transcrite exactement; mais il l'a traduite avec un contre-sens. (*Description hist.* p. 338, 339 et 649.)

On n'a donc jamais vu sur les murs du Louvre la formule étrange *A salute Christi*, mais celle-ci, qui est fort correcte : *Anno a salute restituta M D XXXX VIII*.

Il reste maintenant à déterminer le sens des deux inscriptions, ce qui est moins simple que de les traduire. Dans toutes les éditions de Corrozet postérieures à 1556, on lit : « Au chef de la dite salle par dehors, tout au haut d'icelle, dans une « auvale, en lettres d'or est escrit :

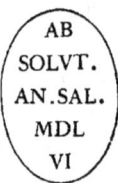

Sauval rapporte de plus que les admirables caryatides[1], qui font le plus bel ornement de la salle, furent exécutées en vertu d'un marché passé avec Jean Goujon, le 5 septembre 1550, et au prix de 737 livres tournois, « à raison de « quarante-six livres pour un modelle de plâtre, et quatre-vingts escus sol pour « chaque figure. » Ces deux circonstances pourraient faire penser que la grande salle fut commencée en 1548 et achevée en 1556; mais la conjecture ne saurait être fondée, car la double inscription placée au-dessus de la porte est déjà donnée par Corrozet dans son édition de 1550, où il énonce très-nettement que le Roi « a fait parachever » la salle. La construction en était donc réellement finie en 1548, ou du moins considérée comme telle, parce que la maçonnerie et sans doute la décoration extérieure étaient achevées. Quant à la décoration intérieure, le marché conclu avec Jean Goujon prouve qu'elle ne l'était pas encore en 1550, et elle n'a jamais été indiquée que partiellement jusqu'en 1806[2]. Mais comme

---

[1] Elles sont en pierre de Trossy, hameau de la commune de Saint-Maximin, rive gauche de l'Oise.

[2] « Il n'y avait alors (en 1806) de terminé, en « fait de sculpture, que les caryatides, une très-petite « partie de la tribune qu'elles soutiennent, quelques « pieds de l'entablement dans cette partie de la salle, « et deux chapiteaux; les autres, ainsi que les arcs-« doubleaux, n'étaient encore qu'en pierre d'attente, « et les cannelures des colonnes n'existaient point. » (De Clarac, p. 455.)

les comptes que nous possédons ne remontent point au delà de 1555, nous ignorons si, en 1548, l'aile occidentale s'élevait jusqu'à son comble, ou si elle n'atteignit cette hauteur que plus tard, lorsqu'on était occupé à bâtir le gros pavillon d'angle. Dans les frontons de ce pavillon il y avait des cartouches elliptiques, et l'un de ces cartouches était vraisemblablement « l'auvale » avec la date de 1556, dont parle Corrozet, mais dont on ne voit point la place sur la face intérieure de l'aile occidentale [1]. La date de 1556 se rapporte donc à l'achèvement du pavillon, et nous en doutons d'autant moins que, deux ans après, on travaillait à la partie contiguë de l'aile méridionale, comme nous l'établirons plus loin.

En 1559, il parut nécessaire d'introduire des modifications dans les projets précédemment arrêtés, et ces modifications nécessitèrent des démolitions auxquelles Lescot fut autorisé à procéder par des lettres patentes du 10 juillet, vidimées le 9 avril 1556 : en voici la copie : « HENRY, par la grâce de Dieu, roy de de France, à
« nostre cher et bien amé Pierre Lescot, seigneur de Claigny, salut et dilection.
« Cômme, dès le 2ᵉ du mois d'aoust, l'an 1546, feu nostre très honoré seigneur et
« père, le Roy dernier décédé, que Dieu absolve, par ses lettres patentes y attachées,
« nous eust donné pouvoir, puissance et authorité, et chargé d'ordonner sur le fait
« des bastimens et édiffices qu'il avoit voulu estre faits en nostre chastel du Louvre,
« en faire arrester et conclure les pris et marchez et ordonner des frais, et iceux
« frais faire payer par celluy ou ceux qui seroient par luy commis à faire lesdits
« payemens dudit office, ameublement, ornemens et décorations, ainsi qu'il est
« plus à plain contenu en sesdites lettres; suivant lequel pouvoir, voulloir et or-
« donnance de nostredit feu seigneur et père, vous eussiez fait commancer dès son
« vivant lesdits bastimens qu'il entendoit estre faits en nostre chastel du Louvre,
« et depuis son trespas, suivant nostre voulloir, ordonnance, commandement et
« lettres patentes que vous auriez pour ce adressées dès le 14ᵉ avril 1547, après
« Pasques, y attachées, en auriez fait continuer l'ouvrage selon les desseins et devis
« faits par vous, entendus et commandez par feu nostredit seigneur et père et
« depuis par nous. En quoy vous avez fait tel et si bon devoir, que nous en avons
« bonne et juste occasion d'estre contens de vous, et néantmoins, ayant depuis trouvé
« que, pour grande commodité et aisance dudit bastiment, il estoit besoin de le pa-
« rachever autrement, et, pour cet effet, faire quelque démolition de ce qui estoit jà
« fait et encommancé, et ce, suivant un nouvel devis et dessin, que vous en avez
« fait dresser par nos commandemens, que voulons estre suivi, soit besoin pour
« mieux exécuter ce que vous avons commandé et ordonné, vous faire expédier sur
« ce nos lettres de pouvoir, en continuant les autres y attachées : sçavoir vous fai-

---

[1] D'après la planche de Du Cerceau, dans le cartouche du fronton de l'avant-corps central, il n'y avait que des fleurs de lis.

« sons que, nous confians à plain de vostre personne et de vos sens, suffisance,
« loyauté et preud'hommie, grande expérience et diligence, en continuant lesdits
« pouvoirs à vous donnés par nostredit feu sieur et père, nous vous avons de re-
« chef et de nouvel commis et députté, commettons et députtons, et vous avons
« donné et donnons plain pouvoir et puissance, authorité et mandement espécial
« de faire faire lesdites démolitions ès endroits que adviserez estre plus à propos;
« d'ordonner entièrement du fait desdits bastimens, circonstances et dépendances,
« jusque à l'entière perfection d'iceulx, ainsy que vous verrez estre bon à faire;
« conclure et arrester les pris et marchez avec les maistres maçons, charpentiers,
« tailleurs, menuisiers, victriers et autres artisans et gens de mestier, que verrez
« estre bons et utiles d'employer au fait desdits bastimens; aussy d'ordonner de
« tous frais licites et convenables, tant desdits bastimens que ameublement, orne-
« mens et décoration d'iceulx; iceulx frais faire payer aux ouvriers et autres per-
« sonnes, à mesure qu'ils besongneront, et aussy par advances, selon que verrez
« estre à faire, et plus nécessaire pour le bien de nostre service, en vostre loyauté
« et conscience, par celluy ou ceux qui sont ou seront par nous commis et députtez
« à faire le payement desdits frais; et généralement de faire faire et conduire, et
« pourveoir au fait desdits bastimens et édiffices, leurs circonstances et dépen-
« dances, ensemble desdits frais nécessaires à iceux, tout ainsi que verrez estre à
« faire et que nous-mesme ferions et pourrions faire si estions en personne, jaçoit
« ce que le cas requiert mandement plus espécial; lesquels pris et marchez qui
« seront par vous faits et arrestez pour l'effet que dessus, ensemble les payemens
« qui, en vertu de vos ordonnances, seront faits, nous avons dès à présent comme
« pour lors, vallidez et authorisez, vallidons et authorisons, et déclarons avoir pour
« agréables; et voulons lesdits payemens et frais estre passez et allouez ès comptes
« et rabatus, de la recepte et assignation d'icelluy qui les auront payez, par nos
« amez et féaulx, les gens de nos comptes, et partout ailleurs où il appartiendra,
« leur mandant aussi le faire sans aucune difficulté, en rapportant sur leursdits
« comptes, le *vidimus* fait soubs le scel royal de cesdites présentes que nous avons
« pour ce signées de nostre main, iceux pris et marchez, lesdites ordonnances et
« les roolles et cahiers desdits frais, signez et arrestez de vous respectivement où
« besoin sera, avec les quittances des parties où elles écherront, sur ce suffisantes
« seulement, car tel est nostre plaisir. Mandons et commandons à tous nos justi-
« ciers, officiers et subjets, que à vous, en ce faisant, obéissent et entendent dili-
« gemment, prestement, et donnent conseil, confort, ayde et prisons, si mestier est
« et requis en sont. Donné à Paris, le 10ᵉ juillet 1549, et de nostre règne le 3ᵉ.
« *Ainsi signé*: HENRY, *et plus bas est escript*: par le Roy, MM. LE CARDINAL DE GUISE,
« LE DUC D'AUMALLE, LE SEIGNEUR DE MONTMORENCY, connestable de France, et autres
« personnes. — *Signé, claussé et scellé de cire jaulne du grand scel sur simple queue.* »

Les changements dont il est question dans les lettres précédentes durent coûter de nouveaux efforts à Lescot, et lui créèrent de nouveaux titres à la bienveillance du Roi. Ce dernier le sentit apparemment, car quelques mois plus tard il se décida enfin à lui allouer un traitement régulier. On peut s'étonner que, nommé architecte du Louvre dès 1546, Lescot, quatre ans après, n'eût point encore reçu d'honoraires à raison de cette charge; mais cela n'implique pas qu'il n'en eût tiré aucun avantage, et diverses faveurs l'avaient peut-être indemnisé de ses peines. Quoi qu'il en soit, les lettres patentes lui attribuant « pour son entretènement » la somme de 100 livres par mois, qu'il a toujours reçue depuis, ne lui furent délivrées que le 7 février 1550 (v. s.). En voici la transcription : « HENRY, par la
« grâce de Dieu, roy de France, à nostre amé et féal conseiller et trésorier de nostre
« épargne, maistre André Blondelet, salut et dilection. Savoir faisons que nous,
« considérans les grands peines, travaux et despences qu'il a convenu et convient
« à nostre amé et féal maistre Pierre Lescot, seigneur de Claigny, supporter en la
« charge et commission que le feu Roy, nostre très honoré seigneur et père, que
« Dieu absolve, luy donna certain temps avant son trespas, de la superintendance,
« advis et ordonnance du bastiment commancé en nostre chastel du Louvre,
« à Paris, de nostredit seigneur et père ; laquelle charge nous luy avons, depuis
« nostre advènement à la couronne, continuée et confirmée, désirant icelluy bas-
« timent estre du tout parachevé; pour laquelle charge et commission il n'a eu
« jusqu'à présent, tant de feu nostre seigneur et père que de nous, aucun estat,
« gages ou bienfaits; à icelluy maistre Pierre Lescot, pour ces causes et autres à
« ce nous mouvans, avons ordonné et ordonnons par ces patentes signées de nostre
« main, la somme de 100 livres par chacun moys pour son estat et entretènement,
« et pour luy aider à supporter lesdites despences qu'il fait et peut faire à cause
« de sadite charge et commission, et superintendance de nosdits bastimens ; à
« les avoir et prendre, par ses simples quittances, sur les assignations par nous
« ordonnées et que nous ordonnerons cy après pour les despences dudit bastiment
« par les mains du payeur et commis à tenir le compte desdites despences pré-
« sentes et advenir; et ce, à commancer du premier jour de janvier dernier passé,
« et continuer doresnavant à l'advenir, sans que luy besoin soit obtenir chacun an
« de nous autres lettres de mandement ou acquict que cesdites présentes, par
« lesquelles vous mandons que, par ledit payeur ou commis au payement desdits
« frais et despences, vous faittes, souffrez et consentez bailler et délivrer comptant
« audit Lescot, ladite somme de 100 livres par mois, à commancer et continuer
« comme dessus est dit, laquelle en rapportant cesdites ou vidimus d'icelles, fait
« sous le scel royal, pour une fois avec lesdites quittances d'icelluy Lescot, sur
« ce suffisante seulement. Nous voulons ce que baillez et payez en aura esté par
« lesdits commis, estre passé et alloué en leurs comptes et rabatu de leurs re-

« ceptes par nos amez et féaulx les gens de nos comptes, ausquels, par ces mesmes
« présentes, mandons ainsy de faire sans aucune difficulté, car tel est nostre plaisir,
« nonobstant quelquonques ordonnances, mandemens ou deffences à ce contraires.
« Donné à Bloys, le 7ᵉ ⁽¹⁾ febvrier, l'an de grâce 1550, et de nostre règne le 4ᵉ.
« *Ainsi signé :* HENRY, *et scellé sur simple queue de cire jaulne* ⁽²⁾. »

L'aile occidentale étant achevée ainsi que le gros pavillon d'angle, Henri II fit entamer la reconstruction de l'aile méridionale, dont il ne devait bâtir que le premier avant-corps, et dans la réédification de laquelle on ne conserva point l'ancien mur extérieur, comme on l'avait fait du côté de la rue Fromenteau. « A l'autre
« bout, du costé de la rivière, dit Du Cerceau, y a un fort grand pavillon mer-
« veilleusement beau et commode, pour le logement de Sa Majesté. Le tout com-
« mencé, ainsi que j'ay dit, du vivant du feu roy François, et parachevé par le
« roy Henry, son fils, sous l'ordonnance et conduite du seigneur de Clagny. Ce
« que le roy Henry, se trouvant grandement satisfait de la veüe d'une œuvre aussi
« parfaite, délibéra la faire continuer ès trois autres costez, pour rendre cette cour
« non pareille. Et ainsi, *par son commandement, fut commencé l'autre corps de bas-
« timent, depuis le susdit pavillon, tirant le long de la rivière,* lequel a esté poursuivy
« par les roys Henry second et Charles neufiesme, etc. » Il est donc avéré que la
« reconstruction de l'aile méridionale fut entreprise par Henry II. Le fait est confirmé
« par un passage du compte de 1558-59, mentionnant des travaux de couverture
« au cabinet fait pour la Reyne, joignant le grand pavillon, » lequel cabinet, récemment fait pour la Reine et attenant au gros pavillon, ne pouvait évidemment se trouver que dans l'aile du bord de l'eau, et doit se confondre avec la pièce appelée plus tard *le petit cabinet du Roi*. (Voir le plan du Louvre de la Renaissance, étage supérieur, F.) Le premier avant-corps de l'aile méridionale est en outre le seul, de ce côté, où l'on voit les H H, initiales du nom de Henri II, avec les croissants, corps de sa devise, et le chiffre

qui est répété maintes fois sur l'aile occidentale, et nécessite un mot d'explication.

Rien n'est plus connu que la passion de Henri II pour sa vieille maîtresse, Diane de Poitiers, duchesse de Valentinois. C'est elle, à ce que l'on assure, qui lui aurait donné l'idée de prendre pour emblème le croissant mythologique de Diane-Phœbé, avec ces mots ambigus pour âme : *Donec totum impleat orbem.* Cette devise est gravée sur des tables de marbre noir encastrées dans la frise du second ordre de chaque avant-corps. Dans cette même frise, ainsi qu'entre les colonnes du premier ordre,

---

⁽¹⁾ Sur un *vidimus* du 9 avril 1556, la date indiquée est le 17. — ⁽²⁾ *Comptes des bâtiments royaux.*

228  TOPOGRAPHIE HISTORIQUE DU VIEUX PARIS.

sont aussi sculptés des croissants, et l'on en retrouve un sous le menton de chacune des trois têtes de femme qui surmontent les chambranles de fenêtres. S'il est permis de voir dans ces particularités une allusion assez transparente à l'amour du Roi pour celle qui, sur une médaille, se fit représenter en Diane chasseresse, et, sur une autre, avec la légende *Omnium victorem vici*, faut-il, comme on l'a dit si souvent, interpréter pareillement le chiffre reproduit plus haut et le considérer comme formé d'un H et de deux D? M. Lenormant a démontré [1], et il serait facile d'en multiplier les preuves, que ce chiffre comportant un H et deux C

adossés et entrelacés, était officiellement celui de Henri II et de sa femme, Catherine de Médicis, qui le conserva pendant son veuvage, en prenant soin, il est vrai, que les C, nettement accusés, ne pussent se lire comme des D [2]. Dans les monuments élevés du vivant du Roi, au contraire, les C, ayant leurs hastes confondues avec celles de l'H, présentent des contours qui les transforment en véritables D. M. Lenormant a supposé que c'était le résultat d'un calcul à l'aide duquel Henri II pouvait étaler partout les initiales de la Duchesse sans violer trop ouvertement les convenances; nous adoptons pleinement cette opinion, en observant que le chiffre est sculpté sur la fontaine d'Anet, dont la célèbre statue passe pour l'effigie même de Diane de Poitiers, et qu'il figure aussi sur des livres provenant de sa propre bibliothèque, où elle ne se proposait assurément pas de mettre en évidence le nom de sa rivale.

En rapprochant le plan de Du Cerceau des plans postérieurs, on constate que, vers 1660, les distributions intérieures des constructions de Lescot s'étaient maintenues sans changement important, et nous avons même reconnu que presque toutes les pièces avaient conservé leur destination primitive, ce qui a permis de déterminer l'usage de plusieurs d'entre elles. A la fin du règne de Henri II, l'aile occidentale du Louvre était divisée en trois parties : la première (voir les plans ci-joints, C), correspondant au premier avant-corps, actuellement contigu au pavillon de l'Horloge, servait alors, comme aujourd'hui, de cage à un grand escalier à rampes droites, qui subsiste encore intact. On l'appelait « les Grands degrés » en 1593; Du Cerceau l'énonce « le grand escallier, servant de passage pour aller aux « offices de cuisine, hors le chasteau, » parce qu'au fond était percée une porte (p) donnant accès à un pont-levis qui servait à traverser le fossé, et qu'on remarque sur la vue de Cellier. Toutefois ce pont-levis et le pont dormant à piles de pierre,

---

[1] *Revue numismatique*, année 1841, p. 424.

[2] Le spécimen que nous donnons, et où les C se dessinent si franchement, est emprunté à la colonne astronomique (aujourd'hui attenante à la Halle au blé) qui fut élevée par Catherine vers 1575. Le chiffre ⌘ se rencontre souvent, au XVIe siècle.

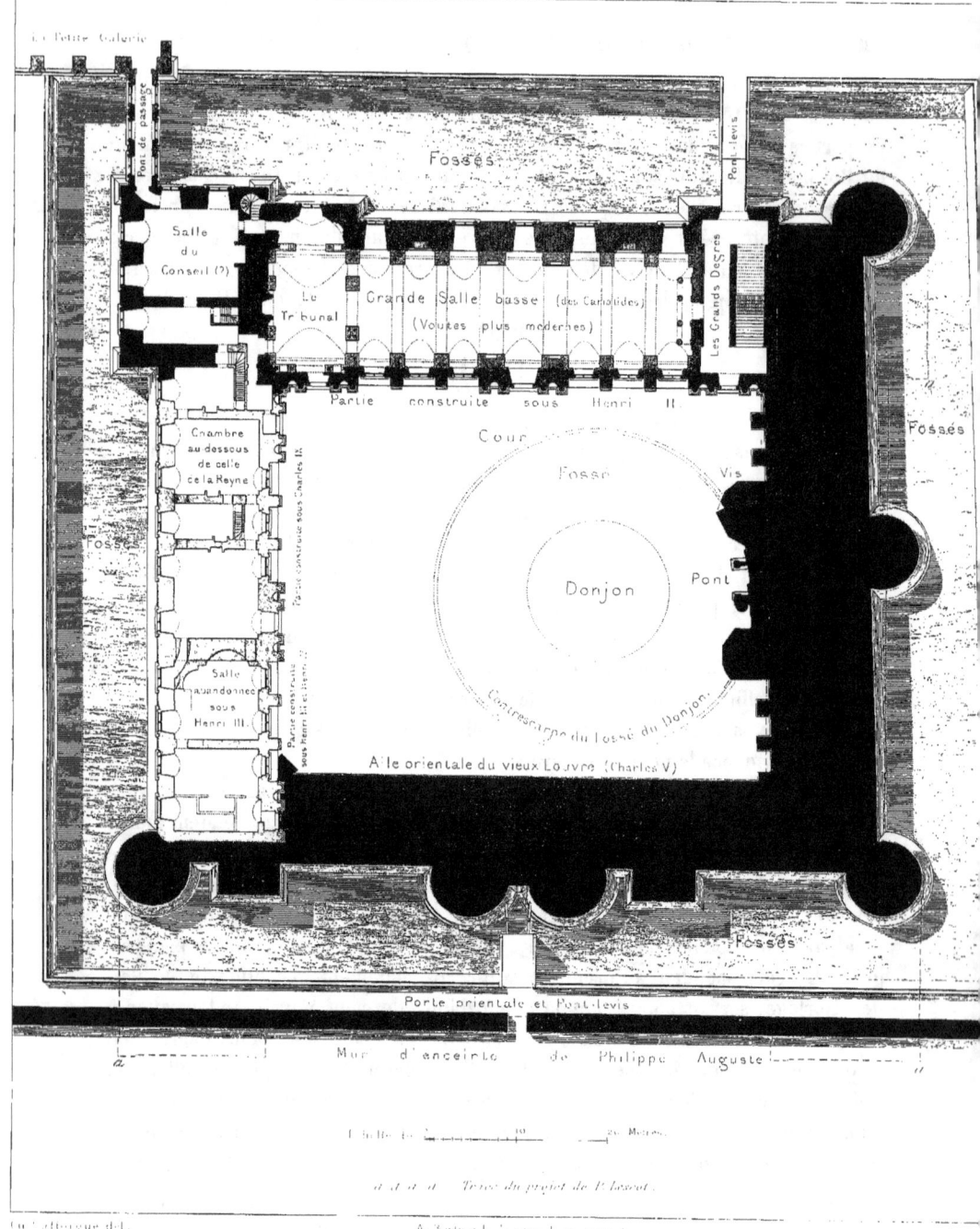

PLAN RESTITVÉ DV LOVVRE DE LA RENAISSANCE
REZ-DE-CHAVSSÉE (complété d'après les fouilles de 1866)

TOPOGRAPHIE HISTORIQUE DV VIEVX PARIS.

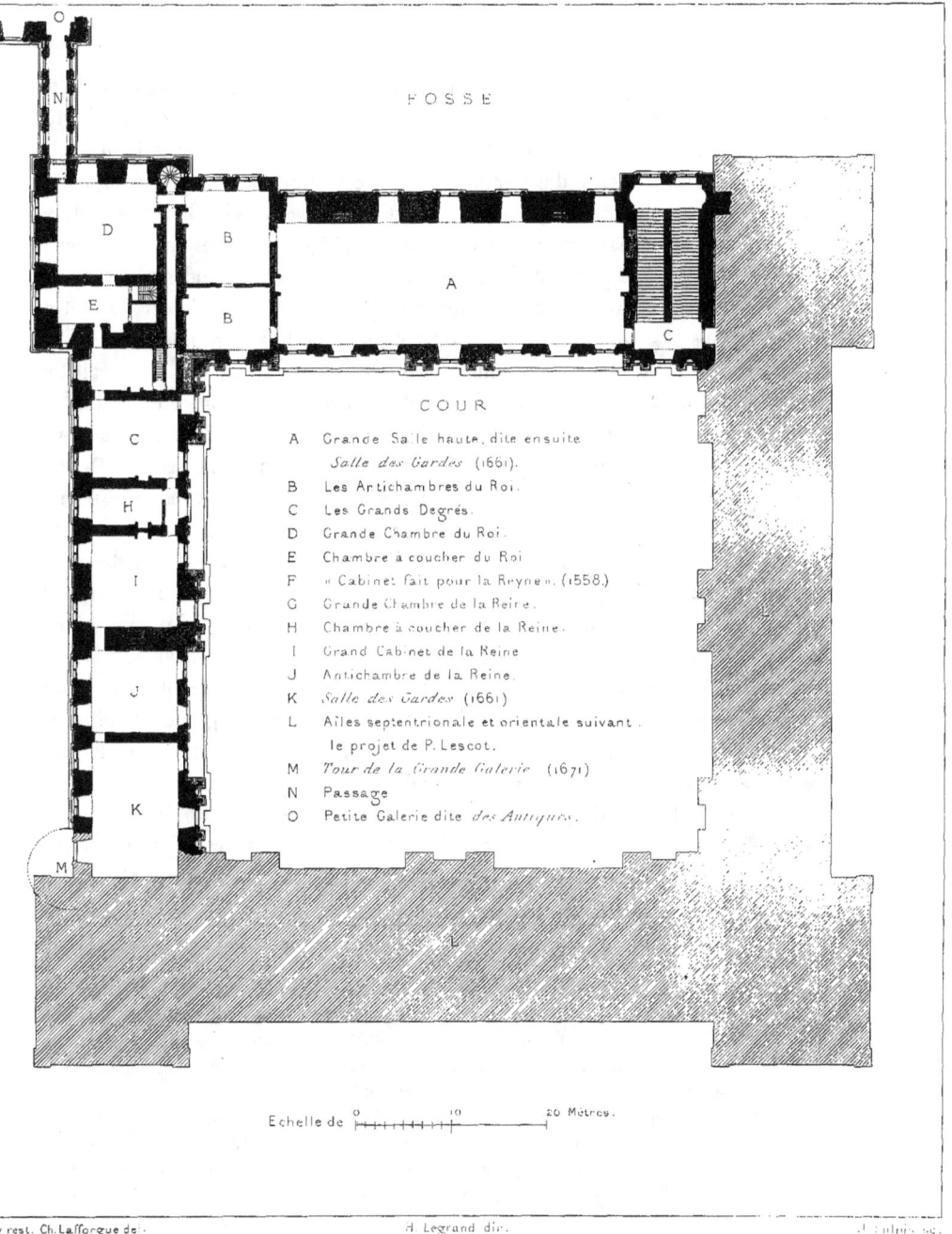

A   Grande Salle haute, dite ensuite
    Salle des Gardes (1661).
B   Les Artichambres du Roi.
C   Les Grands Degrés.
D   Grande Chambre du Roi.
E   Chambre à coucher du Roi.
F   « Cabinet fait pour la Reyne ». (1558.)
G   Grande Chambre de la Reine.
H   Chambre à coucher de la Reine.
I   Grand Cabinet de la Reine.
J   Antichambre de la Reine.
K   Salle des Gardes (1661)
L   Ailes septentrionale et orientale suivant
    le projet de P. Lescot.
M   Tour de la Grande Galerie (1671)
N   Passage
O   Petite Galerie dite des Antiques.

Echelle de 0  10  20 Mètres.

PLAN RESTITVÉ DV LOVVRE DE LA RENAISSANCE
ETAGE SVPERIEVR.

sur lequel il s'abattait, ne furent construits que vers 1568. Quant à la porte, elle fut transformée en fenêtre sous Louis XIII, parce qu'elle était devenue inutile après la construction du pavillon de l'Horloge[1]; mais on ne toucha jamais ni à celle qui menait à la salle des Caryatides, ni à celle qui donne sur la cour, et au-dessus de laquelle se lit l'inscription : *Virtuti regis invictissimi*. Cette inscription, répétée à l'avant-corps correspondant, est rapportée par Corrozet dans son édition de 1550. La seconde partie de l'aile se composait de deux grandes salles situées l'une au-dessus de l'autre; on les distinguait par les épithètes de « haute » et de « basse. » Dans le compte de 1558, il est fait mention de la « grande salle de bal » et des « corbeaux soustenant les poultres » qui s'y trouvaient, d'où l'on aurait tort d'inférer que cette salle de bal était la salle supérieure et non celle du rez-de-chaussée, car il est en même temps parlé, dans le compte, du « tribunal dudit « lieu, » et cette indication ne peut se rapporter qu'à la salle basse[2]. Cette dernière, que nous appelons *la salle des Caryatides* (A), servait aux fêtes; la tribune qui fut élevée à l'extrémité, et que les splendides figures de Jean Goujon ont rendue si célèbre, semble avoir été imaginée dans le dessein d'y placer des musiciens[3]; elle communiquait avec le grand escalier par une petite baie qui a été rétrécie et a subi quelques remaniements. La troisième division de l'aile, répondant au troisième avant-corps (B), ne comprenait, au rez-de-chaussée, qu'une pièce allongée terminée en hémicycle, qu'on appelait *le Tribunal;* elle était munie d'une cheminée et exhaussée de cinq ou six marches sur la grande salle basse, dont rien ne la séparait[4]. Au-dessus du Tribunal, il y avait deux pièces formant les antichambres du Roi, lesquelles, en 1660, ne composaient plus qu'une seule pièce, le mur de refend ayant été supprimé. Le compte de 1557 énonce les travaux de sculpture, et celui de 1558, les travaux de peinture qui y furent faits, ainsi qu'à « la chambre du Roy, » renfermée dans le gros pavillon d'angle[5].

[1] Cette fenêtre a ensuite été supprimée et remplacée par deux autres. — A propos des fenêtres du Louvre, il convient de faire observer qu'elles étaient toutes divisées en six jours ou compartiments par trois meneaux en pierre, un vertical et deux horizontaux. Les meneaux de plusieurs fenêtres du gros pavillon de Henri II subsistaient encore au commencement de ce siècle.

[2] Le texte du compte de 1558 et la manière peu heureuse dont la voûte de la salle des Caryatides est disposée, nous font croire que la salle n'était point destinée d'abord à être voûtée en pierre. On lit dans le Journal de Lestoile, que Louschart et ses complices furent pendus (le 4 décembre 1591) « à *une poutre* de la salle basse, » laquelle salle basse a toujours été prise pour celle des Caryatides. Or on ne voit point quelle poutre de cette dernière aurait pu servir à une pareille exécution, si, à la place d'un plafond de bois, il y avait une voûte de pierre. Au reste la planche de Du Cerceau représentant le Tribunal implique un plafond plat, et exclut la possibilité d'une voûte comme celle que nous voyons.

[3] Des tribunes analogues existaient dans d'autres châteaux de la même époque.

[4] « La salle du Conseil, joignant ladite grande « salle du bal, » et dont il est question dans le compte de 1558, doit se confondre soit avec celle du Tribunal, soit plutôt avec la plus grande pièce de l'étage inférieur du gros pavillon.

[5] Nous n'avons rien trouvé sur la destination de l'étage en attique; il devait servir de logement à divers officiers de la maison du Roi.

Le gros ou « grand pavillon » était spécialement consacré au logement de Henri II; aussi le nommait-on *le pavillon du Roi*. Au rez-de-chaussée, il contenait deux pièces d'inégale grandeur; la plus petite, dans l'encoignure de laquelle se trouvait un escalier, était séparée de l'autre par un mur de refend se dirigeant du nord au sud. A l'étage supérieur, l'agencement se répétait, et des deux pièces, la moins vaste (E), plus rapprochée des appartements de la Reine, servait de chambre à coucher. Sous Henri IV, l'alcôve, fermée par une balustrade, se trouvait au fond, en face de la fenêtre, à l'endroit où, sur le plan de Du Cerceau, est indiqué un escalier. L'autre pièce (D), qui avait vue à la fois sur la Seine et sur la basse-cour occidentale, était dite « la chambre du Roy. » Elle était décorée de riches sculptures sur bois, et Sauval, qui l'appelle *la Chambre de parade*, rapporte que quelques-uns de ses contemporaiens en attribuaient les dessins au Primatice, opinion probablement fausse; car il ne semble point que, du vivant de Lescot, rien ait été fait au Louvre en dehors de sa direction. « Rolland Maillart, ajoute-t-il, Biart grand-
« père, les Hardouyns, Francisque (Serbecq) et maître Ponce, ont contribué à la
« perfection de cette chambre. Ils se sont efforcés à l'envi de bien dessiner et finir
« tous les ornemens qu'ils ont sculptés sur les plafonds, les lambris, les portes et
« les embrasemens des croisées; et de plus rien n'est oublié pour garantir ces belles
« choses de la corruption, afin de se rendre immortels par la durée d'un si mer-
« veilleux ouvrage. Le bois en est si bien préparé que, depuis un siècle, il est en-
« core aussi sain que s'il venoit d'être mis en œuvre. Il est joint et enclavé avec
« tant d'industrie qu'on le démonte et nettoye quand il est terni par la poussière[1].
« Le plafond n'est point offusqué d'une confusion de ces peintures, de ces stucs, ni
« de ces renfoncemens mal placés, dont nos modernes gâtent les plus belles cham-
« bres, et dont ils fascinent les yeux du peuple et des simples. On n'y a point fait
« entrer d'autre matière que du tillau et du noyer peints avec du vernis et de la
« colle, et rehaussés avec de l'or moulu; et cette colle et cet or ont été couchés
« et disposés d'une façon si ingénieuse et si extraordinaire, qu'il semble de prime
« abord que ce plafond soit une grande pièce de bronze, où l'on ait épargné tous
« les enrichissemens que chacun admire. Il consiste en plusieurs compartimens
« ronds, quarrés-longs, ordonnés avec beaucoup d'esprit et de symmétrie; mais
« surtout si bien proportionnés au lieu et à la vue, qu'il ne se peut rien voir en
« ce genre, ni de plus savant ni de mieux conçu et exécuté. Du centre sortent les
« armoiries de France, foulant un grand monceau de casques, d'épées, de lances,
« de masses, de coutelas, de piques embarrassées les unes dans les autres, avec
« autant d'ordre que de confusion. De toutes parts ce ne sont que boucliers, cui-
« rasses, épieux, corselets, hallebardes, trophées, qui semblent rendre hommage

---

[1] Ce renseignement est controuvé.

« à ces fleurs de lys victorieuses. Ces armes sont de tous les siècles, de toute taille,
« de tout âge, de toutes formes : délicates, grossières, belles, extravagantes et
« chargées de basses-tailles pincées et bien finies. Les portes, les lambris et les
« embrasemens des croisées sont de la même force, de la même manière, et enrichis
« des mêmes ornemens. A la vérité, les gens du métier disent que les basses-tailles
« qu'on voit aux embrasemens des croisées qui regardent la rivière ne sont pas si
« nettes que les autres; mais, en revanche, ils admirent aux portes le dessin et la
« tendresse des demi-reliefs : les uns y considèrent avec étonnement deux vipères ;
« leurs écailles sont si délicates et si serrées, leur corps si grêle et si naturel, que
« les savans prétendent que, pour rendre un ouvrage aussi achevé, il ne faut pas
« avoir vu seulement quantité de vipères, mais les avoir tournées et maniées bien
« des fois. D'autres ne sauroient se lasser de contempler deux centaures qui ga-
« loppent, aussi bien que deux Neptunes qui domptent des chevaux marins. Ils y
« admirent le caprice et l'invention du sculpteur, qui leur fait voir d'un seul en-
« droit toutes les mêmes choses qu'on ne peut découvrir sur les rondes-bosses
« qu'après avoir changé plusieurs fois de jour, de place et de vue. En effet, il a
« planté et taillé si industrieusement ces deux centaures vis-à-vis l'un de l'autre,
« et tout de même ces deux Neptunes qui domptent des chevaux marins, que d'une
« seule vue on en aperçoit le devant, les côtés et les épaules; joint que les parties
« de leurs corps qui semblent cachées dans l'épaisseur d'un des battans de la porte
« se voient clairement dans l'autre. Enfin tous les ornemens en sont recherchés
« avec tant d'amour et de peine que les yeux et l'esprit s'égarent et se croyent
« enchantés d'y rencontrer tant de merveilles. Si bien qu'une chambre si accomplie
« ne sauroit être comparée qu'à elle-même. Elle possède tout ce que les sculpteurs
« et les menuisiers ont jamais fait de plus admirable : et c'est sans flatterie qu'on
« la peut appeler le chef-d'œuvre de l'art et de l'adresse des hommes. » Sauval
termine cette élogieuse description en vantant les qualités acoustiques de la pièce,
et affirmant qu'au dire des musiciens il n'y avait point dans tout Paris « de lieu
« plus propre à la musique douce [1]. » Avec les débris des boiseries de la chambre

---

[1] T. II, p. 35. Dans une autre partie de son ouvrage (t. III, p. 19), Sauval revient sur la valeur des boiseries de la chambre du Roi, et dit : « J'ai vu « et parcouru tous les beaux lieux d'Angleterre, des « dix-sept provinces et de toute la France; mais je « puis assurer qu'il n'y a point de plafonds dans tous « ces pays-là qui approchent de la beauté de celui-« ci. Barcelonne, où sont les plus magnifiques que « j'ai vus, n'a rien qui ne soit bien au-dessous. Les « intelligens, qui ont été curieux de voir en Italie « tout ce qu'il y a de beau, qu'un illustre de notre « temps appelle le pays des belles choses, avouent « qu'ils n'en ont vu aucun qui ne soit fort inférieur « à celui-ci, et pour la beauté et pour l'ordonnance. » Il dit encore : « La corniche et la frise sont très-« riches et très-bien entendues. La corniche est sou-« tenue de consoles liées les unes avec les autres par « des festons admirables... et toutes ces merveilles « sont renfermées dans un espace de quatre toises « en carré. » Ce dernier détail n'est point fort exact : des plans cotés établissent que la Chambre du Roi avait cinq toises un pied sept pouces de largeur dans le sens du nord au sud, et environ un pied de plus dans l'autre direction.

de parade, on a décoré, de nos jours, une pièce du Musée des souverains. On y reconnaît le trophée du plafond, les fameuses vipères et plusieurs détails exaltés par Sauval.

Les travaux de maçonnerie du nouveau Louvre furent exécutés avec un soin extrême. On les confia, sans doute dès l'origine, et sûrement depuis 1555 jusqu'en 1568 au moins, à deux entrepreneurs ou maîtres maçons, Guillaume Guillain et Pierre de Saint-Quentin. D'après certains comptes de Saint-Germain-l'Auxerrois, Pierre de Saint-Quentin fut aussi l'entrepreneur du jubé de cette église, vers 1542, sous la direction de Lescot. Il possédait, rue Saint-Pierre-Montmartre, un chantier dont hérita Marguerite de Saint-Quentin, sa fille, laquelle, on le verra plus loin, épousa l'architecte de la Petite-Galerie. Guillaume Guillain, qui vivait encore en 1582, était maître des œuvres de maçonnerie et de pavement de la Ville de Paris, et, de plus, juré du Roi en l'office de maçonnerie, ce qui fait que son nom est fréquemment mêlé aux travaux de construction des bâtiments royaux[1]. Quant aux autres artistes qui, du temps de Henri II, aidèrent Lescot dans sa grande œuvre, et ne nous sont point restés inconnus, ce sont les peintres Louis Le Brueil, Jean Du Brueil, Jean Testart, Thomas, Le Plastrier et Jean Le Jeune; le mouleur Roger de Simonieulx; les menuisiers ou sculpteurs sur bois Raoullant Maillard, Riolle Richard ou Richault, ainsi que le Florentin Francisque Scibecq ou Serbecq, dit *de Carpy* ou *Scarphy*; puis, si Sauval dit vrai, les Hardouin, Biart grand-père[2] et un M⁰ Ponce, que nous croirions être Ponce Jacquiau[3] plutôt que Paul-Ponce Trebatti; enfin le sculpteur Étienne Cramoy, et, au-dessus de tous ces artistes, Jean Goujon.

Jean Goujon, regardé à juste titre comme le plus célèbre sculpteur français, n'est guère connu, malgré la popularité de son nom, que par un petit nombre de ses œuvres. Sa vie demeure enveloppée d'un nuage impénétrable, et tous les efforts faits de nos jours pour dégager de l'obscurité les principaux événements de sa laborieuse existence ont à peine abouti à en révéler quelques détails. Comme c'est en Normandie qu'il nous apparaît d'abord, on a cru longtemps qu'il était originaire de ce pays; on l'a fait naître à Rouen, à Alençon et, en dernier lieu, à

---

[1] Guillaume Guillain fut enterré à Saint-Gervais. Il avait un parent, Simon Guillain, qui était trésorier des bâtiments du roi en 1559, et dont le nom réapparaît encore en 1581.

[2] C'est-à-dire le père de Pierre Biart, dont le fils était contemporain de Sauval, et dont nous aurons occasion de reparler. Biart grand-père doit être le même que Noël Biart, qui figure dans un compte de 1568. Il pourrait descendre de Colin Byart, maître maçon à Blois, qui fut employé au château de Gaillon dans les premières années du xvi⁰ siècle, et travailla, dit-on, au pont Notre-Dame de Paris. Nous avons vu qu'en 1550 le connétable de Montmorency avait pour «maçon» un certain «Charles «Billart,» aussi probablement membre de cette famille.

[3] *Alias* Jacquineo, Jacquinot et Jacquio. Jacquiau fut employé comme sculpteur au tombeau de Henri II, et au monument destiné à contenir le cœur de ce prince.

Saint-Laurent-de-Condéel, près de Falaise. Mais ces hypothèses ne reposent absolument que sur des rapprochements de noms ou sur certains travaux qu'on s'est plu gratuitement à lui attribuer, sans produire à l'appui aucun document sérieux. En outre, une découverte récente semble trancher définitivement la question. Dans un recueil de portraits sans date, mais qui doit être à peu près contemporain de Jean Goujon [1], celui-ci serait qualifié de « Parisien; » on peut donc le regarder comme tel, jusqu'à démonstration du contraire.

Qui fut le maître de Jean Goujon? Rien ne le laisse soupçonner. On a supposé qu'il avait dû aller en Italie pour étudier l'art antique; mais cela est médiocrement présumable, car, s'il eût entrepris un pareil voyage, il n'aurait sans doute pas manqué de nous en informer dans cette sorte d'épître qu'il nous a laissée [2], et où il eût été naturel de faire allusion à ses pérégrinations ultramontaines. Cette épître réfute d'ailleurs une erreur qu'on a tenté d'accréditer sur son compte, à savoir qu'il n'était pas lettré, parce qu'il existe une quittance faite en son nom, mais qui n'est point signée de lui [3]. Bien loin de là, tout porte à croire que l'éducation de Jean Goujon ne fut point négligée et qu'elle le mit en état d'utiliser les recherches faites de son temps sur l'antiquité et ses monuments, dont la connaissance lui était évidemment familière.

On n'a encore signalé aucune mention authentique de Jean Goujon antérieure à celle que fournissent les archives de la fabrique de Saint-Maclou de Rouen; nous y apprenons qu'il exécuta pour cette église, l'an 1540-41, le dessin des colonnes qui soutiennent les orgues, et d'autres travaux. Dans les archives de la cathédrale de Rouen, on trouve un compte de 1541-42, où il est appelé « tailleur de pierres « et masson, » et indiqué comme ayant fait la statue de l'archevêque Georges d'Amboise-Bussy, au tombeau du cardinal, oncle de ce dernier [4]. On le retrouve ensuite [5], et dès l'année suivante, travaillant au jubé de Saint-Germain-l'Auxerrois, à Paris, comme « tailleur d'ymages, » sous la direction de Pierre Lescot, qui était sans doute son ami et auquel il devait rester longtemps associé. Vers 1544, il ornait de ses sculptures le château que Bullant élevait à Écouen, pour le con-

---

[1] Il est intitulé: *Briefs éloges des hommes illustres desquels les pourtraits sont icy représentés,* par Gabr. Michel Angevin, advocat au parlement; sans lieu ni date. Ce recueil a été indiqué par M. Ferdinand Denis à MM. Haag (voir art. *J. Goujon,* de *la France protestante*); mais on ne peut le retrouver, et conséquemment nous ne l'avons point vu, de sorte que nous devons laisser à qui de droit toute la responsabilité de  assertion.

[2] Elle commence ainsi, «IAN GOVION, STVDIEVX « D'ARCHITECTVRE, AVX LECTEVRS, SALVT, » et se trouve à la suite de la traduction de Vitruve, par Jean Martin, petit in-folio, imprimé à Paris en 1547, et orné de dessins sur bois, dont la plupart sont de la main de J. Goujon lui-même. L'épître en question est le seul écrit de lui qui nous soit parvenu.

[3] Nous en donnons le texte p. 242.

[4] A. Deville, *Tombeaux de la cathédrale de Rouen,* p. 126.

[5] Grâce à une heureuse découverte de M. le comte de Laborde. (Conf. *Mémoires et dissertations* du même auteur, p. 302 et suiv.)

dehors de l'opinion commune, si souvent en défaut. On a fait observer avec raison que, si Jean Goujon avait réellement été une des victimes du massacre de 1572, il serait presque inconcevable que son nom ne fût pas inscrit dans les martyrologes protestants, où abondent les noms obscurs. Répondre à cela que Jean Goujon n'ayant point encore, de son temps, l'immense célébrité que la postérité lui a faite, il a pu disparaître sans que sa mort causât une bien vive impression parmi ses coreligionnaires frappés de stupeur, c'est s'appuyer sur un argument dont la base manque de solidité; car, ainsi que nous l'avons dit, Jean Goujon jouissait, de son vivant, d'une réputation considérable. Ceux qui soutiennent que Jean Goujon périt à la Saint-Barthélemy devraient, avant tout, démontrer qu'il a vécu jusqu'au jour de ce triste événement, circonstance fort hypothétique. Ce qui est hors de contestation, c'est que, remplacé par d'autres artistes, il cesse d'apparaître dans les comptes du Louvre immédiatement après l'année 1561-1562, où il est fait mention de lui pour la dernière fois. Pourquoi ce silence? Jean Goujon, qui ne pouvait alors être âgé de moins de cinquante ans, mourut-il naturellement à cette époque? aurait-il été disgracié? Pour le moment il n'y a, sur cette matière, que des conjectures à présenter; nous nous bornerons à attirer l'attention sur un fait très-singulier et fort peu connu : on perd toute trace irrécusable de Jean Goujon, le sculpteur, l'année même où son homonyme Jean Goujon, de Troyes, ouvrier en laine, subit le dernier supplice pour cause d'hérésie [1].

G. Brice, après avoir dit que les sculptures de la cour du Louvre sont dues à Jean Goujon, ajoute : « Cependant on voit qu'il y a dans l'attique quelque chose « de Paul-Ponce. » Telle est l'origine de l'assertion, tant répétée depuis, que Paul-Ponce Trebatti avait été le collaborateur de Jean Goujon au Louvre; mais cette assertion est d'une exactitude contestable, et jusqu'à production d'un document affirmatif, que nous avons cherché sans succès, il y aura impossibilité de trancher la question. Rien ne s'oppose toutefois à ce qu'on examine de quel côté sont les probabilités.

Ni avant ni après la disparition de Jean Goujon, il n'est parlé de Paul-Ponce dans les comptes que nous possédons, et il en était apparemment de même dans ceux que nous n'avons plus, puisque Sauval, qui avait vu ces derniers et qui nomme si souvent Paul-Ponce à propos d'autres édifices, n'en dit, au contraire, pas un mot à l'occasion des sculptures de la cour du Louvre [2], sur lesquelles il s'étend assez longuement et qu'il attribue uniquement à Jean Goujon. Convient-il d'admettre

[1] Le 5 décembre 1562, d'après le Martyrologe de Crespin, cité par MM. Haag.

[2] Il ne lui prête qu'une part dans l'exécution des boiseries de la Chambre de parade, et encore, nous l'avons dit, n'est-on point certain que le maître Ponce dont il parle soit autre que Ponce Jacquiau. Nous ne serions nullement surpris qu'il y eût confusion de noms à propos des sculpteurs de l'attique; le rôle des artistes italiens en France, au XVIᵉ siècle, a été singulièrement surfait.

que si Paul-Ponce ne figure point dans les comptes, c'est parce qu'il était sous les ordres de Jean Goujon, entrepreneur de la sculpture du château, et le seul, par conséquent, que le payeur eût à mentionner sur ses états? Cela n'est pas vraisemblable, car, dans le compte de 1557, outre l'article consacré à Jean Goujon, on en rencontre un autre consacré à Cramoy et également relatif à des œuvres de sculpture. Il n'y a point non plus de raison pour croire que Trebatti avait moins de vanité que les autres Italiens ses collègues, et qu'il consentait à subir une direction.

Ordinairement, dans les problèmes du genre de celui que nous soulevons ici, on dispose d'une grande ressource, la comparaison entre les manières des différents maîtres; mais avec les sculptures du Louvre, monument dont l'histoire est constamment d'une difficulté tout exceptionnelle, la comparaison est impossible : les œuvres de Paul-Ponce ne sont pas connues, et celles de Jean Goujon le sont, en réalité, fort mal.

On peut toutefois y discerner deux styles assez distincts pour rendre très-circonspect à l'endroit des déductions à en tirer : par exemple, les figures en bas-relief de la porte du grand escalier ne donnent guère à prévoir les Caryatides. Il est manifeste que, entre les premières, si élégantes, si finement dessinées, si méplates, et les figures maniérées, lourdes et très-saillantes de l'attique, il existe une dissemblance de caractère extrêmement sensible au premier abord; mais cette dissemblance, lorsqu'on l'étudie, perd en partie son importance, car on observe que la rondeur des bas-reliefs de l'attique décèle plutôt un système adopté en vue de la perspective, que le faire d'une main étrangère. Quant aux poses affectées des figures et à leurs disproportions avec les parties voisines, ce sont des défauts qu'on retrouve dans d'autres compositions de Jean Goujon, telles que les dessins du Vitruve de Jean Martin, les statues d'apôtres d'Écouen, etc. Enfin l'ampleur de formes, qui étonne dans les figures de l'attique, ne semble être qu'une exagération de celle qu'on constate dans les Caryatides.

Il est donc excessivement douteux que Paul-Ponce ait travaillé au Louvre avec Jean Goujon; mais il est moins contraire aux vraisemblances que, après l'année 1562, époque où la décoration était déjà confiée à plusieurs sculpteurs, Paul-Ponce ait pris part aux travaux, puisqu'on assure que, vers 1566, il était occupé aux Tuileries, sous les yeux de la Reine mère, à qui sa qualité d'Italien devait le recommander. Dans ce cas, l'attique à la décoration duquel aurait contribué Paul-Ponce ne serait pas celui de l'aile occidentale achevée en 1556, mais celui de l'aile méridionale, détruit aujourd'hui. Les fragments de sculptures qui en proviennent [1]

---

[1] Les uns ont été encastrés au-dessus des portes d'entrée des musées d'antiquités égyptiennes et assyriennes, sous le vestibule de la colonnade; les autres sont à l'École des Beaux-Arts.

ns'aident aucunement à éclairer la question que nous voudrions résoudre, car ils présentent la plus grande analogie avec les bas-reliefs de l'attique occidental. Nous ne pensons point, au surplus, que cette circonstance ait une grande portée : la décoration du Louvre a dû, en effet, être poursuivie, après la mort de Jean Goujon, sur des dessins qu'il avait composés[1], et si Paul-Ponce a été mêlé aux artistes qui les traduisirent avec le ciseau, on n'a laissé ni à lui, ni à un autre, la faculté de s'en éloigner pour suivre ses propres inspirations.

Avant de donner les quelques comptes qui nous restent touchant les travaux du Louvre sous le règne de Henri II, il est bon de prévenir que, pendant le xvi$^e$ siècle, « le bastiment neuf » et le « vieil bastiment » furent toujours considérés comme des édifices absolument distincts, ayant chacun ses ouvriers, son architecte et même son comptable. Les travaux du nouveau Louvre, depuis la nomination de Lescot, furent constamment ordonnés et conduits par lui; mais ils furent soldés par divers individus, dont les uns furent payeurs spéciaux, et les autres payeurs des deux constructions à la fois. Parmi les comptables spéciaux du nouveau Louvre, nous trouvons Alain Veau, receveur général des finances à Paris, nommé le 1$^{er}$ février 1567, et avant lui Étienne Grand-Remy[2], nommé le 19 septembre 1562, en remplacement de Jean Durant, condamné par arrêt du parlement du 6 août précédent. Jean Durant avait été appointé le 7 avril 1556 et administrait encore les dépenses des deux Louvres en 1561; mais, après cette année, il n'eut plus à s'occuper que du nouveau, dont il était toujours payeur en 1568, et dans les comptes duquel il paraît être remplacé en 1569 par Pierre Regnaut. Avant Jean Durant, le payeur général était M$^e$ Jacques Michel, nommé, le 13 février 1555, au lieu et place de feu Jean Gelée. Plus anciennement, c'était Pierre Des Hôtels qui, le 22 novembre 1539, reçut 1,200 livres de gages à cause de sa charge de contrôleur et conducteur des bâtiments du Louvre, de Fontainebleau, etc. et fut conservé dans ses fonctions à l'avénement de Henri II. En 1531, le 11 juin, la mission de passer les marchés pour les différents bâtiments royaux, y compris le Louvre, avait été confiée au prévôt de Paris, Jean de La Barre, et au trésorier de France, Nicolas de Neufville. Les trésoriers de France continuèrent à ordonner les travaux du vieux Louvre, qui étaient conduits par les surintendants des bâtiments, au nombre desquels nous trouvons Philibert de L'Orme.

---

[1] A l'occasion des bas-reliefs sculptés au-dessus des portes du grand escalier et de la salle des Caryatides, Sauval dit qu'ils sont « du dessin de Goujon, « et aussi même de sa main » (t. II, p. 31); cela implique qu'il ne croyait point que tous les bas-reliefs du Louvre des Valois offrissent à la fois ces deux conditions.

[2] Étienne Grand-Remy était architecte ou maçon de son état. En 1559, on lui donnait, dans les comptes, le titre de « clerc de l'escriptoire des « maistres des œuvres et jurez ès offices de maçon- « nerie; » dans un document de 1572, qui est revêtu de sa signature, il est qualifié de « maistre général « des œuvres de maçonnerye » du Roi.

## COMPTES DES TRAVAUX DU LOUVRE SOUS HENRI II.
### ANNÉE 1555-1556.

#### DENIERS PAYEZ PAR LEDIT (JACQUES) MICHEL.

##### MAÇONNERIE.

A Guillaume Guillain et Pierre de Saint-Quentin, maistres maçons, ayant la charge du chasteau du Louvre, par l'ordonnance du seigneur de Claigny (P. Lescot), sur les ouvrages de maçonnerie par eux faits, la somme de 19,100 livres [1].

##### CHARPENTERIE.

A Claude Girard et Jean Le Peuple, maistres charpentiers, pour ouvrages de charpenterie par eux faits, à eux ordonnée par ledit seigneur de Claigny, la somme de 3,500 livres.

##### MENUISERIE.

A Francisque Seibeq (alias Serbecq), dit de Carpy, maistre menuisier, à lui ordonnée par ledit seigneur de Claigny, pour ouvrages de menuiserie par luy faits, la somme de 3,100 livres.

##### SERRURERIE.

A Guillaume Cyard, maistre serrurier, à lui ordonnée, pour ouvrages de serrurerie, la somme de 500 livres.

##### PLOMBERIE.

A Guillaume Laurent, marchand plombier et autres, à eux ordonnée par ledit seigneur de Claigny, pour les ouvrages de plomberie, la somme de 2,800 livres.

##### SCULPTURE.

A maistre JEAN GOUJON, sculpteur en pierres pour le Roy, à luy ordonnée par ledit seigneur de Claigny, pour ouvrages de sculpture par luy faits, la somme de 560 livres.

##### PEINTURE.

A Louis Le Brueil, maistre peintre, à luy ordonnée pour ouvrages de peinture et dorures, la somme de 330 livres.

##### ACHAPTS DE MARBRE.

A Dominique Berthin, contrerolleur et superintendant des deniers, édiffices et réparations du palais, à Thôle (sic), à luy ordonnée par ledit seigneur de Claigny, sur la fourniture de quantité de marbre mixte de toutes sortes de coulleurs, qu'il pourra recouvrer et amener en cette ville de Paris, au port du Guichet du Louvre, la somme de 2,233 livres.

---

[1] Ce sont des livres tournois.

### ACHAPTS ET OUVRAGES DE NATTES.

A Estienne Guignebeuf, maistre nattier, à luy ordonnée par ledit seigneur de Claigny, la somme de 97 livres 7 sous 2 deniers.

Journées d'ouvriers, la somme de 50 livres.

Achapts d'outils et autres menus frais.

Estat et entretènement du sieur DE CLAIGNY, pour sa charge et commission, la somme de 1,400 livres, pour quatorze mois, qui est à raison de 1,200 livres par an.

Gages et sallaires à M° Jacques Michel, trésorier, pour ses peines et vaccations, la somme de 220 livres 16 sous 8 deniers, pour treize mois.

Somme toute de la despence de ce compte, 33,869 livres 10 sols 10 deniers.

## VIEUX LOUVRE.

Autres parties payées par les ordonnances dudit (Philibert) de L'Orme, pour quelques menues réparations du chasteau du Louvre.

### MAÇONNERIE.

A Anthoine Perrault, maistre maçon, la somme de 36 livres, pour ouvrages de maçonnerie faits audit chasteau du Louvre.

### OUVRAGES DE NATTES.

A Nicolas des Loges, nattier, la somme de 106 livres 10 sols 8 deniers, pour ouvrages de nattes par luy faits audit chasteau du Louvre.

Tous les autres comptes étant calqués sur le modèle qui précède, nous en donnerons simplement le résumé, sauf à transcrire intégralement les passages offrant un intérêt particulier.

### ANNÉE 1556-57. — NOUVEAU LOUVRE.

Le compte du 7 avril 1556 avant Pâques (1557 n. s.), au dernier décembre 1557, indique une dépense totale de 20,732 livres 2 sols 6 deniers, dont 10,800 livres payées à Guill. Guillain et Pierre de Saint-Quentin, pour travaux de maçonnerie; — 631 livres à Jean Goujon, pour travaux de sculpture; — 3,150 livres, à Jean Le Peuple et à Barbe Le Peuple, veuve de Claude Gérard, pour travaux de charpente; — 620 livres à Guillaume Évrard (ou plutôt Érard), pour travaux de serrurerie; — 150 livres à Louis Le Brueil, pour travaux de peinture; — 2,136 livres à Raoullant Maillard, Riolle Richault et Francisque Serbeq, pour ouvrages de menuiserie; — 500 livres à Nicolas Beaurain, pour travaux de vitrerie; — 1,000 livres à Pierre Lescot, pour dix mois d'appointements; — et 500 livres à Jean Durant, le comptable, pour dix mois de gages.

A la suite du compte de 1556-57, on lit :

« Autre despence faitte par ledit Durant, tant pour le payement des gages et entretènemens,

« nourriture et despence de bouche d'un maistre menuisier, six compagnons dudit mestier, un
« compagnon serrurier et un truchement, tous Suisses, qui ont besoigné pour le Roy, en l'hostel
« de Reims, à Paris, et pour achapt de bois pour lesdits ouvrages à eux ordonnés par ledit Roy,
« la somme de 3,149 livres 2 sols 10 deniers. »

Ces ouvriers furent sans doute occupés à fabriquer des boiseries destinées au nouveau Louvre.

### VIEUX LOUVRE.

« A Jean de La Hamée [1], vitrier, pour ouvrages de vitrerie par luy faits en la chambre du Roy,
« où est logé M. le cardinal de Lorraine, quatre armoiries et une armoirie de monseigneur le
« Dauphin, et plusieurs pièces de voires, peintes en façon d'antique, au cabinet; à luy ordonnée
« par MM. les trésoriers de France, la somme de 311 livres 2 deniers. — A Eustache Ive, maistre
« maçon, la somme de 133 livres 10 sols 2 deniers, pour ouvrages de maçonnerie par luy faits
« au vieil bastiment du chasteau du Louvre. — Somme de la despence dudit chasteau du Louvre,
« 444 livres 3 sols. »

### ANNÉE 1557-58. — VIEUX LOUVRE.

Le compte du........1557 (v. s.) au........1558, indique un total de 22,891 livres 14 sols 6 deniers, dont 11,500 livres payées à G. Guillain et P. de Saint-Quentin, pour travaux de maçonnerie; — 663 livres à Jean Goujon, pour travaux de sculpture et 17 livres 10 sols à Étienne Cramoy, « pour avoir fait plusieurs enrichissemens de figures et autres orne-
« mens de sculptures par plusieurs et diverses fois, ès modèles des planchers et plafonds des
« antichambres et chambre du Roy, audit chasteau du Louvre; » — 1,800 livres à Jean Le Peuple, pour travaux de charpenterie faits au Louvre, « pour servir au mariage et festin de monseigneur
« le Dauphin; » — 800 livres à Guillaume Évrard, pour travaux de serrurerie; — 400 livres à Guillaume Laurens, pour ouvrages de plomberie; — 200 livres à Louis Le Brueil, pour travaux de peinture, plus « audit Louis Du Brueil, Jean Du Brueil, Jean Testart, Thomas le Plastrier et
« Jean Le Jeune, maistres paintres, la somme de 260 livres à eux ordonnée pour leur payement
« des ouvrages et enrichissemens cy-après déclarez, dedans la grande salle de bal audit Louvre:
« premièrement, pour avoir peinct de couleur de bois tout le tour de ladite salle, joignant les
« poultres et de même largeur que icelles, et au-dessous environ six pieds de large tout autour
« de ladite salle, avoir peint de blanc avec les corbeaux soustenans lesdites poultres et embrase-
« mens des huis et fenestres, et appliqué sur chacun desdits corbeaux une grande feuille dorée
« et au-dessous un masque d'un faune moulé de papier [2], doré d'or bel en certains endroits; et
« avoir, sur lesdits lieux peints de blanc, faits et assis des compartimens de festons de lierre avec
« liens d'or clinquant, et avoir, en certains endroits, escript les devises et nom du Roy, avec deux
« ordres de guillochis tant au pourtour de ladite salle, et en quelques ovalles faittes desdits fes-
« tons, avoir mis des H H et croissans couronnez. *Item*, pour avoir peint de blanc l'eschaffault des
« joueurs d'instrumens, et enrichy de festons de lierre aussi avec liens dudit or cliquant, et au
« milieu, sur le front, appliqué un masque doré d'or bel. *Item*, pour avoir tout peint aussy de

---

[1] Jean de La Hamée, travaillait encore pour la Reine mère vers 1577. Il mourut peu après.

[2] L'usage du carton-pierre, ou pâte d'une composition analogue, était connu au XVIᵉ siècle: Philibert de L'Orme en fait mention dans son Traité d'architecture.

« blanc, le fond de dessous le Tribunal et le tour dudit lieu, et dessus avoir appliqué festons de
« liarre liez d'or, et en certains endroits des H H et croissans couronnez. *Item*, pour avoir enrichi
« de festons de liarre tout le tour de la salle du Conseil, joignant ladite grande salle du bal,
« environ de hauteur de trois pieds, et avoir, en certains endroits, applicqué des H H et crois-
« sans couronnez, et au-dessus avoir peint, de la largeur des poultres, ledit tour, de cou-
« leur de bois, et en quelques endroits aussy de la chambre et antichambre du Roy. » —
4,774 livres 19 sols à Raoullant Maillart et Francisque Serbecq, pour travaux de menuiserie;
— 400 livres à Nicolas Beaurain, pour ouvrage de vitrerie; — 425 livres 3 sols à Jean Mignaut,
pour ouvrages de nattes; — 1,200 livres à P. Lescot, pour ses honoraires d'un an, et 600 à
M⁰ Jean Durant, le comptable.

### VIEUX LOUVRE.

La somme totale est de 1,106 livres 19 sols 11 deniers, ainsi répartie : 151 livres 6 sols
8 deniers à Eustache Ive, pour travaux de maçonnerie; — 613 livres 2 sols à Léonard Fontaine,
pour travaux de charpenterie; — 301 livres 8 sols 9 deniers à Jean Le Gay, pour travaux de
couverture; — et 45 livres 2 sols 6 deniers à Michel Bourdin, pour travaux de menuiserie.

### ANNÉE 1558-59. — NOUVEAU LOUVRE.

Le compte du 1ᵉʳ janvier 1558 (v. s.) au dernier décembre 1559 indique une dépense totale de 27,717 livres 1 sol 3 deniers, dont 13,000 livres tournois payées à Guill. Guillain et
P. de Saint-Quentin, « maistres maçons, demeurant à Paris, ayant la charge du bastiment du
« Louvre, pour travaux de maçonnerie; — 53 livres à Armand Collectet, « tourneur de pierres
« et de bois, demeurant à Paris..... pour avoir vendu et livré et fait conduire dans le magasin
« des marbres du Roy, huict blots de marbre, tant blancs que noirs; » — 484 livres à Jean
Goujon, pour travaux de sculpture; — 2,000 livres à Jean Le Peuple, pour travaux de charpente; — 964 livres 5 sols 4 deniers à Claude Penelle et autres maîtres couvreurs, pour « plu-
« sieurs ouvrages de couverture d'ardoises et de thuilles, tant au comble de dessus la vieille
« chapelle que au cabinet naguères fait pour la Reyne, joignant le Grand-Pavillon; » — 4,924 livres 9 sols à Francisque Scibecq et autres, pour travaux de menuiserie; 2,849 livres 2 sols
4 deniers à Guill. Évrard, pour ouvrages de serrurerie; — 358 livres 6 sols 6 deniers à Nicolas
Beaurain, pour travaux de vitrerie; — 260 livres à Jean et Louis Du Brueil, pour travaux de
peinture; — 482 livres 3 sols 4 deniers à Étienne Guignebeuf, pour ouvrages de nattes; — 417
livres 3 sols tant à Roger de Simonieulx, « ayant la charge et conduite des autres mosleurs qui
« ont travaillé avec luy, » qu'à ces autres ouvriers mouleurs et pour « payement de grand nombre
« de matériaux et drogues qui ont esté employées à faire plusieurs ouvrages de mouslerie; » —
42 livres 12 sols à Gilbert Drouin, maistre ferronnier, à Paris, pour quatre paires de chenets,
« mis en la salle du chasteau du Louvre, pour servir aux nopces du duc de Lorraine; » plus,
200 livres à Nicolas Clerget, « marchand, demeurant à Saint-Dizier, et maistre des forges, » à-
compte sur le prix « de certain nombre de contre-cœurs » qu'il devait livrer « pour servir ès che-
« minées dudit bastiment; » — 42 livres 1 sol 6 deniers à Marguerite Le Duc, marchande de
toiles, pour « 187 aunes de toille neufve pour employer au haut du dez de la salle du bal, pour
« les nopces de Madame, sœur du Roy; qui est à raison de 4 sols 6 deniers pour chaculne aulne
« de toille; » — 30 livres à Lucas le Vacher, « pour ses peines, journées, sallaires et vaccations; »
— et 1,200 livres à Lescot, pour une année de ses appointements.

## ANNÉE 1559-60[(1)]. — NOUVEAU LOUVRE

Le compte du 1ᵉʳ janvier 1559 (v. s.) au dernier décembre 1560 indique une dépense totale de 24,482 livres 14 sols 11 deniers, dont 20,000 livres à Guill. Guillain et P. de Saint-Quentin, pour travaux de maçonnerie; — 100 livres à Guillaume Vuespin, dit Tabaguet, «pour trois «grandes pièces de marbre..... conduittes jusques au magasin des marbres du Louvre;» — 4,085 livres à Jean Goujon, pour travaux de sculpture; — 1,543 livres 13 sols 11 deniers à Jean Le Peuple et Claude Girard, pour travaux de charpenterie ; — 200 livres à Rieulle Richault, pour ouvrages de menuiserie; — 200 livres à Claude Penelle, pour ouvrages de couverture d'ardoises; — 60 livres à Louis Du Brueil, pour travaux de peinture; — 82 livres à Laurens Testu, «pour neuf tuyaux de bronze.... pour servir à esgouter les eaues des dales, au-dessus «du premier étage du bastiment neuf, du costé de la rivière,» et 11 livres à Louis du Brueil, «pour avoir doré d'or fin à huille lesdits neuf tuyaux.»

Les comptes dont nous venons de donner des extraits n'existent plus qu'à l'état de copie; mais nous avons découvert, il y a quelques mois, un état original de dépenses faites pour le Louvre en 1557, 1558 et 1559 [(2)]. Cet état, qui concorde, à quelque différence près, avec les comptes ci-dessus mentionnés, est rédigé dans cette forme :

### BASTIMENT DU LOUVRE.

#### MASSONNERIE.

Inventorié.

Un. Une ordonnance du xxvɪ° mars ᴍ.ᵛ°.ʟᴠɪɪ, signée Lescot, soubz les noms de Guillaume Guilain et Pierre de Sainct-Quentin, massons, avec leur quictance, montant xv° livres tournois.

Deux. Une autre du xɪɪɪ° may ensuivant dernier passé, et quictance soubz le nom des dicts massons, montant xv° livres tournois.

ɪɪɪ. Une autre du vɪ° juillet ensuivant, et quictance, montant xv° livres tournois.

ɪᴠ. Une autre du xxv° aoust dernier, et quictance, montant xv° livres tournois.

---

[(1)] Cette année, commencée le 1ᵉʳ janvier 1559, vieux style, ou 1560, nouveau style, comprend cinq mois et demi du règne de François II. Le reçu de Jean Goujon, dont nous avons parlé p. 233, s'y rattache; en voici la teneur : «Honorable homme «Jehan Goujon, sculpteur du Roy, demeurant à «Paris, confesse avoir eu et reçu contant de Mᵉ Jehan «Durant, trésorier et payeur des œuvres, édiffices «et bastimens du Roy, la somme de quinze livres «tournois, à lui ordonnée par révérend père en «Dieu messire Pierre Lescot, seigneur de Clagny, «abbé de Clermont, conseiller et aulmosnier ordi-«naire dudict seigneur, ayant la charge et superin-«tendance des bastimens que ledict sieur Roy fait «de présent faire et construire en son chasteau du «Louvre, à Paris ; sur et tant moins des ouvrages «de sculpture par lui faicts et qu'il fera cy-après pour «ledict sieur Roy, audict chasteau du Louvre; de «laquelle somme de quinze livres ledict Jehan «Goujon s'est tenu et tient content, en requitte et «quitte ledict trésorier et tous autres, promettant, «obligeant et renonçant. Fait et passé l'an 1559 «(1560), le lundi, premier jour d'avril avant Pas-«ques. *Signé*, Pajonat-Patu.»

[(2)] M. le Préfet l'a fait immédiatement acheter pour la bibliothèque de la Ville.

## COMPTES DU LOUVRE SOUS HENRI II.

Inventorié.
v. Une autre du vi<sup>e</sup> octobre dernier, et quictance, montant xv<sup>e</sup> livres tournois.
vi. Une autre du xxvi<sup>e</sup> de novembre ensuivant, et quictance, montant xv<sup>e</sup> livres tournois.
vii. Une autre du iiii<sup>e</sup> janvier ensuivant, et quictance, montant xv<sup>e</sup> livres tournois.
viii. Une autre du xvii<sup>e</sup> février ensuivant, et quictance, montant x. livres tournois.

### SCULPTURE.

ix. Une autre ordonnance du xxvii<sup>e</sup> de mars v<sup>e</sup>lvii, signée du dict Lescot, soubz le nom de Jehan Goujon, sculpteur, avec quictance, montant xii livres tournois.
x. Une autre ordonnance du ii<sup>e</sup> avril ensuivant, ou dict an, et quictance, montant xii livres tournois.
xi. Une autre ordonnance du vii<sup>e</sup> avril ensuivant, ou dict an, et quictance, xii liv. tourn.
xii. Une autre ordonnance du xvi<sup>e</sup> avril v<sup>e</sup>lviii, après Pasques, et quictance, xii liv. tourn.
xiii. Une autre ordonnance du xxiii<sup>e</sup> du dict moys, et quictance, montant xii livres tournois.
xiv. Une autre ordonnance du dernier du dict moys, et quictance, montant xii liv. tourn.
xv. Une autre ordonnance du vii<sup>e</sup> may ensuivant, et quictance, montant xii liv. tourn.
xvi. Une autre ordonnance du xiiii<sup>e</sup> du dict moys, et quictance, montant xii liv. tourn.
xvii. Une autre ordonnance du xxi<sup>e</sup> dudict moys, et quictance, montant xii liv. tourn.
xviii. Une autre ordonnance du xxviii<sup>e</sup> du dict moys, montant xii livres tournois.
xix. Une autre ordonnance du iiii<sup>e</sup> de juing ensuivant, et quictance, montant xii liv. tourn.
xx. Une autre ordonnance du xi<sup>e</sup> du dict moys de juing, et quictance, montant xii liv. tourn.
xxi. Une autre du xxviii<sup>e</sup> du dict moys, et quictance, montant xii livres tournois.
xxii. Une autre du xxv<sup>e</sup> du dict moys, et quictance, montant xii livres tournois.
xxiii. Une autre du ii<sup>e</sup> juillet ensuivant dernier, et quictance, montant xv livres tournois.
xxiiii. Une autre du ix<sup>e</sup> du dict moys, et quictance, montant xv livres tournois.
xxv. Une autre du xvi<sup>e</sup> ensuivant, et quictance, montant xv livres tournois.
xxvi. Une autre du xxii<sup>e</sup> ensuivant, et quictance, montant xv livres tournois.
xxvii. Une autre du pénultième du dict moys, et quictance, montant xv livres tournois.
xxviii. Une autre du iii<sup>e</sup> d'aoust ensuivant dernier passé, et quictance, montant xx liv. tourn.
xxix. Une autre du vi<sup>e</sup> du dict moy, et quictance, montant xv livres tournois.
xxx. Une autre du xiii<sup>e</sup> du dict moys, et quictance, montant xv livres tournois.
xxxi. Une autre du xx<sup>e</sup> jour du dict mois, et quictance, montant xv livres tournois.
xxxii. Une autre du xxvii<sup>e</sup>, et quictance, montant xv livres tournois.
xxxiii. Une autre du iii<sup>e</sup> septembre ensuivant dernier passé, et quictance, montant xv liv. tourn.
xxxiiii. Une autre du x<sup>e</sup> ensuivant, et quictance, montant xv livres tournois.
xxxv. Une autre du xvii<sup>e</sup> jour dudict moys, et quictance, montant xii livres tournois.
xxxvi. Une autre du xxiiii<sup>e</sup> jour du dict moys, et quictance, montant xii livres tournois.
xxxvii. Une autre du premier octobre dernier, et quictance, montant xii livres tournois.
xxxviii. Une autre du viii<sup>e</sup> jour du dict moys, et quictance, montant xv livres tournois.
xxxix. Une autre du xv<sup>e</sup> jour du dict moys, et quictance, montant xv livres tournois.
xl. Une autre du xxii<sup>e</sup> du dict moys, et quictance, montant xviii livres tournois.
xli. Une autre du xxv<sup>e</sup> jour du dict moys, signée du dict Lescot, soubz le nom de Estienne Cramoy, autre sculpteur, et quictance, montant xvii livres x sols tournois.
xlii. Une autre du xxix<sup>e</sup> jour du dict moys, soubz le nom du dict Jehan Goujon, quictance, montant xviii livres tournois.
xliii. Une autre du v<sup>e</sup> novembre ensuivant aussy dernier, et quictance, montant xviii liv. tourn.

Inventorié.

XLIIII. Une autre du xii<sup>e</sup> du dict moys, et quictance, montant xv livres tournois.
XLV. Une autre du xix<sup>e</sup> du dict moys, et quictance, montant xii livres tournois.
XLVI. Une autre du xxvi<sup>e</sup> du dict moys, et quictance, montant xx livres tournois.
XLVII. Une autre du iii<sup>e</sup> décembre aussy dernier, et quictance, montant x livres tournois.
XLVIII. Une autre du x<sup>e</sup> du dict moys, montant x livres tournois.
XLIX. Une autre du xvii<sup>e</sup> du dict moys, et quictance, montant x livres tournois.
L. Une autre du xxiiii<sup>e</sup> du dict moys, montant x livres tournois.
LI. Une autre du dernier du dict moys, et quictance, montant x livres tournois.
LII. Une autre du vii<sup>e</sup> janvier ensuivant aussy dernier, montant x livres tournois.
LIII. Une autre du xiiii<sup>e</sup> du dict moys, et quictance, montant x livres tournois.
LIIII. Une autre du xxi<sup>e</sup> du dict moys, et quictance, montant x livres tournois.
LV. Une autre du xxviii<sup>e</sup> du dict, et quictance, montant x livres tournois.
LVI. Une autre du iiii<sup>e</sup> février ensuivant dernier passé, et quictance, montant x livr. tourn.
LVII. Une autre du xi<sup>e</sup> du dict moys, et quictance, montant x livres tournois.
LVIII. Une autre du xviii<sup>e</sup> du dict moys, et quictance, montant x livres tournois.
LIX. Une autre du xxv<sup>e</sup> ensuivant, et quictance, montant x livres tournois.
LX. Une autre du quatre mars ensuivant aussy dernier passé, montant x livres tournois.
LXI. Une autre du premier jour d'avril v<sup>c</sup>LIX, par Pierre Jognaux, x livres tournois.

### CHARPENTERIE.

LXII. Une autre ordonnance du v<sup>e</sup> de mars v<sup>c</sup>LVII, signée du dict Lescot, soubz le nom de Jehan Lepeuple, maistre charpentier, avec sa quictance, montant iiii<sup>c</sup> livres tournois.
LXIII. Une du xix<sup>e</sup> du dict moys, et quictance du dict moys, montant iiii<sup>c</sup> livres tournois.
LXIIII. Une autre du xx<sup>e</sup> avril v<sup>c</sup>LVIII dernier, et quictance, montant v<sup>c</sup> livres tournois.
LXV. Une autre du xvi<sup>e</sup> décembre ensuivant aussi dernier, et quictance, v<sup>c</sup> livres tournois.

### SERRURERYE.

LXVI. Une autre ordonnance du x<sup>e</sup> septembre dernier, signée du dict Lescot, soubz le nom de Guillaume Érard, serruryer, avec sa quictance, montant iii<sup>c</sup> livres tournois.
LXVII. Une autre du xiii<sup>e</sup> décembre ensuivant aussi dernier, montant v<sup>c</sup> livres tournois.

### PLOMBERIE.

LXVIII. Une autre ordonnance du xviii<sup>e</sup> aoust v<sup>c</sup>LVIII, soubz le nom de Guillaume Laurens, marchand plombier[1], avec sa quictance, montant iiii<sup>c</sup> livres tournois.

### PEINCTURE.

LXIX. Une autre ordonnance du xi<sup>e</sup> aoust v<sup>c</sup>LVIII dernier passé, signé du dict Lescot, soubz le nom de Loys Le Brueil, peintre, et sa quictance, montant c livres tournois.
LXX. Une autre du xiiii<sup>e</sup> octobre ensuivant dernier, montant c livres tournois.
LXXI. Une autre du iii<sup>e</sup> février ensuivant dernier, soubz le nom du dict Loys Dubrueil, Jehan

---

[1] Guill. Laurans, bourgeois de Paris, maistre plombier et fontainier de la Ville, mourut le 12 mars 1572. Il fut enterré à Saint-Gervais, près de sa femme, Barbe Boutemotte, morte elle-même le 2 septembre 1569.

Inventorié.

Dubrueil, Jehan Testart, Thomas Leplastrier et Jehan Lejeune, maistres peintres, avec leur quictance, montant ii<sup>c</sup>xx livres tournois.

#### MENUISERIE.

LXXII. Une autre ordonnance du v<sup>e</sup> avril v<sup>c</sup>LVII avant Pasques, signée du dict Lescot, soubz le nom de Raouland Maillard, menuisier, avec sa quictance, montant ii<sup>c</sup> livres tournois.

LXXIII. Une autre du viii<sup>e</sup> avril ensuivant ou dict an v<sup>c</sup>LVII, soubz le nom de messire Francisque Serbecq, autre menuisier, avec sa quictance, montant ii<sup>c</sup> livres tournois.

LXXIIII. Une autre du xxiii<sup>e</sup> du dict moys v<sup>c</sup>LVIII après Pasques, soubz le nom du dict Serbec, et quictance, montant ii<sup>c</sup> livres tournois.

LXXV. Une autre du xx<sup>e</sup> ensuivant dernier, soubz le nom du dict Maillart, avec sa quictance, montant ii<sup>c</sup> livres tournois.

LXXVI. Une autre du x<sup>e</sup> juing dernier, soubz le nom du dict Serbec, avec sa quictance, montant iiii<sup>c</sup> livres tournois.

LXXVII. Une autre du xvi<sup>e</sup> juillet aussi dernier, soubz le nom du dict Serbec, avec quictance, montant iiii<sup>c</sup> livres tournois.

LXXVIII. Une autre du xxvii<sup>e</sup> juillet ensuivant dernier, soubz le nom de Riolle Richault, aussi menuisier, avec sa quictance, montant ii<sup>c</sup> livres tournois.

LXXIX. Une autre du xiii<sup>e</sup> aoust aussi dernier, soubz le nom du dict Maillart, et quictance, montant ii<sup>c</sup> livres tournois.

iiii<sup>xx</sup>. Une autre du xxvi<sup>e</sup> du dict mois d'aoust, soubz le nom du dict Serbec, et quictance, montant iiii<sup>c</sup> livres tournois.

iiii<sup>xx</sup>I. Une autre du xix<sup>e</sup> septembre ensuivant, soubz le nom du dict Serbec, et quictance, montant ii<sup>c</sup> livres tournois.

iiii<sup>xx</sup>II. Une autre ordonnance du xxiiii<sup>e</sup> septembre dernier, soubz le nom du dict Richault, et quictance, montant iiii<sup>xx</sup>xii livres xiiii sols tournois.

iiii<sup>xx</sup>III. Une autre du xii<sup>e</sup> octobre ensuivant, soubz le nom dudit Serbecq, et quictance, montant ii<sup>c</sup> livres tournois.

iiii<sup>xx</sup>IIII. Une autre du xxix<sup>e</sup> du dict moys d'octobre, soubz le nom du dict Maillart, et quictance, montant L livres tournois.

iiii<sup>xx</sup>V. Une autre du xxx<sup>e</sup> du dict mois d'octobre, soubz le nom du dict Serbecq, et quictance, montant c livres tournois.

iiii<sup>xx</sup>VI. Une autre du xvii<sup>e</sup> novembre ensuivant aussi dernier, soubz le nom du dit Serbecq, et quictance, montant iii<sup>c</sup> livres tournois.

iiii<sup>xx</sup>VII. Une autre du xxvii<sup>e</sup> du dict moys, soubz le nom du dict Maillart, et quictance, montant ii<sup>c</sup>ii livres v sols.

iiii<sup>xx</sup>VIII. Une autre du xvi<sup>e</sup> décembre ensuivant, soubz le nom du dict Serbec, avec sa quictance, montant iiii<sup>c</sup> livres tournois.

iiii<sup>xx</sup>IX. Une autre du xx<sup>e</sup> du dict moys de décembre dernier, soubz le nom du dict Richault, et quictance, montant iiii<sup>c</sup> livres tournois.

iiii<sup>xx</sup>X. Une autre du xiii<sup>e</sup> janvier ensuivant ou dict an, soubz le nom du dict Serbecq, et quictance, montant ii<sup>c</sup> livres tournois.

iiii<sup>xx</sup>XI. Une autre du premier février ou dict an v<sup>c</sup>LVIII dernier, soubz le nom du dict Serbec, et quictance, montant ii<sup>c</sup> livres tournois.

(Article biffé dans l'original.) Une autre du.. jour du dict moys de février, soubz le nom du dict Seerbec, et sa quictance, montant II<sup>c</sup> livres tournois.

### VICTRERIE.

Inventorié.

IIII<sup>xx</sup>XII. Une autre ordonnance du XI juing dernier passé, signée du dict Lescot, soubz le nom de Nicolas Baurain, victrier, avec sa quictance, montant II<sup>c</sup> livres tournois.

IIII<sup>xx</sup>XIII. Une autre du XXVIII<sup>e</sup> décembre ensuivant, et sa quictance, montant II<sup>c</sup> livres tournois.

### ANMEUBLEMENS.

(Biffé.)
Une autre ordonnance du XXIIII<sup>e</sup> may v<sup>c</sup>LVIII dernier passé, signée Lescot, soubz le nom de Gilbert Denis, maistre ferronnier en grosserie, avec sa quictance, montant LV livres tournois.
Une autre du IIII<sup>e</sup> juing ensuivant aussi dernier, soubz le nom de Marie de Lacroix, veuve de feu Philippe Lejay, marchant de draps de soye, avec sa quictance, montant XL livres XII sols VI deniers tournois.

### OUVRAIGES DE NATTE.

IIII<sup>xx</sup>XIIII. Une autre ordonnance du XXIII<sup>e</sup> moy dernier passé, soubz le nom de Jehan Mignaut, nattier, avec sa quictance, montant II<sup>c</sup>III livres VII sols III deniers.

IIII<sup>xx</sup>XV. Une autre du XXVII<sup>e</sup> juillet ensuivant aussi dernier passé, soubz le nom de Estienne Quiquebeuf, aussy nattier, avec sa quictance, montant XXI livres XV sol IX deniers obole tournois.

IIII<sup>xx</sup>XVI. Une autre du II<sup>e</sup> janvier aussi dernier, soubz le nom dudict Quiquebeuf, et quictance, montant II<sup>c</sup> livres tournois.

### ORFAVERIE.

IIII<sup>xx</sup>XVII. Une autre ordonnance du XVII<sup>e</sup> juillet aussi dernier passé, soubz le nom de Richard Toutain, orfèvre, signée du dict Lescot, avec sa quictance, montant XIIII livres X sols.

### MENUZ FRAIZ.

(Biffé.) Une ordonnance du IIII<sup>e</sup> janvier dernier passé, signée Lescot, soubz le nom de Pierre Daguet, menuisier, et sa quictance, montant XI livres tournois.

### AMEUBLEMENS.

IIII<sup>xx</sup>XVIII. Une autre ordonnance du XXIIII<sup>e</sup> jour de mai mil v<sup>c</sup>LVIII dernier passé, signée Lescot, soubz le nom de Gilbert Denis, maistre ferronnyer en grosserye, avec sa quictance, montant LV livres tournois.

IIII<sup>xx</sup>XIX. Une autre du IIII<sup>e</sup> de juing ensuivant aussy dernier passé, soubz le nom de Marie de Lacroix, veuve de Philippes Le Jay, marchand de draps de soye, avec sa quictance, montant XL livres XII sols VI deniers.

### MENUZ FRAIZ.

G. Une ordonnance du IIII<sup>e</sup> janvyer dernier passé, signée du dict Lescot, soubz le nom de Pierre Duguet, menuisier, et sa quictance, montant XI livres tournois.

COMPTES DU LOUVRE SOUS HENRI II.                247
Inventorié.
CI.     Une autre ordonnance du II° avril v°LVII avant Pasques, signée du dict Lescot, soubz le nom de Lucas Le Vacher, et recépissé, montant VI$^{xx}$x livres tournois.
CII.    Une autre du IIII° octobre ensuivant v°LVIII, montant c livres tournois.
CIII.   Une autre du x° décembre ensuivant, et recepissé montant xxx livres tournois.

### SALLAIRES ET VACCATIONS.

CIIII.  Une autre ordonnance du XVII° février aussi dernier passé, signée du dict Lescot, soubz le nom du dict Le Vacher, et sa quictance, montant IIII$^{xx}$ livres tournois.

#### GAIGES ET ESTATZ POUR L'ANNÉE FYNIE LE DERNIER JOUR DE DÉCEMBRE V°LVIII DERNIER.

CV.     Unze quictances du seigneur de Claigny, signées Lescot, des derniers passez (*sic*), montans XII livres tournois.
CVI.    Trois autres quictances de Lescot, des xv° janvier, III° febvrier, et IIII° mars v°LVIII, pour la somme de troys cens livres pour ses gages de janvier, février et mars v°LVIII.

### MENUYSERIE.

CVII.   Une ordonnance du second jour d'avril v°LIX après Pasques, à Raoulland Maillard, menuysier, avec sa quictance de la somme de IIII$^{xx}$IX livres VII sols.

### ACHAPT DE MARBRE.

CVIII.  Une autre ordonnance du dernier jour de mars v°LIX après Pasques, à Amand Colletet tourneur de pierres et de bois, avec sa quictance de la somme de LIII livres tournois.

## CHAPITRE VIII.

### LE LOUVRE SOUS FRANÇOIS II, CHARLES IX ET HENRI III.

DE 1559 À 1589.

Le règne de François II a été trop court pour qu'on le considère comme une phase dans l'histoire du Louvre. Nous n'avons à y signaler que des lettres patentes confirmant Pierre Lescot dans sa charge, « en laquelle, dit le jeune Roi, vous « vous êtes acquitté si soigneusement, diligemment, et bien et tant à leur contente- « ment (il s'agit de François Ier et de Henri II), qu'à présent nous sommes déli- « béré de faire continuer une si belle et louable entreprise, nous avons grande « occasion de vous continuer aussy en ladite charge, pour l'assurance que nous « avons du bon et louable service que nous recevons de vous en cet endroit [1]. » Ces lettres furent délivrées à Paris, le 24 juillet 1559, c'est-à-dire quatorze jours seulement après la mort de Henri II. Lescot, on le voit, n'avait pas perdu plus de temps, cette fois, qu'à la mort de François Ier, afin d'assurer sa position qui fut toujours fort respectée.

Aujourd'hui on ne peut plus distinguer au Louvre les parties élevées sous François II : elles se confondent avec celles qui sont voisines. Il en est autrement des constructions de Charles IX.

L'aile ou corps de logis méridional « a esté poursuivy, dit Du Cerceau, par les « roys Françoys second et Charles neufiesme, dernier décédé, ou plustost par la « Royne, leur mère, jusques à l'endroit où sera assis un autre escalier, pour servir « audit corps de logis. » Le lieu où devait être placé l'escalier auquel Du Cerceau fait allusion n'est indiqué nulle part; mais il est probable qu'on l'aurait disposé dans le troisième avant-corps, à l'orient du gros pavillon d'angle, dans une situation correspondante à celle de l'escalier de Henri II. Sur le plan qui a été publié par Du Cerceau, en 1576, et qui donne assurément l'état de l'édifice à cette

---

[1] *Comptes des bâtiments*, t. I, p. 381. Nous n'avons pas transcrit entièrement ces lettres, parce que la teneur en est copiée sur celles que nous donnons *in extenso*.

date, la nouvelle aile méridionale ne semble achevée que jusqu'au second avant-corps inclusivement, car au delà, à l'étage inférieur, est seulement figurée une portion de salle incomplète (r, du plan). Ainsi il est à croire qu'en 1576, c'est-à-dire peu de temps après la mort de Charles IX, l'aile s'arrêtait entre le second et le troisième avant-corps. Au surplus, le monument même offre une excellente preuve de la vérité des affirmations et des dessins de Du Cerceau : au premier avant-corps, qui fut édifié par Henri II, sont sculptés les H H initiales de son nom; sur le second avant-corps et sur les trois travées qui le séparent du premier, on remarque, au contraire, des K affrontés, initiales du nom latin (*Karolus*) de Charles IX. Les

parties construites sous le règne de ce prince sont donc en quelque sorte signées par lui, et l'espace qu'elles occupent confirment ce que nous apprend Du Cerceau; les comptes achèvent d'en démontrer l'exactitude. En effet, l'article sculpture du compte de 1562-63 est ainsi conçu : «A Pierre L'Heureux, François L'Heureux, «Martin Le Fort et Pierre Nanyn, sculpteurs, la somme de 140 livres à eux ordon-«née par ledit seigneur de Claigny, pour avoir taillé et enrichy une frise de festons «composée de plusieurs fruictages aux petits enfans et oiseaux y entremeslez, et «pour avoir posé et assis ladite frise sur l'architecture, collonnes et pilastres du «second estage que l'on édifioit pour les antichambres et cabinets de la Royne, «du costé de la cour du Louvre, et pour avoir taillé quarante-trois petits masques «pour ornement d'une corniche servant d'entablement èsdits logis de la Royne. » On n'aperçoit plus aucun de ces quarante-trois petits masques, l'ancien attique ayant été détruit pour faire place à un troisième ordre; mais la frise couronnant le second ordre, et décrite dans le compte, existe intacte, et l'on y retrouve, depuis le premier avant-corps jusqu'au second inclusivement, des K enguirlandés, preuve matérielle que cette partie de l'aile a été bâtie à l'époque que nous indiquons.

L'article sculpture, du compte de 1564-65, également fort précieux, ajoute encore à l'authenticité et au nombre des renseignements que le précédent comporte : «A Estienne Cramoy et Martin Le Fort, sculpteurs, la somme de 326 livres à eux «ordonnée par ledit seigneur de Clagny, pour avoir par eux taillé en pierre de «Saint-Leu, autour de quatre ovalles de marbre mixte, à chacune un meufle de «lion, et deux festons de chesne pendans dudit meufle, lesdites ovalles estans entre «les colonnes du second estage; plus, pour avoir esté taillé au-dessus de trois «fenestres du dernier estage, à chacun un trophée de morions, arcqs, carquoys, «flamberies et autres armes antiques. Plus, pour avoir par eux esté taillez sur le «tas en ladite pierre, aux costez de chascune desdites fenestres, deux trophées «d'armes antiques, comme corcelets, toraces, tarques, pavois, espées, dagues,

LE LOUVRE SOUS FRANÇOIS II, CHARLES IX ET HENRI III.     251

« arcqs, carquoys et autres sortes d'armes antiques. Plus, pour avoir taillé sur le
« tas, en ladite pierre de Saint-Leu, sur quatre tablettes de marbre mixte, lesquels
« sont posées entre les collonnes de l'estage du rez-de-chaussée, sur chascune un K
« couronné à l'impériale, enrichy de branches de lauriers. Plus, pour avoir taillé
« sur le tas, en ladite pierre de Saint-Leu, en trois clefs qui sont cy trois arcades
« du premier estage, à chascune un K environné d'une couronne de lauriers. Plus,
« pour avoir par eux achevé et mis en perfection deux petits enfans nuds de la
« corniche du second estage; tous lesdits ouvrages susdits ont esté faits pour orner
« et enrichir la fassade de cette partie du corps d'hostel que l'on bastit à présent
« pour le logis de la Reyne, audit chasteau du Louvre, du costé de la rivière. »
Les trophées dont il est ici question ont disparu lors de la démolition de l'attique
qu'ils ornaient; mais les mufles à festons et les K couronnés se reconnaissent au
premier coup d'œil. Quant aux K des clefs d'arcs de l'étage inférieur, on ne les voit
plus, de même que les H qui, suivant les planches de Du Cerceau, décoraient les
clefs analogues de l'autre aile; les couronnes de laurier seules subsistent.

Nous n'avons pas besoin de faire observer quelle importance ont les deux passages que nous venons de citer, et combien on doit s'estimer heureux de ce qu'ils nous sont parvenus: non-seulement ils nous révèlent les auteurs de sculptures qu'on attribuait à Jean Goujon, mais ils datent, de la manière la plus incontestable, toute une partie de l'édifice, et, par suite même, les parties contiguës; enfin ils établissent que les chiffres sculptés sur les murs du Louvre ne sont point des données à conséquences douteuses, mais des indications dans lesquelles il convient d'avoir la plus grande confiance [1].

Charles IX ne se borna vraisemblablement pas à pousser l'aile méridionale un peu au-delà de son second avant-corps; nous supposons qu'il en éleva d'une manière plus ou moins complète le mur extérieur, jusqu'à la tour sud-est de l'ancien Louvre; car, sur la vue de Cellier, qui représente l'état antérieur à la construction des galeries, c'est-à-dire à l'année 1566, la muraille de l'aile méridionale apparaît achevée du côté de la rivière, absolument comme sur les gravures de Sylvestre. Il n'y aurait, nous le savons bien, rien d'extraordinaire à ce que ce fût là une fantaisie d'artiste anticipant sur l'avenir; mais il serait encore moins surprenant que ce fût l'expression de la vérité. Le recueil de Cellier porte, il est vrai, la date de 1583; toutefois cette date n'empêche pas de croire que certains dessins du recueil ne donnent point des aspects plus anciens [2], et il y a une preuve que la vue du Louvre dont nous parlons a été faite avant 1576, puisqu'elle ne reproduit point la Petite-Galerie, dont on trouve le plan dans l'ouvrage de Du Cerceau. Il est assuré-

---

[1] De tout temps, au Louvre, les constructions ont été décorées des initiales du souverain régnant.

[2] Jacques Cellier demeurait à Reims, et ses vues de Paris peuvent n'être que des reproductions.

252     TOPOGRAPHIE HISTORIQUE DU VIEUX PARIS.

ment fort difficile d'admettre que, pendant un grand nombre d'années, et à une époque de troubles, le château ait pu constamment présenter une brèche dans ses murs; or c'est précisément ce qui aurait eu lieu si l'aile ancienne avait été démolie toise par toise, à mesure que le nouveau bâtiment progressait.

Les comptes du nouveau Louvre ne descendent pas plus bas que l'année 1568; il devient impossible de suivre exactement la marche des travaux qui furent faits depuis. Divers articles des comptes les plus récents donnent à penser que, vers 1570, on s'occupait surtout d'aménagement et de décoration intérieure. Ainsi il est question, en 1567, d'achats de contre-cœurs de cheminées, et, dès 1565, des sculptures du plafond de « la chambre du rez-de-chaussée, au-dessous de celle de « la Reyne, » passage qui démontre que la chambre de la Reine était au premier étage (G). Nous savons qu'elle était séparée de la chambre du Roi par le cabinet[1] dont nous avons parlé précédemment (p. 227). Elle était éclairée par deux fenêtres donnant sur la rivière, et formant la deuxième et la troisième baie après le gros pavillon. Elle correspondait en partie au premier avant-corps de l'aile méridionale[2]. Dans le compte de 1568, il y a une indication de l'antichambre de la Reine; la pièce qu'on désignait ainsi en 1661 était celle (J) qu'éclairaient les septième et huitième fenêtres[3] après le gros pavillon. Elle était séparée de la grande chambre par deux pièces: le grand cabinet de la Reine (I) et sa chambre à coucher (H), contiguë à sa grande chambre. En 1661, la dernière pièce de l'aile était la salle des gardes de la Reine.

La conduite des travaux du nouveau Louvre, ainsi que nous l'avons dit, resta entre les mains de Lescot jusqu'à sa mort, et, par conséquent, durant tout le règne de Charles IX et le commencement de celui de Henri III. On en a la preuve dans les lettres d'office de son successeur aux fonctions d'architecte du château, et dans un mémoire de marbrerie de 1573, où Lescot est qualifié de surintendant des travaux[4]. Les artistes nommés dans les comptes sont Jean Goujon, le tailleur de marbre François Du Han, les sculpteurs Étienne Cramoy, Martin Le Fort, Pierre Nanyn, Jean Tacet ou Tacquet et les deux frères Pierre et François L'Heureux. Ces derniers, auxquels on doit la délicieuse frise d'une partie de la grande galerie du bord de l'eau, le plus gracieux morceau de sculpture qu'il y ait au Louvre,

---

[1] On parvenait directement à ce cabinet par un escalier tournant en une cage carrée que l'on voit encore, mais qui ne figure pas sur le plan de Du Cerceau, où il paraît y avoir l'indication d'un petit escalier dérobé pris dans l'épaisseur du mur.

[2] Au XVII° siècle, un oratoire était disposé dans l'embrasure de la fenêtre donnant sur la cour.

[3] Sur la face méridionale du Louvre de Lescot, l'espacement des fenêtres, ce qu'on ne sait guère, était fort inégal. Il y a d'ailleurs des indications de cette irrégularité dans les planches de Du Cerceau et dans une vue de Sylvestre. Au moyen de vieux plans cotés, qui existent aux Archives, nous avons pu restituer l'ancienne disposition avec une exactitude complète.

[4] Ce mémoire est indiqué sous le numéro 1112 dans le catalogue de la bibliothèque Leber.

étaient probablement élèves de Jean Goujon. Vers 1578, ils ornèrent de deux figures de fleuves la fontaine de Marle, située en la rue Salle-au-Comte. François L'Heureux, auquel Sauval attribue un lion, d'exécution remarquable, qui ornait le portail de l'hôtel d'O, rue Vieille-du-Temple, sculptait aussi le bois, et fit des travaux de cette espèce dans les appartements de la Reine, avec Jean Tacquet. En fait de peintres, les comptes nomment encore Louis Du Breuil et un certain Jacques Patin. Les menuisiers sont toujours Raoullant Maillart, Rieulle Richart et aussi Michel Bourdin et Noël Biart, apparemment le père de Pierre Biart. Enfin il est fait mention, en 1568, de « l'orlogeur » Nicolas Le Constançois.

L'aile méridionale, à partir de l'année 1568, où nous cessons d'en suivre régulièrement les progrès, et jusqu'à la mort de Charles IX, ne semble pas avoir été poussée avec activité; la construction en fut peut-être ralentie par d'autres travaux beaucoup plus importants, qu'on entreprit au dehors du château. Avant de les décrire, et pour n'avoir point à scinder notre récit, nous donnons ici le résumé des comptes qui nous restent à partir de 1560.

### ANNÉE 1560-61. — NOUVEAU LOUVRE.

Le compte du 1ᵉʳ janvier 1560 (v. s.) au dernier décembre 1561, rendu par Mᵉ Jean Durant, indique un total de 24,482 livres 14 sols 11 deniers, dont 20,000 livres payées à G. Guillain et P. de Saint-Quentin, pour travaux de maçonnerie; — 100 livres à Guillaume Vuespin, pour trois grandes pièces de marbre, par lui amenées dans le magasin des marbres du Louvre; — 4,805 livres à Jean Goujon, pour travaux de sculpture; — 1,543 livres 13 sols 11 deniers à Jean Le Peuple et à Claude Girard, pour travaux de charpenterie; — 200 livres à Rieulle Richault, pour travaux de menuiserie; 200 livres à Claude Penelle, pour travaux de couverture en ardoise; — 60 livres à Louis du Brueil, pour travaux de peinture; — 82 livres à Laurent Testu, pour neuf tuyaux de bronze servant à l'écoulement des eaux du bâtiment neuf; — 11 livres à Louis du Brueil, pour avoir doré ces tuyaux; et 1,200 livres à Lescot, pour ses honoraires d'une année.

### ANNÉE 1561-62. — NOUVEAU LOUVRE.

Le compte du 1ᵉʳ janvier 1561 (v. s.) au dernier décembre 1562 indique un total de 10,699 livres 6 deniers, dont 8,500 livres payées à G. Guillain et P. de Saint-Quentin, pour travaux de maçonnerie; — 716 livres à Jean Goujon, pour travaux de sculpture; — 400 livres à Guillaume Laurens, pour travaux de plomberie; — 53 livres 15 sols 6 deniers à Étienne Guignebeuf, pour ouvrages de nattes; — 29 livres 5 sols à Bernard Symon, pour ouvrages de pavés faits « de neuf en la cour dudit chasteau; » — et 1,000 livres à Lescot, pour dix mois de ses honoraires.

### ANNÉE 1562-63. — NOUVEAU LOUVRE.

Un compte du 6 octobre 1562 au dernier novembre 1563, rendu par Étienne Grand-Remy, indique un total de 1,918 livres 6 sols 3 deniers, dont 1,400 payées à G. Guillain et P. de Saint-Quentin, pour travaux de maçonnerie; — 140 livres à Pierre L'Heureux, François L'Heureux, Martin Le Fort et Pierre Nanyn, pour les travaux de sculpture dont on a vu le détail plus haut;

— 45 livres à Louis Du Brueil, pour travaux de peinture; — 133 livres 6 sols 3 deniers à Nicolas Beaurain, pour travaux de vitrerie; — et 1,200 livres à Lescot, pour ses honoraires d'une année.

### VIEUX LOUVRE.

Le compte correspondant indique un total de 263 livres 3 sols 8 deniers, dont 12 livres 9 sols payés à Jean Aubert, pour travaux de maçonnerie; — 64 livres 12 sols à Michel Bourdin, pour des travaux de menuiserie, dont une partie avaient été faits dans le palais de la Cité; — 141 livres 13 sols 6 deniers à Mathurin Bon[1], pour travaux de serrurerie; — et 44 livres 10 sols 10 deniers à Jean de La Hamée, pour travaux de vitrerie. Quelques autres travaux de maçonnerie, montant à la somme de 600 livres, furent en outre exécutés, tant au Palais qu'au Louvre, par Eustache Ive.

### ANNÉE 1563-64. — NOUVEAU LOUVRE.

Le compte du 1$^{er}$ janvier 1563 (v. s.) au dernier décembre 1564 indique un total de 8,774 livres 12 sols 6 deniers, dont 6,500 livres payées à G. Guillain et P. de Saint-Quentin, pour travaux de maçonnerie; — 642 livres 2 sols 2 deniers à Guillaume Laurens, pour travaux de plomberie; — 200 livres à Claude Penelle, pour travaux de couverture; — 200 livres à Raoullant Maillart, pour travaux de menuiserie; — 12 livres à Étienne Guignebeuf, pour ouvrages de nattes; — et 1,200 livres à Lescot, pour un an de ses honoraires.

### ANNÉE 1564-65. — NOUVEAU LOUVRE.

Le compte du 1$^{er}$ janvier 1564 (v. s.) au dernier décembre 1565 indique un total de 19,568 livres 8 sols 3 deniers, dont 7,000 livres payées à G. Guillain et P. de Saint-Quentin, pour travaux de maçonnerie; — 326 livres à Étienne Cramoy et Martin Le Fort, pour les travaux de sculpture sur pierre, énoncés précédemment; — 100 livres à François L'Heureux, « pour avoir « taillé en bois une grande armoirie de la Reyne, enrichie de masques, festons et autres orne- « mens, pour estre appliqué au cul et plat-fons de la chambre de la Reyne, et aussy avoir taillé « en bois, dans un grand panneau, un grand chappeau de triumphe de feuilles de chesne, et « dans icelluy un bassin antique enrichy de plusieurs ouvrages; pour estre ledit panneau appliqué « au milieu d'un ciel et plat-fonds de la chambre du rez-de-chaussée au-dessous de celle de la « Reyne, du costé de la rivière; » — 3,100 livres à Jean Le Peuple, pour travaux de charpenterie; — 1,300 livres à Michel Suron, pour travaux de serrurerie; — 631 livres 18 sols 6 deniers à Claude Penelle, pour travaux de couverture; — 600 livres à Guillaume Laurens, pour travaux de plomberie; — 4,950 livres à Raoullant Maillart, Noël Biart et Rieulle Richault, pour travaux de menuiserie; — 350 livres à Nicolas Beaurain, pour travaux de vitrerie; — et 1,200 livres à Lescot, pour un an de ses honoraires.

### ANNÉE 1566. — NOUVEAU LOUVRE.

Le compte des mois de janvier, février et mars de cette année 1566 indique un total de 2,858 livres, dont 800 livres payées à G. Guillain et P. de Saint-Quentin, pour travaux de maçonnerie; — 100 livres à Étienne Cramoy et Martin Le Fort, plus 60 livres à Pierre et Francois L'Heureux, pour travaux de sculpture; — 200 livres à Michel Suron, pour travaux de serrurerie;

[1] Mathurin Bon, qui travailla pour les bâtiments du nouvel hôtel de Catherine de Médicis vers 1577, vivait encore en 1585.

— 950 livres à Noël Biart et Raoulland Maillart, pour travaux de menuiserie; — 40 livres à Jean Tacquet, pour avoir taillé « en bois, des feuillages et autres ornemens, huict pommeaux pour estre « appliquez au cul et plat-fond de l'antichambre de la Reyne, au corps d'hostel.....du costé de « la rivière, pour loger Sa Majesté; » — et 200 livres à Lescot, pour deux mois de ses honoraires.

### ANNÉES 1567 ET 1568. — NOUVEAU LOUVRE.

Le compte rendu par Alain Veau, et s'étendant du 1ᵉʳ février 1567 au dernier décembre 1568, indique pour cette période un total de 21,253 livres 7 sols 7 deniers, dont 12,700 livres payées à G. Guillain et P. de Saint-Quentin, pour travaux de maçonnerie; — 2,142 livres 12 sols à Jean Le Peuple, pour travaux de charpente; — 1,219 livres à Noël Biard, Rieulle Richault et Rolland Maillart, pour travaux de menuiserie; — 377 livres 8 sols 10 deniers à Claude Penelle, pour travaux de couverture; — 1,072 livres 1 sol 6 deniers à Michel Suron, pour travaux de serrurerie; — 26 livres 15 sols à Claude Vasse, marchand ferronnier, « pour deux grands « contre-cœurs de fonte, » destinés aux cheminées du château; — 236 livres 2 sols 6 deniers à Antoine Le Clerc et Jean de La Hamée, pour travaux de vitrerie; — 197 livres 2 sols à Étienne Guignebeuf, pour ouvrages de nattes; — 224 livres 7 sols 5 deniers à Armand Bouquet, voiturier, « pour avoir charrié plusieurs marbres jusques dans l'un des magazins du Louvre; » — 50 livres à Jean Tacet, tailleur en bois, « pour avoir vendu quatre chandelliers de bois de noyer, « ayant chacun cinq branches, tout enrichis de vazes avec gauderons, feuillages, masques, guil-« lochis et autres ornemens antiques, pour estre pendus à l'antichambre et celle de la Reyne, « audit bastiment neuf du Louvre; » — 371 livres 2 sols à Jacques Patin, pour travaux de peinture; — 500 livres à Estienne Cramoy, pour travaux de sculpture; — 3,563 livres 8 sols 6 deniers à François du Han, pour taille de marbres; — 2,808 livres 9 sols 2 deniers à Guillaume de Vrespin, dit Tabaquet, pour fournitures de pièces de marbre « livrez près le port du Louvre; » — 2,400 livres à Lescot, pour ses honoraires de deux années; — 400 livres à Alain Veau, le comptable; et 87 livres de dépense commune.

Ici s'arrêtent les comptes relatifs au nouveau Louvre. Pour le

### VIEUX LOUVRE.

Le compte de 1568 mentionne, comme ayant été payée : « à Étienne Grand-Remy, maistre « maçon, la somme de 160 livres pour la construction et eserection de deux corps de garde que « le Roy voullut et commanda lors estre bastis de nouveau et en diligence, près son chasteau du « Louvre, pour la seureté de sa personne. » — « A Jean Le Peuple..... la somme de 570 livres « ..... pour ouvrages de charpenterie par luy faits ausdits corps de garde. » — « A Claude Penelle « .... la somme de 130 livres, pour ouvrage de couverture de tuille..... faits ausdits corps « de garde. » — « A Pierre de Saint-Jorre..... la somme de 60 livres pour ouvrages de pavés faits « en la court du chasteau du Louvre; » le tout donnant un total de 860 livres pour les deux corps de garde. En outre, on paya 100 livres à André Soye, pour travaux de maçonnerie faits tant à l'hôtel de Bourbon qu'au Louvre; — 34 livres 4 sols à Jean Boileau, « maistre chaudronnier, « pour ouvrages de cuivre faits de neuf, pour servir au pont-levis du Louvre; » — 200 livres à Eustache Ive, pour travaux de maçonnerie faits au palais de la Cité, aux « deux Chastelets et au bas-« timent des grosses pilles et pilliers de pierre de taille, soustenant le pont-levis fait de neuf entre « le grand corps d'hostel du chasteau du Louvre (l'aile occidentale) et la court des officiers et « autres lieux; » — 6 livres 10 sols à Nicolas Le Constançois, « maistre orlogeur.....pour ouvrages «de son mestier..... faits en l'orloge du chasteau du Louvre;» — 140 livres à André Soye, pour travaux de maçonnerie, exécutés tant à l'hôtel de Bourbon qu'au Louvre; — 150 livres à Michel Suron, pour travaux de serrurerie dans ces deux édifices; — 50 livres à Pierre de Saint-Georges, «pour ouvrages de pavé par luy faits en la court du logis de Bourbon, et en la court «et offices du chasteau du Louvre.»

Le compte du 16 mai au dernier décembre 1569 comprend 1,705 livres, payées à Eustache Ive, pour travaux de maçonnerie «au bastiment et maison des Lions, pallais royal (de la Cité), «grand et petit Chastellet, bastiment des pilles et pilliers soustenant les nouveaux ponts-levis «du Louvre.»

Le compte de 1570 énonce l'acquisition, faite par le Roi, de deux maisons, situées en la rue Fromenteau et attenant à «la cour de derrière du chasteau.»

Le compte de 1571 indique 2,184 livres 16 sols 4 deniers, payés à Eustache Ive, pour ouvrages de maçonnerie faits en divers lieux, entre autres «aux bastimens de l'appuy des nouveaux «ponts-levis du Louvre; 100 livres payées au même, à cause de travaux faits au Louvre, pour la construction «d'un corps de logis servant à loger les lions et autres bestes sauvages,» et encore 687 livres 4 sols 6 deniers, pour travaux analogues dans le vieux Louvre. On trouve également dans le compte de 1571 une somme de 131 livres, délivrée à Étienne Grand-Remy, pour des travaux de maçonnerie faits aux deux nouveaux corps de garde, ainsi que quelques dépenses concernant la serrurerie, la couverture et la charpente de ces bâtiments.

L'histoire du Louvre proprement dit, sous le règne de Charles IX, ne nous offre aucun autre détail, si ce n'est que, par lettres patentes du 18 décembre 1572, enregistrées le 4 mars 1573, l'auditoire du bailli de l'artillerie de France, qui y avait son siége, fut transféré à l'autre extrémité de Paris, au lieu connu depuis sous le nom d'*Arsenal*[1]. Mais il nous reste à éclaircir l'origine des constructions dépendant du château et s'étendant le long de la rivière, qui furent commencées vers la même époque, et ont acquis depuis une importance si grande. Ces constructions se composaient de la Petite-Galerie, de la Salle des Antiques et de la Grande-Galerie. Quoiqu'elles aient été entreprises un peu avant l'année où finissent les comptes du nouveau Louvre, elles n'y sont pas mentionnées, peut-être parce qu'elles étaient comprises dans les bâtiments de la Reine mère, dont l'influence et le goût présidèrent aux travaux.

L'âge de ces édifices, bien que fort discuté, n'a point encore été fixé d'une manière positive. Comme le Louvre même, la Grande et la Petite-Galerie ont été l'objet d'innombrables assertions hypothétiques et contradictoires. La raison de ce fait est que la plupart des auteurs se sont bornés à se copier les uns les autres, tandis que ceux qui auraient voulu procéder plus sérieusement ont été arrêtés, dès leurs premiers pas, par les difficultés du sujet. Ces difficultés sont effectivement très-grandes, et, comme elles tiennent surtout à l'extrême pénurie des documents, elles ont défié jusqu'ici les efforts les plus persistants. Cependant si, par suite de

---

[1] Félibien, *Hist. de Paris*, t. IV, p. 835.

la destruction des comptes relatifs à la Grande et à la Petite-Galerie, les renseignements qui s'y rattachent sont aussi rares que disséminés, il en existe du moins assez pour donner une idée satisfaisante de l'origine ainsi que du développement des deux constructions. La réunion, laborieusement obtenue, de ces renseignements nous permettra d'être, sur ce point, plus explicite et plus vrai que nos devanciers.

La fondation de la Grande-Galerie implique celle de la Petite, qui la relie au Louvre. On s'explique mal, en effet, comment la première aurait pu être construite pour demeurer isolée, et on le comprend d'autant moins qu'on sait mieux qu'elle fut surtout conçue dans le dessein de réunir les deux palais du Louvre et des Tuileries. Recherchons donc préalablement à quelle époque fut commencée la Grande-Galerie.

Plusieurs opinions ont été émises. Selon la première, la Grande-Galerie aurait été entièrement élevée par Henri IV. Cette opinion, complétement insoutenable en présence des textes que nous citerons, ne l'est pas moins au point de vue archéologique. Entre la portion de l'édifice située au delà du pavillon dit *de Lesdiguières* et la portion située en deçà, il y a une si énorme différence de style et de disposition, qu'il est impossible de les regarder comme contemporaines, même en supposant un changement d'architecte. La disparité est telle que M. Vitet, sans disposer de preuves écrites, a pu très-bien démontrer que les deux parties de la Galerie ne sauraient avoir été édifiées simultanément, et, en outre, que l'étage inférieur de la première partie n'avait point été ordonné en vue de supporter un étage supérieur. Cette double vérité découle, 1° de l'impossibilité d'interpréter autrement la dissemblance radicale qu'on observe entre les deux moitiés de la Grande-Galerie; 2° de ce que la première moitié est fondée à deux mètres en contre-bas de l'autre, et, par conséquent, sur un sol plus ancien; 3° de la présence du *mezzanino* ou étage intermédiaire, qui détermine la hauteur du plancher de l'étage supérieur (Musée de peinture), dont on aurait atteint bien plus simplement le niveau en exhaussant l'ordre inférieur, sans établir de *mezzanino;* 4° de la saillie de la sculpture, plus grasse en bas qu'en haut; 5° de ce fait que l'ordre toscan de l'étage inférieur est, contrairement à toutes les règles, d'un module plus élevé que l'ordre corinthien de l'étage supérieur, singularité dont l'existence semble impossible dans le cas où les deux étages auraient été conçus d'un seul et même jet [1].

L'étage inférieur de la première moitié de la Grande-Galerie étant reconnu pour la portion la plus ancienne de l'édifice, à quelle époque du xvi<sup>e</sup> siècle faut-il en reporter la construction? Au règne de Henri II, comme le croyait M. de Cla-

---

[1] *Revue contemporaine*, numéro du 15 septembre 1852.

rac, ou bien à celui de son troisième fils, comme d'autres écrivains l'ont soutenu? Elle commença très-certainement à s'effectuer du temps de Charles IX.

Que la Grande-Galerie ait été entreprise sous ce dernier roi, c'est ce qui résulte d'abord du passage où Germain Brice, ordinairement bien informé, dit : «Il paroît que cet ouvrage (dans sa partie orientale) a été commencé sous «Charles IX [1]; » vient ensuite l'affirmation de Palma Cayet, témoin oculaire, qui déclare que «les superbes galleries, pour aller du Louvre aux Tuilleries, «furent commencées seulement par Charles IX, qui n'y fit que mettre la première «pierre, de l'advis de la Reyne, sa mère [2]; » enfin l'inscription qui y fut placée par Henri IV contenait ces mots : «Porticum hanc a Carolo IX, alta olim pace cœp-«tam [3]. . . . » Subsidiairement, nous ajouterons que l'historien de Thou, personnage contemporain, en relatant la fondation du palais des Tuileries, dit que Catherine de Médecis fit élever des bâtiments magnifiques, qui devaient être réunis au Louvre par une galerie, «ædes sumptuosissimas, quæ media porticu «cum Lupara conjungerentur, cœpit exstruere [4]. » De son côté Jacques Androuet Du Cerceau, dont le témoignage a la plus haute valeur, puisqu'il était à la fois architecte et protégé de Catherine, s'exprime ainsi dans sa notice sur le Louvre : «Davantage ont esté par ladicte Dame encommencez quelques accroissemens «*et galleries et terrasses, du costé du pavillon* (du sud-ouest), *pour aller de là au* «*palais qu'elle a fait construire et édifier au lieu appellé les Tuilleries* [5]. » Il est certes absolument impossible de se refuser à voir dans ces galeries allant du Louvre vers les Tuileries, la Grande-Galerie et ses dépendances. Or on sait que Catherine, effrayée de certaine prédiction, renonça aux travaux des Tuileries vers 1572, et, à coup sûr, personne ne supposera qu'elle ait pu ordonner de bâtir une galerie pour conduire au château des Tuileries, postérieurement à l'époque où elle en abandonna la construction. Donc la Grande-Galerie a dû être entreprise entre les années 1564 et 1572. En 1564, il n'y avait point encore de château des Tuileries; en 1572, on ne s'occupait déjà plus des travaux commencés, et, depuis la Saint-Barthélemy jusqu'à la mort de Charles IX, il régna une terrible agitation, fort éloignée de cette paix profonde, *alta pax*, à laquelle il est fait allusion dans l'inscription conservée par Morisot. Cette inscription disait vrai : c'est pendant la paix qui dura du mois de mars 1563 au mois de septembre 1567 que la Grande-Gale-

---

[1] *Descript. de Paris*, t. I, p. 161, de l'édition de 1752.

[2] *Chronologie sept.* liv. VII, p. 283. Coll. Michaud. — Palma Cayet vécut de 1525 à 1610.

[3] Morisot, *Henricus magnus*, cap. XLVI, p. 148. M. Poirson (*Histoire du règne d'Henri IV*) est le premier, parmi les auteurs modernes, qui ait mentionné cette inscription et attiré l'attention sur le passage de Palma Cayet que nous venons de citer.

[4] *Thuani Hist.* t. II, p. 290 de l'édition publiée en 1620.

[5] Dans le premier volume de son grand ouvrage sur *Les plus excellens bastimens de France*. Ce premier volume porte la date de 1576.

rie fut fondée. En voici une preuve tellement formelle qu'elle pourrait au besoin suppléer à toutes les autres.

Dans l'ancien registre du Bureau de la Ville, où se trouve le récit de la pose de la première pierre du bastion des Tuileries en juillet 1566, nous avons découvert la note suivante, placée immédiatement après ce récit : « Du xxi° dudict mois. « — Ce jour, le Roy a mandé messieurs les Prévost des marchans et Eschevins, « et leur a ordonné de faire clorre de grosse maçonnerye la seconde descente ap- «prochante du port Sainct-Nicolas, devant les clostures du Louvre, *à l'endroict* «*d'une gallerie que sa Majesté a ordonné estre faicte en ce lieu* [1]. » Le texte est décisif. Ainsi il est avéré que la Grande-Galerie a été commencée dans le même temps que le bastion des Tuileries, et élevée, comme ce bastion, pour satisfaire la Reine mère, alors toute-puissante à cause de la jeunesse de Charles IX.

Si l'origine de la Grande-Galerie remonte à 1566, il en doit être à peu près de même de la Petite-Galerie, sans laquelle la première n'eût point communiqué avec le Louvre. Au reste, Sauval déclare bien positivement que la Petite-Galerie date du règne de Charles IX, pour l'étage inférieur, et l'on en a une preuve, pour ainsi dire matérielle, dans une planche de l'ouvrage de Du Cerceau, où elle est représentée en plan, avec la même longueur et la même largeur que de nos jours.

Suivant le projet primitif, le château des Tuileries devait consister en un vaste quadrangle, dont l'aile orientale aurait été fort rapprochée du fossé de la Ville, de sorte que la Grande-Galerie n'était point destinée d'abord à se prolonger aussi loin qu'aujourd'hui. Il est clair que l'idée en fut suggérée par la courtine de Charles V, qui longeait le bord de l'eau, et dont le sommet constituait une terrasse très-agréable par la vue dont on jouissait, mais peu commode à cause de son étroitesse. Pour lui donner plus de largeur, on fut amené à transformer la courtine en une galerie surmontée aussi d'une plate-forme à ciel ouvert. Sauval assure que telle était pareillement la Petite-Galerie avant Henri IV, et il connaissait bien des gens qui avaient vu l'une et l'autre avant qu'on les surélevât.

On ignore le degré d'avancement auquel Catherine fit conduire la Grande-Galerie; mais il est fort douteux qu'elle l'ait poussée loin, car il n'en apparaît rien sur la vue de 1574 [2], et il ne semble point qu'on ait dû y travailler beaucoup postérieurement à cette date. Toutefois nous ne pensons point qu'il faille prendre à la lettre cette assertion de Palma Cayet, que Charles IX se borna à poser la première pierre du monument; Catherine, en tout cas, en fit sûrement davantage et même assez pour que, dans la continuation de l'édifice, sous Henri IV,

---

[1] Arch. de l'Emp. reg. H 1784, f° 370 r°. — [2] On n'y aperçoit pas non plus la Petite-Galerie; mais, sur ce point, le dessin est trop confus pour qu'on en tire des conséquences.

on se soit décidé à répéter l'agencement de la partie bâtie auparavant. Aussi bien, dans cette partie, la décoration fut nécessairement épannelée, et peut-être même terminée par places, à titre d'essai. En effet, quoiqu'elle n'ait très-certainement pas été achevée, même à l'étage inférieur, avant les dernières années du xvi⁰ siècle, comme l'attestent les chiffres HG, on ne peut croire qu'elle différerait autant d'un ordre à l'autre, si elle eût été entièrement composée et adoptée à l'époque où l'on construisit l'étage supérieur, et si l'on n'avait point eu alors à tenir compte de dispositions antérieures. Pour la Petite-Galerie, il est manifeste qu'elle fut élevée jusqu'à la plate-forme qui la couvrait, et l'on distingue parfaitement encore que le joint entre la frise et la corniche de l'ordre inférieur est le point de suture du bâtiment primitif avec l'étage dont Henri IV le couronna. Quant à la longueur de l'édifice vers le temps dont nous parlons, c'est une question d'un intérêt tout particulier, puisqu'elle est étroitement liée à une autre question, aussi populaire que controversée : il s'agit de la part que Charles IX aurait prise personnellement au massacre de la Saint-Barthélemy, en tirant du balcon de la galerie sur les Huguenots. On n'a point à entrer ici dans l'examen de ce problème historique, naguère encore très-obscur et aujourd'hui à peu près définitivement résolu dans le sens de l'affirmative[1]; en revanche, on s'efforcera d'élucider les difficultés archéologiques qui en ont compliqué la solution.

Après avoir établi par des documents positifs que les galeries avaient été commencées vers 1566, nous avons dit que la construction en fut probablement abandonnée vers le commencement de 1572 ; mais, en cette année, la Petite-Galerie se prolongeait-elle jusqu'à l'affleurement de la Grande, ou, ainsi qu'on s'est plu à le supposer, ne consistait-elle que dans les travées centrales, les parties où sont percées des fenêtres à arc bombé n'ayant été, dans ce cas, élevées que du temps de Henri IV? Il y a, nous le répétons, une preuve que la Petite-Galerie, lors de la Saint-Barthélemy, avait la même longueur que maintenant; c'est le plan de Du Cerceau, qui, publié en 1576 et dressé en 1575 au moins, représente les bâtiments du nouveau Louvre positivement dans l'état incomplet où ils se trouvaient à cette époque. Sur ce plan la Petite-Galerie est figurée comme atteignant et dépassant même la salle des Antiques, absolument comme de nos jours, et la baie du balcon, avec ses doubles pilastres, est indiquée de la manière la plus nette. Ainsi il est certain que la baie existait déjà en 1575; mais, puisque les travaux des galeries furent très-vraisemblablement interrompus vers 1572, on doit donc supposer qu'elle existait déjà en 1571.

Nous n'ignorons point que plusieurs personnes, dont on ne peut nier l'expérience

---

[1] Conf. le *Bulletin de la société de l'histoire du protestantisme français*, t. V, p. 332; VI, p. 118; VII, p. 182; X, p. 5, 105 et 199; XII, p. 241.

TOPOGRAPHIE HISTORIQVE DV VIEVX PARIS.

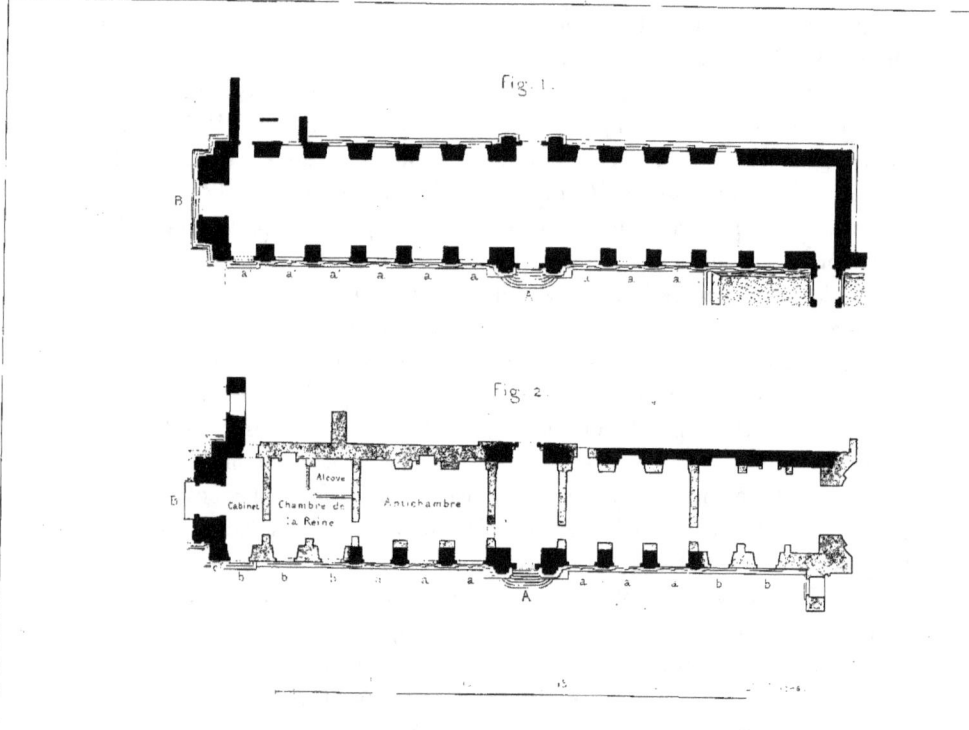

PLANS COMPARATIFS DE LA PETITE GALERIE DV LOVVRE
DANS SON ETAT PRIMITIF (Fig 1) ET A LA FIN DV XVIII° SIECLE (Fig 2)

en semblable matière, ont cru que la façade méridionale de la Petite-Galerie n'était point d'origine antérieure au règne de Henri IV. La raison de leur erreur est un remaniement qui a été très-soigneusement fait dans la maçonnerie de cette partie, et en a changé le caractère. Cependant un examen attentif amènera toujours à reconnaître que la baie du balcon et ses pilastres jusqu'à la corniche ont été construits dans le même temps que les sept arcades à bossages faisant front sur le jardin de l'Infante. Voici ce qui a eu lieu et ce qui a produit l'aspect actuel : comme on l'observe sur le plan de Du Cerceau, la galerie présentait d'abord un avant-corps central avec porte, A (voir la planche ci-jointe, fig. 1); puis, d'un côté de cet avant-corps, il y avait cinq, et, de l'autre côté, six arcades semblables, $aaaa'a'$ [1]; l'avant-corps central A est resté intact, ainsi que les trois arcades de chaque côté, $aaa$, qui en sont le plus rapprochées; mais les autres, $a'a'a'$, ont été supprimées et remplacées par des fenêtres bombées, $bbb$ (fig. 2), imitées de celles du Louvre, et dépourvues de pilastres. Simultanément on a repris les encoignures de la face sur le quai, et on les a garnies de bossages vermiculés, $c$, sans pour cela toucher à la baie B de l'avant-corps donnant sur la rivière; de là vient que cette baie a conservé son ancienne ordonnance, si peu en harmonie avec les parties, relativement modernes, dans lesquelles elle est encadrée. Il est manifeste que si l'extrémité méridionale de la Petite-Galerie avait été commencée, et non point simplement remaniée, quand on fit les fenêtres bombées, $bbb$, on ne se fût pas efforcé, en élevant l'arcade B sur le quai, de pasticher très-minutieusement les anciennes arcades du côté oriental, $aaa$, lorsqu'on cherchait si peu à raccorder avec celles-ci, sous le rapport des lignes et de l'ornementation, les nouvelles fenêtres, $bbb$, qui sont situées tout auprès et qu'on embrasse d'un même coup d'œil. Nous ne craignons pas d'affirmer que quiconque voudra suivre avec attention notre raisonnement finira infailliblement par en accepter les conclusions.

Primitivement la Petite-Galerie était, ainsi que l'implique son nom, un passage, un endroit où l'on pouvait se réunir ou se promener; mais ce n'était point un lieu destiné à être habité; aussi, et le plan de Du Cerceau en fait foi, il n'y avait été pratiqué aucune division intérieure. Pour s'y loger, il fallut y bâtir des murs de refend, la couper en plusieurs pièces, et substituer aux grandes arcades de véritables fenêtres. Telles sont les causes qui ont produit le manque d'uniformité de l'édifice. Quant à l'époque du remaniement, elle coïncide avec celle où Anne d'Autriche fit disposer dans la Petite-Galerie [2] un appartement

---

[1] La dernière différait un peu des autres, car elle encadrait une porte.

[2] La transformation de la Petite-Galerie, dont les auteurs ne se sont point rendu compte, eut lieu vers 1655. Les *Archives de l'art français* ont publié (t. IV, p. 207) un brevet du 2 juillet 1654, accordant au nommé Valdor un logement en échange de celui qu'il avait «en dessous du bout de la petite «gallerie des peintres,» là où le Roi avait «résolu de «faire un appartement d'esté... pour la commodité

262   TOPOGRAPHIE HISTORIQUE DU VIEUX PARIS.

d'été, dont l'établissement, dit Sauval, obligea de détruire certaines statues de captifs, ouvrage de Biart, qui décoraient l'édifice. Au reste, nous pouvons signaler un document graphique qui prouve de la façon la plus explicite que la Petite-Galerie, vers le milieu du xviie siècle, n'avait point encore été modifiée dans son ordonnance : une vue d'Israël Sylvestre [1], ayant précisément pour but d'illustrer la Petite-Galerie (voir le *fac-simile* ci-contre), la représente avec toutes ses arcades semblables, à l'exception de la dernière du côté de la rivière, où l'on aperçoit la partie supérieure d'une porte, laquelle se distingue sur le plan de Du Cerceau et était précédée d'un perron [2]. Le détail de la porte, fidèlement copié, et le soin apporté à l'exécution de la planche ne permettent point d'en contester l'exactitude, corroborée d'ailleurs par tant d'autres renseignements. Il est donc rigoureusement démontré que les fenêtres bombées de la galerie ont été faites par ordre d'Anne d'Autriche, et non par ordre de Henri IV; que ce prince n'a point eu à continuer l'étage inférieur de la galerie, mais qu'il l'a trouvé entièrement bâti, comme il l'était déjà vers 1575, quand Du Cerceau en grava le plan; que le manque d'unité dans l'ordonnance de l'édifice ne signifie rien par rapport à l'âge de la baie du balcon [3], et que ceux qui voudront s'obstiner à nier l'existence de cette baie en

«de la Royne, sa mère,» projet qui exigeait que ledit Valdor délogeât et laissât la place vide. Les *Archives* ont pareillement publié (t. VI, p. 201 et 208) le texte des marchés passés avec le stucateur Pietro Sasso et le sculpteur Michel Auguier, aux dates des 4 et 15 décembre 1655, pour la décoration, sous la conduite de Romanelli, du «nouvel «appartement de la Reyne... au dessoubs de la gal-«lerie des peintures du Louvre; «or plusieurs des figures mentionnées dans le devis existent encore et excluent toute incertitude. Les travaux durèrent, au reste, plusieurs années, car on lit dans le *Journal d'un voyage à Paris en 1657-1658* : «Le 13e (de «juillet 1657)... nous fusmes voir l'appartement «d'hyver de la Reyne (dans l'aile méridionale du «Louvre)... La Reyne en faict faire un d'esté, auquel «nous *vismes travailler*.» (P. 201.) — «1er octobre. «Nous nous allasmes pourmener pour voir le nouvel «appartement d'esté qu'on faict pour la Reyne, «consistant en cinq ou six chambres de plain-pied. «Les lambris y sont en voûte, parsemés d'or et en-«richis de quantité de beaux tableaux. Il respond «sur le parterre, qui a un beau ject d'eau au milieu, «et quantité d'orangers tout autour.» (P. 285.) Des lettres patentes de 1659 mentionnent aussi «le grand appartement d'esté» que Louis XIV avait

«faict faire pour la Royne, sa mère, soubs la pe-«tite gallerie des peintures de son chasteau du «Louvre.» A partir de 1655 ou 1656, les diverses vues montrent toujours la Petite-Galerie modifiée dans son ordonnance.

[1] Elle est intitulée : *Veüe et perspective de la galerie du Louvre dans laquelle sont les pourtraus* (sic) *des Roys, des Reynes, et des plus illustres du royaume;* elle a donc été faite avant l'incendie de 1661. L'uniformité des arcades s'entrevoit aussi, mais d'une manière vague, sur la Joute de Callot et la grande vue de Della Bella.

[2] D'anciens plans indiquent ce perron, qu'on aperçoit aussi sur une gravure de Sylvestre, dont le premier plan a été, il est vrai, un peu arrangé par l'artiste. La planche dont nous donnons un *fac-simile* étant le seul document graphique où soit représentée la porte percée dans la dernière travée de la galerie, la restitution de cette porte est impossible, et nous l'avons, en conséquence, dissimulée dans notre dessin.

[3] En admettant même que la baie du balcon ne fût pas encore construite lors de la Saint-Barthélemy, la participation de Charles IX à ce massacre n'en serait pas moins possible parce que, et nos lecteurs se le rappellent, sur l'emplacement du bout

TOPOGRAPHIE HISTORIQUE DV VIEVX PARIS

VVE DE LA PETITE GALERIE DV LOVVRE
VERS 1630

1572 seront désormais réduits à soutenir gratuitement cette invraisemblance, qu'elle a été construite de 1573 à 1576.

On a supposé que la Grande et la Petite-Galerie avaient été commencées par Jean Bullant ou par Philibert de L'Orme; mais ce sont là des hypothèses tout arbitraires, contraires même aux probabilités, car la partie de la Grande-Galerie antérieure à la mort de ces deux maîtres ne rappelle nullement leur manière, et révèle plutôt un grand architecte ignoré, aux conceptions originales et brillantes. Pour la Petite-Galerie, elle est attribuée par Sauval à un certain Chambiche, et l'obscurité, naguère si profonde, de ce nom est la seule cause pour laquelle on a voulu faire honneur de l'édifice à un autre artiste. Jusqu'à présent on s'est contenté de reproduire, avec une certaine défiance, l'assertion de Sauval; mais jamais on n'a donné l'ombre d'un renseignement ni sur l'individualité ni sur la vie du personnage qu'il indique. L'une et l'autre sont restées si inconnues que récemment encore un écrivain distingué a conjecturé, d'ailleurs fort ingénieusement, que Chambiche devait être quelque compatriote de Catherine de Médicis. Lorsqu'on songe à l'aspect tout italien de la Petite-Galerie, et lorsqu'on se rappelle que le nom du Primaticcio s'est traduit *Primatiche* en français, rien ne semble plus spécieux; rien n'est moins vrai cependant : les documents que nous avons fini par découvrir établiront que Chambiche était bien Français, et qu'on n'a pas à s'étonner de ce qu'il ait été chargé de conduire un édifice important.

L'architecte qui a élevé l'étage inférieur de la Petite-Galerie appartenait à une famille de constructeurs dont le nom a été définitivement orthographié *Chambiges*, mais qu'on a appelés aussi *Sambiche*, *Chambiche* et *Cambiche*. Cinq membres de cette famille nous sont plus ou moins connus. Le premier, « Martin Cambiche, » alias « Cambriche, » le seul dont il ait encore été parlé avec détail, habitait Paris en 1489, et en fut mandé vers cette époque par les chanoines de Sens, qui lui confièrent l'achèvement de leur cathédrale[1]. Il était de retour à Paris en juillet 1495, et, en 1497 et 1499, il reparaît à Sens avec le titre de « maistre de « l'entreprise et conducteur de la croisée (transsept). » Il revint ensuite à Paris, sans toutefois renoncer à diriger l'œuvre entreprise à Sens. Les 8 et 25 avril 1500, on le retrouve au nombre des maçons appelés à donner leur avis sur le système

---

de la galerie il y avait, avant qu'elle fût bâtie, une tourelle à meurtrières, tout aussi commode que la fenêtre du balcon pour tirer sur des gens traversant la Seine. D'un autre côté, Brantôme et Simon Goulart disent que le Roi tira par *la fenêtre de sa chambre*, et la chambre du Roi se trouvait dans le gros pavillon d'angle, achevé en 1556. Quant au balcon lui-même, il ne paraît pas d'une origine antérieure au remaniement commandé par Anne d'Autriche.

[1] Nous empruntons presque tous nos renseignements sur Martin Chambiges à une intéressante notice qui a été publiée dans le *Magasin pittoresque* (année 1856, p. 339), et que nous savons due à la plume érudite de M. Vallet de Viriville, professeur à l'École des chartes.

à adopter pour la fondation des piles du nouveau pont Notre-Dame [1]. En la même année, avec Jean Waast, il entreprit la construction du transsept de la cathédrale de Beauvais [2], qu'il conduisait toujours en 1506. Moyennant 40 sous par semaine, un pain de prébende par jour et le payement du loyer de sa chambre, il consentit également, en 1506, à mener les travaux de la façade de la cathédrale de Troyes [3], et il en demeura l'architecte jusqu'au 8 juin 1519. Il avait été appelé à Troyes pour venir en aide à Jean de Soissons, et à cause de la grande réputation qu'il s'était acquise à Sens et à Beauvais. Cette réputation était fort légitime : Martin Cambiche doit être considéré comme un des architectes les plus éminents que la France ait produits.

Le second des Chambiges, dont le prénom était Pierre, avait le titre de maître des œuvres et du pavé de la ville de Paris. Nous lisons dans les registres du Corps municipal que, le 27 juin 1536, avec un autre maçon, Pierre Moreau, il visita les fortifications en compagnie du Prévôt des marchands et des Échevins [4]. Sauval rapporte qu'il gagnait 25 sous par jour à conduire les ouvriers sous la direction de Dominique de Cortone, lors de la reconstruction de l'Hôtel de Ville, et cite ce fragment de compte du domaine pour l'année 1538-39 : «Me Pierre Cham-«biges, maistre des œuvres du Roy, au bailliage de Senlis, pour les formes et por-«traicts (plans) que le Roy a commandés lui faire de certains bastimens que ledit «seigneur entend et délibère édifier en son hostel et environs de Nesles, à Paris, «pour la fondation du collège des Trois langues [5]. » En 1539, il passa un marché pour des travaux de maçonnerie à faire au château de Saint-Germain-en-Laye; le 22 septembre 1541, il en passa un autre pour de semblables travaux à exécuter dans le château de la Muette [6], et, l'année précédente, il était un des entrepreneurs du château de Fontainebleau [7]. Sa femme avait nom Jacqueline Laurens, et une de ses parentes, Perrette Chambiges, qui mourut en 1549, avait épousé Guillaume Guillain, collègue de Chambiges à la Ville, et entrepreneur des travaux du Louvre. Pierre Chambiges mourut le 19 juin 1544, ainsi qu'on l'apprend par les épitaphes suivantes, qui étaient placées dans la nef de l'église Saint-Gervais, près d'une tombe située devant le crucifix [8] :

---

[1] *Bibliothèque de l'École des Chartes*, 2e série, t. II, p. 32, article de M. Le Roux de Lincy.

[2] Simon, *Supplément à l'histoire du Beauvoisis*, 2e part. *Nobiliaire de Beauvais*, p. 121.

[3] Arnaud, *Voyage archéologique dans l'Aube*, p. 126 et 127.

[4] Arch. de l'Emp. reg. H 1779, fol. 166 v°.

[5] T. II, p. 483, et t. III, p. 621.

[6] Bibl. impér. Man. Fonds Sainte-Marthe, n° 9436, fol. 5 r° et fol. 36 r°.

[7] *Comptes des bâtiments royaux*, p. 154 et 222.

[8] Épitaphier de la Bibliothèque impériale (Cabinet des titres, t. III). Nous devons la connaissance de ce curieux document à M. Jules Quicherat, le savant et judicieux éditeur du procès de Jeanne Darc. Nous avons depuis trouvé d'autres copies des mêmes inscriptions dans l'épitaphier des Archives de l'Empire (LL 961, f° 906) et dans celui de l'Arsenal ; elles ont, en outre, été publiées par M. Paul Lacroix.

## LE LOUVRE SOUS FRANÇOIS II, CHARLES IX ET HENRI III.       265

A LA MÉMOIRE DES ÂMES DE PIERRE CHAMBIGES, MAISTRE DES OEUVRES DE MAÇONNERIE ET PAVEMENT DE CESTE VILLE DE PARIS, QUI DÉCÉDA LE XIX° (OU XV°) JOUR DE JUIN 1544.

JACQUELINE LAURENS, FEMME DUDIT PIERRE CHAMBIGES, QUI DÉCÉDA LE 3° DE JUIN 15..

GUILLAUME GUILLAIN,
M° DES OEUVRES
DE MAÇONNERIE ET
PAVEMENT DE CESTE
VILLE DE PARIS, QUI DÉCÉDA LE....

PERRETTE CHAMBIGES, FEMME DUDIT GUILLAIN, QUI DÉCÉDA AU MOIS DE SEPTEMBRE 1549.

Les armes des Chambiges[1], jointes aux épitaphes, auraient été, suivant l'épitaphier de la Bibliothèque impériale, *d'azur, à un compas et deux croissants d'argent; une chèvre accroupie, d'or, mise en pointe*; mais, d'après l'épitaphier de l'Arsenal, manifestement plus exact, elles étaient *d'azur, au compas d'argent, accompagné en chef, à dextre, d'une étoile d'or; à sénestre, d'un croissant d'argent, et en pointe, d'un cerf d'or, couché sur une terrasse de sinople.* Nous croyons qu'au lieu d'une chèvre ou d'un cerf il y avait en réalité une *biche* placée sur une sorte de *champ*, ce qui formait des armes parlantes.

Le troisième Chambiges, en comptant d'après les dates, est «Robert Sambi-«che.» Il fut choisi comme expert dans une contestation qui donna lieu à un accord du 6 décembre 1564, où il est simplement qualifié de bourgeois de Paris[2].

Le quatrième Chambiges avait le prénom de Pierre, comme le second, dont il était apparemment le fils. Sa femme, Marguerite de Saint-Quentin, fille de l'entrepreneur du Louvre, lui avait apporté en dot deux propriétés sises rue Penescher (Saint-Pierre-Montmartre), propriétés dont le censier de l'Évêché, pour l'année 1575, fait mention en ces termes : «Pierre Sambiche, *charpentier*, pour une place «et granche après ensuivant, tenant d'une part, etc. — Sur ledict chemyn Herbu, «allant vers les ramparts neufs... Pierre Sambiche, à cause de Margueritte de «Sainct-Quentin, sa femme, pour leur jardin ensuivant, qui fut M° Pierre de Sainct-«Quentin; tenant d'une part, etc.[3]» Le Pierre Chambiges, mari de Marguerite,

---

[1] Au XVI° siècle, les bourgeois de Paris avaient pour la plupart un blason.

[2] Arch. de l'Emp. cart. S 62.

[3] *Ibid.* reg. S 1257, fol. 303 v° et 305 v°.

I.       34

bien qu'il soit ici qualifié de charpentier, n'en était pas moins un maçon. Le 14 mars 1582, il soumissionna des travaux de cette profession à faire en la chapelle des Valois, à Saint-Denis. La pièce originale est revêtue de sa signature [1], ainsi que de celle de ses compétiteurs Thibaut Métezeau, Fleurent Fournier, Jean Lebreton, François Petit et Charles Bullant, tous architectes dont les noms nous sont familiers, et dont plusieurs ont été employés au Louvre, comme on le verra dans la suite. Pierre Chambiges nous apparaît aussi dans une visite de travaux faite à Saint-Denis, le 17 août 1583 [2]. Nous le retrouvons après, dans un des registres de la Ville, énoncé « juré du Roy en l'office de maçonnerie [3] » le 25 février 1602 et en mai 1599. A cette dernière date, il fut chargé avec François Petit, également juré du roi, d'examiner des travaux de maçonnerie récemment achevés à la porte Saint-Germain. Sur d'autres registres de la même provenance, il figure avec son titre de juré du roi, ayant mission de visiter des maisons du Petit-Pont en décembre 1602, puis comme arbitre choisi par les maîtres de l'hôpital du Saint-Esprit en juillet 1607, et nous y rencontrons son nom une dernière fois en mars 1608, époque à laquelle il devait être fort âgé, ce qui ne l'empêcha pas de donner, le 18 décembre de la même année, l'alignement du portail de Saint-Étienne-du-Mont, opération dans laquelle il fut assisté par Claude Guérin (Arch. de l'Emp. cart. S 3327). Nous voyons, en outre, dans un dossier de titres particuliers, que, le 12 juillet 1602, il rendit une sentence arbitrale à propos d'une maison de la rue des Blancs-Manteaux [4]. Enfin ses propriétés sont encore indiquées comme lui appartenant dans un censier de 1613, où une note ajoutée antérieurement à 1621 indique qu'elles étaient alors passées à un autre, d'où l'on doit conclure qu'il mourut vers 1615. Le 27 mai 1568, il avait été parrain, à Écouen, d'un enfant de Jean Bullant, de sorte que l'ensemble des notions biographiques sur son compte embrasse un demi-siècle.

Le cinquième Chambiges est aussi le dernier dont nous avons reconnu l'existence. En feuilletant les vieux registres de l'église paroissiale Saint-Pierre-des-Arcis, nous avons trouvé que, le 23 février 1615, les marguilliers résolurent de prier « messieurs Sambiche et Desnots, ou deux autres jurés maçons, » de visiter certaines parties de l'église [5]. Le Sambiche dont il est ici question faisait partie du conseil de fabrique en qualité d'ancien paroissien, et sa signature est apposée au bas de divers procès-verbaux des séances du conseil depuis ce jour même, du 23 février 1615 jusqu'au 31 mars 1618. Il mourut l'année suivante, car sur une liste des marguilliers et paroissiens notables qui est placée en tête du registre, on lit : « Lois

---

[1] Arch. de l'Emp. cart. K 102, n° 2 [17]. La signature est celle que nous avons reproduite.

[2] Ibid. n° 2 [18].

[3] Il a le même titre dans un censier de 1603.

[4] Arch. de l'Emp. reg. H 1792, fol. 148 v° et 794 r°; H 1793, fol. 75 r°; H 1794, fol. 239 r° et 317 v°; H 1795, fol. 12 r°.

[5] Arch. de l'Emp. reg. LL 912, p. 3.

« Chambiges, défunct 1619. » L'*l* initiale de son prénom, liée à la première lettre de son nom, se distingue sur ses signatures, et rend impossible la confusion entre lui et son parent Pierre, dont l'écriture est au surplus fort dissemblable.

Par tout ce qui précède, on voit que si les Chambiges sont maintenant bien oubliés, au xvi<sup>e</sup> siècle ils avaient assez de réputation pour que, vers 1566, l'un d'eux ait été tout naturellement chargé d'élever la petite galerie du Louvre. On voit de plus que cet édifice ne saurait être l'œuvre ni de Martin, ni du premier Pierre Chambiges, et qu'on ne peut raisonnablement l'attribuer à Robert; il y a donc certitude morale que la construction en est due au second Pierre[1] Chambiges. Celui-ci fut d'ailleurs, et très-authentiquement, l'un des entrepreneurs qui bâtissaient la Grande-Galerie en 1600.

La salle des Antiques, qui, unissant la Petite-Galerie à la Grande, s'éleva sur l'emplacement d'un bâtiment que nous pensons être l'ancienne maison de l'Engin, fut, suivant Sauval, « commencée du temps de Catherine de Médicis, achevée sous « Henri IV, conduite par Thibault Méthezeau et peinte par Bunel[2]; mais cette phrase ambiguë contient une erreur résultant d'une transposition de mots, car elle donne à croire que Thibaut Métezeau aurait conduit les travaux de la salle des Antiques au temps de Henri IV. Thibaut Métezeau, malgré le rôle important qu'il a joué, est un de ces nombreux artistes dont la renommée s'est effacée, et sur lesquels les biographes n'ont absolument rien trouvé à dire. Sa réputation a été injustement éclipsée par celle de son fils Clément, qui imagina la digue de la Rochelle. Voici ce que nous sommes parvenus à savoir sur Thibaut et sa famille[3].

Au commencement du xvi<sup>e</sup> siècle, vivait à Dreux un maître maçon appelé *Clément Métezeau*. En 1516, avec un de ses collègues, Jean des Moulins, il entreprit de continuer la construction de l'hôtel de ville que ses concitoyens faisaient élever, et dont les fondements avaient été jetés par Pierre Caron, en 1512. Un compte de 1533 mentionne Clément Métezeau comme ayant reçu 7 sous 6 deniers pour une journée et demie de travail, employée à percer un trou destiné au passage du contre-poids de l'horloge. On présume que ce Clément, le premier de la famille dont le nom soit venu jusqu'à nous[4], est l'auteur ou l'un des auteurs du riche portail de l'église paroissiale, bâti vers 1524. Il mourut entre 1537 et 1556. De ses deux femmes, Catherine, qui vivait encore le 19 janvier

---

[1] M. de Clarac (p. 650) donne à Chambiges le prénom de Jean; il pouvait lui prêter n'importe lequel, car il déclare lui-même ne connaître Chambiges que par le témoignage de Sauval, et Sauval ne rapporte aucun prénom.

[2] T. II, p. 42.

[3] La plus grande partie des renseignements que nous donnons sur les Métezeau sont tirés d'un manuscrit possédé par un habitant de Dreux, et écrit vers la fin du dernier siècle, on ne sait au juste par qui. Il se compose de notes généalogiques extraites des archives de la paroisse, et offre toutes les garanties souhaitables d'authenticité.

[4] Nous ne savons quel lien de parenté unissait Clément à un certain Guillaume Métezeau qui, en mai 1536, épousa Toinette Guillou.

1536, et Étienne, qui l'avait déjà remplacée en mai 1537, il eut plusieurs filles [1] et au moins deux garçons : Thibaut ou Théobald et Jean. Ce dernier, qui est maintes fois qualifié de « architecteur, » et qui fut « maistre de la conduite « de son estat pour l'église Saint-Pierre » de Dreux, ne paraît pas avoir, comme son frère, quitté sa ville natale; il y fut inhumé le 27 avril 1600, précédant au tombeau, de cinq jours seulement, sa femme Marie Geffroy ou Godefroy [2].

Thibaut Métezeau naquit le 21 octobre 1533, et sa descendance comme fils de Clément et de Catherine est surabondamment établie. Le 13 novembre 1557, on publia son mariage avec Jeauffrang Mussard, fille de Régnaut Mussard; toutefois, en 1560, l'épouse de Thibaut était Jeanne Bardia, qui vivait encore en avril 1604. Il y a apparence que Thibaut ne cessa de demeurer à Dreux que postérieurement à 1569, car à partir de cette année seulement il n'est plus fréquemment nommé dans les registres de la paroisse. Du reste il n'oublia point le lieu de sa naissance, et, en 1581, sa femme y vint faire ses couches.

Thibaut passa à Paris la seconde et la plus brillante moitié de sa vie, et c'est là uniquement que nous pouvons signaler quelques-unes de ses œuvres. Il fut architecte du duc d'Alençon, et dans un état de la maison de ce prince, pour l'an 1576, il figure avec le titre d'architecte parmi les « gens de mestier [3]. » Il fut aussi architecte du Roi : la Bibliothèque impériale possède un mandat adressé au trésorier des parties casuelles, portant ordre de payer sur les « deniers provenans de la taxe « et composition de l'office de m° juré masson, à Paris, vaccant par le trespas de « feu M° Berthrand de Dreux... à M° Thibault Méteseau, architecte dudict Sei- « gneur (le Roi), le somme de deux cens escus soleil, de laquelle Sa Majesté luy « a faict don. » Ce mandat est daté du 25 mars 1578, et, au revers, est le reçu signé de la main de Métezeau. Suivant Brice, il fut un des entrepreneurs du Pont-Neuf, commencé en 1578, et Sauval lui attribue l'avant-portail de la porte Saint-Antoine [4], sur lequel était le millésime de 1585. Nous avons dit que, le 14 mars 1582, Thibaut soumissionna avec Pierre Chambiges des travaux à faire à Saint-Denis et que, sur la pièce originale, on voit aussi sa signature. Dès 1572, il travaillait au tombeau des Valois, en compagnie de Claude Guérin, et, cette année, ils reçurent 6,989 livres 17 sols pour des œuvres de maçonnerie [5]. Ainsi Thibaut florissait sous Charles IX et Henri III; mais il semble impossible qu'il ait encore

---

[1] Toinette, née le 3 mars 1530; Catherine, qui fut marraine le 12 avril 1534; Nathalie, qui naquit le 19 janvier 1536, et enfin Jeanne; celle-ci fut marraine nombre de fois depuis 1538 jusqu'en 1593. (Consulter le tableau généalogique, p. 412.)

[2] Les enfants de Jean Métezeau à nous connus sont : Denis, qui naquit le 15 novembre 1564, et eut pour marraine sa tante, Jeanne Bardia; Catherine, qui naquit le 10 novembre 1570, et fut marraine le 20 mars 1582; Claude, né le 7 octobre 1574; Clément, né le 7 septembre 1583, et enterré le 28 mars 1592; enfin Élisabeth, née le 22 janvier 1587.

[3] *Mémoires du duc de Nevers*, p. 587.

[4] T. III, p. 1.

[5] Arch. de l'Emp. cart. K 102, n° 2²⁷.

exercé ses talents au Louvre après la reddition de Paris, car, si nous n'avons point découvert l'époque de sa mort, nous sommes sûr au moins qu'elle est antérieure au mois de septembre 1576, puisqu'à cette date sa femme est dite veuve. Pour accepter la version de Sauval, il faudrait admettre qu'en septembre 1596 la mort de Thibaut était trés-récente; or ce serait un grand hasard, et l'on doit d'autant moins accueillir l'hypothèse qu'en 1596 Thibaut eût été âgé de soixante-trois ans; en outre, le Métezeau alors architecte du roi avait pour prénom Louis, ainsi que nous le prouverons en son lieu. C'est donc, suivant toutes les présomptions, du temps de Catherine que Thibaut Métezeau commença la salle des Antiques, dont nous ne connaissons point la physionomie pendant cette période. Il y a bien des raisons pour supposer qu'il a pareillement donné les premiers dessins de la Grande-Galerie, et ce qui peut encore faire incliner vers cette opinion, c'est que son fils paraît avoir été chargé, sous Henri IV, d'exhausser la galerie d'un étage intermédiaire surmonté d'un second ordre. Nous reviendrons ailleurs sur la question.

Henri III, dit Sauval, conduisit l'aile méridionale du nouveau Louvre «jusqu'où «finit le reste du vieux Louvre[1],» c'est-à-dire jusqu'à la tour de l'angle sud-est, qui ne fut abattue que sous Louis XIV. Telle est l'unique donnée historique que les auteurs nous fournissent sur les travaux faits au Louvre par Henri III. Elle serait bien vague si nous n'avions aucune idée du point où en étaient arrivées les constructions lorsque mourut Charles IX; mais nous avons reconnu que, vers 1574, le gros mur extérieur de l'aile était vraisemblablement élevé, et que le mur intérieur avait dépassé le second avant-corps. L'œuvre de Henri III est donc comprise entre le second et le troisième avant-corps inclusivement. Aussi bien sur ce dernier on retrouve, à la hauteur des chapiteaux de l'ordre inférieur, les chiffres ⦗H⦘, qui indiquent le règne d'un Valois, et à l'ordre supérieur la lettre H couronnée; mais est-ce réellement à Henri III que se rapporte ici cette initiale ? On n'aurait point lieu d'en douter sans une circonstance dont on ne parle jamais, malgré son importance : dans la frise du second ordre, entre le second et le troisième avant-corps, au-dessus du trumeau séparant la seconde fenêtre de la troisième, se fait remarquer, en compagnie de quatre autres H ce chiffre,

qui est très-évidemment formé des lettres H D B, et dont on n'imagine pas que la traduction puisse être autre chose que Henri de Bourbon. Il est donc fort probable, sinon certain, que l'ordre supérieur, à partir du second avant-corps, n'a été

[1] T. II, p. 25.

bâti ou plutôt terminé que sous Henri IV, l'étage inférieur remontant seul au règne de Henri III. Rien n'autorise à se prononcer là-dessus d'une façon catégorique; nous nous bornerons à rappeler que l'aile ne dépassait guère le second avant-corps en 1576, suivant le plan de Du Cerceau, et qu'elle était encore assez peu avancée en 1577 pour avoir donné sujet à Jérôme Lippomano de dire, dans la relation de son voyage : «Le palais ou château royal qui est la demeure de la cour a un «commencement de construction dont la majestueuse architecture, si jamais elle «était achevée, en ferait un des plus beaux édifices du monde. Henri II l'a com-«mencé, mais *il n'y en a qu'un quart de construit*[1].» Lippomano ajoute : «J'ai vu «commodément logés au Louvre le Roi et ses frères (*sic*), trois reines, deux car-«dinaux, deux ducs avec leurs femmes, trois princesses du sang, maints favoris «et dames, enfin une partie du Conseil.» Pour loger tant de monde, il fallait de nombreux appartements, et Henri III s'occupa peut-être surtout d'emménagements intérieurs. Nous ne pensons point, en tout cas, qu'il ait rien construit en dehors du château, malgré certaine phrase de Sauval que nous allons éclaircir.

Cette phrase est ainsi rédigée : «Le long de la rivière, Henri III y fit bâtir un «portique, qu'on a ruiné depuis peu, et où on a fait un jardin nommé *le petit «jardin du Louvre*[2].» Nous ne voyons pas quel portique a pu être bâti par Henri III au lieu indiqué par Sauval, et être détruit à l'époque où il écrivait. En effet ces mots, «le long de la rivière,» et ceux-ci, «où on a fait un jardin nommé «le petit jardin du Louvre,» déterminent bien l'emplacement dont il s'agit : c'est la basse-cour méridionale, que la Petite-Galerie limitait vers l'ouest, et qui s'étendait, au devant du château, entre cette galerie et l'ancien mur de la Ville; aussi M. Vitet a-t-il cru que le portique de Henri III était cette construction percée de nombreuses baies et formant terrasse, qui reliait l'extrémité de la Petite-Galerie à la tour du Coin; mais, de même que le petit jardin du Louvre, situé derrière, cette construction, qui servait d'orangerie, ne remontait qu'au temps de Louis XIII. Nous donnerons plus loin les preuves écrites de la vérité du fait; il nous suffit maintenant de faire remarquer qu'une gravure de Mathieu Mérian démontre qu'en 1615 la courtine de Charles V, au-devant du Louvre, n'avait point encore fait place à l'orangerie, et offrait toujours l'aspect qu'elle présente sur la vue de Cellier. Enfin si le mur de l'orangerie était le prétendu portique de Henri III, Sauval n'aurait point dit qu'on l'avait ruiné récemment, car il écrivait vers 1660, et l'orangerie figure sur les plans de N. de Fer, et même sur celui de l'ouvrage de Piganiol, publié en 1718. Nous supposons qu'il y a dans le singulier passage de Sauval une faute de lecture, doublée d'une intercalation des éditeurs[3]. Si l'on

---

[1] *Relation des ambassadeurs vénitiens*, ap. Documents inédits, t. II, p. 593.

[2] T. II, p. 13.

[3] Les interpolations évidentes ne sont pas rares

## LE LOUVRE SOUS FRANÇOIS II, CHARLES IX ET HENRI III. 271

consent à admettre cette intercalation, et à lire Louis XIII au lieu de Henri III, la phrase s'explique : Louis XIII bâtit la galerie de l'orangerie, fit planter le petit jardin, et en 1724, année de la publication des *Antiquités de Paris*, le mur de l'orangerie venait d'être abattu, puisqu'il le fut en 1719.

Dans la description du vieux Louvre, nous avons fait remarquer qu'il fallut entamer l'aile orientale de l'ancien château pour élever le troisième avant-corps de l'aile méridionale du nouveau palais. La faculté d'effectuer les démolitions dans le vieil édifice, et même, en cas de nécessité, dans le nouveau, est spécifiée dans les lettres d'office qui, après la mort de Pierre Lescot, nommèrent pour son successeur Baptiste Androuet Du Cerceau. La teneur de ces lettres est celle-ci :
« HENRY, etc. A nostre cher et bien amé architecte ordinaire maistre Baptiste
« Androuet Du Cerceau, salut. Comme estant puis naguères décédé le sieur de
« Claigny, qui avoit la charge et superintendance de nostre bastiment neuf, soit
« besoin commettre en son lieu quelque personnage duquel l'expérience en l'art
« d'architecture nous soit cogneuë, et qui puisse bien et fidellement poursuivre et
« continuer l'entreprinse d'un tel et si magnifique bastiment, pour le désir que
« nous avons d'en voir l'entière perfection, d'autant qu'il est le premier et le plus
« célèbre de tous nos bastimens, mesmes l'un des principaux ornemens de nostre
« ville de Paris, capitale de nostre royaume. Sçavoir faisons que, nous confians en-
« tièrement de vostre personne et de vos sens, suffisance, loyauté, preud'hommie,
« diligence et grande expérience audit art d'architecture, pour ces causes et autres
« à ce nous mouvans, vous avons commis, ordonné et député, commettons, ordon-
« nons et députons par ces présentes, avec plein pouvoir, puissance, authorité et
« mandement spécial, d'ordonner entièrement de la charge, conduitte et superin-
« tendance d'iceluy nostredit bastiment neuf de nostre chasteau du Louvre, à Paris ;
« pour, suivant cette charge, vacquer et entendre à dessigner, conduire et or-
« donner tous et uns chacuns les ouvrages qui seront nécessaires pour le faict
« et continuation dudit bastiment, circonstances et dépendances d'iceluy, et jus-
« ques à l'entière perfection d'iceux, ainsi que vous verrez estre bon de faire ; con-
« clurre et arrester tous les pris et marchez qu'il conviendra pour ce faire avec
« les maistres entrepreneurs, maçons, charpentiers, marchands fournissans les
« marbres, pierres mixtes, et autres matériaux et denrées pour nosdits bastimens,
« sculpteurs, fondeurs, tailleurs, plombiers, couvreurs et toutes autres personnes
« généralement de quelque vaccation qu'ils soient, que verrez estre bons et utiles
« pour estre employez au faict et parachèvement dudit bastiment ; faire desmolir
« aussi, soit tant du nouveau que du vieil bastiment du Louvre, tout ce que verrez

dans le livre de Sauval : ainsi il y est parlé (t. I<sup>er</sup>, p. 628) de l'érection de la statue de Louis XIV sur la place Vendôme en 1699, or Sauval était mort depuis longtemps lors de cet événement.

« et cognoistrez estre nécessaire pour poursuivre la continuation d'iceluy basti-
« ment; voir et vérifier, visiter, toiser et faire toiser par telles personnes capables
« qu'adviserez tous et chacuns lesdits ouvrages, pour sçavoir s'ils avoient esté bien
« et deuëment faicts selon les devis, prix et marchez qui en ont esté cy-devant
« faicts par ledit feu sieur de Claigny, et ceux que vous pourrez faire cy-après;
« ordonner de tous et chacuns les frais et despences licites et convenables pour
« ledit bastiment; iceux frais faire payer aux ouvriers et autres personnes à me-
« sure qu'ils besongneront et fourniront de matériaux et autres choses, soit par
« advance, parfaict payement ou autrement, ainsi que verrez estre requis et né-
« cessaire en vostre loyauté et conscience, au meilleur mesnage que faire ce pourra;
« et ce, par le thrésorier de nos œuvres, édifices et bastimens, présent et adve-
« nir, des deniers que pour ce luy ferons assigner et délivrer, et de ce en signer
« et expédier vos ordonnances, rescriptions, mandemens, roolles, certifications et
« tous autres acquits qui pour ce seront nécessaires audit thrésorier. Lesquels, en-
« semble lesdits prix et marchez, nous avons dès à présent comme pour lors, et
« dès lors comme à présent, validez et authorisez, validons et authorisons, et
« voulons estre de tel effect et valeur que si par nous avoient esté faicts et arrestez.
« Voulons et nous plaist qu'en rapportant par ledit thrésorier de nos bastimens
« présent et advenir le *vidimus* de cesdites présentes, que nous avons pour ce
« signées de nostre main, avec lesdits prix et marchez, devis, toisez où besoin
« sera, ensemble lesdites ordonnances, rescriptions, roolles, cahiers de frais, et
« autres acquits par vous signez, certifiez et expédiez, avec les quittances des parties
« prenantes, où elles escherront; nous voulons tout ce à quoy monteront lesdits
« frais et despences estre passé et alloué en la despence des comptes, et rabattu
« de la recepte dudit thrésorier de nosdits bastimens présent et advenir, par nos
« amés et féaux les gens de nos Comptes, à Paris, ausquels nous mandons ainsi le
« faire sans difficulté et tout ainsi comme si lesdits frais et despences avoient esté
« ordonnez et arrestez, et les acquits d'iceux signez et expédiez par nous et de
« nostre propre main; et génerallement vous donnons pouvoir, puissance et au-
« thorité de faire et ordonner en ceste présente charge et commission de nostredit
« bastiment neuf du Louvre, circonstances et dépendances d'iceluy, tout ainsi et en
« la propre forme et manière que faisoit et pouvoit faire en icelle ledit feu sieur
« de Claigny, jaçoit qu'il y eust chose qui requist mandement plus spécial qu'il
« n'est contenu en cesdites présentes. Par lesquelles nous vous ordonnons pour
« vostre estat et entretènement en ladite charge, ladite somme de quatre cents escus
« sol par chacun an, qui sont trente-trois escus sols tournois par mois, à les avoir
« et prendre tout ainsi que souloit faire ledit sieur de Claigny, en vertu de vos
« simples quittances, à commencer du jour et datte de cesdites présentes, par les
« mains dudit thrésorier de nosdits bastimens présent et advenir, auquel nous en-

LE LOUVRE SOUS FRANÇOIS II, CHARLES IX ET HENRI III.   273

« joignons de les vous payer des deniers qui luy seront ordonnez, baillez et assi-
« gnez, pour convertir et employer au faict de sondit office. Lequel, rapportant
« vosdites quittances, demeurera quitte et deschargé de tout ce qu'il vous aura
« payé, à ceste occasion, par lesdits gens de nos comptes, ausquels aussi nous man-
« dons ainsi le faire sans aucune difficulté. Et afin aussi que puissiez estre en cest
« endroict mieux informé de ce qui est requis pour l'entière construction et accom-
« plissement de nostredit bastiment du Louvre, selon les desseins, plans, ordon-
« nances et modelles qui ont esté arrestez du vivant dudit feu sieur de Claigny,
« par le feu roy Henry, nostre très-honnoré seigneur et père, nous voulons et
« entendons que tous et chascuns lesdits desseins, plans, ordonnances, modelles,
« et autres choses qui en ont esté faictes, soient expressément et promptement
« mises en vos mains et en vostre possession, par les héritiers dudit feu sieur de
« Claigny, et tous autres qui les peuvent de présent ou pourront cy-après avoir et
« posséder. Tous lesquels nous voulons à ceste fin estre contraints sans aucune
« remise, excuse ne dilation. Car tel, etc. Donné... (*sic*). »

L'auteur du livre, fort rare[1], où nous avons copié les lettres précédentes n'a pas jugé utile d'y joindre leur date; c'est une lacune regrettable, et nos tentatives pour la combler ont seulement abouti à nous apprendre que, commis en 1579 à la surintendance des bâtiments royaux, Baptiste Androuet, en 1582, obtint celle du « bâtiment neuf du Louvre, » et qu'au mois de juillet 1585 il fut de nouveau investi de cette charge, avec quatre cents écus de gages par an[2]. Le document que nous venons de transcrire portait sans doute la date de 1582. Il est curieux à plus d'un titre, car, en montrant quelle était la célébrité du nouveau Louvre, et combien on désirait le voir achevé, il prouve aussi le respect qu'on avait conservé pour le projet de Lescot, et établit en même temps qu'il n'y a point eu d'autre architecte de l'édifice entre l'abbé de Clagny et Baptiste Androuet. Henri III témoignait beaucoup de sympathie à ce dernier artiste, que nous devons maintenant faire connaître à nos lecteurs.

Baptiste Androuet Du Cerceau a été longtemps confondu avec son père, l'illustre Jacques Androuet, et aujourd'hui même on est loin de l'en distinguer toujours; on l'identifiait aussi constamment avec son fils Jean ou son frère Jacques, avant que nous eussions constaté l'existence de ces deux membres de la famille.

---

[1] Il est intitulé: *Le Thrésor ou stile et protocole de la chancellerie de France* (1 vol. in-12. Paris, 1614). Les lettres se trouvent liv. II, fol. 23 v°.

[2] Inventaire des mémoriaux de la Chambre des Comptes, Arch. de l'Emp. reg. PP 121, p. 23 et 93, et PP 122, p. 93. — Les articles de l'inventaire ne contiennent que ces mots: « Baptiste « Adroiet (*sic*), dit De Cerceau, commis à la surin-« tendance des bastimens. — Baptiste Androuet du « Cerveau (*sic*), architecte ordinaire du Roy, com-« mis à la surintendance du bastiment neuf du « Louvre. — Baptiste Androuet du Cerceau, commis « à la surintendance des bastimens du Louvre, à « 400 escus de gages par an ».

C'était encore «un jeune garçon» en 1575, époque où il nous apparaît pour la première fois, où il gagna la faveur de Henri III, ainsi que le prouve le récit contemporain suivant: «Finalement, il (Henri III) institua une garde nouvelle, «que l'on appelloit *les quarante-cinq gentilshommes ordinaires*, parce qu'ils le sui- «voient toute l'année, en tous lieux où Sa Majesté alloit, desquels il n'en prit un «seul qui fut huguenot, tesmoignage très suffisant de l'intérieur de ce prince; le- «quel on ne sçauroit contredire, sinon que pour un certain petit architecte nommé «Du Cerceau, que, par faute d'autre, il prit à son service en l'année 1575, «lorsque Sa Majesté estoit en si grande affection de faire bastir une maison de plai- «sance autour de Paris, pour ce que ce petit homme pourtrait fort bien et mieux «qu'homme qui soit en France, et estoit diligent, actif et soigneux aux commande- «mens qui luy estoient faits; et aussi que Sa Majesté estoit contrainte de se servir «d'un peintre qui souloit faire des inventions pour les masquarades et tournois, «nommé de Magny, résidant à Paris, lequel, tant pour son âge qu'aussi pour ne se «connoistre guères au fait de l'architecture, et avoir la main rude pour en dresser les «pourtraits, ne pouvoit satisfaire au gré de Sa Majesté, et estoit contraint de faire «travailler sous luy ledit Du Cerceau, qui estoit un jeune garçon, fils de Du Cer- «ceau, bourgeois de Montargis, lequel a esté des plus grands architectes de nostre «France. Et par ce moyen il fut introduit au service de Sa Majesté, sans qu'elle «le reconneust pour huguenot..... Ledict Du Cerceau a bien fait pénitence en sa «charge, ayant fait plus de pourtraits de monastères, églises, chapelles, oratoires «et autels pour dire la messe, que jamais architecte en France en ait fait en cin- «quante ans[1].»

Dès 1578, Baptiste Androuet fut chargé d'un travail considérable, la cons truction du Pont-Neuf. «En ce mesme mois de may (1578), dit Lestoile, fut com- «mencé le Pont-Neuf..... sous l'ordonnance du jeune Du Cerceau, architecte «du Roy.» On vient de voir qu'en 1579 il fut nommé surintendant des bâtiments royaux, et que, dès 1582, il dirigea l'œuvre du nouveau Louvre. Il est à ob- server que si, dans ses lettres d'office, il est simplement qualifié d'architecte ordinaire du Roi, dans les documents plus récents il figure avec d'autres titres, ceux de «valet de chambre dudict Sire, et ordonnateur général des bastimens «de Sa Majesté,» qui lui sont donnés simultanément dans l'acte d'acquisition de la maison où furent établis les Feuillants[2]. Sur une pièce de 1586, inté- ressante à un double point de vue, il est nommé avec deux nouvelles qualités: «Noble homme Baptiste Androuet, *sieur* du Serseau, *conseiller du Roy*, son «architecte ordinaire, et commis par Sa Majesté pour ordonner de tous les ou-

---

[1] *Traité des causes et des raisons de la prise des armes faite en janvier 1589*, dans les *Mémoires du duc de Nevers*, édit. in-fol. de 1665, t. II, p. 28-29. — [2] Arch. de l'Emp. cart. S 4165-66.

« vrages des bastimens et édifices de Sa Majesté, et despence que y convient
« faire[1]. » Sa charge de surintendant des bâtiments, au dire de Brice, lui valait
6,000 livres par an[2]. Elle impliquait la direction de presque toutes les constructions faites pour la couronne, et comprenait celle des travaux de la chapelle des Valois, à Saint-Denis. D'après les comptes de cette chapelle, il en devint l'architecte après J. Bullant, et, comme « ordonnateur de ladicte sépulture, » dès 1582 au moins et jusqu'en 1586, il eut, « pour ses gaiges et appointemens, » la somme de 200 livres par an[3].

Le 11 novembre 1584, Baptiste acheta d'un de ses collègues de Saint-Denis, le maçon Christophe Lemercier, un terrain qui était situé au Petit-Pré-aux-Clercs, et dont l'emplacement est représenté maintenant par celui qu'occupent la maison faisant l'angle des rues Bonaparte et des Marais, et la maison contiguë formant le coin de la rue Jacob. Sur ce terrain Baptiste éleva une habitation fort élégante, dont il ne jouit point longtemps. En effet, au mois de décembre 1585, suivant ce que raconte Lestoile, qui l'appelle un « homme excellent et singulier en son « art[4], » Baptiste, que les catholiques exaltés reprochaient au Roi d'employer, fut contraint de prendre congé de son maître, aimant mieux « quitter..... ses biens « que de retourner à la messe, » et abandonnant « sa maison qu'il avoit nouvelle- « ment bastie avec grand artifice et plaisir, au commencement du Pré-aux-Clercs, « et qui fust toute ruinée sur lui. » Cette disgrâce, que l'on croyait faussement avoir frappé Jacques Androuet, le graveur, ne semble pas avoir eu pour son fils les conséquences fâcheuses qu'on pourrait supposer, puisque, dans les comptes de la chapelle des Valois, nous trouvons un toisé du 21 avril 1586 fait par l'ordre de celui-ci; les états de dépense mentionnent en outre ses appointements pour cette année[5]. C'est là d'ailleurs le dernier document que nous ayons rencontré où il soit directement question de lui. Nous sommes sûr toutefois qu'il fut architecte de Henri IV; car, dans les lettres d'office délivrées en 1617 à son fils Jean, il est parlé des services rendus par le père au « feuz roys. » Au mois de mars 1602, Baptiste n'existait plus, et sa veuve, Marie Raguidier, vendit alors à son beau-frère, Jacques Androuet, la maison du Petit-Pré-aux-Clercs, qui, ravagée lors du siège de Paris, avait dû subir une restauration complète après la reddition de cette ville[6].

Le grand jardin du Louvre, où, suivant Sauval, Henri III se plaisait à faire

---

[1] Arch. de l'Emp. cart. K 102, n° 2¹⁰.
[2] T. IV, p. 159 de l'édition de 1752.
[3] Cart. K 102, déjà cité.
[4] Coll. Michaud, t. XIV, p. 193.
[5] Baptiste Androuet remplissait encore ses fonctions d'architecte du Roi à la fin de 1587 ou au com-

mencement de 1588, s'il est vrai, comme on le lit dans les *Mémoires du duc de Nevers*, qu'il fit des constructions pour les Feuillants, puisque ces religieux n'arrivèrent à Paris qu'au mois de septembre 1587.

[6] Nous parlerons, au chapitre XII, des autres membres de la famille de Baptiste.

battre ses lions, fut entièrement gâté à l'occasion des fêtes du mariage de Marguerite de Lorraine avec le duc de Joyeuse, aux mois de septembre et d'octobre 158: [1]; mais peut-être le jardin fut-il remis en bon état par Henri IV, car il ne semble point bouleversé sur le plan de Quesnel. Quant à la ménagerie, elle fut détruite en 1583. «Le vingt-uniesme janvier, dit Lestoile, le Roy, après avoir «fait ses pasques, et ses prières et dévotions au couvent des Bons-Hommes de «Nigeon, ausquels il donna cent escus, s'en revint au Louvre, où, arrivé, il fit «tirer, à coups d'arquebusades, les lions, ours, taureaux et autres semblables qu'il «souloit nourrir pour combattre avec les dogues, et ce, à l'occasion d'un songe «qui luy estoit advenu, par lequel luy sembla que les lions, dogues et ours le «mangeoient et dévoroient.»

Sous le règne de Henri IV, le Louvre ayant été joint aux Tuileries, leur histoire commence à se confondre; nous ne la reprendrons donc qu'après avoir raconté l'origine du second de ces édifices, et décrit l'état ancien de la région où il fut élevé.

---

[1] «Le lundy seiziesme (octobre 1581), en la «belle et grande lice, à grands frais et peines et en «pompeuse magnificence dressée et bastie au jardin «du Louvre, exécuta le Roy un combat de quatorze «blancs contre quatorze jaunes, à huit heures du «soir, aux flambeaux.» (Lestoile, *Journ. de Henri III.*)

# CHAPITRE IX.

### ESPACE COMPRIS ENTRE L'ENCEINTE DE CHARLES V,
### LA RUE SAINT-HONORÉ, L'ENCEINTE BASTIONNÉE ET LA SEINE.

(Voir le Plan de restitution, feuille V bis.)

---

L'espace compris aujourd'hui entre la rue Saint-Honoré, les Champs-Élysées, la Seine et l'emplacement de l'enceinte de Charles V était autrefois occupé par des terrains que ne coupait aucune grande voie publique, et qui dépendaient, pour la plus grande partie, du territoire de la Ville-l'Évêque, dont les limites vers Paris, sans avoir jamais été bien précises, ont rétrogradé à mesure que le faubourg Saint-Honoré a pris de l'importance. Sur ces terrains, relevant en entier du fief de l'Évêché de Paris, on distinguait trois cantons: celui des *Gourdes*, qui est très-souvent mentionné à partir de la fin du xiv<sup>e</sup> siècle, et s'étendait au loin sur l'emplacement des Champs-Élysées[1]; celui des *Tuileries*, dont le palais marque encore la situation, et celui du *clos des Quinze-Vingts*, que longeait la grande rue du faubourg. Nous commencerons par l'étude de ce clos et des deux chemins ou rues par lesquelles il a été borné au nord et à l'est; nous parlerons ensuite du terrain qui a servi à l'établissement de la place du Carrousel.

---

## RUE DE L'ÉCHELLE.

La rue de l'Échelle, qui commençait à la rue du Carrousel et part actuellement de la rue de Rivoli, a toujours fini à la rue Saint-Honoré.

Nous n'avons point éclairci l'origine du nom de cette rue et nous doutons qu'il soit dû, comme on le dit, à une échelle de justice; car non-seulement on ne cite aucune preuve à l'appui de cette opinion, mais en outre il est peu vraisem-

---

[1] En 1625, un clos dit *Les Gourdes* existait encore près du Cours-la-Reine.

blable qu'un instrument de supplice ait été placé si près d'une demeure royale, à une époque aussi avancée que le xviie siècle. Or, avant ce temps, l'appellation de rue de l'Échelle n'était point en usage; nous n'en avons même rencontré d'indication que sous le règne de Louis XIV, et, en 1637, on disait encore «rue qui «conduit aux grandes écuries du Roy.»

Les historiens de Paris considèrent généralement la rue de l'Échelle comme une rue moderne; ils ont tous ignoré que c'était simplement un reste de l'ancien chemin bordant les fossés de la Ville. On acquiert la certitude du fait par l'examen des titres relatifs à la maison dite *de la Poterie*, qui faisait le coin de la rue, et qui n'a jamais subi de reculement. Dans ces titres la rue est énoncée: «Chemin par lequel on va de lad. porte Saint-Honoré à la rivière de Seine, le-«quel chemin est entre les fossez de la Ville et lad. couture des Quinze-Vins» (1402); — «chemin près les fossez de Paris» (1421); — «rue des Fossez» (1439); — «chemin des fossez, qui va de la bastide Saint-Honoré aux Tuilleries et à Saine» (1440); — «chemin au lonc des fossez» (1443); — «chaussée et chemyn ten-«dant.... à la rivière de Seyne et aux Thuilleries» (1558); — «voyrie sur les «fossez» (1556); — «rue... allant à la rivière de Seyne» (1597); — «chemin «tendant de la porte Saint-Honoré au pallais des Thuilleries» (1609). Dans un acte de 1544, elle est improprement nommée «rue du Marché-aux-Pourceaux,» à cause du voisinage de ce marché, situé de l'autre côté de la rue Saint-Honoré.

Il est à remarquer que l'alignement de la rue de l'Échelle, dans sa partie septentrionale, était parfaitement parallèle aux anciens murs de clôture des Quinze-Vingts et de la Petite-Bretagne, et non point à l'enceinte de la Ville; d'où nous supposons que cet alignement avait été donné par le mur mitoyen d'une propriété qui disparut lorsqu'on creusa les fossés. La largeur de la rue de l'Échelle a été récemment portée à vingt-deux mètres.

## CÔTÉ OCCIDENTAL.

### PAROISSE SAINT-GERMAIN-L'AUXERROIS.
#### HAUTE JUSTICE
##### ET CENSIVE DE L'ÉVÊCHÉ, PUIS DU ROI.

Depuis le quai jusqu'à la moitié de sa longueur environ, le «chemin au lonc «des fossez» longeait la maison dite *des Tuileries* et ses dépendances, dont il sera parlé dans le chapitre x. Venaient ensuite les maisons suivantes, qui toutes avaient été construites sur le terrain du clos des Quinze-Vingts.

Maison sans désignation (1442), qui avait été élevée sur un emplacement faisant le coin sud-est du clos des Quinze-Vingts. En 1556, elle contenait deux corps d'hôtel et un jardin.

Deux maisons sans désignation (1556), à la place desquelles il n'y avait encore qu'un jardin en 1442.

Jardin (1432), puis maison sans désignation (1442).

Jardin, puis maison sans désignation (1442). Suivant un censier de l'Évêché, elle aurait eu pour enseigne l'Image Notre-Dame, en 1530.

Maison et jardin sans désignation (1461).

Maison et jardin sans désignation en 1461, et de l'Image Notre-Dame en 1553. A la place de cette maison et des deux précédentes, certains comptes de 1442 mentionnent « la maison, jardin et lieu de noble homme mons. messire Anthoine Des Essarts; le- « quel (lieu) fut Thomas Le Sueur et sa femme. » Il semble ainsi que les trois maisons dépendaient l'une de l'autre, ce qui expliquerait la transposition apparente de l'enseigne. La maison d'Antoine Des Essarts, dite peut-être « Hostel des Tuileries » en 1342, paraît avoir été aussi à Pierre Des Essarts et avoir contenu un arpent et demi.

Maison et Jardin sans désignation en 1442, et ayant eu pour enseigne « l'Arba- « leste » dès 1556.

Jardin sans désignation (1442), à la place duquel se trouvaient, en 1507, trois maisons avec un colombier.

Jardin sans désignation en 1442, puis maison des « Troys-Roys » (1507). En 1517, elle avait été récemment édifiée de neuf.

Toutes les maisons dont l'énumération précède avaient été construites sur une pièce de trois arpents qui fut accensée, en 1398, à Richard Du Buisson, et qui s'étendait jusqu'à la rue Saint-Honoré (voir page 293). Elles furent vraisemblablement bâties entre les années 1432 et 1442, car on les trouve mentionnées à cette dernière date, et elles ne le sont point encore à la première. En 1565, elles substistaient encore; mais en 1567, elles étaient toutes abattues et « applicquées au « pallais de la Royne mère, » qui dut les acheter en 1566. Il n'en existe pas de plans.

Jardin (1513), à la place duquel furent ensuite deux maisons sans désignation, qui dépendaient, comme les suivantes, de la grande maison de la Poterie, et qui furent achetées par Catherine de Médicis, le 16 décembre 1567. L'estimation de leur valeur donne à penser qu'elles constituaient à peu près le quart du grand hôtel de la Poterie, réduit comme il l'était alors.

Maison sans désignation (1609), qui a fait un coin de la rue du Carrousel.

Maison sans désignation en 1609, et de l'Image Sainte-Anne en 1700.

Maison qui paraît avoir eu l'enseigne du Nom-de-Jésus en 1575, et qui, au xviiie siècle, était comprise dans la précédente.

Maison sans désignation en 1609, puis du Pied-de-Biche (1680), du Coeur-Navré, et enfin des Plongeons (1700).

Maison ou masure (1609) qui, unie à la suivante, avait pour enseigne le Faucon en 1680, et semble être la même que celle de la Salamandre, mentionnée en 1555 et 1588.

Maison sans désignation en 1609, mais que nous croyons se confondre avec celle «de l'Estoille» (1587), laquelle était contiguë à la maison de la Salamandre et aboutissait à celle du Dauphin.

Maison du Lion-d'Or (1609), contiguë à la maison du coin de la rue Saint-Honoré; elle en avait fait partie au xvie siècle.

## TERRAIN DE LA PLACE DU CARROUSEL.

Depuis Sauval, on a bien souvent répété que Pierre Des Essarts possédait, au commencement du xive siècle, un certain hôtel des Tuileries dans lequel il fallait voir en quelque sorte l'embryon du palais de ce nom. L'hôtel des Tuileries appartenant à Des Essarts n'a jamais rien eu de commun avec la maison qui, en se développant, est devenue la résidence des rois. Celle-ci était située derrière le clos des Quinze-Vingts, tandis que l'hôtel des Tuileries était placé, soit dans le clos même[1], soit derrière un jardin de cinq arpents qui séparait ce clos d'avec l'Hospice, et dont l'emplacement correspond à celui qu'occupaient les îlots en bordure sur la rue Saint-Honoré, entre les rues Saint-Nicaise et de l'Échelle. En effet, l'hôtel de Des Essarts, s'il n'était pas renfermé dans le clos, doit nécessairement se confondre avec le jardin qui, après avoir été à Ernoul de La Haute-Maison, était, en 1315, à Pierre Des Essarts et touchait au «chantier à merrin,» avec jardin derrière, que, le mardi devant «les grands Pasques» de la même année (v. s.), Des Essarts prit à bail des Aveugles, au prix de 16 livres parisis de rente annuelle, et à la condition que ces derniers pourraient y poser des conduits pour faire venir l'eau de la rivière dans leurs «aisemens et chambres[2].» Or le jardin d'Ernoul de La Haute-Maison doit se confondre à son tour avec la propriété qu'Ernoul habitait un peu auparavant, et qui est dite, dans une charte du 24 mai 1309, «meson ou menoir... assis oultre le Louvre, près des Tuileries... tenant d'un cousté à la meson et au jardin de Bretaigne, et d'autre à la meson de Pierre de Bonoil et au jardin de Jehan

---

[1] Les textes qui mentionnent cet hôtel sont très-obscurs; il est énoncé, en 1316: «Meson ou manoir «que lesd. mariés (le changeur Pierre Des Essarts et «sa femme Thomasse) ont, assis... vers les Tuile-«ries... en la couture d'iceux mariés, qui siet au «costé et derrières le manoir desdiz Aveugles, parmi «le coign du mur des jardins ou courtiz desdiz Aveu-«gles, qui sont entre ladite meson ou manoir des-«diz mariés et leurdite couture.»

[2] Arch. des Quinze-Vingts, liasse 306. — Les Aveugles l'avaient eux-mêmes acquis de Jean, fils d'Ernoul, au prix de 160 livres parisis, le mardi avant la Pentecôte 1315, c'est-à-dire quelques mois seulement avant le bail fait à Des Essarts.

« de Courbeul, aboutissant à la meson et au jardin des Aveugles. » La situation du manoir d'Ernoul, identique avec celle qu'une charte de 1385, dont nous rapporterons un extrait (p. 288), donne à une maison appartenant à Des Essarts, est d'ailleurs très-claire : il tenait, vers l'orient, à l'hôtel de la Petite-Bretagne; vers le nord, au jardin de cinq arpents que les Aveugles avaient sur la rue Saint-Honoré, et, vers l'occident, à la maison du «merrenier» Pierre de Bonneuil et au jardin de Jean de Courbeul. Mais cette dernière maison et ce dernier jardin étaient très-certainement au-dessous du clos des Quinze-Vingts, près de la rivière; la place du Carrousel, telle qu'elle se dessinait à l'époque de la Révolution, occupait donc en partie le terrain du manoir d'Ernoul.

La construction de l'enceinte de Charles V fit bouleverser tout le terrain dont nous parlons, et il n'y eut plus là qu'un rempart avec fossé et chemin le long du fossé jusqu'au commencement du règne de Louis XIII, époque où l'on adopta le projet d'ouvrir deux rues nouvelles à travers les fortifications (voir p. 74), ce qui en impliquait l'entière destruction. Du reste, on ne respectait guère alors la muraille d'enceinte de Paris; car, le 27 septembre 1624, le Corps municipal alla s'en plaindre au Roi, faisant observer qu'on démolissait «les murailles et pa«rapets de lad. Ville, qui soustenoient les terres du rempart depuis la porte Sainct-«Honoré jusques à la gallerie du Louvre,» et «que les pierres provenans de «lad. desmolition avoient servy à la construction d'un canal voulté» que l'on bâtissait dans le fossé [1]. Le lendemain parut une ordonnance du Prévôt des marchands défendant de continuer à démolir la muraille et à en emporter les matériaux. Nous ne savons si cette prohibition fut respectée; mais, dix ans plus tard, en 1634, Charles Froger ayant conclu un marché pour l'exécution de la nouvelle enceinte bastionnée, malgré l'opposition du Bureau de la Ville la vieille muraille fut démolie à partir de la Porte-Neuve, et de telle sorte qu'il est devenu difficile depuis d'en retrouver des fragments.

Le plan de Gomboust montre qu'en 1652 la place du Carrousel n'existait point encore, et que, au lieu où elle a été établie, le fossé était seulement en partie comblé pour l'agrandissement du jardin d'un hôtel de la rue Saint-Nicaise; mais la place était dessinée et nivelée lors du grand carrousel qui lui a valu son nom [2], et qui eut lieu au mois de juin 1662. Peu après on bâtit dans les environs, si bien qu'en 1665, ainsi qu'on le voit par un plan portant cette date, la place et les îlots voisins avaient acquis la configuration qu'ils ont gardée jusqu'aux démolitions effectuées sous le premier Empire. Pour servir de second débouché à la place on avait eu soin de réserver, sur l'emplacement du fossé et dans l'alignement

---

[1] Arch. de l'Emp. reg. H 1801, fol. 340 v°. — [2] La place du Carrousel a été quelquefois nommée *place des Tuileries* vers le commencement du dernier siècle.

de la contrescarpe, une rue qui s'appela *rue du Carrousel*, et quelquefois *rue de l'Échelle*, parce que, communiquant par un retour d'équerre[1] avec la rue ainsi nommée, elle pouvait en être considérée comme la continuation. Nous avons donné quelques renseignements sur les constructions de la rue du Carrousel du côté de la rue Saint-Nicaise (voir p. 76). Du côté opposé, la première maison, celle qui faisait le coin devant l'entrée de la cour des Suisses, fut, au xviiie siècle, un magasin de fers pour les bâtiments royaux. La maison suivante, qui formait l'encoignure saillante de la rue au point où elle se coudait, appartenait, en 1734, à Mollet, contrôleur des bâtiments; celle qui venait ensuite était

L'HÔTEL DE LA VALLIÈRE. Henri IV, voulant récompenser son premier jardinier, Claude Mollet, lui fit don d'une place et d'un jardin, sur lesquels celui-ci bâtit une maison; elle passa, après lui, à son fils, qui en augmenta les bâtiments. La maison fut louée plus tard à Amat, fermier général des gabelles, et dès le mois d'avril 1664 elle était occupée par le père de la maîtresse de Louis XIV, Jean-François de La Baume Le Blanc, marquis de La Vallière; dite ainsi *l'hôtel de La Vallière*, elle fut rebâtie en partie par le fils du précédent, Charles-François, fait duc en 1723. Il n'en jouissait pourtant qu'à titre de concession viagère, puisque, par une déclaration du 8 mai 1734, le duc d'Antin, directeur des bâtiments de la couronne, fit savoir que le Roi donnait l'hôtel au duc et à la duchesse de Vaujour, en survivance du duc et de la duchesse de La Vallière[2].

Contigu à l'hôtel de La Vallière, se trouvait

L'HÔTEL D'ARMAGNAC ou DE BRIONNE. Il fut bâti, peu de temps avant l'année 1676, pour servir de demeure au grand écuyer de France, qui était alors Louis de Lorraine, comte d'*Armagnac*, de Charny et de *Brionne*, dont le septième fils, Charles, comte d'Armagnac, obtint la même charge en survivance de son père, l'an 1712. Ainsi s'expliquent les deux noms donnés simultanément à l'hôtel, qui finit néanmoins par ne plus être appelé que *l'hôtel de Brionne*. Il paraît avoir encore été distinct de l'hôtel de La Vallière en 1772; mais il y était réuni sous Louis XVI. Il a été abattu vers 1806, de même que les autres maisons de la rue du Carrousel, qui a ainsi disparu. La place s'est alors étendue depuis la grille des Tuileries jusqu'à la hauteur de la rue de Rohan, et depuis la grande galerie du bord de l'eau jusqu'à celle qui longe la rue de Rivoli; toutefois, le déblayement complet n'a eu lieu qu'en 1849.

---

[1] Ce retour d'équerre, conduisant à la grande écurie des Tuileries, est appelé *rue de l'Écurie* sur un plan de 1698.

[2] L'hôtel est énoncé dans la déclaration : «une «place avec grand bâtiment dont partie a été faite «aux dépens dudit Duc» (de La Vallière).

# RUE SAINT-HONORÉ.

(Partie s'étendant de la rue Saint-Nicaise à la rue Royale.)

La section de la rue Saint-Honoré qui commençait à la hauteur de la rue Saint-Louis et finissait à la rue Royale était une partie de l'ancien chemin conduisant au village du Roule et la grande voie du premier faubourg Saint-Honoré. Elle n'a pu commencer à prendre l'aspect d'une rue que postérieurement à l'accensement du clos des Quinze-Vingts, en 1392, et elle n'est devenue très-fréquentée que vers la fin du xvie siècle, après la construction de la fausse porte Saint-Honoré. Nous l'avons vue énoncée : «Magnum cheminum Sancti Honorati» (1283); — «chaucée de la rue Saint-Honoré» (1370); — «chaucée et voyerie «par laquelle l'en va de ladite rue Saint-Honoré au Roole-lèz-Paris» (1370); — «chemin roial» (1392); — «grant chemin de la porte Saint-Honoré» (1392); — «chaucée du Roy, devant les Quinze-Vins» (1409); puis, en souvenir du fondateur de l'hospice des Aveugles, «vicus novus Sancti Ludovici» (1407); — «grant rue Saint-Loys» (1421); — «rue neufve Saint-Loys» (1430); et enfin, «chaussée des faulxbourgs (Saint-Honoré), tendant de cette ville de Paris au «port de Nully» (Neuilly) (1563); — «grande rue du faulxbourg Sainct-Honoré» (1600); — «chaussée Saint-Honoré, cy-devant faulbourgs» (1634); — «rue «neufve Saint-Honoré, naguère appellé le faulxbourg Saint-Honoré» (1638); — et «rue neufve Saint-Honoré, cy-devant faulxbourgs, et à présent clos et annexé «à la Ville» (1640). L'incorporation du faubourg Saint-Honoré à la Ville avait été consommée définitivement par la destruction de l'enceinte de Charles V et par la substitution, effectuée vers 1632, de la porte monumentale de Pidoux à la fausse porte du xvie siècle. La partie de la grande rue située en deçà s'est alors confondue, sous le même nom de *rue Saint-Honoré*, avec la partie la plus rapprochée du centre de la Ville.

Le 13 mai 1585, une ordonnance du Bureau de la Ville prescrivit aux habitants du faubourg Saint-Honoré «de faire paver..... devant leurs maisons, cha«cun endroict soy, depuis le commencement de la chaussée..... pavée et rehaulsée «de neuf ès-dicts faulxbourgs, jusques à la fin d'icelle.» Dans une lettre du 30 juillet 1571, le Roi s'était déjà plaint de la mauvaise odeur provenant, disait-il, de la «retenue des eaues croupies et boues qui sont ordinairement le long du «faulxbourg Sainct-Honnoré, par faulte que ledict faulxbourg n'est pas entière«ment pavé le long des maisons, et que la pante d'esgout n'est pas comme il «appartient.»

## CÔTÉ MÉRIDIONAL.

### PAROISSE SAINT-GERMAIN-L'AUXERROIS, PUIS DE SAINT-ROCH[1].

<small>Entre les rues Saint-Nicaise et de l'Échelle.</small> Les maisons de la rue Saint-Honoré comprises entre les rues Saint-Nicaise et de l'Échelle occupaient, nous l'avons dit, l'emplacement d'un jardin de cinq arpents, qui appartenait aux Quinze-Vingts et dépendait, comme tous les environs, du fief de l'Évêché. La construction de l'enceinte de Charles V mit le terrain sous la juridiction du Roi et de la Ville, et il resta en censive royale après que les fortifications furent abattues.

Près de la porte Saint-Honoré il y avait quelques petites maisons qui furent rasées, pour les besoins de la défense, au temps de la Ligue. On en rebâtit d'autres, au commencement du règne de Louis XIII, en traçant une petite rue qui a été nommée *rue Saint-Louis*.

Rue Saint-Louis. Elle existait déjà en 1629, car nous l'avons trouvée énoncée en cette année : «Une autre rue allant ausdites escuries» (du Roi), la première des rues auxquelles il est fait allusion dans l'acte étant celle de l'Échelle. Sur les plans de Gomboust et de Bullet, la rue Saint-Louis est nommée *rue de l'Échaudé*, appellation provenant de la disposition triangulaire du pâté de maisons qui formait un de ses côtés[2]. Vers le même temps, elle était dite aussi *rue Saint-Louis*, nom évidemment inspiré par celui qu'avait porté la rue du faubourg; un censier de 1663 la désigne sous la dénomination de *rue des Tuileries*. Elle a disparu en 1854.

Après la maison qui formait le coin occidental de la rue Saint-Nicaise, il s'en trouvait, sur la rue Saint-Honoré, une seconde aboutissant à une cour en équerre. Cette cour était celle du marché des Quinze-Vingts, dont la boucherie occupait la troisième maison en bordure sur la rue Saint-Honoré. Nous n'avons rien à signaler dans la quatrième, qui était très-étroite, ni dans la cinquième, qui faisait le coin oriental de la rue Saint-Louis. Le côté méridional de cette dernière rue offrait trois maisons : l'une, au coin de la rue de l'Échelle, ayant eu pour enseigne *le Gaillard-Bois* en 1687, et deux autres qui, attenantes d'un côté à la maison du coin de la rue Saint-Honoré, étaient séparées, au rez-de-chaussée, de la maison du Gaillard-Bois par une ruelle servant d'entrée au marché des Quinze-Vingts.

---

[1] Le territoire de la paroisse Saint-Roch ne commençait qu'à la troisième maison après la rue Saint-Nicaise. Le mur qui séparait cette troisième maison de la seconde, et qui formait la limite de la paroisse, est un jalon méconnu, mais bien précis, de l'enceinte de Charles V.

[2] On donnait autrefois la forme triangulaire aux échaudés.

Le marché des Quinze-Vingts [1] fut établi en vertu d'une permission que le Roi accorda à Ursule Motta, naine de mademoiselle de Montpensier, et qui fut modifiée par un arrêt du Conseil du 22 février 1645. D'après la teneur de l'arrêt, le marché devait être placé derrière la boucherie Saint-Honoré. Cette boucherie avait été bâtie sur l'emplacement d'une partie de la porte Saint-Honoré, immédiatement après la démolition qui en fut faite en 1634. On lit, à cet égard, dans le supplément manuscrit aux *Antiquités de Paris* : « L'an 1633..... et 2 ans après, on rompit « la vieille porte dite *de Saint-Honoré*, au delà des Quinze-Vingts, de sorte qu'à « présent il n'y a plus marque aucune de porte, et au lieu de laquelle du costé des « Tuilleries, a esté faite une belle boucherie. » La boucherie Saint-Honoré renfermait dix étaux, dont cinq appartenaient au domaine royal et cinq à des particuliers. Auprès de cette boucherie, dit Piganiol, il y a deux autres étaux, qui appartiennent aussi à des particuliers.

En 1629, l'îlot circonscrit par les rues Saint-Honoré, Saint-Louis et de l'Échelle consistait en une seule maison ayant pour enseigne *l'Image Saint-Martin*, et composée de trois corps d'hôtel. L'un de ces corps d'hôtel, qui s'étendait le long de la rue de l'Échelle, et formait l'angle oriental de la rue Saint-Honoré, ainsi que le coin septentrional de la rue Saint-Louis, est demeuré intact; l'autre, qui faisait le coin occidental de la rue Saint-Honoré et de la rue Saint-Louis, a été subdivisé en deux, et la seconde partie, située sur la rue Saint-Louis, a eu pour enseigne *la Vache-Noire* vers 1700. Le troisième corps d'hôtel a été morcelé en trois logis : l'un en bordure sur la rue Saint-Honoré, et les deux autres sur la rue Saint-Louis. De ces deux derniers le plus rapproché de la rue Saint-Honoré avait pour enseigne « *la Belle-Ovale*, » en 1687. A la pointe sud-ouest de l'îlot était placée une fontaine qui est appelée *fontaine du Diable* sur le plan de Delisle (1716); elle existait déjà en 1652, et n'a été détruite que dans ce siècle.

Au delà de la rue de l'Échelle, le côté méridional de la rue Saint-Honoré était formé par les maisons du clos des Quinze-Vingts. Jusqu'en 1687, il demeura en

### HAUTE JUSTICE
#### ET CENSIVE DE L'ÉVÊCHÉ.

Clos des Quinze-Vingts. Le long et au midi du chemin du Roule, il y avait, au XIII° siècle, un vaste terrain qu'on appelait *la Culture-l'Évêque, Cultura Episcopi*, parce qu'elle appartenait à l'évêché de Paris. Antérieurement à 1283, cinq arpents de cette culture, qui servirent à faire un jardin, furent cédés aux Quinze-Vingts, à la maison desquels la parcelle était contiguë. Le reste, composé de quarante-deux arpents et trois quartiers, fut accensé, le 24 mai 1309, à

Entre la de l'Éch et la rue R

---

[1] Sur le plan de Gomboust, ce marché est appelé « *cour de Miracle.* »

Ernoul de La Haute-Maison et à Isabelle, sa femme, à la charge, pour les preneurs, de dépenser une somme de 300 livres en trois ans, soit pour améliorer la terre, soit pour y élever des constructions [1], et, en outre, moyennant un cens annuel de 38$^{lt}$ 9$^s$ 6$^d$, qu'ils hypothéquèrent sur le manoir voisin dont nous avons déjà parlé (p. 280).

Quelques années plus tard, Ernoul vendit la Culture-l'Évêque au changeur Pierre Des Essarts et à Thomasse, sa femme, lesquels, le 7 juillet 1316, cédèrent à l'évêque Guillaume IV une rente de 35$^{lt}$ 18$^s$ parisis, qu'ils percevaient sur diverses maisons à Paris, en diminution du cens de 38$^{lt}$ 9$^s$ 6$^d$, dont la Culture était grevée [2]. La veille de la Trinité 1342, le même Pierre Des Essarts, cette fois qualifié de bourgeois de Paris et de conseiller du roi, fit don aux Aveugles, avec le consentement de sa femme Jeanne, de la Culture-l'Évêque, alors entourée de murs, et d'une seconde pièce de terre qui, contenant «une fosse à fiens,» était située de l'autre côté du chemin, devant la porte de l'enclos; toutefois, est-il exprimé dans l'acte, «n'est point l'entention desdiz donneeurs que, pour cause de ce «présent don, ils soient tenuz de faire estouper l'uisserie de l'alée de leur *hostel* «*des Tuileries*, qui ist (a issue), en ladite couture, mais demourra ou point que «elle est à présent [3].» Les propriétés dues à la libéralité de Des Essarts furent amorties le 4 septembre 1343, à la condition que le cens annuel qu'elles devaient à l'Évêché serait porté au double, c'est-à-dire à 103 sous parisis [4].

En possession de la Culture-l'Évêque, dont le nom se changea bientôt en celui de *clos des Aveugles* ou *des Quinze-Vingts*, l'Hospice n'en jouit point sans encombre, car, à raison d'une rente de 8$^{lt}$ parisis, vendue par Des Essarts à la dame Giles de Greil, dont les droits passèrent à un nommé Andry Giffart, les Quinze-Vingts furent un moment obligés d'en «déguerpir;» mais, par un décret d'adjudication du 4 février 1371, et en payant une somme de 110$^{lt}$, ils rentrèrent en possession de leur clos, qu'ils aliénèrent par parcelles en 1392 [5]. On commença pour lors à y bâtir, et, en 1399, il s'y trouvait déjà nombre de «maisons neufves,» comme l'indique un censier de l'Évêché. Avant de parler de ces maisons, il est nécessaire de déterminer les limites du clos, question qu'on n'a point encore abordée et qui présente d'excessives difficultés, attendu qu'une seule de ces limites, formée

---

[1] *Cartulaire de Notre-Dame*, t. III, p. 84.
[2] *Ibid.* p. 232.
[3] Arch. des Quinze-Vingts, liasse 306.
[4] *Ibid.* et *Cart. de N. D.* t. III, p. 338.
[5] En 1425, le clos était divisé en vingt-six parcelles; c'est à peu près le nombre des lots de l'accensement fait en 1392; mais déjà ces lots avaient subi des additions et des retranchements, car, dans les premiers baux, les superficies sont énoncées en nombres ronds d'un, de deux ou de trois arpents, tandis que le compte de 1425-26 mentionne des propriétés d'un demi-arpent et d'un arpent et demi. Après avoir passé un temps fort long en cherchant à reconstituer les parcelles de 1392, nous avons été contraint, par l'obscurité et les contradictions des titres, de renoncer à ce fastidieux travail, qui, sans être absolument inexécutable, réclamerait des efforts hors de toute proportion avec le résultat à obtenir.

par la rue Saint-Honoré, est connue, et que les autres ne peuvent s'obtenir que par déduction.

Depuis la construction de l'enceinte du xiv⁰ siècle, le clos des Quinze-Vingts a constamment été borné, vers l'orient, par le chemin qui régnait le long des fossés s'étendant de la tour de Bois à la porte Saint-Honoré. Cela est surabondamment démontré par le décret d'adjudication du 4 février 1371, où il est dit que le clos aboutissait «aus grans fossez et forteresse de la ville de Paris,» et par ces titres de la maison de la Poterie au moyen desquels nous avons reconnu l'identité du chemin sur les fossés avec la rue de l'Échelle. Les difficultés réelles surgissent lorsqu'il s'agit de fixer le point où le mur oriental du clos se soudait à son mur méridional.

La maison de la Poterie renfermait d'abord trois arpents; or sa largeur sur la rue Saint-Honoré et la direction de ses murs latéraux nous étant connues, il suffit de prolonger ces murs jusqu'à ce qu'ils contiennent une superficie de trois mille toises, pour restituer le périmètre de la maison. Nous obtenons ainsi, comme limite vers la Seine, le mur méridional du bâtiment qui, sur les plans du xviii⁰ siècle, sépare la cour des Suisses d'avec la cour Royale, et commence à cent une toises du coin de la rue Saint-Honoré. Cette coïncidence est déjà une présomption; mais elle donne presque une certitude lorsqu'on observe que l'ancienne muraille de séparation entre les Quinze-Vingts et la Petite-Bretagne, suffisamment prolongée, vient tomber avec précision sur le point que nous croyons marquer l'encoignure du clos.

Primitivement la Culture-l'Évêque s'étendait jusqu'à l'hospice des Aveugles; elle en fut séparée ensuite par le lot de cinq arpents qu'on en détacha, et dont nous avons déjà parlé[1]. De ce lot les Quinze-Vingts firent un jardin, qui disparut pour faire place à l'enceinte et aux fossés de la Ville; le fait est rapporté dans le passage suivant de Lettres royaux du mois de juillet 1385[2] : «Affermans (les «Aveugles) que, dès le commencement de leur fondation, et depuis continuel-«ment jusques après la bataille de Poitiers, qui fu l'an de grace m ccc lvi, ou «temps que l'en fist les fossés de la forteresse de Paris, ilz avoient esté tousjours «propriétaires, joy et usé paisiblement de un jardin peuplé d'arbres fruis por-«tans, et pour leur gouvernement de fruis et potages; séant en quarteure (carré), «entre les quatre quarres (côtés) et désignations, dont la première, faisant le der-

---

[1] Voir p. 281 et 284. — On lit dans l'amortissement de 1283 : «Ac eis (Cœcis) tradiderat «(Episcopus) et concesserat in perpetuum, de cul-«tura ipsius Domini Episcopi, sita juxta domum «Cecorum, quinque arpenta terre in uno tenente, «ex parte domus eorumdem, a fossato scilicet su-«pra viam publicam (Sancti-Honorati), de longo in «longum, secus murum domus eorum et murum «domus Comitis Britannie, usque ad metam posi-«tam juxta muros terre Tegulariorum.» (*Cart. de Notre-Dame*, t. III, p. 43.)

[2] Arch. des Quinze-Vingts, liasse 306.

« rière, qui est joignant leurdit hostel, depuis le coing d'icelui, qui est joignant
« à la voierie et chaucée de la rue Saint-Honoré, tant comme icelui hostel et appar-
« tenances se comportent par darrière jusques au mur et cloisons de l'ostel de la
« Petite-Bretaigne, et oultre, en continuant tout droit de ce mesmes costé, depuis
« yceulz mur et cloisons, par derrière les autres murs et cloisons d'iceuls jardins
« de Petite-Bretaigne. La seconde quareure cloant ledit jardin des Quinze-Vins
« estoit un mur qui pour lors duroit depuis ledit coing ou recoude, tout droit
« jusques au coing du mur faisant le clos des terres appellé *le Clos des $XV^{xx}$*, qui
« *jadis fu feu Pierre Des Essarts; laquelle seconde quarreure de mur de ce costé, faisoit*
« *clôture entre icelui jardin des $XV^{xx}$ et un jardin et hostel que ledit Des Essars avoit*
« *entre et oultre ledit coing ou recoude du mur des jardins de la Petite-Bretaigne*[1]. La
« tierce quarreure faisant clôture et le coing dudit coing, du costé devers les jar-
« dins des Quinze-Vins, estoit un mur depuis ledit coing dudit clos d'emprès lé
« Tieuleries (*sic*), et duroit entre yceulz clos et jardin, jusques à la chaucée et
« voyerie par laquelle l'en va de ladite rue Saint-Honoré au Roule-lès-Paris. La
« quarte quarreure d'iceulz jardins des Quinze-Vins estoit un grant haut mur de
« plastre et de moilon, lors joignant tant comme icelui jardin duroit de ce costé,
« au long de icelle chaucée et voyerie, durant depuis ledit coing desdis clos de
« $XV^{xx}$ (*sic*), tout droit jusques au coing de leurdit hostel. Et disoient lesdis sup-
« plians que, pour le temps dessus déclaré, en leurdit jardin estoit l'habitation
« d'un jardinier gouvernant et labourant icelui jardin, ouquel l'en povoit dudit
« hostel des $XV^{xx}$ aler et venir partout le jardin jusques dedens ledit clos des
« Quinze-Vins, sans empeschement et sans ce que pour lors feussent aucuns fos-
« sés, arrière-fossés, murs, chemins ne aucun signe de forteresse dedens ledit
« jardin; qui, depuis, y ont esté fais en leur propre héritage dessus déclaré, avec
« le degré de la bastide de ladite rue Saint-Honoré et d'icelle bastide, tant comme
« la largeur d'icelui degré se comporte, pour la forteresse et fermeté de nostredite
« Ville, comme elle y est de présent, sans ce que lesdits supplians se soient aucu-
« nement aidés de aucune partie de leurdit jardin et héritage depuis ledit an
« mil ccc cinquante-six ou environ. »

Le texte qui précède, en déterminant la situation du jardin, n'en donne point
la superficie; mais nous savons, par un arpentage de 1428, dont nous transcrirons le résumé, que cette superficie était de quatre arpents et demi, soit quatre
mille cinq cents toises, car il s'agit d'arpents à vingt pieds la perche. Nous trouvons, dans les limites que nous restituons en unissant le mur ancien des Quinze-
Vingts à l'angle sud-est du clos, une surface d'un peu moins de quatre mille cinq

---

[1] Ce passage confirme la situation que nous avons attribuée au manoir possédé par Ernoul de La Haute-Maison, puis par Des Essarts : l'expression «seconde quarreure» désigne le mur méridional du jardin, lequel mur, comme on voit, séparait le jardin de l'Hospice d'avec la maison de Des Essarts.

cents toises, soit quatre arpents et demi, comme dans l'arpentage de 1428, à vingt pieds la perche, ou cinq arpents à dix-huit pieds la perche, comme dans l'amortissement de 1283. Nous en concluons que, dès la fin du xiiie siècle, la Culture-l'Évêque avait, du côté de l'orient, les mêmes limites que nous connaissons avec certitude pour les temps postérieurs à la construction de l'enceinte.

Avec les données que nous ont fournies les archives des Quinze-Vingts, il nous serait aisé de rétablir immédiatement l'emplacement de la muraille méridionale de leur clos, si l'on pouvait se fier à l'exactitude des énonciations de surface contenues dans les titres; mais ces énonciations sont trop rarement précises pour qu'on les prenne rigoureusement à la lettre, et diverses autres circonstances ajoutent aux difficultés du problème à résoudre.

Tous les lots des différentes parcelles du clos expriment que ces parcelles aboutissaient d'un bout à la rue Saint-Honoré, et, de l'autre, au mur méridional du clos, mur qui devint leur clôture. Restituer quelques-unes de ces maisons dans leurs dimensions premières est donc le moyen indiqué de retrouver ce mur méridional que nous cherchons, et dont il n'existe plus la moindre trace. Pour y parvenir, nous disposons de deux ressources : l'une, excellente, c'est la largeur de plusieurs des anciens lots, qui s'est conservée intacte; l'autre, vague et féconde en erreurs, c'est la superficie attribuée à ces lots, dont la portion septentrionale subsiste seule, et se trouve représentée par des maisons en façade sur la rue Saint-Honoré. Utilisant ces éléments, nous calculons ainsi :

La maison de l'Image Notre-Dame fut élevée sur un terrain contenant un arpent à vingt pieds la perche, autrement dit mille toises [1]; or cette maison, que nous avons pu reconnaître, avait, d'après les plans, neuf toises et un quart de largeur; mais, pour qu'elle ait offert une superficie de mille toises, il faut qu'elle ait eu environ [2] cent dix-sept toises de profondeur par son milieu. Lui supposant cette profondeur, nous tombons sur un point éloigné de cinquante-huit toises du mur méridional du Manége, lequel est aujourd'hui remplacé par la clôture du jardin des Tuileries sur la rue de Rivoli.

La maison de la Corne-de-Cerf, voisine de la rue du Dauphin, est dite, dans un acte de 1412, renfermer un arpent; or elle avait de largeur, vers son milieu, environ huit toises trois quarts. Pour que le chiffre de sa superficie ait été de mille toises, il fallait une profondeur moyenne de cent quinze toises; en admettant cette profondeur, nous tombons de nouveau à cinquante-huit toises du mur du Manége.

---

[1] Les titres indiquent que les arpents dont il est question à propos du clos des Quinze-Vingts étaient bien des arpents à vingt pieds la perche.

[2] Nous disons toujours *environ* parce que, pour une foule de raisons, il est impossible de présenter des chiffres rigoureux; nous ne faisons d'ailleurs que répéter la formule des anciens actes dont nous nous servons.

La maison de la Corne-de-Cerf, située en face des Jacobins, fut également bâtie sur un arpent de terre, et elle présentait une largeur d'environ sept toises trois quarts; elle devait donc avoir une profondeur moyenne de cent trente toises; cette profondeur nous conduit encore à cinquante-huit toises du Manége.

La maison de l'Image Saint-Louis, qui venait immédiatement après la précédente, occupait aussi un arpent. Pour qu'elle atteignît la même limite vers le midi, tout en commençant un peu plus loin vers le nord, par suite de l'alignement biais de la rue Saint-Honoré, il fallait que sa largeur fût un peu moindre en moyenne que celle de la maison de la Corne-de-Cerf. Nous constatons en effet sur le plan de Verniquet que, les deux largeurs étant égales vers le milieu, celle de la maison de l'Image Saint-Louis allait en diminuant du côté de la rue Saint-Honoré.

Réunissons maintenant les quatre points que nous venons d'obtenir; le résultat est une ligne droite parallèle à l'axe du Manége, et distante de soixante et onze toises de son mur septentrional, mitoyen avec les maisons de la rue Saint-Honoré. Nous disons, en conséquence, que la zone du clos des Quinze-Vingts qui a été comprise dans le jardin des Tuileries avait soixante et onze toises de largeur.

Telle est la conclusion à laquelle nous sommes arrivé, mais non, certes, sans avoir longtemps cherché, et fait fausse route d'abord. Ce qui surtout nous induisait en erreur, c'est l'absence, fort étonnante, de renseignements sur les transactions au moyen desquelles une portion aussi considérable du clos a pu être distraite du reste. Au surplus, il n'est pas possible de douter qu'une vaste partie du clos ait été englobée dans le jardin des Tuileries, car cela résulte forcément des détails que nous trouvons dans l'arpentage de 1428. Les registres d'ensaisinement de l'Évêché nous ont fourni deux autres preuves du fait: la première est un acte du 4 février 1568, où il est dit que la maison de l'Image Sainte-Geneviève aboutit «d'un bout, par derrière, *aux terres de la Royne-mère, qu'elle a eues des appartenances de ladicte maison,*» et, à cette époque, les limites des Tuileries étaient, vers le nord, les mêmes que deux siècles plus tard; la seconde preuve ressort d'une pièce du 22 février 1564, où une propriété est énoncée «aboutissant par derrière à demy arpent dix-sept perches et deux tiers de terre «ausdicts vendeurs appartenant, *et qu'ilz dient la Royne-mère avoir faict mesurer pour* «*comprendre avec les bastimenz qu'elle faict à présent faire, et faisant partie ledict lieu* «*du clos des Quinze-Vingts* [1].» Ce dernier texte comporte la démonstration mathématique de l'exactitude de nos affirmations touchant la limite méridionale du clos. Effectivement, le jardin dont il est question dans la pièce de 1564 occupait le terrain sur lequel furent bâties les maisons du côté occidental de la rue du Dauphin,

---

[1] Arch. de l'Emp. registre S 1214, fol. 186 r° et fol. 56 v°.

et qui était d'une largeur de neuf toises et demie. Si l'on multiplie par ces neuf toises et demie les soixante et onze toises que nous soutenons avoir constitué la profondeur de la zone retranchée, on obtient un total de six cent soixante et quatorze toises, équivalant, sauf une insignifiante fraction, à celui que présentent un demi-arpent et dix-sept perches deux tiers.

La limite occidentale du clos des Quinze-Vingts était le mur qui séparait la maison du seigneur de Coupeuray, dernière habitation comprise dans le clos, de la maison voisine, située en dehors. La maison du seigneur de Coupeuray, absorbée dans le couvent des Capucins, a été détruite depuis plus de deux siècles et demi sans laisser de traces, et nous avons seulement pu retrouver l'emplacement du mur mitoyen, vers l'orient, de la maison qui la précédait et appartenait à la dame Du Perron. Or nous savons que la maison de la dame Du Perron avait été bâtie sur un arpent de terre, ce qui, dans notre système, implique une largeur d'environ six toises cinq pieds, exactement celle que, pour d'autres raisons, cette maison semble avoir réellement eue. Quant à la maison du seigneur de Coupeuray, elle est pareillement indiquée comme ayant été élevée sur un arpent baillé en 1392; néanmoins dans les actes les plus modernes, et spécialement dans un compte de 1568, elle est dite avoir contenu cinq quartiers, ce qui nous donne une largeur de huit toises et demie. Juxtaposant les plans des deux maisons restituées, nous constatons que le mur occidental du clos devait se trouver à environ huit toises et demie au delà de la ruelle située entre les couvents des Capucins et des Feuillants, au point même où se terminait le manége des Tuileries, suivant le plan de Du Cerceau.

Nous venons de citer à plusieurs reprises certain arpentage du clos, fait en 1428; le résumé qu'en donne un inventaire des Quinze-Vingts, datant de 1430, permet de contrôler fort rigoureusement notre restitution. Ce résumé est ainsi conçu : « L'an mil cccc xxviii, le xxvi<sup>e</sup> jour de juillet, le clox des Quinze-Vins « fu arpenté par Nicolas Olivier, arpenteur juré. Et fu mesuré à xviii piez la « perche, en commençant à la bourne qui joint audit Hostel, jusques à l'autre « bourne, en alant au Roole, qui fait le bout, et d'ilec, en traversant jusques au « bout dudit clox, devers la rivière, et venant tout du long desdiz murs jusques « aux murs de la petite Bretaigne, traversant les murs et fossez de Paris; et y fu « trouvé la somme de xlv arpens 1 quartier vi perches; de quoy il fault rabatre, « pour la maison feu messire Pierre Des Essarts, arpent et demy. Ainsi demeure « xliii arpens et demi 1 quartier vi perches.

« Vault, à xx piez la perche, xxxviii arpens et demi.

« Le clox contient, à xviii piez la perche, xxxviii arpens xvi perches, et à xx piez, « xxxiii arpens.

« Et les murs et fossez et place dedens la Ville, entre lesd. murs et lesd. XV<sup>xx</sup>,

« avecques le chemin qui va entre ledit clox et lesd. fossez, à la rivière de Seine,
« par dehors la Ville, IIII arpens et demi [1]. »

Ainsi le clos, borné par le chemin sur les fossés et mesuré à dix-huit pieds la perche, contenait trente-huit arpents et seize perches, ou trente quatre mille trois cent quarante-quatre toises; notre restitution en produit trente quatre mille trois cent trente-huit; la différence est donc de six toises, c'est-à-dire nulle, et nous avons le droit de nous dire dans le vrai, car il serait bien plus extraordinaire d'être arrivé à un tel résultat en prenant une mauvaise voie, que de l'avoir obtenu avec les seules données dont nous disposions [2].

Le clos des Quinze-Vingts a été quelquefois appelé CLOS SAINT-LOUIS : il est ainsi désigné dans un titre de 1569. La première maison qui en dépendait sur la rue Saint-Honoré était un

PETIT CORPS D'HÔTEL sans désignation en 1513, puis dit LA MAISON DU CORNET-D'OR (1575), DU GRAND-CORNET (1603) et DE NOTRE-DAME-DE-PAIX (1680), lequel faisait le coin occidental de la rue de l'Échelle. Cette maison, énoncée « ma-« sure » en 1453 et 1459, n'était point encore distincte de la suivante en 1478, et y était de nouveau réunie au XVIII<sup>e</sup> siècle. D'après un document de 1609, elle aurait été, malgré sa petitesse, divisée précédemment en deux parties ayant pour enseigne LE GRAND et LE PETIT-CORNET; mais peut-être est-ce seulement la maison suivante qui a eu cette dernière enseigne; il est difficile de le décider à cause des contradictions offertes par les titres.

PETITE MAISON sans désignation en 1513, ayant eu pour enseigne LES QUATRE-VENTS en 1555 et 1603, puis LE MORTIER-D'ARGENT en 1700.

MAISON sans désignation en 1407, puis dite DU CHEVAL-BLANC (1424-1680); les deux précédentes en avaient dépendu.

MAISON sans désignation en 1586, puis DE L'ÉCU-DE-FRANCE (1609) et DU COQ (1680). C'était un morcellement de la maison du Cheval-Blanc, avec laquelle elle se confondit encore au XVIII<sup>e</sup> siècle. Au XV<sup>e</sup> et jusqu'à la fin du XVI<sup>e</sup>, cette maison, les trois que nous venons d'énoncer et celles qui en dépendaient sur la rue de l'Échelle étaient nommées LA MAISON ou LE CLOS DE LA POTERIE, plus spécialement que les maisons suivantes, où il y eut pourtant une fabrique de tuiles, vraisemblablement le seul établissement de ce genre auquel l'ensemble de la propriété ait dû l'appellation de *maison de la Poterie*.

---

[1] Inventaire coté 1816, folio 79 r°.

[2] Nous ne chercherons point, en dissimulant la part du hasard dans le résultat sur lequel nous sommes tombé, à exagérer le succès de nos efforts. Nous disons aussi le chiffre que nous avons obtenu sans prétendre que chacun obtiendrait exactement le même. Il suffirait d'opérer sur une épreuve du plan de Verniquet autre que celle dont nous nous sommes servi, ou de faire jouer quelque peu les lignes de triangulation, pour produire un total de cent à deux cents toises, soit supérieur, soit inférieur au nôtre; mais une telle différence, quoique sensible en apparence, n'aurait aucune importance en semblable matière.

Maison du « Daulphin » (1555), puis des Serpettes (1588), et encore du Dauphin en 1680. Une portion de cette maison, du côté de l'ouest, s'appelait la maison des Deux-Suisses dès 1630. La maison du Dauphin était un morcellement de la suivante, avec laquelle elle se confondait dans la première moitié du xvie siècle.

Maison sans désignation en 1407, où il existait alors une tuilerie; en 1443, elle était dite la maison du Pavillon et renfermait encore une poterie. Considérée comme unie à la précédente, elle avait pour enseigne l'Image Saint-Fiacre en 1565. Envisagée comme maison distincte en 1588, elle avait repris l'enseigne de « l'Ymage Sainct-Anthoine, » que nous lui avons trouvée en 1481. En 1680, c'était le logis du Pont-Saint-Pierre. Elle avait appartenu, en 1557, à Pierre Legrant, « cappitaine des mullets du Roy, » puis, un peu plus tard, à Antoine Hénault, qui remplissait des fonctions analogues pour le duc de Bourbon. En 1639, elle était possédée par l'écuyer de la Grande-Écurie, laquelle avait été construite tout auprès, du temps de Catherine de Médicis.

En 1398, les Quinze-Vingts baillèrent à Richard Du Buisson une pièce de terre de trois arpents, qui formait l'extrémité orientale de leur clos. C'est sur cette terre qu'ont été successivement bâties toutes les maisons que nous venons d'énumérer et toutes celles dont nous avons parlé à l'article de la rue de l'Échelle. Pour en résumer l'histoire fort complexe, nous dirons qu'en 1402 la propriété où était déjà établie une tuilerie n'était point encore morcelée, mais que, en 1407, elle formait déjà deux maisons, dont la principale était celle du Cheval-Blanc; vers 1435, sur les jardins de ces deux maisons furent construites les habitations bordant le chemin des fossés. Ce qui restait de la maison du coin, dite encore *de la Poterie*, était subdivisé en une douzaine de parcelles dès le milieu du xvie siècle. Catherine de Médicis ayant acquis les deux dernières vers le midi, de nouvelles subdivisions eurent lieu, de telle sorte qu'en 1609, les parcelles de la maison de la Poterie étaient au nombre de douze. Quant à la maison du Pavillon, elle finit également par être divisée en deux, mais nous n'en avons vu aucune preuve bien certaine avant 1588. Au xve siècle, elle avait abouti au jardin de la maison de la Poterie.

Maison de « l'Ymaige Nostre-Dame » (1453-1700), bâtie sur un arpent de terre baillé à Raoullet Joye, le 22 septembre 1392. Il y existait une hôtellerie en 1634, et c'est sur son emplacement que le passage Delorme a été percé en 1808.

Maison sans désignation en 1634, puis du Mortier-d'Argent (1680), provenant d'un morcellement de la précédente ou de la suivante.

Maison sans désignation en 1530, puis dite l'hôtel de Gallye (1583) ou du Val-de-Gallye [1] (1587-1610), et de la Croix-Verte (1634); elle fut bâtie sur un arpent de terre baillé à Robin Sorin, le 22 septembre 1392.

[1] Le Val-de-Gally est une localité de la commune de Versailles.

Maison sans désignation en 1448, puis de « l'Imaige Sainct-Michel » (1519-1610). En 1519, elle contenait un pressoir avec une foulerie, et sa superficie était de deux arpents et demi, parce qu'elle était alors réunie à la suivante. Les écuries de «Monseigneur,» c'est-à-dire du Dauphin, s'y trouvaient en 1680.

Maison sans désignation en 1461, et contenant alors un arpent. Elle a eu pour enseigne le Cygne de 1554 à 1700, et a été comprise ensuite dans les écuries du Dauphin, qui sont devenues les grandes écuries du Roi. La rue des Pyramides, dont le nom rappelle la campagne d'Égypte, a été ouverte sur l'emplacement de la maison du Cygne, par arrêté consulaire du 17 vendémiaire an x.

Maison sans désignation en 1555, énoncée jardin en 1565, puis dite maison des Trois-Croissants ou du Croissant en 1625. On l'appelait l'Académie royale à la fin du xviie siècle, parce qu'elle dépendait alors de la maison suivante. Elle a été annexée aux grandes écuries du Roi sous le règne de Louis XV.

Maison sans désignation en 1530, qui, après avoir été au prévôt des marchands Pierre Le Gendre, appartenait, en 1557, à Nicolas de Neufville, seigneur de Villeroy, et, en 1565, peut-être même en 1519, avait pour enseigne la Corne-de-Cerf. Dans le siècle suivant, elle s'appelait l'hôtel de Pluvinel, parce que le célèbre écuyer de Louis XIII y avait établi son manége ou académie.

Maison sans désignation en 1603, et renfermant alors la suivante,

Maison dite de la Réale [1] (1680).

Maison des Pigeons (1575), ou des Trois-Pigeons (1610), et aussi du Lion-d'Or (1587), faisant le coin oriental de la rue Saint-Vincent ou du Dauphin. En 1610, cette maison servait d'hôtellerie, et il en est question dans le procès de Ravaillac.

# RUE DU DAUPHIN.

Cette rue ou plutôt cette impasse commençait au Manége des Tuileries, que la rue de Rivoli représente, et elle finissait à la rue Saint-Honoré.

Sur l'emplacement des trois dernières maisons précédemment mentionnées il ne s'en trouvait, en 1406, qu'une seule, dont le terrain présentait une superficie d'environ un arpent et demi. La rue du Dauphin occupe une partie de ce terrain, et y fut ouverte à une époque qui n'est indiquée dans aucun ouvrage, mais qui doit correspondre à l'année 1560 ou environ. En effet, dans les comptes des Quinze-Vingts pour l'année 1559-60 et dans les comptes antérieurs, il n'en est aucunement question, tandis que, au contraire, dans le compte de 1560-61 il

---

[1] La Réale était le nom qu'on donnait à la grande galère du Roi.

est dit, à propos de la maison des Pigeons, «à présent y a une rue appelée la «rue Sainct-Vincent,» formule répétée dans plusieurs comptes postérieurs. En 1574, on y faisait déjà des ventes de terrains correspondant au lotissement des plans modernes, et la rue était totalement bâtie en 1575.

Nous n'avons point vu qu'il y ait jamais eu une enseigne de Saint-Vincent dans la rue, et d'ailleurs elle a été dite *rue Saint-Vincent* dès son origine, avant qu'il y existât des maisons; aussi supposons-nous que ce nom lui fut donné par Vincent Macyot, propriétaire d'un logis voisin. Au xviii<sup>e</sup> siècle, une porte, qui se fermait chaque soir, était placée à l'extrémité méridionale de la rue, qu'on n'en considérait pas moins comme une impasse; de là l'inscription de Cul-de-Sac-Saint-Vincent qu'on y remarquait, et à laquelle on substitua celle de rue du Dauphin au mois de novembre 1744, un jour que le Dauphin avait passé dans la rue pour se rendre à Saint-Roch. Théâtre d'un de ces combats du 13 vendémiaire an iv où le général Bonaparte défendit énergiquement la Convention contre les sections insurgées, elle a été appelée pendant un temps rue de la Convention; elle a été aussi dénommée rue du Trocadéro, suivant une ordonnance du 22 juin 1825, qui en prescrivait l'élargissement, opération effectuée un peu plus tard. En 1830, elle a repris le nom de rue du Dauphin, qu'elle a perdu de nouveau en 1848, mais qui lui a été rendu depuis.

La rue du Dauphin, jadis large de trois toises, l'est aujourd'hui de près de douze mètres.

## CÔTÉ ORIENTAL.

### PAROISSE DE SAINT-GERMAIN-L'AUXERROIS, PUIS DE SAINT-ROCH.

#### HAUTE JUSTICE
#### ET CENSIVE DE L'ÉVÊCHÉ.

Maison sans désignation en 1575, et du Lion-d'Or en 1603, contiguë à la maison faisant le coin de la rue Saint-Honoré. Elle en dépendait encore en 1687.

Trois maisons sans désignation (1575).

Maison sans désignation en 1575, et ayant eu pour enseigne le Nom-de-Jésus en 1687.

Deux maisons sans désignation (1575).

Petite maison sans désignation en 1575, et dite couverte de chaume en 1613. Elle tenait à la porte du Manége des Tuileries, n'avait que deux toises et deux pieds de largeur, et fut réunie à la précédente en 1687. Elle appartenait alors à la dame de Poitrincourt.

## CÔTÉ OCCIDENTAL.

#### PAROISSE DE SAINT-GERMAIN-L'AUXERROIS, PUIS DE SAINT-ROCH.

##### HAUTE JUSTICE
##### ET CENSIVE DE L'ÉVÊCHÉ.

Maison sans désignation (1575), contiguë à la porte du Manége.
Deux maisons sans désignation (1575).
Maison sans désignation en 1575, et de la Corne-de-Cerf en 1603.
Maison sans désignation en 1575, et de l'Écu-de-France en 1603. Il semble y avoir eu alors, entre cette maison et la suivante, une autre maison sans désignation, dont il n'est fait mention ni antérieurement ni plus tard.
Maison sans désignation en 1575, puis de l'Image Notre-Dame (1603-1687).
Maison sans désignation en 1575, et du Compas en 1687.
Maison sans désignation (1575).
Maison sans désignation en 1575, et dite de la Trinité en 1687.
Deux maisons sans désignation en 1575; la seconde, contiguë à la maison faisant le coin de la rue Saint-Honoré, avait pour enseigne le Cerf-Volant en 1700.

---

# RUE SAINT-HONORÉ.

(Continuation.)

Maison « des Trois-Saulcyères » (1603-1630), puis de la Grâce-de-Dieu (1687), faisant le coin occidental de la rue Saint-Vincent.
Maison sans désignation en 1603, puis de la Truie-qui-File (1607-1687).
Maison de l'Écu-de-France (1608), puis « de l'Espée-Royale » (1635-1687). Elle appartint à André Le Nôtre, contrôleur des bâtiments de Louis XIV, et paraît avoir été réunie à la maison du Cerf-Volant de la rue Saint-Vincent, vers 1700.
Jardin clos de murs avec « ung petit édiffice » (1564), qui fut possédé par ce Vincent Macyot dont nous avons parlé. En 1575, la propriété était énoncée « maison, » et, en 1603, il y pendait pour enseigne « l'Escryptoire. » C'est du jardin de Macyot que faisaient partie ces soixante-sept perches deux tiers de terrain dont il a été question page 290.

Maison sans désignation (1603), laquelle semble n'avoir été qu'une portion de la précédente.

Maison sans désignation en 1455, puis «des Carnaulx» (1502-1515) et «de «l'Eschiquier» (1520-1672). Elle fut construite sur deux arpents baillés à Raoul Forges le 22 septembre 1392. En 1440, elle était déjà divisée en deux parties, dont l'une n'avait que le tiers de la superficie de l'autre. En 1687, elle appartenait en totalité à Louis de Valentiné, marquis d'Ussé, et était morcelée en cinq louages. En 1632, distincte de la maison de l'Échiquier, qui était la seconde, elle appartenait au président de Lozon.

Maison sans désignation en 1603; plus anciennement elle se confondait avec une des maisons qui lui ont été contiguës.

Maison de la Trinité (1588-1613), qui paraît être la partie de la maison des Carneaux où pendit d'abord pour enseigne l'Échiquier. On confondait souvent le logis de la Trinité avec la maison des Carneaux, à laquelle il aboutissait.

Maison sans désignation en 1426, qui était à l'état de ruine en 1480, et que remplacèrent deux maisons toujours mentionnées ensemble, dont l'une avait pour enseigne l'Image Saint-Jacques (1563-1612).

Maison de l'Autruche? (1569), puis du Lion-d'Or (1620), des Trois-Maures et des Trois-Saints-Jean (1645), faisant anciennement partie des deux suivantes.

Maison de l'Autruche (1620-1672). La mention de la maison de l'Autruche se rencontre dès 1569; mais il semble que cette enseigne appartenait alors à la maison précédente, et que la maison objet de cet article n'était qu'un des deux corps d'hôtel de la suivante.

Maison de la Corne-de-Cerf (1569-1672), et aussi du Lion-d'Or (1638). Elle était énoncée «petite maison» en 1410, et fut bâtie sur un arpent de terre baillé à Bernard Roux le 22 septembre 1392. Les trois corps d'hôtel dont elle se composait aboutissaient tous au parc des Tuileries en 1589.

Sur l'emplacement de la maison de la Corne-de-Cerf, et par ordonnance du 14 mai 1826, a été percée une rue destinée à porter le nom du duc de Bordeaux; mais, par décision du 19 août 1830, elle a été appelée rue du 29 Juillet, en souvenir du dernier jour de combat de la révolution de 1830.

Maison de «la Serpente,» donnée, le dernier février 1348, par Jean Lebret et sa femme aux Aveugles, qui la possédaient encore à la fin du xviie siècle. En 1596, elle avait pour enseigne «l'Image Saint-Loys,» et, en 1674, le Petit-Saint-Louis. Vers cette dernière époque, une partie de son jardin ayant été annexée à la maison précédente, elle cessa d'aboutir, comme auparavant, au jardin des Tuileries. Elle paraît se confondre avec celle qui fut construite sur un arpent baillé, le 22 septembre 1392, à Pierre Pébier ou Vébier, et nous comprenons mal comment cela se concilie avec la donation de 1348.

Maison sans désignation (1453), élevée sur un arpent de terre baillé à J. Daunoy Périer le 22 septembre 1392. En 1533, elle avait pour enseigne LA LIBERTÉ, et contenait un jeu de paume, qui n'existait plus en 1631[1]. En 1672, elle appartenait à la comtesse de Foix et s'appelait en conséquence L'HÔTEL DE FOIX. Possédée, en 1687, par Henri Pussort, oncle du ministre Colbert, qui la fit rebâtir par de Lassurance[2], elle fut appelée L'HÔTEL PUSSORT, puis L'HÔTEL D'ARMENONVILLE, à cause de Vincent Bertin, seigneur d'Armenonville, directeur général des finances, qui l'acheta de Pussort en 1691; elle prit enfin le nom d'HÔTEL DE NOAILLES, lorsque la mère du duc de Noailles en eut fait acquisition, le 11 mars 1711; elle était alors réunie, depuis un certain temps, à la maison suivante. En 1715, on y fit des embellissements considérables : le jardin en fut dessiné de nouveau par Charpentier et orné de statues par Falconnet. Charpentier dirigea aussi les grisailles que Parocel le neveu exécuta dans la chapelle; le plafond et le retable de cet édifice étaient l'œuvre, l'un de Brunetti, et l'autre de Philippe de Champagne. A la suite de ces travaux, le duc de Noailles fit poser une barrière devant sa porte, hardiesse dont on parla beaucoup : le droit d'avoir une barrière ainsi placée était un privilége réservé aux princes du sang et à un nombre très-restreint de hauts dignitaires.

Sous le premier Empire, l'architrésorier Lebrun habitait l'hôtel de Noailles, dont les plans ont été publiés par lord Francis-Henry Egerton, qui l'acheta en 1814. Sur l'emplacement de l'hôtel, et suivant une autorisation du 20 septembre 1830, on a percé une rue qui, d'abord nommée RUE LOUIS-PHILIPPE I<sup>er</sup>, a été appelée RUE D'ALGER depuis 1832.

MAISON sans désignation en 1556, puis DE LA QUEUE-DE-RENARD en 1627. Elle semble avoir été bâtie sur un arpent de terre baillé à Jehan de Pissy le 23 janvier 1393, et le jardin en fut incorporé à la maison précédente par acquisition du 29 avril 1628.

MAISON sans désignation en 1508, puis DE L'IMAGE SAINTE-GENEVIÈVE en 1564 et 1613, qui paraît avoir été élevée sur deux arpents de terre baillés à Jean Béroust, plâtrier, le 22 septembre 1392. Il n'est point aisé d'en fixer les limites. En 1672, elle appartenait en partie aux Feuillants, mais nous ne savons dans quelles proportions ils l'annexèrent à leur enclos; nous supposons qu'ils n'en acquirent qu'une faible parcelle, qui aura produit le décrochement du mur mitoyen de leur couvent, près la rue Saint-Honoré. A la fin du XVII<sup>e</sup> siècle, la maison de l'Image Sainte-Geneviève était réunie à l'hôtel de Pussort.

MAISON sans désignation (1508), et très-probablement construite sur l'arpent

---

[1] Ce jeu de paume est appelé « Jeu de paulme de Cléol, » dans le sommaire d'un titre de 1589, et partout ailleurs, Jeu de paume de la Liberté.

[2] La façade sur les jardins est attribuée à Marot père, par Florent-Le-Comte, dans ses *Singularités d'architecture*.

baillé à Denis Auveau le 22 septembre 1392. Elle appartenait aux Feuillants dès 1658, et était déjà réunie à leur clos en 1672. Si nous ne nous trompons, la partie voisine de la rue Saint-Honoré fut conservée, et c'est la même que la MAISON DE LA CROIX-DE-LORRAINE (1635), la première de ces neuf maisons en bordure sur la rue qui constituaient la limite septentrionale du couvent. Rien ne recommande à l'attention ces neuf maisons, dont la huitième faisait le côté oriental de la grande porte du monastère, et la neuvième, le côté occidental.

MAISON sans désignation en 1480, et DE L'IMAGE SAINT-JEAN avant 1602. Ce n'était encore en 1402 qu'un jardin avec vignes, planté sur l'arpent de terrain baillé à Michelet Milon le 22 septembre 1392. La maison de l'Image Saint-Jean fut acquise par les Feuillants entre les années 1631 et 1658; elle était jointe à leur enclos en 1672.

JARDIN (1530) où, en 1588, il existait depuis peu une petite maison; le tout occupait un arpent baillé, le 22 septembre 1392, à Sainctin Lainsot. D'après un titre de 1587, le terrain n'aurait été que de trois quartiers; il appartenait aux Feuillants en 1631, et était incorporé à leur couvent en 1658.

MAISON et GRANGE (1435) élevées sur un arpent baillé à Jean Benoist le 22 septembre 1392. Cette maison doit être la même que celle qu'un nommé Bélot vendit aux Feuillants le 12 mars 1601, et qui, alors contiguë à leur monastère, avait sept toises de largeur «entre les deux meurs.» Nous avons lu dans les archives du couvent que sur l'emplacement de cette maison on construisit le «rond,» c'est-à-dire le chevet de l'église, renseignement qui confirme notre restitution.

DEUX PETITES MAISONS sans désignation, avec terres annexées (1440). En 1507, c'était «L'OSTEL DES CARNAULX,» derrière lequel s'étendaient quatre arpents. Le 7 novembre 1585, Jeanne Maufex, veuve de La Leu, à qui appartenait l'hôtel des Carneaux, alors en ruine, le vendit au roi Henri III pour la somme de trois mille trois cent trente-trois écus sol et un tiers. Ce manoir était large de vingt-huit toises quatre pieds et demi, et profond de soixante et quatorze toises; il contenait donc plus de deux arpents. Il avait été bâti sur un premier arpent baillé à Regnault Hasard le 4 janvier 1392, sur un second baillé à Colin de La Ruelle le 12 novembre 1392, et sur un troisième baillé le même jour à Thierry Willèmes.

COUVENT DES FEUILLANTS. Un des effets de cet extrême relâchement de la discipline ecclésiastique qui signala le commencement du XVIe siècle et contribua tant aux progrès de la Réforme fut de pousser quelques catholiques ardents à faire profession d'une austérité exagérée. C'est ainsi que Jean de La Barrière, né le 29 avril 1544, à Saint-Céré en Quercy, nommé en 1563 abbé commendataire, et en 1577 abbé régulier de Notre-Dame de Feuillans, au diocèse de Rieux, près de Toulouse, se proposa non-seulement de faire revivre dans son intégrité la règle de saint Benoît, telle que l'avaient d'abord observée les Cisterciens, mais encore d'en augmenter la sévérité par les pratiques d'un ascétisme rigoureux. Donnant lui-même l'exemple des mortifications, il réunit un grand nombre de disciples et s'acquit rapidement une réputation considérable, qui émut Henri III. Ce prince, désireux de voir le pieux abbé, lui écrivit, le 20 mai 1580, pour l'engager à se rendre à Paris; Jean de La Barrière accéda à cette demande au mois d'août suivant, et il obtint par son éloquence et par sa vie édifiante un tel succès près du Roi, que celui-ci, après avoir voulu le retenir, ne le laissa partir que sur l'assurance qu'il reviendrait à Paris, où on lui bâtirait un couvent. Néanmoins sept années se passèrent avant que le projet se réalisât, et il paraît même que, au moment où Jean de La Barrière arriva à Charenton avec soixante-deux religieux, le 11 juillet 1587, le lieu où ils devaient être établis n'était pas encore fixé. Nous lisons, en effet, dans une chronique manuscrite de l'abbaye de Longchamp[1], que le jour de sainte Marguerite, c'est-à-dire le 20 juillet, Henri III alla brusquement trouver la supérieure de cette communauté, pour lui signifier qu'elle eût à se transporter avec ses sœurs à l'abbaye du Val, celle de Longchamp étant destinée par lui à loger les Feuillants. En vain l'abbesse lui fit-elle des représentations et le pria-t-elle de ne point persister dans sa résolution; en la quittant, il lui répéta que sa décision était irrévocable. Elle ne le fut point toutefois, car, quelques jours après, sur les remontrances de plusieurs personnages et particulièrement de l'abbé de Feuillans lui-même, le Roi renonça à son projet, et donna à Jean de La Barrière ainsi qu'à ses moines la maison des Carneaux, où il avait d'abord voulu placer les Hiéronimites[2]. Les Feuillants en prirent possession le 8 septembre[3], venant de Vincennes, où ils avaient demeuré depuis leur arrivée, et deux mois après, le 13 novembre, une bulle de Sixte-Quint érigea en titre leur communauté, sous le nom de *Congrégation de Notre-Dame de Feuillans*. Jean de La Barrière repartit le 1er août de l'année suivante.

D'après ce qui précède, et quoi qu'on en ait dit, il est vraisemblable que, lors de l'installation des Feuillants dans la maison des Carneaux, rien n'avait été préparé à l'avance pour les y recevoir, et le Roi dut y pourvoir en faisant construire ou réparer des bâtiments[4]. La journée des Barricades et les événements qui la

---

[1] Arch. de l'Emp. reg. LL 1604, fol. 27 r°.

[2] Arch. de l'Emp. cart. S 3705.

[3] Suivant Du Breul (p. 932), qui spécifie que c'était le jour de la Nativité de Notre-Dame. Une inscription des vitraux du cloître donnait la date du 7, adoptée par Jaillot. Ce dernier auteur dit aussi que les Feuillants arrivèrent à Vincennes le 9 juillet, et non le 11; mais il n'en fournit point de preuve. Peut-être les Feuillants, arrivés à Charenton le 9, ne s'installèrent-ils à Vincennes que le 11; il n'y a rien à ce sujet dans leurs archives.

[4] Ces constructions durent être faites sous la conduite de Baptiste Androuet Du Cerceau, à propos duquel le duc de Nevers dit : «Et de fait, il ne bougeoit ordinairement d'avec les Capucins, Minimes, «Feuillants, Jésuites et autres religieux et prestres,

suivirent interrompirent les travaux. Pendant les troubles, les Feuillants s'emparèrent de pavillons que Henri III avait fait bâtir sur le terrain d'une maison voisine, dépendant du couvent des Capucins; mais cette usurpation n'empêcha point leur position de devenir si précaire, au milieu des orages de la Ligue, qu'ils abandonnèrent presque tous leur maison. Le 11 mars 1595, une ordonnance royale, où il est dit qu'ils n'étaient plus que quatre et qu'ils se trouvaient ainsi dans l'impossibilité de desservir l'Église, les autorisa à se retirer en Languedoc, et leur alloua à chacun vingt écus pour les frais du voyage; cette ordonnance leur fut signifiée le 17 mars. Loin de montrer de l'empressement à en profiter, ils répondirent que le Roi avait été trompé sur l'état réel de leurs affaires, qu'ils n'étaient pas moins de neuf, fort pauvres, à la vérité, et que, si le Roi voulait bien leur accorder son appui, ils décideraient à revenir ceux de leurs frères qui avaient quitté la ville, et qui étaient au nombre de soixante profès[1]. Henri IV leur permit alors de rester à Paris, et il approuva leur institution par lettres du 28 mars 1595, qui furent confirmées par d'autres lettres, de mars 1597 et du 25 août 1598, où leur furent concédés tous les priviléges dont jouissaient les maisons religieuses de fondation royale. Dans le dessein d'assurer l'existence de la communauté des Feuillants, Henri III, par brevet du 8 février 1588, leur avait donné en commende l'abbaye du Val; les circonstances s'opposèrent à ce qu'ils en profitassent avant le règne de Louis XIII, et l'arrêt qui mit à leur disposition les revenus de cette abbaye porte la date du 4 mars 1616. L'union de la mense abbatiale aux revenus des Feuillants avait été ordonnée dès le mois de juillet 1611; celle de la mense conventuelle le fut le 14 décembre 1625[2]. Le monastère des Feuillants de Paris était le plus considérable de toute la Congrégation; l'abbé, élu tous les trois ans par un chapitre général, ne pouvait être maintenu plus de six ans en sa charge; il devait résider alternativement six mois à Paris et six mois à Feuillans. La règle sévère de Jean de La Barrière, adoucie, en 1595, par le pape Clément VIII, le fut encore, dans la suite, par le pape Clément XI, qui supprima l'obligation de marcher pieds nus, imposée par le fondateur.

On reconstruisit l'église des Feuillants au commencement du xviie siècle. Les frais furent en grande partie couverts par les aumônes que les Religieux recueillirent lorsque l'Évêque de Paris établit une station chez eux, à l'occasion du grand jubilé ouvert en 1600 par Clément VIII. La station avait lieu dans une chapelle provisoire, décorée des armoiries du Pape, du Roi, de la Reine et du cardinal de Gondi; elle était située dans l'enceinte même de celle qu'on était occupé à cons-

---

« avec lesquels Sa Majesté (Henri III) luy avoit « commandé de conférer, pour dresser les bastimens « et églises à leur commodité. »

[1] Arch. de l'Emp. fonds des Feuillants, cart. S 4165-4166.

[2] Félibien, p. 1160.

truire[1]. Les fondements du nouvel édifice comptaient huit pieds en terre le 13 juin 1600, et furent bénits par l'archevêque d'Auch le 19 août suivant, jour auquel le Prévôt des marchands posa la première pierre de l'édifice[2]. Cette première pierre était destinée à supporter le maître-autel; elle fut déplacée par suite d'un changement dans les projets adoptés, et posée derechef le 26 mars 1601, «le Roy et la Royne ayant esté suppliés de le faire.» Pour donner plus d'ampleur au monument, on abattit alors la muraille d'une maison voisine, qu'on avait achetée, le 12 mars, au nommé Bélot. Les travaux durèrent longtemps. Le 4 décembre 1606, on fit marché avec les nommés Pierre et Gabriel pour l'érection d'un clocher, et la consécration de l'église eut lieu par les soins du cardinal de Sourdis, le 5 août 1608, sous le vocable de Saint-Bernard. L'église n'était d'ailleurs pas achevée, car le portail, commencé au mois de février 1623, à l'aide des libéralités de Louis XIII, ne fut terminé qu'en 1624. Il se composait de deux ordres, ionique et corinthien, superposés; dans les entre-colonnements de l'ordre inférieur étaient placées deux figures du sculpteur Guillain. Le portail était une des premières œuvres de François Mansard. Quant aux autres travaux, ils paraissent avoir été dirigés d'abord par un architecte du nom de Jean Crespin, auquel succéda, de 1602 à 1605, M° Achille Le Télier[3], que les comptes qualifient de «conducteur de la fabricque» ou «de la besoigne,» et qui recevait six livres par chaque semaine réputée de cinq jours. Le registre où nous trouvons ces détails contient un «roole de ceux à qui» étaient «deues les cappelles de l'esglise neufve, «pour en avoir paié la massonnerie;» il y est indiqué que M. Poncher eut permission du chapitre général de 1601 de poser ses armoiries en l'une des chapelles; que Louis de Bellegarde donna, le 27 juin 1601, trois cents écus pour l'œuvre; que le duc d'Épernon en donna cent cinquante le 9 juillet, etc. En 1621, Gaston de France, frère du Roi, posa la première pierre d'une chapelle dont il fit partiellement les frais, et qu'on appelait *la Grotte*.

L'église était remarquable par la quantité d'œuvres d'art qu'elle contenait. Le grand autel, à colonnes torses, avait pour retable un tableau donné par Marie de Médicis, et représentant l'Assomption de la Vierge. Ce tableau avait été peint par Jacob Bunel, à l'exception de la tête de la Vierge, que Lafosse avait exécutée, Bunel s'étant refusé par scrupule religieux à la faire lui-même. Bunel avait également peint pour la chapelle du chœur un Christ au jardin des Oliviers. De

---

[1] Le peintre qui peignit ces armoiries et fit «ung pourtrait de la nouvelle église» reçut vingt-trois écus. (Voir aux Arch. de l'Emp. le registre coté LL 1540, lequel contient les comptes de la construction de l'édifice.)

[2] Le contrat pour l'exécution des travaux fut passé le 1er septembre, avec M° Remy Collin, entrepreneur des bâtiments du château de Fontainebleau.

[3] «M° Archilles Le Télier, conducteur de la «bricque, pour trois journées qu'il s'est employé des«puis le despart de M° Jean Crespin, 3 l. 12 s.»

chaque côté de l'édifice il y avait sept chapelles latérales. Dans la première du rang septentrional, laquelle répondait à la travée du chœur, on voyait la figure sculptée en marbre blanc de Raimond Phélypeaux, seigneur d'Herbaut, conseiller et secrétaire d'État sous Louis XIII, mort le 2 mai 1629. La seconde chapelle du même côté, qui était la première de la nef, appartenait à la famille Pelletier; la troisième, qui avait été celle de M. de Vendôme, renfermait une statue de la Vierge, de Jacques Sarrazin; dans la quatrième était un tombeau de marbre noir, avec des figures en marbre blanc représentant des Vertus, et le buste, aussi en marbre, de Guillaume de Montholon, conseiller d'État, mort le 11 mai 1722. Le mausolée du maréchal de Marillac, décapité en Grève le 10 mai 1632, et de sa femme, qui mourut de douleur un peu avant le supplice de son époux, garnissait la cinquième chapelle. Au pied-droit qui la séparait de la quatrième était adossé le cénotaphe de Henri de Lorraine, comte d'Harcourt, et d'Alphonse de Lorraine, son fils, chevalier de l'ordre de Saint-Jean de Jérusalem. Ce cénotaphe, en marbre noir, exhaussé sur un soubassement de marbres variés et dominé par un groupe de figures allégoriques, avait été érigé en 1695, et était dû au ciseau de Nicolas Renard, de Nancy. On admirait dans la sixième chapelle plusieurs peintures de Simon Vouet, entre autres le saint Michel, qui passait pour son chef-d'œuvre. Du côté méridional, trois chapelles attiraient principalement les regards : la première, dépendant de la travée du chœur, contenait le tombeau en marbre blanc et en forme d'urne de Jeanne-Armande de Schomberg, princesse de Guéméné, morte le 10 juillet 1706; dans la seconde, qui appartenait à la famille de Beringhen, fut inhumé le maréchal d'Uxelles, mort le 10 avril 1730. La cinquième était la célèbre chapelle des Rostaing, et se distinguait par un grand luxe de marbres; on y remarquait une colonne de marbre *portor*, surmontée d'une urne où avait été déposé le cœur d'Anne Hurault, femme de Charles de Rostaing, morte le 16 avril 1635; un sarcophage en marbre noir, supportant les deux figures agenouillées de Tristan de Rostaing, mort le 7 mars 1691, et de Charles de Rostaing, mort le 4 janvier 1660; les quatre bustes, portés sur des colonnes de brèche à chapiteaux dorés, de Louis, Jean, Antoine et Gaston de Rostaing, tous enterrés dans la chapelle. La sixième chapelle contenait la statue agenouillée de Claude de L'Aubépine, femme de Médéric de Barbezières, morte le 21 juin 1613. Dans la septième chapelle on lisait l'épitaphe suivante, la seule que nous ayons à transcrire[1] :

Cy-gist damoiselle Marie Foucault, en son vivant femme de Marc de Brion, sieur de Guytrancourt, conseiller du Roy et trésorier général de France, en Berry; qui fut fille de noble

---

[1] On trouvera une liste complète des épitaphes du couvent dans la nouvelle et excellente édition de l'ouvrage de Lebeuf que publie M. H. Cocheris (t. I, p. 302).

homme Jehan Foucault, sieur de Rosay, et de damoiselle Marie Le Lièvre, sa femme; ayant esté ledict Foucault aussi trésorier général de France audict pays de Berry, et auparavant conseiller et secrétaire du Roy Henry III, et recevant ses commandemens en l'absence de Messieurs les Ministres d'Estat. Laquelle damoiselle Foucault ayant durant le cours de sa vie rendu tesmoignage, en toutes ses actions, de grande vertu et principalement en la piété et dévotion, a voulu en laisser ici une particulière marque en ceste chapelle, qu'elle a fait continuer en l'honneur de Dieu et de sainte Geneviève, et en laquelle elle a esleu sa sépulture, qui se trouve la première faite en ceste église. Elle trespassa le xv⁰ jour de novembre M VI⁰ IX, qui estoit le xxIII⁰ de son aage.

Ses héritiers ont fait apposer cette épitaphe à sa mémoire. Priez Dieu pour son âme.

Dans le chœur de l'église était en outre la tombe en marbre noir de D. Goulu, général de l'ordre, mort en 1627, et dans le chapitre on voyait plusieurs pierres tumulaires de généraux ou de prédicateurs célèbres.

La grande entrée du couvent, décorée de quatre colonnes corinthiennes avec entablement et fronton, donnait sur la rue Saint-Honoré; elle avait été élevée par Mansard en 1677[1]. Au-dessus de la baie était sculpté un bas-relief représentant la réception de Jean de La Barrière par Henri III. Après avoir franchi la porte, on pénétrait dans une cour où s'ouvrait la porte particulière des bâtiments claustraux ainsi que celle de l'église; cette cour servait de passage public pour parvenir à la ruelle dite *des Feuillants*, conduisant aux Tuileries. Le cloître offrait des baies fermées de vitraux sur lesquels avaient été peints en apprêt par Sempi, d'après les cartons d'Élie, divers épisodes de la vie du fondateur, et l'on y apercevait quelques tableaux médiocres d'Aubin Vouet, frère de Simon Vouet. Dans la salle dite *du Roi* on conservait une suite de portraits des rois et reines de France. La bibliothèque, peu vaste, mais curieuse, était ornée d'une ordonnance de pilastres corinthiens en menuiserie, et au-dessus des armoires on avait placé les portraits de tous les généraux de la Congrégation. L'apothicairerie, située dans le cloître et donnant sur le jardin, était renommée pour son élégance. Elle avait été commencée, en 1637, par le frère Christophe de Saint-François, religieux de l'ordre. «Elle «porte, dit Sauval[2], trois toises de long sur quatorze pieds de large, et est en-«vironnée de tablettes, d'armoires et de tiroirs. Les armoires se ferment avec des «volets, et les tablettes avec des châssis de verre, afin d'en varier l'ordonnance et «de l'égayer. Des caryatides séparent ces tablettes et ces armoires, le tout cou-«ronné d'un entablement qui règne au pourtour de la chambre, et qu'avec le «tems on rehausse de vases et de livres de médecine. Tous ces divers enrichisse-«mens, au reste, sont distribués dans ce petit espace avec tant d'ordre et d'agré-«ment que rien ne paroît confus ni embarassé; tout y rit, tout y contente la vue «et l'esprit: il n'y a point d'endroit où l'on voye quelque chose qui divertisse.

---

[1] La permission de bâtir ce portail est du 14 juin 1677. — [2] T. I, p. 385.

« Après avoir considéré ces termes caryatides, les yeux se délassent agréablement à
« regarder les bas-reliefs taillés sur les volets de chaque armoire, qui représentent
« plusieurs guérisons miraculeuses opérées par Jésus-Christ et par saint Pierre. »
La menuiserie de l'infirmerie avait été exécutée par Pierre Dionyse; la sculpture
en avait été faite par lui et par Sarrazin le jeune.

Les bâtiments du couvent des Feuillants ont été détruits en 1804; pendant la
Révolution, ils avaient servi aux séances d'un club qui fut fondé en juin 1790,
et qui, sous le nom de *club des Feuillants*, joua un rôle important.

Maison sans désignation (1437). Le 22 septembre 1392, les Quinze-Vingts
baillèrent un terrain de deux arpents, faisant l'extrémité de leur clos, à Bernard
Cavetet et à Mathé Rondot; le même jour, ce dernier céda l'arpent qui constituait
sa part à Colin Bigaudet. Telle est l'origine de l'avant-dernière maison du clos.
Elle appartenait, en 1561, à la dame Du Perron, mère du cardinal de Retz, qui,
le 4 septembre 1568, la vendit 3,500 livres à Catherine de Médicis; donnée ensuite par celle-ci aux Capucins, elle fut démolie par eux. Les plans n'offrent aucune
trace de ses limites; nous croyons pouvoir néanmoins restituer l'emplacement
de son mur oriental, dont la situation se déduit des faits suivants :

D'après le témoignage de plusieurs habitants du faubourg Saint-Honoré, témoignage recueilli dans une enquête qui eut lieu le 19 mai 1589 [1], peu de temps
après être entrés en possession de l'hôtel Du Perron les Capucins l'abattirent, et
en vendirent les bois à un nommé Tenlaisne; en sorte que, de cette maison, « en
« laquelle, dit l'acte, estoit une allée par laquelle le duc de Retz alloit de sa
« maison, sise ésdictz faulxbourgs, au pallais des Thuileries, » il ne resta plus que
le sol, dont le Roi reprit bientôt une parcelle longue de soixante et quatorze
toises et large de six toises cinq pieds. Mais le Roi ne revint pas pour cela sur
la donation faite par sa mère; car, par acte passé devant notaire le 19 mai 1589,
il prit l'engagement de rendre un jour aux Capucins le terrain dont il s'était
emparé, et de leur abandonner les constructions qu'il y avait fait élever, et qui
consistaient en « quelques pavillons » avec « une grande muraille depuis le faulx-
« bourg Sainct-Honoré jusqu'à la susdite carrière (manége) des Tuilleries. » Dans
cette muraille avaient été percées deux portes; elles servaient au Roi, l'une pour se
rendre à l'église du couvent, et l'autre pour accéder à une seconde chapelle bâtie
par ses ordres plus avant encore sur le fonds des Religieux, auxquels il laissait,
en son absence, les clefs tant de la chapelle que des portes et des pavillons. Mais,
les Feuillants ayant été établis par lui dans la maison contiguë, il permit ou
toléra qu'ils s'emparassent des pavillons, en étendant ainsi leur pourpris sur la
terre des Capucins.

---

[1] Arch. de l'Emp. fonds des Capucins, cart. S 3705.

Les choses étaient dans cet état quand, le 15 septembre 1601, intervint un arrêt du Conseil ordonnant que, sans avoir égard à certains prétendus jugements des 7 et 13 juin 1589, le mur alors mitoyen entre les deux monastères demeurerait la propriété des Capucins; qu'en deçà, c'est-à-dire sur le fonds des Feuillants, on réserverait une rue de douze pieds de large, destinée au passage du Roi se rendant du jardin des Tuileries au faubourg; que cette rue constituerait dorénavant la séparation entre les enclos des deux communautés, et qu'elle serait fermée, à ses extrémités, de portes dont chaque supérieur posséderait les clefs; que les bâtiments des Feuillants empiétant sur la rue projetée seraient préalablement démolis, et que le mur de leur côté serait élevé à leurs frais. Cet arrêt toutefois ne reçut pas son exécution, et les parties conclurent à l'amiable un arrangement que le Roi ratifia le 16 juin 1603. Il y est dit que, au lieu d'ouvrir la rue de douze pieds dont il avait été question, on laisserait «la largeur et espace de quatorze «piedz et demy dans œuvres, depuis la rue Sainct-Honoré jusques au troisiesme «et dernier corps de logis, proche du jardin desdictz religieux Feuillans sur ladicte «longueur, et, au devant du pignon dudict dernier corps de logis, dix piedz et «demy de large; laquelle longueur et espace, contenant en tout trente-huict «thoises et un pied de long, demeurera au couvent desdictz religieux Capucins; «et que par delà ladicte espace, lesdictz religieux Feuillans bastiront une mu- «raille... au plus tard dans deux ans... laquelle muraille passera par dessoubz «le grand corps de logis proche de la rue du faubourg... à... pareil alignement que «ladicte muraille de ladicte place de quatorze piedz et demy de large... Et quant «au surplus de ladicte rue en long, depuis ledict dernier corps proche dudict jar- «din jusques au bout dudict jardin, abboutissant sur la lisse à picquer» les «che- «vaulx, contenant trente-neuf thoises et quatre piedz de long, et sur la largeur «jusques contre la muraille et séparation qui est desdictz religieux Capucins avec «lesdictz religieux Feuillans, demeurera aussy en propre au couvent desdictz «religieux Feuillans [1]. »

Les limites posées en 1603 produisirent le décrochement que présentait le mur de clôture des Capucins, vers l'orient, et elles n'ont point varié depuis; mais, sous la minorité de Louis XIV [2], les Feuillants établirent, le long de ce même mur et sur leur propre fonds, un passage qui, aboutissant à la grande cour devant leur église, a servi de communication entre les Tuileries et la rue Saint-Honoré jusqu'à l'ouverture de la rue Castiglione. Or il résulte de ce que nous venons de rapporter que le mur de trente-neuf toises au pied duquel était le passage se confond avec le mur dont il est parlé dans l'arrêt de 1603, lequel avait été construit par Henri III avant 1589, en empiétant de six toises cinq pieds sur la terre

---

[1] Arch. de l'Emp. cart. S 4165-66. — [2] Et non de Louis XV, comme on le dit partout: le passage est indiqué sur divers plans de la fin du xviie siècle et même sur celui de Gomboust.

des Capucins. Conséquemment c'est à six toises cinq pieds de la clôture moderne de ces religieux que se trouvait l'emplacement de leur clôture ancienne, c'est-à-dire celui du mur mitoyen oriental de l'hôtel Du Perron. Le fait confirme ce que nous avons avancé relativement à la maison vendue aux Feuillants par Bélot, et justifie la largeur attribuée par les titres à la maison des Carneaux.

Maison sans désignation (1458), provenant de la cession faite, le 20 février 1392, à Gieffroy Bruyant, par Bernard Cavetet, de sa part des deux arpents baillés à lui et à Mathé Rondot le 22 septembre précédent. Cette maison, la dernière du clos des Quinze-Vingts, est dite contenir cinq quartiers en 1568; en 1496, elle appartenait à Pierre Bureau, et en 1530, à Jean Teste, seigneur de Coupeuray. En 1541, elle avait été acquise par Nicolas de Neufville, seigneur de Villeroy, auquel succéda son troisième fils, Jean, seigneur de Chanteloup, qui la vendit à Catherine de Médicis. Celle-ci, en 1566, racheta la rente dont la maison était grevée au profit des Quinze-Vingts.

Jardin sans désignation (1489), qui contenait environ un arpent, et qui, dans le siècle suivant, a été réuni à la maison de la Coquille.

Maison de la Coquille (1409-1574), avec jardin et cerisaie. A la fin du xv$^e$ siècle, elle renfermait deux arpents et demi, et en 1530, quoiqu'elle fût alors augmentée de la propriété précédente, elle ne contenait que trois arpents, par le motif que, en 1526, une partie du jardin avait été achetée par un nommé Augrain, possesseur de la maison contiguë à l'occident. Cependant un titre de 1507 indique qu'il en dépendait alors quatre arpents. L'hôtel de la Coquille fut adjugé, en 1529, à Nicolas de Neufville, seigneur de Villeroy; il passa ensuite à son fils Jean, et enfin à la reine Catherine, qui, y joignant les maisons de J. Teste et de la dame Du Perron, y établit les Capucins.

Couvent des Capucins. L'an 1525, Mathieu de Baschi, moine du couvent de Montefalcone, voulant rendre à la règle de Saint-François son austérité primitive, se retira dans la solitude avec quelques compagnons, auxquels il fit adopter un costume uniforme, imité, disait-on, de celui qu'avait porté le fondateur de l'ordre. Le nombre des adeptes s'étant rapidement accru, ils sollicitèrent du pape Clément VII, et en obtinrent, le 13 juillet 1528, une bulle qui les autorisa à porter la barbe longue, à mener la vie érémitique et à continuer de chercher des prosélytes sous le nom de Frères mineurs Capucins, cette dernière expression provenant du capuchon dont ils s'abritaient la tête. Formés ainsi en communauté régulière, ils assemblèrent, en 1529, un chapitre général, où furent rédigées leurs constitutions, que Paul III approuva par une bulle du 25 août 1536. Le même pontife mit à leur tête un vicaire général, dont, l'an 1619, Paul V changea le titre en celui de *Général*, et qui fut par lui soustrait à l'autorité du général des Frères mineurs.

Le Cardinal de Lorraine, qui avait connu les Capucins au concile de Trente, en fit venir quatre en France, et les logea dans son parc de Meudon. Ces quatre religieux étaient Italiens, mais ils ne tardèrent pas à trouver des prosélytes français, qui, aidés surtout par les aumônes de l'évêque de Sisteron, s'installèrent au village de Picpus (faubourg Saint-Antoine), où Charles IX, au mois d'avril 1572 [1], les autorisa à s'établir, en leur permettant de quêter, et en les prenant sous sa protection particulière, comme de « véritables Frères mineurs et légitimes enfans « de Sainct-François. »

Le pape Grégoire XIII, voyant que les Capucins prospéraient en France, approuva leur établissement par une bulle du 6 mai 1574. Au mois de juillet de la même année, Catherine de Médicis, sympathique à tout ce qui venait d'Italie, leur fit don de l'hôtel des Coquilles, au faubourg Saint-Honoré, et de deux maisons contiguës, concession ratifiée par lettres patentes du 25 septembre 1574 et par d'autres lettres de juillet 1576, qui furent confirmées le 19 octobre 1600 avec tous les privilèges y relatés.

La permission de bâtir avait été accordée aux Capucins par les lettres du 15 septembre 1574; ils en profitèrent pour faire construire leur chapelle, s'il est exact, comme l'assure Jaillot d'après un mémoire manuscrit, qu'elle ait été consacrée le 28 novembre 1575. Lebeuf indique une autre dédicace, qui eut lieu avec le concours de l'évêque de Sisteron, en 1583. Peut-être cette dernière se rapporte-t-elle à la « petite église » qui fut élevée par Henri III [2], et où ce prince se rendait par une porte percée dans le mur objet de la contestation dont il a été question plus haut. Quoi qu'il en soit, en 1603, temps où le couvent avait atteint à peu près les mêmes dimensions que celles qu'il offrit à l'époque de sa destruction, on commença l'érection, sur une plus vaste échelle, d'une nouvelle église, qui fut achevée en 1610 et dédiée le 18 novembre de cette année par le cardinal de Joyeuse. Cette église, dont le chœur fut rebâti en 1735, était simple, et fort différente en cela de celle des Feuillants. On n'y admirait guère que le retable du maître-autel, tableau de Lebrun, représentant l'Assomption de la Vierge. Parmi les personnages qui y furent enterrés, on cite le frère du chancelier Brulart; Athanase Molé, frère du président Matthieu Molé; le père Séraphin, un des prédicateurs ordinaires de Louis XIV; le père Joseph Le Clerc Du Tremblay, connu par la part qu'il prit au gouvernement, sous le ministère du cardinal de Richelieu, et le fameux frère Ange de Joyeuse, inhumé près du père Joseph, devant le grand autel, sous une simple plaque de marbre noir où était gravée l'inscription suivante :

« Hoc tumulo condita sunt ossa Reverendi Patris *Angeli de Joyosa*, olim ducis, « paris, marescalli Franciæ, et in provincia Occitana proregis. Qui, in ipso ætatis

---

[1] Jaillot a eu tort de révoquer en doute cette date. (Voir aux Arch. de l'Emp. le carton S 3705.)
[2] Cette petite église fut sans doute aussi l'œuvre de Baptiste Androuet.

« flore, ut totum se Christo addiceret, tot honores et opes abjecit, et ordinem Ca-
« pucinorum ingressus, in eo reliquum vitæ transegit, singulari pietatis et humi-
« litatis exemplo; qui tandem obiit cum pro secunda vice esset provincialis pro-
« vinciæ Franciæ et definitor capituli generalis, anno Christi 1609. Henrica
« Catharina, Henrici Montispenserii ducis vidua, patri charissimo mœrens posuit. »

C'est également en 1603 que furent reconstruits le mur séparant le jardin potager d'avec le jardin[1] destiné à la promenade, celui qui longeait le parc des Tuileries et les bâtiments de la Communauté, pour l'usage de laquelle le Roi accorda un quart de pouce d'eau le 10 février 1633. En 1731, on refit le mur en bordure sur la rue Saint-Honoré, et le portail de ce côté, qui fut décoré avec un peu plus de luxe qu'on n'avait l'habitude d'en étaler aux portes des couvents.

La maison des Capucins du faubourg Saint-Honoré était une des plus importantes de cet ordre en France; elle compta jusqu'à cent trente religieux. Comme les autres établissements monastiques, elle fut supprimée en 1790 par l'Assemblée nationale, qui, après avoir, le 6 juillet, chargé la Municipalité de disposer les bâtiments, y installa ses bureaux le 30. Un arrêté consulaire du 1er floréal an x, ordonnant la vente de toutes les propriétés nationales comprises entre les Tuileries et la rue Saint-Honoré, a causé la destruction complète des deux couvents des Capucins et des Feuillants, sur l'emplacement desquels, par un autre arrêté du 17 vendémiaire an x, on perça, en continuation de la rue qui conduisait à la place Vendôme, une voie nouvelle, qu'un décret du 11 juin 1811 nomma RUE DE CASTIGLIONE. Les rues DU MONT-THABOR, DE MONDOVI et celle qui forme le prolongement de la rue de Luxembourg furent ouvertes bientôt après suivant les plans de l'architecte Percier, acceptés le 2 frimaire an XI. Entre le couvent des Capucins et celui des dames de l'Assomption, mais sur le fonds de celles-ci, il y avait, dès la fin du XVIIe siècle, un passage conduisant de la rue Saint-Honoré aux Tuileries; ce passage existait encore en 1772, et paraît avoir été supprimé peu de temps après.

MAISON sans désignation en 1489, et comprenant deux arpents et demi ou trois; dite ensuite L'HÔTEL DE LA TRÉMOUILLE (1575), puis DE JOYEUSE ou DU BOUCHAGE, parce qu'elle appartint au comte Du Bouchage, Henri de Joyeuse, maréchal de France, qui se fit Capucin en 1587, et la légua aux Minimes de la province de France[2]. Ceux-ci la vendirent au duc de La Rochefoucauld, évêque de Clermont, lequel, forcé de s'en défaire par un arrêt du Parlement rendu le 1er mars 1605, la céda, le 2 août 1605, à Lucas Gédouyn, agissant au nom des Jésuites. Le 3 février 1623, elle fut acquise de ces religieux par Marguerite de Gondi, marquise de Maignelay, qui, le 12 mai suivant, en fit don aux Capucins, mais en s'en réservant

---

[1] Sauval vante l'excellente culture et les belles allées de ces jardins. — [2] Au mois de mars 1598, on y logea le chef de l'ambassade anglaise.

l'usufruit sa vie durant. Cette restriction ne nous explique pas d'ailleurs comment la marquise put, le 12 juillet 1639, en aliéner un corps d'hôtel au profit des dames de l'Assomption. L'aliénation, il est vrai, eut lieu dans le dessein de mettre fin à un différend survenu entre les dames de l'Assomption et les Capucins, au sujet d'un mur mitoyen entre les deux établissements, et d'une ruelle qui longeait ce mur du côté du couchant. La ruelle, dépendant du corps d'hôtel abandonné par la dame de Maignelay, avait deux toises de largeur et conduisait aux Tuileries; elle occupait sans doute le même emplacement que le passage dont nous venons de parler, et avec lequel elle se confondit peut-être; le terrain en fut incorporé au jardin des dames de l'Assomption. Celles-ci avaient acquis le droit d'y faire des plantations, en laissant aux Capucins la propriété du mur, qui doit être celui qu'on voit sur les plans modernes.

Le corps d'hôtel, vendu en 1639 aux dames de l'Assomption, a formé une maison étroite qui, dans leurs archives, est nommée LA PETITE-MAISON, et qui fut possédée par François Fouquet et son frère Nicolas, le surintendant des finances, connu par son faste et ses malheurs. Pour le reste de l'hôtel Du Bouchage, il fut joint à l'enclos des Capucins; dès 1603, ces moines en occupaient le jardin, de sorte que l'hôtel n'aboutissait plus alors aux Tuileries comme anciennement. Il y a de fortes présomptions pour croire que le terrain qu'il couvrait est le même que celui d'un certain CLOS-PIGEON, dont nous avons rencontré l'indication dans un document de 1489.

MAISON sans désignation (1489), qui contenait deux arpents, et dont, en 1516, fut ensaisiné M$^e$ Gérard Le Coq, général des Monnaies. En 1603, elle appartenait à l'évêque de Clermont, de même que la précédente, avec laquelle elle était en quelque sorte confondue, et elle fut pareillement vendue aux Jésuites en 1605. Ils l'abandonnèrent au couvent de l'Assomption, le jour même où ils cédèrent l'hôtel de la Trémouille à la marquise de Maignelay, c'est-à-dire le 3 février 1623. Cette circonstance, et la confusion qu'on paraît avoir faite alors entre la maison de Gérard Le Coq et celle de La Trémouille, ont motivé cette affirmation, souvent répétée, que le couvent de l'Assomption avait d'abord été établi dans l'hôtel de La Trémouille; mais, en réalité, les Religieuses n'ont jamais possédé que la faible portion de cet hôtel cédée par la transaction du 12 juillet 1639.

COUVENT DES DAMES DE L'ASSOMPTION. L'institution charitable fondée, au commencement du xiv$^e$ siècle, par Étienne Haudry, panetier de Philippe le Bel, dans une maison de la rue de la Mortellerie, pour venir en aide à quelques « bonnes femmes veuves, » avait fini, sous l'influence des aumôniers du Roi, par se transformer en une sorte de couvent, dont la maîtresse avait le titre de supérieure, et les hospitalières, celui de sœurs. Le cardinal François de La Rochefoucauld, désireux d'achever cette transformation, entreprit de substituer définitivement à l'ancienne maison de refuge une communauté régulière suivant la règle de Saint-Augustin. S'étant donc entouré de quelques ecclésiastiques et laïques notables, il rédigea de nouvelles institutions, auxquelles les Haudriettes se soumirent, et qu'elles jurèrent solennellement d'observer, le 27 novembre 1620[1]. Ces constitutions furent approuvées par le pape Grégoire XV le 5 décembre 1622; mais elles ne furent enregistrées au Parlement que le 9 juin 1657, en raison des causes que voici.

Le cardinal de La Rochefoucauld, en effectuant des projets flatteurs pour son amour-propre, avait entièrement dénaturé l'institution d'Étienne Haudry. Il avait métamorphosé en un établissement complétement religieux une maison dont la destination primitive était exclusivement charitable, et il avait ajouté à ce tort celui de supprimer le nom du bienfaisant fondateur; enfin il avait outre-passé fort évidemment ses droits. Aussi, sur l'appel de quelques veuves se refusant à accepter la nouvelle position qui leur était faite, et sur l'intervention du Corps de ville, le Grand Conseil rendit, le 13 décembre 1624, un arrêt par lequel il fut ordonné que les veuves seraient réintégrées dans leur hospice, qu'elles rentreraient en possession de leurs biens, et que les anciens statuts seraient remis en vigueur. Une pareille décision ne pouvait convenir au Cardinal, qui fit évoquer l'affaire devant le Conseil privé, et y obtint gain de cause par arrêt du 11 juillet 1625. Comprenant toutefois qu'on lui reprocherait avec raison d'avoir abusé de son influence, et voulant atténuer le mauvais effet de son procédé, le 10 mars 1632 il prescrivit aux dames de l'Assomption de recueillir dans leur maison six femmes veuves, dont deux seulement devaient être reçues immédiatement, l'admission d'un plus grand nombre étant réputée impossible, par suite des dettes que la Communauté avait contractées en faisant bâtir. Cette réparation tardive et si insuffisante ne satisfit pas les Haudriettes évincées, et les procédures durèrent longtemps, comme le raconte Sauval[2]. Les dames de l'Assomption réussirent à surmonter tous les obstacles, et elles triomphèrent même à l'occasion de la requête présentée, le 15 juin 1659, par les administrateurs de l'Hôpital-Général, comme ayant droit à tous les biens destinés aux pauvres, et usurpés ou employés à des usages autres que ceux prescrits par les fondateurs; mais le succès des Religieuses fut incontestablement dû à leurs hautes protections et à la faiblesse de leurs adversaires.

Le 20 juillet 1622, les Haudriettes adressèrent au cardinal de La Rochefoucauld une requête dans laquelle, représentant les inconvénients très-réels du logis qu'elles habitaient en la rue de la Mortellerie, au milieu d'un quartier qui,

---

[1] Sauval, t. I, p. 605. — [2] Sauval s'était peu à peu mêlé de cette affaire en qualité d'avocat, car il en parle avec des détails prouvant qu'il l'avait particulièrement étudiée.

souvent inondé, retentissait sans cesse du bruit produit par les querelles des bateliers et des crocheteurs, elles sollicitèrent leur translation dans un lieu plus commode et plus convenable. Le jour suivant le Cardinal se rendit dans leur hospice, reconnut la justesse de leurs plaintes, en dressa un procès-verbal et ordonna la translation réclamée. Quelques jours après, Berger, conseiller au Parlement, et Hinselin, correcteur des Comptes, qui s'étaient chargés de trouver un lieu favorable pour y placer les Haudriettes, déclarèrent qu'ils n'en avaient point rencontré de préférable à la maison du Cardinal, située dans le faubourg Saint-Honoré, et, le 4 septembre, il leur fut enjoint de veiller à ce que les Hospitalières s'y installassent le plus tôt possible. Elles y furent conduites le surlendemain, au nombre de quinze, accompagnées par les dames de Lamoignon, de Lozeau, de Montmor et de Lauzun. Le 20 novembre de la même année, une sentence du Cardinal ratifia la translation, en consommant la suppression de l'hospice d'Étienne Haudry au profit du monastère des dames de l'Assomption.

Les registres capitulaires du Couvent nous ont fourni quelques renseignements sur la construction des bâtiments claustraux. Au mois de juillet 1632, la Supérieure proposa au chapitre de faire élever une des ailes du cloître, en y consacrant la somme de 50,000 livres, et l'on commença à y travailler le 16 août, d'après les plans du «sieur Méthezeau [1], » lesquels avaient été préférés à ceux que l'on avait demandés à deux autres architectes. La deuxième aile du cloître fut entreprise le 27 septembre 1638, et dut être continuée au printemps suivant. La résolution de bâtir la troisième aile, comprenant le chœur et l'avant-chœur de l'église, fut adoptée le 14 juin 1660; les travaux en furent commencés le 17 septembre, et la première pierre en fut posée, le 29 novembre, par Louis de Bourbon, premier prince du sang. Le 21 avril 1670, on proposa de bâtir l'église même, destinée à remplacer la chapelle; les fouilles furent commencées le 28, et le 19 août, après avoir passé trois semaines à abattre d'anciens bâtiments, on posa la première pierre sous le maître-autel, en l'absence de la Reine, qui avait promis de le faire, mais qui ne put assister à la cérémonie. Le 27, une autre pierre bénite fut posée sous le mur séparant le chœur des Religieuses d'avec l'église, laquelle fut achevée en 1676 et consacrée le 14 août de cette année par l'archevêque de Bourges. Elle avait été élevée sur les dessins et sous la conduite de Charles Errard, qui fut directeur de l'Académie française à Rome.

Le couvent de l'Assomption dont la principale porte fut refaite en 1726, est en grande partie démoli; toutefois le plus important de ses édifices, l'église circulaire, est intact. On y voit encore l'Assomption peinte par Charles de Lafosse dans la coupole; mais l'autel en menuiserie, ouvrage de Bailly, qui était décoré

---

[1] Ce doit être le second Clément Métezeau, celui qui proposa de bâtir la digue de la Rochelle.

d'un retable représentant la Nativité, peint par R. Ant. Houasse, est disparu [1]. Quant aux bâtiments claustraux, d'un style très-simple, il en subsiste deux ailes employées comme dépôt d'archives. Ils avaient dû être vendus d'après l'arrêté consulaire du 1er floréal an x, et ils furent partiellement renversés pour le percement de rues nouvelles. L'église, retranchée avec ses dépendances, le 25 germinal an xi, des propriétés nationales à aliéner, fut alors transformée en un atelier de décoration pour les théâtres des Arts et de la République. Rendue au culte sous l'Empire, elle devint la paroisse du premier arrondissement, sous le nom de *la Madeleine*, et c'est actuellement une succursale de la grande église ainsi appelée.

Maison sans désignation (1489), avec jardin et terre, dite de cinq arpents à la fin du xv° siècle, de quatre et demi en 1530, et de quatre seulement en 1613, probablement parce qu'elle avait subi un retranchement lorsqu'on construisit le rempart. En 1530, c'était la dernière du faubourg, et il n'y avait plus après que des champs. En 1602, elle avait pour enseigne l'Image Notre-Dame, et, le 1er avril, elle fut cédée à titre d'échange par Philippe de Vérigny, conseiller du roi, au sieur Louis de Bordeaux, contrôleur des Tuileries. Le 19 août 1609, Gabriel de Montigny, seigneur de Congis, gouverneur des Tuileries, en acquit une portion de Daniel Deslandes, et, le 21 août 1610, la totalité de la maison fut divisée entre de Congis, qui prit pour lui la moitié orientale, et le sieur de La Luzerne, qui se contenta de l'autre. Ce dernier étant mort, sa veuve, Gillette d'Épinay, vendit, le 8 juin 1617, à François de Chabannes, comte de Saignes, la moitié qui lui était échue, et à laquelle était restée l'enseigne de Notre-Dame; cette moitié dont, en 1630, le marquis de Barnée était possesseur, avait quatre-vingt-huit toises et demie de profondeur sur seize toises et demie de largeur. Elle passa ensuite à François Sublet de Noyers, surintendant des bâtiments royaux. Il la subdivisa en deux parties, dont une fut habitée par le comte de Villiers, et, le 8 novembre 1657, il vendit la totalité, moyennant 113,500 livres, aux dames de l'Assomption, dans le couvent desquelles nous la trouvons englobée dès 1687. La partie de la propriété de Sublet donnant sur la rue avait formé une grande maison qui, en 1666, était à la comtesse de Fleix. Sublet de Noyers avait préalablement agrandi son lot d'un terrain de dix toises de longueur sur huit ou neuf de largeur, qui tenait à la porte de l'Orangerie des Tuileries, et qui lui avait été abandonné le 15 avril 1646, moyennant 300 livres tournois, par François Le Juge, jardinier des Tuileries, auquel le Roi l'avait donné le 3 décembre 1638. Quant à la moitié possédée par de Congis à la suite du partage de 1610, elle fut achetée par les dames de l'Assomption, le 13 septembre 1630, de Nicolas de Moy, veuf

---

[1] Au nombre des curiosités de l'église on comptait un Christ de Noël Coypel, une Conception d'Antoine Coypel, un Saint Pierre de Lafosse, et une Présentation au temple de Bon Boulogne.

de Marie de Montigny et tuteur des enfants de Gillette d'Épinay, sa seconde femme. C'est le lieu où s'élevèrent le dôme du couvent et une portion de son cloître.

Maison dont l'origine n'était point antérieure au règne de Louis XIII; elle avait une issue sur la rue de l'Orangerie et en eut une, plus tard, sur la rue Saint-Florentin. Il s'y trouvait une citerne, et pour cette raison, dans les titres du couvent de l'Assomption, à qui elle appartenait, elle est appelée la maison de la Citerne. On l'a aussi appelée la maison de la Chartreuse. Elle fut donnée à bail, en 1658, à François Dupoix, «maréchal de bataille,» et, en 1685, à l'évêque de Dax.

Maison sans désignation qui faisait le coin oriental de la rue de l'Orangerie, et était divisée en trois parties. Elle paraît avoir été élevée peu de temps après le percement de la rue de l'Orangerie, et, ayant été construite, comme la précédente, sur un terrain dépendant des fortifications, elle était réputée en censive du Roi, avant l'échange de 1687.

Rue de l'Orangerie. Lorsqu'on commença à bâtir l'enceinte bastionnée, on s'empara probablement, ainsi que nous venons de le dire, d'une partie de la maison de l'Image Notre-Dame, de façon à laisser derrière le rempart un espace libre, lequel est figuré sur les plans de Quesnel et de Mérian. Sur cet espace on ouvrit ensuite une rue large de trois toises et parallèle au mur de la Courtine, qui formait un de ses côtés. Cette rue, appelée dès 1641 rue de l'Orangerie, parce qu'elle conduisait à l'orangerie des Tuileries, et dite aussi la petite rue des Tuileries, a fréquemment été dénommée *cul-de-sac*, comme n'ayant point d'issue. Elle fut percée vers 1638, car, dans un acte du 26 juin de cette année, relatif à un terrain sur lequel elle fut ouverte, on lit que, sur cette «grande place, a esté pris et «faict alligner pour le Roy et le derrière des jardins des Tuilleries une rue de trois «toises ou dix-huit pieds de large, dudict allignement, le long de la nouvelle cour- «tine et muraille de closture de la Ville, entre les bastions des portes Saint-Honoré «et de la Conférence, nouvellement faictes [1].» La pièce dont nous extrayons ce passage est l'acte par lequel Paul Du Parent, sieur de Villemenon, propriétaire de tout le terrain depuis la maison de Notre-Dame jusqu'à la porte du faubourg, vendit à Jacques Coullart un lot de cinq cents toises, qui formait le côté oriental de la nouvelle rue jusqu'à celle de Saint-Honoré. Ce lot, de disposition triangulaire, avait treize toises [2] de largeur en bordure sur la rue Saint-Honoré, et cinq seulement du côté des Tuileries. Les 5 et 13 octobre 1640, le Roi en acquit une parcelle de cent cinquante-quatre toises, dont il fit don aux religieuses de l'Assomption. Le lot cédé par de Villemenon, bordant la rue de l'Orangerie, tenait de tous

---

[1] Arch. de l'Emp. fonds de l'Assomption, reg. S 4626. L'acte porte : «cession des démo-«litions d'un mur à jeter bas pour l'ouverture «de la rue.» Elle n'était donc point encore faite.

[2] Nous avons lu aussi vingt toises au lieu de treize, mais ce dernier chiffre semble le meilleur.

les autres côtés à de Noyers, qui, en 1634, avait acheté lui-même de Villemenon une parcelle de cent cinquante-quatre toises, et paraît en avoir obtenu une autre de Coullard, quelques années après. Toutes ces transactions sont très-fatigantes à suivre, et le peu d'intérêt qu'elles présentent nous a dispensé de les approfondir. En 1739, une grande arcade de pierre coupait la rue de l'Orangerie en deux tronçons d'inégale longueur.

Afin de régulariser les abords de la place Louis XV (de la Concorde), créée par lettres patentes du 21 juin 1757, on abattit la courtine et partie du bastion, ce qui entraîna la disparition de la rue de l'Orangerie. Elle fut remplacée par une nouvelle rue, plus large, qui, partant du même point de la rue Saint-Honoré, suivit un autre alignement, résultant de la situation donnée au Garde-Meuble. Cette rue, qu'on devait appeler RUE DE BOURGOGNE, fut nommée RUE SAINT-FLORENTIN par arrêt du Conseil du 11 mars 1768, à cause que le duc de La Vrillière, comte de Saint-Florentin, y avait son hôtel, construit par Chalgrin en 1767. Dans la rue on remarquait aussi l'hôtel de Fitz-James, faisant le coin devant le Garde-Meuble et renfermant des écuries circulaires d'un singulier goût, que l'architecte Cellerier avait bâties en 1786. A la suite de l'hôtel de Fitz-James s'étendait un terrain de deux cent quatre-vingt-quatre toises, que les dames de l'Assomption vendirent, en 1785, à la duchesse de l'Infantado.

En 1575 et 1603, l'espace compris depuis entre la rue de l'Orangerie et la porte Saint-Honoré était occupé par une seule maison, contiguë à la porte. Elle fut démolie plus tard, et on en morcela le terrain. Le 17 décembre 1641, J. Coullard en acquit, de Nicolas de L'Aistre, un lot qui faisait le coin occidental de la rue de l'Orangerie, et avait quatre toises un pied de face sur vingt-cinq toises de profondeur[1]. Après la maison élevée sur ce lot, il s'en trouvait cinq autres en 1687, et la dernière, touchant à la porte, appartenait au baron de Neuville. En 1739, les deux premières réunies formaient l'hôtel du marquis de Resnel. Il en dépendait un long jardin, qui était limité vers l'orient par la courtine des fortifications, et qui se prolongeait jusqu'au droit de l'Orangerie. Le terrain de ce jardin avait déjà été planté d'arbres du temps de Gomboust, et nous supposons que c'est le même que cette partie du «fossé d'entre la porte Saint-Honoré et le «jardin des Tuileries» qui fut close de murs par le comte de Cheverny, suivant une permission à lui accordée par la Ville le 9 mars 1702.

---

[1] La profondeur de ce lot, qui aboutissait au mur d'enceinte, prouve que le point où la courtine s'infléchissait pour devenir le plan du bastion était bien réellement à vingt-cinq toises de l'alignement de la rue Saint-Honoré, ainsi que nous l'avons restitué sur notre plan.

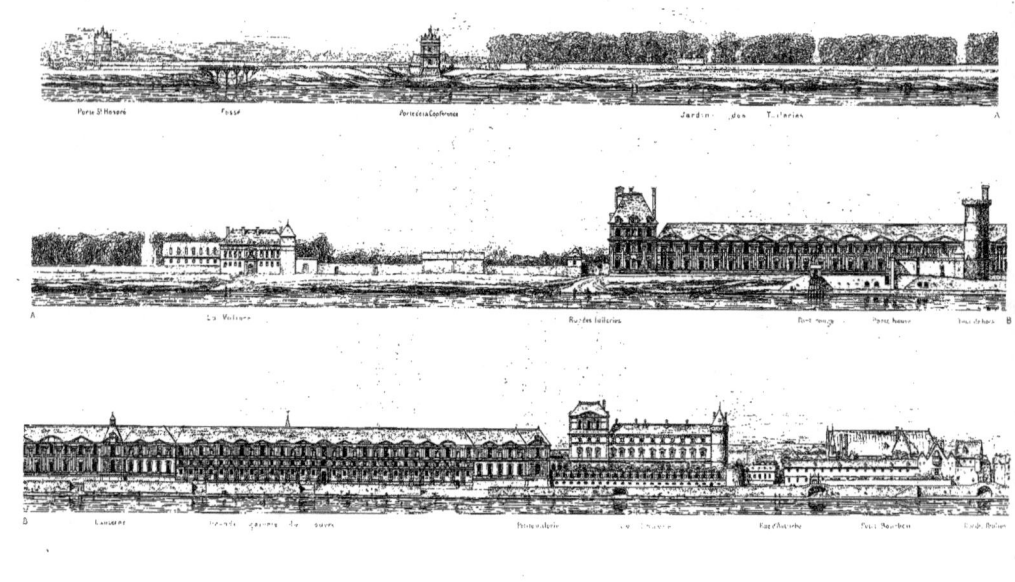

ÉLÉVATION PANORAMIQUE DES QUAIS DU LOUVRE ET DES TUILERIES

# CHAPITRE X.

## QUAI DES TUILERIES. — ENCEINTE BASTIONNÉE.

### EMPLACEMENT DU CHÂTEAU ET DU JARDIN DES TUILERIES.

#### QUAI DES TUILERIES.

Le quai des Tuileries existe certainement depuis une époque fort reculée comme chemin de halage et comme route de Saint-Cloud. En 1308, on lui donnait le nom vague de « chemin de Seine. » Dans le même siècle, et parce qu'il conduisait à l'abreuvoir l'Évêque, situé près de l'emplacement du Cours-la-Reine, on l'appelait aussi « Voie de l'abrevoer l'Évesque, au lonc de la rivière de Saine » (1373). On a dit ensuite : « Chemin qui va selon la rivière » (1420); — « chemin par où l'en va « des Tuileries à l'abruvoer l'Évesque » (1489); — « chemin par lequel on va de « Paris au ponceau de Challeau » (1515); — « chemin allant de la porte (Saint-« Honoré) au bois de Boulongne et Sainct-Cloud » (1518); — « chemin de la « rivière » (1530); — « chemin tendant de Paris à Sainct-Cloud » (1603); et enfin *quai des Tuileries* sous Louis XIII. La voie ne fut, du reste, pourvue d'un mur de soutenement en pierre que vers 1665 : les entrepreneurs André Mazière et Antoine Bergeron exécutèrent ce travail. La chaussée avait été relevée par un apport de gravois, suivant une ordonnance du Bureau de la Ville, du 14 septembre 1595, prescrivant « à tous voicturiers par eaue, menans et voicturans terres, gravois et « immundices par la rivière, de les mener et descharger avec hottes contre les « murs du jardin des Thuilleries, tirant au logis de Monsieur de Congis, pour « rendre le chemin de la rivière commode pour la navigation [1]. »

Le quai des Tuileries était en partie dans le fief et la justice de l'abbaye Saint-Germain-des-Prés comme la rivière même, dont il était réputé dépendre; Du Breul cite un arrêt du 12 août 1604 qui confirme le fait. En 1489, « au dessoubz « et près des Tuilleries..... hors Paris, oultre la porte Saint-Honoré..... en la

---

[1] Arch. de l'Emp. reg. H 1791, fol. 162 v°.

« rivière de Saine, » il y avait une place à pêcher contenant six perches de long sur une en largeur, qu'on appelait « *les Mottes de la Saulmonière*. » Cette même place, mentionnée dès 1480, est énoncée en 1520 : « La Saulmonière, commençant « depuis la porte des Vignes jusques au coing du vieil mur Jehan Legendre; » elle est dite, dans un bail de 1489, « commancer audesus seulement de la mote de la « Chimynée (?) jusques à l'esseau de la Saulmonière, qui finit au front des motes « de la Molenge. » La « place nommée *la Molange* » était, d'après un titre de 1522, « assise sur la rivière de Seine, à l'endroict des murailles du jardin qui fut à feu « Jehan Legendre, assis audessoubz des Tuilleryes, à commancer à prendre depuis « l'esseau de la Saulmonière jusques à l'entrée du bras de l'isle des Treilles. » Elle s'étendait donc jusqu'à la hauteur de l'esplanade des Invalides. En amont de la Saumonière était une troisième place, celle « de *Fellifeux*, près la tour de Boys, « commençant à l'éseau de la Tuillecte, et finant devant la porte des Tuileries » (1500). Cette place de *Fellifeux*, *Fulcifeu*, *Fillefeu* ou *Felifeu* (1401) occupait l'emplacement de la berge comprise maintenant entre le pont Royal et la rampe voisine du guichet du Carrousel.

### ENCEINTE BASTIONNÉE.

On lit dans le *Journal d'un bourgeois de Paris sous François I<sup>er</sup>* : « Le mercredy « quatriesme de novembre, audict an 1523, furent commencez à faire les rampars « et grandz fossez ès faulbourgs Sainct-Honoré, pour fortifier lesdictz faulxbourgs, « et ceulx de Sainct Denis, par l'autorité de Monsieur de Vendosme; mais il n'y « fut besongné que huict jours entiers, et demoura l'œuvre imparfaict, car aussi « lesdictz rampars et fossez estoient inutilles et sans prouffit. » Plus loin, la même chronique offre ce passage : « L'an 1536, le lundy trente uniesme et dernier jour « de juillet, furent par la Ville commencez les fossez hors Paris, et furent commen- « cez au bout des faulxbourgs Sainct-Honoré; et fut ce faict par l'advis et opinions « d'aucuns habitans et par Monsieur de Paris, cardinal, qui estoit pour lors gou- « verneur de Paris. Et y furent une grande multitude d'archers et ledict Cardinal « aussi. » L'importance des travaux qu'on fit alors pour défendre le faubourg Saint-Honoré nous est inconnue, mais il est certain qu'en 1563 il subsistait des fossés, énoncés dans un titre dont nous donnerons ailleurs la copie : « Fossez cy-devant « faictz pour la fortification de la Ville. » C'est en 1566 qu'on commença à y ajouter une enceinte régulière en maçonnerie, sous l'influence de Catherine de Médicis qui, mue évidemment par le désir d'assurer la sécurité du château dont elle venait d'entreprendre la construction, fit poser par son fils Charles IX la première pierre des fortifications nouvelles, à l'extrémité de son parc. La cérémonie est ainsi relatée dans un des registres de la Ville : « Le vendredy xi<sup>e</sup> jour de juillet, le Roy

« accompaigné de Messeigneurs ses frères, de Monseigneur de Lorraine, cardinal
« de Bourbon, duc de Nyvernois, et de plusieurs chevaliers de son ordre et autres
« seigneurs et gentilzhommes, se trouva sur les quatre heures après mydi, au-
« dessoubz des jardins du palais de la Royne (les Tuileries), où avoit esté faicte
« la vuidange des terres, et les platte-formes assises pour commencer la maçonne-
« rye du grand boullevert assis audict lieu pour la deffense de la rivière. Et estoient
« audict lieu Messieurs les Prévost des marchans et Eschevins, ayant auparavant
« faict forger plusieurs belles médalles dorées, èsquelles estoient imprimées et
« représentées au naturel les visaiges du Roy et de la Royne, et avoient faict incas-
« trer une pierre angulaire pour mectre lesdictes médalles; et sur ladicte pierre
« estoient engravez ces motz : *D. Catharina regina, R. K. mater. Anno Christi 1566.*
« Et fut lors ladicte pierre assise par le Roy, lequel, avec une truelle d'argent, gecta
« du mortier soubz ladicte pierre. Et ce pendant fut tirré plusieurs coups d'artille-
« rye, les trompettes et tabourins sonnans. Lesdictes médalles qui furent mises sur
« ladicte grande pierre, dedans une boiste de plomb dorée, portoient ces motz,
« du costé du visaige du Roi : *Carolus nonus, Galliarum rex christianissimus;* et, de
« l'aultre costé, où estoit eslevé le visaige de la Royne : *Catharina, Henrici regis*
« *uxor, Francisci et Caroli regum mater* [1]. » Bonfons confirme de tout point ce récit,
avec la seule différence qu'il donne la date du 12 et non du 11; le vendredi, jour
de la solennité, répond effectivement au 12 juillet.

Dans une lettre datée du mois de septembre 1567, la Reine mère dit : « Ayant
« estée advertie... comme les maçons travaillent fort aux murailles et forteresses
« des fossez de la ville de Paris, à l'endroit de mon jardin; » on poursuivait donc
alors activement la construction du bastion et de ses dépendances. Une ordonnance
de la Ville, dont nous transcrirons le texte, prouve qu'on y travaillait encore en
1583, et nous savons qu'en 1586 les chantiers n'étaient point dépourvus de
matériaux, puisque, le 20 octobre de cette année, le Prévost des marchands envoya
prendre sur ces « astelliers de la nouvelle fortiffication, ès environs du boulvert
« des Tuilleries, » des pierres pour paver les ports près du Louvre [2]. Des travaux
ayant duré aussi longtemps n'ont pu que donner un résultat important; s'ils
n'eussent point été fort avancés, il y aurait eu inutilité de fermer la grande rue du
faubourg avec la porte qui s'y trouvait déjà en 1575 [3]; néanmoins ils n'étaient
pas encore terminés en 1612, au dire de Du Breul, et ne le furent complètement,
suivant les apparences, que vers 1631, lorsque Pidoux rebâtit la porte Saint-
Honoré, ou vers 1634, lorsque Froger continua l'enceinte bastionnée, du côté du

---

[1] Arch. de l'Emp. reg. H 1784, fol. 370 r°. La pièce a déjà été imprimée dans les *Preuves* de Félibien.

[2] *Ibid.* reg. H 1789, fol. 14 r°.

[3] Il est dit, dans le texte du plan de Gomboust, que ces travaux « furent continuez par Henry III « jusques auprès de la nouvelle porte Saint-Honoré, « et finalement recommencez sous Louis XIII. »

faubourg Montmartre. Mais, pour les raisons que nous venons d'énoncer, nous ne doutons point que les terrassements et la plus grande partie de la maçonnerie du front protégeant le jardin des Tuileries n'aient été assez près de leur perfection avant le règne de Henri IV; les plans de Quesnel et de Mérian (1609 et 1620) représentent le bastion et ses dépendances comme achevés.

L'enceinte de Charles IX, à partir de la porte dite *de la Conférence* et située sur le quai, se composait d'un bastion à orillon [1], d'une courtine et d'un demi-bastion sans orillon, qui s'attachait à la porte Saint-Honoré. Cette enceinte, qui s'est conservée presque intacte jusqu'à l'établissement de la place Louis XV, vers 1754, est figurée sur un grand nombre de plans; mais nous n'en avons trouvé qu'un au moyen duquel nous ayons pu la retracer avec une certitude complète [2]. En le comparant à celui de Verniquet, on constate sans peine que le mur de la terrasse des Tuileries en face des Champs-Élysées, et le mur oblique qui allait rejoindre celui du quai, dessinent les deux faces du bastion. Quant au demi-bastion, il n'en est resté aucune trace après sa démolition; nous avons seulement trouvé deux jalons précis pour la courtine. En effet, on voit, sur le plan auquel nous venons de faire allusion, que la rue des Tuileries ou de l'Orangerie avait son côté occidental formé par le mur même de la courtine, de sorte que le problème se réduit à déterminer l'ancien alignement de la rue des Tuileries. Or on remarque sur le plan de Jaillot que le coin oriental de la rue des Tuileries, vers la rue Saint-Honoré, avait gardé sa direction primitive en 1772, et l'on observe sur le plan de Verniquet une disposition analogue, au coin occidental, ce qui donne l'extrémité septentrionale de la rue; l'extrémité méridionale se restitue facilement à l'aide d'un bâtiment allongé qui se trouvait à droite du passage de l'Orangerie. Nous l'avions ainsi compris lorsque nous avons rencontré, dans les archives des dames de l'Assomption, deux autres plans fournissant la preuve matérielle de cette disposition. La rue étant retracée, la courtine l'est de même, et la manière dont le mur d'enceinte s'agençait avec la porte Saint-Honoré confirme tout ce que nous en disons.

Le fossé au-devant du bastion des Tuileries était de forme irrégulière et n'a

---

[1] Sur les plans de Quesnel et de Mérian, le bastion est représenté avec deux orillons. Il n'est point impossible qu'un remaniement ait eu lieu en 1632.

[2] C'est un beau plan manuscrit des Archives de l'Empire, qui, comme bien d'autres documents de cette espèce, n'a jamais été étudié par personne.— La première face du bastion avait soixante-huit toises trois pieds de longueur, et formait un angle de cent quarante et un degrés avec le mur de la terrasse du bord de l'eau; la seconde face avait quatre-vingt-huit toises trois pieds de longueur, y compris l'orillon, et formait un angle de cent trente degrés avec la première face. La largeur de l'orillon était de douze toises, et le flanc qui le reliait à la courtine offrait une pareille dimension. La courtine était longue de cent douze toises; suffisamment prolongée, elle eût atteint le point où le bastion s'attachait à la porte de la Conférence; elle faisait un angle de quatre-vingt-dix degrés avec le flanc du demi-bastion. Ce flanc avait vingt et une toises de largeur

VVE DE LA PORTE DE LA CONFÉRENCE

d'après Isr. Sylvestre et Pérelle.

ENCEINTE BASTIONNÉE. 321

jamais eu de contrescarpe revêtue en maçonnerie. Dans un titre de 1634, il est confondu avec les « fossez jaulnes, » situés au delà de la porte Saint-Honoré, vers la porte Montmartre.

Porte de la Conférence. Les auteurs ne sont point du même avis sur l'origine du nom donné à cette porte. Ce qu'en dit Duchesne[1] est bien peu sensé, et ce qu'en rapporte Lemaire est d'une inexactitude que les dates rendent manifeste. L'opinion que la porte de la Conférence a été ainsi appelée en souvenir des pourparlers qui, en 1593, eurent lieu à Suresne entre les députés du Roi et ceux de la Ligue, est au contraire évidemment fondée, car c'est effectivement par cette porte que les députés sortaient pour aller à la conférence, et c'est dans ses environs que, au dire de Lestoile[2], la foule s'amassait en manifestant par des cris son désir d'avoir enfin la paix. Un acte d'ensaisinement du 19 avril 1626 est le premier document que nous ayons trouvé où la porte soit désignée par le nom qu'on lui donnait encore lors de sa démolition.

Une grande incertitude a régné jusqu'ici sur l'époque où fut construite la première porte dite *de la Conférence*. On constate, par le plan de Quesnel, qu'elle existait déjà en 1609; mais datait-elle du même temps que le bastion voisin? Cette question nous a longuement embarrassé, attendu que tous les documents que nous rencontrions où il était fait mention d'une porte neuve au bord de l'eau étaient conçus en termes amphibologiques, de sorte qu'il était impossible de décider s'il s'agissait, ou non, de cette entrée de la Ville attenant à la tour de bois, qui a toujours gardé le nom de *Porte-Neuve* jusqu'à sa destruction. Nous savons maintenant que la porte de la Conférence a dû être commencée peu après le bastion dont elle dépendait, parce que, dans une pièce du 18 août 1583, elle est énoncée fort clairement : « la porte nouvellement faicte près la rivière, du costé du boul- « levert de ladicte fortification[3]. »

La porte de la Conférence, appelée d'abord *la Porte-Neufve*, et comme toutes

---

et formait un angle de cent onze degrés avec la face du demi-bastion, laquelle mesurait trente-cinq toises. Nous garantissons ces chiffres à une toise ou un degré près, le plan de Verniquet étant réputé exact.

[1] *Antiquités des villes de France*, p. 95.

[2] Coll. Petitot, t. XLVI, p. 372.

[3] Arch. de l'Emp. reg. H 1788, fol. 344 r°. Nous donnons le texte entier de la pièce, afin qu'on se convainque qu'il exclut toute hésitation : « Sur la « requeste faicte par George Régnier, entrepreneur « tant du fournissement des matériaux que des vui- « danges de terre et ouvraiges de massonnerie *pour* « *la fortification de lad. Ville, derrière les jardins* « *du pallais de la Royne*, mère du Roy. Il est permis « audict Régnier de faire faire et construire aus des- « pens de lad. Ville, contre le pan de *la porte nou-* « *vellement faicte près la rivière, du costé du boullevert* « *de lad. fortification*, au deçà de lad. porte, une « loge telle qu'il advisera, pour serrer et retirer les « oustilz et aultres ustancilles servans à la besongne « de lad. fortification. Et aussi pour mectre les tail- « leurs de pierre et aultres ouvriers emploiez à lad. « fortification à couvert ; attendu que, depuis lad. « porte neufve jusques aud. boulevert, n'y a aucun « lieu couvert où l'on puisse retirer lesd. ouvriers, « oustilz et ustancilles. Faict au bureau de lad. Ville, « le dix-huictiesme jour d'aoust, l'an mil-cinq-cens- « quatre-vingts-trois. »

les portes des faubourgs, *la faulse porte*[1], fut rebâtie en 1632 par P. Pidoux[2], sur une largeur de dix toises et une profondeur de cinq. Elle a été démolie en vertu d'un arrêt du Conseil du 15 avril 1730[3], peu de temps avant celle du faubourg Saint-Honoré, avec laquelle elle offrait beaucoup de ressemblance : c'était l'œuvre du même architecte. Elle était munie d'un pont-levis s'abaissant sur un pont dormant qui conduisait à une levée de terre terminée par un autre pont dormant jeté sur l'égout du fossé[4]. On en possède plusieurs vues, une entre autres très-satisfaisante, gravée par Pérelle. On remarque que la porte de la Conférence, représentée à sa vraie place sur le plan de Mérian, est dessinée, sur le plan de Quesnel, comme si elle avait été percée dans la face sud-ouest du bastion; mais il est peu probable que cette dernière disposition ait jamais existé.

Troisième porte Saint-Honoré. Quoi qu'on en ait dit, cette porte n'est point d'origine postérieure à celle du bastion des Tuileries, puisque nous en trouvons l'indication dans cette rubrique du censier de 1575 : «L'aultre renc desdicts faulx-«bourgs (Saint-Honoré), à commancer vers *la porte nouvellement faicte au bout* «*d'iceulx.*» Elle est figurée sur le plan de Quesnel, et énoncée dans le texte, daté de 1615, de la première édition du plan de Mérian : «Porte Saint-Honoré, *rebastie* «*de nouveau.*» Comme il paraît tout à fait invraisemblable que l'on eût employé une semblable locution pour donner à entendre que la porte du faubourg avait été construite près de cinquante ans auparavant, nous croyons qu'à cette porte se rapportent les détails suivants, extraits des registres de la Ville.

Le 2 septembre 1611, le Prévôt des marchands fit mettre en adjudication les travaux de reconstruction d'une porte Saint-Honoré, que la teneur des documents ne permet pas de distinguer entre les deux qui ont porté ce nom sous Louis XIII. Plusieurs fois ajournée faute de soumissionnaires, l'adjudication, après avoir été faite, le 20 du même mois, au profit de Marin de La Vallée qui avait proposé le prix de vingt-trois livres par toise, le fut de nouveau et définitivement le 28, en faveur de Charles Du Ry, qui avait offert un rabais de trois livres sur celui de La Vallée. Les travaux étaient commencés, et les pieds-droits des arcades sortaient de terre lorsqu'on modifia le plan adopté afin de donner plus de largeur aux baies, et

---

[1] On lit «la faulce porte neufve qui est au bout «du jardin des Thuilleries» dans un document de 1623, où il est parlé d'une casemate qu'on devait établir là.

[2] Elle ne fut probablement terminée qu'en 1633.

[3] L'avocat Barbier rapporte, dans son Journal, que, le 2 septembre 1730, le Roi, revenant à Paris, fut obligé de passer par la porte Saint-Honoré, parce qu'on était occupé à abattre celle de la Conférence.

[4] Le 10 novembre 1599, il fut ordonné au charpentier Ch. Marchant de réparer promptement le «sueul proche de la *levée* du pont de la porte «neufve,» qui était fort endommagé. Il semble qu'il s'agit bien ici de la porte dépendant du bastion, puisqu'il n'y avait point de levée devant la porte neuve ajoutée aux fortifications du xive siècle. Des réparations faites à la première, par ordonnance du 20 novembre 1641, contraignirent à la fermer pour un temps.

l'on décida que « les deulx portaulx, qui n'estoient que de dix piedz et demy d'ou-
« verture entre deulx tableaulx, seroient remis à quatorze. » Pour cela, il fallut démolir le mur de refend du côté du nord, ce qui entraîna un surcroît de dépense
de trois cents livres, somme allouée, le 21 mars 1612, à Du Ry, auquel on
imposa certaines obligations, parmi lesquelles fut comprise celle de construire en
« bonne bricque rejoincte et mise en coulleur, » les reins de la voûte. Elle devait être
« en arreste, en forme de lunette, » et avoir ses « quatre arcs... avec les arrestes
« et liernes » en pierre de Saint-Leu, de même que « ung O ou auvalle, garny
« d'une petite mouslure, pour mettre une pierre aux armes du Roy ou de la
« Ville, » et « une clef pendante de trois poulces[1]. »

La porte Saint-Honoré, au faubourg, fut entièrement reconstruite vers 1632,
et alors on cessa de l'appeler habituellement *fausse porte*, comme c'était auparavant l'usage, parce qu'elle ne faisait point encore partie de la Ville même. Dans un
arrêt du 5 juillet 1634, cité par Félibien[2], il est question de « la nouvelle porte
« que M. Pierre Pidoux a faict construire au bout du faulxbourg Saint-Honoré. »
Le traité passé avec Pidoux, qui stipulait au nom de Barbier, l'entrepreneur du
reste des fortifications, ayant été conclu le 9 octobre 1631 et révoqué le 31 décembre 1632, la réédification des portes Saint-Honoré et de la Conférence se
place entre ces deux dates, ou, au plus tard, en 1633. En effet, le bail de l'une
d'elles, fait le 6 avril 1633, à Philippe Gangneulx, l'énonce « la porte neufve qui
« se bastit et construict aux faulxbourgs Sainct-Honoré et qui sera l'une des portes
« de ceste Ville; » en outre, dans un ensaisinement du 30 septembre 1634, il est
fait mention de « la porte desdicts faulxbourgs (Saint-Honoré), qui se construict de
« neuf au bout de la Grant rue[3]. » L'auteur du *Supplément aux Antiquités de Paris*
dit : « L'an 1633, on commença à clorre le fauxbourg Saint-Honoré, et à y faire
« un fossé selon le jardin des Tuilleries, pour escouller les eaux dans la rivière; à
« quoy furent employez quantité d'ouvriers, hommes, femmes, garçons, filles, à
« porter la terre, et estoient journellement payez de leur travail; ce fossé fait, on
« commença à y construire une très-belle porte, en forme de grand pavillon de

---

[1] Reg. H 1795, fol. 448 v°. — Le 13 août 1626 on annonça l'adjudication de travaux de charpenterie à faire à la porte Saint-Honoré, d'après un devis où on lit : « Il y a ung pont-levis et une plan-«chette garnis de barrières aus deux costez dud. «pont et planchette, qui n'a point de flesches et «tappecul. Les flesches et tappecul du pont-levis «sont de nulle valeur. Et faut mettre présentement «quatre poultres audessoubz dud. pont et quatre «pièces de bois audessus desd. poultres pour sous-«tenir led. pont. » Ce devis doit se rapporter à la troisième porte Saint-Honoré, attendu que, à cette époque, le fossé devant la seconde étant comblé, il ne pouvait plus y avoir là de pont-levis. Celui de la troisième porte Saint-Honoré fut refait sur un ordre de la Ville du 22 février 1641.

[2] T. V, p. 91.

[3] Arch. de l'Emp. reg. S 1221. On lit, au bas d'une gravure de Perrelle, que la porte Saint-Honoré fut faite en 1635; mais cette date, si elle n'est point entièrement fausse, ne doit se rapporter qu'à l'achèvement définitif.

« pierre de taille et couvert d'ardoises, au lieu du méchant pont qui y estoit....
« Et depuis la closture de ce fauxbourg, on l'appelle *la Rue neufve de Sainct-Honoré*. »

A en juger par le plan de Quesnel, les premières portes du faubourg auraient été des pavillons rectangulaires fort simples, et percés d'une seule grande baie. Pidoux donna à celles qu'il bâtit une physionomie toute différente, qui comportait l'idée de monuments destinés plutôt à la décoration qu'à la défense de la Ville. Suivant une jolie vue de Sylvestre[1], les armes de la Ville étaient sculptées au-dessus de la baie servant de passage, et un poteau, qui semble être le poteau de justice de l'Archevêché, était planté à l'entrée du pont dormant de la porte Saint-Honoré. Cette porte, abattue en 1733 conformément à un arrêt du Conseil du 15 avril 1732[2], avait environ quatre toises trois pieds de profondeur sur neuf toises trois pieds de largeur. Ainsi qu'à la porte de la Conférence, la partie centrale en était flanquée de deux pavillons un peu en saillie du côté de la campagne, et en retraite du côté opposé. Nous avons constaté que la porte Saint-Honoré était située à soixante-deux mètres au delà du coin de la rue Saint-Florentin. Sur le plan de Verniquet, la place en est marquée avec précision par une retraite dans l'alignement méridional de la rue Saint-Honoré. Cette retraite, qui existe encore, provient de ce que la largeur de la porte excédait celle de la rue, disposition reproduite sur tous les vieux plans que nous avons vus. Le plan de Verniquet fournit une autre donnée à l'appui de la première, relativement à l'emplacement de la porte : c'est l'agencement biais du coin septentrional des rues Saint-Honoré et Royale, motivé par une construction qui s'appuyait sur la face du bastion.

## LA GARENNE.

L'espace compris entre le mur de clôture du parc des Tuileries et le rempart avait été laissé vide pour les besoins de la défense; le plan de Quesnel le représente dans cet état. On y établit ensuite une garenne à lapins et un chenil pour les meutes du roi. Le 26 avril 1630, Louis XIII en fit don à un nommé Regnard, à charge de transformer le terrain en un jardin de plantes rares, de rebâtir le chenil en un autre endroit, et d'indemniser un nommé Pascal, qui avait là sa demeure. Dans l'acte de donation, lequel fut confirmé par un autre du 26 mai 1642, le lieu est énoncé : « Place contenant quatre arpens, où y avoit une « garenne, sise au delà des Thuileries, estendue la largeur depuis la muraille du « bout du jardin des Thuileries jusqu'au bastion qui est sur le fossé de la Porte-« Neuve, et en longueur depuis la muraille qui est sur le grand chemin, le long

---

[1] La planche donne des épreuves à l'envers, défaut que nous avons rectifié dans notre *fac-simile*.
[2] Brice, préface de l'édition de 1752, p. 10.

TOPOGRAPHIE HISTORIQVE DV VIEVX PARIS.

VUE DE LA PORTE ST HONORÉ
MILIEV DV XVIIᵉ SIECLE

# EMPLACEMENT DES TUILERIES.

« de la rivière, jusqu'à la muraille des bastimens servans lors à la retraite des bestes
« sauvages entretenues pour le plaisir de Sa Majesté. Ensemble la maison du sieur
« Pascal, bastie dans l'un des coins[1]. » La maison de Pascal, qu'on ne retrouve
point sur le plan de Mérian, paraît avoir été située au lieu où la terrasse du bord
de l'eau s'élargit en formant un retour d'équerre devant le grand bassin. Gomboust
représente le terrain donné par Louis XIII sous l'aspect d'un jardin[2] divisé en
parterres d'un dessin compliqué, et il continue à l'appeler *la Garenne*[3]. On
remarque qu'à l'époque où le plan de Gomboust fut dressé, le rempart était devenu
une terrasse ombragée d'arbres. Sauval vante la vue agréable dont on y jouissait
et qui contribuait à y attirer la foule. Le jardin de Regnard a été détruit et l'emplacement renfermé dans l'enceinte des Tuileries, lorsque Le Nôtre bouleversa
le jardin du palais, c'est-à-dire vers 1664.

## EMPLACEMENT DU CHÂTEAU ET DU JARDIN DES TUILERIES.

« Il paraît par plusieurs documents, dit Jaillot, que la tuile employée à Paris
« ne se faisait qu'au bourg Saint-Germain-des-Prés..... dans l'endroit qui conserve
« encore le nom de *rue des Vieilles-Tuileries;* on en établit ensuite de l'autre côté
« de la Seine, à un endroit appelé, dans les anciens titres, *la Sablonnière*[4] (c'est
« le jardin des Tuileries). Il y en avait trois en 1372, et elles s'y multiplièrent
« considérablement. » Ces quelques mots renferment plusieurs erreurs. Les Tuileries, *terra Tegulariorum*, voisines du faubourg Saint-Honoré, sont mentionnées dans
deux chartes, l'une de 1283, l'autre de 1274[5], et, par conséquent, de quel-

---

[1] Arch. de l'Emp. Papiers de la couronne, cart. n° 2.

[2] « Comme il est fort parlé de ce jardin (celui
« de Regnard) dans les Mémoires de la minorité de
« Louis XIV, il ne sera peut-être pas inutile de faire
« un peu connaître Renard, et l'on devinera aisément
« l'usage qu'on faisait de son jardin, et les raisons
« qui lui donnoient tant de réputation. Cet homme,
« qui avoit été valet de chambre du commandeur
« de Souvré, avoit de l'esprit, étoit souple, obli-
« geant, et se connoissoit fort bien en meubles, et
« surtout en tapisseries. Il en faisoit apporter chez
« lui des plus belles, et en vendoit aux personnes de
« qualité, même au cardinal de Mazarin, qui se
« plaisoit quelquefois à converser avec lui sur ce
« sujet. Dès que Louis XIII lui eut donné ce terrein,
« il y fit un jardin extrêmement propre, qui, par
« sa situation et par les manières commodes du
« maître, devint le rendez-vous ordinaire des sci-
« gneurs de la cour, et de tout ce qu'il y avoit de
« galant en ce tems là. » (Piganiol, *Description de
Paris*, quartier du Palais-Royal, p. 377.)

[3] Il désigne du nom de *M. Regnard* un espace
voisin de la porte de la Conférence, où Regnard avait
probablement sa maison.

[4] Aucun des nombreux titres que nous avons
vus ne mentionne ce lieu de la Sablonnière.

[5] Au mois d'août 1274, le dimanche avant l'Assomption, le tuilier Amaury s'engagea à payer annuellement à l'Hôtel-Dieu, pour obéir aux volontés dernières de Robert, dit *Beau-Frère*, un croît de
cens de dix sous parisis, sur une tuilerie que lui,
Amaury, tenait des exécuteurs testamentaires de ce
dernier, et qui est énoncée dans la lettre de l'Official :
« Tegulariam sitam Parisius, extra muros, versus ec-
« clesiam Sancti Thome de Lupera, super Secanam,
« contiguam ex una parte tegularie que fuit quondam
« defuncti Johannis Heudardi, civis parisiensis, et te-

ques années seulement postérieures aux premiers documents où il soit parlé des tuileries du faubourg Saint-Germain; en réalité, rien n'apprend qu'elles étaient les plus anciennes. A cette occasion, Jaillot a tort de rappeler le nom de la rue des Vieilles-Tuileries, attendu que cette appellation remonte à peine à la fin du xv° siècle[1]. Quant à la multiplicité des tuileries de la rive droite, elle n'est nullement confirmée par nos recherches: les actes et les inventaires de l'Évêché énoncent à peine cinq tuileries, dont quatre seulement sont indiquées d'une manière positive. Nous avons parlé (p. 293) de l'une d'entre elles, qui faisait le coin de la rue Saint-Honoré; voici ce que nous savons des autres, sur lesquelles on n'a point encore donné de renseignements.

Dans le censier de l'Évêché, pour l'année 1373, on lit[2]: «Item, aus Tuille-«ries, la tuillerie que tient Guillaume de Moucy, qui fu..... (sic). — Item, la «tuillerie que tient Clément de Moucy, qui fu à la Marcelle, que l'en dit *la Tour* «*quarrée*. — Item, la tuillerie..... (sic). — Item, Jehan Maudole pour vi arpens «et demi de terre, qui fu Jehan de Bon-Œil, le Viel[3], et depuis, Gilles de Macy, «tenant à Perrenelle de Crépon. — Item, Perrenelle de Crépon[4], pour vi arpens «de terre, qui furent Jehan de Bon-Œil le jeune, tenant audit Jehan Maudole;» auquel dernier article est ajoutée cette note en écriture du temps: «A présent «Jehan Maudole.» Tel est le premier document jetant quelque jour sur la topographie du territoire appelé les Tuileries; on n'en saurait tirer grand parti, et nous n'avons obtenu d'éclaircissements que sur deux des propriétés auxquelles il y est fait allusion.

Les archives des Quinze-Vingts contiennent une sentence du 6 juillet 1370[5], condamnant ce Guillaume de Moucy dont il est question dans le censier de 1373 à relever le mur mitoyen qui séparait son clos de celui des Aveugles, et qu'on avait démoli lors de la construction de l'enceinte de Charles V. Le «Clos... ou cousture de «terres arables» appartenant aux Quinze-Vingts, lequel, est-il dit dans la sentence, «avoit esté pieça lessié et donné, estant et assis assez près de la bastide Saint-Hon-«noré, et devant les murs et fossés faiz et édifiez pour la fortification de la ville «de Paris; et lequel clos, pièce de terre ou cousture soloit estre et estoit, ou temps «que donné et lessié leur avoir esté, tout clos, fermé et environné de tous costez

«gularie que fuit quondam defuncti Thome dicti le «Tacheut ex altera, in censiva domini parisiensis «Episcopi.» (Cart. de l'Hôtel-Dieu, coté 1260, fol. 94 r°.) Nous ne connaissons rien de plus ancien sur les Tuileries de la rive droite. Celles du bourg Saint-Germain sont indiquées dès 1259.

[1] Conf. nos *Recherches sur les terrains de la paroisse Saint-Sulpice qui étaient encore en culture au xvi° siècle*. (*Revue archéologique*, t. XIII, p. 431.)

[2] Arch. de l'Emp. reg. S 1253, fol. 42 v°.

[3] On se rappelle qu'un «Pierre de Bonoil» possédait des terrains aux Tuileries au commencement du xiv° siècle.

[4] Son nom s'est déjà rencontré dans les comptes du Louvre de Charles V. (Voir p. 192, n° 75.)

[5] Arch. des Quinze-Vingts, liasse 306.

« de bons, beaux et fors murs de pierre, de plastre et d'autre matière; dont l'une
« des parties desdiz murs, qui estoit demourée en estat, estoit joignant de la chau-
« cée, et au lonc d'icelle chaucée; en alant de ladite bastide au Roule (le long de
« la rue Saint-Honoré); et, de l'autre costé tenans et joignans aus murs dudit
« Guillaume de Moucy faisans closture, fermeure et deffense, division et séparation
« entre ledit clos et terre de ladite Congrégation, et entre un clos ou pièce de terre,
« qui avoit esté et estoit audit Guillaume, estant et assis derrières une tuillerie ou
« maison que il avoit devers la rivière de Saine, oultre ladite bastide Saint Honnoré,
« et joignant ou assez près dudit clos; et lequel clos dudit Guillaume avoit esté
« et estoit des appartenances desdites maisons et tuilleries. Et desquelz clos certaine
« quantité et grant partie avoient esté détrais (retranché) et pris, et les murs qui
« faisoient closture à yceulx, et faisoient front par devers ladite Ville et la forte-
« resse d'icelle, démolis, arrasez et abatuz de par le Roy nostre sire, et aussi la
« plus grande partie de tous les jardins et courtilz de ladite Congrégation, avecques
« plusieurs habitations de leurdit hostel..... et avoit esté lessié le demourant des
« autres murs qui faisoient closture et fermeure tant entour ledit clos de ladite
« Congrégation, comme entre ycellui clos et le clos dudit Guillaume et autres voi-
« sins, qui avoient murs tenans et joignans desdiz clos pour faire deffense et clos-
« ture à leursdiz héritages, et eulx garder de dommages tant de personnes comme
« de bestes. » Ce qui ressort de ce texte, c'est d'abord que ce clos de Guillaume de
Moucy aboutissait, vers le nord, à la couture des Quinze-Vingts, et, vers le sud, à
la maison ou tuilerie qui, dépendant du clos, s'étendait jusqu'au bord de la rivière.
Les limites du côté de l'orient et de l'occident sont moins clairement indiquées;
mais il est sûr pour nous que le clos bordait le chemin des fossés, car il
est l'objet du premier article du censier de 1373, et formait, en 1402, l'about-
tissant de la maison du coin de la rue Saint-Honoré, connue sous le nom de
*maison de la Poterie*. Le clos de Guillaume de Moucy est pareillement énoncé
comme étant la première des propriétés auxquelles le clos des Quinze-Vingts atte-
nait vers le sud, et qui, suivant une sentence du 4 février 1371, étaient celles de
« Guiot de Moucy, Estienne Muète, Jehan Maudole, Perrenelle de Crépon, et....
« Jehan Périer. » Nous avons reconnu que ces noms sont placés dans le même
ordre que l'étaient les terrains, mais nous ne pouvons affirmer que la liste en soit
complète; elle ne correspond pas entièrement aux données des censiers[1]. Néan-

---

[1] Voici le texte du censier de 1399, un des éléments du problème : « Item, aux Tuilleries, la « tuillerie que tient Guiot de Moucy, qui fu.....
« —— Item, la tuillerie que tient Clément de Moucy, « qui fu à la Marcelle, que l'en dit la Tour quarrée.
« — Item, la tuillerie... — Item, Jehan Maudolle,

« pour une maison et vi arpens de terre ou vigne, qui « furent Gile de Macy et furent Jehan de Bon-œil, « tenant à Perrenelle de Creppon, xi$^s$ viii$^d$ ob. — Item, « ledit Jehan Maudolle pour vi arpens de terre, qui « furent Jehan de Bon-œil le jeune, et furent à ladite « Perrenelle de Creppon, x$^s$ iii$^d$ ob. — Item, ledit

moins, en comparant attentivement les divers renseignements, nous arrivons à la quasi-certitude que l'ordre des terrains, en allant de l'orient à l'occident, était celui-ci : 1° la tuilerie de Guillaume de Moucy, bordant le chemin sur les fossés; 2° la tuilerie de la Tour-Carrée, à Clément de Moucy (1373), qui avait appartenu à la Marcelle, et se confond avec celle d'Étienne Muète; 3° les six arpents de Jean Maudole (1373), qui avaient été à Gilles de Macy, auparavant à Jean de Bonneuil, et qui, en 1399, contenaient une maison; 4° les six arpents de Perrenelle de Crépon, qu'avait possédés Jean de Bonneuil le jeune et qui étaient certainement contigus aux précédents; 5° un arpent et demi (1399) dépendant de ceux de Perrenelle; 6° deux arpents appartenant en 1399 à Robert Le Comte, chevalier; 7° deux arpents à Jean Maudole, qui avaient été à Jean Le Seynier; 8° la terre de Jean Périer. Il est inutile d'ajouter que ce lotissement, modifié dans le siècle suivant, et finalement effacé du sol, n'a pas laissé la moindre trace appréciable de nos jours.

Indépendamment de diverses autres pièces de terre, dont nous n'avons pas à nous occuper, Jean Maudole acquit les six arpents de Perrenelle de Crépon et trois arpents et demi situés à la suite. Ces neuf arpents et demi, réunis aux six qu'il avait dès 1373, formèrent un clos d'environ quinze arpents, déjà appelé *le clos Maudole* en 1387, qui portait encore ce nom en 1463, et qui est indiqué, dans une foule de titres, comme l'aboutissant des maisons de la culture des Quinze-Vingts, depuis le logis de l'Image Notre-Dame jusqu'à celui de la Liberté. Cependant, après la mort de Jean Maudole, lequel ne vivait plus en 1392 [1], son clos fut divisé en parcelles. D'après un censier de 1419, « le principal hostel et le clos de « vignes, contenant deux arpens et demi, » étaient alors occupés par la veuve de M<sup>e</sup> Régnard de Crémery, et le reste, renfermant deux maisons, par neuf individus. Ici le fil de la succession Maudole se brise. Quant à celle de Guillaume de Moucy, il n'est point possible d'en suivre la trace; nous ne retrouvons de documents qu'à la fin du xv<sup>e</sup> siècle.

Pour une raison qui nous échappe et qui laisse un *desideratum* très-fâcheux, le censier de l'Évêché pour 1489, l'un des plus beaux monuments topographiques que l'on connaisse, ne contient aucun détail relatif au terrain sur lequel s'éten-

---

« Jehan Maudole pour la terre qui fu Philipot de « L'Isle, contenant un arpent et demi, tenant aux « vi arpens dessusdiz, doit xviii<sup>d</sup>..... *vacque* pour « ce qu'elle dit que tout est compris en ladite somme « de x<sup>s</sup> ii<sup>d</sup> ob. — Item, pour deux arpens qui furent « Jehan Le Seynier, tenant à Jehan Périer d'une part, « et à messire Robert Le Conte, d'autre part, ii<sup>s</sup>... « ..... — Item, Mons. Robert Le Conte, cheva-«lier, pour deux arpens de terre, tenant aux terres «du clos Jehan de Bon-œil d'une part, et à Perre-«nelle de Creppon, d'autre part... ii<sup>s</sup>. » (Arch. de l'Emp. reg. S. 1254, fol. 87 r°.)

[1] Quoiqu'il soit mentionné comme s'il était vivant, dans le censier de 1399. Les erreurs de cette sorte abondent dans les titres domaniaux, lorsqu'ils sont rédigés à l'aide de pièces antérieures.

dent actuellement le château et la cour des Tuileries; en revanche, il énonce toutes les pièces de terre de l'emplacement du jardin. Malheureusement il les désigne par ordre de propriétaires et non pas suivant leur ordre naturel; cependant, comme il les donne, sinon avec des cotes de longueur, du moins avec une indication de leur superficie ainsi que de leurs tenants et aboutissants, nous avons pu, à force de temps, en comprendre la disposition relative, et même traduire nos idées par un croquis. Mais, ce résultat obtenu, la contenance totale des pièces de terre s'est trouvée considérablement moins grande qu'elle n'eût dû l'être pour se rapporter avec les dimensions du terrain. Dans l'impossibilité de comprendre cette circonstance singulière, nous avons pris le parti de renoncer à poursuivre notre étude, et nous signalerons seulement une des particularités qu'elle nous a permis d'observer.

Derrière la maison de la Corne-de-Cerf (hôtel de Pluvinel), comprise dans le clos des Quinze-Vingts (voir p. 294), s'étendait une pièce de terre arable dépendant de cette maison et appartenant aux Aveugles; en 1489, elle tenait, vers l'occident, à trois autres; vers l'orient, au champ de Jean Berthe[1]; vers le nord, au clos des Quinze-Vingts, et, vers le sud, au chemin de la rivière et à J. Berthe. Or cette pièce, qui présentait trois arpents et demi plus treize perches de superficie, et faisait hache du côté de Paris, est dite, dans un acte de 1420, tenir (du côté de l'est) au clos Maudole; ainsi ce clos était bien situé derrière les maisons de l'Image Notre-Dame et autres voisines, conformément à la teneur des titres. Mais, comme plusieurs maisons placées au delà de celle de la Corne-de-Cerf, par exemple les maisons de la Liberté, de l'Échiquier et de l'Image Saint-Louis, sont également dites, en 1453, 1440, 1404, etc. aboutir au clos Maudole, et comme la pièce des Quinze-Vingts a certainement appartenu à l'Hospice dès les premières années du xve siècle, il s'ensuit que le clos Maudole était formé de deux portions séparées par la pièce des Quinze-Vingts. Du reste, il en a pu être autrement d'abord, et il n'est point impossible que, aux dates précitées, les maisons de la Liberté, etc. n'aient été énoncées que par suite d'une habitude comme aboutissant au clos Maudole, car on ne trouve pas l'indication confirmée dans le censier de 1489, et le clos était déjà morcelé en 1419. Il convient de remarquer que, dans tous les cas, la portion du clos Maudole située au delà du champ des Quinze-Vingts, laquelle est appelée «clos des jardins des maisons des Tuileries,» dans un acte de 1428, redevint plus tard une dépendance de la portion du clos Maudole située en deçà de ce champ, c'est-à-dire du côté de la Ville.

---

[1] La pièce de J. Berthe, aboutissant de même au clos des Quinze-Vingts et au chemin de la rivière, contenait un arpent neuf perches et demie; elle tenait, vers l'orient, à une maison et à une vigne qui appartenaient aussi à Berthe, et sur lesquelles nous n'avons point de renseignements. La pièce des Quinze-Vingts contiguë à celle de Berthe pouvait provenir du démembrement du clos Mau-

330    TOPOGRAPHIE HISTORIQUE DU VIEUX PARIS.

En effet, vers le commencement du xvie siècle, Jean Le Gendre, seigneur de Villeroy et trésorier des guerres, qui, dès 1501, était propriétaire de la partie orientale de l'ancien clos Maudole [1], ou plutôt son fils Pierre, seigneur d'Alincourt, fit une suite d'acquisitions telles que leurs héritiers se trouvèrent en possession de tout le terrain compris entre le chemin du bord de l'eau, celui qui longeait les fossés de la Ville, le clos des Quinze-Vingts et le chemin de l'Abreuvoir-l'Évêque, à l'exception d'un champ de dix arpents, en bordure sur cette dernière voie, et de la pièce des Quinze-Vingts perpendiculaire à la Seine [2]. Les preuves de ce fait ressortent du censier de l'Évêché pour 1530, lequel contient l'article suivant [3], relatif aux terrains dont le palais occupe aujourd'hui l'emplacement : «Lesdicts «héritiers Messire Pierre Le Gendre, de présent noble homme Messire...... Le «Viste, président en la court de Parlement, à cause de sa femme, paravant femme «dudict Le Gendre; Messire Nicole de Neufville, *loco* de Messire Loys de Poncher; «et Me Jehan de Tiercelin, conseiller en Parlement, pour leurs maisons, jardins, «vignes et thuilleries, non comprins, quant à la part dudict Le Gendre, certaines «terres cy-devant déclarées (celles qui étaient situées au delà de la pièce des «Quinze-Vingts), *qu'il a encloz dedans sa part* desdictes maisons et jardins...... «qui furent (les maisons et jardins) sire Jehan Le Gendre et, avant, Pierre Drouart; «èsquelz lieux ledict deffunct Jehan Le Gendre a encloz ung arpent de terre qui «fut Jehan Berthe (contigu à la pièce des Quinze-Vingts) et..... Le Maçon, qui «doit chacun an xii deniers parisis de cens. — Tenant d'une part, tous lesdicts «lieux, au long et faisant le coing du chemin par lequel on va à Sainct-Cloud, et «passe l'on entre la thuillerie de Me Arnault L'Huillier, et d'autre part... aboutis-«sant par derrière au clos des XV{s}. Doivent les dessusdicts, par an, xxiis parisis, «i denier obole parisis. — Desquelz lieux Jehan Aux Beufz [4], couvreur de mai-«sons, a acheté partie de Mons. de Villeroy. C'est assavoir : une thuillerie et «maison estant sur le chemin traversant entre les thuilleries de Aubin Poullart et «ledict Jehan Aux Beufz. »

La portion de terrain que posséda le président Le Viste [5], et, après lui, Charles

dole; elle était éloignée d'une quarantaine de mètres au plus de l'emplacement du palais actuel.

[1] En 1501, la maison du Cygne est dite aboutir à Jean Le Gendre, et, en 1526, *au clos Le Gendre*. En 1515, la pièce des Quinze-Vingts est dite tenir à Pierre Le Gendre, etc. — Jean Le Gendre, père de Pierre, mourut le jour de Noël 1512, suivant une inscription du cimetière des Innocents. Il était apparemment le fils de ce Jean Le Gendre qui, le 4 avril 1440, prit à bail une partie du clos de la Poterie faisant le coin de la rue Saint-Honoré.

[2] «Les Quinze-Vingts de Paris, pour trois ar-«pens et demy seize perches, assis audict terrouer «de la Ville-l'Évesque, tenant d'une part aux héri-«tiers Messire Pierre Le Gendre, d'aultre part à «eulxmêmes (les héritiers); aboutissant par hault «à leur cloz, et par bas, en hache ausd. héritiers «Le Gendre, et sur le chemin de la rivière.» (Censier de 1530.)

[3] Arch. de l'Emp. reg. S 1256, fol. 410 v°.

[4] Le même qui démolit la Grosse-Tour du Louvre.

[5] D'après le père Anselme, son prénom était

de Pierrevive[1], seigneur de Lézigny, leur échut, parce qu'ils furent, celui-ci, le quatrième, celui-là, le troisième mari de Charlotte Briçonnet, fille de Pierre Briçonnet, seigneur de Praville, laquelle avait épousé, en secondes noces, Pierre Le Gendre, seigneur de Villeroy, le même qui avait si fort arrondi son héritage. Le terrain du président Le Viste, qui renfermait une habitation dès 1547, est indiqué dans les titres comme un clos de jardin auquel, en 1556, aboutissait la maison de l'Image Sainte-Geneviève, en 1550 la maison contiguë, et en 1551 la maison qui précédait celle des Carneaux. Or la maison qui précédait celle des Carneaux et les deux qui la suivaient sont énoncées, en 1561, aboutissant au «jardin des Cloches,» de même que la maison des Carneaux, suivant un acte de 1556. Ce jardin des Cloches[2], qui, en 1564, appartenait aux héritiers de Marie Briçonnet, est donc le même que le clos du président Le Viste; il paraît avoir commencé à peu près au droit de la maison de l'Image Sainte-Geneviève et s'être étendu assez loin dans la campagne. On verra, par l'acte de la vente faite à Catherine de Médicis, qu'il tenait, vers l'est, au clos de Villeroy ou Le Gendre, vers l'ouest, à des terres labourables, et qu'il aboutissait, du côté du midi, sur le quai[3]. L'emplacement de sa partie orientale correspond aujourd'hui à celui des quinconces, à la hauteur de l'îlot compris entre les rues d'Alger et de Castiglione.

Quant aux tuileries de Jean Aux Bœufs et de Poullart, l'absence de titres ne permet pas de s'en faire une idée nette. Séparées par une ruelle qui était perpendiculaire à la Seine, et dont rien ne permet de déterminer la situation précise, elles étaient voisines du coin du quai, comme il appert de ce passage du censier de 1603, copié sur de plus anciens, et reproduit pour mémoire : «Sur lesquels lieux Jehan «Aux Beufs avoit faict faire une thuillerie, et y soulloit avoir une ruelle entre «la thuillerie dudict Aux Beufs, et celle de Aulbin Goullard (Poullart); et soul-«loient tenir tous lesd. lieux d'une part à lad. ruelle, d'aultre au coing du che-«min tendant de Paris à Sainct-Cloud; abboutissant au cloz des Quinze-Vingts.»

Sous le règne de Charles VIII, Simon de Neufville était possesseur de nombreuses terres au territoire de la Ville-l'Évêque. Un peu plus tard, un de ses des-

---

Antoine; cependant plusieurs titres le nomment Pierre. Il était seigneur de Fresnes.

[1] Le censier de l'abbaye Saint-Germain pour 1547 mentionne : «La maison des Tuilleryes, que «tient de présent maistre Charles de Pierre-Vive, «Trésorier de France.»

[2] Le nom resta au terrain et à ses environs pendant assez longtemps: dans un bail du 29 mai 1637, un lieu dit les Cloches est indiqué comme voisin de l'entrée du Cours-la-Reine. Dans un autre acte, de 1634, deux arpents tenant aux fossés d'entre les portes Saint-Honoré et de la Conférence sont pareillement énoncés comme se trouvant au territoire des Cloches.

[3] Dans un titre de 1520, il est parlé d'une place à pêcher s'étendant «depuis la porte des Tuilleryes «jusques à la *porte neufve des Carneaulx* de l'hostel «de Mons. de Villeroy.» Le jardin des Cloches aurait-il dépendu de l'hôtel des Carneaux, situé sur la grande rue du faubourg?

cendants, le trésorier de France Nicolas de Neufville acquit de Louis de Poncher[1] et d'autres individus plusieurs maisons situées aux Tuileries[2]. Il avait peut-être réuni ces maisons à celle qu'il devait à un don de son oncle, Pierre Le Gendre, lorsque la duchesse d'Angoulême eut l'idée de venir habiter, pour rétablir sa santé, dans l'une des propriétés à lui appartenant. S'étant bien trouvée de l'air pur qu'on y respirait, elle engagea le Roi, son fils, à faire acquisition de la maison dite *des Tuileries*, en échange de laquelle François Ier abandonna à de Neufville la terre de Chanteloup, près de Montlhéry. La commission donnée à la Chambre des Comptes pour effectuer cette transaction est datée du 12 février 1518, et ainsi conçue : « FRANÇOIS, par la grâce de Dieu, roy de France. A nos amez et féaux les
« gens de nos comptes et trésoriers à Paris, salut et dilection. Comme, depuis deux
« mois en çà, estant de séjour en nostre bonne ville et cité de Paris, ayans, avec
« nostre très chère et très amée compagne la Royne et nostre très chère Dame et
« mère, faict continuelle résidence en nostre maison des Tournelles, assise près de
« la bastide Sainct-Anthoine; en laquelle nostredite Dame et mère s'est par aucuns
« jours trouvée indisposée de sa santé corporelle, tant à l'occasion de la situation du
« lieu, qui est humide, paludeux, et en basse assiète, voisin et près des immondices
« et esgoût de l'un des quartiers de nostredite Ville, que autrement; à ces causes,
« nous ayans par aucuns de nos principaux officiers et serviteurs fait voir et visiter
« plusieurs lieux et places, maisons et édifices, à l'entour de cettedite Ville, et nous-
« même en personne ayant veu et visité certaines maisons et édifices, cours et
« jardins clos à murs, appartenans à nostre amé et féal conseiller, secrétaire de
« nos finances et audiancier de France, Nicolas de Neufville, chevalier, scituez et
« assis ès faubourgs de la porte Sainct-Honoré, près et joignant les fossez de cette-
« dite nostre bonne ville et cité de Paris, et de la rivière de Seine, sur le chemin
« allant de ladite porte à nos bois de Boulongne et Saint-Cloud[3], lesquels nous

---

[1] L'acquisition pourrait avoir été faite par le père du Nicolas de Neufville dont nous parlons. Il portait le même prénom que son fils, et ne mourut, suivant le père Anselme, qu'en 1549. Un Louis Poncher, seigneur de Lézigny, épousa Robine, sœur de Pierre Le Gendre. Il y eut de nombreuses alliances entre les membres des familles auxquelles appartenaient les terrains de la région des Tuileries; mais la transmission de ces terrains et leur topographie restent très-obscures par la rareté des titres.

[2] L'inventaire du Mémorial PP de la Chambre des Comptes contient l'indication des pièces suivantes, qui n'existent plus : « Contrat de vente par « Jean Bude et Marguerite Mesnard, sa femme, d'une « maison, cour et jardin, etc. à Paris, au lieu dit « les Tuileries, au proffit de Nicolas de La Neuville « moyennant 730 l. — Autre contrat de vente par « Geneviève Le Gendre des Mousseletz, au proffit « dud. Nicolas de Neufville de Villeroy, de la portion « à elle appartenant en lad. maison des Thuilleries, « moyennant 500 l. — Autre contrat de donation « par Pierre Le Gendre, de Maigny et Hallaincourt, « trésorier de France, au proffit dud. de Neuville, « son nepveu, d'une maison et jardin joignant les « Tuileries. » (Arch. de l'Emp. reg. PP 119.)

[3] La maison de Neufville occupait donc l'emplacement de cette partie de la cour des Tuileries comprise entre la grille et la Grande-Galerie, et elle s'étendait le long du quai; mais rien ne nous renseigne sur ses dimensions dans les deux sens.

« avons trouvé de nostre part, et aussi par le rapport que fait nous a esté par gens
« experts et en ce connaissans, estre en bel air et en belle situation; principale-
« ment pour ce que nostredite Dame et mère, puis aucuns jours s'est continuelle-
« ment tenue ezdites maisons et tient encore à présent, et très-bien trouvée en
« disposition et santé de sa personne, au moyen de quoi elle a desir et affection de
« soi y tenir souvent, parce que l'air et situation du lieu sont propres et conve-
« nables pour la santé de sa personne, et nous, semblablement, pour y prendre
« nostre plaisir et récréation, et pour autres nos commoditez et aisances; et pour
« ce avons fait entendre à nostredit conseiller Nicolas de Neufville, que nostre plai-
« sir et vouloir estoit qu'ils nous baillast et délaissast pour nous et nos successeurs
« à tousjours perpétuellement lesdites maisons, édifices, cours et jardins à luy
« appartenans, dont dessus est faite mention, en lui baillant et faisant bailler de
« par nous, par permutation et eschange, bonne récompense à luy commode et
« utile, en assiette de terre ou revenus sur nostre domaine, de la valeur desdites
« maisons, édifices et lieux déclarez, ce que ledit de Neufville nous a franchement
« et volontairement accordé. Nous, à ces causes, voulans ladite récompense estre
« faite et baillée audit de Neufville par eschange et permutation, comme dit est,
« vous commandons et très expressément enjoignons que vous vous informiez ou
« faites informer bien et deûement de quel profit, revenu et esmolument est à nous
« et à nostre domaine, nostre hostel ou masure, parc, lieu et appartenances de
« Chanteloup, situez et assis près Chastres sous Montlehéry, que l'en dit estre de
« présent lieu vague en ruyne, décadence et de petite valeur et revenu; quels frais,
« mise et despens conviendra faire par nécessité audit lieu de Chanteloup, pour la
« réparation, édifice et construction d'iceluy; aussi vous informez et faites voir et
« apprécier par gens et ouvriers experts à ce connoissans, lesdites maisons édi-
« fices, cours, jardins, dont dessus est faite mention, appartenans audit sieur de
« Neufville de son conquest, ayant par vous regart tant à l'achapt qu'il en a fait
« qu'aux bastimens, édifices et méliorations qu'il y a fait faire de neuf, et pareille-
« ment à la valeur dudit lieu de Chanteloup et appartenances, ayans toutefois
« égard et considération auxdits frais, mises et despences qu'il conviendra faire
« par nécessité audit lieu pour la réparation, édifice et construction d'iceluy; et si,
« par ladicte information ou autrement, deûement faite, il vous appert que lesdites
« maisons et lieux dessusdits appartenans audit de Neufville, que désirons singu-
« lièrement avoir de lui par eschange et permutation, pour les causes dessus décla-
« rées, soient d'aussi bonne ou meilleure valeur que ledit lieu de Chanteloup et
« appartenances, eu esgard, et comme dit est, à l'achapt, édifices et méliorations
« faites par ledit de Neufville, et à la ruyne et petit revenu dudit lieu de Chante-
« loup, appartenances, et frais qu'il conviendra faire pour la réparation et cons-
« truction d'iceluy; vous, audit cas, faites avec ledit de Neufville ledit eschange

« et permutation, à luy baillez et délivrez pour luy, sesdits hoirs et ayans cause,
« à tousjours perpétuellement nostredit hostel ou mazures, parc, lieu et apparte-
« nances de Chanteloup, avec le droit de justice haute, moyenne et basse audit lieu,
« sur les hommes subjets et censiers qu'il pourroit avoir et accroistre à demie lieuë
« à l'entour d'iceluy, pour en faire et disposer comme de son propre héritage, sans
« en rien réserver, retenir ne excepter pour nous ne les nostres, fors seulement
« les foy et hommage, souveraineté et ressort immédiatement du bailly dudit Chan-
« teloup, par devant nostre prévost, à nostre Chastellet de Paris; en nous baillant,
« cédant et transportant par ledit de Neufville pour nous et nosdits successeurs à
« tousjours perpétuellement sesdites maisons, jardins et appartenances dont cy-
« dessus est faite mention, et lettres sur ce requises et nécessaires, pour estre et
« demeurer unies à nostre domaine; et lequel bail, qui ainsi sera par vous fait audit
« de Neufville, nous avons, dès à présent comme pour lors, validé et auctorizé, vali-
« dons et auctorizons, et voulons estre de tel effect et valeur comme s'il avoit par
« nous esté faict. Et au cas que, où par ladite information, eu esgart à tout ce que
« dit est, trouverez que ledit de Neufville nous deust faire aucune rescompense,
« le pourrez charger de nous payer et bailler en rente annuelle et perpétuelle, ou
« descharger nostredit domaine de telle autre somme que verrez, en vos loyautez
« et consciences, estre à faire. Et pareillement où trouverez que lesdites maisons,
« édifices et lieux dessus déclarez appartenans audit de Neufville, fussent de plus
« grande ou meilleure valeur que ledit lieu de Chanteloup et appartenances, vous
« en renvoyerez vos rapports et advis sur ce en vosdites consciences et loyautez,
« pris après toutesfois ledit eschange fait par vous, comme dit est, pour estre par
« nous pourveû à la récompense dudit de Neufville selon que verrons estre à faire.
« De ce faire vous avons donné et donnons plain pouvoir et auctorité, nonobstant
« quelconques ordonnances, restrictions, mandemens ou deffenses faictes ou à faire,
« à ce contraires. Donné à Paris, le xii febvrier, l'an de grâce M. D. XVIII, et de
« nostre règne le v$^e$. *Signé :* par le Roy, ROBERTET [1]. »

Telles sont les circonstances dans lesquelles la maison des Tuileries devint propriété royale. Depuis, elle ne cessa jamais de l'être, bien que, par lettres délivrées à Lyon, le 1$^{er}$ novembre 1525, la Duchesse en eût gratifié Jean Tiercelin,
maître d'hôtel du Dauphin, et Julie Du Trot, sa femme, car ce ne fut que par
simple don viager, comportant le retour à la Couronne, lors de la mort du dernier survivant des deux époux. La clause est rappelée dans l'arrêt d'enregistre-
ment des lettres, qui est rédigé en ces termes : « Les gens des Comptes du Roy
« nostre sire, à Paris, au receveur ordinaire dudit lieu, salut. Veuës les lettres
« patentes de Madame, mère du Roy, régente en France, signées de sa main et

---

[1] Extrait des registres de la Chambre des Comptes, *ap.* Félibien, t. III, p. 574, et Arch. de l'Emp. reg. P. 2304.

« d'un secrétaire signant en finance, données à Lyon, le 1ᵉʳ jour de novembre
« M. D. XXV, ausquelles ces présentes sont attachées soubz l'un de nos signets,
« impétrées et à nous présentées de la part de Jean Tiercelin, maistre d'hostel
« de monseigneur le Dauphin, par lesquelles et pour les causes y contenues ladite
« Dame, en vertu de son pouvoir de régence et auctorité à elle baillée par ledit
« seigneur, a donné, cédé, quitté, transporté et delaissé audit Tiercelin et demoi-
« selle Julie Du Trot, sa femme et espouse, en faveur et contemplation de leur
« mariage, le lieu et place des Thuilleries de Paris, avec les maisons, cours et jar-
« dins, et tout le pourpris d'icelles, ainsi qu'elles se comportent et estendent; pour
« desdits lieux, places et maisons, cours, jardin et autres choses des appartenances
« et dépendances desdites Thuilleries, fruits, proffits, revenus et esmolumens
« d'icelles, jouir et user par lesdits Jean Tiercelin et Julie Du Trot futurs conjoints,
« à quelque valeur et estimation qu'ils soient et puissent estre et monter, leur vie
« durant tant seulement, et le survivant l'un de l'autre, en payant toutesfois les
« droits, debvoirs et charges ordinaires estant sur lesdites Thuilleries, s'aucunes
« en y a, où et ainsi qu'il appartiendra, comme plus à plain le contiennent lesdites
« lettres. Veuë aussi la requeste sur ce à nous présentée par lesdits impétrans, cy
« attachée comme dessus, ensemble les lettres missives à nous pour ce escriptes
« par le Roy, nostredit seigneur, ce jourd'hui apportées : consentons, de l'exprès
« mandement d'icelui seigneur, l'expédition desdites lettres selon leur forme et
« teneur, à la charge toutesfois des réparations nécessaires, et autres charges con-
« tenues ez-dites lettres. Donné soubz nosdits signets, le xxiiiᵉ jour de septembre,
« l'an M. D. XXVII. *Signé* : Chevallier [1]. »

Nous ne savons à quelle époque disparurent les tuileries de Poullart et de Jean
Aux Bœufs; nous avons seulement constaté que la maison cédée à la duchesse
d'Angoulême ne s'étendait point jusqu'au clos des Quinze-Vingts, car, dans aucun
document antérieur à la construction du palais, les maisons du clos ne sont dites
aboutir à Tiercelin ou au Roi; mais, au contraire, toutes, jusqu'à la hauteur de
celle de Sainte-Geneviève, sont énoncées aboutir au clos Le Gendre, puis aux hoirs
Le Gendre, et enfin (en 1550, 1554, etc.) au seigneur de Villeroy. En effet,
Nicolas de Neufville, neveu de Pierre Le Gendre, institué par lui son légataire universel en 1524, hérita en même temps de la seigneurie de Villeroy et des terres
situées près des Tuileries, dont nous avons parlé, et qu'il partagea avec ses cohé-
ritiers en mars 1537. Nicolas de Neufville acquit aussi plusieurs maisons du clos
des Quinze-Vingts [2]; en 1553, il divisa ses biens entre ses enfants et mourut peu
après. Des trois enfants que lui donna sa femme Denise du Museau, le second,

---

[1] Félibien, t. III, p. 595. Nous n'avons pas retrouvé les lettres de donation, qui doivent être depuis longtemps détruites. — [2] Voir p. 307.

Antoine de Neufville, qui fut secrétaire du roi, ne se maria jamais, et ne paraît point avoir rien possédé aux environs des Tuileries; quant au troisième, Jean de Neufville, seigneur de Chanteloup, il obtint pour sa part la maison de la Coquille, dans le clos des Quinze-Vingts, et une maison voisine. La jouissance du clos Le Gendre, dont une partie semble s'être étendue entre celui des Quinze-Vingts et l'hôtel cédé à la duchesse d'Angoulême, échut au premier fils de Nicolas de Neufville; il portait le même prénom que son père, et prit les armes et le titre de son grand-père, Pierre Le Gendre, seigneur de Villeroy. Toutes les propriétés de la famille de Neufville furent, dans la suite, acquises par la reine Catherine de Médicis.

# APPENDICES.

# APPENDICES.

## I. — TABLEAU DE SAINT-GERMAIN-DES-PRÈS

### ET RETABLE DU PALAIS DE JUSTICE.

(Voir pages 146 et 149.)

En général, rien n'est moins commun que la représentation fidèle d'un édifice détruit depuis assez longtemps; mais, lorsque l'image remonte au delà du milieu du XVIe siècle, elle constitue un monument d'une extrême rareté; aussi faut-il considérer comme le résultat d'un hasard, plus extraordinaire encore qu'il n'est heureux, cette circonstance que l'on a conservé du Vieux Louvre deux excellentes vues, dont l'une compte indubitablement quatre siècles d'existence.

Le tableau de Saint-Germain-des-Prés, jadis propriété de l'abbaye, fut recueilli pendant la Révolution par Alexandre Lenoir, et figura dans le musée, aujourd'hui si regrettable, des Petits-Augustins; il a été conservé ensuite dans l'église de Saint-Denis, et, en 1845, il est entré dans la collection du Louvre, où on le voit maintenant exposé. Il est ainsi très-connu, et d'autant plus que la vue, qui en fait le principal intérêt, a été fort souvent reproduite. Peint sur panneau, il mesure un mètre de hauteur sur deux mètres quatre centimètres de largeur, et représente le sujet, fréquemment traité, du Christ descendu de la croix. Autour du cadavre se groupent la Magdeleine, Joseph d'Arimathie, saint Jean l'Évangéliste, la Vierge, une sainte femme, certain personnage en manteau rouge, que l'on tient pour un abbé de Saint-Germain, et enfin une femme agenouillée, que nous croirions volontiers être une parente du donateur. Dans le fond, à la droite du spectateur, apparaît un calvaire, et à gauche se dessine un paysage comprenant l'hôtel de Bourbon, le Louvre, Montmartre dans le lointain, et, sur un plan plus rapproché, le monastère de Saint-Germain. Personne ne sait d'ailleurs de qui est au juste le tableau, que l'on suppose dû à un artiste français ayant subi l'influence de l'école flamande[1]. Si l'hypothèse ne manque point

---

[1] Sur la boîte à parfums que tient la Magdeleine est tracée une inscription très-embarrassante à interpréter. Les uns lisent, à tort, les lettres LV CIPIO AF, et prétendent qu'elle fait allusion à Scipion l'Afri-

A.

de vraisemblance, il en est fort différemment des dates qu'on a assignées jusqu'ici à l'exécution de la peinture, et dont nous allons démontrer l'étonnante inexactitude.

Au dire d'Alexandre Lenoir, le tableau serait contemporain de Charles VII; selon M. de Clarac, il daterait de la fin du xiv° siècle, et, d'après le catalogue du Musée, des premières années du xv°, au plus tard. Ces diverses conjectures, qu'on a maintes fois répétées, et qui n'ont pas encore trouvé de contradicteur, sont absolument dépourvues de base; le seul document d'apparence historique que l'on ait à citer sur l'origine du tableau est le passage où D. Bouillart le mentionne en ces termes : «Enfin on voit dans la sacristie un ancien «tableau qui a servi autrefois dans quelque chapelle, où l'abbé Guillaume (III° du nom, «mort en 1418) est représenté à genoux, soutenant avec respect, par-dessous les bras, un «Christ détaché de la croix[1]. » Il convient de remarquer que D. Bouillart n'invoque ici, contrairement à ses habitudes, aucune autorité, et cela manifestement parce qu'il ne se fondait que sur une tradition.

En matière d'antiquités, nul ne l'ignore, les caractères archéologiques d'un tableau doivent passer avant les données de la tradition. C'est pourquoi, avant même d'être arrivé à reconnaître la cause de l'erreur commise par D. Bouillart, nous avions la certitude qu'il se trompait d'un siècle dans son appréciation : le style du tableau ne permet pas d'admettre un moment qu'il remonte au temps de Charles VI. Le caractère des têtes, l'agencement des draperies, la forme des lettres de l'inscription tracée sur le vase que tient la Magdeleine, et les vêtements du Joseph d'Arimathie, qui rappellent immédiatement ceux des calvaires sculptés en ronde bosse de la Renaissance, nous ont toujours persuadé que l'œuvre ne pouvait être de beaucoup antérieure à cette dernière période. Mais ce qui est surtout décisif, ce sont les costumes, bien qu'assez vagues, de petites figures dispersées dans le paysage, et en particulier leur tournure éminemment caractéristique. Le commencement du xvi° siècle se révèle là avec tant d'évidence qu'on ne saurait presque souhaiter une indication plus explicite; nous en prenons à témoin tous ceux qui ont étudié l'histoire du costume.

Si l'ancienneté du tableau de Saint-Germain-des-Prés n'excède pas le xvi° siècle, quelle cause assigner à l'affirmation de D. Bouillart, écrivain consciencieux, qui était dans les meilleures conditions pour se bien renseigner? La méprise de D. Bouillart s'explique de la façon la plus naturelle : en effet, le détail qu'il rapporte, il ne le tenait, nous venons de le dire, que d'une tradition, suivant laquelle le tableau offrait le portrait d'un abbé appelé Guillaume. Incapable de discerner l'âge réel de la peinture, D. Bouillart a cru qu'il s'agissait de Guillaume III, dont la libéralité était renommée parmi les moines à cause des magnifiques objets par lui donnés à leur église; suffisamment familier avec la critique

cain, opinion tout à fait inacceptable ; d'autres, plus ingénieux, y voient le nom d'un peintre inconnu, qui se serait appelé *Nicolas Pion;* mais M. de Montaiglon a établi la fausseté incontestable de cette traduction, et il a soutenu, avec toute apparence de raison, que, si les lettres de l'inscription formaient un sens, elles donnaient simplement le nom de quelque drogue employée dans les embaumements:

«On sait, dit-il, la façon dont, au xvi° siècle, sur «les vases qu'on a l'habitude d'appeler aiguières de «pharmacie, le nom de ce qu'ils devaient renfer-«mer figure comme ornement ; notre peintre aura «copié un vase de cette espèce et aura reproduit ce «qu'il voyait. » (*Arch. de l'art français,* 1°° série, t. II, p. 137.)

[1] *Hist. de l'abb. Saint-Germain-des-Prés,* p. 169.

# APPENDICES.

archéologique, il eût compris que la tradition se rattachait nécessairement à l'un des deux prélats commendataires du nom de Briçonnet, soit à Guillaume IV, abbé de 1503 à 1507, soit à Guillaume V, abbé de 1507 à 1533; la véritable difficulté consiste à déterminer lequel fut réellement le donateur.

Nous ne voyons qu'un indice qui aide à résoudre le problème, et, s'il n'en assure pas la solution définitive, du moins il le simplifie beaucoup. La physionomie du personnage en manteau rouge est celle d'un homme touchant à son douzième lustre; or Guillaume V n'atteignit sa soixantième année qu'en 1530 [1], et le tableau a été peint avant 1527, puisque l'on y distingue la Grosse-Tour du Louvre. Pour que le tableau eût été fait par ordre de Guillaume V, il faudrait conséquemment qu'il eût été entrepris presque au moment où la tour disparut, et que l'artiste, rompant avec les habitudes de ses confrères, eût vieilli quelque peu les traits de son modèle. Il ne serait point sage d'imaginer un pareil concours de circonstances, et l'on a de meilleures raisons pour croire que le tableau provient d'un don de Guillaume IV, qui mourut le 14 décembre 1514 [2], c'est-à-dire sept ans après avoir résigné la commende de l'abbaye en faveur de son fils. Dans tous les cas, et en dépit des assertions contraires, il est entièrement hors de doute que le tableau de Saint-Germain-des-Prés appartient au premier quart du XVIe siècle.

Le retable du Palais de Justice ornait jadis la grand'chambre du Parlement, et se trouve aujourd'hui dans la salle consacrée aux audiences de la première chambre de la cour impériale. Il est aussi peint sur bois, et mesure trois mètres trente centimètres de largeur sur deux mètres vingt-huit centimètres de hauteur. Il représente un Christ en croix, ayant à sa gauche saint Jean l'Évangéliste, saint Denis et Charlemagne, et, à sa droite, la Vierge, deux saintes femmes, saint Jean-Baptiste et saint Louis. Derrière le Christ on aperçoit la ville de Jérusalem, puis, d'un côté, certain monument dont nous nous occuperons un jour, et de l'autre côté, le Louvre avec l'hôtel de Bourbon et une partie de l'hôtel de Nesle. La peinture est généralement attribuée à Jean Van Eyck; mais M. le comte de Laborde pense que c'est un ouvrage de Ugo Van der Goes [3]; le docteur Waagen en fait honneur à Memling [4], et M. Wautens, à Roger Van der Weyden [5]. Il est présumable que le problème ne sera jamais résolu; en revanche, la question d'époque ne peut donner lieu à de sérieuses contestations. M. de Guilhermy a fait observer avant nous [6] que le visage de saint Louis y présente une ressemblance frappante avec celui de Charles VII, et en est très-clairement

---

[1] Il mourut le 25 février 1433 (v. s.), âgé de soixante-trois ans. (*Gallia christ.* t. VI, col. 563.)

[2] Nous n'avons pas trouvé l'année de sa naissance; mais, puisqu'il eut un second fils vers 1470, il ne pouvait être âgé de moins de soixante ans vers 1503. Il était revêtu de la dignité de cardinal et, un instant, nous avons cru le reconnaître dans le cavalier qui longe les murs de l'abbaye, sur un cheval couvert d'une housse rouge. Dans l'une de ses gravures, M. de Clarac a transformé ce cava-lier en une femme, suivie d'un homme et d'un enfant en *pantalons*. Ce vêtement moderne a été prêté à plusieurs figures de la même planche, où la vue du monastère est arrangée et complétée avec une faute choquante de perspective.

[3] *Histoire des ducs de Bourgogne*, introduction, p. CXL.

[4] *Manuel de l'hist. de la peinture*, t. I, p. 145.

[5] *Revue universelle des Beaux-Arts*, t. II, p. 25.

[6] *Itinéraire archéologique de Paris*, p. 304.

un portrait. Ce portrait a du être exécuté lorsque le roi était âgé d'une quarantaine d'années, circonstance qui nous reporte à 1443, et le costume des ravissantes petites figures appuyées sur le parapet du quai corrobore l'indication. Il est ainsi parfaitement sûr que le retable date du milieu du xv$^e$ siècle; c'est là le point essentiel pour nous.

La vue du tableau de Saint-Germain-des-Prés a été traitée un peu conventionnellement, puisqu'on y a prolongé l'étendue des premiers plans et supprimé la tour de Nesles avec ses dépendances pour montrer l'hôtel de Bourbon. L'image du Louvre y comprend la tour du sud-ouest et un grand fragment de la courtine de Charles V, détails qu'on chercherait vainement ailleurs; mais la porte dite *du Louvre*, sur le quai de l'École, n'y apparaît point auprès de la tour du Coin. Le dessin, confus par place, est exact dans son ensemble; toutefois, sous ce rapport, le retable du Palais offre une très grande supériorité [1]. On peut avancer avec certitude que cette dernière peinture, jusqu'à présent inédite [2], est d'une fidélité scrupuleuse et tout exceptionnelle. L'architecture spécialement y est d'une vérité saisissante, non-seulement comme aspect, mais encore comme agencement de lignes; nous en avons fait une curieuse et concluante expérience en mettant en perspective, dans des conditions analogues, le plan restitué du Vieux Louvre dressé par nous avant que nous eussions obtenu une copie du retable. Nous avons constaté, non sans une bien vive satisfaction, que le résultat concordait d'une manière incroyable avec la vue peinte, ce qui établit définitivement la précision du plan et de l'image. C'est avec l'aide du premier qu'il nous a été possible de déterminer les diverses tours dont les noms sont signalés sur la planche.

Œuvre d'art fort remarquable, le retable du Palais fournit la vue de Paris la plus ancienne qui existe, et l'une des plus intéressantes que l'on puisse imaginer; c'est donc un monument d'une haute valeur, dont on ne prendra jamais trop de soin, et que, pour cette raison, il faut souhaiter de voir transporter dans un bref délai au Musée du Louvre, seule place qui lui convienne [3].

## II. — HÔTEL DE BOURBON.

(Voir page 39, ligne 16.)

Dès le milieu du xv$^e$ siècle, le manoir était séparé de la voie du quai par une muraille crénelée, qui est très-nettement représentée sur le retable du Palais; elle ne figure point,

---

[1] Sur le retable, par exemple, la courtine du bord de l'eau, placée en son plan, vient bien s'attacher à la tour du Coin, tandis que, d'après le tableau, elle aurait été assez en arrière de la tour pour qu'on pût passer entre les deux; ce qui n'a jamais eu lieu.

[2] Nous ne parlons que de la vue du Louvre. Le VII$^e$ volume, 2$^e$ série, des Mémoires de la Société des antiquaires de France contient, du retable, une gravure au trait, accompagnant un mémoire de M. Taillandier; mais les dimensions de cette gravure y réduisent à rien la vue du Louvre, et c'est ce qui nous autorise à la dire *inédite*. — Nos deux planches ont été exécutées d'après les dessins calqués sur les originaux.

[3] En 1815, le retable a été fortement endommagé par un incendie qui a failli l'anéantir; il est du reste placé dans de fâcheuses conditions de lumière, et le public à l'admiration duquel on le propose ne s'en soucie guère.

APPENDICES.

au contraire, sur le tableau de Saint-Germain-des-Prés, ni sur le plan du xvi siècle provenant des archives de Saint-Germain-l'Auxerrois; mais elle reparaît dans le plan de Gomboust et le tableau de Zeeman.

### III. — HÔTEL D'ALLUYE.

(Voir page 94.)

Cette maison, possédée par Jean Congnet, fut confisquée sous la domination anglaise, et, au mois de janvier 1422 (v. s.), Henri VI la donna à son conseiller Jean, seigneur de Courcelles de Saint-Liébaut. (Arch. de l'Emp. reg. JJ 172, fol. 100 v°.) Elle tenait alors d'un côté à l'hôtel de Gilles de Clamecy, de l'autre à l'hôtel de Clermont, et par derrière à l'hôtel d'Ostrevant.

### IV. — HÔTEL DE CHEVREUSE.

(Voir page 103, ligne 6.)

L'inventaire des titres du Bourbonnais contient deux articles relatifs à la maison dite plus tard l'*hôtel de Chevreuse*. Le premier, sans distinction de date, signale le don qui en fut fait à Bertrand Vachette par le duc Jean, auquel la maison appartenait par suite du décès de son cousin «François d'Ambricourt;» le second article mentionne la vente de la propriété, cédée à François d'Ambricourt, le 4 avril 1499, moyennant 500 livres tournois, par Regnault et Bruant «Guillonel.» (Arch. de l'Emp. reg. PP 37, fol. 420 r° et v°.) Nous manquons des renseignements nécessaires pour concilier ces détails avec ceux que nous avons recueillis dans les archives de l'Évêché.

### V. — FRAGMENT DE L'ENCEINTE
#### ENTRE LA TOUR DE BOIS ET LA PORTE SAINT-HONORÉ.

(Voir page 179, ligne 29.)

Au mois de mars 1865, lors des fouilles entreprises pour la démolition de la Grande-Galerie du Louvre, nous avons retrouvé un grand fragment du mur qui reliait la tour de Bois à la porte Saint-Honoré, et nous avons pu constater matériellement la rigoureuse exactitude du tracé gravé sept ans auparavant sur la feuille V de notre Plan de restitution. Ce que nous n'avions pas prévu, c'est l'énorme épaisseur de la maçonnerie, qui, à sa base, atteignait 4$^m$,10. Le noyau du massif consistait en un blocage d'assez gros matériaux, revêtu, sur la face externe, de pierres soigneusement appareillées. La muraille, fondée sur le sable à 11$^m$,98 du niveau dit *de Rivoli*[1], présentait un soubassement haut de 3$^m$,58, dont la saillie (0$^m$,36) était rachetée par deux chanfreins. (Voir le plan des substructions, p. 173.) Depuis le soubassement jusqu'à l'axe du pavillon de Lesdiguières, il y avait, à

---

[1] Le *niveau de Rivoli*, adopté sur les chantiers du Louvre, est un plan qui passe à 0$^m$,33 au-dessus des piédestaux du pavillon de Lesdiguières, face méridionale, et se trouve à 37$^m$,38 au-dessus du niveau de la mer.

distance égale des murs de la Galerie, un espace de 65<sup>m</sup>,10. Un peu plus loin était le pont de deux arches, au moyen duquel la Galerie franchissait le fossé. L'axe de la pile se confondait avec celui de la grande travée, et les centres des niches de cette travée étaient à plomb de ceux des arches. La face septentrionale du pont, affleurant la Galerie, était paremenrée et conséquemment faite pour être vue. Vers le midi, au contraire, toute la construction était en arrachements, et les dernières assises d'une culée ainsi que de la pile subsistaient encore, s'avançant sous le sol du quai. De ce dernier côté le pont devait donc dépasser la Galerie, et l'état de la maçonnerie provenait apparemment d'une démolition; mais il ne sera point aisé, tant que le terrain n'aura point été fouillé suffisamment, d'imaginer comment se comportaient les parties détruites.

Le mur de la contrescarpe, épais de 3<sup>m</sup>,06 au-dessus de l'empatement, rencontrait bien, comme nous l'avons dit, la Galerie au droit de la cage d'escalier hors d'œuvre; toutefois c'était le résultat d'un remaniement. La contrescarpe primitive passait derrière l'escalier, car, une quinzaine de mètres avant d'en atteindre l'emplacement, elle se brisait pour aller, après une seconde flexion, rejoindre la culée du pont dormant de la porte Neuve. Au temps de Henri IV, on rectifia le tracé de manière que la contrescarpe demeurât parallèle, jusqu'à la Galerie, au mur d'enceinte, dont elle était éloignée de 34<sup>m</sup>,40 dans le fond du fossé. Il est probable que, en se proposant de transformer le fossé en vivier, on avait aussi l'intention de le rétrécir. Nous avons remarqué, en effet, que, à 3<sup>m</sup>,60 de l'enceinte, il y avait, appuyé au pont, un commencement de muraille avec pierres d'attente. (Voir la coupe des substructions, p. 402.) Cette muraille devait apparemment former une nouvelle escarpe, puisque, au delà, la paroi de la Galerie était parementée, c'est-à-dire destinée à être vue, tandis qu'en deçà la paroi était rugueuse, irrégulière, et par conséquent destinée à être cachée sous les terres. L'ancienne contrescarpe était d'une solidité excessive dans la partie qui avoisinait la porte Neuve, et là elle était sans doute à peu près contemporaine de cette porte, au pont de laquelle elle se reliait. Sur ce point elle demeurait encore intacte au milieu du XVII<sup>e</sup> siècle et, à cette époque, près de la Galerie, elle passait sous le mur de face de l'hôtel du Grand Prévôt, bâti dans l'alignement de la porte Neuve.

Il n'est sorti des fouilles rien de concluant quant à l'opinion que nous avons émise sur l'emplacement de la courtine du bord de l'eau. Dans le mur méridional de la Galerie, au-dessous du niveau du sol, se trouvaient mêlées quelques pierres provenant d'une construction antérieure, entre autres un moellon portant cette marque de tâcheron :

mais la maçonnerie, qui avait jusqu'à 3<sup>m</sup>,90 d'épaisseur, paraissait tout entière du temps de Henri IV, et elle ne portait point sur des fondations du moyen âge. On l'a déracinée complétement pour la remplacer par une autre plus profondément engagée dans le sol, et il se pourrait que pareille chose eût eu lieu quand on a bâti la Galerie. Quoi qu'il en soit, voici ce que nous savons maintenant relativement à la situation de la courtine. Elle n'était assurément pas en retraite sur l'alignement de la Galerie; elle a peut-être coïncidé avec cet alignement, comme nous l'avons dit; mais nous n'en avons obtenu aucune preuve, circonstance qui nous inspire des doutes sur la vérité de l'hypothèse; enfin il n'est nullement impossible qu'elle ait été plus rapprochée de la rivière que la Galerie, ce qui reste à vérifier. S'il en était ainsi, il faudrait croire qu'elle tendait, comme sur le plan de la Tapisserie, droit au centre de la tour de Bois. Celle-ci s'élevait nécessairement sur un terrain intermédiaire entre les tranchées de 1861 et de 1865, puisqu'on ne l'a aperçue ni dans l'une ni dans l'autre fouille, et elle devait avoir son axe distant de la Galerie de huit à dix mètres. Nous avons renoncé à la chercher parce que la manière dont était coupé le mur d'enceinte nous a ôté l'espoir de retrouver les restes de la tour, et fait croire qu'on en avait enlevé jusqu'aux derniers libages.

## VI. — EMPLACEMENT DE LA SECONDE PORTE SAINT-HONORÉ.

(Voir page 180, ligne 13.)

L'exactitude de notre opinion sur l'emplacement de *la seconde porte Saint-Honoré* vient de se trouver confirmée, aussi bien que la justesse de notre tracé de l'enceinte auprès de la rivière. En mars 1866, des travaux d'égout ont mis au jour, là même où nous l'avions

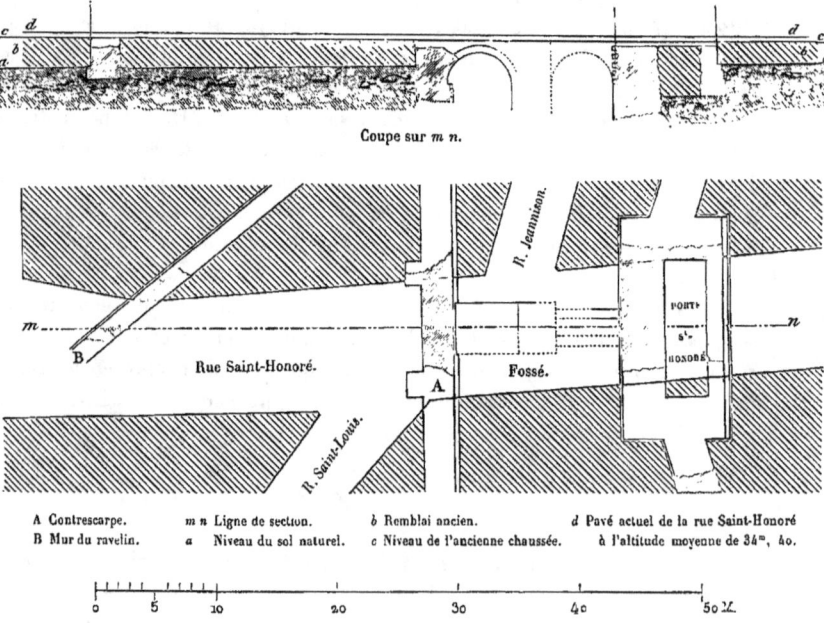

indiqué d'avance, une partie des substructions de la porte. On s'est ainsi assuré qu'elle mesurait 8$^m$,34 de profondeur sur environ 18$^m$,50 de largeur; cette dernière dimension n'a pas été précisée, parce que la moitié méridionale de l'édifice était détruite, et que le parement du mur septentrional, engagé dans des caves, avait été précédemment entamé. La muraille du côté de la ville était épaisse de 1$^m$,18, et celle du côté du fossé, de 3$^m$,60. Celle-ci, située à 5$^m$,50 du coin de la rue Jeannisson, portait des marques nombreuses de projectiles, qui remontaient au siége de 1590. Deux boulets en pierre, provenant de l'attaque de Jeanne d'Arc, ont aussi été recueillis dans les remblais, et transportés à l'Hôtel de Ville. L'un a 0$^m$,175 de diamètre, l'autre n'en a que 0$^m$,083; tous deux ont été fortement ébréchés par leur choc contre les fortifications.

Au xv$^e$ et au xvi$^e$ siècle, la porte Saint-Honoré était munie d'une barbacane ou avant-porte, qu'on nommait habituellement *la herse*, et qui s'élevait sur la contrescarpe des fossés. Elle fut probablement détruite en 1590 pendant le siége, et on la remplaça par un « ravelin, » construit en 1593. (Voir p. 180.) Ce ravelin ou « boullevert, » qui, par ordre du Roi, avait dû être abattu en 1603, était encore partiellement debout vers 1609, car il est mentionné en 1608 et figure sur le plan de Quesnel. Il a laissé dans le lotissement de l'îlot compris entre les rues Jeannisson et Fontaine-Molière des traces telles que nous comptions bien en trouver des débris. Un fragment en a effectivement été découvert sous le pavé de la rue Saint-Honoré, en parfaite conformité avec nos prévisions. Nous ne saurions dire si le ravelin était fermé à la gorge; mais là où cette clôture aurait pu exister, on a rencontré une muraille de soutenement, épaisse de 2$^m$,60, qui servait de culée à une arche en plein cintre, dont il ne subsistait plus que quelques voussoirs, suffisants d'ailleurs pour montrer que l'arche entière devait avoir 5$^m$,27 d'ouverture. Il ne restait rien de la pile centrale qui en avait porté la retombée, et sur laquelle s'appuyait le tablier du pont-levis, avant qu'on y substituât une seconde travée de pont dormant. Cette autre travée paraît n'avoir consisté qu'en deux arcs isolés, soutenant un plancher de madriers.

Entre la culée du pont dormant et la porte, la distance n'excédait pas 13$^m$,77; le fossé était donc fort resserré sur ce point. Au delà il s'élargissait considérablement; M. Th. Vacquer, qui conduisait les fouilles, lui a reconnu une largeur d'à peu près 33 mètres, à compter du pied du talus de l'arrière-fossé. Les eaux ayant envahi les tranchées à six mètres en contre-bas du sol actuel, M. Vacquer n'est point parvenu à déterminer la profondeur du grand fossé; en revanche, grâce à la rare expérience qu'il possède en ce genre d'études, il a réussi à distinguer la situation du dos d'âne séparant le grand fossé de l'arrière-fossé. La profondeur de celui-ci n'atteignait guère que cinq mètres et demi, ce qui explique comment, lors de l'assaut de 1429, il était à sec, tandis que le grand fossé était plein d'eau.

Le marché passé avec Ch. Froger, en 1633, semble avoir été exécuté rigoureusement, et de là sans doute la destruction presque complète de l'enceinte du xiv$^e$ siècle; on n'en a aperçu aucun reste dans les diverses tranchées pratiquées entre les rues Saint-Honoré et Montpensier. L'emplacement de la muraille n'en est pas moins connu, car, au lieu où nous avions annoncé qu'il y avait espoir de la retrouver, le sol naturel, consistant en sable, cessait brusquement pour faire place aux gravois de remblai. Nous avons récemment observé le même fait dans les terrains sur lesquels s'élèvent en ce moment les nouvelles constructions de la Banque de France. Le centre du dos d'âne était à 21$^m$,50 de l'enceinte.

## VII. — STATUE DE VULCAIN AU LOUVRE.

(Voir page 205.)

Dans l'*Entrée de Charles-Quint à Paris*, opuscule rarissime publié en italien, à Paris même, l'an 1540, on trouve le curieux détail que voici : « Au milieu de ce château (le « Louvre) est placée une statue de Vulcain, laquelle tient dans une main je ne sais quoi « qui donne une très-grande lumière pendant la nuit, et dans l'autre main un marteau « frappant sur une enclume. » (*In mezzo di quel castello è posta una statua di Vulcano, quale tiene in una mano non so che che fa grandissimo lume tutta la notte, et nell' altra un martello col quale dà sopra una incudine.*)

## VIII. — TRAVAUX DE PIERRE LESCOT ET DE JEAN GOUJON AU LOUVRE.

(Voir page 234, § 1er.)

Au sujet de ces travaux, M. Paul Lacroix a rappelé (*Revue universelle des Beaux-Arts*, t. II, p. 434) les vers suivants du poëme de *La Galliade*, publié en 1578 par Guy le Fèvre de la Boderie :

> ..........Et toy, Goujon encores,
> Qui de rares pourtraicts ce bel autheur (Vitruve) décores,
> Et décores aussi, par ton nom décoré,
> Nostre terroir du north en cest art honoré ;
> Tousjours tesmoignera du Louvre la fabrique
> Et combien ton ciseau fut heureux en pratique,
> Ensemble tesmoignant de quel esprit garny
> Fut l'honneur de Paris, le docte De Clagny,
> Celuy qui a conceu, au rond de sa cervelle,
> L'idée et le dessin d'une fabrique telle.

## IX. — ÉPOQUE DE LA MORT DE JEAN GOUJON.

(Voir page 235, ligne 16.)

En parcourant, un jour, certain registre du Parlement, notre attention a été frappée par la mention de « Françoise de Salmon, veufve de feu Jehan Goujon, » dans un arrêt du 2 décembre 1570. (Arch. de l'Emp. reg. X 1631, fol. 70 v°.) S'agissait-il ici du fameux sculpteur? On ne saurait l'affirmer, car le nom de Goujon a été commun. Toutefois, comme l'arrêt de 1570 faisait allusion à deux autres, nous avons quelque temps entretenu l'espoir d'éclaircir la question ; mais nos recherches n'ont donné aucun résultat, et si nous signalons le fait, c'est qu'il pourrait mettre sur la voie d'une découverte curieuse.

## X. — APPARTEMENTS DU LOUVRE SOUS LOUIS XIII.

(Voir page 252, ligne 11.)

Vers le commencement du règne de Louis XIII, l'appartement de la reine régnante était toujours à l'étage supérieur, dans la même aile; quant à l'appartement de la reine mère, Marie de Médicis, il était au-dessous de l'autre, « aux salles basses et aux chambres « d'entre-sol. » Le Grand Conseil tenait alors ses séances dans le vieux corps de logis oriental, à droite en entrant dans la cour.

## XI. — PETITE-GALERIE DU LOUVRE.
(Voir page 261, ligne 14.)

La Galerie des Antiques était certainement ornée de bossages vermiculés dès le temps de Henri IV; il n'est donc point impossible que l'on en ait également sculpté alors aux encoignures de la Petite-Galerie, du côté du quai. La grande vue de Sylvestre tend à le faire croire, car elle a été gravée en 1650, c'est-à-dire avant les remaniements ordonnés par Anne d'Autriche; toutefois cette vue est trop vague pour trancher la question, que l'on serait porté à résoudre d'une façon négative, quand on essaye de restituer l'agencement des bossages avec l'ordonnance des travées primitives de l'édifice, problème d'une singulière difficulté. Quant à la façade septentrionale de la Galerie, qui semble n'avoir été décorée que sous Henri IV, elle comportait des bossages vermiculés, destinés à mettre lesdites travées en harmonie avec les bâtiments du Louvre; mais nous demeurons convaincu que, à l'origine, la face du midi était garnie de pilastres dans le goût de ceux de l'arcade centrale. Tout cela est d'ailleurs sans importance pour la thèse que nous soutenons.

# TABLE ALPHABÉTIQUE DES MATIÈRES.

## A

ABREUVOIR des fossés Saint-Germain, page 32 ; — du Louvre, 32 ; — l'Évêque, 317.
AKAKIA (Hôtel de la famille), 42.
ALENÇON (Hôtel de Charles de Valois, duc d'), 91.
ALENÇON (Hôtel de Pierre de France, comte de Blois et d'), 89.
ALGER (Rue d'), 298.
ALLAINVILLE (Hôtel de Charles Jaloux, seigneur d'), 43.
ALLUYE (Hôtel d'), 94.
ANCRE (Maréchal d'), voir CONCINI.
ANDERQUIEZ (Seigneur d'), 16.
ANDROUET DU CERCEAU, voir DU CERCEAU.
ANGENNES (Charles d'), voir RAMBOUILLET.
ANGIVILLIERS (Rue d'), 15.
ANGIVILLIERS (Hôtel du marquis d'), 94.
ANGUIER (François), sculpteur, 55.
ANGUIER (Michel), sculpteur, 262.
ANGUIN (Petit hôtel d'), 84.
ANJOU (Hôtel de Henri de France, duc d'), 91.

ANTIN (Hôtel du marquis d'), surintendant des bâtiments, 92.
ANTIQUES (Salle des), au Louvre, 267.
ARCHE D'AUTRICHE, 32 ; — de Bourbon, 32.
ARCOLE (Rue d'), 70.
ARMAGNAC (Hôtel d'un comte d'), 16.
ARMAGNAC (Hôtel de Louis de Lorraine, comte de Brionne et d'), 282.
ARMENONVILLE (Hôtel de Vincent Bertin, seigneur d'), 298.
ARTILLERIE DU LOUVRE, 125, 160.
ARTOIS (Hôtel de Catherine d'), c<sup>sse</sup> d'Aumale, 95.
ASSOMPTION (Couvent des dames de l'), 310.
ATTICHI (Hôtel du seigneur d'), 35.
AUBÉPINE (Tombeau de Claude DE L'), 303.
AUMALE (Comtesse d'), voir ARTOIS.
AUMALE (Hôtel du duc d'), 11.
AUMONT (Hôtel de César d'), marquis de la Guierche, 93.
AUTRICHE (Rue d'), 7.

## B

BAC devant le Louvre, 32.
BACQUET (Épitaphe de Martin), marchand, 68.
BACQUEVILLE (Hôtel de Guillaume Martel, seigneur DE), 10.
BAILLY, menuisier-sculpteur, 312.
BALZAC (Charles DE), voir ENTRAGUES.
BARBÉE (Hôtel du marquis DE), 313.
BARRE (Hôtel de M. DE LA), 107.
BARRIÈRE des Sergents, corps de garde, 56.
BARRIÈRE (Jean DE LA), abbé des Feuillants, 300.

BASSES-COURS du Louvre, 159.
BASTAILLE (Hôtel de la famille DE), 30.
BAUDOYN (Georges), écuyer de la bouche, 74, 76.
BAUFFREMONT (Marie-Claire DE), 103.
BAVIÈRE (Hôtel de Guillaume DE), comte palatin du Rhin, de Hainaut et d'Ostrevant, 15, 16.
BEAUHARNAIS (Hôtel d'Anne DE), 42.
BEAUJOLAIS (Rue de), 70.
BEAUVAIS ou BEAUVOIR (Rue de), 17.
BEDFORD (Hôtel de Bourbon, donné au duc DE), 36

BÉRINGHEN (Hôtel de Henri DE), premier écuyer, 76.
BERRUYER, secrétaire du Roi, 74.
BERTIN (Vincent), voir ARMENONVILLE.
BÉRULLE (Pierre DE), cardinal, 29, 53, 55.
BIART (Noël), dit *le grand-père*, sculpteur, 230, 232, 253.
BIBLIOTHÈQUE (Rue de la), 21.
BIBLIOTHÈQUE (La), au Louvre, 126.
BLONDEL, architecte, 93.
BORDEAU (Hôtel de M<sup>me</sup> DE), 93.
BOUCHAGE (Hôtel de Henri de Joyeuse, comte DU), 29.
BOUCICAUT (Hôtel de Jean le Meingre, dit), maréchal, 95.
BOULANGER (Nicolas), garde des marbres, 9.
BOURBON (Rue de ou du PETIT-), 20, 86.
BOURBON (Hôtel de ou du PETIT-), 33.
BOURBON (Hôtel du connétable DE), 36.
BOURBON (Henri DE), voir MONTPENSIER.
BOURBON (Jacques II DE), voir MARCHE.
BOURBON (Hôtel de Louis DE), fils aîné du comte de Clermont.

BOURBON (Marie DE), voir LONGUEVILLE.
BOURBON (Hôtel de Marie-Anne DE), fille de Louis XIV, 15.
BOURBON-SOISSONS, voir NEUFCHÂTEL.
BOURDILLON, amateur cité par M. de Clarac comme possédant un tableau qui représentait une vue du Vieux Louvre, 149.
BOURGOGNE (Rue de), 315.
BOUTEVILLE (Hôtel de Jean DE), 94.
BOUTHILLIER (Hôtel de), surintendant des finances, 11.
BRÉANT (Pierre), barbier du duc de Bretagne; son épitaphe, 101.
BRETAGNE (Hôtel de la PETITE-), 79.
BRIÇONNET (Hôtel de Pierre), seigneur de Praville, 331.
BRIONNE (Hôtel de), voir ARMAGNAC.
BRUGES (Hôtel du prévôt de), 12.
BRUNETTI, peintre, 298.
BUET (Épitaphe de Gilles), notaire, 69.
BUNEL (Jacob), peintre, 267, 302.
BUTTES (Quai des), 31.

## C

CADRAN (Cour du), dans le cloître Saint-Nicolas du Louvre, 111.
CAPUCINS (Couvent des), 307.
CAQUÉ, architecte, 54.
CARNEAUX (Hôtel des), 299.
CARROUSEL (Rue du), 96.
CARROUSEL (Terrain de la place du), 280.
CARYATIDES (Salle des), au Louvre, 229.
CASTELLAN (Hôtel d'Honorat DE), 88.
CAUMONT (Jacques Nompar DE), voir FORCE.
CELLERIER, architecte, 315.
CHABANNES (François DE), comte de Saigne, 313.
CHALGRIN, architecte, 315.
CHAMBIGES (Pierre), architecte du Louvre, 263.
CHAMBRE DE PARADE, au Louvre, 230.
CHAMPAGNE (Philippe DE), peintre, 298.
CHAMP-FLEURI (Rue du), 20.
CHAMP-POURRI (Le), 62.
CHANOINES (Rue des), 95.
CHANTEULE (Hôtel de M. DE), 76.
CHANTRE (Rue du), 23.
CHARLES-QUINT (Travaux pour la réception de) au Louvre, 205.
CHARPENTIER dessine un jardin, 298.

CHARRON (Jean), valet de chambre du roi, 95.
CHARTRES (Rue de), 70.
CHARTRES (Jacques DE), sculpteur, 150.
CHÂTEAU-D'EAU (Le), place du Palais-Royal, 60.
CHÂTEAU-FÉTU (Rue du), 49. — Signification de ce mot, 50.
CHAULNES (Hôtel d'Antoine DE), trésorier des guerres, 94.
CHAUMONT (Hôtel de Guy DE), seigneur de Quitry, maître de la garde-robe, 84.
CHEVERNY (Hôtel du comte DE), 315.
CHEVREUSE (Hôtel de Pierre, seigneur DE), 42.
CHEVREUSE (Hôtels de Claude de Lorraine, duc DE), 11, 103.
CHIFFRES de Diane de Poitiers, au Louvre, 227; — de Charles IX, *ibid.* 250; — de Catherine de Médicis à la colonne de la Halle au blé, 228.
CHOISY (Hôtel du duc DE), 88.
CHRISTINE DE PISAN parle du Louvre, 126.
CIPIÈRES (Hôtel du comte DE), 14.
CLAMECY (Hôtel de Gilles DE), prévôt de Paris, 93.
CLARAC (DE); appréciation de son ouvrage sur le Louvre, 152.

CLERMONT (Hôtel du comte DE), 14.
CLÈVES (Hôtel de Catherine DE), duchesse de Guise, 11.
CLICHY (Le chemin de), 51.
CLOS des Gourdes, 277. — Pigeon, 310; — des Quinze-Vingts, 285.
COËTANFAO (Hôtel de François-Toussaint de Kerhoent, marquis DE), 78.
COIN (Tour du), 165.
COMBAULT (Hôtel de Robert DE), maître d'hôtel du roi, 87.
COMMUNS du Louvre, 161.
COMPAS (Rue du), 83.
COMPTES des dépenses faites au Louvre par Charles V, 181 à 199; — sous Henri II, 238 à 242; — pendant les années 1557, 1558 et 1559, p. 242 à 247; — sous Charles IX, 253 à 256.
CONCINI (Hôtel de), maréchal d'Ancre, 8.
CONFÉRENCE (Porte de la), 321.
CONTANT, architecte du roi, 104.
CONTY (Hôtel de), rue des Poulies, 94.

CONTY (Hôtel de Louise de Lorraine, princesse DE), rue d'Autriche, 17.
CONVENTION (Rue de la), 295.
COQ (Rue du), 26.
COTTE (Robert DE), architecte, 46, 60.
COUPEAU (Hôtel de Germain de Valenciennes, seigneur DE), 80.
COUPERAY (Maison du seigneur DE), 291, 307.
COURTANVAUX (Marquis DE), voir SOUVRÉ.
COURTINE DU BORD DE L'EAU, auprès du Louvre, 167, 169.
COUSTOU (Les), sculpteurs, 46, 60.
COYPEL (Noël et Antoine), peintres, 313.
CRAMOY (Étienne), sculpteur, 236, 250.
CRÉCY (Hôtel de Marie de Caumont, dame DE), 79.
CRÉQUY (Hôtel de Charles DE), comte de Saulx, maréchal, 15.
CRÉQUY (Hôtel du maréchal François DE), 78.
CROIX-DU-TIROIR (Rue de la), 49.
CRUSSOL (Charles-Emmanuel DE), voir UZÈS.
CUISINES (Cour des), au Louvre, 204.
CULTURE-L'ÉVÊQUE (La), 285.

## D

D'ALBERT (Charles), voir LUYNES.
DAMPIERRE (Hôtel de Jeanne de Vinon DE), dame d'honneur, 16.
DAMPMARTIN (Guy DE), sculpteur, 150.
DAUPHIN (Rue du), 294.
DE LA CROIX (Épitaphe de Claude), bourgeois, 102.
DESCENTE-DU-PASSEUR (La), 32.
D'ESCOUBLEAU (Charles), voir SOURDIS.
DES HAYES (Maison d'Étienne), valet de chambre de Henri III, 16.
DES NOYERS (Maison de Nicolas), seigneur de la Brosse, 41.
DEVISE de Henri II, au Louvre, 227.
DIONYSE (Pierre), sculpteur sur bois, 305.
D'ORBAY (Demeure de), architecte du Louvre, 92.
DOYENNÉ (Rue du), 30.

DOYENNÉ (Cul-de-sac du), 83.
DREUX (Robert IV, comte DE), voir MONTFORT.
DU BRUEIL (Jean), alias LE BREUIL, peintre, 232, 253.
DU BUISSON (Thomas), peintre, 150.
DU CERCEAU (Baptiste Androuet), architecte du Louvre, 271.
DU CERCEAU (Jacques Androuet), architecte et graveur, 273.
DU FAUR (Guy), voir PIBRAC.
DU GAST, colonel général des Gascons, 91.
DU HAN (François), tailleur de marbre, 252.
DU LIS (Famille), voir VAUCOULEURS.
DU PARENT, voir VILLEMENON.
DU PERRON (Hôtel de la dame), mère du cardinal de Retz, 305.

## E

ÉCHAUDÉ (Rue de l'), 284.
ÉCHELLE (Rue de l'), 277.
ÉCOLE (Quai de l'), 30.
ÉCOLE DE SAINT-GERMAIN-L'AUXERROIS, 31.

ÉCURIES de la reine, 36. — Écurie de la reine mère, 79. — Écuries (Petites) du roi, 79. — Écuries du Dauphin, 294.
EGERTON (Hôtel de lord Francis-Henry), 298.

ELBEUF (Hôtel d'Emmanuel-Maurice de Lorraine, duc D'), 78.
ÉLIE, peintre, fait des cartons pour des vitraux, 304.
ENCEINTE DE PHILIPPE-AUGUSTE, emplacement et description, 183; — de Charles V, 177; — bastionnée, 319.
ENTRAGUES (Hôtel de Charles de Balzac, seigneur de Clermont D'), 11.
ÉPERNON (Hôtel de Bernard de Nogaret, duc D'), 103.
ERRARD (Charles), directeur de l'Académie française à Rome, 312.
ESCALIER (Grand) du Louvre, 149; — de l'hôtel de Bourgogne, 150.
ESPAGNE (Hôtel de Blanche D'), fille de saint Louis, 90.
ESTRÉES (Hôtel de Gabrielle D'), 29, 47.
ÉTAMPES (Hôtel d'), 10, 14.
EU (Hôtel d'), voir AUMALE.
ÉVREUX (Hôtel de Louis, fils de Philippe le Hardi, chef de la maison D'), comte de Gien et d'Étampes, 14.
ÉVROUX (Rue JEHAN-), 86.

## F

FALCONNET, sculpteur, 298.
FEILLENS (Hôtel du comte DE), 76.
FELLIFEUX (Place de), 318.
FENÊTRES du Louvre, 229.
FEUILLANTS (Passage des), 306. — Couvent des Feuillants, 299; — son église, 302; — sa bibliothèque, 304.
FIEFS, de Fromentel, 2; — de Saint-Denis de la Chartre, 2; — de Saint-Germain-l'Auxerrois, 2; — de l'Évêque, 3; — formé par l'enceinte de Charles V, 3; — du chapitre de Saint-Nicolas, 4; — du chapitre de Saint-Thomas, 4.
FITZ-JAMES (Hôtel de), 315.
FIZES (Maison de Simon DE), seigneur du Saulne, 12.
FLEIX (Hôtel de Gaston de Foix, comte DE), 103.
FLEURY (Tombeau du cardinal DE), 100.
FOIX (Gaston DE), voir FLEIX.
FOIX (Hôtel de la comtesse DE), 298.
FONCIÈRES (Philippe DE), sculpteur, 147.
FONTAINE-DU-DIABLE (La), 285.
FORCE (Hôtel de Jacques Nompar de Caumont, duc DE LA), 16.
FOSSÉ-MADEMOISELLE (Rue du), 75.
FOSSÉS (Les) du Louvre, 140.
FOUCAULT (Épitaphe de Marie), femme de Marc de Brion, 303.
FOUQUART (Hôtel de Guillaume), garde des coffres du roi, 95.
FOUQUET (Hôtel de François), surintendant des finances, 310.
FOURRIÈRE (Hôtel de la) du Louvre, 161.
FRANCE (Henri DE), voir ANJOU.
FRANCE (Pierre DE), voir ALENÇON.
FRANCIN, statuaire du roi, 55.
FRÉMONT (Sire Beaudoin DE), 16.
FREMYN, sculpteur, 100.
FRESNOY (Hôtel de Gervais DE), 88.
FROGER, entrepreneur des fortifications, 75.
FROISSIZ (Gilles DES), 32.
FROMENTEAU ou FROID-MANTEAUX (Rue), 39.

## G

GAILLONEL (Hôtel de Guillaume DE), maître d'hôtel du roi, 103.
GALANDE (Pierre DE), secrétaire du roi, 59.
GALERIE DORÉE (La), dans l'hôtel de Bourbon, 37.
GALERIES (Rue des), 177.
GALERIES DU LOUVRE. — Fondation de la Grande et de la Petite-Galerie, 257.
GARANCIÈRES (Hôtel de Guillaume de Montenay, sieur DE), 93.
GARDE-MEUBLE (Le) de la couronne, rue des Poulies, 36.
GARDES-FRANÇAISES (Quartier des), 5.
GARENNE (La), près des Tuileries, 334.
GERMAIN (Thomas), orfévre du roi et architecte, 99.
GIROUETTES du Louvre, 143.
GONDI (Hôtel d'Albert DE), duc de Retz, maréchal de France, 88.
GONDI (Marguerite DE), voir MAIGNELAY.
GOUJANGRE (Jehan Dessoubz-le-Four, seigneur DE), 43.
GOUJON (Jean), sculpteur, 232; — ses ouvrages, 233; — ses travaux au Louvre, 236.

# TABLE ALPHABÉTIQUE DES MATIÈRES.

GOURDES (Territoire des), 277.
GOUVERNEMENT (Maison dite LE), 16.
GRAMONT (Hôtel d'Antoine III, maréchal DE), rue d'Autriche, 11.
GRAMONT (Hôtel de), rue Saint-Thomas-du-Louvre, 42.
GRIMONVILLE (Seigneur DE), voir LARCHANT.
GUÉMÉNÉ (Princesse DE), voir SCHOMBERG.
GUILLAIN (Augustin), maître des œuvres de la Ville, 74.

GUILLAIN (Guillaume), maître des œuvres de la Ville et entrepreneur des travaux du Louvre, 232. — Son épitaphe, 265.
GUILLOT (Guillaume), sœur des Quinze-Vingts; son épitaphe, 69.
GUISE (Hôtel de Charles de Lorraine, duc DE), 29.
GUISE (Maison du duc DE), 17.
GUISE (Duchesse DE), voir CLÈVES.
GUYMIER (Côme), jurisconsulte; son tombeau, 99.

## H

HAINAUT (Hôtel du comte DE), 15.
HARCOURT (Le comte D'), voir LORRAINE.
HARDOUIN (Les), sculpteurs, 230, 232.
HÉROUARD, médecin du roi, 74.
HEURLES (DE), maître d'hôtel du roi, 74.
HONORÉ, voir SAINT-HONORÉ.

HORLOGE du Louvre, 147.
HOSTERICHE (Hôtel D'), 89.
HOTERICHE (Rue), 7.
HOUASSE, peintre, 313.
HOULLES (Hôtel du seigneur DE), 87.

## I

ILLIERS (Hélène D'), voir HÔTEL D'O.
ILLIERS (Maison de Charles D'), 41.
INSCRIPTIONS en l'honneur de Henri II au Louvre, 222.

— De la contrescarpe, devant les Tuileries, 178.
ISABEAU DE BAVIÈRE; ses armes peintes sur un vitrail de la chapelle Saint-Nicolas, 111.

## J

JARDINS du Louvre, voir LOUVRE.
JASSE (Guillaume), sculpteur, 147.
JEANNE DARC (Armoiries de), trouvées peintes sur verre, dans une maison de la rue des Poulies, 94.
JEANNIN (Le président Pierre), 80.
JEAN-SAINT-DENIS (Rue), 70.

JEHAN-ÉVROUT (Rue), 86.
JEUX DE PAUME du Louvre, 9, 134, 161, 202; — de la Liberté, 298.
JOYEUSE (Hôtel de Henri, alias frère Ange DE), maréchal de France et capucin, 309; — son tombeau, 308.
JOYEUSE (Hôtel du cardinal DE), 29.

## L

LABBE, inspecteur des bâtiments du roi, 69.
LA BROSSE (Seigneur DE), voir DES NOYERS.
LAFOSSE, peintre, 302, 313, 412.
LAGRANGE (Hôtel de Sébastien DE), sieur de Trianon, 93.
LANQUETOT (Maison de Claude Bretel, seigneur DE), 78.

LANTERNE DES GALERIES DU LOUVRE, voir PAVILLON LESDIGUIÈRES.
LARCHANT (Hôtel de messire de Grimonville, seigneur DE), 16, 92.
LAUNAY (Jean DE), sculpteur, 150.
LAVAL (Hôtel de Guy, seigneur DE), 44, 59.
LAVERGNOT (Nicolas), chirurgien du roi, 102.

LEBRUN, architrésorier; son hôtel, 298.
LEBRUN, peintre, 308.
LECADET (Adam), statuaire du roi, 55.
LE CLERC (Maison de Jacques), conseiller au parlement, 14.
LE COMTE (Charles), maître charpentier du roi, 13.
LE CONSTANÇOIS (Nicolas), « orlogeur, » 253.
LE FORT (Martin), sculpteur, 250, 252.
LE JEUNE (Jean), peintre, 232.
LE JUGE (François), jardinier des Tuileries; sa maison, 313.
LEMERCIER (Jacques), architecte du Louvre, 54, 151.
LEMOINE, sculpteur, 93, 100.
LE NÔTRE (André), contrôleur des bâtiments, 296.
LE PILEUR (Henri-Augustin), évêque de Saintes, 41.
LE PLASTRIER (Thomas), peintre, 232.
LE PRÉVOST (Jean), président au parlement, 14.
LERAMBERT (Louis), sculpteur, 9.
LESCOT (Pierre), seigneur de Clagny, architecte du Louvre, 206, 246. — Sa famille, 214.
LESCOT (Rue PIERRE-), 70.
LESDIGUIÈRES (Hôtel du sieur DE), 42.
LE VERRIER (Hôtel de Jean), dit DE NISMES, valet de chambre du roi, 87.
LE VISTE (Enclos du président), 331.
L'HEUREUX (Les frères Pierre et François), sculpteurs, 25c, 252.
LIGNY (Le seigneur DE), 16.
L'ISLE (Maison de Michel DE), 29.
LOMÉNIE (Hôtel d'Antoine DE), secrétaire d'État, 107.
LONGUEVILLE (Hôtel de Henri II, duc DE), 103.
LONGUEVILLE (Hôtel de Marie de Bourbon, duchesse DE), 92.
LORRAINE (Charles DE), voir GUISE.
LORRAINE (Charles-Marie DE), voir ELBEUF.
LORRAINE (Claude DE), voir CHEVREUSE.
LORRAINE (Henri DE), comte d'Harcourt; son tombeau, 303.
LORRAINE (Louis DE), comte de Brionne, voir ARMAGNAC.
LORRAINE (Louis DE), voir CONTY.
LOUIS, voir SAINT-LOUIS.
LOUIS-PHILIPPE I<sup>er</sup> (Rue), 298.

LOUVRE (Rue du), 7, 20, 86. — Quartier du Louvre, 4. — Guichet du Louvre, 9.
LOUVRE. — Origine du château, 113. — Histoire du Vieux Louvre, 123. — Arsenal, 125. — Bibliothèque du roi, 126. — Capitainerie, 16, 127. — La Grosse-Tour ou tour Ferrand, 126, 129, 203. — Étendue du Quadrangle, 131. — Grande salle de Saint-Louis, 131, 152. — Salle neuve de la Reine, 132. — Étendue de la cour, 132. — Fossés, 134, 140. — Jeux de paume, 9, 134. — Chapelle du roi, 135. — Tours, 142; du Sud-Est; de la Fauconnerie, 143; du Milieu, 144. — Girouettes, 143. — Tours de la Taillerie; de la Librairie, 145; devers l'Artillerie; du Sud-Ouest, 146. — Portes, 147. — Tours de la Grande-Chapelle, 147; de Bische-Mouche; des Joutes; de la grande chambre de la Tournelle; de la Petite-Chapelle; de l'Horloge; de l'Armoirie; d'Orgueil; du Windal; de l'Écluse; devers Saint-Thomas, 148. — Concierge, 149. — Façade orientale, 149. — Intérieur des bâtiments, 152. — Salle dite *de la Reine*, 152. — Salles Neuve; du Roi; de la Reine; sur les jardins, 153; du Conseil, 154. — Grande salle, 154, 215. — Chapelles, 154, 155. — Chambre aux Joyaux, 155. — Mobilier des salles du Louvre, 155. — Appartement de la Reine, 156. — Grand Jardin, 156. — Ménagerie, 159. — Basses-cours, 159. — Artillerie, 160. — Entrée, 165. — Tour du Coin ou Jehan-de-Lestang, 165. — Le Louvre sous François I<sup>er</sup>, 201; sous Henri II, 219; sous François II, Charles IX et Henri III, 249. — Projet primitif du nouveau Louvre, 220. — Escalier dit *les Grands Degrés*, 228. — Salle dite *le Tribunal*, 229. — Salle des Caryatides, 223, 229. — Pavillon du roi, 230. — Chambre de parade, 230. — Appartement de la Reine sous Charles IX, 252. — Salle des Antiques, 256, 267. — Appartements d'été et d'hiver de la reine Anne d'Autriche, 262. — Galeries du Louvre, voir GALERIE.
LOZON (Hôtel du président DE), 297.
LUDE (Hôtel de François de Daillon, comte DU), 46.
LUXEMBOURG (Waleran DE), voir SAINT-POL.
LUYNES (Hôtel des ducs DE), 103, 104.

# TABLE ALPHABÉTIQUE DES MATIÈRES.

## M

Magny (De), peintre, 274.
Maignelay (Hôtel de Marguerite de Gondi, marquise de), 309.
Maillard (Rolland), sculpteur, 230, 232.
Mailly (Hôtel de la contesse de), 42.
Maintenon (Hôtel de M. de), 103.
Malte (Rue de), p. 70.
Manége des Tuileries (Le), 289, 290, 295.
Mansard, architecte, 304.
Marbres (Cour des), 9.
Marbres (Place du magasin des), 77.
Marceau (Rue), 70.
Marchant (Méry), bourgeois de Paris; son épitaphe, 68.
Marché-aux-Pourceaux (Rue du), 278.
Marche (Hôtel de Jacques II de Bourbon, comte de la), 24.
Marche (Hôtel de la Petite-), 43.
Marengo (Place de), p. 17. — Rue de Marengo, 27.
Marguerite de Navarre (Hôtel d'Anjou donné à), 92.
Marigny (Hôtel d'Abel-François Poisson de Vandières, marquis de), 42.
Marigny (Hôtel d'Enguerrand de), surintendant, 33, 90.
Marillac (Hôtel de M. de), 108.
Marillac (Mausolée du maréchal de), 303.
Marle (Maisons appartenant à Germain de), prévôt des marchands, 25, 105.
Martin, architecte, 69.
Martine (Hôtel de Louis), avocat du roi, 13.
Matignon (Rue de), 83.
Matignon (Hôtel de Jacques de), comte de Thorigny, 80.
Mellin de Saint-Gelais, poëte; son tombeau, 99.
Ménagerie du Louvre, 159.
Meslay (Charlotte de), voir La Rochefoucauld.

Métezeau (Clément), architecte, 54, 103, 312.
Métezeau (Thibaut), architecte du Louvre, 267.
Mignard, peintre, 104.
Molange (Place de la), 318.
Molet ou Mollet (Claude), jardinier des Tuileries, 80, 282.
Monnaie (Hôtel de la), 53.
Montausier (Hôtel de Charles de Sainte-Maure, duc de), 107.
Montbazon (Le duc de), gouverneur de Paris, pose la première pierre de l'église de l'Oratoire, 53.
Montfort (Hôtel de Béatrix de), veuve de Robert IV, comte de Dreux, 42.
Montgobert (Hôtel de Marguerite de Clermont, dame de), 12, 13.
Montholon (Tombeau de Guillaume de), conseiller d'État, 303.
Montigny (Maison de François de), marquis de Congis, 103.
Montigny (Maison de Gabriel de), seigneur de Congis, gouverneur des Tuileries, 313.
Montlouis (Maison de Diane de Clermont, dame de), 108.
Montmorin (Hôtel de Jacques de), 43.
Montpensier (Hôtel d'Henri de Bourbon, duc de), 29.
Montpensier (Rue ou passage), 70.
Montreuil (Eudes de), architecte, 68, 69.
Mortemart (Hôtel du duc de), 17.
Moucy (Clos de Guillaume de), 326.
Moutons (Le Marché aux), 74.
Moy (Hôtel de Nicolas de), 313.
Moyen (François); son épitaphe, 102.
Musée (Rue du), 40.
Musée des Souverains (Le), au Louvre; boiseries qu'on y conserve, 232.
Muséum (Quartier du), 4.

## N

Nantes (Maison dite *l'hôtel de*), place du Carrousel, 78.
Nanyn (Pierre), sculpteur, 250, 252.
Neufchâtel (Hôtel de Louis-Henri de Bourbon-Soissons, prince de), 103.

Neufville (Simon de), 331. — (Nicolas de), 330, 332. Voir Villeroy.
Neuve (Porte), 170.
Neuville (Hôtel du baron de), 315.
Nevers (Hôtel du duc de), 93.

NICAISE, voir SAINT-NICAISE.
NICOLAS, voir SAINT-NICOLAS.
NOAILLES (Hôtel du duc DE), 298.
NOGARET (Bernard DE), voir ÉPERNON.
NONIN (Guillaume), maître des œuvres de la Ville, 22.
NOPLET (Jean); son épitaphe, 102.
NOYER (Rue du), 86.
NOYERS (Hôtel de François Sublet DE), surintendant des bâtiments royaux, 313.

## O

O (Hôtel d'), 103.
ODEAU (Maison d'Hélye), contrôleur de la maison du roi, 13.
OPÉRA (Magasin des décors de l'), 77.
ORANGERIE (Rue de l'), 314.
ORATOIRE (Rue de l'), ou d'Autriche, 7. — Place de l'Oratoire, 18. — Maison de l'Oratoire, 53, 81.
ORATOIRE de l'hôtel de Bourbon, 39.
ORBEC (Maison du vicomte D'), 30.
ORLÉANS (Hôtel appartenant à Gaston D'), frère de Louis XIII, 87.
ORLÉANS (Marie D'), voir LONGUEVILLE.
ORTIES (Rue des), 79, 163, 177.
OSTERICHE, voir AUTRICHE.
OSTREVANT (Hôtel d'), 15, 94.

## P

PALAIS-ROYAL (Place du), 60.
PAROISSES de Saint-Germain-l'Auxerrois et de Saint-Roch, 1.
PARROCEL, le neveu, peintre, 298.
PATIN (Jacques), peintre, 253.
PAVILLON DU ROI, au Louvre, 230.
PETITE-MONNAIE (Rue de la), 177.
PHÉLYPEAUX (Mausolée de Raimond), seigneur d'Herbaut, 303, voir PONTCHARTRAIN.
PIBRAC (Hôtel de Guy du Faur DE), conseiller au Parlement, 92.
PIERREVIVE (Enclos de Pierre DE), seigneur de Lézigny, 331.
PIGEON (Clos), 310.
PINARD (Hôtel du sieur), secrétaire des commandements, 80.
PISANY (Hôtel de Jean de Vivonne, marquis DE), 106.
PLUVINEL (Hôtel de), 294.
POITIERS (Hôtel d'Alphonse, comte de Toulouse et DE), 88.
PONCE-JACQUIAU (Maître), sculpteur, 230, 232.
PONCE-TREBATTI (Paul), sculpteur italien, 232, 235, 236, 246, 248.
PONTCHARTRAIN (Hôtel de Phélypeaux DE), 41.
PONT-LEVIS du Louvre, 148.
PORT du Louvre, 33; — de Bourbon, 32.
PORTE-DORÉE (La), à l'hôtel de Bourbon, 37.
PORTE Saint-Honoré (Première), 164; — deuxième, 180; — troisième, 322; — porte du Louvre, 165; — portes du château du Louvre, 147; — porte Neuve, 170; — porte de la Conférence, 321.
POULIES (Rue des), 84; — origine de ce nom, 85.
POYET, architecte, 107.
PRÉVÔT (Hôtel du grand), près de la porte Neuve. 171.
PRIMATICCIO ou LE PRIMATICE, peintre et inspecteur des bâtiments royaux, 230.
PROVENCE (Hôtel de), 93.
PUSSORT (Hôtel de Henri), 298.
PYRAMIDES (Rue des), 294.

## Q

QUAI de l'École, 30; — des Buttes, 31; — du Louvre, 73, 170, 175; — des Tuileries, 317.
QUARTIER de Saint-Germain-l'Auxerrois, 4; — du Louvre, 4; — du Palais-Royal, 4; — des Tuileries, 4; — de l'Oratoire, 5; — de Saint-Honoré, 5; — des Gardes-Françaises, 4; — du Muséum, 4. — Origine des quartiers, 4.

# TABLE ALPHABÉTIQUE DES MATIÈRES.

QUÉTRY ou GETTY (Barthélemy), peintre, 9.
QUIBERON (Rue de), 70.
QUINZE-VINGTS (Rue des), 70.

QUINZE-VINGTS (Hospice des), 61 ; — son église, 67 ; — son sceau, 68. — Marché et clos des Quinze-Vingts, 285.

## R

RAMBOUILLET (Hôtel de Charles d'Angennes, marquis DE), 106.
RANCONNET (Hôtel du président Pierre DE), 94.
RAOLIN, bourgeois de Paris; son épitaphe, 69.
RAVAILLAC; maison où il a logé, 294.
RAYMOND DU TEMPLE, architecte, 151.
REGNARD (Le jardin de), aux Tuileries, 325.
REMPART (Rue du), 75.
RENARD (Nicolas), de Nancy, sculpteur, 303.
RESNEL (Hôtel du marquis DE), 315.
RETABLE DU PALAIS DE JUSTICE, donnant une vue du vieux Louvre, 147, 149, 176.
RETZ (Hôtel d'Albert de Gondi, duc DE), 16.
RETZ (Hôtel de Henri de Gondi, duc DE), 17.
RICHEBOURG (Rue de), dite ensuite *du Coq*, 16.
RIOLLE RICHARD ou RICHAULT, sculpteur, 232, 253.
ROBERT DE SENLIS, bourgeois de Paris, 13.
ROBILLON, sculpteur, 100.
ROBIN (Vincent), bourgeois de Paris; son épitaphe, 69.

ROCHEFOUCAULD (Maison de Charlotte de Meslay DE LA), 41, 42.
ROCHEGUYON (Hôtel de Guy, seigneur DE LA), 10.
ROHAN (Marie DE), voir CHEVREUSE.
ROLINDE (Hôtel de M. DE), 76.
ROMANELLI, peintre, 262.
ROMEY (Épitaphe de Jacques DE), seigneur de Romainville, 102.
RONSARD; son épître à Pierre Lescot, 208.
ROQUELAURE (Hôtel de), 76.
ROSTAING (Hôtel de Tristan DE), 18. — Chapelle funéraire de la famille de Rostaing dans l'église des Feuillants, 303.
ROSTIEL (Épitaphe de Guillaume), chevalier, 100.
ROUILLÉ (Hôtel de M. DE), ministre de la marine, 93.
ROUILLÉ (Maison de Robin), maître des requêtes, 106.
ROUSSEAU (Épitaphe de Pierre), prêtre, 102.
ROUVEZ (Épitaphe de Jacques DE), maître ès arts, 101.
RUGLES (Baron DE), voir VIEUVILLE.

## S

SAIGNE (Comte DE), voir CHABANNES.
SAINT-FLORENTIN (Rue), 315.
SAINT-FLORENTIN (Hôtel du duc de la Vrillière, comte DE), 315.
SAINT-HONORÉ (Rue), 48, 283, 296. — Rue Neuve-Saint-Honoré, 283. — Portes Saint-Honoré, voir PORTE.
SAINT-LOUIS (Rue), 284. — Grande rue et rue Neuve-Saint-Louis, 283.
SAINT-NICAISE (Rue), 73.
SAINT-NICAISE (Chapelle), 78.
SAINT-NICOLAS-DU-LOUVRE (Rue), 177. — Hospice, collége ou chapitre Saint-Nicolas, 109.
SAINT-POL (Hôtel de Waleran de Luxembourg, comte DE), 12, 52.
SAINT-QUENTIN (Pierre DE), entrepreneur des travaux du Louvre, 232.

SAINT-ROCH (Paroisse de), 1. — Limite dans la rue Saint-Honoré, 284.
SAINT-ROMAIN (Hôtel de Jean DE), conseiller du Roi, 103.
SAINT-ROMAIN (Jean DE), sculpteur, 130, 150.
SAINT-THOMAS (Rue), 95 ; — rue Neuve et cul-de-sac de Saint-Thomas, 83. — Église collégiale de Saint-Thomas, 96. — Sceau du Chapitre, 100.
SAINT-VINCENT (Rue), 295.
SAINTE-MAURE (Charles DE), voir MONTAUSIER.
SANCERRE (Hôtel de la comtesse de), 12.
SARRAZIN (Jacques), sculpteur, 303, 305.
SASSO (Pietro), stucateur, 262.
SAULMONIÈRE (Place à pêcher, dite la), 318.
SAULX (Hôtel de), 15.
SAUVAL. Appréciation de son ouvrage sur les antiquités de Paris, 139. — Manuscrit inédit sur le même sujet, 171.

SCARRON DE VAURRE (Maison de Thomas), oncle du poëte, 46.
SCHOMBERG (Hôtel du comte DE), 46.
SCHOMBERG (Tombeau de Jeanne-Armande DE), princesse de Guéméné, 303.
SEGUIN, capitaine du Louvre, 16.
SEINE (Hôtel du baron DE), 29. — Rue dite Sur-Seine, 177.
SEMPI, peintre verrier, 304.

SERBECQ ou SEIBECQ (Francisque), dit *de Carpy* ou *Scarphy*, sculpteur florentin, 230, 232.
SERLIO (Sébastien), architecte bolonais, 206, 215.
SILLERY (Hôtel de Noël Bruslart DE), 59.
SIMONIEUX (Roger DE), mouleur, 232.
SOURDIS (Hôtel de Charles d'Escoubleau, marquis DE), 59.
SOUVRÉ (Hôtel de Gilles DE), maréchal, 46.
SUBLET (François), voir NOYERS.

## T

TABLEAU provenant de Saint-Germain-des-Prés, et offrant une vue du Vieux Louvre, 32, 37, 129, 145.
TACET ou TACQUET (Jean), sculpteur, 252.
TESTART, peintre, 232.
THOMAS, voir SAINT-THOMAS.
THORIGNY (Comte DE), voir MATIGNON.
THOU (Hôtel d'Augustin DE), 107.
THUMERY (Hôtel de Pierre DE), valet de chambre du duc de Bourbon, 103.
THURIN (Thomas), sculpteur et garde des marbres du roi, 435.
TIROIR (Rue CROIX-DU-), 49.

TORCY (Hôtel de), 103.
TOUR DU COIN ou JEAN-DE-L'ESTANG, 165; — de Bois, 170, 174. — Tours du Louvre, 142 et suiv.
TREBATTI, voir PONCE.
TREMBLAY (Le Clerc DU), dit *le père Joseph;* son tombeau, 308.
TRESMES (Hôtel de), 94.
TRIBUNAL (Salle dite le), au Louvre, 229.
TRIE (Hôtel du maréchal DE), 37, 87.
TROCADÉRO (Rue du), 295.
TUILERIES (Rue des), 284. — Place des Tuileries, 281.
TUILERIES (Château des), 318. — Emplacement du château et du jardin, 325.

## U

USSÉ (Maison de Louis de Valentiné, marquis D'), 297.
UXELLES (Tombeau du maréchal D'), 303.

UZÈS (Hôtel de Charles-Emmanuel, sire de Crussol, duc D'), 79, 107.

## V

VALENCIENNES (Germain DE), voir COUPEAU.
VALENCIENNES (Épitaphe de Germain DE), écuyer, 101.
VALENCIENNES (Hôtel de Jean DE), essayeur des monnaies, 80.
VALENTINÉ (Louise DE), voir USSÉ.
VALENTINOIS (Hôtel de la duchesse DE), 30.
VALLIÈRE (Écuries de M<sup>me</sup> DE LA), 76.
VALLIÈRE (Hôtel de Jean-François de la Baume le Blanc, marquis DE LA), 282.
VALOIS (Charles DE), voir ALENÇON.
VARENNE (Hôtel du sieur DE LA), 46.
VAUCOULEURS (Hôtel de), 94.
VAUDEVILLE (Théâtre du), 107.

VAUGAIN (Hôtel de Jean DE), sieur de Blainville, conseiller d'État, 88.
VAUJOUR (Hôtel du duc DE), 282.
VENDÔME (Hôtel des comtes DE), 42, 46.
VIEUVILLE (Hôtel de Robert DE LA), baron de Rugles, 103.
VIEUVILLE (Le marquis DE LA), surintendant des bâtiments, 53.
VIEUX-PONT (Hôtel de), 78.
VIGNOLLES (Hôtel de Jean DE), secrétaire de la cour, 59.
VILLEMENON (Hôtel de Paul du Parent, sieur DE), 314.
VILLEQUIER (Rue de), 85.

VILLEQUIER, chambellan du duc d'Anjou, 16. — Hôtel du baron René de Villequier, gouverneur de Paris, 93.
VILLEROY (Hôtels et terres de la famille DE), 12, 91, 307, 330, 335.
VILLIERS (Hôtel du comte DE), 313.
VINCENT (Rue SAINT-), 295.
VINGT-NEUF-JUILLET (Rue du), 297.

VIOLLE (Épitaphe de Nicolas), aumônier du roi, 68.
VIVONNE (Jean DE), voir PISANY.
VOITURES OU COCHES DE LA COUR (Bureau des), 77.
VOUET (Aubin), peintre, 304.
VOUET (Simon), peintre, 303.
VRILLIÈRE (Duc DE LA), voir SAINT-FLORENTIN.

## W

WARIN (Hôtel de Jean), intendant des bâtiments, graveur des monnaies, 76.

## Y

YVOREAU (Épitaphe de Jean), commissaire au Châtelet, 68.

## Z

ZEEMAN (Rémi), peintre; un de ses tableaux représente le Louvre et l'hôtel de Bourbon, 136.

www.ingramcontent.com/pod-product-compliance
Lightning Source LLC
Chambersburg PA
CBHW071853230426
43671CB00010B/1325